Simone Kraft
Dekonstruktivismus in der Architektur?

Simone Kraft, Kunst- und Architekturhistorikerin, lebt und arbeitet als Kuratorin, Journalistin und Lektorin in Heidelberg und Karlsruhe.

Simone Kraft

Dekonstruktivismus in der Architektur?

**Eine Analyse der Ausstellung »Deconstructivist Architecture« im New
Yorker Museum of Modern Art 1988**

[transcript]

Die vorliegende, für den Druck leicht überarbeitete Publikation wurde unter dem Titel »Die ›Deconstructivist Architecture‹ – eine Erfolgsgeschichte? Eine Analyse des Dekonstruktivismus in der Architektur vor dem Hintergrund der Ausstellung ›Deconstructivist Architecture‹ im New Yorker Museum of Modern Art 1988« im Wintersemester 2013 am Kunsthistorischen Institut der Philosophischen Fakultät der Eberhard Karls Universität Tübingen als Dissertation angenommen. Professor Dr. Ernst Seidl und Professor Dr. Sergiusz Michalski begutachteten die Promotionsschrift.

Stiftungen
Landesbank Baden-Württemberg

Bibliografische Information der Deutschen Nationalbibliothek
Die Deutsche Nationalbibliothek verzeichnet diese Publikation in der Deutschen Nationalbibliografie; detaillierte bibliografische Daten sind im Internet über http://dnb.d-nb.de abrufbar.

© 2015 transcript Verlag, Bielefeld

Umschlagkonzept: Kordula Röckenhaus, Bielefeld
Printed in Germany
Print-ISBN 978-3-8376-3029-9
PDF-ISBN 978-3-8394-3029-3

Gedruckt auf alterungsbeständigem Papier mit chlorfrei gebleichtem Zellstoff.
Besuchen Sie uns im Internet: *http://www.transcript-verlag.de*
Bitte fordern Sie unser Gesamtverzeichnis und andere Broschüren an unter:
info@transcript-verlag.de

Inhalt

Die Architekten

Vorbemerkungen zur Darstellungsweise

Im Folgenden wird überwiegend mit englischen Quellentexten gearbeitet. Zitate werden weitgehend im Original belassen und nur dort, wo es für den Satzfluss von Vorteil ist, übersetzt. Zudem werden direkte Zitate der Architekten kursiviert, um sie besser unterscheidbar zu machen.

Wichtig ist zudem die Arbeit mit Dokumenten aus dem MoMA-Archiv. Diese werden den Richtlinien des Archivs entsprechend zitiert. In den Fußnoten werden sie durch Kürzel angegeben. Insbesondere für die Pressedokumentation des Museums ist zu beachten, dass die Artikel mit Kurztiteln ohne Seitenangabe zitiert werden; diese sind in den Akten nicht mehr sichtbar, da einer Pressemappe entsprechend nur der jeweilige Artikel, nicht die gesamte Zeitungs- oder Magazinseite archiviert wurde.

Auf den von Philip Johnson und Mark Wigley herausgegebenen Ausstellungskatalog zur Deconstructivist Architecture wird der leichteren Nachvollziehbarkeit wegen stets einheitlich mit dem Kurztitel „Johnson/Wigley 1988" verwiesen. Zudem stammt der Großteil der inhaltlichen Ausführungen von Wigley, der (kurze) inhaltliche Beitrag Johnsons lässt sich im Kontext der folgenden Ausführungen problemlos zuordnen.

Anzumerken ist darüber hinaus auch, dass es sich bei fast allen gezeigten Projekten um bekannte Entwürfe handelt, die entsprechend publiziert sind – nicht zuletzt auf den Online-Präsenzen der Architekten, die mittlerweile als erste Anlaufstelle für Informationen über das jeweilige Schaffen fungieren. Daher kann sich die Bildauswahl auf eine exemplarische Auswahl beschränken.

Leider haben die amerikanischen Architekturbüros keine Freigabe der Bildrechte für die vorliegende akademische Publikation erteilt; für diese Projekte sei daher insbesondere auf den Originalkatalog zur Ausstellung verwiesen.

1 Einleitung

„Some exhibitions are more interesting to read about than to actually see, and the twerpy little show called ‚Deconstructivist Architecture' at the Museum of Modern Art is certainly one of them"[1], schreibt der New York Observer im Juli 1988 und Newsweek titelt: „From Bauhaus to Fun House"[2]. Die Ausstellung präsentiere, immerhin, „airily pleasing views of the projects"[3], bemerkt The Nation, während ihr die New York City Tribune trocken eine „complete inadequacy of its presentation"[4] bescheinigt. Dennoch: „Rarely has an exhibition about architecture attracted so much attention."[5]

Es ist eine eigenartige Stimmung, die der DECONSTRUCTIVIST ARCHITECTURE in den zeitgenössischen Medien, aber auch in der Fachwelt entgegenschlägt. Sie ist Ausdruck einer ungewöhnlich ambivalenten Situation, die sich einem Beobachter dieser Ausstellung im New Yorker Museum of Modern Art (MoMA) eröffnet. Die kleine Architekturschau, die für nur wenige Wochen im Sommer 1988 Arbeiten von sieben Architekten – Peter Eisenman, Frank O. Gehry, Zaha Hadid, Rem Koolhaas, Daniel Libeskind, Bernard Tschumi und Coop Himmelblau[6] – sowie eine Auswahl russischer Avantgarde-Kunst aus dem frühen 20. Jahrhundert präsentiert, erregt ein enormes Maß an internationaler Aufmerksamkeit. Schon früh und noch lange danach berichten Medien auf der ganzen Welt, Fachpublikationen ebenso wie Zeitungen, aber auch Mode- und

---

1 | Kramer 1988 (zur Darstellungsweise der Presse-Referenzen vgl. die Vorbemerkungen).
2 | McGuigan 1988.
3 | Holtz Kay 1988.
4 | Kaufman 1988.
5 | Bennett 1988.
6 | Seit 1990 bezeichnet sich die Coop als Coop Himmelb(l)au mit in Klammern gesetztem „l". Da sich die Ausführungen in der vorliegenden Arbeit auf die Zeit vor 1988 konzentrieren, wird die alte Schreibweise – „blau" statt „b(l)au" – verwendet; vgl. auch Kapitel 8, Anm. 1138.

Lifestyle-Magazine. Durch die Ausstellung wird der Dekonstruktivismus zum „Medienspektakel, das noch immer in Gange ist"[7], wie Gert Kähler zwei Jahre später festhält, während Geoffrey Broadbent schreibt: „1988 [...] is remembered in architecture as the year Deconstruction was promoted."[8] Zugleich ist die Grundstimmung der Meldungen verhalten, stellenweise schlägt sie gar in ausgesprochen negative Bewertungen um. Ullrich Schwarz etwa schreibt einige Jahre später gar von „ein[em] Akt gezielter Fehlinformation"[9]. Was lässt die DECONSTRUCTIVIST ARCHITECTURE so umstritten werden? Warum steht die Ausstellung trotz ihres enormen öffentlichen Erfolgs so stark in der Kritik?

Als ein wesentlicher Stein des Anstoßes erweist sich die Mitwirkung Philip Johnsons, der die Ausstellung gemeinsam mit dem neuseeländischen Architekten Mark Wigley auf Einladung des Museums kuratiert hat.[10] Diese Tatsache allein lässt das Projekt außergewöhnlich werden, denn Johnson ist nicht nur eine der bedeutendsten Persönlichkeiten der US-amerikanischen Architekturszene, sondern dem MoMA auch als Gründer und langjähriger Leiter der Architektur- und Designabteilung eng verbunden; seit Mitte der 1950er-Jahre hat er sich jedoch aus dem aktiven Geschäft zurückgezogen. Seine Mitwirkung an der wegweisenden Ausstellung „Modern Architecture" von 1932, einer der ersten Präsentationen von zeitgenössischer Architektur im musealen Rahmen, mit der sich der sogenannte International Style etabliert hat, ist es nicht zuletzt, die seinen Ruf als „Stil-Macher"[11] begründet hat. 1988 ist Johnson bereits über 80 Jahre alt, es ist absehbar, dass die DECONSTRUCTIVIST ARCHITECTURE über ein halbes Jahrhundert nach der Einführung des International Style seine kuratorische Karriere abrunden würde. Dementsprechend groß ist die öffentliche Aufmerksamkeit.

Aber auch die inhaltlichen Erwartungen an die Ausstellung sind hoch. Ende der 1980er-Jahre dominiert noch immer die postmoderne Architektur das Baugeschehen, die ihren Zenit jedoch überschritten hat. Das Bedürfnis nach einer Alternative ist groß, erste Versuche, neue Tendenzen in der Architektur zu beschreiben und auf einen Begriff zu bringen, lassen sich beobachten. Charles Jencks etwa schlägt schon 1978 die Unterscheidung einer „Spät-

---

7 | Kähler, Dekonstruktion?, 1990, S. 8.

8 | Broadbent 1991, S. 11.

9 | Schwarz 1995, S. 11.

10 | Zu Philip Johnson (1906–2005) und Mark Wigley vgl. Kapitel 2.

11 | Vgl. dazu Kapitel 2.7.1. Zudem beginnt er auch selbst, zeitweise in dieser Weise zu bauen, was von Kritikern negativ ausgelegt wird (vgl. etwa McGuigan 1988; Nasar 1988; Fox 1988).

moderne" von der Postmoderne vor.[12] Vor allem in den Jahren nach der New Yorker Ausstellung blühen diese Neudefinitionsansätze auf.[13]

Zudem wird der von Jacques Derrida in den 1960er-Jahren geprägte Begriff der Dekonstruktion, der in Philosophie und Literaturwissenschaft schon seit Längerem viel diskutiert ist, in den 1980er-Jahren immer wieder auch in Bezug zur Architektur gesetzt, ohne dass es jedoch ein einheitliches Verständnis davon gibt, was darunter zu verstehen sein soll.[14] Nur wenige Monate vor der MoMA-Ausstellung findet in der Londoner Tate Gallery ein Symposium unter dem Titel „Deconstruction in Art and Architecture" statt; dort werden jedoch andere Fragen als in New York thematisiert, man diskutiert über Dekonstruktion und Dekonstruktionismus, nicht über Dekonstruktivismus.[15] Eine auf dieses Symposium folgende MoMA-Ausstellung trifft daher in der Fachöffentlichkeit auf hohe Erwartungen im Hinblick auf definitorische Klarheit. Diese vermag sie jedoch nicht zu erfüllen. Dennoch setzen sich im Zuge der DE-CONSTRUCTIVIST ARCHITECTURE die in dieser formulierten Inhalte durch, die zum Titel der Ausstellung gemachte Formulierung von der „dekonstruktivistischen Architektur" und davon herleitend der Dekonstruktivismus etablieren sich rasch. Allerdings wird der Begriff meist nur zurückhaltend eingesetzt. So sind die Architekten für Peter Noever „mit dem Etikett ‚Dekonstruktivisten' behaftet"[16], während Kähler von „einer modischen Architekturströmung, die durch die Fachzeitschriften geisterte"[17], schreibt.

Problematisch werden diese Auswirkungen der Schau dadurch, dass in ihr eine stark vereinfachte Perspektive verfolgt wird. Die vielschichtigen Fragen rund um die Dekonstruktion in der Architektur, die sich nicht zuletzt

---

12 | Vgl. dazu Jencks 1981.

13 | So spricht etwa Charles Jencks von „new modernism" (Jencks 1990); er verweist zudem darauf, die Bezeichnung „neo-modern" sei schon 1982 von Ada Louise Huxtable verwendet worden (Jencks 1990, S. 14). Peter Cook und Rosie Llewellyn-Jones hingegen sprechen vom „New Spirit" in der Architektur (Cook/Llewellyn-Jones 1991); die Bezeichnung geht nach Jencks und Broadbent auf eine Publikation von Elaine Farrelly 1986 zurück, ihr Begriffsvorschlag habe sich jedoch nicht durchgesetzt (Farrelly 1986; Jencks 1992, S. 17; Broadbent 1991, S. 19f.; Broadbent 1992, S. 11). Aaron Betsky spricht von „Violated Perfection" (Betsky 1990).

14 | So schreibt etwa Jencks schon 1985 über Frank Gehrys Dekonstruktionen (Jencks 1990, S. 193–201); Rosalind Krauss setzt Peter Eisenmans früh in Bezug zu Derridas Denken (vgl. Filler/Johnson 1988).

15 | Für genauere Informationen vgl. Kapitel 2.2.

16 | Peter Noever im Vorwort einer Begleitpublikation zu einer Architekturdiskussionsrunde zur Frage „Architektur am Ende?" im Wiener Museum für angewandte Kunst (MAK) (Architektur am Ende? 1993, S. 10).

17 | Kähler, Schräge Architektur, 1993, S. 7.

durch die sprachlichen Gemeinsamkeiten des Titelbegriffs mit dem Denken Derridas eröffnen, werden, anders als etwa im Londoner Symposium, nicht zur Sprache gebracht. Vielmehr distanzieren sich die New Yorker Kuratoren gerade von diesen offensichtlichen Konnotationen des zum Ausstellungstitel gemachten Ausdrucks. Stattdessen entwickeln sie einen nur formal-ästhetischen Bewertungsmaßstab, andere Definitionsversuche, die Zeitgenossen entwickelt haben, werden ausgeschlossen. Jeremiah Sheehan umschreibt die zentralen Erklärungsansätze dieser Zeit: „At present there are two explanations of Deconstruction which compete and sometimes combine. One is formalistic, attempting to demonstrate how the ,Deconstructivists' have profited from [...] the early 20th-century Russian avant-garde. [...] The other, less accessible, explanation sees the movement through its philosophical intentions, specifically its relationship with the critical philosophy of Jacques Derrida."[18] Vor diesem Hintergrund präsentiere die formalistische Herangehensweise der New Yorker Kuratoren ein „stark vereinfachtes"[19] Verständnis der Dekonstruktivisten.

Dennoch ist es diese verkürzte, aber einfacher zugängliche Sichtweise, die sich in den folgenden Jahren durchsetzt, der Begriff „dekonstruktivistisch" wird in vielen Texten, auch Fachpublikationen, als Synonym für „schräg gebaut" gebraucht. In diesem Sinne schreibt etwa Kähler, „das alles andere überragende ästhetische Moment der Architektur des Dekonstruktivismus [sei] das Schräge"[20]. Diese Auffassung wird jedoch weder dem Denken der philosophischen Dekonstruktion gerecht, noch trägt sie dem komplexen Architekturverständnis der sieben ausgestellten Baukünstler Rechnung.

Wenig überraschend ist daher, dass sich auch die präsentierten Architekten nur zurückhaltend über die DECONSTRUCTIVIST ARCHITECTURE äußern, obwohl die Teilnahme an der Ausstellung für sie durchaus von Bedeutung ist. Insbesondere für die Jüngeren unter ihnen kommt die Zusammenarbeit mit einer Koryphäe wie Johnson und die Präsentation im MoMA einem Ritterschlag gleich. Nicht zuletzt durch die MoMA-Schau werden ihre Namen einem internationalen Publikum über Disziplinengrenzen hinaus bekannt.[21] Denn

---

18 | Sheehan 1988, S. 21.

19 | Sheehan 1988, S. 21, Übers. d. Verf.

20 | Kähler, Schokolade, 1990, S. 13. Auch eine spätere Publikation, „Schräge Architektur und aufrechter Gang", bleibt dieser Sichtweise treu (Kähler, Schräge Architektur, 1993). Broadbent beobachtet in diesem Sinne gar einen „Proto-Dekonstruktivismus" etwa in Schwitters Merzbau (Broadbent, 1991, S. 28f.).

21 | Die Zunahme der Bekanntheit liegt natürlich nicht allein an der MoMA-Ausstellung, die Teilnahme an der Schau hat aber mit Sicherheit einen nicht unwesentlichen Beitrag geleistet. Bei allen sieben Architekten nehmen die internationalen Erfolge in den Jahren nach 1988 zu, Bauaufträge folgen; vgl. dazu die Profile zu den einzelnen Architekten im Anschluss.

um 1988 stehen die Architekten, außer Eisenman und Gehry, am Anfang ihrer Karriere, sie haben erste Erfolge gefeiert und die Fachaufmerksamkeit auf sich gezogen.[22] Die meisten von ihnen haben allerdings noch keine Bauten realisiert, nur drei der ausgestellten Entwürfe – Gehrys eigenes Haus in Los Angeles sowie Tschumis Pariser PARC DE LA VILLETTE und Coop Himmelblaus DACHAUSBAU FALKESTRASSE in Wien – werden umgesetzt. Umso beachtlicher ist ihre Auswahl für eine Ausstellung, die die Baubarkeit der Exponate betont.

Heute zählen alle sieben Architekten zu den „Starchitects", deren ikonische Bauten auf der ganzen Welt stehen. Einige sind bereits mit dem Pritzker-Preis, dem bedeutendsten Preis im Bereich der Architektur, ausgezeichnet worden. Dennoch sagt etwa Bernard Tschumi rückblickend: *Then in 1988, with the deconstructivism exhibition at MoMA, totally in spite of ourselves, we became an establishment of sorts.*[23] Peter Eisenman konstatiert gar: *I do not believe such a movement exists. Deconstruction has become a stylistic term, and not an ideological one.*[24] Auch in Monografien über das Schaffen der Architekten wird die Teilnahme an der Schau selten in mehr als ein paar Sätzen abgehandelt.

Bei näherer Beschäftigung mit der Ausstellung eröffnet sich eine komplexe Situation, in der einige für eine Ausstellungsorganisation fragwürdige Momente zu beobachten sind. Sie lassen die Hintergründe der DECONSTRUCTIVIST ARCHITECTURE, die sehr kurzfristig ins Jahresprogramm des MoMA eingeschoben wurde, in einem kritischen Licht erscheinen. Welche Rolle spielt bei der Entscheidung für die Schau etwa die Frage um die Neubesetzung der Leitung der Architektur- und Designabteilung des MoMA, die in diese Zeit fällt? Zudem werden Stimmen laut, die nicht nur Zweifel an den Urheberrechten des Titelterminus, sondern auch am Konzept selbst anmelden. Basiert die Ausstellungsidee auf einem Entwurf, der schon 1984 von zwei Chicagoer Architekten entwickelt wurde, aber nicht realisiert werden konnte? Die Entstehung der Ausstellung erweist sich als umgeben von einem Spannungspotenzial, hinter dem sich immer wieder die Frage abzeichnet, welche Rolle der in New York bestens vernetzte „Altmeister" Johnson gespielt hat.

Unklarheiten ergeben sich darüber hinaus auch in der Auseinandersetzung mit den präsentierten Inhalten in der Ausstellung und dem begleitenden Katalog, der als einzige offizielle Veröffentlichung zur Schau eine wichtige Quelle für die Standpunkte der Kuratoren darstellt und zum Referenzwerk wird. Argumentative Schwachstellen lassen die inhaltliche Aufbereitung kri-

---

22 | So haben die Architekten bereits kleinere Ausstellungen, etwa bei der New Yorker Max Protetch Gallery oder der Berliner Aedes Galerie, gehabt, erste Ausschreibungen konnten gewonnen werden; vgl. auch hierzu die Architekten-Profile im Anschluss.

23 | Tschumi/Walker, Manhattan Transcripts, 2006, S. 40.

24 | Cohn/Eisenman 1989, S. 7.

tisch werden. Zudem betonen die Kuratoren, keinesfalls einen neuen Stil oder einen neuen Ismus präsentieren zu wollen, wählen jedoch eine Formulierung als Titel, in der ein solcher sprachlich implizit ist.[25] Vielmehr bezeichnen sie es als Ziel, eine Momentaufnahme eines aktuellen Phänomens unter vielen zu zeigen, die sieben Architekten sollen einen Querschnitt darstellen. Warum dafür gerade diese Baukünstler und ihre jeweiligen Arbeiten ausgewählt wurden, ist jedoch nicht nachvollziehbar. Auch wird nicht wirklich fassbar, welche Elemente ihr Schaffen verbinden und sie zu „dekonstruktivistischen Architekten" werden lassen. Gerade hinsichtlich der Formensprache, die durch die formal-ästhetische Perspektive der Ausstellung in den Fokus gerückt wird, finden sich teils deutliche Unterschiede zwischen den sieben Architekten. So stehen sich etwa Gehrys „verzerrte" Bauten und Eisenmans modernistisch anmutende Entwürfe gegenüber. „Wer hätte noch vor wenigen Jahren den intellektualisierenden Eisenman mit dem spontan schaffenden Kalifornier Gehry in einem Atemzuge genannt!"[26], fragt Werner Oechslin treffend. Zwar bemühen sich die Kuratoren um einen definitorischen Bezug zum russischen Konstruktivismus – dem in der Ausstellung selbst gar ein Drittel der Fläche gewidmet wird –, aber die möglichen Gemeinsamkeiten bleiben, so viel sei vorgreifend gesagt, an der Oberfläche und gewinnen nicht an Kontur.[27] Die individuellen Denkansätze der Architekten werden nicht berücksichtigt, die Ausführungen erweisen sich stets der formalen Blickrichtung verhaftet in einer Weise, die den Baukünstlern nicht gerecht wird.

Dieser Kritikpunkt ist eine der zentralen Thesen der vorliegenden Arbeit. Berücksichtigt wird dabei natürlich, dass eine übergreifende Beurteilung, die versucht, stilistische Gemeinsamkeiten einer Strömung mit dem Blick von außen zusammenzufassen, immer auch in der Interpretation des Beurteilenden gründet. Es zeichnet kunst- oder architekturhistorische Arbeit gerade aus, Entwicklungslinien und Tendenzen zu erkennen, die den beteiligten Kulturschaffenden selbst möglicherweise nicht bewusst sind, und zusammenfassende Bewertungen zu erarbeiten. Dennoch sollten die Denkansätze der „Betroffenen" zur Kenntnis genommen werden und in die Urteilsbildung miteinflie-

---

25 | Die zeitgenössische Presse zur Ausstellung schreibt rasch von einem neuen Ismus (vgl. Kapitel 2.6), aber auch wissenschaftliche Publikationen übernehmen die Bezeichnung. So widmet sich etwa schon eine 1990 erschienene Ausgabe der Bauwelt Fundamente dem Dekonstruktivismus, ohne den Begriff an sich zu hinterfragen (Kähler, Dekonstruktion?, 1990).

26 | Oechslin, Kulturgeschichte, 1999, S. 15.

27 | Die Ausstellung wird mit einer ausgewählten Präsentation von Arbeiten der russischen Avantgarde aus der museumseigenen Sammlung eröffnet, die die Gegenwartsarchitekten der DECONSTRUCTIVIST ARCHITECTURE in einen eindeutigen programmatischen Kontext rückt; vgl. dazu Kapitel 2.3.

ßen. Gerade das Schaffen der sieben in New York ausgestellten Architekten ist von umfangreichen, meist theoretisch fundierten Überlegungen geprägt, man kann ihr Werk letztlich nur mit Blick auf diese Grundlagen angemessen würdigen.[28] Die Kuratoren versäumen dies jedoch. Durch die in der DECON-STRUCTIVIST ARCHITECTURE ausschließlich auf die Formensprache gerichtete Perspektive bleiben die Bedeutung und die Inhalte dekonstruktivistischer Architektur letztlich unklar. Was verbindet die sieben Architekten, was macht ihr Schaffen zu dekonstruktivistischer Architektur?

Diesen Fragen spürt die vorliegende Untersuchung nach und versucht durch den Rückblick auf die Ursprünge der Ausstellung Klarheit zu schaffen. Denn trotz der großen Resonanz und Reichweite sind die Entstehungsgeschichte und die Hintergründe der DECONSTRUCTIVIST ARCHITECTURE überraschenderweise zwar viel kommentiert, aber noch nicht wissenschaftlich aufgearbeitet. Der Blick aus der historischen Distanz – ein Vierteljahrhundert ist vergangen, seit die Ausstellung eröffnet wurde – erlaubt eine neutralere Sicht der Dinge. Es wird möglich, vergleichend zu bewerten und Entwicklungslinien nachzuzeichnen, die sich Zeitgenossen noch verschlossen haben.[29] Dies bedeutet auch eine Rückkehr zu den Anfängen der umstrittenen dekonstruktivistischen Architektur als Ausgangspunkt der Diskussion, die analysiert und kritisch beleuchtet werden; denn die Veröffentlichungen nach der Ausstellung werden nicht nur „immer zahlreicher [...], sondern] zum Teil auch immer unverständlicher"[30]. Auf dieser Basis kann zudem auch erneut eine Annäherung an das Phänomen gewagt werden. Denn die Kuratoren haben, wie sich zeigen wird, trotz der problematischen inhaltlichen Aufbereitung mit der Zusammenstellung der Ausstellung ein gutes Gespür für aktuelle Tendenzen bewiesen und einen durchaus aussagekräftigen Querschnitt der wichtigsten Vertreter neuer baulicher Ansätze zusammengestellt.[31]

---

28 | Ob die formulierten Absichten und Leitlinien erfolgreich umgesetzt werden, spielt hierfür eine nachgeordnete Rolle.

29 | Verschiedene Kritiken haben sich mittlerweile relativiert, so etwa die Befürchtung, es werde künftig nur noch krumm und schief gebaut: „Erste Hinweise [...] lassen vermuten, daß das Zerstörte und Zerbrochene, daß die Fragmente und Bruchstellen zu Inhalten einer neuen und zeitgemäßen Architektur werden sollen" (Müller 1990, S. 39; in ähnlichem Sinne etwa auch Kähler, Dekonstruktion?, 1990, S. 8f.; Kähler, Schokolade, 1990, S. 14, 31f.).

30 | Kähler, Schräge Architektur, 1993, S. 8.

31 | Die Auswahl der Architekten kommt freilich nicht aus dem Nichts, auch andere Überlegungen dieser Zeit schließen sie ein, wie in den folgenden Ausführungen deutlich werden wird.

Vorgehensweise

Den zentralen Fragestellungen entsprechend gliedern sich die folgenden Ausführungen in zwei große Themenblöcke. Der erste Teil widmet sich der Auseinandersetzung mit der Ausstellung selbst. Neben der Rekonstruktion der organisatorischen Hintergründe, die das Projekt begleitet haben, wird der Blick auf die Umsetzung der Schau gerichtet. Darüber hinaus sind das Konzept und seine Entwicklung ebenso wie die Auswahl des Titels und die damit verbundene begriffliche Problematik um den Terminus der Dekonstruktion in der Architektur zu beleuchten. In diesem Zusammenhang wird ein Vorschlag für eine Begriffsdefinition entwickelt, wie die uneinheitlich gebrauchten Formulierungen – Dekonstruktion, Dekonstruktionismus, Dekonstruktivismus – klarer voneinander unterschieden werden können. Fazitartige Zwischenstände fassen die Untersuchungen eines Kapitels zusammen. Abschließend gilt es, die öffentlichen Reaktionen auf die Ausstellung zu untersuchen sowie zu überprüfen, welche Berechtigung die darin laut werdende Kritik hat. Wie kommt es zu dem ambivalenten Image der DECONSTRUCTIVIST ARCHITECTURE? Ziel ist es, hier, soweit möglich, Klarheit zu schaffen und Antworten auf offene Fragen zu finden. Es sei jedoch an dieser Stelle schon eingeräumt, dass manches Spekulation bleiben muss. Viele Aspekte sind letztendlich auch eine Frage des persönlichen Standpunktes und lassen sich nicht abschließend beantworten.

Zur Analyse werden Dokumente ausgewertet, die im MoMA-Archiv zur Ausstellung aufbewahrt werden. Dazu zählen neben internen Notizen, Kalkulationen und Korrespondenzen vor allem die umfangreiche Pressedokumentation sowie Fotografien aus der Ausstellungsinstallation. Darüber hinaus kommen, soweit greifbar, Zeitzeugen zu Wort. Die Kuratoren selbst äußern sich in verschiedenen Interviews zur Ausstellung; insgesamt finden sich allerdings verhältnismäßig wenig Erläuterungen von ihnen zum Thema. Zudem scheint der Großteil der organisatorischen Absprachen mündlich getroffen worden zu sein, in den Akten des Museumsarchivs gibt es wenig Dokumente zum konkreten Planungshergang, obwohl der Archivbestand für eine Ausstellung aus dieser Zeit sehr umfangreich ist.[32]

Die einzige offizielle inhaltliche Äußerung zur DECONSTRUCTIVIST ARCHITECTURE ist der begleitend publizierte Katalog, der dadurch zur zentralen Quelle für die Überlegungen der Kuratoren wird. Eine eingehende Analyse der darin enthaltenen Texte von Johnson und Wigley verdeutlicht ihren definitorischen Standpunkt; gearbeitet wird mit der deutschen Ausgabe des Katalogs, die noch im Jahr der Ausstellung im Hatje-Verlag erschienen ist und sich in Aufbau und Übersetzung eng an das englische Original hält. Welche Ziele verfolgen die Kuratoren mit der Ausstellung, welche Argumente vertreten sie und

---

32 | Der Archivbestand zur DECONSTRUCTIVIST ARCHITECTURE im MoMA umfasst hauptsächlich Pressedokumentation und Leihverkehr.

treffen diese zu? Deutlich werden argumentative Schwachstellen und inhaltliche Kritikpunkte ebenso wie Anhaltspunkte, die die Annäherung an einen fundierten Begriff von der dekonstruktivistischen Architektur ermöglichen. Auf dieser Basis kann im Anschluss der zweite Teil der vorliegenden Arbeit aufbauen.

In diesem Teil werden die sieben Architekten und die von ihnen präsentierten Projekte beleuchtet. In welcher Weise wird die Darstellung in der Ausstellung ihrem Schaffen gerecht? Dabei wird der Fokus auf das Werk, wie es bis 1988 entstanden ist, gerichtet; die Entwicklungen nach dieser Zeit werden abschließend in Grundzügen umrissen. Ziel ist nicht, das jeweilige Schaffen erschöpfend zu besprechen. Vielmehr geht es um eine Zusammenfassung der zentralen Ideen und Ansprüche an das Architekturschaffen im Hinblick auf die für die Fragestellung der vorliegenden Untersuchung relevanten Aspekte. Auf diese Weise ist es nicht nur möglich, die Darstellung der Kuratoren zu beurteilen – in welchem Rahmen trifft die Präsentation zu, welche Fehler oder Missdeutungen sind unterlaufen? –, sondern auch Gemeinsamkeiten und Unterschiede der Architekten herauszuarbeiten und sich einer Beurteilung dessen anzunähern, was als dekonstruktivistische Architektur bezeichnet werden kann.

Die einzelnen Profile werden nach einem ähnlichen Muster aufgebaut. Auf die Besprechung der in der Ausstellung gezeigten Projekte folgt eine Annäherung an das Architekturverständnis der Baukünstler, um die Entwürfe in den Gesamtkontext ihres Schaffens einzuordnen; dies geschieht über die Auseinandersetzung mit zentralen Schriften bei den theoretischer vorgehenden Architekten oder, bei den sich stärker über Formenexperimente positionierenden Baukünstlern, im Vergleich mit für das jeweilige Schaffen wesentlichen Bauten. In der Ausstellung wird Entsprechendes nicht geleistet. Zur Verdeutlichung bestimmter Punkte werden darüber hinaus weitere ausgewählte Entwürfe exemplarisch herangezogen. Insgesamt wird Wert darauf gelegt, die Architekten selbst „zu Wort" kommen zu lassen, um einen möglichst direkten Einblick in ihr Architekturverständnis zu bekommen. Dafür wird mit primären Quellen, Manifesten und Schriften, aber auch mit Entwürfen und Zeichnungen gearbeitet. Zudem werden Interviews sowie zentrale Monografien in der umfangreich publizierten Literatur über die sieben „Starchitects" herangezogen.

Forschungsstand

Nach Auskunft des MoMA gibt es bis heute keine wissenschaftliche Aufarbeitung der DECONSTRUCTIVIST ARCHITECTURE, der Hintergründe ihres Zustandekommens sowie der Schlüssigkeit ihrer inhaltlichen Aufbereitung. Dies überrascht umso mehr, da das Thema rund um die Dekonstruktion in der Architektur zu jener Zeit viel diskutiert ist und die Schau auf enorme Resonanz trifft. Natürlich finden sich, neben den direkten Pressereaktionen auf die Ausstellung, zahlreiche Kommentare in Fachkreisen. Diese beschränken sich jedoch auf kurze, meist kritische, Äußerungen, die die DECONSTRUCTIVIST ARCHITECTURE in eigene Interpretationen einbetten. Auch in späteren Publikationen, die Themenbereiche rund um die Ausstellung berühren – seien es Texte über die Dekonstruktion und die neuen Tendenzen im Bauen der 1980er-Jahre, seien es Monografien zu den Architekten –, wird die Schau zwar angesprochen, die Nennungen umfassen jedoch meist nur wenige Sätze.[33] Ebenso wird in den mittlerweile zahlreich erschienenen Überblickswerken zu den einzelnen Architekten deren Teilnahme an der New Yorker Ausstellung nur knapp gestreift. Lediglich in Veröffentlichungen über Philip Johnson finden sich eingehendere Ausführungen zum Zustandekommen der MoMA-Schau. So widmet etwa Johnson-Biograf Franz Schulze der Ausstellung ein Kapitel[34] und auch Alba Cappellieri schließt ihre Biografie Johnsons mit einem Blick auf seinen „Weg zum Dekonstruktivismus"[35].

Zudem fällt auf, dass in den kurzen Verweisen auf die DECONSTRUCTIVIST ARCHITECTURE immer wieder auch inhaltlich falsche Angaben gemacht werden. So notiert etwa Peter Cook, die Ausstellung habe 1987 stattgefunden,[36] während Adolf Max Vogt schreibt, es werde darin „der Anspruch erhoben, daß Dekonstruktion [nicht nur auf Texte, sondern auch] auf körperliche Artefakte"[37] angewendet werden könne, dass die Kuratoren also einen Bezug zur Philosophie herstellen. Solche Ungenauigkeiten legen nahe, dass die Schau zwar einen sehr hohen Bekanntheitsgrad erreicht hat, dieser sich jedoch auf allgemeine und nur oberflächliche Informationen beschränkt. Die Referenzen stützen sich auf „schlagwortartige" Vorstellungen, die Details der Ausstellung selbst sind nicht bekannt.

Mitkurator Wigley veröffentlicht 1993 eine Publikation unter dem Titel „The Architecture of Deconstruction: Derrida's Haunt", in der die Ausstellung nicht erwähnt wird.[38] Ebenso lässt auch Aaron Betskys „Violated Perfection",

---

33 | Broadbent ist einer der Wenigen, die Wigleys Katalogessay ausführlicher besprechen, allerdings bietet auch er keine kritische Analyse, sondern eine inhaltliche Darstellung (Broadbent 1991, S. 17–30, 80).

34 | Schulze 1995, S. 393–400.

35 | „Virata verso il Decostruttivismo. 1988–1995" (Cappellieri 1996, S. 31–35).

36 | Cook/Llewellyn-Jones 1991, S. 12.

37 | Vogt 1990, S. 51.

38 | Wigley 1993, vgl. Anm. 59. Darin beschäftigt sich Wigley mit der Frage nach Architektur und Dekonstruktion und verfolgt einen ausgeprägten Fokus auf Derridas Schaffen. Er betont, mit dieser Untersuchung die aktuellen Debatten hinter sich zu lassen und bewusst einen – auch persönlichen – „Schritt zurück" zu machen: „[...] it is a reworking of my doctoral thesis entitled ,Jacques Derrida and Architecture: The Deconstructive

dessen Konzeption Johnson sehr wahrscheinlich zur DECONSTRUCTIVIST AR-CHITECTURE inspiriert hat,[39] die Ausstellung gänzlich ungenannt. Die Frage nach der Verbindung von Dekonstruktion und Architektur als solche bleibt allerdings bis Anfang der 1990er-Jahre Thema in Fachkreisen. Während schon vor der Ausstellung der Begriff Dekonstruktion in unterschiedlichen Formulierungen und Deutungsansätzen gebraucht wird,[40] folgen insbesondere nach 1988 gehäuft Publikationen und Veranstaltungen, die sich damit – oft auch in weiterem Sinne[41] – beschäftigen. Im Anschluss an das bereits genannte Symposium vom Frühjahr 1988 bringen die Londoner Academy Editions mehrere Bücher heraus, deren Autoren umfassendere Denkansätze als die New Yorker Kuratoren entwickeln.[42] Dennoch wird in anderen – im Vergleich zu New York und London gewissermaßen „sekundären"[43] – Publikationen an den Ansätzen der MoMA-Ausstellung angeknüpft, der Begriff des Dekonstruktivismus bleibt im Umlauf. So erscheint sogar die deutsche Ausgabe der Begleitpublikation des Londoner Symposiums – im Original „Deconstruction" – unter dem Titel „Dekonstruktivismus".[44] Ebenso bringt etwa die Bauwelt Fundamente-Reihe einen Band unter dem Titel „Dekonstruktion? Dekonstruktivismus?" heraus.[45] Allerdings wird auch hier die Ausstellung selbst nicht kritisch reflektiert. Zudem findet keine sprachliche Differenzierung zwischen dekonstruktiv und dekonstruktivistisch statt, beide werden in

Possibilities of Architectural Discourse,' which is a reading of the architectural argument embedded within Derrida's work before he addressed architecture as such" (Wigley 1993, S. xiv). In diesem Sinne werden etwa auch bei einer Diskussion Wigleys mit Derrida an der Columbia University 1992 unterschiedliche Fragen zu Dekonstruktion und Architektur besprochen, ohne dass die New Yorker Ausstellung angesprochen wird (Derrida/Wigley 1992, S. 7–27).

39 | Vgl. Kapitel 2.1.1.

40 | Vgl. Anm. 14.

41 | Darauf weist etwa Wigley hin: „It is important to note that this discourse, which began with the question of deconstruction and architecture but has developed in recent years into other questions in which the word *deconstruction* plays no role [...]" (Derrida/Wigley 1992, S. 9f., Zitat S. 10, Hervorhebung im Original).

42 | Etwa Deconstruction in architecture 1988; Papadakis/Cooke/Benjamin 1989; Glusberg 1991; Modern Pluralism 1992.

43 | Man könnte die New Yorker Ausstellung und das Londoner Symposium sowie die daran anschließenden Publikationen gewissermaßen als „primäre" Quellen betrachten, in denen Ausgangsthesen initiiert werden, die dann „sekundär" weiterdiskutiert werden.

44 | Papadakis/Cooke/Benjamin 1989 (englisch); Papadakis 1989 (deutsch).

45 | Kähler, Dekonstruktion?, 1990.

den Beiträgen synonym gebraucht.[46] Ähnliches fällt ebenso in anderen – auch in englischsprachigen – Publikationen dieser Zeit auf.

Darüber hinaus beschäftigen sich viele zeitgenössische Veröffentlichungen mit der Einordnung der neuen Entwicklungen in der Architektur im Allgemeinen.[47] Vor allem die Abgrenzung und Weiterentwicklung gegenüber der architektonischen Postmoderne ist wichtiges Movens. In diesem Sinne schreibt Broadbent: „It's hardly surprising that early in the 90s there should have been several attempts to diagnose the present state of architecture [...].“[48] Er bietet auch eine konzentrierte Übersicht wichtiger Definitionsversuche.[49] Insgesamt sind diese Ansätze einer Strukturierung des Architekturgeschehens sehr umfangreich angelegt, sie versuchen, möglichst „alle“ Tendenzen darzustellen. Einige Autoren greifen dabei auch auf die Bezeichnung Dekonstruktion zurück,[50] ohne dabei jedoch an die New Yorker Überlegungen anzuknüpfen; andere entwickeln neue Begriffskonzeptionen. In diesen Publikationen finden sich neben zahlreichen anderen Architekten stets auch die sieben in New York ausgestellten Baukünstler wieder, wenn auch in anderen Sortierungen oder unter anderen Definitionsvoraussetzungen.

---

46 | Ein weiterer Band der Bauwelt Fundamente setzt drei Jahre später den ersten fort (Kähler, Schräge Architektur, 1993; vgl. Anm. 20). Darüber hinaus spüren Anfang der 1990er-Jahre weitere Publikationen im deutschsprachigen Raum Fragen zur Dekonstruktion in der Architektur nach, etwa die von Noever herausgegebenen Bände zu Vortragsreihen im Wiener MAK (Architektur im Aufbruch 1991; Architektur am Ende? 1993).

47 | Vgl. Anm. 13.

48 | Broadbent 1992, S. 9.

49 | Broadbent 1992, S. 9–15: Broadbent bespricht Richard Rogers „Architecture: A Modern View“ (1991), Aaron Betskys „Violated Perfection“ (1990), Andreas Papadakis' und James Steeles „A Decade of Architectural Design“ (1991) und Peter Cooks und Rosie Llewellyn-Jones' „New Spirit in Architecture“ (1991).

50 | So behält etwa Jencks die Dekonstruktion als Bezeichnung bei, er fasst Neo-Moderne und Dekonstruktion – nicht Dekonstruktivismus – als Facetten der Spätmoderne im Gegensatz zur Postmoderne auf (ausführlich dazu v. a. im ersten Drittel von Jencks 1990, bis S. 103). Auch Papadakis und Steele behalten die Bezeichnung Dekonstruktion bei (vgl. Broadbent 1992, S. 9; Papadakis/Steele 1992).

Die Ausstellung

2 Die DECONSTRUCTIVIST ARCHITECTURE im Museum of Modern Art

Vom 23. Juni bis zum 30. August 1988 wird die DECONSTRUCTIVIST ARCHI-
TECTURE als Ausstellung des Department of Architecture and Design des New
Yorker Museum of Modern Art (MoMA) gezeigt. Sie ist ein kleines Projekt,
das für kurze Zeit in nur drei Räumen der Medium International Council Gal-
leries des Museums präsentiert wird:[51] Während im ersten Saal Arbeiten der
russischen Avantgarde aus der Sammlung des Hauses gezeigt werden, sind
im zweiten und dritten Saal die eigentlich thematisierten Werke der zeitge-
nössischen Architekten Coop Himmelblau, Peter Eisenman, Frank O. Gehry,
Zaha Hadid, Rem Koolhaas, Daniel Libeskind und Bernard Tschumi zu sehen.
Kuratiert wird die Schau, auf Einladung von Stuart Wrede, Leiter der Architek-
tur- und Design-Abteilung, von Philip Johnson gemeinsam mit Mark Wigley.
Sie ist die dritte in einer Reihe von fünf Ausstellungen des Gerald D. Hines
Interests Architecture Program[52] zur zeitgenössischen Architektur im MoMA.
Begleitet wird die DECONSTRUCTIVIST ARCHITECTURE von einem rund hundert-
seitigen Katalogbuch mit Textbeiträgen von Johnson und Wigley.

---

51 | Die Räume existieren allerdings seit dem Umbau durch Yoshio Taniguchi in den
Jahren von 2002 bis 2004 nicht mehr.

52 | Das Gerald D. Hines Interests Architecture Program förderte fünf Ausstellungen
zur Erforschung zeitgenössischer Entwicklungen in der Architektur: „Ricardo Bofill &
Leon Krier: Architecture, Urbanism, and History", 26. Juni bis 3. September 1985, kuratiert von Arthur Drexler; „Mario Botta", 20. November 1986 bis 10. Februar 1987, kuratiert von Stuart Wrede; „Deconstructivist Architecture", 23. Juni bis 30. August 1988,
gastkuratiert von Philip Johnson und Mark Wigley, Assistenz Frederieke Taylor; „Emilio
Ambasz/Steven Holl", 9. Februar bis 4. April 1989, kuratiert von Stuart Wrede; „Tadao
Ando", 2. Oktober bis 31. Dezember 1991, kuratiert von Stuart Wrede. Hines ist eine
1957 von Gerald D. Hines gegründete private Immobilienfirma (vgl. Website Hines), eine
der größten weltweit.

Die ausgestellten Arbeiten werden angekündigt als Beispiele für eine „radical architecture"[53], die das Entstehen einer „neuen Sensibilität"[54] in der Architektur markiere. Charakteristikum sei die offensichtliche Instabilität dieser Bauentwürfe, die durch zersplitterte, fragmentierte Formen gekennzeichnet sei. Die Kuratoren betonen insbesondere die formal-ästhetischen Eigenschaften der präsentierten Architekturen. Weitere inhaltliche Besonderheiten des architektonischen Schaffens werden jedoch in den öffentlichen Texten zur Ausstellung – weder in der Pressemitteilung noch im Wandtext zur Ausstellung – nicht tiefer gehend angesprochen. Die Prägung des Titelterminus „dekonstruktivistisch" wird durch die formale Ähnlichkeit mit dem russischen Konstruktivismus erklärt. Referenzen auf Derridas Philosophie der Dekonstruktion, die im Titel anklingen und in den 1980er-Jahren sehr aktuell sind, bleiben unberücksichtigt. Darüber hinaus wird betont, dass alle gezeigten Projekte baubar und keine nur theoretischen Experimente auf dem Zeichenbrett seien. Zudem verweisen die Kuratoren darauf, dass man in Zeiten des Pluralismus lediglich einen Ausschnitt, eine Momentaufnahme aktueller Entwicklungen zeige. Keinesfalls wolle man einen neuen Stil oder einen neuen Ismus präsentieren. Dennoch sind mit dieser Herangehensweise Schwierigkeiten verbunden, die die Beurteilung zu einem kritischen Unterfangen werden lassen. Erschwert wird die Annäherung an die Ausstellung zudem auf organisatorischer Basis. Nicht nur herrscht Dissens darüber, wer die ursprüngliche Konzeptidee entwickelt und den Titelterminus geprägt hat, auch die Abläufe der Organisation und das Zustandekommen der Ausstellung sind für eine MoMA-Schau eher ungewöhnlich.

Um dieses Spannungspotenzial, das sich aus der Vorgeschichte ergibt, näher zu erläutern, werden in den folgenden Kapiteln zunächst die Hintergründe der Ausstellung aufgearbeitet. Dabei wird nicht nur zur Sprache kommen, welche Probleme mit der Frage um die originäre Formulierung des Ausstellungskonzepts verknüpft sind, sondern auch, welche Problematik mit dem gewählten Titelbegriff verbunden ist. Daran anschließend wird mit einer begrifflichen Unterscheidung der Termini „Dekonstruktivismus" und „Dekonstruktionismus" eine definitorische Ausgangsbasis geschaffen, bevor im Anschluss auf die Besprechung der Ausstellung selbst eingegangen wird. Dazu gehören neben einer Erläuterung der Ausstellungsinstallation im MoMA und

---

53 | Pressemitteilung zur DECONSTRUCTIVIST ARCHITECTURE (Press Release MoMA, Juni 1988).

54 | Wandtext der Ausstellung (Quelle H, Original im Anhang). Presse- und Wandtext sind konzentrierte Fassungen der Katalogbeiträge von Johnson und Wigley; insbesondere der Pressetext zitiert mehrfach aus dem Katalog. Daher sind beide Texte an dieser Stelle nicht ausführlich zu besprechen, die inhaltliche Analyse erfolgt im Rahmen der Besprechung der Katalogbeiträge (vgl. Kapitel 2.7).

des Rahmenprogramms die Besprechung der Begleitpublikation sowie ein Überblick über die nationale und internationale Presseresonanz.

Die Kuratoren Johnson und Wigley

Für Gastkurator Johnson, Jahrgang 1906 und damit zum Zeitpunkt der Ausstellung schon betagt, ist die DECONSTRUCTIVIST ARCHITECTURE die erste Ausstellung, die er seit seinem Ausscheiden als Leiter der Architektur- und Designabteilung des MoMA 1954 organisiert. Als Gründer und langjähriger Leiter dieses Departments ist er nicht nur der Institution eng verbunden, sondern hat auch mehrere wegweisende Ausstellungen kuratiert.[55] Seine erste Schau ist die einflussreiche „Modern Architecture" von 1932, die zugleich eine der ersten Ausstellungen ist, die zeitgenössische Architektur im musealen Rahmen thematisiert.[56] Nicht zuletzt wegen dieser besonderen Stellung der Person Johnsons, dem Stuart Wrede eine „keen ability to discern emerging directions in architecture"[57] attestiert, mit der er erneut eine provokative Ausstellung produziert habe, ist mit großer öffentlicher Aufmerksamkeit für die DECONSTRUCTIVIST ARCHITECTURE zu rechnen. Tatsächlich erfährt die Schau schon im Vorfeld ein enormes Medieninteresse, das vor allem in der US-Presse sehr kritisch ausfällt.

Unterstützt wird Johnson bei der Organisation der Ausstellung von dem jungen neuseeländischen Architekten Mark Wigley[58], der seinen Doktorgrad

---

55 | Der besonderen Verbindung Johnsons zum MoMA widmet sich etwa die von John Elderfield herausgegebene Publikation „Philip Johnson and The Museum of Modern Art" (Elderfield 1998). Johnson gründete 1932 das Department of Architecture and Design mit; das MoMA selbst war 1928 gegründet worden und eines der ersten Museen für zeitgenössische Kunst überhaupt. Überraschend beendete Johnson seine Tätigkeit für das MoMA 1934, kehrte jedoch 1945 zurück (vgl. Riley 1998, S. 35). Nach seinem Ausscheiden aus den aktiven Geschäften im Jahr 1954 war er ab 1957 als Trustee und Chairman of the Trustee Comittee on Architecture and Design tätig; ab 1981 war er Honorary Chairman des Komitees.

56 | Auf diese Ausstellung wird im Folgenden genauer eingegangen, da Johnson in seinem Vorwort zur DECONSTRUCTIVIST ARCHITECTURE Verbindungen zwischen beiden Ausstellungen zieht (vgl. Kapitel 2.7.1).

57 | Johnson/Wigley 1988, S. 6.

58 | Mark Wigley erwarb seinen Bachelor of Architecture (1979) und seinen Ph.D. (1987) an der University of Auckland in Neuseeland. 1986 kam er in die Vereinigten Staaten, wo er von 1987 bis 1999 an der Princeton University lehrte. Seit 2000 hat er eine Professur für Architektur an der Graduate School of Architecture der Columbia University inne; seit 2004 ist er Dekan der Columbia University's Graduate School of Architecture, Planning and Preservation in New York.

mit einer Dissertation über Jacques Derridas Denken im Architekturdiskurs[59] erworben hat und zu jener Zeit als Architekturtheoretiker an der Princeton University tätig ist. Er habe in allen Bereichen, vom Konzept bis zur Installation, an der DECONSTRUCTIVIST ARCHITECTURE mitgewirkt, so Johnson.[60] Seither hat Wigley verschiedene Ausstellungen für das MoMA und das Drawing Center in New York kuratiert sowie mehrere Bücher zur Architektur veröffentlicht, darunter auch „The Architecture of Deconstruction: Derrida's Haunt"[61].

2.1   Zur Vorgeschichte der Ausstellung: Ausstellungskonzept und Titelfindung

2.1.1 Von „Violated Perfection" zur DECONSTRUCTIVIST ARCHITECTURE: Hintergründe zur Ausstellungsidee

Der Ausstellung geht eine ganze Reihe von Ereignissen voran, die nicht nur als Ausstellungsvorlauf unüblich sind, sondern zudem auch ein kritisches Licht auf die Arbeitsweise der Kuratoren, allen voran Philip Johnsons, werfen. Eine konzentrierte Zusammenfassung dieser Umstände gibt ein Artikel von Michael Sorkin[62], der am 1. Dezember 1987 in der New Yorker Wochenzeitung The Village Voice erschienen ist.[63] Sorkin zeichnet ein Bild der Vorgänge, die das Zustandekommen der Ausstellung begleiten, welches von vielen Beteiligten als zutreffend eingeschätzt wird.[64] Neben Aussagen von Zeitzeugen[65] dient

---

59 | Der vollständige Titel der Dissertation lautet „Jacques Derrida and Architecture: The Deconstructive Possibilities of Architecural Discourse".

60 | Johnson/Wigley 1988, S. 3.

61 | Wigley 1993.

62 | Michael Sorkin (*1948), Architekt und Publizist, von 1979 bis 1989 Architekturkritiker der Village Voice.

63 | Sorkin 1987. Der Artikel wurde unter dem Titel „Protokoll zu einer Ausstellung" im Juli 1988 auch im deutschsprachigen Magazin Umriss übersetzt veröffentlicht. Auch Johnson-Biograf Schulze rekurriert ausführlich auf diesen Text (Schulze 1995, S. 393–400).

64 | Stephen Wierzbowski bezeichnet Sorkins Darstellung als „very accurate". Sorkin hat Wierzbowski für den Text intensiv befragt (nichtpubliziertes E-Mail-Austausch der Autorin mit Wierzbowski, 2010). Auch Stanley Tigerman von der Universität Chicago verweist in einem Brief an das MoMA/Richard Oldenburg, 20. Januar 1988 (Brief 7) auf diesen Artikel als korrekte Darlegung. Viele spätere Presseartikel zitieren Sorkins Text als Quelle.

65 | Dazu gehören nichtpublizierte E-Mail-Korrespondenzen der Autorin mit Stephen Wierzbowski und Aaron Betsky (beide 2010).

sein Text daher für die Ausführungen zur Vorgeschichte der DECONSTRUC-
TIVIST ARCHITECTURE als primäre Quelle. Allerdings nimmt Sorkin eine sehr
Johnson-kritische Haltung ein – wenig überraschend, wie Johnson-Biograf
Franz Schulze notiert: „No critic anywhere had as uncharitable a view of Philip
[Johnson] as Michael Sorkin did, and no architect preyed on Michael Sorkin's
mind as did Philip [Johnson]."[66] Johnson selbst, auf den Text und die darin
erhobenen Vorwürfe angesprochen, kommentiert später, dass der Autor vor allem mit Leuten gesprochen habe, „who don't like me, naturally"[67], widerspricht
aber der Beschreibung an sich nicht, was naheliegt, dass die Fakten inhaltlich
getroffen sind, wenn auch ihre Bewertung strittig ist. Daher gilt es bei der Beurteilung der Abläufe aus der historischen Distanz besondere Vorsicht walten
zu lassen. Ergänzend werden weitere Veröffentlichungen aus dem Vorfeld der
Ausstellung herangezogen, die das Bild der Zeit vervollständigen.

Die Vorgeschichte der Ausstellung

Sorkin setzt die Anfänge der DECONSTRUCTIVIST ARCHITECTURE bereits 1984
an.[68] In diesem Jahr entwickeln die Chicagoer Architekten Paul Florian und
Stephen Wierzbowski[69], die als außerordentliche Professoren durch den Dekan
der School of Architecture der University of Illinois mit dem Ausstellungspro-
gramm der universitären Gallery 400 betraut worden waren, ein ambitionier-
tes Konzept. Dieses sollte die vorherrschenden Tendenzen der Gegenwartsar-
chitektur thematisieren. Der erste Entwurf dieser Schau sieht die Präsentation
von 40 bis 50 beispielhaften Positionen vor.

Florian und Wierzbowski nehmen sowohl mit den ausgewählten Architekten Kontakt auf als auch mit renommierten Persönlichkeiten der Zunft, um
offiziell mit der Ausstellung in Verbindung gebracht zu werden, um Unterstützung bei den Bemühungen um finanzielle Förderung zu erhalten und um
Austragungsorte zu finden. Unter den kontaktierten Personen ist auch John-

---

66 | Schulze 1994, S. 393. Johnson sagt über Sorkin: „Nein, Sorkin ist gut – sehr hilf-
reich, ein ausgezeichneter Mann – wir sind nur nicht einig, möchte ich sagen" (Johnson
zitiert nach Jencks 1990, S. 163).

67 | So Johnson in einem MoMA-internen Interview mit Sharon Zane im Februar 1991
(Quelle E).

68 | Die folgenden Informationen zur Chicagoer Ausstellungskonzeption stützen sich
auf Sorkin 1987, sofern nicht andere Quellen angegeben sind.

69 | Wierzbowski und Florian waren 1981/82 Graduate Students von Peter Eisenman
(Eisenman oberflächlich dazu in Jencks 1990, S. 220f.). Florian hat zudem auch bei
Zaha Hadid an der Architectural Association in London studiert.

son, der das Projekt jedoch nicht unterstützt.[70] Während der Großteil der angefragten Architekten positiv reagiert, wird der Förderantrag an den National Endowment for the Arts (NEA) zweimal abgelehnt. Auch eine daraufhin entwickelte kleinere Fassung der Ausstellung, jetzt unter dem Titel „Violated Perfection: The Meaning of the Architectural Fragment", wird nicht unterstützt. In dieser Version werden sieben Architekten eingeschlossen: Coop Himmelblau, Peter Eisenman, SITE, Krueck and Olsen, Eric Moss, Hiromi Fujii und Zaha Hadid.

An dieser Stelle stagniert das Vorhaben. Erst im Frühjahr 1987 kommt wieder Bewegung in die Planungen, als Wierzbowski Aaron Betsky von dem vom Scheitern bedrohten Projekt erzählt. Laut Sorkin ist Betsky beeindruckt und sichert Hilfe zu, um eine Ausstellungsmöglichkeit zu finden. Nach einem Brief von Stanley Tigerman, dem damaligen Direktor der Architekturfakultät Chicago, stellt Betsky das Konzept verschiedenen Museen, auch dem MoMA, vor.[71] Dem widerspricht Betsky allerdings;[72] vielmehr habe er von Anfang an betont, das Projekt als Buchvorhaben, das sich im Kern auf die ursprüngliche Ausstellungsidee von Florian und Wierzbowksi stützen sollte, bei dem New Yorker Rizzoli Verlag vorzustellen. Dies gelingt ihm im Juli 1987. Die Chicagoer Architekten stimmen einer Zusammenarbeit zu und unterstützen Betskys Arbeit.[73] Die Publikation erscheint 1990.

Durch Betsky kommt eine weitere Dimension in das Projekt. Denn noch am Tag seines Vertragsabschlusses mit dem Verlag trifft er sich mit Philip Johnson, dem er von diesem Vorhaben erzählt, sicherlich nicht ohne Hintergedanken, so spekuliert Sorkin. Nach dessen Schilderung erkennt Johnson in „Violated Perfection" ein vielversprechendes Projekt für das MoMA. Rasch verständigt er sich mit Stuart Wrede, dem provisorischen Leiter des Departments für Architektur und Design, darüber, so bald wie möglich eine neue Schau

---

70 | Johnson in einem Brief an Laurel Bradley, die die Galerie zu jener Zeit leitete (Brief 2, Original im Anhang). Informationen aus einem nichtpublizierten E-Mail-Austausch der Autorin mit Wierzbowski, 2010.

71 | „When the exhibit failed to garner grants the curators asked Aaron Betsky to propose the exhibit idea and lists to appropriate institutions, including the Museum of Modern Art, in the spring of 1987", Stanley Tigerman in einem Brief an das MoMA/Richard Oldenburg, 20. Januar 1988 (Brief 7).

72 | So Aaron Betsky in einer nichtpublizierten E-Mail an die Autorin, 2013.

73 | Betskys Buch wurde publiziert unter dem Titel „Violated Perfection. Architecture and the Fragmentation of the Modern" mit dem Zusatz „concept developed by Paul Florian, Stephen Wierzbowski and Aaron Betsky, with a violation by Paul Florian and Stephen Wierzbowksi" (Betsky 1990). Auch Johnson und Gehry werden in den Danksagungen als Berater des Projekts genannt.

über „‚new neo-Constructivist' work"[74] zu präsentieren – diese Formulierung gilt es im Hinterkopf zu behalten, denn sie verweist darauf, welche thematische Ausrichtung für die Ausstellung angedacht ist. Dies wird ihm unter der Bedingung, als Gastkurator mitzuwirken, zugesagt.

Dieses Zustandekommen der Ausstellung birgt doppeltes Spannungspotenzial in sich: Zum einen ist aus den Plänen der Chicagoer Architekten Florian und Wierzbowski durch Betskys Intervention, so Sorkin, „Philip's baby" geworden, die Frage nach der ursprünglichen Urheberschaft von Ausstellungskonzept und Titelbezeichnung werde ignoriert. Zum anderen wird die kurzfristige Aufnahme der Schau in die Jahresplanung des MoMA durch einen internen „Subplot", wie Sorkin es formuliert, heikel.

Wrede ist 1987 nach dem überraschenden Ausscheiden des langjährigen Leiters der Architektur- und Designabteilung des MoMA, Arthur Drexler, kommissarischer Abteilungsleiter.[75] Der Posten ist noch unbesetzt, die Begehrlichkeiten sind hoch. Laut Sorkin ist es ein offenes Geheimnis, dass die Stelle nicht ohne Einwilligung Johnsons, als Mitgründer des Departments, besetzt werden würde.[76] In dieser Situation befindet sich Stuart Wrede, bisher Kurator für Design und als Interimsleiter selbst mit Ambitionen auf die Stelle, als Johnson an ihn herantritt. Die kurzfristige Entscheidung für die noch vage Ausstellungsidee wird damit zu einer taktischen Frage. Schulze gesteht Wrede hier allerdings auch ein eigenes, von Johnson unabhängiges Interesse an der Thematik zu.[77] Wrede schafft es, die Schau in eine kleine Lücke im Sommer 1988 einzuschieben und wird dafür, so wiederum Sorkin, mit Johnsons Wertschätzung honoriert: Im März 1988 wird Wrede Leiter des Departments of Architecture and Design.[78]

Damit hat das MoMA eine Ausstellung ins Programm genommen, die nachweislich zuvor schon von anderen Urhebern eingereicht wurde. Nicht nur wussten die jeweils von Wierzbowski und Florian ausgewählten Architekten von dem Konzept – Eisenman etwa hatte ihnen seine Teilnahme bereits zugesagt –, auch das MoMA und Johnson waren schon darüber informiert. Offensichtlich hat die Museumsleitung die Vorgänge um das Ausstellungsprojekt

---

74 | So wird Stuart Wrede zitiert in Sorkin 1987.

75 | Arthur Drexler (1925-1987) ist ab 1951 Kurator und von 1956 bis 1987 Leiter des Department of Architecture and Design. Er wird Anfang 1987 aus gesundheitlichen Gründen pensioniert (Press Release MoMA, Januar 1987).

76 | Offenbar hegen sowohl Aaron Betsky als auch Joseph Giovannini Ambitionen auf diese Stelle, wie in verschiedenen Pressekommentaren anklingt.

77 | Schulze 1994, S. 394.

78 | Press Release MoMA, März 1988.

nicht zur Kenntnis genommen und Johnsons wegen gehandelt.[79] Zu keiner Zeit gibt es eine Stellungnahme des Museums zu den Plagiatsvorwürfen. Trotzdem muss die Rekonstruktion aus heutiger Perspektive mit der Bewertung der Situation vorsichtig sein. Denn aus Sicht des Museums und Johnsons stellen sich die Entwicklungen in einer anderen Gewichtung dar. Wenn Wrede in einem Brief betont, dass intern schon ähnliche Gedanken zu einer solchen Ausstellung entwickelt worden seien,[80] so ist dies durchaus möglich, erscheint unter den geschilderten Umständen jedoch unglücklich. Zudem erregt die Streitfrage um die Urheberschaft der Ausstellungsidee trotz Sorkins Artikel keine größere nationale Aufmerksamkeit, wie Paul Gapp im September des Jahres in einem Beitrag in der Chicago Tribune anmerkt.[81] Die Kommentare der US-Presse zu dieser Problematik beschränken sich auf kurze Verweise eines kleinen Kreises von Fachautoren.[82]

Im Herbst des Jahres 1987 wird die Ausstellung MoMA-intern noch unter dem Titel „Deconstructivist Architecture: Violated Perfection"[83] geführt. Aus bürokratischen Gründen sieht man jedoch letztlich von dieser Formulierung ab, wie Johnson im Dezember 1987 an Paul Florian schreibt.[84] Die Vermutung liegt nahe, dass hiermit auf die strittigen Fragen des Urheberrechts reagiert wird; nicht zuletzt ist Betskys Buchprojekt ebenfalls unter diesem Titel geplant.

Da die Ausstellung erst sehr spät in die Jahresplanung des MoMA eingeschoben wird und dadurch zeitliche und finanzielle Ressourcen knapp sind, wird zur Organisation der Schau mit Frederieke Taylor[85] externe Unterstützung hinzugezogen. Martin Filler schreibt im Mai, dass Johnsons Büro im „Lipstick Building" in Manhattan zur „Kommandozentrale" der Ausstellungsorganisation geworden sei.[86] Diese Vorgehensweise ist für das MoMA unüblich, lässt

---

79 | Herbert Muschamp fasst diese Stimmung eindringlich zusammen (Muschamp, Ground up, 1988): „A lot of people are shocked that the museum doesn't care how bad this looks – as an abuse of power, intellectual shoddiness, and the subjection of work of strong conviction to the curatorial whim of an architect without moral or esthetic ideals."

80 | Stuart Wrede in einem Brief an Stanley Tigerman, 22. Februar 1988 (Brief 8).

81 | Gapp 1988.

82 | Vgl. Kapitel 2.6.1.

83 | Unter diesem Titel findet sich ein undatiertes, nicht näher bestimmtes Exzerpt zur Ausstellung von Philip Johnson in den Unterlagen des MoMA (Quelle F).

84 | Philip Johnson in einem Brief an Paul Florian, 23. Dezember 1987 (Brief 4).

85 | Frederieke Taylor betreibt seit 1993 eine Galerie in New York (vgl. Website F. Taylor Gallery).

86 | Filler/Johnson 1988, Zitat ebd.

sich aber aus den genannten Gründen erklären.[87] Wohl dadurch bedingt finden sich in den Archivakten des Museums wenig Dokumente zum konkreten Planungshergang der Ausstellung, obwohl der Archivbestand für eine Ausstellung aus dieser Zeit sehr umfangreich ist.[88]

Die Auswahl der auszustellenden Architekten

Wie die Zusammenstellung der zu zeigenden Architekten im Detail abgelaufen ist, lässt sich nicht mehr nachvollziehen, im Museumsarchiv gibt es dazu keine konkreten Dokumente. Laut Sorkin wird am 28. Oktober 1987 im Century Hotel in einer privaten Besprechung Johnsons mit John Burgee, Peter Eisenman, Frank Gehry, Aaron Betsky und Joseph Giovannini sowie den jungen Akademikern Peter Zweig und Mark Wigley ein Nukleus von fünf Architekten (Eisenman, Gehry, Libeskind, Hadid, Coop Himmelblau) ausgewählt; Tschumi und Koolhaas sind noch nicht eingeschlossen. Sie nennt Johnson erst Ende Januar 1988 in einer kurzen Notiz in der New York Times, in der er sich erstmals zu seinem neuen Projekt äußert.[89] Warum es zu dieser Erweiterung kommt, ist aus den Archivunterlagen nicht ersichtlich. Später wird Johnson im Katalogvorwort schreiben, dass „[d]ie sieben in der Ausstellung vertretenen Architekten [...] nicht ausgewählt [wurden] als alleinige Urheber oder einzi-

---

87 | Nach Angaben des MoMA werden gelegentlich Gastkuratoren eingeladen, aber es ist nicht gängige Praxis, dass Ausstellungen nicht vom eigenen Personal koordiniert werden.

88 | Der Großteil des Archivbestands zur DECONSTRUCTIVIST ARCHITECTURE im MoMA umfasst die Pressedokumentation sowie den Leihverkehr.

89 | Die New York Times präsentiert am 3. Januar 1988 „36 Creative Artists Discuss Their New Works", von denen einer Philip Johnson ist (Johnson, 36 Creative Artists, 1988): „I'm putting together the models and pictures for a show I'm guest-curating at the Museum of Modern Art called ,Deconstructivist Architecture', which will open in June. It features the work of about 10 young architects who come from all over the world. Frank Gehry is the old man of the group. It's the first movement since the International Style to get me excited. That was my first show at MOMA in 1932, so I thought doing this show nearly 60 years later had a sort of amusing symmetry because it will be my last. The point of the show is that this is a new direction, a new approach to building. It doesn't look like anything – it doesn't look post-modern or like eclecticism or historicism or like anything that's happened. It is almost the opposite in many ways of the International Style which was all cubes and right angles. This is all diagonals, lines, arcs and warped planes. I believe still that eclecticism and historicism and contextualism are all important, but this is a very strong movement that needs recognition." Welche Wirkung diese Mitteilung auf die öffentliche Wahrnehmung hat, wird im Folgenden (vgl. Kapitel 2.6) näher erläutert.

ge Vertreter dekonstruktivistischer Architektur"[90], man zeige lediglich einen repräsentativen Querschnitt. Weiter wird die Auswahl nicht kommentiert.[91] Ebenfalls Ende Januar wird entschieden, dass die Ausstellung Teil der Gerald D. Hines-Reihe[92] sein wird, wie interne Notizen belegen.[93] Zu diesem Zeitpunkt verwendet Johnson auch den gekürzten definitiven Titel DECONSTRUCTIVIST ARCHITECTURE; auf die mit dieser Entscheidung verbundenen Probleme wird im folgenden Kapitel eingegangen.

Der Ablauf der Zusammenkunft im Century Hotel führt dazu, dass sich viele der Beteiligten von dem Projekt zurückziehen. In Sorkins Schilderung begegnet Johnson als Strippenzieher, der sich aus der lebhaften Diskussion unter den Anwesenden die besten Fäden heraussucht, andere ignoriert. Offenbar bringt sich vor allem Johnson-Freund[94] Eisenman dominant ein;[95] dieser selbst widerspricht dem jedoch.[96] Die anderen sehen ihre Ideen übergangen und die Thematik zu einseitig ausgerichtet, sie ziehen sich daher von dem Projekt zurück.[97] Insgesamt wird dieser Aspekt in der öffentlichen Aufmerksamkeit kaum kommentiert.

---

90 | Johnson/Wigley 1988, S. 9.

91 | Im Gespräch mit Jencks streift Johnson das Thema der Auswahl der ausgestellten Architekten oberflächlich; dabei wird vor allem deutlich, dass er die treibende Kraft der Auswahl gewesen zu sein scheint (Jencks/Johnson 1990, S. 162f.).

92 | Vgl. Anm. 52. Die DECONSTRUCTIVIST ARCHITECTURE wird kurzfristig ins Förderprogramm dieser Ausstellungsreihe aufgenommen, die damit auf fünf Ausstellungen erweitert wird.

93 | Interne Notiz von Stuart Wrede über ein Treffen mit Kenneth W. Hubbard von Hines vom 27. Januar 1988 (Quelle G).

94 | Zur Freundschaft von Philip Johnson und Peter Eisenman vgl. etwa Schulze 1994, S. 371–378, 398f.

95 | Aaron Betsky schildert diese Entwicklungen: „Johnson sent me to see Eisenman, I presented the idea of the ‚four godfathers', including Eisenman, to him, and then he objected that he was not a precursor, but an active participant. From what Frank Gehry told me, he aggressively campaigned to have Johnson not work with me (or anybody else), and instead with his employee Mark Wigley" (Betsky in einer nichtpublizierten E-Mail an die Autorin, 2013).

96 | Jencks/Eisenman 1995, S. 247. In einem Gespräch mit Jencks 1989 schildert Eisenman seine Mitwirkung als Anstoß zur Ausstellung etwas aktiver und sagt, er habe „eine enorme Mitschuld an dieser Schau" gehabt (Eisenman zitiert nach Jencks 1990, S. 220).

97 | Entsprechendes schreibt etwa Aaron Betsky in zurückhaltenderer Form (Betsky in einer nichtpublizierten E-Mail an die Autorin, 2010).

Wie stark Eisenmans Einfluss auf das Projekt tatsächlich war, lässt sich aus der Rückschau nicht genau sagen.[98] Sorkin berichtet, dass Eisenman die Ausstellung bereits kurz nach dem Treffen als das wichtigste Ereignis seit der „Modern Architecture" ankündige, eine Sichtweise, der Johnson im Interview mit Filler widerspricht: „Exactly the opposite, and I'm surprised Peter would talk that way."[99] Eisenman selbst sagt, er habe, wie andere auch, elf Vorschläge gemacht, die er nicht alle habe durchsetzen können.[100] Auch vertritt er eine andere inhaltliche Gewichtung: „Nach meinem Dafürhalten sollte es nicht um Konstruktivisten gehen, sondern um Dekonstruktion", so erklärt er im Gespräch mit Charles Jencks, er habe den Titel „Violated Perfection" bevorzugt, den das Museum jedoch nicht „mochte[...]".

Allerdings erhält Eisenman für seinen Ausstellungsbeitrag einen prominenten Ort an der Hauptsichtachse der Räume. Daraus könnte man zumindest auf einen gewissen Einfluss auf das Projekt schließen. Seine theoretischen Überlegungen beeinflussen die inhaltliche Ausrichtung der Schau jedoch wenig.[101] Darüber hinaus sorgt Eisenman offensichtlich dafür, dass Mark Wigley als Co-Kurator in das Projekt eintritt;[102] Aaron Betsky und andere empfinden dies als „Hineinmanövrieren"[103]. Auf Sorkins Nachfrage, wer Wigley sei, verweist Johnson nur darauf, dass der Kontakt über Eisenman hergestellt worden sei, während er im Gespräch mit Filler betont, Wigley sei „the best brain in architectural criticism today, in a theoretical sense [...]"[104]. Mehr lässt sich über die Hintergründe für Wigleys Beteiligung am Ausstellungsprojekt aus

---

98 | James Wines, ein starker Kritiker der Ausstellung (vgl. auch Anm. 160, 168), schreibt von einem „Johnson/Eisenman event" (Wines 1988) und auch Sorkin deutet Eisenmans Einfluss auf Johnson an (vgl. Sorkin 1988; Sorkin 1987). Auch in Wierzbowskis und Betskys Kommentaren zeichnet sich dies ab (Informationen aus den nichtpublizierten E-Mail-Korrespondenzen der Autorin mit Wierzbowski und Betsky, 2010). Bei anderen Autoren findet man jedoch nur selten Verweise auf Eisenmans möglicherweise intensivere Beteiligung an dem Projekt (vgl. etwa Massengale 1988). Mit dem Wissen um die Freundschaft zwischen Johnson und Eisenman ist es allerdings nicht überraschend, wenn zwischen den beiden ein Austausch stattgefunden hat.

99 | Filler/Johnson 1988.

100 | Jencks/Eisenman 1995, S. 265, folgende Zitate ebd.; vgl. auch Jencks 1990, S. 217.

101 | Vgl. dazu insbesondere Kapitel 6.2 zu Eisenmans Architekturverständnis.

102 | Eisenman selbst beschreibt den Kontakt mit Wigley im Gespräch mit Jencks, so sei er etwa Korrektor von Wigleys Dissertation über Derrida gewesen und habe Einfluss darauf gehabt (Jencks 1990, S. 220).

103 | Betsky in einer nichtpublizierten E-Mail an die Autorin, 2010.

104 | Johnson zitiert nach Filler/Johnson 1988.

den Unterlagen nicht feststellen. Insgesamt wird seine Mitwirkung von der kritischen Öffentlichkeit wenig kommentiert.[105]

Kritik an Johnson – berechtigt oder nicht?

Sorkin bewertet das Zustandekommen der Ausstellung sehr negativ. Nicht nur habe Johnson aus Mangel an eigenen Ideen die konzeptuellen Grundlagen sowie den Titel von anderen übernommen, ohne sich damit aufzuhalten, die entsprechenden Quellen zu benennen, seine Arbeitsweise sei zudem von patriarchalischen Denkstrukturen bestimmt. Weiter schreibt Sorkin von einem „Johnson cult", der bei einem „boys-only dinner" die Grundzüge der Ausstellung festgelegt habe.[106] Grundlage der Diskussion sei die Liste der Chicagoer gewesen, deren Urheber Florian und Wierzbowski jedoch von den Vorbereitungen völlig ausgeklammert worden seien. Johnson selbst verweist in Interviews und im Katalogvorwort immer wieder darauf, dass Betsky und Giovannini[107] ihn inspiriert hätten, während er die Chicagoer Architekten nicht erwähnt. Während der Planungsphase hat er nur mit ersteren direkten Kontakt gehabt. Nach Informationen von Wierzbowski habe Johnson erst nach Erscheinen von Sorkins kritischem Artikel einmal mit ihnen Kontakt aufgenommen, also sehr spät im Planungsprozess. Da Wierzbowski den Anruf nicht entgegennehmen will, führt Florian das Telefonat mit Johnson, in dem dieser den beiden anbietet, ihn in New York zu besuchen und, so Wierzbowskis Erinnerung, „seemed to suggest he could help us if we ‚helped' him".[108] Zudem sei nie um Erlaubnis zur Verwendung des Titels „Violated Perfection" angefragt worden. Davor und danach gibt es keinen Austausch. Anfang 1988 kommt es zu einem kurzen Briefwechsel zwischen Stanley Tigerman und dem MoMA, in dem ersterer darum bittet, den Beitrag der Chicagoer Universität und ihrer Angestellten zu würdigen.[109] Dem wird im Ausstellungskatalog in Johnsons Danksagungen

---

105 | Peter Carlsen ist einer der wenigen, die deutlicher werden: „There is something piquant and daring about Johnson's cooperation with Wigley. It is a glove thrown in the face of a cantankerous architectural establishment [...]" (Carlsen 1988).

106 | Sorkin schreibt von diesem Treffen in einem „Private Room" und verkneift sich nicht die Information, dass die Kosten für die Flüge einiger Teilnehmer von Johnson getragen worden seien (Sorkin 1987).

107 | In welcher Form Joseph Giovannini involviert ist, wird im anschließenden Kapitel besprochen.

108 | Informationen aus einem nichtpublizierten E-Mail-Austausch der Autorin mit Wierzbowski, 2010.

109 | Tigermans mittlerweile mehrfach zitierter Brief an Richard Oldenburg, 20. Januar 1988 (Brief 7). Stuart Wrede reagiert mit einer Zusicherung dieser Erwähnung, hebt jedoch hervor, Johnsons Idee sei „considerably different from the proposal that came to us via Aaron Betsky". Außerdem sei eine ähnliche Idee schon lange vor dem

nachgekommen, die sich im englischen Katalog an sein Vorwort anschließen, in der deutschen Ausgabe jedoch fehlen. In einem Nebensatz wird darauf verwiesen, die Formulierung „Violated Perfection" stamme „from the title of an exhibition proposed by the team of Paul Florian and Stephen Wierzbowksi for the University of Illinois, Chicago"[110].

Angesichts der harschen Kritik, wie sie insbesondere Sorkin übt, ist es wenig überraschend, dass Johnson die Ereignisse anders schildert: Er betont immer wieder, dass die DECONSTRUCTIVIST ARCHITECTURE auf etwas reagiert habe, das „in der Luft lag"[111]; dies trifft sicherlich auch zu. Allerdings weisen das Chicagoer Konzept und die MoMA-Ausstellung zu viele Gemeinsamkeiten auf, um ausschließlich von Zufall sprechen zu können: Nicht nur wurde das New Yorker Projekt anfangs unter dem gleichen Titel „Violated Perfection" geführt – eine Formulierung, die Johnson auch später immer wieder verwendet und in seinem Katalogbeitrag gebraucht –, auch die Auswahl von sieben Architekten entspricht der gekürzten Version der Chicagoer. Drei der im MoMA gezeigten Architekten, Coop Himmelblau, Peter Eisenman und Zaha Hadid, standen bereits auf der Liste für „Violated Perfection", für die auch Frank Gehry angefragt worden war, der jedoch schon 1984 eine Teilnahme abgelehnt hatte.[112] Zudem sagt Johnson etwa Architekten wie Hiromi Fujii, Morphosis und James Wines/SITE, die im Chicagoer Konzept eingeschlossen waren, mit persönlichen Briefen ab, weil deren Arbeit nicht dem inhaltlichen Konzept seiner Ausstellung entspräche.[113] Warum diese Absagen nötig waren – für ein neu entwickeltes Konzept sind eigentlich keine abschlägigen Bescheide zu erwarten, wenn diesen keine Einladungen vorangegangen sind – und welche Korrespondenz dem möglicherweise vorausging, wird aus den Archivunterlagen nicht ersichtlich. Der Verdacht liegt nahe, dass damit möglicherweise auf die „Vorarbeit" der Chicagoer reagiert wurde, deren Architektenauswahl in Teilen übernommen wurde. Hinzu kommen inhaltliche Parallelen. So war die Ver-

---

Chicagoer Vorschlag im Gespräch innerhalb des Departments und mit Philip Johnson gewesen (Stuart Wrede in einem Brief an Stanley Tigerman, 22. Februar 1988 (Brief 7)). Inwieweit das zutrifft, kann nicht nachvollzogen werden. Beide Chicagoer werden zur Eröffnung eingeladen, sind jedoch verhindert und gratulieren später schriftlich zur gelungenen Ausstellung (Paul Florian, Brief an Philip Johnson, 1. Juli 1988 (Brief 10)).

110 | Johnson/Wigley 1988, S. 9.

111 | Etwa in Filler/Johnson 1988. Auch Schulze weist darauf hin (Schulze 1994, S. 395).

112 | Frank Gehry in einem Brief an Wierzbowski und Florian, 26. Dezember 1984 (Brief 1, Original im Anhang). Informationen aus einem nichtpublizierten E-Mail-Austausch der Autorin mit Wierzbowski, 2010.

113 | Vgl. exemplarisch Philip Johnsons Brief an Hiromi Fujii, 6. Januar 1988 (Brief 5).

bindung mit dem russischen Konstruktivismus bereits von Wierzbowski und Florian hergestellt worden.[114]

Die Konzepte unterscheiden sich durch die formal-ästhetische Ausrichtung der MoMA-Schau.[115] Die New Yorker verfolgen zudem auch einen anderen Anspruch als die Chicagoer, indem sie betonen, nur eine Facette der aktuellen Architekturphänomene vorstellen zu wollen. Johnson schreibt in einem internen Exzerpt: „The choice of architects to illustrate this architecture is narrow with the purpose of illustrating the artistic character of Deconstructivist Architecture, in no way to denigrate other architects [...]. In this exhibition, we show one category of the present scene that we find especially exciting and relevant."[116]

Johnson tendiert dazu, nicht nur seine Rolle, sondern auch die der Ausstellung herunterzuspielen. Im Interview mit Filler erklärt er etwa, man habe die sieben Architekten der Ausstellung „off the tops of our heads" ausgesucht, die Schau sei lediglich eine Momentaufnahme eines aktuellen formalen Phänomens und keinesfalls mit dem „messianischen" Anspruch der International Style-Ausstellung von 1932 zu vergleichen.[117] Mit der dekonstruktivistischen Architektur wolle man keinen neuen Stil bezeichnen: „It's just that a lot of this current work looks like Russian Constructivist drawings."[118] Wiederholt verweist Johnson darauf, dass dieses Phänomen ihn seit langer Zeit erstmals wieder „begeistert" hätte. Etwas genauer führt er dies im MoMA-Magazin aus: „[It] is the first adumbration of a trend worth commenting on. That's why I'm doing this show. I thought it was the first time since the International Style that there was a group of work to comment on that showed a similar direction, that was *good* in terms of its own rules, its own forms."[119] Man wolle lediglich Aufmerksamkeit für die Architektur, insbesondere natürlich für diese Art der Architektur, erregen.[120] Während Johnsons Ausführungen zu den Absichten

114 | „The new fragmentary work seemed to obviously have its roots in Constructivism, a movement we found to be grossly under-rated and worthy of recognition. No where is it more apparent than in Zaha Hadid's work", so Stephen Wierzbowski in einem nichtpubliziertem E-Mail-Austausch der Autorin mit Wierzbowski, 2010. Auch im Londoner Symposium wird eine Verbindung mit der russischen Avantgarde thematisiert (mehr dazu im Folgenden). Nach Geoffrey Broadbent zieht auch Elaine Farrelly in ihrer Publikation 1986 entsprechende Verbindungen (Broadbent 1991, S. 19).

115 | Auf die Inhalte der Ausstellung wird ausführlich in Kapitel 2.7 eingegangen.

116 | Undatiertes Exzerpt zur Ausstellung von Johnson (Quelle F; vgl. Anm. 83).

117 | Filler/Johnson 1988.

118 | Phillips/Johnson 1988.

119 | Philip Johnson zitiert nach Lyon, Crossing the Lines, 1988 (Hervorhebung im Original).

120 | Johnson im Interview mit Phillips: „It will bring attention to architecture" (Phillips/Johnson 1988). In diesem Sinne vgl. auch Blake 1988.

der Ausstellung vage bleiben, präzisiert Wrede von Museumsseite die Zielsetzungen deutlicher: „[O]n the one hand, one wants to show exemplary work; on
the other, there can also be a kind of polemical intent, to get the profession to
sit up and think, which the deconstructivist show will certainly do."[121] In einer
internen undatierten handschriftlichen Zusammenfassung eines Gesprächs
mit Johnson notiert Wrede zudem auch, der Katalog solle ein „standard reference book for the movement"[122] werden. Diese wenigen Äußerungen deuten
an, dass zumindest von Museumsseite ein Bewusstsein für die besondere Bedeutung von Johnsons gastkuratierter Ausstellung vorhanden und sicher auch
kalkuliert war.

Darüber hinaus merken Johnsons Kritiker an, dass dessen Interesse an dieser Architekturströmung sehr jung sei. Noch zwei Jahre zuvor habe er sich klar
für die Postmoderne ausgesprochen, wie Victoria Geibel notiert.[123] Die neuen
Denkansätze sind jedoch schon deutlich länger im Umlauf. Gehrys Haus etwa,
das als erstes „dekonstruktivistisches" Gebäude gilt, ist zu jener Zeit schon
zehn Jahre alt,[124] während sich etwa SITE um James Wines bereits seit über 15
Jahren mit der Thematik befassen.[125] Giovannini weist darauf hin, dass „ideas
underlying Deconstructivism have been explored for more than a decade"[126].
Allerdings beansprucht Johnson auch zu keiner Zeit, der Erste gewesen zu
sein, der diese Entwicklungen beobachtet habe. Es ist sein Talent, interessante
Bewegungen und Gedanken zu beobachten und aufzugreifen, wie ihm zahlreiche Quellen attestieren. Problematisch wird dieses Verfahren im Fall der
DECONSTRUCTIVIST ARCHITECTURE durch die geschilderte fehlende Auseinandersetzung mit dem und Anerkennung des geistigen Eigentums anderer Autoren. Zusammen mit der kurzfristigen Zusammenstellung der Ausstellung
lässt dies eine eher oberflächliche Herangehensweise an die Thematik sichtbar
werden, die sich auch in der Ausstellung selbst niederzuschlagen scheint.

Zudem fällt auf, dass Johnson selbst lange nicht genau zu wissen scheint,
wen und was die Ausstellung eigentlich beinhalten sollte. Sorkin schreibt im
Dezember 1987, dass der Kurator auch auf gezielte Nachfragen nur allgemeine
Auskünfte über das Thema der Ausstellung habe geben können, Genaueres
würde noch ausgearbeitet. Noch im Januar formuliert Johnson in seiner Notiz in der New York Times nur vage, die Schau präsentiere „about 10 young
architects"[127]. An sich spricht diese Beobachtung zwar nicht gegen Johnson

---

121 | Stuart Wrede zitiert nach Lyon, Maintaining, 1988.
122 | Quelle D.
123 | Geibel, Philip Johnson, 1988.
124 | Zu Gehrys Schaffen und GEHRY HOUSE vgl. Kapitel 3.
125 | So James Wines in seinem Brief an Philip Johnson, 15.12.87 (Brief 3).
126 | Giovannini, Breaking, 1988.
127 | Johnson, 36 Creative Artists, 1988.

und seine Arbeitsweise, sie lässt jedoch vermuten, dass der Kurator erst spät und auf Anregungen von außen auf das Thema aufmerksam (gemacht) wurde. Diese Art der Darstellung entspricht Johnsons Selbsteinschätzung, der sich vor allem als „exciter, sponsor, blesser"[128] der Schau sieht, dessen Aufgabe es sei, „to get this catalogue out"[129], während Co-Kurator Wigley für die konkreten Details sowie das theoretische Fundament zuständig sei. Nach einer internen Notiz des MoMA hat sich Johnson auch ausgegeben, offiziell nicht für Interviews im Rahmen der Ausstellung zur Verfügung zu stehen.[130]

Auch bei Auskünften darüber, wie die Inspiration zur Ausstellung zustande gekommen sei, zeigt sich Johnson in Interviews inkonsequent. So wird er bei Geibel zitiert, dass „[t]his show was caused by a very simple vision of the work by two people – Zaha Hadid and Peter Eisenman. The other component was Frank Gehry's house."[131] 1991 hingegen heißt es, die Idee sei von Peter Eisenman und Aaron Betsky aufgebracht und die Liste von Wigley, Eisenman und ihm selbst zusammengestellt worden.[132]

Dass Johnsons Rolle bei der Gestaltung der Ausstellung tatsächlich so geringfügig war, wie er dies darstellt, darf bezweifelt werden. Sorkin schildert seine Mitwirkung deutlich aktiver. Ihm zufolge hat Johnson die Führung übernommen und etwa auch die Ausstellungsinstallation entworfen. Ellen Posner gibt an, er habe die Hängung überwacht.[133] Sorkin weist zudem darauf hin, dass Johnson nicht theoretisch interessiert gewesen sei. Wenn die Diskussion zur Auswahl der Architekten zu theoretisch geworden sei, habe er abgewunken. Johnson selbst verweist darauf, dass er ein rein formales, ästhetisches Interesse an der Architekturströmung hege. Die Ausstellung sei „about art"[134], nicht über Architektur wie frühere Projekte. Diese rein formal-ästhetische Sichtweise beeinflusst den Grundton der Ausstellung maßgeblich und prägt die Darstellungen im Katalog. Wigley hingegen hat anfänglich offensichtlich ein anderes Verständnis der Schau verfolgt, Lynn Nesmith zitiert ihn mit fol-

---

128 | Johnson zitiert nach Geibel, Design, 1988.

129 | Johnson zitiert nach Filler/Johnson 1988.

130 | Zumindest im Vorfeld der Ausstellung hat Johnson dennoch einige Interviews gegeben (vgl. etwa Filler/Johnson 1988; Phillips/Johnson 1988). In der filmischen Dokumentation von Michael Blackwood hingegen, die an sechs Terminen im Juni (15. bis 30. Juni 1988) gedreht wurde, erscheint Johnson nicht (vgl. Dokumentarfilm Blackwood).

131 | Johnson zitiert nach Geibel, Design, 1988; auch Read verweist auf eine entsprechende Aussage Johnsons (Read 1988).

132 | Johnson im MoMA-internen Interview mit Sharon Zane im Februar 1991 (Quelle E).

133 | Posner 1988.

134 | Johnson zitiert nach Geibel, Design 1988; in ähnlichem Sinne etwa auch Phillips/Johnson 1988.

genden Worten: „This is an ideological show linked by certain theoretical con-
ceptual questions, not certain esthetic questions."[135] In seinem Katalog-Essay
kommt dies jedoch nicht mehr in der gleichen Deutlichkeit zum Ausdruck.[136]
Zudem verweist Johnson darauf, dass sein Interesse auf dem Formalen liege,
während Wigley die Ausführungen zum philosophischen Dekonstruktivismus beisteuere.[137]

Letzteres aber wird im Katalog betont ausgeklammert und kommt auch in
der Öffentlichkeitskommunikation des Museums nicht vor. Auch hier scheint
sich Johnsons Sichtweise durchgesetzt zu haben. Sorkin kommentiert dies
recht zynisch und schreibt, Wigley habe offensichtlich Johnsons Sichtweise
widerspruchslos übernommen und lediglich dessen kuratorische Befehle ausgeführt.[138] Ob diese Darstellung so zutrifft, sei jedoch dahingestellt.

Zwischenstand

Das Zustandekommen der Ausstellung ist von komplexen Zusammenhängen
geprägt, die zu klären und zu beurteilen aus der historischen Distanz nicht
vollständig möglich ist. Nachweisen lassen sich aber verschiedene Faktoren, die
die Hintergründe der DECONSTRUCTIVIST ARCHITECTURE kritisch werden lassen. Dazu gehören neben den ungewöhnlichen Umständen der Organisation
der Ausstellung – sei es die sehr kurzfristige Aufnahme ins Jahresprogramm
des MoMA, die externe Unterstützung nötig macht, sei es die Problematik
um die Neubesetzung der Leitung der Architektur- und Designabteilung des
MoMA – insbesondere die strittigen Fragen um die Urheberrechte des Konzepts sowie des Titels, auf den gleich noch einzugehen ist. James Wines formuliert in einem Artikel den Vorwurf, man habe die Ausstellung „gestohlen"[139],
ein Vorwurf, der letztendlich auch die Meinung der Chicagoer Architekten
wiedergibt.[140] Auch wenn dieser Vorwurf zu harsch formuliert ist, bietet sich
dem neutralen Beobachter dennoch ein Bild von den Hintergründen, das zumindest einige Entscheidungen im Vorfeld der Ausstellung fragwürdig erscheinen lässt.

Auch Johnsons Präsentation des Projekts lässt Zweifel aufkommen. Nicht
nur äußert er sich in Interviews vor der Ausstellung überraschend unpräzise
und lässt eine klare Linie in den Vorbereitungen vermissen, es überzeugt zudem auch nicht, dass eine MoMA-Ausstellung so spontan zusammengestellt

---

135 | Wigley zitiert nach Nesmith 1988.
136 | Mehr dazu in Kapitel 2.7.2.
137 | Vgl. etwa Filler/Johnson 1988; Phillips/Johnson 1988.
138 | Vgl. Sorkin 1988.
139 | Wines 1988.
140 | Informationen aus einem nichtpublizierten E-Mail-Austausch der Autorin mit
Wierzbowski, 2010.

worden sein soll, wie Johnson dies darstellt. Gewiss ist die Entscheidung für die Schau kurzfristig gefallen, dennoch ist es schwer vorstellbar, dass eine Präsentation in diesem Museum ohne profundes Konzept und intensive Vorbereitungen veranstaltet würde. Außerdem hat sich bereits abgezeichnet, dass die DECONSTRUCTIVIST ARCHITECTURE auf Johnson zugeschnitten ist und seine Vorstellungen – die ausschließlich formal-ästhetische Betrachtung der Architekten sowie die Konzentration auf die Verbindung mit dem russischen Konstruktivismus – dominieren, wie sich bei der Besprechung der Katalogtexte noch genauer zeigen wird. Daher wirkt die (Selbst-)Darstellung aus dem Munde einer so in der öffentlichen Architekturszene präsenten und renommierten Person wie Philip Johnson eher kokett. Welchen Einfluss sein Name in der öffentlichen Wahrnehmung entfalten kann, hat er im Laufe der Jahrzehnte mehrfach erlebt.[141] Auch für die DECONSTRUCTIVIST ARCHITECTURE ist daher mit einem äußerst hohen Medieninteresse zu rechnen.[142]

Über die Gründe für diese Kommunikation kann nur spekuliert werden. Möglicherweise handelt es sich um ein kalkuliertes Spiel des Marketing-Talents Johnson mit den Medien. Dies würde auch Wredes Aussage, man habe eine polemische Ausstellung geplant, entsprechen, ein Ziel, das erreicht wird: Die Schau erregt größte Aufmerksamkeit und lenkt das öffentliche Interesse von der noch vorherrschenden postmodernen Architektur auf ein neues Phänomen. Damit steigt jedoch auch die Wahrscheinlichkeit, dass Inhalte pauschalisiert wahrgenommen werden, wie dies in Situationen erhöhter Medienaufmerksamkeit häufig der Fall ist. Trotz der gegenteiligen Angaben der Kuratoren ist damit eine oberflächliche, nur auf stilistische Aspekte reduzierte Wahrnehmung der vorgestellten Architekturen zu erwarten, die durch die Titelwahl noch begünstigt wird. Welche Bedeutung dies im konkreten Fall hat, wird im anschließenden Kapitel erörtert.

2.1.2 Der Titel der Ausstellung: Auswahl und Bedeutung

Nach Johnson ist der Titel der Ausstellung als Kofferwort[143] geprägt worden und dient als „curatorial device" lediglich zur Zusammenfassung der Baukünstler, aber nicht zur Bezeichnung eines neuen Stils: „We combined my link to Russian Constructivism with Mark's perceptions of Deconstruction and came up

---

141 | Victoria Geibel etwa stellt in ihren Porträts von Philip Johnson dessen öffentliche Wirkung ausführlich dar: „Years in the public eye have taught Johnson the power of his name" (Geibel, Philip Johnson, 1988; Geibel, Design, 1988).

142 | Die erfolgte öffentliche Resonanz wird in Kapitel 2.6 besprochen.

143 | Ein Kofferwort verschmilzt aus mindestens zwei Wortsegmenten zu einem Kunstwort mit inhaltlich neuer Bedeutung (z. B.: fog + smoke = smog, breakfast + lunch = brunch). „Dekonstruktion" ist damit an sich schon ein solches Kofferwort.

with the portmanteau term ‚Deconstructivist,‘ [...].“[144] Die im Folgenden zu besprechende Darstellung Wigleys in seinem Katalogessay weist allerdings auf anderes: Wigley schließt, wie bereits erwähnt, einen Bezug zu Derridas Dekonstruktion aus und stellt die Bezeichnung der neuen Architekturströmung als „De-Konstruktivismus“ vor, rückt sie also in enge Beziehung zur russischen Avantgardeströmung.[145] In dieser Auffassung ist der Begriff kein Kofferwort mit neuer inhaltlicher Bedeutung, sondern durch das Präfix „de“ eine Verneinung des Bezugsworts. Zudem wird in den Pressetexten des Museums keine Beziehung zur aktuellen französischen Philosophie hergestellt, auch Johnson verweist nicht auf eine mögliche Verbindung zum Denken Derridas. Auf Patricia C. Phillips' Nachfrage gibt er gar an, diesen nie gelesen zu haben.[146] Näher erläutern die Kuratoren ihre Begriffswahl in Interviews und Pressegesprächen zur Ausstellung nicht, der Titelterminus bleibt auffallend unbestimmt. Lediglich die Feststellung, nur ein formales Phänomen und keinesfalls einen neuen Stil vorstellen zu wollen, wird mehrfach wiederholt.

Diese Haltung überrascht nicht nur, weil durch die sprachliche Formulierung der Ismus nahegelegt wird, den man auszuschließen versucht, sondern auch, weil der Terminus „Dekonstruktion“ in jener Zeit sehr aktuell ist und mit einer entsprechenden Thematisierung zu rechnen gewesen wäre.[147] An eine Ausstellung im MoMA unter diesem Titel werden daher hohe Erwartungen gerichtet. Tatsächlich ist die Bezeichnung „dekonstruktivistisch“ weder eine Erfindung der Kuratoren, noch ist die Übertragung der Dekonstruktion in den Architekturbereich eine Neuerung. Wie bereits angemerkt, wird Johnson auch vorgeworfen, den Titel der Ausstellung von einem anderen Autor ohne Verweis auf diesen übernommen zu haben. Das Kuratorenteam nennt keine konkrete geistige Quelle des Begriffs. Betsky erinnert sich, dass es Johnson gewesen sei, der darauf bestanden habe, das Projekt als „Dekonstruktivismus“ zu bezeichnen, obwohl Wigley und die anderen bei genanntem Treffen im Century Hotel Anwesenden diese Titelentscheidung nicht befürwortet haben.[148] Vielmehr habe Johnson den Titel ausgewählt mit dem Argument, dass er von allen leicht verstanden würde.

---

144 | Wilson, N.Y. Abuzz, 1988, Zitate ebd. Auch andere Autoren verweisen auf diese Aussage Johnsons.

145 | Vgl. Anm. 114: Wie bereits angemerkt ist die Bezugnahme auf den russischen Konstruktivismus keine exklusive Idee der Kuratoren; neu ist allerdings die Verengung auf nur diese Perspektive.

146 | „No, I don't even read Derrida“, Johnson zitiert nach Phillips, Phillips/Johnson 1988. Dies überrascht umso mehr, da Johnson (auch) Philosophie studiert hat.

147 | Vgl. Kapitel 1 sowie die folgenden Ausführungen zum Londoner Symposium.

148 | Informationen aus einem nichtpublizierten E-Mail-Austausch der Autorin mit Betsky, 2010.

Den Anspruch auf Urheberschaft erhebt Joseph Giovannini, Architektur-kritiker der New York Times, der in einem Artikel schreibt, er habe den Begriff 1987 geprägt als Verschmelzung der Wörter „deconstruction" and „construc-tivism" zur Bezeichnung einer „new sensibility" im architektonischen Schaf-fen, auf die er durch die Arbeiten von Frank Gehry, Peter Eisenman, Bernard Tschumi, Zaha Hadid und Coop Himmelblau aufmerksam geworden sei.[149] Ihm zufolge zeige deren Werk „the influence not only of Russian construc-tivism, but also of the French literary and philosophical movement known as deconstruction". Entstanden sei die Prägung im Rahmen einer Diskussion zu seinem (nicht realisierten) Buchvorhaben über Avantgarde-Tendenzen in der Architektur. Sorkin schreibt, dass Giovannini Johnson von diesem Buchpro-jekt unter dem Arbeitstitel „The deconstructivists" ebenfalls in der Zeit, als auch das Gespräch zwischen Betsky und Johnson stattgefunden hat, berichtet habe.[150] Damit liegt es nahe, dass Johnson von dieser Wortschöpfung zum Titel der Ausstellung animiert wurde.[151] Er nennt neben Betsky auch Giovannini als Inspiration, gibt jedoch keine genaueren Angaben zur Natur dieser Anregung. Darüber hinaus waren Giovannini wie Betsky am Planungstreffen im Oktober 1987 beteiligt. Giovanninis Ideen dürften damit Eingang in die Ausstellungs-vorbereitungen gefunden haben.

Aus heutiger Perspektive lässt sich nicht mehr rekonstruieren, wer den Terminus erstmals gebraucht hat. Tatsächlich lag zu jener Zeit nicht nur der Ausstellungsinhalt „in der Luft", wie Johnson wiederholt betont, sondern auch der Begriff der Dekonstruktion. Der von Jacques Derrida geformte Begriff war bereits seit den 1970er-Jahren vor allem in den USA zu einem intellektuellen Modewort avanciert und wurde disziplinenübergreifend verwendet, allen vor-an in der Literaturwissenschaft, aber auch in den Rechtswissenschaften und in der Kunsttheorie.[152] Diese Vielfalt von Ansätzen reagiert auf den von Derrida selbst eingeschlagenen Weg, sich mit unterschiedlichsten Fachbereichen aus-einanderzusetzen. Seine Überlegungen reichen weit über Disziplinengrenzen hinaus, wie etwa Engelmann darlegt: „Neben der Philosophie beschäftigt er sich auch mit Malerei, Literatur, Architektur, Photographie genauso wie mit Politik, Recht und gesellschaftlichen Fragen, freilich nicht ohne die im Feld

---

149 | Giovannini, Breaking, 1988, folgendes Zitat ebd.

150 | Sorkin 1987. Johnson bestätigt die zeitlich nahen Treffen mit Betsky und Giovan-nini im Gespräch mit Filler (Filler/Johnson 1988).

151 | Alba Cappellieri zitiert Johnson jedoch nach einem privaten Gespräch 1992 mit den Worten, der Dekonstruktivismus sei eine Erfindung von ihm: „Il Decostruttivismo è una mia invenzione [...]" (Cappellieri 1996, S. 31).

152 | In den USA entwickelt Derrida einen Einfluss, wie er ihn in seinem eigenen Land nie erreichen sollte (vgl. Cusset 2008, S. 2).

der Philosophie erarbeiteten Einsichten, Möglichkeiten und Schreibweisen dort zu nutzen."[153]

Dekonstruktion und Architektur

Auf die Architektur wurde die Dekonstruktion bereits in den frühen 1980er-Jahren übertragen, wie etwa Giovannini anmerkt.[154] So habe beispielsweise Rosalind Krauss Peter Eisenmans Arbeit in Bezug zu Derridas Denken gesetzt,[155] und nach Sylvia Lavin ist es zur Zeit vor der MoMA-Schau zumeist Eisenmans Denken, das mit der Dekonstruktion in Verbindung gebracht wird.[156] Charles Jencks beschreibt schon 1985 Gehrys Arbeitsweise als dekonstruktivistisch,[157] ohne dass dieser jedoch nachweisbar bewusste Einflüsse aus der Philosophie verarbeitet hat. Anders hingegen Eisenman, der wie Bernard Tschumi mit Derrida korrespondiert, welcher sich umgekehrt auch zur Architektur äußert. Zudem beginnen beide Mitte der 1980er-Jahre die Arbeit an einem gemeinsamen Projekt, den CHORA L WORKS.[158] Aber auch andere Architekten und Künstler setzten sich intensiv mit Derridas Denken auseinander, unter ihnen James Wines von SITE und Gordon Matta-Clark, die in Wigleys Essay als abgrenzende Beispiele angeführt werden. Darüber hinaus ist auch der Einsatz der Vorsilbe „de" zu jener Zeit keine unbekannte Erscheinung:[159] Wines etwa hat die „De-architecture" kreiert – sein gleichnamiges Buch erscheint Ende 1987[160] und wurde Johnson von Wines persönlich zur Kenntnis gebracht –, während Eisenman in seiner Arbeit phasenweise den Terminus „decomposition" einsetzt.

Dies zeigt, dass der Begriff „Dekonstruktion" und seine semantischen Spielarten 1988 keine neuen Bezeichnungen, sondern in vielfacher Weise im Umlauf und mit zahlreichen Deutungsansätzen verknüpft sind. Schon vor der Ausstellung provoziert der Terminus auf der ganzen Welt hitzige Debatten, berichtet Giovannini.[161] Es gibt, letztlich der Natur des Begriffs nach Derrida entsprechend, keine einheitliche Deutung, sondern verschiedene Denkansätze, die mit dem Terminus verbunden werden. Giovannini etwa sieht die Basis dieses Bauens im Chaos der Welt: „Deconstructivism mirrors an unruly world subject to caroming moral, political and economic systems." Nach ihm haben

---

153 | Engelmann 2004, S. 15; etwas ausführlicher zu Derridas Denken vgl. Kapitel 2.7.2.3.

154 | Giovannini, Breaking, 1988; vgl. auch Anm. 14.

155 | Filler/Johnson 1988.

156 | Lavin 1988.

157 | Jencks 1990, S. 193–201.

158 | Vgl. Kapitel 6.

159 | Das merkt auch Johnson im Gespräch mit Phillips an (Phillips/Johnson 1988).

160 | Wines 1987.

161 | Giovannini, Breaking, 1988, folgendes Zitat ebd.

die Baukünstler die Instabilität ihrer Zeit zu einem architektonischen Wert gemacht.[162] Eine andere Herangehensweise haben hingegen die Baukünstler von SITE um Wines, die einen narrativen Ansatz verfolgen.

Schon vor der Ausstellung herrschen damit Aufmerksamkeit für und Denkansätze zu diesem Begriff vor. Die nach Lavin bis dahin „vielleicht gründlichste Präsentation der Dekonstruktion in der zeitgenössischen Architektur"[163] findet im März 1988 in der Londoner Tate Gallery in Form eines eintägigen Symposiums unter dem Titel „Deconstruction in Art and Architecture" statt, bei dem auch einige der an der New Yorker Ausstellung Beteiligten anwesend sind.[164] Verschiedene Schilderungen des Symposiums zeigen, dass in London andere Fragen sehr viel ausführlicher thematisiert werden als in der MoMA-Ausstellung:[165] Hier wird über Dekonstruktion und Dekonstruktionismus diskutiert, nicht über Dekonstruktivismus, es wird also ausdrücklich an Derridas Denken angeknüpft, der Philosoph ist in einem Videointerview zugeschaltet. Die visuellen Gemeinsamkeiten mit dem russischen Konstruktivismus werden nach Lavins Schilderungen hier eher gestreift denn thematisiert. Sie weist auch darauf hin, dass eine stilistische oder ästhetische Herangehensweise an diese Architektur gefährlich sei. Die begriffliche Unterscheidung zwischen Dekonstruktionismus und einem Dekonstruktivismus wird allerdings in zeit-

---

162 | Giovannini, Limit, 1988.

163 | Lavin 1988.

164 | Neben Jacques Derrida, aus gesundheitlichen Gründen nur per Video zugeschaltet, waren Peter Eisenman, Bernard Tschumi, Zaha Hadid und Mark Wigley sowie Christopher Norris, Catherine Cooke, Charles Jencks und Robert Rosenblum anwesend. Die Veranstaltung am 26. März 1988 wurde vom Museum und der Academy Group gesponsert und von Peter Papadakis organisiert (Deconstruction in architecture 1988, S. 6; Lodge 1989, S. 88–90; Hatton 1988; Lavin 1988). Schon 1988 erscheint in der Folge eine Ausgabe von Architectural Design, die „Deconstruction in architecture" gewidmet ist (Deconstruction in architecture 1988), 1989 folgt die noch umfangreichere Publikation zum Symposium (Papadakis/Cooke/Benjamin 1989).

165 | Eine ausführliche Besprechung des Symposiums bietet David Lodge (Lodge 1989, S. 88–90; vgl. daneben auch Lavin 1988; Sheehan 1988, S. 23; Deconstruction in architecture 1988, S. 6). Die Inhalte werden zudem in der sich dem Symposium anschließenden Publikation versammelt (Papadakis/Cooke/Benjamin 1989); darin wird deutlich, wie umfangreich und ausführlich die Veranstaltung angelegt war: In vier Teilen wird neben der Verbindung mit der russischen Avantgarde und mit der Philosophie auch „Deconstruction and Art" beleuchtet. Unter „Deconstruction and Architecture" werden neben den sieben in New York präsentierten Baukünstlern noch weitere Architekten vorgestellt.

genössischen Texten ebenso wenig getroffen wie in Wigleys Katalog.[166] Daher wird im Anschluss eine abgrenzende Begriffsdefinition, wie sie auch in dieser Arbeit zugrunde gelegt wird, formuliert.

Aus der besonderen medialen Reichweite, die eine Schau im New Yorker MoMA erfahrungsgemäß hat, in Kombination mit dem medienträchtigen Namen Johnsons,[167] erwächst die Gefahr, dass nur noch die Deutung der Kuratoren im Umlauf bleibt, während die anderen Ansätze untergehen. Auf diese Risiken weist etwa James Wines in einem Brief an Johnson hin: „[...] the impact of your name attached to any cultural event has the effect of making it seem definitive in the public eye."[168] Auch Charles Jencks sieht die Gefahren eines Akademismus.[169] Filler betont: „Though Johnson insists that they [die ausgestellten Architekten, d. Verf.] by no means constitute a new movement, they are likely to be perceived as such if only because of their linkage in this prestigious occasion."[170] Auch Geibel kommentiert skeptisch: „The ‚Deconstructivist' name [...] hints at a complexity of intentions. But how many will go beyond its increasingly packaged definition as one part Russian Constructivism, one part Deconstructionism? And how many will know what these terms mean anyway? Very few, one would guess."[171] Die Vermutung drängt sich auf, dass bei der Auswahl des Titels auch medientaktische Überlegungen eine Rolle gespielt ha-

---

166 | Auf definitorische Unterschiede weist etwa Jeremiah Sheehan schon 1988 hin: „‚Deconstruction', ‚Deconstructivism' – even ‚Deconstructionalism' [...] – each stands for a fundamentally different interpretation of the trend" (Sheehan 1988, S. 21). Auch Broadbent deutet Entsprechendes an, entwickelt jedoch selbst keine begriffliche Differenzierung (Broadbent 1991, S. 11). Der große Teil der Autoren verwendet die Begrifflichkeiten – Dekonstruktion/Dekonstruktionismus und Dekonstruktion/Dekonstruktivismus – jedoch austauschbar (vgl. Kapitel 1); exemplarisch sei auf die von Gert Kähler herausgegebenen Publikationen verwiesen, in denen die Autoren kritische Überlegungen anstellen, die grundlegenden Begrifflichkeiten jedoch nicht differenzieren (Kähler, Dekonstruktion?, 1990; Kähler, Schräge Architektur, 1993). Wigley schreibt in seinem Katalog-Essay ebenfalls sowohl von „dekonstruktiver" als auch von „dekonstruktivistischer" Architektur ohne weitere Unterscheidung, vgl. dazu Kapitel 2.7.2.

167 | Auf Johnsons besonderes Talent im Umgang mit der Presse weisen mehrere Autoren hin.

168 | James Wines, Brief an Philip Johnson, 19. Januar 1988 (Brief 6). Auf Wines' Kritik wird nicht nachweisbar reagiert. In einem veröffentlichten Artikel kritisiert er die Ausstellung scharf und wirft den Kuratoren vor: „Unfortunately, the MoMA exhibiton is not about content, debate, and criticism. It is about politics" (Wines 1988).

169 | Jencks/Eisenman 1995, S. 264–267.

170 | Filler/Johnson 1988.

171 | Geibel, Philip Johnson, 1988.

ben: Mit dem Begriff „dekonstruktivistisch" wurde ein Modebegriff gewählt, der mit Sicherheit viel Aufmerksamkeit erregen würde.[172] Die Provokation sowie die verflachte Wahrnehmung der Architekturen wurden offensichtlich in Kauf genommen.[173]

Dass diese von Zeitgenossen geäußerten Befürchtungen zu Recht bestanden, zeigen die Entwicklungen in den Jahren danach.[174] Der Begriff des Dekonstruktivismus etabliert sich tatsächlich als vorwiegend formale Bezeichnung. Schon im Juni schreibt das New York Magazine von „the formal sources for what is already being called the deconstructivist movement"[175]. Auch die thematische Ausrichtung der vorliegenden Arbeit, die die Annäherung an eine dekonstruktivistische Architektur über die Auseinandersetzung mit der New Yorker Ausstellung sucht, folgt letztlich dieser Linie.

Zwischenstand

Die MoMA-Ausstellung trifft auf eine komplexe und rege diskutierte Situation, der Ausstellungstitel erweist sich als problematisch für die Schau. Die gewählte Bezeichnung ist zum einen sprachlich ungünstig, da die Kuratoren die Einführung eines neuen Ismus zwar nachdrücklich ausschließen, durch die Formulierung des Titels jedoch eben dies nahegelegt zu werden scheint. Zum anderen ist sie vor dem Hintergrund der zu dieser Zeit aktuellen Diskussion um den Begriff der Dekonstruktion in der Architektur kritisch zu sehen, denn der zusammenfassende Titel weckt Erwartungen, die nicht erfüllt werden: Bei einer Ausstellung im renommierten MoMA wird damit gerechnet, dass die zahlreichen Denk- und Diskussionsansätze zusammengefasst und kritisch analysiert werden. Die Kuratoren gehen jedoch weder auf die vielschichtigen Denkansätze in der Diskussion um die Dekonstruktion in der Architektur ein, noch wird die philosophische Komponente näher besprochen, obwohl diese in der Titelformulierung unbestreitbar mitschwingt. Zudem verweist Johnson selbst mit dem Hinweis, dekonstruktivistisch sei ein Kofferwort, in dem Konstruktivismus und Dekonstruktion verschmolzen seien, auf Derridas Denken, für das Wigley Spezialist ist. Dennoch wird der Bezug zur Philosophie nachdrücklich ausgeschlossen. Andere Denkansätze werden in Wigleys Essay lediglich kurz abgrenzend gestreift, während Johnson sich in seinem Vorwort nicht dazu äußert.

---

172 | Dennoch erweist sich „der Dekonstruktivismus als zäher, als es eine bloße Modeströmung zu sein pflegt", wie Kähler anmerkt (Kähler, Schräge Architektur, 1993, S. 7).

173 | Ullrich Schwarz und Werner Oechslin umreißen diese Mechanismen mit wenigen Worten (Schwarz 1995, S. 11; Oechslin, Kulturgeschichte, 1999, S. 15).

174 | Vgl. Kapitel 2.6.

175 | Wiseman 1988.

Offenbar haben die Kuratoren in der Vorbereitungsphase der Ausstellung keinerlei Austausch gesucht mit Architekten, die sich in ihrem Schaffen mit Fragen zur Dekonstruktion befassen, wie etwa James Wines in einem Schreiben an Philip Johnson kritisiert: „[...] there was plenty of time for research and personal interviews to help shape an intelligent essay on deconstructionist applications to architecture."[176] Stattdessen fokussiert der Ausstellungskatalog die Ausführungen auf die formal-ästhetische Rückbeziehung der ausgewählten Architekten auf den russischen Konstruktivismus.[177] Es wird keine umfassende Auseinandersetzung geboten, sondern nur ein Teilaspekt herausgegriffen und absolut gesetzt.

Damit entsprechen die Kuratoren durchaus dem angekündigten Ziel, eine Momentaufnahme eines Phänomens unter vielen zu präsentieren. Eine solche Herangehensweise erscheint angesichts der geschilderten Situation jedoch kurzsichtig. Es verwundert, dass dem zum Titel gemachten Begriff inhaltlich so wenig Beachtung geschenkt wird und die Konnotationen nicht ernst genommen werden. Mit einer Bezeichnung wie dem anfänglich geplanten „Violated Perfection" wäre eine in dieser Hinsicht neutralere Bezeichnung gewählt worden. Denn die Problematik erwächst, wie deutlich wurde, in erster Linie daraus, dass der gewählte Terminus schon vor der Ausstellung ein viel diskutierter Begriff ist, der in der Fachöffentlichkeit auf hohe Erwartungen trifft.

Von Seiten der Kuratoren kommt in dieser Hinsicht eine überraschend nachlässige Haltung zum Ausdruck. So antwortet Johnson auf Phillips' Nachfrage, ob man letztlich nicht doch einen Ismus kreiere, ausweichend: „Well, maybe."[178] Nesmith berichtet von Wigley, „he wasn't worried but agreed that it's [die stilistische Auffassung der in der Schau gezeigten Architekturen, d. Verf.] bound to happen"[179]. Von einer MoMA-Ausstellung wäre eine tiefer gehende Auseinandersetzung mit einem so komplexen Thema zu erwarten. Die öffentliche Wirkung einer Schau in diesem Haus, noch dazu von Philip Johnson kuratiert, wird offensichtlich unterschätzt. Johnson zumindest gibt sich überrascht vom großen Medieninteresse: „I'm frankly a little surprised at the interest it has generated."[180] So jedenfalls präsentiert man sich in der Öffentlichkeit. Allerdings liegt, wie bereits angedeutet, bei einem Medien-Talent wie Johnson die Vermutung nahe, dass es sich hierbei möglicherweise auch um ein geschickt kalkuliertes Medienverhalten handelt, das indirekt in die entgegengesetzte Richtung zielt. Dies lässt sich jedoch nicht abschließend klären.

---

176 | James Wines, Brief an Philip Johnson, 25. März 1988 (Brief 9).

177 | Dies wird im Folgenden ausführlich dargelegt.

178 | Johnson zitiert nach Phillips/Johnson 1988.

179 | Wigley zitiert nach Nesmith 1988.

180 | Johnson zitiert nach Phillips/Johnson 1988.

2.2 Zur begrifflichen Unterscheidung von „Dekonstruk*tiv*ismus" und „Dekonstruk*tion*ismus"

Die begriffliche Verschiedenheit von Dekonstruk*tiv*ismus und Dekonstruk*tion*ismus wurde bereits angesprochen. Damit verbunden sind Unklarheiten darüber, was mit den Begrifflichkeiten genau bezeichnet wird. Von Zeitgenossen der Ausstellung sowie von den Kuratoren selbst werden die Termini undifferenziert und austauschbar gebraucht.[181] Dies macht eine klare terminologische Abgrenzung nötig, um eine eindeutige Grundlage für künftige Diskussionen zu ermöglichen. Zwar gibt es keine lexikalisch fixierte Unterscheidung, aber es liegt nahe, die Bezeichnungen wie hier vorgeschlagen zu trennen, um Klarheit zu schaffen. Die im Anschluss vorgestellte Unterscheidung zwischen Dekonstruk*tiv*ismus und Dekonstruk*tion*ismus sowie den damit jeweils einhergehenden Adjektiven dekonstruk*tion*istisch und dekonstruk*tiv*istisch wird auch in der vorliegenden Arbeit zugrunde gelegt. Der Deutlichkeit wegen wird zudem von Dekonstruktion und dekonstruktiv abgegrenzt.

Der Dekonstruk*tion*ismus, ein Terminus, der im Englischen wesentlich geläufiger ist als im Deutschen, rekurriert auf den Begriff der Dekonstruktion, wie ihn Jacques Derrida eingeführt hat.[182] Er bezeichnet ein philosophisches Denken in der Tradition des Franzosen, wie es etwa Paul de Man oder Richard Rorty verfolgt haben. Der Dekonstruk*tiv*ismus hingegen bezeichnet gerade nicht, wie häufig vorschnell geschlossen wird, den entsprechenden Ismus zum Denken Derridas, sondern bezieht sich auf Denkströmungen und Schulen, die – auch in anderen Disziplinen als der Philosophie – an diese Denkansätze anknüpfen und sie zu eigenständigen Theorien weiterentwickeln. In den 1970er-Jahren, als sich Derridas Schriften[183] international verbreiten und vor allem in den Vereinigten Staaten auf fruchtbaren Boden fallen, entwickelt sich in den USA eine eigenständige Schule des Literary Criticism, die die Dekonstruktion

---

181 | In der Presse werden die Begriffe häufig austauschbar eingesetzt (vgl. Kapitel 2.6). Auch Wigley verwendet in seinem Essay beide Termini, ohne sie voneinander abzugrenzen. Jencks schreibt treffend: „Zwischen einen Dekonstruktivisten und einen Dekonstruktionisten läßt sich ein großer Keil treiben" (Jencks 1990, S. 217); aber auch er differenziert die Begrifflichkeit nicht weiter.

182 | Für einen Einblick in Derridas Denken vgl. den Exkurs in Kapitel 2.7.2.3.

183 | Die ersten wichtigen Texte erscheinen 1967 in Frankreich (La voix et le phénomène, De la grammatologie, L'écriture et la différence); sie werden bereits kurze Zeit später ins Englische übersetzt (vgl. Hill 2007, S. 4). Zum Vergleich: Die englische Übersetzung „Of Grammatology" erscheint 1976, die deutsche Version „Grammatologie" erst 1983.

als literaturwissenschaftliche Methode etabliert.[184] Sie ist als literarischer Dekonstruk*tiv*ismus – in den USA auch als Deconstructionism – zum Begriff geworden.[185] Derrida selbst weist darauf hin, dass es sich dabei aber nicht einfach
um einen „europäischen Exportartikel", sondern um etwas Eigenes handelt.[186]
Diese Abgrenzung zwischen Dekonstruk*tiv*ismus und Dekonstruk*tioni*s-
mus ist darüber hinaus auch wichtig, da Derrida selbst es ablehnt, dass die
Dekonstruktion zu einer methodischen Lehre verfestigt wird, die mit einem
Ismus pauschal erfasst werden könnte. Tatsächlich hat er zu keiner Zeit sein
Werk als Autorität präsentiert, obwohl es das zeitgenössische Denken nachhaltig geprägt hat.[187] Vielmehr ist gerade die Flexibilität und das stetige sich
neu Einlassen auf Texte, ohne vorgefertigte Pfade zu verfolgen, charakteristisch für das dekonstruktive Vorgehen nach Derrida. Es verbietet sich daher,
seine Philosophie in entsprechender Weise mit einem Ismus zu bezeichnen.
Auch die Bezeichnung eines Dekonstruk*tioni*smus als eines eng mit der Lehre
Derridas verbundenen Denkens ist damit streng genommen nicht im Sinne
des Philosophen.

Während der Dekonstruk*tioni*smus und dekonstruk*tioni*stisches Vorgehen
an Derridas Denken der Dekonstruktion angelehnt sind, verweist die Bezeichnung Dekonstruk*tiv*ismus und dekonstruk*tiv*istisches Gestalten auf ein zwar
von dieser Philosophie beeinflusstes, aber eigenständig weiterentwickeltes
Denken. In diesem Sinne wird auch der Begriff der dekonstruktivistischen
Architektur in der vorliegenden Arbeit aufgefasst: Zwar kann es Parallelen im
Denken der Architekten und des Philosophen geben, es handelt sich dabei jedoch nicht um ein direktes Anknüpfen an Derrida, sondern um ein Phänomen
ähnlicher zeitgenössischer Denkansätze.

---

184 | „Still, it was Derrida's reading, not his writing, that won most of the converts. He
gave literature professors a special gift: a chance to confront [...] the most profound pa-
radoxes of Western thought (which helps explain why he has been accepted in American
literature, not philosophy, departments)" (Stephens 1991, o. S.).

185 | Dies ist nicht unproblematisch und umstritten. Streng genommen widerspricht
der literarische Dekonstruktivismus Derridas Denken, indem die Dekonstruktion als
methodisches und lehrbares Verfahren der Literaturkritik eingesetzt wird, was der Intention des Philosophen zuwiderläuft (zur Yale School als zeitweilig sichtbarste Form
des US-Dekonstruktivismus vgl. Hill 2007, S. 123f.; einen Abriss der generellen Problematik gibt Kimmerle 2004, S. 93f.).

186 | Kimmerle 2004, S. 94. Derrida betont die Unterscheidung der Dekonstruktion
von „Dekonstruktivismus oder Dekonstruktivismen" (Derrida 1997, S. 43). Er warnt gerade mit Blick auf einen architektonischen Dekonstruktivismus davor, sich zu sehr auf
Begrifflichkeiten zu stützen (Derrida/Wigley 1992, S. 11f.).

187 | Hill 2007, S. 115; Deconstruction in a Nutshell 1998, S. 45f.

Die enorme internationale Aufmerksamkeit, die Derridas Texten entgegengebracht wird, sowie die schwere Zugänglichkeit und die immense Anzahl seiner Schriften lässt diese Philosophie allerdings auch zur „Modeerscheinung" werden, die zwar in aller Munde ist, aber meist nur oberflächlich wahrgenommen wird.[188] Die Auseinandersetzung mit und das Anknüpfen an sein Denken beschränkt sich in diesen Fällen auf das formale Verwenden des Begriffs Dekonstruktion, ohne die damit verbundenen Überlegungen zu erfassen; Kimmerle spricht in diesem Sinne von „Derridismen".[189] Solche Ansätze sind weit von ernst zu nehmenden Dekonstruktivismen entfernt.

2.3   Zur Ausstellungsinstallation

Die Ausstellung wird mit einer ausgewählten Präsentation von Arbeiten der russischen Avantgarde aus der museumseigenen Sammlung eröffnet, die die Gegenwartsarchitekten der DECONSTRUCTIVIST ARCHITECTURE in einen eindeutigen programmatischen Kontext rückt. Unter dem Titel „Avant-Garde Russian Work 1913–1933" ist diese Zusammenstellung an sich bereits eine hochkarätige Ausstellung (Abb. 1). Eine interne Checkliste verzeichnet zahlreiche Leihgaben aus der MoMA-eigenen Sammlung.[190] Es handelt sich um zehn Arbeiten von Kasimir Malewitsch (fünf Zeichnungen und fünf Gemälde), drei Werke von El Lissitzky, zehn von Alexander Rodtschenko – darunter auch die ovale „Spatial Construction No. 12" –, zwei Zeichnungen von Waldimir Tatlin und die „Maquette for Radio Announcer" von Gustav Klutsis. Weiterhin sind Juri Annenkow (1), Ilja Tschaschnik (2), Wasili Jermilow (1), Iwan Kliun (1), Ljubow Popowa (3), Iwan Puni (1), Nikolai Punin (1), Nadeschda Udalzowa (1) und Alexander Wesnin (1) mit Werken vertreten. Gezeigt werden fast ausschließlich Beispiele aus der bildenden Kunst, keine Architektur-Projekte. Neben dem Durchgang zum zweiten Ausstellungsraum erläutert der bereits zitierte Wandtext[191] die Intention der Ausstellung.

---

188 | Stephens 1991. Ebenso hat sich jedoch auch die häufig heftige Kritik an Derridas Denken oft nur oberflächlich mit seinem Werk befasst. Mit zunehmender Popularität ist seine Philosophie vor allem in den USA sehr umstritten und wird häufig fehlgedeutet. Einen frühen Versuch der Rehabilitation hat etwa Jonathan Culler unternommen, jedoch vorrangig aus literaturwissenschaftlicher Perspektive (Culler 1982; deutsch: Culler 1988).

189 | Kimmerle 2004, S. 12.

190 | Quelle A: Hier werden 25 Zeichnungen, 15 Fotografien, 26 Drucke, 3 Poster und 16 Exponate aus der Paintings and Sculpture-Abteilung gelistet. Die Zahl der gezeigten Werke je Künstler wird in Klammern angegeben.

191 | Quelle H; vgl. auch Anm. 54.

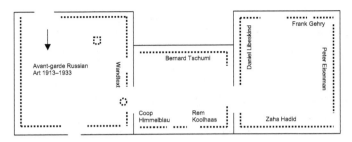

Rekonstruktion der Ausstellung nach Fotografien
(nicht maßstabgetreu)

Im mittleren, etwas kleineren Saal (Abb. 2, 3) werden Arbeiten von Bernard Tschumi (eine Wand), Coop Himmelblau und Rem Koolhaas (nebeneinander an einer Wand) präsentiert, während im dritten Raum (Abb. 4) die Arbeiten von Zaha Hadid (eine Wand), Frank Gehry und Daniel Libeskind (nebeneinander an einer Wand) sowie Peter Eisenman (eine Wand) gezeigt werden. Eisenmans Position an der Stirnseite des letzten Ausstellungsraums ist die prominenteste, da der Besucher sie durch alle Raumfluchten hindurch vor Augen hat und stets auf sie zu läuft. Die Räume haben nur einen Zugang, die Besucherführung verläuft damit durch alle drei Räume und wieder zurück. Zur Verdeutlichung der Raumaufteilung wurde eine Skizze erstellt. Da sich im Archiv kein Raumplan findet und die Galerieräume in dieser Form nach dem großen Umbau des MoMA nicht mehr bestehen, wurde die Ausstellungsinstallation anhand von Fotografien und Film rekonstruiert, die genaue Verteilung basiert auf Schätzwerten.

Gezeigt werden Modelle und Zeichnungen, die die Baukünstler zum Teil eigens für die New Yorker Schau angefertigt haben.[192] Die genauen Maße werden in Katalog und Ausstellung nicht genannt.[193] Welche Werke der Architekten jeweils präsentiert werden, wird in den Einzelbesprechungen der Baukünstler vorgestellt. Insgesamt ist die Präsentation der Architekturprojekte sehr „künstlerisch" und trägt mehr die Züge einer Skulpturenschau denn einer Architekturausstellung: Die Werke werden lediglich mit an der Wand angebrachten Titeln benannt (Architekt, Projekt, Ort, Jahr), ohne die einzelnen Exponate

---

192 | Welche Arbeiten dies im Einzelnen waren, ist jedoch aus dem Katalog nicht nachzuvollziehen. Weitere Exponate waren Leihgaben aus dem Wiener Museum für angewandte Kunst (Coop Himmelblau), aus dem IBA Archiv Berlin (Daniel Libeskind) und von der Stadt Frankfurt am Main (Peter Eisenman).

193 | Dies lässt sich zumal mit Hilfe der Fotografien nicht rekonstruieren. Es handelt sich um typische Architekturmodelle in gängiger Größe; auf Ausnahmen wird hingewiesen.

näher zu erklären und die Intention der Bauprojekte zu erläutern. Architekturtypische Informationen wie Maßangaben und Materialien fehlen ebenso wie Hinweise auf realisierte oder sich im Bau befindliche Projekte, etwa durch Fotografien. Dies überrascht umso mehr, da die Kuratoren die potenzielle Baubarkeit aller Projekte als eines ihrer wesentlichen Merkmale hervorheben. Gerade dieses Charakteristikum wird mit dieser Art der Präsentation jedoch nicht visualisiert.

Zudem weichen einige der gezeigten Werke auch von den üblichen Exponaten einer Architekturausstellung ab. Neben den typischen Modellbauten finden sich raumgreifende, farbige Installationen wie Tschumis wandhohes Modell für den PARC DE LA VILLETTE oder Hadids Hongkonger PEAK-Modell, das aus der Wand herauszuschießen scheint. Mit seinen vorkragenden Kanten in Türnähe gab es zudem den Museumsleuten Anlass zur Besorgnis, dass Besucher sich daran verletzen könnten.[194]

Die Überlegungen, die zur Auswahl der jeweiligen Arbeiten der Architekten sowie zu ihrem Arrangement in den Museumsräumen geführt haben, lassen sich nicht mehr rekonstruieren. Im MoMA-Archiv gibt es keine Dokumente darüber, der Entscheidungsprozess der Kuratoren scheint in erster Linie mündlich abgelaufen und nicht schriftlich kommuniziert worden zu sein. Früh steht jedoch fest, dass der erste Raum der russischen Avantgarde gewidmet werden würde, wie ein provisorischer Entwurf im Januar 1988 zeigt.[195] In dieser Skizze wird auch deutlich, dass über den eigentlichen Architekturkontext hinausgehende Arbeiten noch umfangreicher geplant waren: Neben den russischen Konstruktivisten sollten auch Fotos von Frank Stella, Kenny Price und Michael Heizer sowie die Abbildung eines Pendelkugellagers von Josef Albers, wie sie auf dem Cover der „Machine Art"-Ausstellung von 1934 zu sehen war, und die Fotografie „Spring House" von Heizer[196] – beide sind im Begleitkatalog abgedruckt – in die Präsentation eingeschlossen werden. Auf sie wird aber zugunsten einer umfangreicheren Schau von russischer Avantgarde verzichtet.

---

194 | So eine informelle interne Aktennotiz.

195 | Provisional Outline. Constructivist Architecture: Exhibition Material. January 12, 1988 (Quelle I). Es fällt auf, dass die Ausstellung hier noch als „Constructivist Architecture" firmiert, obwohl die sieben Architekten bereits in die Planungen eingeschlossen sind.

196 | Vgl. Kapitel 2.7.1.

2.4   Das Begleitprogramm:
Diskussionsrunde zur Ausstellung

Begleitend zur Ausstellung wird wenige Tage nach der Eröffnung am Abend des 30. Juni 1988 ein Symposium im Roy and Niuta Titus Theater 1 des MoMA veranstaltet.[197] Teilnehmer dieser Diskussionsrunde sind sechs Akademiker, Kurt Forster, der Leiter des Getty Centers, Michael Hays, Dozent an der Princeton University, Jeffrey Kipnis, „assistant professor" an der Ohio State University, Rosalind Krauss, Professorin am New Yorker Hunter College, und Anthony Vidler, ebenfalls Professor in Princeton.[198] Moderiert wird das Gespräch von Mark Wigley. Auffällig ist, dass an der Diskussionsrunde keiner der ausgestellten Architekten selbst teilnimmt; auch im Publikum sind nur wenige persönlich anwesend.[199]

Michael J. Crosbie berichtet von einer Diskussion, die eher schleppend verlaufen ist: „Decon Show Opens, Generates Unheated Summer Symposium", so der Titel seines Artikels.[200] Raymond W. Gastil schildert die verschiedenen Standpunkte der Teilnehmer etwas ausführlicher. Er kommt dabei zu dem Schluss, dass der Abend zu einer Debatte zwischen Rosalind Krauss und den anderen fünf Teilnehmern geworden ist: Während Krauss die unüberzeugte Kunstwissenschaftlerin gab, die die skulpturalen Objekte der Ausstellung infrage stellte, vertraten die anderen eine architekturtheoretisch positivere Haltung.[201] Insgesamt scheint die Gesprächsrunde nach dieser Schilderung wenig ertragreich gewesen zu sein, eine fruchtbare Diskussion ist offenbar nicht in Gang gekommen. Das Publikum hingegen scheint skeptischer aufgetreten zu sein und in einer kurzen Frage-Phase einige kritische Anmerkungen gemacht zu haben. Weitere Informationen über die Veranstaltung und ihre mögliche Bedeutung finden sich nicht.

---

197 | Informationen gemäß einer Pressemitteilung (Press Release MoMA, ohne Datum (Juni 1988)).

198 | Die Berufsangaben beziehen sich auf die Beschäftigungen der Teilnehmer zu jener Zeit, wie sie in der genannten Pressemitteilung angegeben werden.

199 | Gastil 1988.

200 | Crosbie 1988.

201 | Gastil 1988.

2.5   Der Katalog zur Ausstellung

Der Begleitkatalog enthält zwei Textbeiträge der Kuratoren – ein dreiseitiges
Vorwort von Philip Johnson und einen ausführlichen Essay von Mark Wigley
über „Deconstructivist Architecture" – sowie in der englischen Fassung ein
Vorwort von Stuart Wrede. Den Hauptteil der Publikation nimmt die Vorstellung der sieben Architekten ein, deren Präsentationen jeweils in gleicher
Weise aufgebaut sind: Nach einem kurzen Kommentar von Wigley auf einer
Seite werden die ausgestellten Projekte auf mehreren Seiten mit Plänen, Entwürfen, Zeichnungen in Schwarz-Weiß und Modellen abgebildet. Die Reihenfolge, in der die Baukünstler vorgestellt werden – Gehry, Libeskind, Koolhaas,
Eisenman, Hadid, Coop Himmelblau, Tschumi –, wird nicht begründet. Sie
unterscheidet sich auch von der Anordnung in der Ausstellung selbst. Die Vermutung liegt nahe, dass Frank Gehry und Peter Eisenman als bekannteste
Vertreter unter den Baukünstlern am Anfang und in der Mitte des Katalogs
platziert wurden.

Die Abbildungen sind wie oft in entsprechenden Publikationen keine Fotografien der eigentlichen Ausstellungsinstallation, sondern wurden von den
Architekten zur Verfügung gestellt. Diese Bilder sind mittlerweile weitgehend
zu Standardabbildungen der jeweiligen Projekte geworden, wenn sie es nicht
schon vor der Ausstellung waren, und finden sich in zahlreichen Veröffentlichungen. Für die spätere Besprechung der Architekten wird daher nicht explizit auf die Auswahl der Abbildungen einzugehen sein, da die Illustrationen
keine Rückschlüsse auf die Darstellung und Präsentation der Architekten in
der Ausstellung selbst ermöglichen; auf Ausnahmen wird hingewiesen.

Wrede notiert nach einem Gespräch mit Johnson über die Begleitpublikation: „While individual works + architects have been published in various professional formats, the current deconstructivist tendencies have not been presented as a wider coherent movement. The catalog should become a standard
reference book for the movement."[202] Von Museumsseite wird dem Katalog
damit ein besonderes Gewicht zuerkannt. Auch Johnson selbst hat schon 1974
in einem Postskript zu „Five Architects" erläutert, welche Bedeutung er einer
solchen Begleitpublikation beimisst: „Books call attention to architecture, force
the reader (viewer) to focus, and generally arouse amusement or disgust."[203]
Für die DECONSTRUCTIVIST ARCHITECTURE darf eine ähnliche Haltung angenommen werden.

---

202 | Quelle D.
203 | Johnson in Five Architects, 1975, S 138; zu den „Five Architects" vgl. Anm. 284.

Noch im Jahr der Ausstellung erscheint im Hatje-Verlag[204] die deutsche Übersetzung[205] des Katalogs, „Dekonstruktivistische Architektur", allerdings ohne Bezugnahme zur Ausstellung. Die Hintergründe für die deutsche Publikation lassen sich nach Auskunft des Verlags nicht mehr rekonstruieren.[206] Zu jener Zeit gab es mehrmals Kontakt zwischen dem Verlag und dem MoMA wegen verschiedener Ausstellungskataloge. Zudem hat Hatje zu dieser Zeit viele Publikationen auf dem Gebiet der Architektur herausgegeben. Daher liegt der Schluss nahe, dass der Anstoß zur Veröffentlichung auch auf Deutsch vom Hatje-Verlag ausgegangen ist. Mit Blick auf die für Publikationen nötige Planungsvorlaufzeit kann dies auch als Beleg für die besondere Bedeutung, die der Ausstellung Johnsons schon früh von Seiten des Verlags zugemessen wurde, gewertet werden. In andere Sprachen wurde der Begleitkatalog allerdings nicht übersetzt.

Beide Publikationen sind weitgehend identisch aufgebaut. Bildauswahl und Anordnung der Texte entsprechen sich, allerdings wurden in der deutschen Ausgabe, wie erwähnt, das Vorwort von Stuart Wrede sowie Johnsons Danksagungen in seinem Vorwort nicht eingeschlossen. Damit fehlen die namentlichen Verweise auf Betsky und Giovannini ebenso wie auf Wierzbowski und Florian.[207]

Als offizielle Veröffentlichung zur Ausstellung stellen die Katalog-Texte eine wichtige Quelle für die Standpunkte der Kuratoren dar, ihrer Analyse werden daher im Anschluss jeweils eigene Kapitel gewidmet. Zuvor ist jedoch noch ein Blick auf die mittlerweile mehrfach angesprochene Presseresonanz im Rahmen der Ausstellung zu werfen, um die Besprechung der Hintergründe und Rahmenereignisse der DECONSTRUCTIVIST ARCHITECTURE abzuschließen.

---

204 | Der seit 1947 als Verlag Gerd Hatje firmierende Verlag hat sich bereits in den 1950er-Jahren auf Publikationen zu Kunst, Architektur und Design spezialisiert. 1990 von der Cantz'schen Druckerei aufgekauft ist der Verlag seit 1999 als Hatje Cantz Verlag international tätig (vgl. Website Verlagsgeschichte).

205 | Die Übersetzung ins Deutsche von Frank Druffner wurde vom Hatje-Verlag in Auftrag gegeben.

206 | Heute arbeiten keine Mitarbeiter mehr im Verlag, die 1988 mit der Publikation des Katalogs zu tun hatten. Ruth Wurster, langjährige Mitarbeiterin Gerd Hatjes, hat das Projekt nicht betreut und kann nur allgemeine Auskünfte erteilen.

207 | Für die folgenden Ausführungen wird aus der deutschen Ausgabe zitiert, die Verweise werden jedoch stets mit dem englischen Original abgeglichen; auf Abweichungen und Schwierigkeiten mit der Übersetzung wird hingewiesen. Insgesamt sind sich die englische und deutsche Fassung sehr ähnlich, die Analyse gilt für beide gleichermaßen.

2.6   Presse-Stimmen zur Ausstellung

Für ein so kleines und kurzes Projekt wie Deconstructivist Architecture ist die Presseresonanz erstaunlich groß. Der MoMA-Pressespiegel mit den wichtigsten Artikeln ist sehr umfangreich. Die mediale Wahrnehmung setzt schon Monate vor Ausstellungsbeginn ein und hält auch nach ihrem Ende an. Noch 1989 erscheinen Texte, die in den Pressespiegel aufgenommen werden. Internationale Medien von Amerika über Europa bis Japan schreiben über die Ausstellung, die Berichterstattung erstreckt sich weit über die Grenzen der üblichen Architektur- und Kunst-Fachzeitschriften hinaus und umfasst auch Lifestyle- und Mode-Magazine sowie landesweite Zeitungen. Wie unerwartet groß das Medieninteresse ist, zeigt sich auch daran, dass sich das geplante Presse-Budget fast verdoppelt.[208] Ralph Bennett bringt die Situation treffend auf den Punkt: „Rarely has an exhibition about architecture attracted so much attention.“[209]

Auch in Deutschland trifft die Deconstructivist Architecture auf Aufmerksamkeit. So zeigt etwa der WDR eine rund 45-minütige Dokumentation über „Dekonstruktivismus in der Architektur“[210], die allerdings umfassender angelegt ist als die Ausstellung. Deutsche Medien berichten über die Ausstellung, so erscheint etwa in der Frankfurter Allgemeinen ebenso ein ausführlicher Bericht wie in der Kunstzeitschrift ART.[211] Der Großteil der kritischen Resonanz entfällt jedoch auf die US-Medien, die es im Anschluss näher zu beleuchten gilt.

Presse-Resonanz in den USA: Philip Johnson als „Medienmagnet“

Ein maßgeblicher Grund für die große mediale Aufmerksamkeit ist zweifelsohne in Philip Johnsons Mitwirkung zu suchen. Es findet sich kein Bericht, der

---

208 | Quelle B: Eine interne Kostenauflistung zeigt, dass das geplante Budget für „Public Information“ um über 6.000 $ gesprengt wurde: Geplant wurde mit einem Budget von 6.500 $, tatsächlich fällig wurden 12.747 $. Die größten Beträge fielen bei der Produktion der Pressematerialien (Budget geplant 2.500 $ / tatsächlich 4.032 $), dem Versand (geplant 1.650 $ / tatsächlich 3.370 $) und bei Fotografen-Kosten (geplant 950 $ / tatsächlich 1.960 $) an. Hinzu kamen weitere 1.465 $ für Kataloge, die in der ursprünglichen Kalkulation nicht eingeplant waren, dann aber aufgrund der Nachfrage eingeschlossen wurden.

209 | Bennett 1988.

210 | Die Dokumentation basiert auf dem Film von Michael Blackwood (Dokumentation Blackwood). Zu sehen sind zahlreiche Aufnahmen aus der Ausstellung sowie dem begleitenden Symposium. Zudem werden die Architekten (außer Gehry) sowie verschiedene Theoretiker interviewt und mehrere Bauten vorgestellt; vgl. auch Anm. 130.

211 | Mönninger 1988; Bode 1988, S. 50–56.

nicht mehr oder minder ausführlich auf seine Person verweist. Viele Autoren merken an, dass es insbesondere Johnsons berühmter Name sei, der Aufmerksamkeit auf das Ausstellungsprojekt lenke.[212] So kommentiert etwa Robert Janjigian: „And while controversy can be interesting, the controversial aspects of ‚Deconstructivist Architecture' had little to do with what was on view and more to do with curator Philip Johnson's decision to mount the exhibition and the means by which it was mounted."[213] Schon die große Resonanz auf die erwähnte Notiz Johnsons in der New York Times im Januar 1988 verdeutlicht dies: Noch im gleichen Monat treffen Informationsanfragen zahlreicher Magazine in der Presseabteilung des MoMA ein.[214] Diese Reaktionen sind umso beachtlicher, da die eigentliche Pressearbeit des Museums erst im März einsetzt.[215] Als medienwirksam und vielfach kommentiert erweisen sich dabei sowohl die Tatsache, dass Johnson nach rund 30 Jahren wieder eine Ausstellung im MoMA plant, als auch die von ihm selbst angesprochene Wahrscheinlichkeit, dass diese Schau angesichts seines betagten Alters seine letzte sein würde.

Allerdings wird Johnsons Mitwirkung an dem Ausstellungsprojekt meist kritisch und nicht zum Vorteil der Schau gewertet. Johnson-Biograf Schulze notiert: „The press was collectively unsympathetic toward the exhibition [...]."[216] Mit Blick auf sein Wirken fallen in skeptischeren Texten Bezeichnungen wie „master manipulator of architectual taste"[217], während ihn Goldberger schlicht ironisierend „architecure's best bloodhound"[218] nennt. Vor diesem Hintergrund wird auch immer wieder darauf hingewiesen, dass die Ausstellung in erster Linie als Marketingcoup zu werten sei, die ohne Johnsons Mitwirken kaum Aufmerksamkeit erregt hätte: „But the show would lose its impact had it not been brokered by Johnson."[219] Zudem hat auch der bereits besprochene Artikel von Sorkin im Dezember 1987 für ein kritisches Aufmerksamkeitspotenzial gesorgt. Zwar kommentieren nicht viele Artikel die Streitfrage um die

---

212 | Entsprechendes merken etwa Kramer 1988; Boles 1988; Cornwell 1988 an.

213 | Janjigian 1988.

214 | Eine interne Notiz der Presseabteilung vermerkt am 25. Januar 1988 (Quelle C), dass bereits über acht Anfragen eingetroffen seien von Journalisten, die „some major coverage" der Ausstellung planten.

215 | Dies geht aus einem Fact Sheet des MoMA hervor, das im frühen März an den Presseverteiler gesendet wurde (Fact Sheet, März 1988).

216 | Schulze 1994, S. 397. Filler weist darauf hin, dass Johnson trotz seines kommerziellen Erfolgs als Architekt vor allem seit der Enthüllung des AT&T Building einen zunehmend schweren Stand bei der Presse hat (Filler/Johnson 1988).

217 | Hine 1988.

218 | Goldberger 1988.

219 | Wilson, N.Y. Abuzz, 1988. In ähnlichem Sinne kommentieren etwa auch Goldberger 1988; Kaiser 1988; Geibel, Philip Johnson, 1988; Holtz Kay 1988.

ideelle Urheberschaft der Chicagoer Architekten, aber es wird gerade von den umfangreicheren Fach-Kommentaren zur Kenntnis genommen.[220]

Trotz der skeptischen Haltung wird die Ausstellung aber auch als Alternative, wenn nicht gar als überfällige Ablösung des postmodernen Bauens erwartet.[221] Dies ist ebenfalls maßgeblich Johnsons Mitwirkung und seinem Image als „Stil-Macher" geschuldet, wie in zahlreichen Berichten kommentiert wird. In diesem Sinn wird die ausgestellte Architektur insbesondere in vielen nicht-fachlichen Berichten als neue Stilrichtung präsentiert,[222] obwohl die Kuratoren mehrfach darauf hinweisen, keinen neuen Stil vorstellen zu wollen. In diesem Kontext wird auch kritisiert, dass die neue Architekturströmung keinesfalls eine Neuentdeckung sei, sondern seit rund zehn Jahren existiere.[223]

Die Kritik an der Ausstellung

Die Reaktionen auf die Ausstellung an sich fallen, trotz oder gerade wegen der enormen medialen Aufmerksamkeit schon im Vorfeld, über weite Strecken verhalten bis deutlich ablehnend aus. Catherine Fox etwa schreibt: „Considering all the anticipatory hoopla surrounding the show, it is surprisingly small"[224], während Kramer konstatiert: „Some exhibitions are more interesting to read about than to actually see [...]."[225] Ähnlich kritische Äußerungen sind im Großteil der Kommentare zur Ausstellung zu lesen, von denen einige sehr negativ werden, wie Brendan Gill im New Yorker rückblickend festhält: „It received exceptionally harsh reviews – reviews so harsh, indeed, that even the Broadway euphemism ‚mixed review' (which insiders recognize as meaning not so much mixed as ‚bad to awful') would amount to an overly benign summary

---

220 | Vgl. etwa Ingraham 1988; Sorkin 1988; Kimball 1988; Janjigian 1988; Gapp 1988; Cornwell 1988; McGuigan 1988.

221 | Vgl. etwa Boles 1988; Goldberger 1988; McGuigan 1988; Blake 1988; Davis 1989; Hine 1988; Wilson, N.Y. Abuzz, 1988. Johnson wird allerdings auch dafür kritisiert, dass er als Vertreter der Moderne zunächst den Postmodernismus groß gemacht habe und nun erneut umschwenke und eine weitere Baurichtung vertrete (vgl. etwa Hall Kaplan 1988; McGuigan 1988; Wilson, Pros and Cons, 1988; Wilson, N.Y. Abuzz, 1988). Gleichzeitig wird gelegentlich – vor allem in nicht-fachlichen Publikationen – auch die Befürchtung geäußert, dass es zu einem neuen Mode-Stil komme (vgl. etwa Nasar 1988; Schjedahl 1988; Kaiser 1988).

222 | So etwa McGuigan 1988; Bluestone 1988; Holtz Kay 1988; Nasar 1988; Zeaman 1988. Es gibt allerdings auch Stimmen, die vor einer solchen Auffassung warnen (etwa Lavin 1988).

223 | Vgl. etwa Campbell 1988; Lewis 1988; Fox 1988; Schjedahl 1988.

224 | Fox 1988.

225 | Kramer 1988.

of them."[226] Eine kleine Auswahl einiger Artikel-Titel gibt einen Einblick in die Stimmung, die der Ausstellung entgegenschlägt: Sie reichen von kritischen Formulierungen wie „Crazy buildings", „From Bauhaus to Fun House" oder „Deconstructivism hard to live with" bis hin zu (ab)wertenden Formulierungen wie „Vengeful architecture", „Twerpy MoMA Architecure Show Another Nihilist Stunt by Johnson" oder „Exhibition of ‚Deconstructivist Architecture' Is Conceptually Offensive".[227]

Kritisiert wird, neben gelegentlichen Verweisen auf die Unklarheiten um das Zustandekommen des Ausstellungskonzepts, vor allem die Art der Präsentation und ihre kuratorische Aufbereitung. Die Installation der Architekturmodelle ohne nähere Informationen erregt den Unmut der Kritiker: Die Anordnung der Ausstellungsobjekte sei ohne ersichtliche Systematik und verwirre das Publikum, viele der gezeigten Zeichnungen seien auch für geschulte Betrachter nicht verständlich.[228] Kritisiert wird zudem immer wieder, dass nicht klar gemacht werde, welche Entwürfe tatsächlich realisiert wurden. Da außer dem einleitenden Wandtext im ersten Saal keinerlei Erklärungen zu den gezeigten Bauentwürfen geboten werden, müsse man, um wenigstens etwas Einblick in die ausgestellten Entwürfe zu gewinnen, im Katalog nachlesen. Dieser wird jedoch ebenfalls als unzureichend und zu theorielastig empfunden.[229] Zudem werden fotografische Abbildungen der Projekte vermisst und die fehlende Bibliografie bemängelt.[230]

Wigleys Texte, die den Hauptteil der theoretischen Ausführungen im Katalog ausmachen, werden stark kritisiert. Außer ein paar formalen Analysen der Projekte seien auch hier nicht mehr Informationen zu finden.[231] Häufig wird die verallgemeinernde Ausdrucksweise sowie die ungewöhnliche Wortwahl des Autors kommentiert.[232] Kaufman etwa fragt skeptisch: „Whether or not

---

226 | Gill 1988.

227 | Die zitierten Titel finden sich in der genannten Reihenfolge in Tang 1988; McGuigan 1988; Nasar 1988; Forgey 1988; Kramer 1988; Kaufman 1988.

228 | Vgl. exemplarisch insbesondere Kaufman 1988; aber auch Campbell 1988; Boles 1988; Hine 1988; Zeaman 1988; Holtz Kay 1988; Cornwell 1988.

229 | Vgl. Cornwell 1988: „the rather unimpressive catalogue"; Muschamp, Leaning Tower, 1988: „the exhibition and its theory-drunk catalog"; Wilson, Pros and Cons, 1988: „This exhibition is so dominated by theory [...]".

230 | Vgl. Hine 1988; Tang 1988; Schjedahl 1988; Fox 1988. Holtz Kay merkt an, dass Tschumis PARC DE LA VILLETTE und Gehrys Haus in Santa Monica auch durch reale Abbildungen hätten präsentiert werden können, während Kaufman gern Computeranimationen der Innenräume gesehen hätte (Kaufman 1988).

231 | Vgl. etwa Kaufman 1988; Fox 1988; Posner 1988; Kimball 1988.

232 | Vielfach werden Wigleys Formulierungen - „instability", „disharmony", „discomfort" - übernommen und negativ kommentiert, vgl. etwa Massengale 1988; Kim-

he intends by means of such provocative language only to stir critical debate, Wigley conveys no little distaste for his subject."[233] Sorkin hingegen qualifiziert die Argumentationsweise des Katalogs deutlich ab: „If it looks like a duck, and sounds like a duck, and smells like a duck, it must be a horse."[234] Insgesamt wird Wigley in der Presse jedoch verhältnismäßig wenig beachtet, sein Essay kaum kommentiert und lediglich mit kurzen Hinweisen auf seine assistierende Mitarbeit verwiesen;[235] Johnson wird als maßgebliche inhaltliche Autorität aufgefasst.

Letztendlich zeige die Ausstellung, so schließen zahlreiche Kritiker, in ihrer unverbindlichen und uninformativen Präsentationsweise nur „airily pleasing views of the projects"[236], wie Jane Holtz Kay es formuliert. Andere Stimmen geben sich weniger diplomatisch, Jason Edward Kaufman etwa spricht von einer „complete inadequacy of its presentation"[237]. Catherine Ingraham geht sogar soweit zu schreiben: „Nobody seems to have curated the show, in spite of the presence of at least two nominal curators [...]."[238] Aus dieser Art der Inszenierung erwachse, so ist sich der Großteil der Kritiker einig, die Hauptproblematik der Schau: Die Architekturentwürfe werden nur formal betrachtet und begegnen als skulpturale Kunstobjekte, architektonische Grundinformationen werden gänzlich ausgelassen.[239] Man habe, wie Sorkin plakativ formuliert, die „Kardinalssünde" eines jeden Kritikers begangen, „that is, the reading of superficial appearance as the meaning of an art object".[240] Dabei wird der Ausstellung in diesem Rahmen, als Kunst-Schau, durchaus Qualität zuerkannt, wenn auch häufig mit ironischem Unterton. Paul Goldberger etwa bezeichnet die Ausstellung als „visually spectacular, densely packed with models", während Peter Carlsen von einer „fascinating and provocative show" spricht.[241] Positive Äußerungen zur Ausstellung finden sich jedoch nahezu ausschließlich in diesem Zusammenhang.

---

ball 1988; Gill 1988; Hine 1988; Kaufman 1988; Gastil 1988; Posner 1988; Zeaman 1988.

233 | Kaufman 1988.

234 | Sorkin 1988.

235 | Ausführlicher setzen sich etwa Gill 1988; Kimball 1988; Muschamp, Leaning Tower, 1988; Ingraham 1988; Sorkin 1988 mit Wigleys Katalogbeitrag auseinander.

236 | Holtz Kay 1988.

237 | Kaufman 1988.

238 | Ingraham 1988.

239 | Vgl. etwa Campbell 1988; Blake 1988; Boles 1988; Gastil 1988; Bennett 1988; Kramer 1988.

240 | Sorkin 1988.

241 | Goldberger 1988; Carlsen 1988; in ähnlichem Sinne vgl. etwa Bennett 1988; Blake 1988.

Darüber hinaus, so sind sich verschiedene Autoren einig, werde die Ausstellung durch die Art ihrer kuratorischen Aufbereitung den gezeigten Entwürfen nicht gerecht, in denen durchaus architektonisches Potenzial erkannt wird, wie etwa Herbert Muschamp betont: „The majority of the projects on view at the Modern are indeed among the most challenging of our time, worth almost any amount of hoopla, especially after the museum's long silence. More the pity, then, that what is truly challenging about this work has been neutralized by as conservative a brand of architectural thinking as you are likely to find outside Colonial Williamsburg.“[242] Den Architekten der Deconstructivist Architecture drohe das gleiche Schicksal, das rund 50 Jahre zuvor der modernen Architektur durch die „Modern Architecture" widerfahren sei. Sie reihe sich ein in die für das MoMA typische Art der Präsentation, das immer schon nach ästhetischen Kriterien selektiert habe und mehr Interesse an Formen denn an Inhalten verfolge; dies merken auch andere Kritiker anmerk.[243] So differenzierte Kommentare sind jedoch weitgehend den Fachmagazinen vorbehalten, in den übrigen Medien herrscht oberflächlichere, negativ gestimmte Kritik vor.

Auffallend ist, dass nur wenige Kommentare die kuratorische Aufbereitung als solche hinterfragen. Die Autoren jedoch, die nach Gründen für die Art der Ausstellungsinszenierung suchen, sind sich einig, dass keine künstlerischen oder architektonischen Motive an erster Stelle gestanden haben. Ingraham vermutet, dass es der Ausstellung offensichtlich weniger um Architektur gegangen sei: „Instead, it is a series of political yearnings – gathered under the vague rubric of deconstructivism – that is on display at MOMA. Almost any title would have worked.“[244] In ähnlicher Weise kommentiert auch Kramer, der eine Vetternwirtschaft rund um Johnson am Werk sieht: „It isn't, however, what's in the show that makes it an event of interest. It is because of the way it illuminates the shifting and cynical politics of the architectural profession that the show is so remarkable.“[245] Davis neutralisiert hier etwas: „[...] that the exhibition had little to do with the art of architecture and everything to do with polemics. The architects were assembled like notes on a debate podium – simply to win the day.“[246] Auch Muschamp äußert sich in diesem Sinne, wenn er feststellt: „Anyone familiar with the wiles of wigor has met the logic that it is good to do a bad show, because of all the attention it will provoke [...].“[247] Mehrfach

---

242 | Muschamp, Leaning Tower, 1988; in ähnlicher Weise auch Ingraham 1988; Boles 1988; Goldberger 1988; Campbell 1988; Hine 1988; Tang 1988.

243 | So etwa Boles 1988; Schjedahl 1988; Blake 1988.

244 | Ingraham 1988.

245 | Kramer 1988; in diesem Sinne auch Wines 1988.

246 | Davis 1988.

247 | Muschamp, Leaning Tower, 1988.

wird darüber hinaus spekuliert, dass Johnson etwas gesucht habe, um seine Karriere abzurunden und seinen Namen für die Nachwelt zu erhalten: „As for Philip Johnson's motives for associating his reputation with the exhibition, there is a rumor to the effect that since he has announced this will be the last show he will organize for the museum, he may intend to bow out the way he arrived at the museum [...]: with a show that expands the frontiers of architecture, and not so incidentally reaffirms his position as the eternal wunderkind."[248] Ein wenig klingt dies auch in Johnsons früher Notiz vom Januar 1988 in der New York Times an, in der er darauf verweist, dass dies seine letzte Schau sein würde; die Gewichtung dieser Aussage bleibt jedoch der Spekulation der Leser überlassen.

Reaktionen auf die gezeigte Architektur

Trotz der wiederholt geäußerten Kritik, dass die Architekten in der Ausstellung ausschließlich formal vorgestellt würden, beschränkt sich die Besprechung der Entwürfe in den meisten Darstellungen ebenfalls weitgehend auf die Beschreibung oberflächlich-formaler Charakteristika. So ist immer wieder die Rede von zersplitterten, fragmentierten, ungeordneten Formen, die explodiert zu sein scheinen und eine beunruhigende Formensprache ohne funktionalen Sinn zeigen.[249] Nur wenige Autoren gehen ausführlicher auf die Architekten ein. Gemeinsam ist den meisten Kommentaren, dass sie den Entwürfen mit Skepsis begegnen. Kramer etwa spricht von „our pathetic little deconstructivists", während Bennett die Entwürfe gar „perverse" und „ugly" findet.[250] Stellenweise geht die Kritik sogar so weit, die Architekturen als nihilistische Statements gegen alle Konventionen darzustellen.[251] Vielfach werden die Bauentwürfe als akademische, über-intellektualisierte und – nicht zuletzt durch die Art ihrer Präsentation – auch Fachleuten nicht zugängliche Spielereien abgelehnt, die nicht baubar seien.[252] Die von den Ausstellungsmachern hervorgehobene Baubarkeit wird verworfen: Der Großteil der Kommentare zur Ausstellung betont, dass die meisten gezeigten Projekte nicht realisiert worden seien oder würden. Die Gebäude werden als nicht bewohnbar bewertet, da sie nicht funktional

---

248 | Carlsen 1988; vgl. auch Wines 1988; Geibel, Philip Johnson, 1988; Geibel, Design, 1988.

249 | Vgl. exemplarisch Kimball 1988: „For deconstructivism [...] the chief point of architecture is to provide an occasion for rhetorical excess."

250 | Kramer 1988; Bennett 1988.

251 | So etwa Kramer 1988; McGuigan 1988; Bennett 1988; Lewis 1988.

252 | Vgl. Kimball 1988; Hine 1988; Boles 1988; Gill 1988; Kaufman 1988. Einige Autoren gestehen hingegen die grundsätzliche Baubarkeit zu, lehnen eine Realisierung der Entwürfe jedoch ab (etwa Fox 1988; Blake 1988; Schjedahl 1988).

orientiert und unpraktisch seien;[253] ein Kritikpunkt, den vor allem die sehr ablehnenden Nicht-Fachmedien wiederholen. Nicht bedacht wird dabei, dass bei diesem Einwand jedoch ebenfalls nur nach formalen Gesichtspunkten gewertet wird. Wie funktional ein Entwurf ist, lässt sich letztlich erst im realisierten und genutzten Bau beurteilen.

Oft wird dieses Bauen zudem als Reaktion auf das Chaos der Welt gedeutet: „Deconstructivism is a pessimistic and accepting outlook that salutes disorder, chaos and dissonance as the way of the world."[254] Damit wird der leichter zugängliche Teil der Definition Giovanninis übernommen; Wigley schließt dies im Katalogessay jedoch ausdrücklich aus. Einige wenige Autoren setzen in ihrer Analyse grundlegender an. Goldberger etwa merkt an, dass man die dekonstruktivistische Architektur zwar als Metapher für die Unordnung des modernen Lebens gebrauchen könne, dass die Entwürfe aber keinesfalls chaotisch seien, sondern streng durchdacht und geplant. Es gehe den Architekten nicht um „disorder", sondern darum, Grenzen auszuloten.[255]

Die konkrete Auswahl gerade dieser sieben Architekten wird nur selten kommentiert oder hinterfragt. Nur einige Autoren merken an, dass auch andere Vertreter in eine Schau unter diesem Titel gehört hätten.[256] Von den sieben Architekten sind vor allem Frank Gehry und Peter Eisenman bereits ein Begriff, während die anderen fünf noch nicht über Fachgrenzen hinaus bekannt sind.[257] Mehrfach wird vermutet, dass gerade Gehry in erster Linie als renommiertes Zugpferd in die Schau eingeschlossen wurde.[258] Kritisiert wird immer wieder, dass die präsentierten Arbeiten außer formalen Ähnlichkeiten keine weiteren Gemeinsamkeiten hätten.[259] Auch hier kommentieren einige wenige Stimmen fundierter. Kimball etwa merkt an, dass die Architekten eine „attitude" teilen, während sie optisch zum Teil sehr unterschiedlich seien.[260] Goldberger beobachtet: „If there is any way to summarize this new approach,

---

253 | Vgl. McGuigan 1988; Kimball 1988; Goldberger 1988; Davis 1989; Zeaman 1988; Nasar 1988; Fox 1988.

254 | Bluestone 1988. In diesem Sinne vgl. auch McGuigan 1988; Massengale 1988; Zeaman 1988; Fox 1988; Confino 1988; Hine 1988.

255 | Goldberger 1988.

256 | Hier wird immer wieder SITE um James Wines genannt (vgl. Horsley 1988; Blake 1988; Lewis 1988; Gapp 1988; Woodruff 1988 nennt noch weitere).

257 | Cornwell 1988; Boles 1988; Campbell 1988; Kimball 1988; Crosbie 1988.

258 | Gehrys Teilnahme wird unterschiedlich bewertet: Manche Autoren fragen direkt, was Gehry in einer solchen Schau zu suchen habe (Boles 1988; Cornwell 1988; Kaufman 1988; Posner 1988), während ihn etwa Holtz Kay als „founding father" der Bewegung bezeichnet (Holtz Kay 1988).

259 | Vgl. etwa Janjigian 1988; Kaufman 1988; Posner 1988.

260 | Kimball 1988.

it would be to say that its proponents want to change our fundamental perceptions of buildings."[261] Darüber hinaus seien sie jedoch sehr verschieden. Die Zusammenfassung dieser Architekten in einer Ausstellung und unter einem Titel sei unter diesen Vorzeichen willkürlich und nicht in den gezeigten Projekten als solchen begründet: „What must be questioned, however, is the rationale for assembling this heterogeneous set of practices into a canon"[262], so Sorkin.

Die begriffliche Prägung des Ausstellungstitels selbst wird in diesem Sinne jedoch nicht hinterfragt,[263] obwohl sie stark kritisiert wird. Es ist die Rede von einem „ill-defined banner of deconstructivism"[264], Sorkin schreibt gar von „the MoMA show's dumb use"[265] des Terminus. Entgegen der Erläuterungen der Kuratoren wird die Formulierung häufig mit Derridas Dekonstruktion und der zeitgenössischen französischen Philosophie in Verbindung gebracht.[266] Allerdings wird in keinem Text zwischen „dekonstruktivistisch/Dekonstruktivismus", „dekonstruktionistisch/Dekonstruktionismus" oder auch „dekonstruktiv/Dekonstruktion" differenziert.[267] Gelegentlich wird die Bezeichnung „dekonstruktivistisch" auch im Sinne von „destruktiv", als Zerstörung von etwas, aufgefasst.[268] Nur selten wird darauf verwiesen, dass Wigley Derrida-

---

261 | Goldberger 1988.

262 | Sorkin 1988.

263 | Einige Autoren weisen auf Giovanninis Anspruch auf Urheberschaft hin (Cornwell 1988; Davis 1989; Ingraham 1988; Forgey 1988; Hine 1988; Kaiser 1988; Geibel, Philip Johnson, 1988).

264 | Hall Kaplan 1988; vgl. auch Janjigian 1988.

265 | Sorkin 1988.

266 | Vgl. Lewis 1988; Muschamp, Leaning Tower, 1988; Kimball 1988; McGuigan 1988; Gastil 1988; Wiseman 1988. Bennett kritisiert gar Wigleys vermeintliche Übertragung des philosophischen Konzepts in die Architektur (Bennett 1988; auch Sorkin 1988 nennt Ähnliches), während Posner schreibt, die Architekten hätten sich selbst nach der „trendy French method of literary criticism called deconstruction" benannt (Posner 1988).

267 | Vgl. Kapitel 2.2. Lediglich Massengale weist auf die begriffliche Unterscheidung zwischen „dekonstruk*tivi*stisch" und „dekonstruk*tioni*stisch" hin, gebraucht die Bezeichnungen jedoch ebenfalls austauschbar (Massengale 1988). Ingraham differenziert zwischen Dekonstruktion und Dekonstruktivismus: „Deconstruction I take seriously, deconstructivism I find simplistic and dangerously naive, [...]" (Ingraham 1988). Andere Autoren, etwa Cornwell 1988 oder Lavin 1988, vermischen die Begriffe unreflektiert.

268 | Etwa bei Horsley 1988; Zeaman 1988; Blake 1988.

Spezialist ist.[269] Einige Autoren führen zudem an, dass die Architekten die Bezeichnung ablehnen.[270]

Darüber hinaus fällt auf, dass die Mehrzahl der Reviews trotz der gehäuften und meist profunden Kritik an der begrifflichen Prägung und der nur formalen Aufbereitung der MoMA-Schau den Dekonstruktivismus dennoch als
stehenden Terminus übernehmen und die Architekturen als Strömung, wenn
nicht gar als neuen Baustil auffassen. Auch Kimball, der sich fundiert mit der
Ausstellung auseinandersetzt, schreibt von „deconstructivism's blindness to
its own banality"[271] und suggeriert so, möglicherweise unbeabsichtigt, dass es
bereits eine Bewegung unter diesem Namen gibt.

Auch die Verbindung mit dem russischen Konstruktivismus durch die Kuratoren überzeugt die Kommentatoren nicht, so schreibt etwa Kimball: „As it
happens, the connection between Constructivism and the works on view in
the exhibition is sometimes quite tenuous, depending on nothing more than
fortuitous formal similarities." Die begriffliche Verbindung wird als „odd" und
„awkward" empfunden, auch wenn durchaus oberflächliche Ähnlichkeiten zu
beobachten seien.[272] Janjigian weist darauf hin, dass die Bezugnahme zur russischen Avantgarde eingesetzt werde, um den zeitgenössischen Architekten
historische Glaubwürdigkeit zu verleihen – und dies, obwohl „the individuality
of these architect's works comes not from pondering Russian constructivists
drawings, or even Russian constructivist architecture"[273]. Sorkin berichtet gar,
Johnson habe für die Zusammenstellung dieser Teilschau schlicht nach konstruktivistischen Arbeiten „with diagonals in them"[274] verlangt.

Die Präsentation der russischen Konstruktivisten im ersten Ausstellungsraum hingegen wird, sofern kommentiert, durchweg positiv aufgefasst, man
sieht sie als wertvolle „Ausstellung in der Ausstellung".[275] Die inhaltliche Darstellung der russischen Avantgarde durch die Kuratoren wird hingegen nur
selten besprochen. Sorkin etwa merkt an, dass auch hier ausschließlich nach

---

269 | Vgl. etwa Wilson, Pros and Cons, 1988; Wilson, N.Y. Abuzz, 1988.

270 | Boles 1988; Gill 1988; Janjigian 1988; Crosbie 1988; Taylor 1988.

271 | Kimball 1988, folgendes Zitat ebd.

272 | Vgl. Forgey 1988; Hine 1988; Gordon 1988; Kaufman 1988; Wilson, Pros and
Cons, 1988; Schjedahl 1988; Kramer 1988. Cornwell und Kaufman setzen sich mit den
Ähnlichkeiten mit den Konstruktivisten etwas genauer auseinander (Cornwell 1988;
Kaufman 1988).

273 | Janjigian 1988; in diesem Sinne auch Holtz Kay 1988. Ingraham hingegen lehnt
jede Gemeinsamkeit mit den Konstruktivisten ab: „diagonals share nothing automati-
cally with other diagonals" (Ingraham 1988).

274 | Sorkin 1988.

275 | In diesem Sinne etwa Posner 1988; Kramer 1988; Schjedahl 1988; Holtz Kay
1988; Cornwell 1988.

formal-ästhetischen Kriterien gewertet wird und die historischen Entwicklungen nicht nach den Fakten, sondern den Zielen der Kuratoren entsprechend dargestellt werden.[276]

Zwischenstand

Insgesamt schlägt der Ausstellung in der US-Presse eine auffallend skeptische Stimmung entgegen. Die Befürchtungen, die im Vorfeld geäußert wurden, treten tatsächlich ein: Nicht nur wird die Schau in erster Linie mit Johnsons Namen verbunden, sie wird zudem inhaltlich verflacht wahrgenommen, was nicht zuletzt auch dem leichtfertigen Einsatz der Begriffsprägung „dekonstruktivistisch" geschuldet ist. Rund ein halbes Jahr nach Ende der Ausstellung fasst Cornwell treffend zusammen: „It is unfortunate that Johnson's show got so much press for Johnson and not enough for the architects. It was not only due to the scandal involved but also, as we've seen, because of the way the exhibit was presented – deconstructivist architecture as art. But, then again, the architects colluded with Johnson, even if unwittingly, allowing their work to be seen as objects. The stars were co-opted; the show became one-dimensional. The light shined on Johnson."[277] Dennoch herrscht bei mehreren Autoren ein Bewusstsein dafür vor, dass die Teilnahme an einer MoMA-Ausstellung und die Zusammenarbeit mit Philip Johnson für Architekten wie Kuratoren eine einmalige Chance darstellte, die sie kaum hätten ausschlagen können.

Tendenziell wird die DECONSTRUCTIVIST ARCHITECTURE als theoretische Spielerei gewertet, der wenig Auswirkung auf die Baupraxis zuerkannt wird:[278] „In the end deconstructivism is more likely to take its place in the history of theoretical architecture than in the pantheon of major styles. It is a correction in the architectural culture, and in some ways a valuable one [...]."[279] Dennoch wird der Ausstellung und den in ihr präsentierten Denkansätzen Potenzial zuerkannt, Davis bezeichnet sie in der Rückschau als „Signal-Event trotz ihrer selbst"[280].

Trotz der enormen Presseaufmerksamkeit, die die Ausstellung erfährt, bleiben viele Fragen ungeklärt, die weder in der Schau noch im Begleitkatalog ausreichend beantwortet werden. Raymond W. Gastil bringt in einem Artikel vom Herbst 1988 nach der Ausstellung einige der wichtigsten Fragen auf den Punkt: „Do the seven architects belong in one room? Are they really related to Constructivism? Are they really related to Deconstruction? Isn't the neologism

---

276 | Sorkin 1988.

277 | Cornwell 1988.

278 | Vgl. etwa Janjigian 1988; Massengale 1988; Wilson, Pros and Cons, 1988; Bennett 1988.

279 | Goldberger 1988.

280 | Davis 1988 (Übersetzung d. Verf.).

‚Deconstructivist' just a marketing label? [...] why should architects consciously try to provoke feelings of insecurity and alienation? Aren't they supposed to make life better?"[281]

In einer intensiven Auseinandersetzung mit den Katalogtexten der Kuratoren gilt es im Folgenden zu überprüfen, welche Inhalte Johnson und Wigley konkret entwickeln, inwiefern Kritik an ihren Denkansätzen berechtigt ist und wo Missverständnisse vorherrschen, denn die tendenzielle öffentliche Wahrnehmung erfolgt stark aus einer sehr kritischen Richtung, wie deutlich geworden ist, und übergeht dadurch die Ansätze der Ausstellung, die Potenzial haben. Überlegungen zu den in vielen kritischen Rezensionen geäußerten Befürchtungen, wie sich das Bauen nach der DECONSTRUCTIVIST ARCHITECTURE weiterentwickeln werde, erfolgen am Ende der vorliegenden Arbeit. Entsteht hier tatsächlich eine neue (Stil-)Richtung, die die postmoderne Bauweise ablöst und zur neuen Mode wird? Bleiben die Architekten diesem „Stil" treu?

2.7 Die Kuratoren zur Ausstellung: Johnsons und Wigleys Katalogtexte

Johnsons und Wigleys Katalogtexten kommt als zentraler Quelle zur Ausstellung große Bedeutung zu: In ihnen liefern die Kuratoren das ideelle Rahmenwerk zu ihrer Präsentation. Zudem wurde die Publikation auch als zukünftiges Referenzwerk einer neuen Architekturströmung betrachtet. Um eine fundierte Diskussionsgrundlage zu erhalten, die eine kritische Beurteilung der Ausstellung – sowohl vor dem Rahmen der öffentlichen Kritik als auch hinsichtlich ihrer Bewertung der gezeigten Architekten – erlaubt, werden beide Texte eingehend analysiert. Sichtbar werden dabei grundlegende Ansichten und Deutungsansätze der Kuratoren, aber auch argumentative und inhaltliche Schwierigkeiten, die ihre Darstellung der dekonstruktivistischen Architektur problematisch werden lassen.

Im Folgenden werden nacheinander Johnsons Vorwort und Wigleys Essay untersucht; Wigleys Beschreibungen der sieben Architekten werden in den Kapiteln zu den Baukünstlern besprochen. Nicht mehr eigens zu erläutern ist Wredes kurzes Vorwort, das in der deutschen Ausgabe des Katalogs fehlt. Es enthält nur allgemeine Informationen, die in den Hintergründen zur Ausstellung bereits zusammengefasst wurden. Ergänzt werden die Analysen der beiden Katalogtexte durch Exkurse zu Johnsons erster Ausstellung „Modern Architecture", auf die er im Vorwort verweist, sowie zum russischen Konstruktivismus, der in der begrifflichen Definition der Kuratoren eine wichtige Rolle spielt, bei ihnen jedoch Fehldeutungen der russischen Avantgardisten un-

---

281 | Gastil 1988.

terlaufen. Auch Derridas mittlerweile mehrfach angesprochene Philosophie der Dekonstruktion ist in ihren für die vorliegende Arbeit zentralen Aspekten zu umreißen. Die Exkurse rekapitulieren das nötige Hintergrundwissen, um die Deutungsansätze der dekonstruktivistischen Architektur durch Johnson und Wigley angemessen beurteilen zu können.

2.7.1 Philip Johnsons Vorwort

Die Besprechung des Vorworts wird in drei Sinnabschnitte gegliedert, die die wesentlichen Themenbereiche des Textes zusammenfassen. Bei inhaltlichen Überlegungen darüber, was Johnson zu bestimmten Ausführungen bewegt haben könnte, muss es vielfach bei Interpretationsansätzen und Vermutungen bleiben, die nicht mehr belegt werden können. Nachgewiesen werden können jedoch Schwächen im Aufbau der Argumentation und in der Art und Weise, wie Überlegungen zwar angeführt, aber nicht begründet werden. Es sind insbesondere diese Aspekte, die es – über inhaltliche Fragen hinaus – nötig machen, Johnsons Vorwort kritisch zu hinterfragen.

Johnsons Rückbezug auf die „Modern Architecture" von 1932

Johnson eröffnet seinen Text mit einem Verweis auf die „Modern Architecture". Mit den ersten Sätzen setzt er die Ausstellungen von 1932 und 1988 zueinander in Bezug, grenzt beide jedoch voneinander ab: „Diese Ausstellung [die DECON-STRUCTIVIST ARCHITECTURE, d. Verf.] verfolgt keine solchen Ziele."[282] Damit wird im Katalogtext die Argumentation fortgeführt, die Johnson in seiner Notiz[283] in der New York Times im Januar 1988 begonnen hat: Während die Schau in den 1930er-Jahren zum Ziel gehabt habe, „die Architektur der zwanziger Jahre zusammen[zufassen]", und einen internationalen Bau-Stil „prophezeite", habe man mit der DECONSTRUCTIVIST ARCHITECTURE nichts Entsprechendes beabsichtigt. Auch hier betont er: „Dekonstruktivistische Architektur ist kein neuer Stil." Weder handle es sich um eine neue Schule noch um eine Gruppe von Architekten, die gemeinsam nach bestimmten Gestaltungsgrundsätzen arbeiten, wie es etwa die ebenfalls von Johnson geförderten New York Five[284]

---

282 | Johnson/Wigley 1988, S. 7, folgende Zitate ebd.

283 | Johnson, 36 Creative Artists, 1988, vgl. Anm. 89.

284 | Die „New York Five" sind die fünf Architekten Peter Eisenman, Michael Graves, Charles Gwathmey, John Hejduk und Richard Meier, die 1969 in einer von Arthur Drexler organisierten Konferenz und Ausstellung im MoMA gemeinsam gezeigt wurden. Trotz einiger Unterschiede verbanden die Architekten, so Drexler, „certain properties of form; scale [...]; and treatment of material [...]" (Five Architects 1975, S. 1). Zudem orientierten sie sich in kritischer Reaktion auf die Architektur der 1960er-Jahre an den reinen Formen der Moderne der 1920er- und 1930er-Jahre, insbesondere an Le Corbusier.

Die Ausstellung   69

getan haben. Vielmehr fließe in der neuen Ausstellung „das Schaffen einiger bedeutender Architekten der Jahre nach 1980 zusammen, die ähnlich vorgehen und zu äußerst ähnlichen Formen gelangen".

Diese betonten Abgrenzungen werfen Fragen auf, zumal sie, wie der Überblick über die Pressereaktionen gezeigt hat, nicht erfolgreich waren: Entgegen der Äußerungen der Kuratoren werden die präsentierten Architekten – in gedanklicher Analogie zum International Style – vielfach als Vertreter eines neuen Stils aufgefasst, der das postmoderne Bauen ablösen soll. Warum stellt Johnson eine Verbindung zwischen gerade diesen beiden Ausstellungen her, betont aber zugleich, dass beide Projekte nicht vergleichbar seien? Inhaltlich näherliegend wäre etwa ein Bezug zu der in den 1980er-Jahren vorherrschenden postmodernen Architektur gewesen, um die zeitgenössischen Architekturtendenzen voneinander abzugrenzen. Nicht zuletzt überrascht der Rückbezug auf die Moderne auch deshalb, weil Johnson in den 1980er-Jahren bereits länger als prominenter Vertreter des postmodernen Bauens aktiv war.

Möglicherweise wollte der Gastkurator den angesichts seiner Beteiligung an der MoMA-Schau zu erwartenden Reaktionen, die seine Architektur-Ausstellungen miteinander vergleichen würden, zuvorkommen und eine eigene Deutung präsentieren.[285] Allerdings hat er eine solche Sichtweise durch seine Notiz in der New York Times schon Monate vor der Eröffnung selbst provoziert. Hier nennt er nicht nur beide Ausstellungen zusammen, sondern spannt durch den Verweis darauf, dass es sich um seine erste und um seine letzte MoMA-Schau handle, einen Bogen zwischen 1932 und 1988. So führt Johnson selbst eine Gewichtung in der Betrachtung der beiden Ausstellungen ein, die in der öffentlichen Wahrnehmung entsprechend aufgegriffen wurde.

Architekturkritiker wie Werner Oechslin haben die Vermutung geäußert, dass Johnson trotz gegenteiliger Ausführungen doch *ex negativo* darauf abzielte, eine neue Architekturschule, wenn nicht gar einen neuen Stil einzuführen, wie es 1932 gelungen war: „[Er] bediente sich einer alten rhetorischen

---

1972 gaben die fünf Architekten das Katalogbuch „Five Architects" heraus, das die 1969 diskutierten sowie einige neuere Projekte vorstellte und zum Erfolg der Architekten führte (Goldberger 1996, S. 1). Dennoch waren die „Five Architects" nie eine offizielle Gruppe, sondern eher eine Schule (Goldberger 1996, S. 1; Five Architects 1975, S. 1). Johnson drückt seine Wertschätzung der „Five Architects" in einem Postskript zur zweiten Auflage 1974 aus (Five Architects 1975, S. 138).

285 | In diesem Sinne äußert sich Johnson gegenüber Jencks: „Weil jeder erwartet, daß ich eine Bewegung vertrete, deshalb muß ich es schon im voraus leugnen" (Johnson zitiert nach Jencks 1990, S. 159).

Figur, um das zu fördern, was zu vermeiden er gerade vorgab."[286] Tatsächlich erwähnt Johnson im gleichen Absatz seines Vorworts auch, dass es durchaus interessant für ihn gewesen wäre, „wieder einen neuen Stil zu verkünden". Noch deutlicher wird er am Ende des Vorworts, als er darauf verweist, dass noch „kein allgemein überzeugender ,Ismus' aufgetaucht" sei und dies wohl auch nicht mehr geschehen werde, solange nicht eine neue verbindliche Ästhetik entstehe.[287] In diesen kurzen Kommentaren klingt an, dass Johnson – nach wie vor – den Wunsch nach einem einheitlichen Stil mit verbindlichen formal-ästhetischen Kriterien hegt, wie er schon 1932 formuliert wurde.[288] In diesem Sinne bezeichnet er sich in seinem Essay auch „als alten Modernisten"[289]. Es ist damit also durchaus vorstellbar, dass durch die Negation eine dem Autor wünschenswert erscheinende Denkrichtung angeregt werden soll.

Dieser Einstieg in den Text, der im Verhältnis zur Gesamtlänge des Vorworts relativ viel Raum einnimmt, lässt Rückschlüsse zu auf Johnsons Ideal einer allgemeinverbindlichen Ästhetik sowie auf seinen Bewertungsmaßstab, die geometrisch-klaren Formen des International Style; Letzteres wird im Anschluss noch belegt. Ob hier tatsächlich ein rhetorischer Kniff zum Einsatz gekommen ist, lässt sich allerdings nicht abschließend feststellen. Entsprechende Überlegungen bleiben persönliche Einschätzung des jeweiligen Kritikers.

Aus welchen Gründen Johnson die abgrenzende Verbindung zur „Modern Architecture" herstellt, lässt sich aus der Rückschau nicht mehr bestimmen. Über mögliche Motive wurde schon in der Tagespresse 1988 vielfach spekuliert.[290] Die Kritik entbehrt nicht einer gewissen Substanz, denn schon die New Yorker Ausstellung als Ganzes widerspricht der Behauptung, keinen neuen Stil formulieren zu wollen, dadurch, dass die neuen architektonischen Tendenzen unter einer eigens eingeführten Bezeichnung zusammengefasst werden, die sprachlich einen Ismus nahelegt.[291] Dadurch wird eine engere Verbindung zwischen dem Schaffen der sieben Architekten suggeriert, die über die „ähnlichen Formen" hinausgeht. Auch wenn im gesamten Text nie von einem neuen Ismus, sondern stets von dekonstruktivistischer Architektur gesprochen wird, wird eine „Schublade" geöffnet, in die die Architekten künftig eingeordnet werden können, ohne sich näher mit ihrem Schaffen auseinandersetzen

---

286 | Oechslin, Kulturgeschichte, 1999, S. 15; in ähnlicher Weise argumentiert auch Jencks im Gespräch mit Johnson und spricht von „Freudscher Selbstverleugnung" (Jencks 1990, S. 158f., Zitat S. 158).

287 | Johnson/Wigley 1988, S. 9, Zitat ebd.

288 | Vgl. in diesem Sinne auch Cappellieri 1996, S. 32.

289 | Johnson/Wigley 1988, S. 8.

290 | Vgl. die Ausführungen in Kapitel 2.6.

291 | Diese Problematik wurde bereits erörtert, vgl. Kapitel 2.1.2.

zu müssen – „[v]erheerend", wie Frank Werner schreibt, „weil das, was da in New York ausgestellt worden war, bereits ‚Labels' bekommen hatte, bevor eine einigermaßen seriöse Debatte überhaupt erst begonnen hatte"[292]. Der formulierten Absicht angemessener wäre eine allgemein gehaltene Bezeichnung wie „Überblick über" oder „Querschnitt durch", wie der Kurator die Zielsetzung der Ausstellung am Ende seines Vorwortes selbst beschreibt: „Diese sieben Architekten aber schienen unserer Ansicht nach einen akzeptablen Querschnitt durch einen breite Gruppe darzustellen."[293]

Die Vorgehensweise, Neuentwicklungen der Architektur herauszugreifen und unter einer bestimmten neuen Bezeichnung zu präsentieren, stellt zudem eine Parallele zur „Modern Architecture" von 1932 dar, bei der ebenfalls eine Zusammenfassung verschiedener architektonischer Entwicklungen von außen stattfand. Tatsächlich lassen sich trotz der Abgrenzungen Johnsons Gemeinsamkeiten zwischen den beiden Architekturausstellungen beobachten, wenn auch in einer dem Kurator selbst möglicherweise nicht bewussten Weise: Auch wenn keine inhaltlichen Gemeinsamkeiten zwischen dem modernen „Stil" und dem dekonstruktivistischen „Nicht-Stil" bestehen, so wird doch ein ähnlicher formal-ästhetischer Bewertungsmaßstab an beide Architekturströmungen angelegt. Die Herangehensweise der Ausstellungsmacher an das Werk der modernen wie der zeitgenössischen Architekten weist Parallelen auf. Um eine Vergleichsbasis zwischen den beiden Ausstellungsprojekten zu gewinnen, wird an dieser Stelle ein kurzer Exkurs zur „Modern Architecture" von 1932 eingeschoben, der die wichtigsten Charakteristika und Problematiken dieser Schau rekapituliert. Tatsächlich lassen sich weitere Gemeinsamkeiten in Vorgehen und Bewertungsmaßstab, aber auch hinsichtlich der kuratorischen Denkfehler beobachten.

Exkurs:
Die „Modern Architecture" von 1932 und der International Style

Die „Modern Architecture. International Exhibition"[294], die erste Architekturausstellung im erst drei Jahre zuvor gegründeten Museum of Modern Art, thematisiert die zu jener Zeit aktuellen Phänomene in der internationalen Architekturlandschaft mit einem besonderen Schwerpunkt auf Europa und Amerika. Unter der Leitung von Alfred Barr wird die Ausstellung von Philip Johnson und Henry-Russell Hitchcock in zweijähriger Forschungsarbeit zu-

---

292 | Werner 2000, S. 22.

293 | Johnson/Wigley 1988, S. 9.

294 | „Modern Architecture. International Exhibition", 10. Februar 1932 bis 23. März 1932, Museum of Modern Art, New York.

sammengestellt.[295] Sie alle stehen am Beginn ihrer Karriere. Ziel der Schau ist es, so heißt es im begleitenden Katalogbuch[296], den neuen architektonischen Stil nachzuweisen, der sich in den 1920er-Jahren in Europa entwickelt hat. Während Barr, auf dessen Initiative die Gründung des MoMA zurückgeht, und Hitchcock sich schon seit Mitte der 1920er-Jahre mit den Entwicklungen der europäischen Architektur auseinandersetzen, stößt Johnson erst 1929 dazu. Bis dahin noch unerfahren im Bereich der Architektur verdankt er seine Einführung als Architekturkritiker der Prägung Barrs und insbesondere Hitchcocks.[297] Aus verschiedenen Gründen ist es aber Johnson, der, mit Barrs Hilfe, die New Yorker Ausstellung kuratiert, während Hitchcock den Großteil des Katalogtextes beisteuert.[298]

Die Ausstellung markiert eines der wichtigsten Ereignisse im damaligen Architekturgeschehen.[299] Die Grundlagen, die hier zusammengetragen werden, bestimmen die Diskussionen der nächsten 30 Jahre maßgeblich. Bereits Mitte der 1930er-Jahre ist die als neuer Stil vorgestellte Architekturströmung als solcher anerkannt und wird in den folgenden Jahrzehnten als International Style[300] zum dominierenden Baustil weltweit.

295 | Das Zustandekommen der Zusammenarbeit zwischen Barr, Hitchcock und Johnson schildert Sybil Gordon Kantor ausführlich (Kantor 2002, S. 243-275 und S. 276-313).

296 | Modern Architecture 1969.

297 | Kantor 2002, S. 282, 284; Riley 1998, S. 36.

298 | Kantor 2002, S. 285, 298. Tatsächlich existiert keine visuelle Dokumentation der Ausstellung. Zudem war nur ein Teil der im Katalog veröffentlichten Abbildungen auch in der Präsentation zu sehen (Riley 1992, S. 9). Terence Riley rekonstruiert die Ausstellungsinstallation (Riley 1998, S. 40f. und v. a. Riley 1992, S. 65-84).

299 | Sechs Jahre lang tourte die Ausstellung im Anschluss durch die Vereinigten Staaten und wurde in elf weiteren US-Städten präsentiert. Zwar erfuhr die „Modern Architecture" in New York vom Laien-Publikum wenig Aufmerksamkeit, sie wurde jedoch vom Fachpublikum extensiv diskutiert (Riley 1992, S. 85-88).

300 | Diese Bezeichnung geht auf den Titel eines zweiten Buches von Hitchcock und Johnson, „The International Style: Architecture Since 1922" (Hitchcock/Johnson 1932), zurück, das die Kuratoren parallel zum Ausstellungskatalog publizierten und das oft für den besagten Katalog gehalten wird. Tatsächlich ergab sich die Idee einer Ausstellung erst, als das Buchprojekt bereits in Arbeit war (Kantor 2002, S. 282f.). Welches der beiden Bücher, Katalog oder Monografie, zuerst veröffentlicht wurde, ist laut Kantor nicht klar (ebd., S. 437, Endnote 35). Beide Bücher ähneln sich in der Argumentation und überschneiden sich in der Bildauswahl: Der Katalog zeigt die umfangreichere Bildauswahl, „International Style" ist theoretisch ausführlicher angelegt und kann daher als das einflussreichere Werk betrachtet werden (vgl. auch Riley 1998, S. 36). Den Versuch einer ausführlichen Rekonstruktion der Ereignisse um die Ausstellung und die Publika-

Obwohl die Ausstellung mit dem Titel „Modern Architecture" den Anspruch erhebt, die moderne Baukunst zusammenzufassen, wird tatsächlich nur ein Teil der unterschiedlichen Strömungen der 1920er-Jahre gezeigt:[301] Der Schwerpunkt der Schau liegt auf den nüchternen, geometrischen Formen, wie sie etwa von Walter Gropius, Mies van der Rohe und Le Corbusier angewandt wurden und wie sie sich auch bei den CIAM-Konferenzen[302] durchgesetzt hatten. Andere Ansätze bleiben unberücksichtigt.[303] Erschwerend kommt hinzu, dass Johnson und Hitchcock dort einen Stil bestimmen wollen, wo nach den modernen Architekten keiner (mehr) sein sollte: „Der neuen Baukunst liegen [...] keine Stilprobleme, sondern Bauprobleme zugrunde"[304] und „die architektur [ist] ‚stillos' geworden"[305]. Auch das sozial-urbanistisch motivierte erste

---

tionen unternimmt Riley im Rahmen einer Ausstellung der Columbia University, die 60 Jahre später die MoMA-Schau wiederholt (Riley 1992). Die Bezeichnung „International Style" selbst wurde von den Autoren nicht näher erläutert.

301 | El Lissitzky und Hans Arp führen in ihrem Buch „Kunst-Ismen" aus den Jahren 1914 bis 1924 allein 15 „Ismen" auf, die sie knapp und mehr oder weniger wohlwollend kommentieren (El Lissitzky/Arp 1925).

302 | Der Congrès International d'Architecture Moderne, kurz CIAM, wurde 1928 in La Sarraz/Schweiz gegründet. Er markiert den Versuch der modernen Avantgardisten, ein einheitliches Konzept zu entwickeln (vgl. Eric Paul Mumfords Ausführungen in seiner „general narrative history" der Kongresse, von denen es bisher nur wenige zusammenhängende Darstellungen gibt (Mumford 2000, S. 1, 3)). Eines der Hauptziele der Versammlung war die Formulierung eines einheitlichen Standpunktes, von dem aus ein „Marching Together" möglich werden sollte, um den konservativen Kritikern eine Gegenposition sowie der Öffentlichkeit allgemein ein Programm bieten zu können (mehr zu den Zielen ebd., S. 10). Dies gelang mit dem Manifest von La Sarraz. Darin wurde jedoch eine bestimmte Richtung eingeschlagen, die von Vertretern der rationalistischen Richtung wie Le Corbusier und dem deutschen Bauhaus dominiert wurde. Andere moderne Ansätze wie der Hugo Härings wurden nicht berücksichtigt. Die äußere Geschlossenheit ging damit auf Kosten der inneren Vielfalt (vgl. Mumford 2000, S. 19, 24f.; St John Wilson 1995, S. 14).

303 | Noch 1988 schreibt Johnson, dass „die Architektur der zwanziger Jahre zusammen[gefasst wurde] – mit Mies van der Rohe, Le Corbusier, Gropius und Oud als ihren Helden" (Johnson/Wigley 1988, S. 7). Trotzdem bestehen neben den geometrisch-funktionalistischen Ansätzen andere Bauweisen fort, sodass man mit St John Wilson von einer „Other Tradition" der modernen Architektur sprechen kann (St John Wilson 1995). Der International Style ist daher nicht gleichzusetzen mit der Moderne an sich, ein Denkfehler, der noch von postmodernen Kritikern dieses Bauens begangen wurde, etwa Charles Jencks (vgl. Welsch 2002, S. 19) und Heinrich Klotz (Klotz 1984, S. 422f.).

304 | Hilberseimer 1998, S. 5.

305 | Van Loghem 1980, S. 54, Kleinschreibung im Original.

CIAM-Manifest ist betont nicht-ästhetisch ausgerichtet.[306] Der Anspruch der modernen Architekten ist universal: „Modern Architecture is not a few branches of an old tree – it is a new growth coming right from the roots."[307]

Eine stilistische Einordnung orientiert sich in der Regel an einheitlichen formal-ästhetischen Merkmalen und klassifiziert und bewertet somit von Formen ausgehend. Eine solche Annäherung an ihr Schaffen lehnen die Modernen jedoch ausdrücklich ab: Nicht die konkreten Formenlösungen stehen im Mittelpunkt ihres Interesses, sondern die Funktionalität dieser Formen.[308] So schreibt etwa Ludwig Hilberseimer, dass „das ästhetische Element [...] nicht mehr übergeordnet, Selbstzweck [...], sondern [...] gleich allen andern Elementen eingeordnet in das Ganze [ist. Es] erhält erst im Zusammenhang mit diesem Ganzen seinen Wert, seine Bedeutung."[309] Das Ideal eines Gebäudes erschließt sich aus seinem praktischen Nutzen, nicht seinem ästhetisch-künstlerischen Wert. Die Bauform wird hergeleitet aus dem Zweck, der Funktion, die das Bauwerk erfüllen soll.

Die New Yorker Kuratoren entwickeln jedoch drei grundlegende formal-ästhetische Prinzipien, um die von ihnen in den Vordergrund gestellte stilistische Geschlossenheit des modernen Bauens nachzuweisen: Architektur werde begriffen als Volumen statt Masse, Regelmäßigkeit trete an die Stelle der Achsensymmetrie und äußerliche Dekoration der Gebäude werde vermieden.[310] Die sozial-funktionalen Zielsetzungen der Architekten werden zwar erwähnt, aber nicht in ihrer Bedeutung für Formfindung und Gestaltung der Bauten erkannt und ernst genommen.[311] Die Kuratoren wollten einen künstlerischen

---

306 | Zur Erklärung von La Sarraz s. Conrads 1975, S. 103–106.

307 | Walter Gropius zitiert nach St John Wilson 1995, S. 27.

308 | Dass dieser Ansatz innermodern zu verschiedenen Lösungsmöglichkeiten führen kann, zeigen die unterschiedlichen Strömungen der Moderne, etwa der Funktionalismus und das Organische Bauen.

309 | Hilberseimer 1998, S. 5. Damit wurde eine Denktradition unterbrochen, die mit Kant eingesetzt hatte: Ein wahres Kunstwerk ist zwecklos, sein Zweck liegt in ihm selbst – die Kunst um der Kunst willen. Kunst, die einen Zweck außerhalb ihrer selbst hat und somit einem Nutzen dient, wird geringer geschätzt (vgl. St John Wilson 1995, S. 39–47). Auch die Architektur wurde als zweckfreie, selbstbezogene Kunst gewertet, die nur nach ästhetischen Maßstäben beurteilt wurde (übrigens noch nicht von Kant selbst, ebd., S. 44). Es wurde getrennt zwischen architektonischen Bauwerken und Zweckbauten, was zur Unterscheidung zwischen Architektur und Ingenieurwesen führte. Mit den modernen Architekten wird diese Trennung wieder aufgehoben.

310 | Diese drei fundamentalen ästhetischen Prinzipien werden am Beispiel entsprechend zusammengestellter Bauten nachgewiesen und in Johnsons und Hitchcocks Monografie ausführlich erläutert (Hitchcock/Johnson 1932).

311 | Kantor 2002, S. 253f., 269.

Baustil gegen den in ihren Augen ingenieurlastigen Funktionalismus durchsetzen. Johnson selbst findet im Rückblick deutliche Worte: „Our whole aim [...] was to beat out the functionalists."[312]

Die Amerikaner übersehen, dass das Neuartige der Moderne nicht ausschließlich in den formalen Lösungen zu finden ist, sondern in dem zugrunde liegenden Gedanken von der (Wieder-)Verbindung von Form und Funktion. Daher bleibt der International Style wie ihn Hitchcock und Johnson verstehen, trotz seiner berechtigten Formulierung – die in der Ausstellung gezeigten Ansätze sind innovativ! – nur an der formalen Oberfläche. Die komplexen modernen Denkansätze werden auf stilistische Kriterien reduziert. Obwohl es auch innermoderne Bestrebungen hin zu einer Vereinheitlichung gegeben hat – erinnert sei an die CIAM-Konferenzen –, werden in der New Yorker Ausstellung gleichsam von außen Bauansätze unter bestimmten Vorzeichen unter einer Stilbezeichnung zusammengefasst, die den Ideen der so bezeichneten Architekten nicht gerecht wird.[313] Entsprechend erregt der International Style den Widerspruch von Architekturkritikern und den Architekten selbst.[314]

Zudem fällt auf, dass die Kuratoren eine stark opponierende Haltung gegenüber traditionellen, „vormodernen" Positionen ihrer Zeit einnehmen. Dies zieht sich als eines der dominierenden Momente durch ihre gesamte schriftliche Darstellung. Dennoch legen sie ihrer Analyse der modernen Architektur das traditionelle Verständnis von Kunst und Architektur, das zwischen

---

312 | Johnson in einem Interview mit Sybil Gordon Kantor (Kantor 2002, S. 292). Wie so oft liegt eine angemessene Bewertung in der Mitte: Auch die rein funktionalistische Herangehensweise ist nicht unproblematisch, sobald ein übergeordneter Begriff von Funktionalität das Bauen bestimmt und ein einmal gefundenes Formenrepertoire zum fixen Kanon erstarrt; darauf wurde in der Literatur mehrfach hingewiesen (vgl. etwa Welsch 2002, S. 95f.).

313 | Der Wunsch nach allgemeiner stilistischer Verbindlichkeit ist auch im modernen Anspruch, universelle Lösungen zu entwickeln, begründet. Zudem nimmt die „Modern Architecture" Tendenzen auf, die bereits mit den CIAM-Konferenzen eingeleitet wurden (vgl. Anm. 303). Darüber hinaus sind auch Überlegungen nicht von der Hand zu weisen, dass das neu gegründete New Yorker MoMA sich erst etablieren musste und daher durch provokante Thesen von sich reden machte: Durch den Widerspruch gegenüber den zeitgenössischen Stimmen, die die Möglichkeit einer neuen, einheitlichen Formensprache teils ablehnten, teils völlig ausschlossen, wurde eine eindeutige Gegenposition vertreten (Hitchcock/Johnson 1932, S. 21; gerade Johnson hatte ein Gespür für PR, vgl. Elderfield 1998, S. 8). Ähnliches sagt Johnson selbst an anderer Stelle im Rückblick auf diese Zeit: „It [die Ausstellung „Machine Art", 1934, d. Verf.] was a piece of propaganda by the great preacher and proselytiser for modern art Alfred Barr. I was his willing acolyte" (Machine Art 1994, (o. S. 3)).

314 | Kantor 2002, S. 268, 295; Riley 1992, S. 87.

ästhetischer und praktischer Qualität von Bauten unterscheidet, zugrunde.[315] Entsprechend bleiben die Kuratoren den überkommenen formal-ästhetischen Bewertungssystemen verhaftet.

Rückblickend kommentiert Johnson seine Vorgehensweise in den frühen 1930er-Jahren im Vorwort zu einer Neuauflage des Ausstellungskatalogs zur „Machine Art": „My catalogue text seems juvenile today, with its quick, unsubstantiated judgments thrown around and conclusions reached without documentation or research."[316] Mit Sicherheit kann eine ähnliche Haltung auch für die „Modern Architecture" angenommen werden: Zwar habe nicht er, sondern Hitchcock diese Texte nicht geschrieben, er habe aber, so Johnsons Behauptung, durch seine Redaktion die Publikation „International Style" erst lesbar gemacht und somit einen maßgeblichen Anteil daran gehabt.[317] Umso mehr erstaunt es, dass sich auch im Katalog zur Ausstellung 1988 Parallelen zu Argumentationsweisen und Bewertungsmaßstäben beobachten lassen, die in der „Modern Architecture" angewendet wurden.

Johnson zur dekonstruktivistischen Architektur

Erst nach dem Verweis auf die „Modern Architecture" und den abgrenzenden Anmerkungen kommt Johnson auf die aktuelle Ausstellung zu sprechen. Die gezeigten Architekten verbinde eine ähnliche Vorgehensweise und ähnliche Formen. Allerdings wird nicht näher erläutert und mit Beispielen belegt, in welcher Weise sie ähnlich vorgehen; Wigleys Essay analysiert dies näher. Wie sich im Verlauf dieser Untersuchung zeigen wird, lassen sich tatsächlich Gemeinsamkeiten zwischen den sieben Baukünstlern im Architekturverständnis sowie im Anspruch an das eigene Schaffen beobachten. Immer liegt jedoch ein komplexes, meist theoretisch fundiertes Konzept zugrunde, aus dem sich die Formlösungen herleiten. Johnson übergeht diese Aspekte allerdings und fokussiert seine Ausführungen zu den Architekten ausschließlich auf die ähnlichen Formen als verbindendes Kriterium. Konzeptuelle Ansätze bleiben – auch bei Wigley – unkommentiert. Eine entsprechende Vorgehensweise war schon 1932 zu beobachten. Als Grundlage zur Beurteilung von Baukünstlern, deren Formensprache theoretischen Überlegungen entspringt und diesen so-

---

315 | Kantor 2002, S. 296. Johnson und Hitchcock haben ein Kapitel zum Thema „Architecture and Building" eingefügt (Hitchcock/Johnson 1932, S. 78–84), in dem sich allerdings keine philosophisch-theoretischen Gedanken finden, sondern Kriterien zur Unterscheidung zwischen guter Architektur und einfachen Gebäuden ohne architektonischen Wert: Unterscheidungskriterium soll die ästhetische Qualität sein. Um diese zu erreichen, geben die Autoren einem unsicheren Architekten auch konkrete Orientierungshilfen an die Hand und schlagen einen stark lehrbuchhaften Ton an.

316 | Machine Art 1994, (o. S. 3); vgl. Anm. 327.

317 | Kantor 2002, S. 297.

mit nachgeordnet ist, greift eine solche äußerlich-formale Bewertung hier wie da zu kurz.

Erschwerend kommt hinzu, dass es bei der Behauptung formaler Ähnlichkeit bleibt: „[D]as offensichtliche formale Thema" aller Künstler sei „das diagonale Übereinandergreifen von Quadern und trapezoiden Blöcken"[318]. Weiter werden die angeblichen Ähnlichkeiten weder begründet noch mit Beispielen oder Vergleichen belegt. Schon ein oberflächliches Blättern im Katalog zeigt jedoch, dass eine solche Beschreibung keinesfalls auf alle gezeigten Projekte zutrifft. So unterscheiden sich etwa Gehrys und Eisenmans Ausstellungsbeiträge schon optisch sehr stark.[319]

Statt die behaupteten Gemeinsamkeiten und Unterschiede zu konkretisieren, wie es die Prämisse erwarten ließe, dass die 1988 gezeigten Architekten keine Gruppe bildeten, sondern voneinander unabhängige Baukünstler mit ähnlichen Zügen seien, führt Johnson noch einen weiteren Aspekt ein: Formale Ähnlichkeiten sollen nicht nur zwischen den Architekten bestehen, sondern auch zwischen ihnen und den russischen Konstruktivisten. Das „offensichtliche formale Thema" werde nicht nur von jedem der Baukünstler wiederholt, sondern komme auch „ganz klar im Schaffen der russischen Avantgarde" vor.[320] Weiter behauptet Johnson, dass „die neuen Formen [...] auf den russischen Konstruktivismus [...] zurückgreifen". Damit werden die jungen Architekten entgegen der behaupteten Voraussetzung, dass es sich nicht um eine Gruppe handle, doch als Kollektiv aufgefasst und mit einem anderen verglichen. Zudem werden auch hier die angeblich vorhandenen formalen Ähnlichkeiten zwischen den russischen Konstruktivisten und den Dekonstruktivisten bis auf zwei allgemein gehaltene Verweise[321] nicht weiter beleuchtet. Da Wigley

---

318 | Johnson/Wigley 1988, S. 7.

319 | Einzuräumen ist an dieser Stelle, dass von einem Vorwort nicht zwingend eine ausführliche Erläuterung dieser Punkte zu erwarten ist; allerdings begründet auch Wigleys Essay die konkreten formalen Ähnlichkeiten zwischen den verschiedenen Projekten in seinem Text nicht viel eingehender.

320 | Johnson/Wigley 1988, S. 7, folgendes Zitat ebd. Hier ist auch eine sprachliche Ungenauigkeit Johnsons zu beobachten: Er spricht vom russischen Konstruktivismus der „second and third decades" des 20. Jahrhunderts, also der 1910er- und 1920er-Jahre (im deutschen Text entsprechend: „zehner und zwanziger Jahre"). Üblich ist die Bezeichnung Konstruktivismus jedoch für eine Strömung der russischen Avantgarde der 1920er- und 1930er-Jahre. Die Vordatierung ist paradigmatisch für das ungenaue Verständnis der Kuratoren von dieser modernen Strömung (vgl. dazu Kapitel 2.7.2).

321 | Johnson verweist auf „die Ähnlichkeit zwischen Tatlins verzogenen Ebenen und denen Hadids" sowie auf den „‚Liniismus' eines Rodtschenko", der bei Coop Himmelblau und Gehry auftauche (Johnson/Wigley 1988, S. 7f.).

intensiver auf die russische Avantgarde eingeht, wird das Thema dort näher besprochen. Ein ausschließlich formal ausgerichteter Vergleich wird jedoch weder den Dekonstruktivisten noch den Konstruktivisten gerecht, die ebenfalls nicht von den Formen her entworfen, sondern starke theoretische Ansätze entwickelt haben. Den Kuratoren unterlaufen in ihrer Deutung der russischen Avantgarde eine ganze Reihe von Ungenauigkeiten, die im Rahmen der Analyse des Wigley-Textes dargestellt werden.

Neben inhaltlichen Fragen ist Johnsons Vergleich der beiden Architekturströmungen auch hinsichtlich des Argumentationsaufbaus problematisch: Einerseits wird behauptet, dass aufgrund formaler Ähnlichkeiten nicht verwunderlich sei, dass die zeitgenössischen Architekten auf das Vorbild der russischen Avantgarde zurückgriffen. Andererseits wird zwei Sätze später eingeräumt, dass „[e]inige dieser Ähnlichkeiten [...] den jungen Architekten selbst nicht bewusst [seien], und sie [...] schon gar nicht vorsätzlich zustande[kämen]"[322]. Die Problematik seiner Behauptung scheint dem Kurator bewusst, er schränkt seine historische Zuordnung selbst ein. Tatsächlich setzt sich bis auf Hadid und Koolhaas keiner der Architekten intensiv mit der russischen Kunst um 1920 auseinander.[323] Als definitorische Begründung für die Behauptung, dass formale Verbindungen zwischen Dekonstruktivisten und Konstruktivisten vorhanden seien, die noch dazu den Künstlern nicht bewusst seien, reichen diese Ausführungen nicht aus. Auch Wigleys Ausführungen, die diesen Aspekt vertiefen, werden hierzu nicht überzeugen können.

Festzuhalten ist an dieser Stelle, dass nicht die Tatsache zu kritisieren ist, dass historische Bezüge hergestellt werden. Einige Entwürfe erinnern optisch durchaus an konstruktivistische Projekte. Den Kuratoren steht es frei, Verbindungen und Analogien sowohl zu Vorbildern als auch zu Mitstreitern zu ziehen; vielmehr ist dies aus kunst- und architekturhistorischer Sicht gerade nötig, um zu einer globaleren Einschätzung zu kommen, die über den Horizont des Künstlers hinausgeht, und um das jeweilige Werk in seiner Bedeutung auch vor einem historischen Hintergrund zu erfassen. Trotzdem muss eine fundierte Beurteilung auch die Aspekte berücksichtigen, die die Architekten oder Künstler selbst nennen – umso mehr, wenn es sich um zeitgenössische Architekten handelt, die ihr Schaffen ausgeprägt (theoretisch) reflektieren und fundieren. Gerade die Kritik zeitgenössischer Kunst, sei es Baukunst oder Bildende Kunst, läuft Gefahr, durch das übermäßige Herstellen historischer

---

322 | Johnson/Wigley 1988, S. 7.

323 | Dies bedeutet nicht, dass die anderen Architekten nicht mit dem Schaffen der Konstruktivisten vertraut sind. Anders als Hadid hat jedoch keiner der anderen sechs Architekten einen oder mehrere Vertreter im eigenen Schaffen explizit thematisiert. Allerdings hat sich auch Hadid nicht ausschließlich und nur auf formaler Basis mit dieser modernen Strömung befasst (vgl. Kapitel 7).

Bezüge die eigentlichen Arbeiten aus den Augen zu verlieren. Eine formal-ästhetische Zuordnung und das Einführen eines Stils unter zeitgenössischen Künstlern, wie dies 1932 und in gewissem Sinne auch 1988 geschehen ist, wird problematisch, wenn die historische Distanz fehlt.

Johnson als „alter Modernist":
Perfektion und vergewaltigte Perfektion

Nach den Verweisen auf die russische Avantgarde kommt Johnson zurück auf die formalen Unterschiede, die „zwischen der ‚verzerrten' Gestalt dekon-struktivistischer Architektur und der ‚reinen' Gestalt des alten Internationalen Stils"[324] herrschen. Diese seien für ihn „als alten Modernisten" schockierend. Damit schlägt er einen Bogen zurück zur Thematik, die er bereits mit seinem Einstieg in den Text eingeführt hat: die Gegenüberstellung des modernen Bau-ens, wie es in der „Modern Architecture" präsentiert wurde, und der dekon-struktivistischen Architektur. Diesen Blickwinkel wird er bis zum Ende des Vorworts beibehalten.

Zudem fällt auf, dass Johnson persönliche Einschätzungen wie „ich bin fasziniert von"[325] und was „mich [...] schockier[t]"[326] anführt, die seinen Text als einen stark subjektiv geprägten zu erkennen geben. Für ein Vorwort ist dies kein Problem, zumal gerade die Meinung einer fachlichen Autorität wie John-son interessiert, für eine wissenschaftliche Analyse kann dies jedoch Schwie-rigkeiten bereiten.

Johnson verdeutlicht seine Einschätzung dieser formalen Unterschiede an zwei Fotografien: Die eine zeigt ein stählernes Kugellager und stellt eine Re-ferenz auf eine weitere von ihm in den 1930er-Jahren kuratierte Ausstellung, die „Machine Art"[327], dar. Die andere ist eine Fotografie von Michael Heizer aus den 1980er-Jahren, „Spring House", die den verfallenden Eingang eines verlassenen Brunnenhauses von 1860 in der Wüste von Nevada zeigt.[328] Die Fo-tografien seien „[z]wei [s]einer Lieblingsbilder"[329], schreibt Johnson. Während

324 | Johnson/Wigley 1988, S. 8.

325 | Johnson/Wigley 1988, S. 7.

326 | Johnson/Wigley 1988, S. 8.

327 | Die „Machine Art", 6. März bis 30. April 1934 im Museum of Modern Art, New York, wurde von Alfred H. Barr und Philip Johnson kuratiert und widmete sich der „beau-ty of machine art" (Machine Art 1994, (o. S. 11-14)). Das genannte Kugellager ist auf dem Titelblatt des Katalogs zu sehen. Es handelt sich um ein Pendelkugellager der S K F Industries von Josef Albers (ebd., (o. S. 3)).

328 | In einem undatierten Exzerpt zur Ausstellung in den Unterlagen des MoMA schreibt Johnson, dass er die Fotografie von Michael Heizer erhalten habe „as a che-rished icon" (Quelle F).

329 | Johnson/Wigley 1988, S. 8.

„[d]ie Form des Kugellagers [...] Klarheit und Perfektion [verkörpere]", wie sie „unserem Dreißiger-Jahre-Ideal" entspreche, sei das Bild des „Spring House" „beunruhigend, verwirrend und geheimnisvoll" und zeige „einen deformierten Raum".[330] Er fasst die beiden Fotografien exemplarisch für das Schönheitsempfinden ihrer Entstehungszeit, also der 1930er- und der 1980er-Jahre, auf und zieht sie als Belege für eben diese heran.

Johnsons auf die Fotografien gestützte Ausführungen sind aus mehreren Gründen inhaltlich wie argumentativ kritisch zu betrachten. Abgesehen davon, dass sich die Frage nach einem allgemeingültigen Schönheitsempfinden kaum befriedigend in einer These formulieren, geschweige denn in einem Bild zusammenfassen lässt, ist problematisch, dass diese Behauptung nicht begründet wird: Es wird nicht deutlich, ob es sich um allgemeine statistische Ergebnisse, um eine von Johnson angestellte Umfrage oder lediglich um seine persönliche Einschätzung handelt. Er formuliert aus persönlicher Perspektive – „Es ist mein wahrnehmendes Auge, das sich verändert hat." –, schließt dadurch jedoch auf ein allgemeines Schönheitsempfinden der jeweiligen Zeit. Im Umkehrschluss ließe sich die Frage stellen, warum einem zeitgenössischen Betrachter das Kugellager nicht mehr gefallen sollte. Fraglich ist zudem, ob 1988 tatsächlich (nur) verzerrte und deformierte Formen als schön empfunden wurden, in einer Zeit, in der „der Pluralismus [regierte]"[331], wie der Kurator selbst schreibt. Johnsons Vorgehen bedeutet eine starke Pauschalisierung, die seinen Text auch vom argumentativen Standpunkt her anfechtbar werden lässt und mehr Fragen aufwirft, als sie beantwortet.

Erschwerend kommt hinzu, dass Johnsons Bildbeschreibungen einem subjektiven Maßstab entspringen, der die Wirkung des Abgebildeten deutet, aber keine neutrale Sachbeschreibung des Gezeigten liefert: Nicht auf jeden muss die Heizer-Fotografie „verwirrend" und „geheimnisvoll" wirken, während umgekehrt das metallisch glänzende Kugellager auch als steril und unnatürlich empfunden werden könnte. Assoziative Umschreibungen dieser Art sind so viele möglich, wie es Bildbetrachter gibt. Für eine sachliche Annäherung sind sie jedoch wenig hilfreich. Zudem entspringt Johnsons Einschätzung des „Spring House" streng genommen dem Motiv des Eingangs in einen dunklen, unbekannten Gang, mit dem der Betrachter entsprechende Empfindungen assoziiert. Nimmt man Johnson beim Wort, so gefällt an der Fotografie die rätselhafte Wirkung, nicht das Motiv des verzogenen Bretterverschlags. Da der Kurator jedoch, wie er mehrfach betont, die „reine" Form des Kreises mit der „verzerrten" des Quellhauses vergleichen will, trifft die emotionalisierte Beurteilung nicht den Kern seiner Intention: Denkt man sich den dunklen Eingang weg, ist nicht mehr als unordentlich zusammengenagelte Bretter zu sehen,

---

330 | Johnson/Wigley 1988, S. 8, folgende Zitate ebd.
331 | Johnson/Wigley 1988, S. 9.

die weder besonders „geheimnisvoll" noch beunruhigend wirken. Johnson vergleicht nicht Formen, sondern von ihm mit bestimmten Formen assoziierte Wirkungen.

Der Kurator spitzt seine Gegenüberstellung der beiden Fotografien – und damit implizit auch der von ihnen in seinen Augen vertretenen architektonischen Formen – zu mit der Feststellung, es gehe „um den Gegensatz von Vollkommenheit und vergewaltigter Vollkommenheit"[332]. Er verwendet die Formulierung „Violated Perfection", die, wie dargestellt, auf die Chicagoer Architekten Florian und Wierzbowski zurückgeht und die zum Titel des Buchprojekts von Aaron Betsky mit den beiden geworden ist. Da diese Monografie jedoch erst 1990 publiziert wurde und die Uneinigkeiten über den Ursprung des Ausstellungskonzepts in der Presse nicht stark reflektiert wurden, kann davon ausgegangen werden, dass die Formulierung und die damit verbundenen Ideen den Lesern und Besuchern der Ausstellung 1988 noch kein Begriff waren.

Ohne Informationen zu den Hintergründen dieser Formulierung ist daher zu erwarten, dass Johnsons Gegenüberstellung von „Vollkommenheit" und „vergewaltigter Vollkommenheit" wörtlich genommen wird und dadurch negative Assoziationen mit dem Dekonstruktivismus fördert: Zum einen impliziert „vergewaltigt" eine gewaltsame, mutwillige Zerstörung eines Ganzen. Zum anderen ist das abendländische Denken sowohl in philosophischen wie in theologischen Denkschulen geprägt vom Wunsch nach Vollkommenheit und Ganzheit.[333] Jede Störung einer solchen wird negativ aufgefasst. Aber auch ein Leser, der sich der Vorbelastung dieser Termini bewusst ist, wird die „vollkommene" Form intuitiv als „besser" werten als die „gestörten", „vergewaltigten" Formen, selbst wenn sich dies nicht logisch fundieren lässt: Was eine „reine" Form besser sein lässt als eine „verzerrte", beruht auf dem zugrunde liegenden Bewertungssystem. Eine solche Einschätzung gründet nicht in absoluten Regeln, sondern hat den Charakter einer persönlichen Überzeugung. Dadurch werden gegenüber der neu vorgestellten Architekturströmung Vorbehalte geweckt. Diese werden zudem verstärkt durch die gehäufte Verwendung von gewöhnlich negativ konnotierten Begriffen wie „verzerrt", „deformiert", „beunruhigend", „verwirrend", mit denen die dekonstruktivistische Architektur

---

332 | Johnson/Wigley 1988, S. 8. Eine etwas weniger vorbelastete Übersetzung des englischen „violated" wäre „gestört".

333 | Ähnliche Ansätze lassen sich natürlich auch in anderen Denktraditionen beobachten, so ist das Streben nach Vollkommenheit auch im asiatischen Raum sehr verbreitet. Allerdings wird für die hier geltende Architekturdiskussion der abendländische Denkraum als der bestimmende angenommen.

umschrieben wird;[334] diese Wortwahl wird auch in Wigleys Text gehäuft begegnen. Die Ausführungen zu den Pressereaktionen haben bereits gezeigt, dass es diese Rhetorik ist, die sich in den öffentlichen Kommentaren niederschlägt. Immer wieder wird von den zersplitterten, chaotisch erscheinenden Formen geschrieben. Sicherlich waren solche Assoziationen von den Kuratoren nicht in diesem Sinne intendiert; Johnson schließt etwa sein Vorwort mit der positiven Anmerkung, dass die „Realität, Vitalität und Originalität" dieser Architektur-Strömung „kaum geleugnet werden [könne]"[335]. Trotzdem erscheint die Wortwahl aus der Rückschau unglücklich, denn keiner der sieben Architekten macht es sich in irgendeiner Weise zum Ziel, die „reinen" Formen der Tradition zu überwinden, indem sie gezielt „zerstört" oder „vergewaltigt" würden. Die Formenverzerrung entspringt anderen Gründen, wie sich bei Analyse des Schaffens der Baukünstler zeigen wird.

Darüber hinaus meint der Kurator, dass „dasselbe Phänomen [der Gegensatz von Vollkommenheit und vergewaltigter Vollkommenheit, d. Verf.] sich neben der Architektur auch im Bereich der Malerei und Skulptur [zeige]"[336]. Auch hier sollen viele Künstler parallel „verzerrte", „unreine" Formen kreieren, die für ihn vom russischen Konstruktivismus beeinflusst zu sein scheinen. Allerdings bleibt es bei dieser Behauptung in einem kurzen und oberflächlichen, im Deutschen wie im Englischen drei Sätze umfassenden Absatz. Daher wird an dieser Stelle nicht weiter darauf eingegangen, ob diese Anmerkung zutrifft und dem Schaffen der zitierten Künstler gerecht wird oder ob auch hier Fehldeutungen durch Johnson vorliegen. Zudem ist dies für die Analyse der architektonischen Strömung nicht relevant. Es fällt jedoch auf, dass der Kurator erneut lediglich kurze Statements anführt, die nicht begründet werden, und sich den Künstlern auf rein formaler Basis annähert, ohne ihren ideellen Hintergrund zu befragen.

Zwischenstand

Bei der Analyse des Vorworts sind verschiedene Aspekte deutlich geworden, die zeigen, welche inhaltlichen und argumentativen Schwachstellen die Johnsons Denkansätze kritisch werden lassen. Seine Vorgehens- und Darstellungsweise weist dabei erstaunliche Parallelen zur „Modern Architecture" von 1932 auf: Wieder wird ein nur formaler Bewertungsmaßstab angelegt, während die theoretischen Ansätze, die die sieben Architekten ihrem Schaffen zugrunde legen und aus denen sich ihre Formensprache herleitet, übergangen und nicht in ihrer Bedeutung für die Formfindung erkannt und gewürdigt werden. Noch

---

334 | Alle angeführten Beispiele finden sich in Johnson/Wigley 1988, S. 8, in der englischen Ausgabe ebenfalls: „warped", „deformed", „disquieting", „dislocated".

335 | Johnson/Wigley 1988, S. 9.

336 | Johnson/Wigley 1988, S. 8.

mehr als 1932 geschieht die Zusammenfassung der Baukünstler von außen. Damit werden neuartige Entwicklungen zwar treffend beobachtet, jedoch nicht richtig erfasst und bewertet.

Es fällt auf, dass Johnson einen großen Teil seines Textes der Gegenüberstellung von moderner und dekonstruktivistischer Architektur widmet. Zwar lassen sich Gründe dafür nicht mehr rekonstruieren, dennoch zeichnet sich hier – überraschend – ab, dass Johnson trotz seines postmodernen Intermezzos als „alter Modernist" seinen Bewertungsmaßstab nach wie vor in den geometrisch-klaren Formen des International Style findet. Außerdem scheint er offensichtlich noch dem Ideal einer allgemeinverbindlichen Ästhetik, wie es in der „Modern Architecture" formuliert wurde, verpflichtet, sodass sich in seinen Ausführungen trotz der abgrenzenden Bemühungen gleichsam *ex negativo* doch der Wunsch nach einer erneuten Stilbildung, wie sie 1932 gelungen ist, abzuzeichnen scheint.

Auffallend ist zudem die Wahl negativ konnotierter Wörter zur Beschreibung der gezeigten Architekten, die beim Leser eine voreingenommene Grundhaltung gegenüber dieser Architektur wecken, auch wenn dies von Johnson in seinen teils sehr persönlichen Statements so sicher nicht beabsichtigt war. Zum definitorisch wichtigen Verständnis des Ausstellungstitels äußert er sich in seinem Vorwort hingegen nicht – weder im Bezug zum Konstruktivismus noch zur darin anklingenden Philosophie Derridas.

Hinzu kommen allgemeine Schwachstellen im Argumentationsaufbau Johnsons. So werden immer wieder Behauptungen angeführt, jedoch nicht begründet. Weiterhin neigt er zu Pauschalisierungen und bleibt in seinen Ausführungen oberflächlich, stellenweise auch widersprüchlich – etwa im Fall der angeblichen formalen Ähnlichkeiten der Architekten untereinander und mit den russischen Konstruktivisten. Zwar ist von einem Vorwort nicht zwingend zu erwarten, dass ausführliche Erläuterungen gegeben werden, dennoch werden hier in einer Weise mehr Fragen aufgeworfen als beantwortet, die die Annäherung an das Thema kritisch werden lassen.

2.7.2 Mark Wigleys Essay „Dekonstruktivistische Architektur"

Wigleys umfangreicher Essay erläutert die Denkansätze der Ausstellungsmacher, die hinter ihrem Begriff von der dekonstruktivistischen Architektur stehen, und bietet damit die theoretische Unterfütterung der Ausstellung. Er fundiert Aspekte, die Johnson nur anreißt. Allerdings schreibt auch er aus einer nur formalen Perspektive.

Wie Johnsons Vorwort wird auch Wigleys Text in thematischen Sinnabschnitten vorgestellt, um die wichtigsten Aspekte konzentriert zusammenzufassen. Dabei wird weitgehend textchronologisch vorgegangen; wo es die inhaltliche Logik nötig macht, werden jedoch unterschiedliche Abschnitte zusammengefasst behandelt. Wie zuvor werden auch hier sowohl inhaltliche als auch argumentative Aspekte kritisch hinterfragt. Zudem werden im Kontext von Wigleys Ausführungen zwei Exkurse eingeschoben, um zu überprüfen, inwieweit die Argumentation des Katalogs zutrifft und welche Punkte zu kritisieren sind. Dies ist zum einen ein geraffter Überblick über den russischen Konstruktivismus, auf den der Autor seine Begründung wesentlich stützt, zum anderen eine Übersicht über die Dekonstruktion nach Jacques Derrida.

„Architektur ist eine konservative Disziplin, die reine Formen herstellt und sie vor Verunreinigungen schützt"
Wigleys Architekturbegriff

Wigley eröffnet den Text mit einer kurzen Erläuterung des Wesens von Architektur. Er gibt diesen Ausführungen mit generalisierenden Formulierungen („immer") den Anstrich eines allgemeingültigen historischen Abrisses, ohne jedoch konkrete Quellen für diese Behauptungen anzuführen: Architektur sei immer als zentrale kulturelle Einrichtung geschätzt worden, die für Stabilität und Ordnung sorge. Das Bestreben der Architekten sei entsprechend stets gewesen, „Dinge zu schaffen, die alle Instabilität und Unordnung ausschließen sollten"[337]. Um dies zu erreichen, sei mit einfachen geometrischen Körpern gearbeitet worden, die kompositorischen Regeln entsprechend zusammengefügt wurden, um ein konfliktfreies, „einheitliche[s] Ganze[s]" zu ergeben. Als Beleg dafür wird einzig eine Abbildung aus Le Corbusiers „La leçon de Rome"[338] angeführt, ohne jedoch darauf einzugehen, was dieser damit meinte. Es zeichnet sich ab, dass auch Wigley seinen Bewertungsmaßstab in den geometrischen Formen des International Style findet, wie er durch Johnsons wiederholte Bezugnahme auf die funktionalistische Moderne bereits eingeführt wurde; eine Annahme, die sich im Verlauf des Essays bestätigen wird. Mit seiner allgemein gehaltenen Darstellung des Wesens der Architektur bietet Wigley zugleich auch eine Beschreibung des Architekturbegriffs, auf den sich die Beurteilung der dekonstruktivistischen Architektur stützt.

Weiter beobachtet Wigley, dass „[d]iese zusammenklingende geometrische Struktur [...] zur physischen Struktur des Gebäudes [wird]; ihre formale Reinheit wird als Garantie für strukturelle Stabilität angesehen"[339]. Die wesentliche Baugestalt setzt sich nach diesem Standpunkt grundlegend aus „reinen", geometrischen Formen zusammen, die „strukturelle Stabilität" wird in eine konditionale Verbindung gesetzt mit einer formalen Gestaltung, die mit euklidi-

---

337 | Johnson/Wigely 1988, S. 10, folgende Zitate ebd.

338 | Abbildung aus Le Corbusier-Saugnier (1922/23), S. 1596.

339 | Johnson/Wigely 1988, S. 10, folgende Zitate ebd.

schen Formen arbeitet.[340] Das gestalterische Ideal besteht dementsprechend aus Harmonie, Einheit, Ganzheit: „Keine Form darf eine andere stören" oder mit ihr in Konflikt treten. Die strukturelle Stabilität eines Bauwerks hängt damit von der Bauform ab. „Jede Abweichung von d[ies]er strukturelle[n] Ordnung" werde als „Bedrohung" empfunden und „als bloßes Ornament behandelt".

Bereits im zweiten Satz des Textes macht Wigley deutlich, dass seine Beschreibung der bislang dominierenden Gestaltungsweise in der Architektur nur eine mögliche Sichtweise darstellt: Stabilität und Ordnung, „[d]iese Qualitäten, so meint man, resultieren aus der geometrischen Klarheit ihrer formalen Komposition"[341]. Dass auch eine andere formale Gestaltungsweise strukturelle Ordnung erreichen kann, wird er am Beispiel der dekonstruktivistischen Architektur ausführen. Damit wird der Blick von der bisher gewohnten Gestaltungsweise in der Architektur für eine andere Herangehensweise geweitet. Dennoch klingt in diesem einleitenden Abschnitt auch an, dass die Hauptsichtweise unverändert das konservative Entwerfen ist, das „reine Formen herstellt und sie vor Verunreinigungen schützt", während die Alternative eine zwar zulässige, aber eben doch eine Abweichung davon darstellt. Dieser Eindruck wird im Textverlauf wiederholt bestätigt. Auch die sprachliche Unterscheidung zwischen „reinen" und „unreinen" Formen sowie Begriffe wie „Konflikt" und „stören" im Gegensatz zu „Harmonie" und „Einheit" wecken Vorbehalte gegenüber der Alternative. Diese Ausdrucksweise wird, wie bereits angesprochen, von verschiedenen Autoren kritisiert. Muschamp etwa fragt direkt „What's this thing Wigley has about impurity?"[342], während Kaufman vermutet, dass die provokative Sprache bewusst eingesetzt wurde, um eine Debatte zu erzeugen. Er sieht darin gar „no little distaste"[343], nicht wenig Abscheu Wigleys zum Ausdruck kommen, eine Einschätzung, die auch andere Kritiker teilen.

In der kurzen Ausführung zum Wesen der Architektur wird sichtbar, aus welcher Perspektive die Beurteilung der Kuratoren ansetzt: Vorausgesetzt wird ein Beziehungsgefüge zwischen der strukturellen Stabilität eines Bauwerks und der formalen Gestaltung. Dementsprechend wird die Architektur auch im weiteren Verlauf des Textes nur vom formalen Standpunkt her untersucht, ohne die Gründe für die jeweilige Formengestaltung zu thematisieren. Die Richtung, die Johnson im Vorwort eingeschlagen hat, wird weitergeführt, die gestalterischen Theorien werden nicht thematisiert. Mehr zu den Gründen für

---

340 | Geoffrey Broadbent weist darauf hin, dass das Ideal der reinen Geometrie in der Praxis nicht erreicht werden könne, Wigleys These habe in dieser Hinsicht einen Haken (Broadbent 1991, S. 24f.).

341 | Unterstreichung d. Verf.

342 | Muschamp, Leaning Tower, 1988.

343 | Kaufman 1988.

diese Haltung wird vor allem am Ende des Essays deutlich; sie werden im anschließenden Kapitel erläutert.

Ein solches Vorgehen ist an sich noch nicht zu bewerten, da die formale Gestaltung ein prinzipieller Bestandteil der Architektur ist. Ob diese Art der Analyse jedoch im Bezug auf die dekonstruktivistische Architektur angebracht ist, wird sich im Verlauf der Untersuchung zeigen. Vorgreifend sei gesagt, dass dieser Beurteilungsansatz zu kurz greift und dem Architekturverständnis der sieben ausgestellten Baukünstler nicht gerecht wird. Die komplexen Gedankengänge der Architekten, die hinter den jeweiligen formalen Lösungen stehen, bleiben im Katalog ausgeblendet.

Architektur-Theorie versus Baupraxis

Der Hintergrund für die Vorgehensweise der Kuratoren, den Fokus ihrer Analyse nur auf die formale Gestaltung zu richten, wird auf den letzten Seiten des Essays deutlich. Um die Haltung der Ausstellungsmacher zu erläutern, werden diese Anmerkungen an dieser Stelle vorgezogen.

Als Vorzug der präsentierten Projekte führt Wigley an, dass diese auf die praktische Realisierung ausgerichtet seien: „Einige sind gebaut worden, einige sollen gebaut werden, andere werden sicher niemals gebaut – aber jedes einzelne könnte man bauen; jedes ist auf das Bauen ausgerichtet."[344] Es wurde bereits deutlich, dass die Baubarkeit ein wichtiges Kriterium für die Kuratoren darstellt, das schon vor der Ausstellung in Interviews und der Öffentlichkeitsarbeit hervorgehoben wird.[345] Dies impliziert nach Wigley ein anderes Entwerfen, als es rein konzeptuelle Arbeiten verfolgen. Letztere seien zwar oft „radikaler", könnten aber keinen nachhaltigen Einfluss auf die Architektur entwickeln, da sie keinen wirklichen Bezug auf die Baupraxis nähmen, über die sie lediglich, so Wigley, „gelehrte Bemerkungen fallen [ließen]".[346] Die so entwickelten konzeptuellen Visionen und Utopien können nicht konkret und praktisch werden, sie bleiben nach Meinung des Autors „marginal", da sie „sich selbst neutralisiert [hätten]".

Bei den dekonstruktivistischen Architekten sei dies anders: Sie haben, so der Essay, den Akzent vom Abstrakten auf die „Materialität gebauter Gegenstände" verlagert und dadurch kritische Schärfe gewonnen. Im Zuge dieser Entwicklungen sei „das Objekt [...] zum Ort jedweder theoretischer Auseinandersetzung [geworden]"[347], ganz gleich, ob eine theoretische oder eine praktische Vorgehensweise verfolgt werde. Die Architekturtheorie habe sich verändert, sie sei kein „abstrakter Verteidigungsgürtel" mehr, sondern konzentrie-

---

344 | Johnson/Wigley 1988, S. 19.
345 | Vgl. etwa Philipps/Johnson 1988.
346 | Johnson/Wigley 1988, S. 19, folgende Zitate ebd.
347 | Johnson/Wigley 1988, S. 20, folgende Zitate ebd.

re sich auf das praktische Objekt. Folglich können Bau-Projekte wie die der sieben vorgestellten Architekten „außerhalb ihres gewohnten theoretischen Kontextes" betrachtet und bewertet werden: „Sie können mit streng formalen Begriffen analysiert werden, da die formale Eigenschaft eines jeden Objektes dessen volle ideologische Kraft enthält." Hieraus erklärt sich das strikte formale Bewerten ohne Berücksichtigung der theoretischen Ansätze der Architekten im Katalog.

Die hier zum Ausdruck kommende Ablehnung der „Papierarchitektur"[348] und die damit verbundene exklusive Betonung des Gebauten beziehungsweise Baubaren als „richtige" Architektur durch die Kuratoren ist eine Einschätzung, die unter Zeitgenossen verbreitet war, wie etwa Werner Oechslin anmerkt.[349] Er weist auch darauf hin, dass dies ein einseitiger Trugschluss sei, der die Möglichkeiten übersehe, die sich durch konzeptuelle Experimente eröffnen. Auch ist der Maßstab des Baubaren zu kurzsichtig und zu zeitgebunden. So waren etwa viele Ansätze der russischen Konstruktivisten zu ihrer Zeit nicht realisierbar und wurden als Gedankenexperimente gewertet, sie wären heutzutage aber durchaus baubar dank technologischer Fortschritte. Auch viele Entwürfe der als dekonstruktivistisch vorgestellten Architekten wären ohne die Entwicklungen der Computertechnologie noch wenige Jahre zuvor nicht zu verwirklichen gewesen. Vor diesem Hintergrund ist die häufig geäußerte Pressekritik, die diese Architekturen nur als theoretische Spielerei auffasst und ihre potenzielle Realisierbarkeit anzweifelt, nachvollziehbar, auch wenn sie, wie aus dem Rückblick deutlich wird, nicht zutrifft. Zudem sind mehrere der Projekte zum Zeitpunkt der Ausstellung im Bau – etwa Tschumis PARC DE LA VILLETTE und Coop Himmelblaus DACHAUSBAU FALKESTRASSE – oder gar schon realisiert wie GEHRY HOUSE. Die Auswahl der Kuratoren dieser sieben Architekten unter der Prämisse der Baubarkeit beweist innovative Voraussicht.

Im Kern treffen die Beobachtungen des Katalogs zu: Viele der sieben Architekten haben eine – teils lange – Karriere als Architekturtheoretiker hinter sich, bevor sie auch praktisch tätig werden. Allerdings ist die Folgerung der Kuratoren, die Entwürfe nach der Hinwendung zum Baupraktischen nur noch nach formalen Aspekten zu bewerten, kritisch zu sehen. Die Projekte resultieren aus teilweise jahrelang vertieften theoretischen Überlegungen, welche mit dem Beginn der praktischen Arbeit keinesfalls abbrechen. Die Bauabsichten dieser Architekten stützen sich zu einem wesentlichen Teil auf die vorangegangenen theoretischen Denkansätze, wie in den folgenden Einzelbetrachtungen deutlich werden wird. Konzeptuelle Überlegungen und praktische Umsetzung lassen sich nicht voneinander trennen. Tschumi etwa arbeitet lange Zeit bewusst architekturtheoretisch, um eine Basis für sein Schaffen zu entwickeln,

---

348 | Oechslin, Tabuisierung, 1999, S. 287.
349 | Oechslin, Tabuisierung, 1999, S. 284, 286.

ehe er die Ergebnisse seiner Überlegungen mit dem Entwurf für den Parc de la Villette in der Praxis erprobt. Der einseitige Bewertungsansatz des Katalogs greift damit zu kurz, der Aussage, dass „[b]ei diesen Projekten [...] alle Theorie auf die Objekte übergegangen"[350] sei, haftet ein einseitiges, Formen-idealisierendes Moment an.

Dekonstruktivistische Architekturprojekte: Wigleys Begriffsbestimmung (Teil 1)

Nach dem Sprung auf die letzten Seiten des Essays richten sich die folgenden Ausführungen wieder nach der Chronologie des Textes. Die von den Kuratoren als dekonstruktivistische Architektur eingeführten Arbeiten unterscheiden sich von der von Wigley als traditionell ausgemachten Gestaltungsweise: Ihre Form sei „verunreinigt"[351], „der Traum von der reinen Form gestört"[352] und zu einer „Art Alptraum"[353] geworden. Worin die Verunreinigung der „reinen Form" jedoch besteht, wird an dieser Stelle ebenso wenig erläutert wie konkretisiert wird, worin das Alptraumhafte zu finden sei. Man kann lediglich annehmen, dass mit den „verunreinigten" Formen offensichtliche geometrische Verzerrungen gemeint sind; solche lassen sich jedoch so explizit nur bei den Entwürfen von Coop Himmelblau beobachten.[354] Bei den anderen Projekten begegnet ein Fragmentieren, das die Baukörper aus mehreren Teilen zusammenfügt, die häufig gegeneinander verkippt oder verschoben sind. Die Formen an sich sind jedoch nicht geometrisch verzerrt. Es überrascht daher nicht, dass Wigley an späterer Stelle gerade einen Entwurf von Coop Himmelblau etwas ausführlicher beschreibt. Zudem fällt wieder auf, dass der Autor, wie Johnson in seinem Vorwort, negativ konnotierte Ausdrücke wählt, um die dekonstruktivistischen Projekte zu umschreiben („Alptraum", „verunreinigt").

Diese polemische Hinführung zu den in der Ausstellung gezeigten Projekten, die nach Präzisierung verlangt, eignet sich durchaus als Stilmittel, um Aufmerksamkeit zu wecken. Allerdings vollzieht Wigley im Anschluss einen abrupten Gedankensprung, ohne die aufgeworfenen Fragen zu beantworten. Ohne Überleitung und Erklärung wird den gezeigten Projekten die Fähigkeit zugestanden, „unser Nachdenken über Form durcheinanderzubringen"[355]. Diese Fähigkeit sei es, die die gezeigten Entwürfe „dekonstruktiv" mache. Genauer wird diese erste positive Bestimmung der ausgestellten Arbeiten im gesamten Text jedoch nicht erläutert.

---

350 | Johnson/Wigley 1988, S. 20.
351 | Johnson/Wigley 1988, S. 11.
352 | Johnson/Wigley 1988, S. 10f.
353 | Johnson/Wigley 1988, S. 11.
354 | Vgl. Kapitel 8.
355 | Johnson/Wigley 1988, S. 11, folgendes Zitat ebd.

Wigley gebraucht hier wiederholt den Begriff „dekonstruktiv", während er am Ende des Essays von „dekonstruktivistischen Architekten"[356] schreibt. Auf die Unterschiede der Termini wurde bereits hingewiesen. Diese sind jedoch für Wigleys Text nicht relevant, da er die Begriffe austauschbar einsetzt. Überraschenderweise wird damit auch im Essay begrifflich unsauber gearbeitet, wie dies auch in zeitgenössischen Publikationen zu beobachten ist.

Der Leser erhält somit zwar eine erste Begriffsbestimmung, wird in diese aber nicht weiter eingeführt. Stattdessen schließt sich im nächsten Satz noch eine weitere Definition an: Die architektonischen Projekte sollen sich nicht von der Philosophie der Dekonstruktion herleiten, „[s]ie sind nicht die Anwendung dekonstruktiver Theorie"[357]. Erst diese negative Abgrenzung des Terminus bietet eine klare Aussage, die sich auch bei den Architekten bestätigen wird: Keiner der Baukünstler macht es sich zur Aufgabe, die philosophischen Ideen Derridas architektonisch umzusetzen. Es stellt sich allerdings die Frage, warum ein so missverständlicher Begriff gewählt wird, der die Abgrenzung erst nötig macht. Da die Dekonstruktion Derridas, wie bereits dargelegt, ein in den Geisteswissenschaften etablierter Terminus ist,[358] sind entsprechende Assoziationen nicht zu vermeiden. Umso überraschender ist diese rigorose Abgrenzung auch deswegen, weil Wigley über Derridas Denken im Architekturdiskurs promoviert und etwas später noch eine weitere Publikation zum Thema verfasst hat.[359] Johnson selbst hat mehrfach darauf hingewiesen, dass sein Co-Kurator für die theoretische Entwicklung der philosophischen Komponente zuständig sei.[360]

---

356 | Ab Johnson/Wigley 1988, S. 16.

357 | Johnson/Wigley 1988, S. 11. Trotz dieser eindeutigen Aussage wird dies nicht nur von der zeitgenössischen Presse (vgl. Kapitel 2.6), sondern auch in wissenschaftlichen Texte missverstanden; so schreibt etwa Adolf Max Vogt, dass mit der New Yorker Ausstellung „nun der Anspruch erhoben [sei], daß Dekonstruktion (als Strategie oder Methode des Verstehens von Texten) *auch übertragen werden könne auf körperliche Artefakte*" (Vogt 1990, S. 51, Hervorhebung im Original). Einen solchen Anspruch erheben die Kuratoren jedoch gerade nicht.

358 | Vgl. dazu die Ausführungen in Kapitel 2.2.

359 | Vgl. Anm. 61.

360 | Jencks gegenüber sagt Johnson, er habe nicht gewusst, dass Derrida im Katalog nicht erwähnt werde: „Ich weiß nicht warum, ich dachte, er sei es. Wigley möchte vielleicht Derridas Verbindung zur Architektur sein – Derrida versteht nichts von Architektur" (Johnson zitiert nach Jencks 1990, S. 163). Solche Uninformiertheit will jedoch von Johnson nicht recht überzeugen, der an anderer Stelle sagt, es sei seine Aufgabe gewesen, „to get this catalogue out" (Johnson zitiert nach Filler/Johnson 1988, vgl. Anm. 129).

Problematisch wird Wigleys begriffliche Abgrenzung an dieser Stelle durch seine eigene Darstellungsweise. Er weicht die Unterscheidung zwischen Philosophie und Architektur selbst auf durch die Anmerkung, dass die präsentierten Projekte nur „zufällig dekonstruktive Eigenschaften [zeigen]"[361]. Damit wird der zentrale Begriff „dekonstruktiv" als stehender Terminus gebraucht, die Definition ist wieder offen: Zwar ist klar, dass die Architekten keine bauenden Philosophen sind, aber wenn ihre Arbeiten „zufällig" bestimmte Eigenschaften aufweisen, dann steht das Verständnis dieser Eigenschaften bereits fest – im Falle des „dekonstruktiv" also im Sinne des gängigen Verständnisses der philosophischen Strömung. Dadurch impliziert der Text letztlich unbeabsichtigt doch eine Verbindung zwischen dekonstruktivistischen Architekturen und dekonstruktiver Philosophie.

Eine solche ideelle Beziehung zwischen zwei Disziplinen stellt an sich kein Problem dar. Sie muss auch keinesfalls bewusst hergestellt worden sein; es wäre nicht das erste Mal, dass sich in verschiedenen Bereichen ähnliche Tendenzen parallel zueinander entwickelt haben, ohne direkt miteinander in Verbindung zu stehen. Eben dies hätte es von den Ausstellungsmachern zu untersuchen gegolten. Wigley geht auf dieses Thema jedoch nicht weiter ein. Stattdessen wird im gleichen Halbsatz noch ein dritter Definitionsansatz eingeführt – die dekonstruktivistischen Entwürfe sollen „aus der architektonischen Tradition selbst hervor[gegangen]" sein. Wie dies zu verstehen ist, wird im Anschluss erläutert. [362]

Innerhalb eines Absatzes werden dem Leser damit gleich vier Begriffsbestimmungen präsentiert, die nach näheren Erklärungen verlangen, welche jedoch nicht geleistet werden. Daher verwirren diese Definitionsansätze mehr, als dass sie aufklären. Zwar sind die negativ abgrenzenden Erläuterungen klarer als die positiven, die Verdeutlichungen vermissen lassen. Dennoch fehlt eine fassbare Konkretisierung dessen, was die dekonstruktivistische Architektur im Verständnis der Kuratoren ausmacht. Stattdessen schließt sich noch eine ausführliche begriffliche Erklärung an, die weitere Aspekte über die bereits aufgeworfenen Themenfelder hinaus einführt.

Wigley geht auf ein sprachliches Missverständnis ein: Oft werde Dekonstruktion „als das Zerlegen von Gebäuden mißverstanden"[363], also im Sinne einer Destruktion. Es liegt nahe, dass der Autor damit auf andere vorherrschende Sichtweisen reagiert wie etwa die von Joseph Giovannini geprägte, die

---

361 | Johnson/Wigley 1988, S. 11.

362 | Vgl. dazu Kapitel 2.7.2.3.

363 | Johnson/Wigley 1988, S. 11, folgende Zitate ebd. Weiterführende Überlegungen zum zwischen Zerstörung und Dekonstruktion in der Architektur in verschiedenen Perspektiven erläutert etwa Ernst Seidl (Seidl 2006, S. 57-68).

die Basis dieses Bauens im Chaos der Welt begründet sieht; auch in der zeitgenössischen Presse wurden mehrfach entsprechende Perspektiven geäußert.[364]
Wigley grenzt die dekonstruktivistische Architektur hiervon ausdrücklich ab,
denn „Dekonstruktion bedeutet nicht Zerstörung oder Verstellung". Allerdings wird eine entsprechende Deutung auch von der Wortwahl der Kuratoren
selbst gefördert, indem immer wieder zu besagtem negativ konnotierten Vokabular gegriffen wird, um die dekonstruktivistischen Projekte zu umschreiben
(„Alptraum", „verunreinigt", „Konflikt", „Störung").

Dieses sprachliche Missverständnis von Dekonstruktion als Destruktion
führe dazu, so erläutert Wigley weiter, dass „man jeden provozierenden Architekturentwurf, der die Struktur zu zerlegen scheint [...], als dekonstruktiv
begrüßt". Diese nur äußerliche Veränderung der traditionellen Formengeo-
metrie ist jedoch nicht dekonstruktivistisch im Sinne des Katalogs.[365] Dekonstruktivistische Architektur nämlich sei strukturell angelegt, sie gewinne
„ihre ganze Kraft aus der Ablehnung eben jener Werte wie Harmonie, Einheit
und Stabilität und aus der Annahme einer anderen Sicht von Struktur: der
Sichtweise, dass die Defekte der Struktur innewohnen"[366]. Welche Defekte gemeint sind, wird jedoch aus dem Text nicht ersichtlich.

---

364 | Vgl. Kapitel 2.6. Aber auch Fachtexte bleiben dieser Perspektive verpflichtet, so
will etwa Michael Müller einen „bemerkenswerten Zusammenhang von *Dekonstruktion*
und *Destruktion*" beobachten (Müller 1990, S. 38–49, Zitat S. 39, Hervorhebungen im
Original); auch Gert Kähler beobachtet Welt „abbildend[e]" Elemente in den Bauten
(Kähler, Schokolade, 1990, S. 31f.).

365 | An dieser Stelle (Johnson/Wigley 1988, S. 11, folgende Zitate ebd.) verweist
Wigley auf Bildmaterial von SITE (Best Product Showroom, Arden Fair Mall in Sacra-
mento, Kalifornien, 1977; vgl. Website SITE) und Gordon Matta-Clark (Splitting, 1974)
sowie von Hiromi Fujii (Ushimado International Arts Festival Center, Ushimado, Japan,
1984) und Peter Eisenman (Romeo and Juliet Castles, Biennale Venedig, 1985). Die
reduzierte Einschätzung wird Künstlern wie Architekten nicht gerecht: Auch SITE und
Matta-Clark setzen destruktive Methoden wie „einfaches Aufbrechen" von Baukörpern,
mit dem eine visuell sichtbare Zerteilung erzeugt wird, nicht um ihrer selbst willen ein,
sondern verfolgen bestimmte Intentionen (zu Matta-Clarks Anarchitecture vgl. etwa
Korn 2009; Attlee 2007). Gerade auch Fujiis und Eisenmans Werk ist höchst konzeptuell und entsteht nicht nur „durch das komplizierte Verstellen eines Objektes in einer
Grundriß-Collage" (zum Werk von Hiromi Fujii vgl. etwa Frampton 1987; zu Eisenman
vgl. Kapitel 6). Vor allem James Wines lehnt die Darstellung im Katalog schon im Vorfeld
ab, wie er im März 1988 in einem Brief an Philip Johnson schreibt, nachdem er Wigleys
Essay vorab gelesen hat: „To say Mr. Wigley missed the point of SITE's work is an under-
statement" (Brief 9). Bereits im Dezember 1987 hat Wines Johnson gebeten, die Arbeit
von SITE nicht auf die Best Products-Arbeiten zu reduzieren (Brief 3).

366 | Johnson/Wigley 1988, S. 11.

Nach diesem Ansatz bedeutet dekonstruktivistische Architektur nicht schlicht ein Entwerfen von geometrisch verzerrten Formen, sondern sie befasst sich mit grundlegenden strukturellen Fragen. Interessant ist, dass Wigley hier einen Definitionsansatz beschreibt, wie er sich bei den sieben Architekten beobachten lassen wird:[367] Maßgeblich ist nicht, dass die Entwürfe zersplitterte Formen aufweisen, sondern dass sie bestimmte Ansprüche erheben und Architektur in bestimmter Weise fundamental hinterfragen, also strukturell vorgehen. Es scheint, dass Wigley jetzt einen Analyseansatz einnimmt, der nicht nur auf formale Aspekte zielt.

Im weiteren Textverlauf wird dieser geweitete Deutungsansatz jedoch wieder auf die nur formale Perspektive reduziert. Wigley rückt ab von der Beobachtung, dass nicht schlicht geometrische Irregularität diese Architektur ausmache, und schränkt seine Ausführungen auf den formalen Standpunkt ein: „Ein dekonstruktiver Architekt ist deshalb nicht jemand, der Gebäude demontiert, sondern jemand, der den Gebäuden inhärente Probleme lokalisiert. Der dekonstruktive Architekt behandelt die reinen Formen der architektonischen Tradition wie ein Psychiater seinen Patienten [...]: Die Form wird verhört."[368] Die zu lokalisierenden Probleme, zunächst sehr offen und unbestimmt gehalten, werden rasch wieder eingeschränkt auf die Formen. Dieses „Verhör"[369] werde, so Wigley, mit „formale[n] Strategien [durchgeführt], die im frühen 20. Jahrhundert von der russischen Avantgarde entwickelt wurden".

Es schließen sich Ausführungen zum russischen Konstruktivismus an, dessen Entwicklungen in allgemeinen Zügen umrissen werden. Allerdings unterlaufen Wigley dabei Fehldeutungen. Da sich der begriffliche Definitionsansatz der dekonstruktivistischen Architektur durch die Kuratoren wesentlich auf den russischen Konstruktivismus stützt, ist es wichtig, diese Missverständnisse einordnen zu können. Aus diesem Grund wird ein Exkurs zu den grundlegenden Entwicklungen der Kunst im Russland der 1920er-Jahre eingeschoben. Die russische Avantgarde ist in den unterschiedlichsten Ansätzen und Aspekten bereits ausführlich publiziert, daher werden im Folgenden nur die Aspekte besprochen, die zur Bewertung von Wigleys Ausführungen relevant sind. Hinzu kommt ein Abriss der Rezeptionsgeschichte des Konstruktivismus, die ebenfalls von vielen Missverständnissen geprägt ist, welche sich auch in den Deutungsansätzen der Kuratoren wiederfinden.

---

367 | Mehr dazu in den Einzelbetrachtungen der sieben ausgestellten Architekten.

368 | Johnson/Wigley 1988, S. 11, folgendes Zitat ebd.

369 | Das schwer verständliche Bild des „Verhörs der Formen" und der Bezug zur Psychoanalyse bleiben in der vorliegenden Analyse unberücksichtigt, da dieses Bild als Modephänomen dieser Zeit erscheint – so versuchen etwa auch Tschumi und Eisenman, einen Bezug zwischen Architektur und Psychoanalyse herzustellen – und den Sachverhalt nicht erhellt.

2.7.2.1 Exkurs: Russischer Konstruktivismus

Der russische Konstruktivismus ist eine alle Künste, nicht nur die Architektur, umfassende Strömung der Avantgarde-Kunst in der jungen Sowjetunion, die zwischen 1919/20 und 1932/4 angesiedelt wird. Seine Grenzen wurden – zumal in der Architektur – aber nie ganz eindeutig definiert. In den Jahrzehnten danach hat es sich fälschlicherweise etabliert, das gesamte Kunstschaffen dieser Zeit als Konstruktivismus zu bezeichnen; dies ist auch bei Johnson und Wigley zu beobachten. Darauf weist bereits Catherine Cooke im Londoner Symposium hin.[370] Diese Einschätzung wird jedoch den Avantgarde-Bewegungen im Russland dieser Zeit nicht gerecht, wie mehrere Autoren in den frühen 1980er-Jahren erläutern.[371]

Beeinflusst vom Suprematismus Kasimir Malewitschs und von den ungegenständlichen Relief-Experimenten Wladimir Tatlins[372] entwickelt sich der Konstruktivismus in der Zeit nach der Oktoberrevolution 1917 und ist stark von sozialistischen Ideen geprägt. Die genannten Vorläufer entwickeln zwar das Formenrepertoire, auf dem die Konstruktivisten aufbauen, sie verfolgen aber noch nicht deren ausgeprägten sozialistischen Impetus. Lodder bezeichnet diese Vorlaufsphase als „Non-Utilitarian Construction"[373]. Diese Präzisierung ist wichtig, da kunsthistorische Ansätze in den folgenden Jahrzehnten den Konstruktivismus ausschließlich formal-ästhetisch aufgefasst und die sozialistische Ausrichtung ausgeklammert haben.[374] Auch diese Haltung ist im Katalog zu finden. Zudem konzentrieren die Kuratoren ihre Ausführungen auf die vorrevolutionären Jahre, die noch nicht zum eigentlichen Konstruktivismus gerechnet werden, sowie die frühen Jahre bis 1920, in denen sich die Gruppierung erst ausbildet.

Die Problematik der Unterscheidung zwischen Eigen- und Fremdbezeichnung der Konstruktivisten wird von allen wichtigen Publikationen zum Thema angemerkt: Der Konstruktivismus entwickelt sich in den Jahren nach der Oktoberrevolution, ohne dass seine Entstehung auf einen definitiven Zeitpunkt festgelegt werden könnte. Auch „herrscht [...] keine völlige Klarheit über die Zeit und den Ort der Entstehung dieses Begriffs", so Chan-Magomedow.[375] Gesichert belegt ist die Eigenbezeichnung erst um 1920/21 mit der ersten Arbeits-

---

370 | Cooke 1988, S. 13; Cooke, Russian Precursors, 1989, S. 11.

371 | So etwa Kopp 1985, S. 6, 9; Chan-Magomedow 1983, S. 10; Cooke 1991, S. 9. Zum Verlauf der Forschungen zum russischen Konstruktivismus im Folgenden.

372 | Vgl. dazu etwa Cooke 1995, S. 16.

373 | Lodder 1983, S. 4, 7–46.

374 | Darauf weisen mehrere Autoren hin, etwa Chan-Magomedow 1983, S. 149f.; Kopp 1985, S. 23; Lodder 1983, S. 1.

375 | Chan-Magomedow 1983, S. 149.

gruppe der Konstruktivisten, während Gans Publikation „Konstruktivismus" 1922 erscheint.[376] In der Architektur wird der Konstruktivismus 1925 mit der Gründung der OSA (Объединение современных архитекторов/Union Zeitgenössischer Architekten) um Alexander Wesnin und Mosei Ginsburg offiziell greifbar, mit der die entscheidende Phase dieser Strömung in der zweiten Hälfte der 1920er-Jahre einsetzt.[377] Die architektonischen Projekte, die davor entworfen und realisiert wurden, etwa Kioske und Theaterkulissen, fallen eher unter den Bereich des Agitprop.[378]

Ziel der Konstruktivisten ist die Produktion ökonomischer, massenproduzierter und sozial nützlicher Objekte, um die Ideologie einer neuen kollektiven Kultur zu realisieren. Das Kunstschaffen tendiert damit in einen Bereich, der heute als Design bezeichnet wird. Die Neuerungen, die die politischen Umwälzungen mit sich gebracht haben, gilt es auch in künstlerischer Form umzusetzen. Für die neue Gesellschaft, die im Entstehen begriffen ist, soll eine entsprechende Umgebung geschaffen werden, der politischen soll die kulturelle Revolution folgen – eine so bis dahin noch nie da gewesene Situation.[379] Insbesondere in der Architektur sollen räumliche Anlagen, Gebäude ebenso wie Stadtplanungen, als „Social Condenser" fungieren, wie es 1928 von Ginsburg als eine der maßgebenden Ideen der konstruktivistischen Doktrin formu

376 | Diese Entwicklungen werden in vielen Publikationen ausführlich nachgezeichnet, vgl. etwa Chan-Magomedow 1983, S. 147f.; Bann 1974, S. xxxviif. Grübel führt eine etwas genauere Übersicht über Herkunft und erstes Auftauchen des Terminus als fundamental russischen Begriff auf (Grübel 1981, S. 12f.). Wohl zunächst als Spottbegriff von Malewitsch gebraucht (1917, um eine Arbeit von A. Rodtschenko zu diffamieren), taucht er nach Cooke 1920 erstmals positiv in Pevsners und Gabos „Realistischem Manifest" auf (Cooke 1995, S. 106). Lodder hingegen führt nur Alexej Gans gleichnamiges Buch an (Lodder 1983, S. 2f.). Grübel bietet konzentrierte Zusammenfassungen verschiedener Manifeste (z. B. Pevsners und Gabos „Realistisches Manifest" (Grübel 1981, S. 20f.) oder Gans „Konstruktivismus" (ebd., S. 28-33)). Ausführlicher zum Begriff „Konstruktivismus" vgl. etwa Cooke 1995, S. 101-107.
377 | Ausführliche Informationen zur OSA, ihrer sich auf Ginsburgs „Stil' i Epokha" (Stil und Epoche, 1924) stützenden Doktrin sowie ihre Entwicklungen geben Kopp 1985, S. 23-28; Chan-Magomedow 1983, S. 146-196; Cooke 1991, S. 14f.; Cooke 1995, S. 99-121.
378 | Vgl. etwa Lodders Ausführungen zu Kiosken und dem Theater als kreatives „Micro-Environment" (Lodder 1983, S. 165-180; vgl. auch Anm. 391).
379 | Vor allem Kopp beschreibt die umfassenden Neuerungen im Zuge der russischen Revolution anschaulich (Kopp 1985, S. 8-20, 30-36; Cooke 1995, S. 102f.).

liert wurde:[380] Neben ihren unmittelbaren Funktionen sollen die als „soziale Kondensatoren" angelegten Bauwerke zum einen die zukünftige Lebensweise in einer kollektiven kommunistischen Kultur vorahnen lassen; zum anderen sollen die Menschen durch die räumliche Gestaltung an die neue kollektive Lebensweise gewöhnt werden. „Soziale Kondensatoren" sollen, so die Überzeugung der Konstruktivisten, das soziale Verhalten der Bewohner beeinflussen und ihre soziale Verhaltens- und Lebensweise vom alten kapitalistischen zum neuen kommunistischen System transformieren.

Hinzu tritt ein neues Verständnis von Kunst, die nicht mehr als Ausdruck eines individuellen schöpferischen Geistes betrachtet wird, sondern als Resultat anonymer Konstruktion oder Produktion.[381] Entsprechend wird auch der Künstler nach dem Vorbild des funktional und praktisch entwerfenden Ingenieurs als „Arbeiter" verstanden. Die Werke werden nicht mehr komponiert, sondern technisch aufgebaut und konstruiert. Ziel der russischen Konstruktivisten sind damit keine ästhetisch-formalen Überlegungen – im Gegenteil, Majakowski warnt: „Constructivists, beware of becoming another aesthetic school"[382] –, sondern die Verbreitung der kommunistischen Ideale sozialer Transformation und kollektiver Kultur. Ihre Hauptaufgabe sehen die konstruktivistischen Architekten in der Organisation des neuen Lebens.

Um diese Ziele zu erreichen, entwickeln die konstruktivistischen Architekten eine linear angelegte funktionelle Methode, die die Entwurfsprozesse rationalisiert. Sie basiert auf Analysen sozialer, technischer und perzeptueller Faktoren, aus deren Synthese die Gebäudeentwürfe entwickelt werden.[383] Der

---

380 | „Its essential aim should be the creation of SOCIAL CONDENSERS for our times. This is the essential objective of Constructivism in architecture" (Mosei Ginsburg, Report on the First Congress of the Union of Contemporary Architects, Moscow, SA 1928, No. 5, zitiert nach Kopp 1985, S. 70, 112). Kopp erläutert hier den Begriff des „Social Condenser" (deutsch bei Chan-Magomedow 1983, S. 194).

381 | Die Konstruktivisten sind stark beeinflusst von der Theorie der Produktionskunst, die sich in den frühen 1920er-Jahren entwickelt; zur Produktionskunst und ihren Theoretikern vgl. Chan-Magomedow 1983, S. 146–149; Lodder 1983, S. 73–78. Die Ablehnung der Kunst durch die Konstruktivisten ist somit nicht grundsätzlich, sondern vor diesem Hintergrund zu verstehen (Lodder 1983, S. 90; Khan-Magomedov 1986, S. 96–99).

382 | Wladimir W. Majakowski, 1923, zitiert nach Kopp 1985, S. 22.

383 | Cooke geht im Rahmen des Londoner Symposiums ausführlich auf die Entwicklung dieser Methode ein (Cooke, Development, 1989, S. 21–37; vgl. aber auch Cooke 1995, S. 110f.; Cooke 1991, S. 15; Kopp 1985, S. 25f.; Chan-Magomedow 1983, S. 194f.). Das revolutionäre Potenzial dieser Vorgehensweise wird im Kontext der bis dahin üblichen Bauvorgänge deutlich, die nach Ansicht der Konstruktivisten in erster Linie durch Anpassung an die Wünsche des Auftraggebers bestimmt waren, so Ginsburg beim ersten Konstruktivisten-Kongress 1928 in Moskau (Kopp 1985, S. 24f.).

architektonische Ausdruck wird von der sozialen, nicht der utilitaristischen Bedeutung des Gebäudes hergeleitet. Diesen Absichten entsprechend werden neue, einfache Ausdrucksformen gesucht, die die Formen der Vergangenheit ablösen und die funktionell-konstruktiven Grundlagen der Gebäude betonen.[384] Die Formen selbst sind ein Faktor in der Reihe von vielen, aus denen sie resultieren wie, so Kopp, eine „quasi-mathematical solution of a correctly stated problem"[385], nicht mehr. Der formalen Darstellung wird über die technische Gestaltung hinaus keine Bedeutung zugemessen. „Reine Formen" sind sie nur in dem Sinne, dass sie über das Technische hinaus keine weiteren Bedeutungsträger sind.[386]

In der Theorie sind die formalen Baulösungen damit zweitrangig als Resultat verschiedener Überlegungen und kein statisches Stil-Formenvokabular. Faktisch finden sich jedoch wiederholt typische Elemente wie einfache kantige Skelettstrukturen, Rechteckigkeit, Linearität, geometrische Oberflächenbehandlung und Sparsamkeit in den Materialien:[387] Mit zunehmender Beliebtheit des Konstruktivismus ab Mitte der 1920er-Jahre setzt die nur formale Nachahmung ein, die äußere Formen kopiert, ohne jedoch die funktionelle Methode anzuwenden. Der Konstruktivismus läuft Gefahr, zum Stil zu werden, wie etwa Chan-Magomedow darlegt.[388]

Die Verdienste der konstruktivistischen Architektur liegen in der sozialistischen Ausrichtung und der Überzeugung, durch die Gestaltung der Umgebung mittels einer funktionellen Entwurfsmethode, wie sie von Ginsburg beschrieben wird, die Gesellschaft beeinflussen zu können. Immer wieder wird betont, dass es sich nicht um einen formal-ästhetischen Stil handelt, sondern um eine funktionelle Methode des Entwerfens.[389]

Probleme und Schwierigkeiten in der Rezeption der russischen Avantgarde

In der Praxis sind die Avantgarde-Bewegungen vor allem in den Gebieten der angewandten Kunst wie Textil- und Plakatgestaltung, Kulissenbildnerei und Buchgestaltung aktiv, jedoch nicht im angestrebten industriellen Ausmaß,

---

384 | Chan-Magomedow 1983, S. 149.

385 | Kopp 1985, S. 25.

386 | Powell 1991, S. 7.

387 | Lodder 1983, S. 180. Dabei gingen die funktionalistischen Konstruktivisten nicht davon aus, „dass man mit der funktionellen Methode aus einer gegebenen Funktion oder Konstruktion nur eine einzige Form ableiten kann. Sie maßen der schöpferischen Individualität des Architekten [...] große Bedeutung bei" (Chan-Magomedow 1983, S. 195).

388 | Chan-Magomedow 1983, S. 194, 197; vgl. auch Cooke 1995, S. 90f.

389 | Chan-Magomedow 1983, S. 194.

sondern nach wie vor manuell und handwerklich, da in Russland nach sieben Kriegsjahren keine fortgeschrittene Industrie vorhanden ist und Materialknappheit herrscht.[390] Viele zukunftsweisende Entwürfe können nicht realisiert werden.[391] Dennoch werden gerade die innovativen architektonischen
Entwürfe in Magazinen gut dokumentiert. Vor allem die Konstruktivisten
erreichen dadurch einen bis heute nachwirkenden hohen Bekanntheitsgrad.[392]
So attestiert Chan-Magomedov Tatlins berühmtem Turm-Modell für die 3. Internationale 1919, das als erstes Beispiel für konstruktivistische Architektur
gilt, heute jedoch verschollen ist, einen ähnlich nachhaltigen Effekt wie dem
Eiffelturm.[393]

In den 1930er-Jahren, als der Stalinismus den sozialistischen Realismus
zur einzig akzeptierten visuellen Ausdrucksform erhebt,[394] enden der Konstruktivismus und die anderen Avantgarde-Strömungen. Sie sind bis 1954 verboten.[395] Während des Verbots geht das Material der Avantgarde zum großen
Teil verloren, die Informationslage über das Schaffen der Konstruktivisten ist

---

390 | Kopp schildert die Situation im Nachkriegsrussland anschaulich (Kopp 1985,
S. 10f.); die Ausführungen fehlen jedoch in keiner Publikation zum Thema.

391 | Im Bereich der Architektur wurden vor allem kleine und experimentelle Projekte
wie Kioske und Theaterkulissen realisiert (vgl. Anm. 378). Erst ab etwa 1924 hatte sich
die wirtschaftliche Situation soweit gefestigt, dass erste größere Projekte umgesetzt
werden konnten (Cooke 1991, S. 13).

392 | Zu erwähnen ist an dieser Stelle vor allem das konstruktivistische Magazin „SA"
(Moderne Architektur), das zu einer der wichtigsten Quellen ihres Schaffens geworden
ist (Chan-Magomedow 1983, S. 142).

393 | Chan-Magomedow 1983, S. 65. Zur Bedeutung des Turms in der Sowjetunion und
im Westen vgl. Harrison Roman 1992. Obwohl Tatlins Turm-Entwurf weder funktionalen
Charakter hatte noch als konkret realisierbare Architektur angelegt, sondern mehr Monument der Revolution war, ist er doch „das erste architektonische Projekt, das einen
vollständigen Bruch mit den Traditionen [...] vollzogen hat" (Kopp 1985, S. 19). Die eigentliche konstruktivistische Architektur folgte jedoch danach; Tatlin selbst hatte nur
noch wenig Anteil an der Entwicklung des Konstruktivismus (Cooke 1991, S. 13). Kaum
ein Kunstwerk wurde inzwischen ähnlich häufig rekonstruiert wie der Turm-Entwurf; eine
der ersten Rekonstruktionen wurde im Rahmen der Tatlin-Retrospektive in Düsseldorf
1993 angefertigt (Dimakov 1993, S. 53–60; Tatlin. Retrospektive 1993).

394 | Genauere Angaben zu den verschiedenen Erlassen und Ereignissen, die zum
Ende der russischen Avantgarde geführt haben, nennen etwa Kopp und Rotzler (Kopp
1985, S. 154–157; Rotzler 1995, S. 65). Dadurch ließ auch das westliche Interesse
nach, da Kunst aus der Sowjetunion generell für stalinistisch gehalten wurde (Avant
Garde Frontier 1992, S. 1).

395 | Kopp 1985, S. 124, 140, Anm. 1. Es dauerte jedoch noch bis in die späten
1980er-Jahre unter Michail Gorbatschow, bis die Sowjetregierung die bis dahin gebann-

daher lange Zeit sehr schlecht. Als in den späten 1950er-Jahren das Interesse daran wiedererwacht, ist nur noch wenig faktisches Wissen vorhanden, wie Chan-Magomedow ausführt.[396] Lange Zeit widmet sich die Forschungsaufmerksamkeit daher vor allem der Aufarbeitung der Materialien.[397]

Nach Kopp hatten gerade die westlichen Länder eine „over-simplified, superficial impression of Soviet architecture and town planning"[398]. Die Deutungen und Einschätzungen entsprachen nicht dem tatsächlichen Denken der russischen Modernen und wurden ihnen nicht gerecht. Noch Anfang der 1980er-Jahre schreibt Lodder, dass „despite the great interest and enthusiasm generated at different times for such works and ideas in the West, precise knowledge of these has remained elusive"[399]. Auf die Problematik der verallgemeinernden Bezeichnung aller Avantgarde-Strömungen als Konstruktivismus wurde bereits hingewiesen, ebenso wie darauf, dass lange Zeit nur in formal-ästhetischer Hinsicht bewertet wurde. Nicht (an)erkannt wurde zudem der internationale Einfluss der russischen Avantgarde: „Es ergab sich deshalb in den letzten Jahren eine merkwürdige Situation. Die sowjetische Architektur der zwanziger Jahre wird hoch eingeschätzt, aber man spricht ihr ab, eine bedeutende Rolle im Gesamtprozess der Entwicklungen der Architektur des zwanzigsten Jahrhunderts gespielt zu haben."[400] So hat etwa die Begegnung mit der russischen Avantgarde in den frühen 1920er-Jahren im Westen die Entwicklung des Internationalen Konstruktivismus ausgelöst.[401] Aber erst Anfang der 1990er-Jahre werden erste groß angelegte Versuche unternommen, die Be-

---

ten Arbeiten aus den 1920er- und 1930er-Jahren offen präsentierte (Harrison Roman 1992, S. 62, Anm. 40).

396 | Chan-Magomedow 1983, S. 9f.

397 | Avant-Garde Frontier 1992, S. XV.

398 | Kopp 1985, S. 6.

399 | Lodder 1983, S. 1f., Zitat S. 1. Einen Abriss der Ausstellungen nach 1960, mit denen wieder Aufmerksamkeit auf die russische Avantgarde-Kunst gelenkt wurde, ebenso wie über die wichtigsten Publikationen seit den 1960er-Jahren gibt Avant-Garde Frontier 1992, S. 6f.

400 | Chan-Magomedow 1983, S. 9; Bann 1974, S. 54. Noch 2006 kann in einem Ausstellungskatalog geschrieben werden, dass „der Konstruktivismus der Zeit zwischen 1915 und 1935 [...] eine Leerstelle in vielen musealen Sammlungen und Präsentationen [bildet]" (Graulich 2006, S. 101).

401 | Powell 1991, S. 7. Die verschiedenen Ansätze, die unter diesem Begriff zusammengefasst wurden, gab es freilich schon früher, vgl. Rotzlers Ausführungen (Rotzler 1995, S. 98). Zu beachten ist auch, dass der Internationale Konstruktivismus im Westen im Gegensatz zum russischen „Original" formal-ästhetisch blieb und aus verschiedenen Gründen die theoretischen und sozialen Implikationen nicht wahrnahm. Lodder zeichnet diese Entwicklungen in den 1920er-Jahren in allgemeinen Zügen nach (Lodder

gegnung zwischen der russischen Moderne und den westlichen Zeitgenossen zu erhellen.[402]

Einen ausführlichen Abriss über die von Missverständnissen geprägte Rezeption der russischen Avantgarde-Architektur mit besonderem Blick auf die deutsche und angelsächsische Forschung bietet Oechslin in einem 1990/91 veröffentlichten Vortrag, in dem er „die Geschichtsschreibung der modernen Architektur auf die Verkennung des russischen Beitrages hin [liest] und nach Gründen dafür [fragt]".[403] Er zeigt auf, dass die konstruktivistischen Entwürfe lange Zeit nur als fantastische Experimente „außerhalb der Realität"[404] gedeutet wurden, die zwar vom theoretischen Standpunkt interessant, jedoch für die „richtige" Architektur nicht relevant waren. Die hier zum Ausdruck kommende Haltung, die der „Papierarchitektur"[405] weniger Bedeutung zuerkennt, ist auch im Ausstellungskatalog zu beobachten.

1983, S. 227–238); eine Übersicht über verschiedene internationale Tendenzen mit „Konstruktiven Konzepten" bietet Rotzler 1995.

402 | Avant-Garde Frontier 1992. Mit den Gemeinsamkeiten zwischen Bauhaus und WChUTEMAS sowie einer möglichen Beeinflussung von Gropius' Bauhaus-Programm durch russische Ideen befassen sich etwa Hille 2007, S. 265–282 und vor allem Lodder 1992, S. 196–240. Punktuelle Bestandsaufnahmen verschiedener Aspekte finden sich in Avant-Garde Frontier 1992. Oechslin warnt jedoch auch davor, dass „die[se] zweite Phase der Forschung" häufig „die Vorurteile und Fehleinschätzungen [...] eher weiterschreib[t], statt sie zu überwinden" (Oechslin, Tabuisierung, 1999, S. 269).

403 | Oechslin, Tabuisierung, 1999, S. 269. Oechslin zeichnet nach, wie sich die Vorurteile und Fehldeutungen der russischen Avantgarde bereits in zeitgenössischen Schriften aus den 1920er- und 1930er-Jahren beobachten lassen. Im Laufe der Jahrzehnte haben sich diese – trotz verschiedener präziser und kritisch abgrenzender Texte – verfestigt, nach den Hintergründen für die russischen Experimente wird nicht gefragt. „Das ‚avantgardistische' Phänomen wird gleichsam isoliert[, als nicht gebaute und baubare Fantasie-Architektur abgetan,] und in seiner Isolierung ausdrücklich betont" (ebd., S. 284), was dazu führt, dass die konstruktivistischen Experimente zwar anerkannt, aber nicht in einem globalen Kontext und in ihrer Bedeutung auch für die gebaute Architektur gewürdigt werden. Offenbar ist dabei, so Oechslin, die Frage des richtigen Umgangs mit den ideologischen Ansätzen der russischen Avantgarde auch in den späten 1990er-Jahren nach wie vor problematisch (ebd., S. 285f.).

404 | Oechslin, Tabuisierung, 1999, S. 273.

405 | Oechslin, Tabuisierung, 1999, S. 287.

2.7.2.2 Wigley zum Konstruktivismus

Historisch unpräzise verwendeter Begriff

Wigleys geraffte Darstellung der wichtigsten Entwicklungen der russischen Avantgarde entspricht im Wesentlichen den bekannten Abläufen.[406] Es fällt jedoch auf, dass sich seine Ausführungen auf die frühe Phase beschränken. Er setzt mit der vorrevolutionären Zeit an und verweist auf Tatlin und Malewitsch, um anschließend auf die ersten Jahre nach 1917 einzugehen. Hierzu führt er einige der bekanntesten Beispiele an, etwa Tatlins Turm (1919) oder den Palast der Arbeit der Wesnin-Brüder (1920), das „jüngste" Projekt, das Wigley heranzieht.[407] Wie aufgezeigt wurde, bildet sich der Konstruktivismus in den frühen 1920er-Jahren aus, wird für die Architektur jedoch erst um 1925 mit Gründung der OSA offiziell greifbar. Die Hochzeit des architektonischen Konstruktivismus setzt, so etwa Kopp und Chan-Magomedow, Ende der 1920er-Jahre ein. In der Zeit, die Wigley fokussiert, sind die Ziele dieser Strömung noch nicht konzentriert formuliert; Gans für die Ideen der Konstruktivisten zentrale Publikation etwa erscheint erst 1922, der Begriff des Konstruktivismus hat sich noch nicht etabliert.

Damit legt der Katalog ein unpräzises historisches Verständnis des Konstruktivismus zugrunde: Zum einen wird eine Strömung der russischen Avantgarde mit dieser gleichgesetzt, beide Begriffe tauchen im Text synonym auf. Zum anderen bezieht Wigley seine Ausführungen ausdrücklich auf die frühen Jahre der Ausbildung des Konstruktivismus – „jenes kurze Zwischenspiel von 1918 bis 1920"[408] – sowie insbesondere auf die vorrevolutionären Experimente. Beide sind aus historischer Perspektive nicht oder nur zum Teil mit der Bezeichnung Konstruktivismus abgedeckt. Dieses ungenaue begriffliche Verständnis des russischen Konstruktivismus wird noch erschwert durch inhaltliche Missverständnisse, wie im Folgenden dargelegt wird.

Wertende Wortwahl:
Konstruktivismus als „Bedrohung" der Tradition

Weiterhin fällt auf, dass auch hier durch die wertende Wortwahl eine Polarisierung der Positionen geschaffen wird, wie dies in beiden Kuratoren-Texten bereits beobachtet werden konnte. In der russischen Avantgarde will Wigley

---

406 | Johnson/Wigley 1988, S. 12-16.
407 | Daneben werden Krinskis Entwurf für ein kommunales Wohnungsbauprojekt (1920) und Rodtschenkos Radiosender (1919) angeführt (Johnson/Wigley 1988, S. 13f.) sowie zwei Bühnenbilder von Tatlin und Jakow Tschernichow. Da an dieser Stelle die einzelnen Projekte weniger von Bedeutung sind als die Folgerungen, die der Katalog daraus zieht, wird die Auswahl der Abbildungen nicht weiter kommentiert.
408 | Johnson/Wigley 1988, S. 17.

eine „Bedrohung"[409] der Tradition ausmachen und Formen-Konflikte beobachten. Beim Wort genommen stellte die Avantgarde in der Sowjetunion der 1920er-Jahre allerdings bei Weitem keine so große Bedrohung dar, wie dies nachträglich gedeutet werden kann. Vielmehr hatte die klassisch-traditionalistische Gestaltungsweise einen unverändert starken Stand, bis sie sich letztlich mit dem Sozialistischen Realismus als alleinigem Stil durchsetzte. Nicht zuletzt um sich gegen diese dominante Position zu behaupten, mussten die Avantgardisten zu einer polemischen Selbstdarstellung greifen, die erst aus dem Rückblick, wenn man um den langfristigen Erfolg der Moderne weiß, als Bedrohung des Etablierten gedeutet werden kann.

Anzumerken ist an dieser Stelle auch, dass Wigleys Beschreibungen der frühen russischen Avantgarde stellenweise den Anschein erwecken, nur in der Architektur sei experimentiert worden. Zudem kann seine Formulierung, dass „die soziale Revolution auch eine Revolutionierung der Architektur [gefordert]"[410] habe, missverständlich sein. Genauer sollte sie lauten, dass den politischen Veränderungen auch eine Revolution der gesamten Kultur folgen sollte.

Formale Bewertungsmaßstäbe: „Ästhetisierung" des Konstruktivismus

Auch der Beschreibung der russischen Avantgarde legt Wigley ausschließlich formale Maßstäbe zugrunde. Schon bei den vorrevolutionären Künstlern um Malewitsch und Tatlin will er Arbeitsweisen erkennen, die „einfache Formen in Konflikt zueinander[setzen], um so zu einer instabilen, unruhigen Geometrie zu gelangen"[411]. Auch ohne sich intensiver mit diesen Vertretern der russischen Avantgarde zu befassen, ist einzuwenden, dass eine kausale Beziehung in dieser Weise nicht gegeben ist: Während Malewitsch in seinen Arbeiten bestimmte übergeordnete Ziele verfolgte und einfache geometrische Formen seiner suprematistischen Lehre entsprechend arrangierte, experimentierte Tatlin in seinen Reliefs und Konter-Reliefs mit Materialien, die die Formen seiner Werke bestimmten. Neue formale Ausdrucksmöglichkeiten wurden gesucht, um bestimmte abstrakte Ziele umzusetzen, nicht umgekehrt. Auch die Projekte nach 1917 beschreibt Wigley nur hinsichtlich vermeintlich instabiler geometrischer Strukturen; auf diese Deutung ist zurückzukommen, da sie zentral für das Verständnis des russischen Konstruktivismus ist, das dem Katalog und seiner begrifflichen Bestimmung der neu präsentierten Architektur zugrunde liegt.

Nach den Ausführungen zur Frühphase der russischen Avantgarde bricht Wigley seinen Überblick über die historischen Entwicklungen ab und greift sie auch nicht wieder auf, sondern setzt mit seiner Deutung an. Dabei bleibt er

---

409 | Johnson/Wigley 1988, S. 12.
410 | Johnson/Wigley 1988, S. 12.
411 | Johnson/Wigley 1988, S. 12.

stets bei einer formalen Einschätzung der konstruktivistischen Entwürfe, die immer vor der Blaupause bewertet werden, dass „[d]er Konflikt zwischen Formen [...] das frühe Schaffen gekennzeichnet [habe]"[412]: „Reine Formen" seien derart zusammengestellt worden, dass spannungsvolle, geometrisch verzerrte Kompositionen entstanden seien.

Von diesem Standpunkt aus wird nachgezeichnet, wie sich die Gestaltungsweise von den vorrevolutionären unregelmäßigen Formen zur Maschinenästhetik entwickelt habe, in der „Formen [...] harmonisch zusammenwirkten". Weiter heißt es, es sei nicht „simple[n] politische[n] und technologische[n] Tatsachen"[413] geschuldet, dass die frühen „radikalen Strukturen"[414] nie verwirklicht worden seien. Vielmehr habe sich ein kritischer Wandel im Denken vollzogen, „[d]er Konflikt zwischen den Formen" sei nach und nach „aufgehoben" worden. Mit anderen Worten: Die geometrisch verzerrten Formen der vorrevolutionären und frühen konstruktivistischen Projekte seien nicht weiterverfolgt worden, da man sich von ihnen ab- und anderen Formenzielen zugewandt habe. „Die ursprüngliche Idee [sei] zu einem Ornament verkümmert"[415], wie am Beispiel des Palastes der Arbeit der Wesnin-Brüder erläutert wird: „[D]ie kennzeichnende Geometrie der frühen Arbeiten" fände sich dort nur noch „an den Drähten ganz oben"[416].

Diese These lässt sich jedoch nicht halten. Zum einen wird erneut den historischen Tatsachen nicht ganz entsprochen: Zwar treffen Wigleys Beschreibungen an sich zu, der Großteil der konstruktivistischen beziehungsweise generell der avantgardistischen Projekte – nicht nur in der Architektur – konnte nicht praktisch umgesetzt werden. Kritisch ist aber seine Erklärung dafür, denn nachweislich herrschte im Laufe der 1920er-Jahre Materialknappheit, die die technischen und kulturellen Entwicklungen beeinträchtigte, was in der Forschung durchgehend akzeptiert ist. Auf die schwierigen politischen Umstände als einschränkende Faktoren muss nicht eigens hingewiesen werden.

Weiterhin wird der konstruktivistischen Architektur eine Ästhetisierung und ein Verflachen der Gestaltungsabsichten unterstellt, das so nicht zutrifft. Sicherlich gab es auch solche Tendenzen, insbesondere Ende der 1920er-Jahre, als die konstruktivistische Architektur öffentliche Erfolge verzeichnete und stilistische Nachahmung einsetzte; darauf wurde hingewiesen. Für die Frühzeit der Entwicklung, auf die sich Wigley konzentriert, gilt dies jedoch nicht. Der Essay verkennt die historischen Tatsachen, wie etwa Oechslin anmerkt:[417]

---

412 | Johnson/Wigley 1988, S. 13, folgendes Zitat ebd.
413 | Johnson/Wigley 1988, S. 15.
414 | Johnson/Wigley 1988, S. 13, folgende Zitate ebd.
415 | Johnson/Wigley 1988, S. 15.
416 | Johnson/Wigley 1988, S. 13-15.
417 | Oechslin, Tabuisierung, 1999, S. 270, 286.

Die konstruktivistischen Künstler verfolgen gerade kein ästhetisches Vorgehen, sondern grenzen sich ausdrücklich davon ab und arbeiten betont sozial orientiert und gesellschaftsgestaltend. Anzumerken ist aber auch, dass der Ansatz des Textes hier Vorbildern folgt. Es wurde aufgezeigt, dass die russische Avantgarde lange Zeit nur aus ästhetischer Perspektive betrachtet wurde. Dennoch überrascht es, dass der Katalog noch 1988 eine solche nur-ästhetische Sichtweise verfolgt, obwohl in zahlreichen Publikationen der 1980er-Jahre herausgearbeitet worden ist, dass der Konstruktivismus mehr als eine ästhetische Kunstbewegung war.[418]

Darüber hinaus will Wigley beobachten, dass „die Instabilität der vorrevolutionären Werke nie als eine strukturelle Möglichkeit ins Auge gefaßt worden [sei]"[419]. Man habe nicht „die Destabilisierung der Struktur" angestrebt, sondern „deren fundamentale Reinheit". Die geometrisch verzerrten Entwürfe seien nicht entstanden, weil man die Formen an sich in ihrer Struktur hinterfragt habe, sondern vielmehr aus einem Interesse an dynamischen Beziehungen zwischen den Formen: Beim Versuch, Formen, die sich im Raum bewegen, architektonisch umzusetzen, hätten die frühen Avantgardisten „aus Dynamik Instabilität" gemacht – unbeabsichtigt, gleichsam als „Irrweg" der eigentlichen Zielsetzung. Insofern sei der russischen Avantgarde auch keine „Revolutionierung der Architektur" gelungen, wie Wigley es anfänglich formuliert, sondern lediglich ein stilistischer Wandel. In dieser Deutungsweise präsentiert der Autor den Konstruktivismus – genauer noch: „jenes kurze Zwischenspiel von 1918 bis 1920, als verzerrte Architekturentwürfe vorgelegt wurden"[420], auf die er seine Argumentation fokussiert – aus einer formal-ästhetischen Perspektive. Andere Gestaltungsmomente, die den schöpferischen Prozess beeinflusst haben, bleiben unberücksichtigt.

Damit endet Wigleys Exkurs zum Konstruktivismus. Seine Ausführungen erscheinen knapp und stellenweise schwer zugänglich. Mit Hintergrundwissen zur russischen Avantgarde wird zudem offensichtlich, dass es sich lediglich um einen Deutungsversuch der Kuratoren handelt, um diese Strömung für ihren eigenen Ansatz nutzbar zu machen, dass sie dies aber nicht schlüssig fundieren können – argumentativ eine ungünstige Vorgehensweise. Auf die Ausgangsbehauptung, dass die ausgestellten Architekten formale Strategien der Avantgarde aufgenommen haben, wird kein Bezug mehr genommen. Zwar lag zunächst die Vermutung nahe, dass auf die für den Konstruktivismus charakteristische Gestaltungsmethode, die Gan theoretisch ausformuliert hat,

---

418 | Zudem hat nicht zuletzt Cooke auf dem Londoner Symposium über Entsprechendes referiert (vgl. Anm. 42; Cooke 1988; Cooke, Russian Precursors, 1989; Cooke, Development, 1989).

419 | Johnson/Wigley 1988, S. 15, folgende Zitate ebd.

420 | Johnson/Wigley 1988, S. 17.

angespielt wird. Diese wird im Katalog jedoch nicht erwähnt, das Wirken der avantgardistischen Kunst in Russland wird auf die Jahre um 1920 beschränkt. In der Tat scheint man lediglich äußere Ähnlichkeiten als Vergleichsbasis herangezogen zu haben, wie von verschiedenen Kritikern angemerkt wurde.[421]

Es folgt ein kurzer Kommentar zur westlichen Moderne, der die russische Bewegung angeblich „erlag"[422] – auch dies eine Sichtweise, die heute nicht geteilt wird. Diese Strömung wird ebenfalls unter nur formalen Vorzeichen beleuchtet. Darüber hinaus heißt es, dass auch die Modernen es letztlich nicht geschafft hätten, sich von einer oberflächlichen Veränderung der Bauformen gegenüber den klassischen Stilen weiterzuentwickeln, sondern einen funktionalistischen Stil kreiert hätten, „ohne die Grundeigenschaft des architektonischen Gegenstandes zu verändern". Weiter wird diese Behauptung nicht erläutert.

Herleitung vom Konstruktivismus: „De-Konstruktivismus" Wigleys Begriffsbestimmung (Teil 2)

Von diesen Ausführungen zum Konstruktivismus und dem knappen Kommentar zur westlichen Moderne schlägt Wigley den Bogen zur New Yorker Ausstellung mit der Behauptung, dass „[j]edes der [...] gezeigten Projekte [...] die Beziehung zwischen der Instabilität der frühen russischen Avantgarde und der Stabilität des Hochmodernismus"[423] untersuche und dabei „die Ästhetik des Hochmodernismus [...] mit der radikalen Geometrie der vorrevolutionären Arbeiten" verbinde. Denn, so Wigley, „der springende Punkt [ist], daß die Russen die geometrischen Konfigurationen entdeckten, mit deren Hilfe die Struktur destabilisiert werden kann, und daß diese Konfigurationen im Hochmodernismus unterdrückt vorkommen". Wie diese Unterdrückung jedoch vorzustellen ist, wird nicht präzisiert. In den anschließenden Ausführungen bleibt der definitorisch suchende Blick auf die vermeintlichen geometrischen Formenvorbilder der russischen Avantgarde geheftet, der Modernismus wird als Thema nur an wenigen Stellen – etwa in den Kurzbeschreibungen der ausgestellten Projekte – gestreift, ohne jedoch vertieft zu werden. Es bleibt letztlich beim Verweis darauf, dass [d]ie spannungsreichen Formen der Avantgarde [...] den kühlen Anstrich des Internationalen Stils [erhalten]", ohne dass dies etwa mit Hilfe von Beispielen genauer verdeutlicht würde.

Weiter heißt es, dass die neuen Projekte nicht schlicht die verzerrten Formen nachahmten, sondern die „von der Avantgarde erprobten [aber nicht genutzten] Strategien" einsetzten: „Unregelmäßige Geometrie wird wieder als struktureller Zustand begriffen und nicht so sehr als dynamische formale

---

421 | Vgl. Kapitel 2.6.

422 | Johnson/Wigley 1988, S. 16, folgendes Zitat ebd.

423 | Johnson/Wigley 1988, S. 16, folgende Zitate ebd.

Ästhetik.“[424] Damit werde am russischen Konstruktivismus angeknüpft, um ihn jedoch gleichzeitig fortzuführen und umzugestalten. Dies komme in der Vorsilbe „de“ zum Ausdruck: „Man kann die Projekte dekonstruktivistisch nennen, weil sie aus dem Konstruktivismus schöpfen und doch eine radikale Abweichung von ihm darstellen.“[425] Zudem werde in den neuen Entwürfen „die Struktur destabilisiert“, indem die avantgardistischen Untersuchungen strukturell durchgeführt würden und sie den Modernismus „von innen her“ untersuchten und verformten. Dadurch würden diese Entwürfe wieder „dem sozialen Milieu zurückgegeben“, während die russischen Modernen die verzerrten Formen lediglich „mehr ornamental“ angewendet und sie so ästhetisiert hätten. Auffällig ist die (für mit dem russischen Konstruktivismus Vertraute überraschende) Abgrenzung von einer vermeintlich nur ästhetischen Vorgehensweise der konstruktivistischen Architekten.

Damit hat Wigley die Erklärung für die Namensgebung der dekonstruktivistischen Architektur geliefert. Ab hier wird im Text nur noch von dekonstruktivistischen, nicht mehr von dekonstruktiven Architekten die Rede sein. Allerdings ist diese eng auf den russischen Konstruktivismus zurückgeführte Begriffsbestimmung inhaltlich wie argumentativ nicht gelungen. Hierzu zählt die bereits mehrfach angesprochene Problematik der historischen Einordnung, die der Text dem Verständnis des Konstruktivismus zugrunde legt, indem Wigley wie Johnson zum einen die gesamte russische Avantgarde pauschal unter der Bezeichnung Konstruktivismus zusammenfassen und zum anderen die vermeintlichen historischen Grundlagen der dekonstruktivistischen Architektur ausschließlich in den vorrevolutionären Entwürfen und „jene[m] kurze[n] Zwischenspiel von 1918 bis 1920“[426] erkennen wollen.

Darüber hinaus wird der Konstruktivismus inhaltlich falsch bewertet, indem eine Ästhetisierung der Formensprache unterstellt wird, die so nicht zutrifft. Zudem wird die Behauptung, durch die strukturellen Untersuchungen würden die Projekte „dem sozialen Milieu zurückgegeben“[427], nicht belegt, noch wird erklärt, inwiefern diese Komponente durch eine strukturelle Untersuchung erreicht werden soll. Auf den hier angeschnittenen sozialen Aspekt des Bauens wird im weiteren Verlauf des Textes nicht mehr eingegangen, obwohl Überlegungen zur sozialen Funktion von Architektur auch bei den dekonstruktivistischen Architekten ein wichtiges Moment ihres Schaffens darstellen, das genauere Betrachtung verdient; im Rahmen der Einzelbesprechungen der Architekten wird darauf zurückzukommen sein.

424 | Johnson/Wigley 1988, S. 17.

425 | Johnson/Wigley 1988, S. 16, folgende Zitate ebd.

426 | Johnson/Wigley 1988, S. 17.

427 | Johnson/Wigley 1988, S. 16, folgende Zitate ebd.

Damit ist ein weiteres fundamentales Problem sowohl des Essays als auch der Ausstellung angeschnitten: Die Ausführungen der Kuratoren integrieren die Denkansätze der vorgestellten Architekten nicht, sondern behandeln die Entwürfe auf rein ästhetisch-formaler Basis, gleichsam als skulpturale Kunstobjekte, wie schon zeitgenössische Kritiker der Schau kommentieren. Das jeweilige Architekturverständnis, das die Baukünstler entwickelt haben und in ihren Entwürfen verfolgen, wird weder analysiert und für die Deutung des Katalogs nutzbar gemacht noch in Bezug zu den inhaltlichen Überlegungen gestellt. So knüpft keiner der sieben ausgestellten Architekten in seinem Werk ausschließlich und ausdrücklich am Konstruktivismus oder an der vorrevolutionären russischen Avantgarde an. Zwar lassen sich bei einigen Architekten, etwa bei Zaha Hadid oder Rem Koolhaas, deutlichere Einflüsse der russischen 1920er-Jahre beobachten als bei anderen, bei beiden ist das Interesse ihres Schaffens und ihre Beschäftigung mit russischen Vorbildern jedoch ein grundlegend anderes als von Wigley und Johnson beschrieben. Die Architekten setzen sich mit den Entwicklungen der Moderne auseinander und beschränken sich dabei weder ausschließlich auf die russischen Tendenzen noch auf nur formale Analysen.[428]

Wie zuvor Johnson räumt auch Wigley ein, dass die Gestaltung der verzerrten Geometrien nach konstruktivistischem Vorbild „nicht unbedingt bewusst" geschehen müsse. Hier müssen sich die Kuratoren allerdings die Frage gefallen lassen, ob es sinnvoll ist, eine Begriffsdefinition an einem solchen unbestimmten Aspekt festzumachen, zumal sie die Erklärungsansätze nicht schlüssig belegen: Wie die dekonstruktivistischen Architekten aus der russischen Avantgarde schöpfen, wird weder im Essay noch in den Einzeltexten näher ausgeführt, sondern beschränkt sich auf die Feststellung, dass sie die Russen „nicht imitieren" oder nur oberflächlich kopieren. Vielmehr würden sie die „von der Avantgarde erprobten Strategien" anwenden und sie strukturell analysieren. Welche Strategien dies jedoch sind und wie diese fundamentalere Anwendung geschieht, wird an keiner Stelle im Katalog erklärt. Mehr noch, in den folgenden Ausführungen des Essays sowie in den kurzen Begleittexten zu den sieben ausgestellten Projekten wird die so eingeführte Verbindung zwischen Konstruktivismus und dekonstruktivistischer Architektur nicht mehr kommentiert, in den Kurzbeschreibungen wird der Begriff „dekonstruktivistisch" gar nicht angeführt.

Weiterhin ist diese einschränkende Formulierung auch aus rhetorischer Sicht ungeschickt: Die aufgestellte Behauptung wird abgeschwächt, ohne im

---

428 | Broadbent führt als weitere Beispiele für Einflüsse etwa Kubismus und architektonischen Expressionismus an (Broadbent 1991, S. 25–27).

Anschluss durch ein überzeugendes Argument gefestigt zu werden.[429] Dadurch erscheint die Einräumung wie das Eingeständnis der eigenen Unsicherheit, ohne dass diese überzeugend widerlegt würde. Die wesentliche Argumentation des Katalogs ruht damit auf einer schwachen Basis.[430]

Hinzu kommt, dass Wigley einerseits betont, die dekonstruktivistischen Architekturen würden die „Kraft [ihrer Entwürfe] kaum mehr aus der Anwendung widerstreitender Formen"[431] gewinnen, sie würden also nicht äußerlich-formal vorgehen – worin diese zitierte „Kraft" jedoch besteht, bleibt ungesagt; andererseits konzentrieren sich die daran anschließenden Ausführungen nahezu ausschließlich auf Aspekte der Formen, die gewissermaßen absolut gesetzt werden. Die Argumentation wird dadurch in sich widersprüchlich. Denn obgleich Wigleys Beobachtung, dass die Architekten grundlegende strukturelle Fragen an die Architektur richten, prinzipiell zutrifft, lässt er außer Acht, dass diese fundamentalen Aspekte erst in zweiter Linie formal angegangen werden; dies wird in den Einzelbetrachtungen zu belegen sein. Entgegen den Behauptungen eines über das Formale hinausgehenden strukturellen Ansatzes bleibt der Essay bei nur formalen Beschreibungen und Bewertungen der dekonstruktivistischen Architekten stehen.

Weiter heißt es, die verzerrten Formen „resultiert[en] nicht aus äußerer Gewaltanwendung"[432] und oberflächlicher Beschädigung, die eine dekorative „Ästhetik der Gefahr" erzeugen könne, sondern setzten fundamental an. Die „[u]nregelmäßige Geometrie [werde] wieder als struktureller Zustand [...] und nicht so sehr als dynamische formale Ästhetik [begriffen]". Sie entstehe „nicht mehr nur aus dem Konflikt reiner Formen, sondern in diesen selbst". Trotz dieser ausdrücklichen Abgrenzung wird die äußerliche „Ästhetik der Gefahr" in der Wortwahl der Kuratoren mehrfach konnotiert. Auch in den Beschreibungen der sieben Architekten und ihrer Projekte wird immer wieder auf diese Konflikt-Rhetorik zurückgegriffen.

Darüber hinaus fällt auf, dass die Ausführungen unverändert vom Ideal der reinen euklidischen Formen, wie sie etwa der International Style einsetzt, ausgehen. Was schon zu Beginn des Essays vermutet wurde, bestätigt sich. Diese

---

429 | Hans Baumgarten erklärt das rhetorische Verfahren der Concessio/Einräumung als: „Ein vom Gegner geäußertes Argument wird scheinbar anerkannt und sogleich widerlegt" (Baumgarten 2005, S. 9). Bei Wigley fehlt die überzeugende Widerlegung.

430 | Ein ähnliches Vorgehen ist bereits bei den Ausführungen zum Konstruktivismus begegnet, als Wigley einräumt, dass die russischen Avantgarde-Künstler kein entsprechendes Interesse an Untersuchungen zur strukturellen Instabilität der Architektur verfolgten, wie er es in seinen Ausführungen umreißt.

431 | Johnson/Wigley 1988, S. 16, folgende Zitate ebd.

432 | Johnson/Wigley 1988, S. 17, folgende Zitate ebd.

Wertung stellt an sich kein Problem dar, sie ist aber ein Widerspruch gegenüber der Ausgangsthese: Scheint Wigleys Darstellung am Anfang des Essays zu betonen, dass es neben der bislang dominierenden Sichtweise der Architektur, die Stabilität und Ordnung nur durch formale Klarheit erreichen zu können glaubt, noch eine gleichrangige Alternative zur euklidischen Formensprache gibt, so wird dies jetzt zurückgenommen. Wigley schreibt, dass zwar „[d]ie Form [...] sich selbst [verzerre]"[433], die reine Form dabei aber erhalten bleibe und nicht zerstört werde. Sie werde in der dekonstruktivistischen Architektur „von innen heraus deformiert" und gestört wie von einem „Parasiten", der unter die Haut der reinen Formen dringe. Dieses Bild wird an einem Beispiel aus dem Katalog, dem DACHAUSBAU von Coop Himmelblau, näher beschrieben.[434] Es ist nicht nur das einzige Projekt, das im Essay etwas ausführlicher vorgestellt wird,[435] es ist zugleich auch einer der wenigen der im Katalog präsentierten Entwürfe, auf den diese Art der Beschreibung zutrifft. Zudem ist das Bild des „unter die Haut Gehens", das noch häufiger bemüht wird, deutlich von den Österreichern geprägt, die in ihren Arbeiten ähnlich assoziative Umschreibungen einsetzen. Inwiefern es sich auch auf andere Arbeiten und Projekte übertragen lässt, wird von Wigley allerdings nicht angeführt.

Diese Deformation geht nach Wigley so weit, dass nicht mehr zu unterscheiden sei, „was zuerst da war – Form oder Verzerrung". Mehr noch, „[b]eide bilden eine symbiotische Ganzheit". Dennoch wird gerade in dieser Formulierung deutlich, dass es sich hier zwar um nicht trennbare, aber doch zwei unterschiedliche Teile handelt, die wesentlich voneinander verschieden sind. Die Verzerrung „verschiebt die Struktur, anstatt sie zu zerstören". Die verzerrte Form begegnet gleichermaßen als ein Resultat, das aus der reinen Form herausgeholt wurde, und ist damit nicht selbstständig und nicht gleichrangig. In Wigleys Unterscheidung zwischen reiner und verzerrter Form tritt deutlich hervor, dass Ausgangspunkt seiner Analysen stets die euklidische Geometrie der reinen Formen bleibt, die sozusagen unter der Haut und von innen heraus hinterfragt werden. Die, wie sich zeigen wird, treffende Feststellung, dass die Architekten strukturellen Fragen nachspüren, bleibt ausdrücklich auf die Beschäftigung mit Formen beschränkt.

Erschwert wird die Unterscheidung von „reinen" und „verzerrten" Formen noch, indem das Gegensatzpaar durch eine weitere begriffliche Teilung in

---

433 | Johnson/Wigley 1988, S. 17, folgende Zitate ebd.

434 | Vgl. Kapitel 8.1.

435 | Daneben findet sich nur noch ein kurzer Verweis auf Koolhaas' BOOMPJES TOWER SLAB-Projekt (Johnson/Wigley 1988, S. 18; vgl. Kapitel 5). Während der DACHAUSBAU der Österreicher durch Seitenangaben zu identifizieren ist, wird das niederländische Projekt nicht in den Katalog eingeordnet. Zudem wird keiner der Architekten namentlich genannt.

„vollkommen" und „unvollkommen" ergänzt wird. Dadurch werden die Antonyme stark gewichtet: „reine", „vollkommene" Formen stehen „verzerrten", „unvollkommenen" Formen gegenüber. Auf die ideelle Vorbelastung des Begriffs „vollkommen" zumal in von der abendländischen Denktradition geprägten Kulturkreisen wurde bereits bei Johnson hingewiesen. Überdies verbindet Wigley mit dieser „symbiotische[n] Ganzheit" von verzerrter und reiner Form „ein Gefühl des Unbehagens"[436], eine emotionalisierte Einschätzung, die die Wertung der Begrifflichkeiten vertieft. Auch dies ist eine rhetorische Eigenheit in der Darstellung, die bereits bei Johnsons Einleitung zu beobachten war. Für eine sachliche Beurteilung eignet sich eine solche Vorgehensweise weniger. Zudem bedient sich der Text an dieser Stelle erneut einer „Rhetorik der Gefahr", von der er sich eigentlich distanziert hat.

Die Beschreibung aus einer persönlichen Blickrichtung wird noch weitergeführt. So werden weitere Entwurfsbeispiele der Ausstellung knapp angerissen und in einer Beschreibung dargestellt, die sich auf die Wirkung stützt, welche diese auf den Autor haben: „Das Gefühl, in ein Gebäude [...] eingeschlossen zu sein, gibt es nicht mehr" und „[d]as ist nicht Freiheit oder Befreiung, sondern Druck, nicht Entspannung, sondern erhöhte Spannung". Auch in den einzelnen Projektbeschreibungen finden sich solche emotionalisierten Beschreibungen. Diese Darstellungsweise ist auch deswegen kritisch zu sehen, da zum Zeitpunkt der Ausstellung der Großteil der Projekte nicht realisiert war und sich die Katalogbeschreibungen somit auf Modelle und Entwürfe stützen.

2.7.2.3 „Sie entdeckt neue Bereiche in alten Vorstellungen." Dekonstruktivistisches Arbeiten mit dem Bestand

Wigleys Ausführungen über die formale Gestaltungsweise der dekonstruktivistischen Architektur kulminiert in der Aussage, dass die präsentierten Architekten in ihren Projekten „das Unbekannte, das bereits im Vertrauten verborgen ist, finden" und „das Ungewohnte, das sich hinter dem Traditionellen verbirgt, [enthüllen]".[437] Durch die Verzerrung der reinen Formen zeige sich, dass in diesen auch eine „unvollkommene" Seite enthalten sei. Wie dieser Aspekt der Unterscheidung zwischen vollkommenen und unvollkommenen Formen inhaltlich zu bewerten ist, wurde bereits erörtert. Weiterzuverfolgen ist jedoch der Denkansatz, dass die dekonstruktivistische Architektur mit vorhandenem architektonischen Bestand arbeitet, um in diesem Angelegtes, jedoch bislang so nicht Wahrgenommenes freizulegen: „Sie entdeckt neue Bereiche in alten Vorstellungen."[438] Mehrfach wird betont, dass die Architekten „aus der

---

436 | Johnson/Wigley 1988, S. 18, folgende Zitate ebd.

437 | Johnson/Wigley 1988, S. 18, Zitate ebd.

438 | Johnson/Wigley 1988, S. 19.

architektonischen Tradition selbst hervor[gegangen]"[439] seien und mit dieser Tradition und aus ihr heraus arbeiteten. Dieser Aspekt, der bisher in der Analyse ausgeklammert blieb, wurde bereits am Anfang des Essays als einer der ersten Definitionsversuche vorgebracht, aber nicht weiter vertieft.

Das Vertraute und Traditionelle ist in Wigleys Ausführungen das Schaffen des „Hochmodernismus", das zu historischem Bestand geworden ist. Diese Formen würden jetzt mit den konstruktivistischen Geometrien verbunden. Es werde jedoch „kein historisierendes Spiel"[440] mit alten Formmotiven betrieben, das diese etwa aus ihrem historischen Kontext herauslöst. Diese abgrenzende Präzisierung ist besonders mit Blick auf die in den 1980er-Jahren dominierende Postmoderne von Bedeutung, von deren Eklektizismus die ausgestellten Architekten abgegrenzt werden.[441] Vielmehr werde grundsätzlich strukturell, gleichsam von innen heraus mit diesem historischen Bestand gearbeitet, der hinterfragt, „irritiert", „gestört" und „unterminiert" werde, wie der Katalog mehrfach anführt. Daher seien die dekonstruktivistischen Architekten „keine avantgardistische Bewegung"[442], sie begründeten „keine Rhetorik des Neuen", sondern setzten sich fundamental mit dem Gewohnten und bereits Vorhandenen auseinander: „In diesem Moment kritischen Widerstandes entfalte [das Schaffen dieser Architekten seine] ganz Stärke"[443], so Wigley. Hier kommt zudem ein besonderer Umgang der Architekten mit dem Kontext zum Ausdruck, auch dies ist besonders mit Blick auf die vorherrschenden postmodernen Denkansätze unter Architekturzeitgenossen interessant, denn „[d]ie hier vorgestellten Projekte ignorieren den Kontext nicht; sie sind nicht anti-kontextuell"[444]. Damit führt Wigley eine wichtige Beobachtung an, seine Blickrichtung bleibt allerdings wiederum auf den formalen Kontext beschränkt. Welche Bedeutung die Auseinandersetzung mit dem Kontext in unterschiedlichen Facetten für die Architekten hat, ist im Folgenden zu überprüfen.

---

439 | Johnson/Wigley 1988, S. 11. Dies bezieht sich allerdings vorrangig auf die Moderne, wie aus dem Textverlauf deutlich wird.

440 | Johnson/Wigley 1988, S. 16.

441 | Hier kommt ein vereinfachtes Verständnis der Postmoderne zum Ausdruck, wie es vor allem in den USA üblich ist; darauf weist Wolfgang Welsch ausführlich hin (Welsch 2002, S. 87–134). Eine solche pauschale Kritik wird den komplexen Ansätzen postmodernen Denkens nicht gerecht. Trotzdem gibt es natürlich auch die historisierenden, eklektischen Tendenzen, gegen die sich die Kritik der hier behandelten Architekten wendet. Auf diese „Pseudo-Postmoderne" (ebd., S. 81) beziehen sich die Verweise auf die Postmoderne in den folgenden Kapiteln.

442 | Johnson/Wigley 1988, S. 18, folgendes Zitat ebd.

443 | Johnson/Wigley 1988, S. 19.

444 | Johnson/Wigley 1988, S. 18.

Diese Vorgehensweise des Mit-dem-Bestand-Arbeitens, um darin strukturell Angelegtes freizulegen und Neues zu schaffen, erinnert ebenso an die
Dekonstruktion, wie sie Derrida entwickelt hat, wie das Eröffnen neuer Sichtweisen auf Gewohntes und das Aufmerksam-Machen auf Fehler im System.
Diese Analogie überrascht, hat Wigley doch zu Beginn seiner Ausführungen
die architektonische Gestaltungsweise betont von der Philosophie abgegrenzt
und nimmt auch im weiteren Textverlauf nicht mehr Bezug darauf. Dennoch
entwickelt der Katalog hier, dies sei vorgreifend gesagt, einen Deutungsansatz,
der nicht nur Gemeinsamkeiten der sieben Architekten benennt, sondern sich
auch dem Gehalt dieser Gemeinsamkeiten annähert. Dieser Ansatz ist, wenn
auch nicht in der im Essay propagierten ausschließlichen Konzentration auf die
Formen, weiterzuverfolgen und zu belegen. Die sieben Architekten setzen sich
in bestimmter Weise mit dem Bestand auseinander, sowohl dem historischen
als auch dem vorgefundenen lokalen Kontext, sie stützen sich auf vorhandene Ideen und führen diese in eigenständigen Gestaltungsansätzen weiter. In
welcher Weise diese Ansätze in Analogie zur Dekonstruktion nach Derrida
gesetzt werden können, wird in den folgenden Einzelbesprechungen ebenso
zu überprüfen sein wie die Frage, ob sich neben dem historischen Bezug noch
weitere Parallelen zur Philosophie beobachten lassen.

Natürlich bedeutet die kurz angerissene Umschreibung der Dekonstruktion eine verkürzte Darstellung des komplexen Denkens Derridas. Um Ver-
gleichsgrundlagen zu haben, werden im Anschluss die wichtigsten Elemente
der Dekonstruktion in einem Exkurs in grundlegenden Zügen skizziert.

Exkurs:
Derridas Verständnis der Dekonstruktion – eine Annäherung

Die Annäherung an die Dekonstruktion nach Derrida kann im vorliegenden
Rahmen keine intensive Auseinandersetzung mit dem Schaffen des Philosophen bedeuten; hierfür sei auf die umfangreiche Fachliteratur verwiesen. Ziel
des Kapitels ist es, Derridas Verständnis von Dekonstruktion in zentralen Aspekten zu umreißen, um eine Grundlage für die Analysen der sieben als Dekonstruktivisten eingeführten Architekten zu erhalten und um die Parallelen
zwischen ihrem architektonischen Schaffen und der Dekonstruktion Derridas zu ergründen, wie sie der Katalog zwar ausschließt, sie aber in Wigleys
Text dennoch implizit angedeutet werden. Da es sich um eine Untersuchung
zu einem Dekonstruktivismus – auf die begrifflichen Unterschiede zwischen
Dekonstruktion, Dekonstruktionismus und Dekonstruktivismus wurde bereits hingewiesen[445] – handelt, der zwar Elemente mit der Philosophie teilt,
diese aber eigenständig und ohne Referenz auf Derrida entwickelt, ist eine

---

445 | Vgl. dazu die Ausführungen in Kapitel 2.2.

allgemeine Annäherung an die wichtigsten Charakteristika seines Denkens ausreichend.

Die einschlägige Literatur ist sich weitgehend einig, dass Derridas dekonstruktive Textanalyse nicht erklärt werden kann, sondern durch die Lektüre seiner Texte nachvollzogen werden muss. Denn, so bringt es Engelmann auf den Punkt, „eine der wesentlichen Leistungen Jacques Derridas besteht tatsächlich darin, alles nur Erdenkliche zu tun, die Systematisierung seines Denkens, seine Geschlossenheit, seinen Anfang und sein Ende zu vermeiden."[446] Dies ergibt sich fundamental aus seinem Denken. Dennoch ist es möglich, sich den wesentlichen Elementen der Dekonstruktion in Grundzügen anzunähern. Verständlicher wird sie mit einem weiter gefassten Blick auf Derridas grundsätzlichen Denkansatz.

Das Wort „Dekonstruktion" ist eine Prägung Derridas, die sich von Heideggers „Destruktion" herleitet[447] und schon sehr früh in seinen Schriften auftaucht.[448] In einem Brief an einen japanischen Freund weist der Philosoph darauf hin, dass er den Terminus nicht in der Heidegger'schen Form habe übernehmen wollen, da diese einen negativen, nihilistischen Beigeschmack habe.[449] Die Bezeichnung „déconstruction" habe sich ihm dann mehr oder weniger aufgedrängt, ohne dass ihm bewusst gewesen sei, welche Bedeutung ihr in den folgenden Diskursen über sein Denken zukommen sollte. Tatsächlich sei das französische Wort zwar im Grammatik-Kontext bekannt, im allgemeinen Sprachgebrauch aber nicht geläufig.

Genau besehen ist die Frage nach dem Begriff der Dekonstruktion bei Derrida falsch gestellt. Nach Kimmerle „verbietet es sich, von der Dekonstruktion eine allgemeine Beschreibung geben zu wollen"[450]. Sie lässt sich nicht ohne Weiteres auf eine eindeutige Definition bringen.[451] Derrida selbst verwahrt sich

---

446 | Engelmann 2004, S. 9.

447 | Derrida knüpft an Heideggers Denken an, unterscheidet sich jedoch in bestimmten Aspekten grundlegend von diesem; zu diesem ambivalenten Verhältnis vgl. etwa Kimmerle 2004, S. 42f., 82f.; Stocker 2006, S. 31, 33f.; Köpper 1999, S. 28.

448 | Zur Entwicklung der Bezeichnung wird in der Fachliteratur meist geschwiegen. Derrida setzt den Begriff schon in seinen ersten Texten ein, etwa in „Grammatologie" (De la grammatologie, 1967).

449 | Derrida 1991, S. 270f.

450 | Kimmerle 2004, S. 23. Derrida selbst „stört" kommunikative und pädagogische Lektüren seines Werks, um es „vor vereinfachenden Lektüren zu schützen" (Engelmann 2004, S. 7).

451 | So tituliert etwa John D. Caputo sein Begleitbuch zu einer Diskussion mit Derrida am runden Tisch augenzwinkernd mit „Deconstruction in a Nutshell" und weist zugleich darauf hin, dass dies dem Inhalt der Derrida'schen Gedanken gerade nicht gerecht wird (Deconstruction in a Nutshell 1988, S. 31–36).

gegen eine zu enge terminologische Bestimmung und lehnt die Bezeichnung seines Denkens als Dekonstruktion zwar nicht gänzlich ab, lässt dies jedoch nur mit Vorbehalten zu. Da seine Philosophie versucht, mit den gängigen Begrifflichkeiten zu brechen, kann die Dekonstruktion konsequenterweise nicht mit den gewohnten Termini erfasst, sondern nur annäherungsweise umschrieben werden. Im genannten Brief schreibt Derrida auch, dass ihm dieses Wort nie ausreichend erschienen sei, da es immer von einem ganzen Diskurs begleitet werden müsse, und betont, mit Blick auf eine angemessene Übersetzung seiner Werke, dass es nicht so sehr um den Ausdruck Dekonstruktion gehe, sondern um den Inhalt, auf den damit verwiesen werde.[452]

Um sich diesem Inhalt anzunähern, ist Kimmerles Feststellung wesentlich, dass „das Dekonstruieren keine Methode ist"[453], die modellhaft angewendet werden kann. Sie ist kein „fertiges" Textinterpretationsverfahren, das, einmal erlernt, beliebig gelehrt und eingesetzt werden kann. Vielmehr handelt es sich um eine bestimmte Haltung, eine Herangehensweise und Art des Umgehens mit, in Derridas Fall, Texten der philosophischen Tradition:[454] In Auseinandersetzung mit Sprache und Schrift erarbeitet der Philosoph in komplexen Überlegungen seine Denkansätze; weiter sollen diese hier jedoch nicht näher erläutert werden, da sie spezifisch ins Denken Derridas eintauchen und damit zu weit vom Thema der vorliegenden Arbeit wegführen.

Derrida kritisiert die metaphysisch-epistemische Denktradition der abendländischen Philosophie, die er im Ursprungsdenken verhaftet sieht:[455] Hierarchisierend strukturiert strebe das metaphysische Denken danach, Lösungen und Erkenntnisse zu vereinheitlichen, sie auf das Eine, die eine Wahrheit zurückzuführen. Metaphysische Verstehensprozesse versuchen, Probleme und Fragestellungen auf abstrakte, allgemeine Begriffe zu bringen. Dies schließt jedoch immer auch ein willkürliches Element ein, weil die Vereinheitlichung auf einen bestimmten Begriff notwendigerweise den Ausschluss von anderen Bedeutungsmöglichkeiten mit sich bringt („etwas ist das eine und nicht das andere"). Fremdes und Unbekanntes wird zu verstehen versucht, indem es auf vertraute Begriffe zurückgeführt, in bestimmte Kategorien eingeordnet und somit vereinheitlicht wird. Das Andere, „Nicht-Eine" wird ignoriert und nicht gedacht.

---

452 | Derrida 1991, S. 272f.

453 | Kimmerle 2004, S. 23.

454 | Kimmerle 2004, S. 24.

455 | Damit ist er freilich nicht der Erste: Derrida knüpft an eine Denktradition an, die nach Hegel in der abendländischen Philosophie gepflegt wird, und führt insbesondere Ansätze, die von Nietzsche und Heidegger entwickelt wurden, weiter; einen Überblick darüber bieten etwa Engelmann 2004, S. 13f., 16f.; Kimmerle 2004, S. 51–75; Stocker 2006, S. 33f., 41f., 44f. oder Köpper 1999, S. 16f., 32f.

Derrida hingegen will diese Denkstrukturen, die er fest in der philosophischen Tradition verwurzelt sieht, überwinden und das Andere, Differente, vom Gewohnten Abweichende im Denken zulassen. Immer wieder spricht er davon, den blinden Fleck im Denken eines Autors aufzuspüren, „den Punkt, von dem aus dieser sieht und den er deshalb selbst nicht sieht"[456]. Wissen und Verstehen werden von ihm nicht mehr hierarchisch, sondern in einem Nebeneinander, gleichsam „rhizomatisch", gedacht. Dies macht Derrida zu einem Denker der Differenz.[457] Wortbedeutungen (und damit Sätze und Texte) betrachtet er nicht mehr als fixe Einheiten, deren Sinn es in einer hermeneutischen Bewegung zu erschließen gilt, sondern als relational und vom jeweiligen Kontext, in dem sie gelesen werden, abhängig.[458] Er geht nicht mehr von der einen zu entdeckenden Wahrheit aus, sondern von einer Vielheit von möglichen Wahrheiten, die jeweils kontextgebunden zutreffen. Statt eines Ursprungs wird ein Ursprungsgeschehen gedacht, das sich nicht auf ein Eines hin lösen lässt, sondern in sich different bleibt.

Aus diesem Grund muss Derrida es ablehnen, dass seine Philosophie pauschal mit einem Begriff als Dekonstruktion bezeichnet wird, da dies wiederum eine vereinheitlichende Verallgemeinerung auf eine Definition hin bedeutet, die aufzulösen er gerade bestrebt ist. Verwendet man diese Bezeichnung, so mit Vorbehalt und Wissen um den komplexen Hintergrund.

---

456 | Vogt 1990, S. 54.

457 | Dieses Denken ist nicht exklusiv für Derrida, sondern ein Phänomen der Zeit, das bei mehreren zeitgenössischen Philosophen zu beobachten ist, auch wenn diese unabhängig voneinander sind, in Frankreich etwa auch bei Michel Foucault (geografisches Denken) oder Gilles Deleuze und Félix Guattari (Konzept der Rhizomatik). Kimmerle fasst diese Thematik zusammen: „Die Differenz denken, heißt danach: nicht identifizieren, das Andere und das Verschiedene nicht zurückführen auf dasselbe und das Gleichartige. Deshalb wäre es auch in sich widersinnig, das Differenzdenken als einheitliche, als solche anweisbare philosophische Strömung zu kennzeichnen" (Kimmerle 2004, S. 17).

458 | Derrida fasst sprachliche Wörter nicht mehr als repräsentative Zeichen für etwas, sondern als Spuren, die auf etwas verweisen und damit in einem Gefüge von Verweisungen stehen. Hier kommt ein weiterer von ihm geprägter Terminus zum Tragen, die „différance", der wie die Dekonstruktion ebenfalls kein eindeutig zu fassender Begriff ist. Er verweist auf die Vielfalt möglicher Bedeutungen, die Wörter haben können. Wortbedeutungen sind nach Derrida keine einmal fixierten Bedeutungseinheiten, sondern relational und werden mit jeder Lektüre und jeder Äußerung verschoben. Sie haben keinen Ursprung, sondern tragen viele mögliche Lesarten in sich. Dies macht wiederum Dekonstruktion möglich. Zur „différance" vgl. etwa Kimmerle 2004, S. 77-84; Köpper 1999, S. 28-32; Stocker 2006, S. 174-178.

Der Bruch mit der abendländischen Metaphysik in ihrer Tendenz zur Vereinheitlichung kann allerdings nicht ohne Weiteres vollzogen werden. Zu sehr ist das philosophische Denken in seinem ganzen Aufbau seiner langen Tradition verhaftet. Daher arbeitet Derrida mit und an dieser Tradition, wie sie in Schriften überliefert ist, und versucht, sie von innen zu hinterfragen und aufzusprengen: Er untersucht die Texte auf das, was nicht darin gesagt, was ausgegrenzt wird. Er liest zwischen den Zeilen, legt Widersprüchliches frei, deckt Brüche auf und achtet auf das, was am Rande liegt, was aus dem Blickfeld ausgeschlossen wurde, um einen stringenten, eindeutigen Text zu vermitteln.[459] Dabei greift er Probleme und Fragen auf, die bereits im Text angelegt sind, um sie neu oder anders zu stellen. Dadurch, so formuliert es Engelmann treffend, „entfalten Derridas Texte dann ihre Begriffswelten nicht als etwas radikal Neues, sondern als etwas, das in den gelesenen Texten schon verborgen war und nun erst sichtbar wird"[460]. Es kommen zerstörende wie affirmative Elemente gleichermaßen zum Einsatz, wie es auch in den Vorsilben „de" und „kon" deutlich wird.[461] Dekonstruieren bedeutet damit gerade nicht, wie von Kritikern oft vorgeworfen, dass willkürlich in überlieferte Texte hineininterpretiert wird,[462] sondern im Gegenteil das genaue Lesen von Texten, um der in diesen angelegten Vielfalt nachzuspüren:[463] „That is what gives deconstruction its movement,

---

459 | Plastischere Beschreibungen des Vorgehens etwa bei Köpper 1999, S. 17f.

460 | Engelmann 2004, S. 17.

461 | Tatsächlich wird die Ambivalenz von affirmativen und destruktiven Elementen bereits von Heidegger gedacht, der sich schon in „Sein und Zeit" gegen ein nur negatives Verständnis seiner „Destruktion" wendet: „Die Destruktion hat ebenso wenig den *negativen* Sinn einer Abschüttelung der ontologischen Tradition. Sie soll umgekehrt diese in ihren positiven Möglichkeiten, und das besagt immer, in ihren *Grenzen* abstecken, die mit der jeweiligen Fragestellung und der aus dieser vorgezeichneten Umgrenzung des möglichen Feldes der Untersuchung faktisch gegeben sind. [...] Die Destruktion will aber nicht die Vergangenheit in Nichtigkeit begraben, sie hat *positive* Absicht; ihre negative Funktion bleibt unausdrücklich und indirekt" (Heidegger 2001, S. 22, Hervorhebungen im Original). Daher ist es auch weniger die umschriebene Ambivalenz des „de" und „kon", die Derridas Dekonstruktion als neuartig auszeichnet. Sie bedeutet jedoch ein charakteristisches Element.

462 | Ausführlicher beschreibt dies Barry Stocker etwa zu John Claude Evans' Vorwurf, Derrida habe Husserl falsch verstanden (Stocker 2006, S. 36–42), oder John Searles Polemik gegen Derrida (ebd., S. 49f.).

463 | Darauf weisen unter anderem Barbara Johnson (Johnson, Critical Difference, 1988, S. 5), Mitchell Stephens (Stephens 1991, o. S.) oder Leslie Hill (Hill 2007, S. 115f.) hin. „Derrida endet nicht in der existentiellen Leere, im totalen Nihilismus", so Köpper (Köpper 1999, S. 39). Derrida selbst betont, welche Bedeutung er dem genauen Lesen zumisst (vgl. etwa Derrida in Deconstruction in a Nutshell 1998, S. 8f.).

that is, constantly to suspect, to criticize the given determinations [...], not in order to destroy them or simply to cancel them [...]."[464]

Dekonstruktion verlangt das umso sorgfältigere, verantwortungsvolle Bemühen, sich Texten im Rahmen eines bestimmten Kontexts anzunähern und sich bewusst mit möglichen – aber nicht endgültigen – Bedeutungen und Deutungsweisen zu befassen. Denn auch wenn es nach Derrida keinen eindeutig fixierbaren Sinn in einem Text gibt, dem man sich hermeneutisch annähern könnte, sondern eine Vielfalt möglicher Deutungen, so bedeutet dies kein nihilistisches „Es gibt keinen Sinn". Das im Text Verborgene meint zwar keine eindeutige Bedeutung „im Sinne der traditionellen Bedeutungstheorie", die es aufzudecken gilt, aber, so erneut Engelmann, durchaus „ein[en] Sinn, der sich aus einem anderen Begriff des Textes ergibt, der Bedeutungskonstitution als Resultat eines Spiels differentieller Verweisungen begreift"[465]. Dieser andere Begriff des Textes ist wesentlich, denn Text ist für Derrida mehr als nur ein Schriftstück:

> „Das, was ich Text nenne, ist alles, ist praktisch alles. Es ist alles, das heißt, es gibt einen Text, sobald es eine Spur gibt, eine differentielle Verweisung von einer Spur auf die andere. Und diese Verweise bleiben nie stehen. [...] Ich habe geglaubt, dass es notwendig wäre, diese Erweiterung, diese strategische Verallgemeinerung des Begriffs des Textes durchzuführen, um der Dekonstruktion ihre Möglichkeit zu geben. Der Text beschränkt sich folglich nicht auf das Geschriebene, auf das, was man Schrift nennt im Gegensatz zur Rede."[466]

Am Ende der dekonstruktiven Auseinandersetzung mit Texten steht kein Resultat, kein Ergebnis im gewohnten Sinn, wie es etwa von der Dialektik bekannt ist, die bestrebt ist, These und Antithese zu einer Synthese zusammenzuführen. Vielmehr will Derridas Textarbeit interne Spannungen herausarbeiten und die in jedem Text eingeschlossene Heterogenität freilegen, nicht um sie aufzulösen, sondern um sie zu erhalten und die Lektüre stets in Gang zu halten. Dekonstruktion akzeptiert die Möglichkeit verschiedener Standpunkte. Für Derrida ist es interessant zu analysieren, in welchen Kontexten bestimmte Sinnzuschreibungen erfolgen. Er setzt sich mit jedem Text individuell auseinander, ohne ein pauschales Vorgehensschema zu verfolgen, und nimmt immer wieder neue Perspektiven ein, die auf den jeweiligen Gegenstand seiner Analysen reagieren, diese also gleichsam von innen heraus beleuchten.

---

464 | So Derrida in einer Diskussion zur Einweihung eines neuen Philosophie-Doktorandenprogramms (Deconstruction in a Nutshell 1998, S. 18). Die Auslassungen beziehen sich auf konkrete Formulierungen Derridas zum Thema „justice".

465 | Engelmann 2004, S. 18.

466 | Jacques Derrida zitiert nach Engelmann 2004, S. 18.

Es ist damit ganz im Sinne Derridas, Dekonstruktionen nicht nur auf schriftliche Zeugnisse anzuwenden, sondern in allen Bereichen einzusetzen, in denen mit überlieferten Bedeutungsträgern gearbeitet wird. Dies lädt, ebenso wie sein eigenes vielfältiges, disziplinenüberschreitendes Engagement,[467] dazu ein, auch in anderen Fachbereichen dekonstruktiv vorzugehen. Damit ist der Weg auch für Dekonstruktivismen, die sich mehr oder minder deutlich ausgeprägt an Derridas Denken anlehnen, es jedoch eigenständig weiterentwickeln, durchaus positiv im Sinne des Philosophen offen.

Dass es auch nach diesen Ausführungen schwierig bleibt, Derridas Dekonstruktion zu bestimmen, liegt wesentlich im Werk des Philosophen begründet und entspricht seinen grundlegenden Denkansätzen. Die Dekonstruktion ist kein Terminus, der auf eine klare Definition gebracht werden kann und soll. Die Erklärungen sind bewusst facettenreich und umfassend. Annäherungsweise kann Dekonstruktion umschrieben werden als eine Herangehensweise, mit traditionellen „Texten" – der in Anführungszeichen gesetzte Begriff soll hierbei auf Derridas weit gefasstes Verständnis von Texten verweisen – umzugehen, als eine Denkbewegung, die Elemente von Analyse, Kritik, Lektüreverfahren vereint, jedoch nicht im gewohnten und ausschließlichen Sinn. Sie bedeutet eine fundamental kritische Haltung gegenüber Überliefertem, das sorgfältig analysiert, gelesen und „gegen den Strich gekämmt" wird, um darin Angelegtes herauszuarbeiten. Dies ist jedoch nicht zerstörerisch, sondern affirmativ, wie es in der Bezeichnung des De-Kon-Struierens zum Ausdruck kommt. Die historische Quelle wird vollständig akzeptiert.[468]

Weitere charakteristische Aspekte für das dekonstruktive Denken, die für den Vergleich mit einer dekonstruktivistischen Strömung interessant sind, sind darüber hinaus Derridas wesentliche Bereitschaft zum Perspektivwechsel im Umgang mit „Texten". Ausgehend vom jeweiligen Gegenstand reagiert er auf den jeweils vorliegenden „Text" und passt sich gleichsam von innen heraus an diesen an. Er folgt dabei keinem universalen Vorgehensmuster, sondern setzt sich mit der jeweiligen Situation und dem damit jeweils verbundenen Kontext auseinander. Die Frage nach dem Sinn eines „Textes" wird zwar nicht abgelehnt, aber nicht mehr als eine eindeutig und endgültig zu bestimmende verstanden, sondern als vom jeweiligen Kontext abhängende. Damit geht die bewusste Akzeptanz einer Vielfalt von Möglichkeiten, einer pluralistischen Offenheit einher.

---

467 | Darauf wurde bereits hingewiesen, vgl. Kapitel 2.1.2.
468 | Hill 2007, S. 117.

Function follows deformation?
Wigleys Ausblick

Wigley reduziert seine Ausführungen rasch wieder auf formal-ästhetische Überlegungen, auch wenn scheinbar die weitere Komponente der Funktion in die Ausführungen eingeführt wird. Während in der Moderne noch die Form der Funktion folgen sollte und es galt, dass „funktional leistungsfähige Formen notwendigerweise eine reine Geometrie besitzen"[469] sollten, – dabei jedoch bekanntermaßen in der stilistisch erstarrten Formensprache des Funktionalismus tatsächliche praktische Erfordernisse übersehen wurden –, orientiere sich die dekonstruktivistische Architektur wieder an den komplexen funktionalen Bedürfnissen. Soweit trifft Wigleys Beobachtung zu, funktionale Überlegungen spielen bei den sieben Architekten eine Rolle. Der Autor schränkt diese Beobachtung allerdings wieder ein: „Darüber hinaus sind die Formen gestört und erhalten nur so ein funktionales Programm." Die Funktion wird damit in direkten kausalen Zusammenhang mit den verzerrten Formen gesetzt. Funktion folge jetzt der Deformation, so Wigley, der an dieser Stelle der Versuchung nicht widersteht, dem geflügelten „Form follows function" noch eine weitere Spielart hinzuzufügen. Weiter wird diese Wortspielerei im Essay aber nicht verfolgt. Das Schaffen der Architekten hat jedoch zu keiner Zeit die formale Deformation zum Ziel, aus der sich Funktionen ergeben. Vielmehr gilt umgekehrt, dass sich die Formen erst aus ihren Bauabsichten, den Ansprüchen an die Architektur ergeben, zu denen auch, aber nicht ausschließlich, die funktionale Zweckmäßigkeit gehört.

Abschließend betont Wigley wie zuvor Johnson, dass es sich bei der präsentierten Architektur nicht um einen Ismus handle, aber auch nicht um sieben voneinander völlig unabhängige Baukünstler. Diese seien keine Gruppe, bestenfalls „ein unbequemes Bündnis". Aber auch dies trifft auf die Architekten, die sich zu keiner Zeit in irgendeiner Form zusammengeschlossen haben, nicht zu.

An dieser Stelle findet Wigley zu einer, wie sich zeigen wird, erstaunlich präzisen Voraussage der weiteren Entwicklungen, indem er anmerkt, dass sie „sich in verschiedene Richtungen bewegen"[470] und „[d]ie Episode [...] kurz sein [werde]". Damit wird das dekonstruktivistische Bauen als Phase im Schaffen der Architekten eingeordnet. Bis zur Zeit der Ausstellung zumindest verbinde die Baukünstler jedoch ein „seltsame[r] gemeinsame[r] Schnittpunkt": „Die Gemeinsamkeit der Architekten liegt darin, dass jeder von ihnen ein verwirrendes Gebäude errichtet, indem er die verborgenen Potentiale des Modernismus ausnutzt." Damit ist auf den Punkt gebracht, was zuvor entwickelt wurde, sowohl in positiver als auch in negativer Hinsicht: Tatsächlich spielt die Aus-

---

469 | Johnson/Wigley 1988, S. 19, folgendes Zitat ebd.
470 | Johnson/Wigley 1988, S. 20, folgende Zitate ebd.

einandersetzung mit der Moderne und den vorhandenen Baukontexten – in einer als dekonstruktivistisch zu bezeichnenden Weise – eine bedeutende Rolle im Schaffen der Architekten. Allerdings greift die emotionalisierte – „ein verwirrendes Gebäude" –, nur formenbasierte Interpretation der Kuratoren zu kurz. Welche „verborgenen Potentiale" gemeint sind, wird nicht erörtert. Auch scheint die Beobachtung einer gemeinsamen Ästhetik fraglich, da die sieben Architekten, Eisenman und Coop Himmelblau etwa, teilweise optisch nicht viel gemeinsam haben.

Der Essay wird mit Blick auf Formales beendet. Wigley fasst die wichtigsten Gedanken des Textes zusammen, sowohl die Stärken als auch die Schwächen der Argumentation der Kuratoren kommen noch einmal konzentriert zum Ausdruck. Er gipfelt in der abschließenden Behauptung, dass jeder der Architekten „ein anderes Dilemma der reinen Form [thematisiere]", eine Behauptung, die so nicht zutrifft, wie mehrfach angemerkt wurde. Auch die Baukünstler, die eine weniger ausgeprägte theoretische Vorgehensweise verfolgen, zielen in ihrem Schaffen doch auf übergeordnete Gestaltungsabsichten, an denen sich die formalen Lösungen orientieren. Der Schlussabsatz schreibt der architektonischen Form eine fast philosophisch überhöhende Tendenz zu, wenn dieser fast eigenständige Züge zugestanden werden: „[E]ine Architektur endlich, in der die Form sich selbst verformt, um sich von neuem zu offenbaren." Die Rolle des gestaltenden Architekten erscheint auf eine bloße Mittlerfunktion zurückgestuft.

2.7.2.4 Zwischenstand

Ausführlich stellt Wigley in seinem Essay die Überlegungen der Kuratoren vor, die hinter ihrem Verständnis von dekonstruktivistischer Architektur stehen. Dabei führt er die Ansätze, die Johnson aufgeworfen hat, fort und unterfüttert sie theoretisch. Allerdings wiederholen sich auch die Schwachstellen, die bereits im Vorwort beobachtet werden konnten. So verfolgt Wigley ebenfalls eine ausschließlich formal-ästhetische Perspektive auf die Architektur. Insgesamt begegnen scharfsinnige Betrachtungen, allerdings fehlt der stringente Bogen, der die verschiedenen Argumentationsstränge miteinander verbindet, wie Kritiker schon 1988 angemerkt haben.[471] Catherine Ingraham etwa beobachtet, dass der Autor ziellos zwischen losen Enden herumschweife,[472] während Roger Kimball den bemüht intellektuellen Tonfall kritisiert, der in einem „rhetorischen Exzess" resultiere, dabei aber inhaltlich nicht in die Tiefe gehe.[473] Dadurch sind Wigleys Überlegungen stellenweise schwer nachvollziehbar. Viele

---

471 | Vgl. etwa Kaufman 1988; Fox 1988; Posner 1988; Kimball 1988.
472 | Ingraham 1988.
473 | Kimball 1988, Übers. d. Verf.

Denkansätze verlieren darüber hinaus an Gehalt, indem sie zwar angerissen, jedoch nicht oder nicht ausreichend erörtert werden. Häufig entsteht der Eindruck, dass viele Aspekte gestreift werden, die in Ansätzen auf Treffendes verweisen, dabei jedoch nicht zu Ende gedacht und miteinander verbunden werden. Weiterhin ist die Wortwahl zur Beschreibung der präsentierten Architekturen ungünstig, da sie negative Assoziationen weckt und bei den Lesern mehr Vorbehalte denn Identifikation mit den Entwürfen erzeugt. Hinzu kommen argumentative Schwachstellen und inhaltlich problematische Aussagen, die den Text angreifbar machen.

Weiterhin entwickelt Wigley zwar mehrere Ansätze zur Begriffsdefinition des zentralen Terminus der dekonstruktivistischen Architektur, verknüpft diese jedoch nicht und sorgt so für missverständliche Definitionsvoraussetzungen. Auffällig ist zudem, dass er die zu definierenden Begrifflichkeiten sprachlich nicht klar trennt. Während zu Beginn des Essays von „dekonstruktiven" Architekten die Rede ist, wird in der zweiten Hälfte des Textes ohne weiteren Kommentar zu „dekonstruktivistischer" Architektur übergegangen. Überraschend scheint auch, dass die zentrale Begriffsbestimmung der dekonstruktivistischen Architektur auf den russischen Konstruktivismus zurückgeführt wird, die daran anschließenden Ausführungen davon jedoch unbeeinflusst erscheinen. Vielmehr wirkt der Rückbezug auf die russische Avantgarde zuweilen sehr bemüht, etwa wenn Parallelen beobachtet werden, die den Architekten „nicht unbedingt bewusst" gewesen seien.

Möglicherweise zeichnet sich hier ab, dass Wigley verschiedene Positionen zu einem Text hat zusammenführen müssen, wie Ingraham vermutet.[474] In der Tat wurde bereits deutlich, dass Wigley im Vorfeld der Ausstellung eine andere Intention mit dieser verband als Johnson, wie er etwa im Gespräch mit Lynn Nesmith deutlich gemacht hat.[475] Johnson selbst hat betont, dass die ästhetische Analogie mit der russischen Avantgarde sein Beitrag zum Projekt sei, während Wigley für die Ausführungen zur philosophischen Dekonstruktion zuständig sei.[476] Sehr früh wurde die Ausrichtung der Ausstellung als eine Präsentation von „„new neo-Constructivist' work"[477] angegeben, während eine mögliche Verbindung mit Derridas Denken im Katalog ausgeschlossen wurde. Offensichtlich hat Johnsons Sichtweise die Darstellung der Ausstellung dominiert.

Dennoch lassen sich in Wigleys Text Ansätze für eine Begriffsbestimmung finden, die alle Architekten teilen – überraschenderweise gerade dort, wo der Katalog dies eigentlich ausschließt, im Rückbezug auf Derridas Dekonstruktion: Neben der Beobachtung, dass die Baukünstler strukturell vorgehen und

---

474 | Ingraham 1988.
475 | Nesmith 1988.
476 | Vgl. etwa Filler/Johnson 1988; Phillips/Johnson 1988.
477 | Sorkin 1987.

über wesentliche Fragen der Architektur nachdenken – im Katalog bleibt dies jedoch auf die formale Perspektive beschränkt und wird nicht weiter hinterfragt –, ist dies Wigleys Beschreibung, dass die Architekten mit historischem und kontextuell vorgefundenem Material arbeiten, dass sie also nicht neu „schöpfen", sondern in Auseinandersetzung mit dem Tradierten entwerfen. Von dieser Vorgehensweise lassen sich Parallelen zu Derridas Philosophie herstellen. Damit liegt der Schluss nahe, so die These der vorliegenden Arbeit, dass sich die dekonstruktivistische Architektur durchaus im Rückbezug auf die philosophische Dekonstruktion definieren lässt – freilich nicht im Sinne eines Dekonstruk*tion*ismus, der Derridas Denken architektonisch „übersetzt", wie es auch Wigley treffend abgrenzt, sondern als ein Dekonstruk*tiv*ismus, der Elemente mit der Philosophie teilt, dabei jedoch eine eigenständige Strömung darstellt.

Es fällt auf, dass der Text treffende Denkansätze immer dann streift, aber nicht weiterverfolgt, wenn die Überlegungen über nur formale Aspekte hinausgehen, etwa zu Beginn, als die Beobachtung angestellt wird, dass die vorgestellten Architekten nicht schlicht mit verzerrten Formen arbeiten, sondern strukturell ansetzen. Es sind diese Ansätze, die im nächsten Teil der vorliegenden Arbeit weiterzudenken sind.

Eine weitere zentrale Schwierigkeit resultiert aus der Konzentration der Beurteilung der Kuratoren auf stilistisch-formale Aspekte, bei der die komplexen theoretischen Denkansätze der sieben Architekten ausgeklammert werden. Diese verfolgen in ihrem Schaffen (unterschiedlich stark ausgeprägte) theoretische Überlegungen, ihr Interesse richtet sich weder ausschließlich und vorrangig auf Formen noch auf die Deformation solcher als Selbstzweck. Dabei steht hier nicht zur Debatte, ob dies eine richtige oder falsche Vorgehensweise der Ausstellungsmacher ist, denn Formenlösungen sind zentral für die Architektur und in ihrer Bewertung nicht zu vernachlässigen. Fraglich ist jedoch, ob diese Art der Bewertung den in der DECONSTRUCTIVIST ARCHITECTURE vorgestellten Baukünstlern gerecht wird. Es ist die These der vorliegenden Arbeit, dass dies nicht der Fall ist, sondern dass die im Katalog entwickelten Deutungsmaßstäbe zu einseitig sind und nicht mit dem komplexen Architekturschaffen der sieben ausgestellten Baukünstler korrespondieren.

Zudem ist zu überprüfen, ob eine Zusammenfassung der sieben Architekten auf formaler Basis überhaupt sinnvoll ist, da sich bei einigen nur wenige visuelle Gemeinsamkeiten zeigen. Problematisch ist dabei weniger, dass die sieben Architekten zusammengefasst werden, sondern vielmehr die Art, wie diese Zusammenfassung begründet und auf welche Maßstäbe sie gestützt wird. Anzumerken ist, dass das Vorgehen, einen eigenen Interpretationsansatz zu entwickeln und für neue Deutungsansätze nutzbar zu machen, durchaus kein Problem, sondern wünschenswert ist, um neue Sichtweisen zu entwickeln. Problematisch wird dies hier jedoch dadurch, dass die Behauptungen im Katalog nicht ausreichend fundiert werden und sich auch im Werk der jeweiligen Künstler nicht belegen lassen.

In den folgenden Kapiteln wird das Schaffen der sieben Architekten analysiert, um diese Thesen zu überprüfen und zu belegen. Neben dem Abgleich der architektonischen Denkansätze mit der Philosophie Derridas, bei dem auch ein Blick darauf zu werfen sein wird, ob sich noch weitere Analogien zur Dekonstruktion finden lassen, zählt dazu zum einen die Überprüfung der begrifflichen Rückführung auf den russischen Konstruktivismus, zum anderen die Fundierung der Behauptung, dass eine nur formale Beurteilung der sieben Architekten zu kurz greift. Durch die Auseinandersetzung mit dem Werk der sieben Baukünstler werden Einblicke in Gemeinsamkeiten und Unterschiede in ihrem Schaffen gewonnen, die es ermöglichen, einen klareren Begriff von dekonstruktivistischer Architektur zu formulieren.

2.8 Der Hauptteil des Katalogs: Die Präsentation der ausgestellten Projekte in den Kurztexten von Mark Wigley

An die Texte von Johnson und Wigley schließt sich der Hauptteil des Katalogs an, in dem die ausgestellten Projekte der sieben Architekten mit einer kurzen Einführung sowie Bildmaterial vorgestellt werden. Jedes Porträt folgt dabei dem gleichen Muster: Auf der ersten Seite eines Kapitels werden zentrale Angaben wie Lebensdaten und Firmensitz zu dem jeweiligen Baukünstler angegeben sowie die notwendigsten Details des präsentierten Projekts; diese beschränken sich allerdings auf Datum, Ort und Art des Gebäudes und, sofern gegeben, auf die Nennung von Bau- und Entwurfspartnern. Daran schließt sich ein Kurztext von Mark Wigley an, in dem die ausgewählten Projekte näher beschrieben und kommentiert werden, bevor das Bildmaterial auf mehreren Seite präsentiert wird. Die Inhalte dieser Texte werden im Folgenden in den jeweiligen Architektenkapiteln besprochen.

Wenn an der Präsentation im Museum bemängelt werden muss, dass die Systematik, die der Inszenierung der gezeigten Entwürfe zugrunde liegt, nicht ersichtlich wird, so gilt dies auch für den Katalog; hier unterscheidet sich die Reihenfolge der Architektenporträts von der Anordnung in der Ausstellung. In beiden Fällen erschließt sich nicht, warum die Projekte in der jeweiligen Weise sortiert wurden. Ebenso wenig wird in den Texten erläutert, warum die präsentierten Projekte ausgewählt wurden.

Bei den schwarz-weißen Abbildungen handelt es sich, wie in Katalogbüchern meist üblich, nicht um Aufnahmen aus der Ausstellung, sondern um von den Architekten zur Verfügung gestellte Abbildungen, in erster Linie Zeichnungen, Modellansichten und Pläne. Sie sind offizielles Veröffentlichungsmaterial der Baukünstler, das in vielen Publikationen zu finden ist. Damit bietet die Auswahl der Abbildungen im vorliegenden Rahmen wenig Informationsgehalt über die Illustration des jeweiligen Entwurfs hinaus. Sie muss daher nicht intensiver besprochen werden, da sie keine tiefer gehende Herangehensweise an die Thematik ermöglicht. Weiterhin fällt auf, dass keine Fotografien gezeigt werden, weder von den aufwendigeren Modellen, die in der Ausstellung gezeigt werden – etwa von Hadid, Tschumi und Coop Himmelblau –, noch von den Projekten, die zum Zeitpunkt der Schau im Bau (Tschumi, Coop Himmelblau) oder bereits fertiggestellt (Gehry) sind. Verweise auf letztere fehlen auch in der Ausstellung selbst, wie bereits von zeitgenössischen Kritikern angemerkt wurde.

Text- und Bildmaterial werden im Katalog ohne Bezug zum Ausstellungskontext präsentiert, es wird keine Verbindung zur Ausstellungssituation hergestellt. Einzuräumen ist aber auch, dass die Publikation als Referenzwerk angelegt worden ist. Aus dieser Absicht lässt sich erklären, warum auf möglicherweise einschränkende Verweise auf die konkrete MoMA-Schau verzichtet wurde. Allerdings fehlen auch übergeordnete Bezüge zum Werk der Architekten, die Darstellung der Architekten im Katalog entspricht ihren umfassenden Denkansätzen nicht, wie in den anschließenden Besprechungen der sieben Baukünstler herausgearbeitet wird. Darüber hinaus fällt in keiner der sieben Kurzbeschreibungen der zentrale Begriff der dekonstruktivistischen Architektur. Es wird nicht weiter konkretisiert, wie die Kuratoren den Terminus in den einzelnen Fällen verstehen. Stattdessen erfolgt auch in diesen Texten eine ausschließlich formale Perspektive auf die vermeintliche „Verzerrung" geometrisch reiner Formen.

Aufbau der Analysekapitel

Im Anschluss werden die sieben Architekten, ihre Projekte und ihr Architekturverständnis näher beleuchtet. Dabei wird die Reihenfolge, in der die Ausstellungsprojekte im Katalog vorgestellt werden, beibehalten. Zunächst werden die Entwürfe vorgestellt, die in der MoMA-Schau präsentiert wurden. Dabei werden sowohl Wigleys Beschreibung im Katalog als auch die Erläuterungen der Architekten selbst sowie sekundäre Literatur zum jeweiligen Werk herangezogen. Auf Unstimmigkeiten in der Darstellung des Katalogs und daraus resultierende Probleme wird hingewiesen.

Daran schließt sich eine intensive Auseinandersetzung mit dem Schaffen der Baukünstler an, um das Architekturverständnis, wie es bis zu jener Zeit entwickelt worden ist, paradigmatisch zu erarbeiten. Dies geschieht am Beispiel eines oder mehrerer zentraler Entwürfe und, in unterschiedlicher Intensität, mithilfe schriftlicher Äußerungen der Architekten. Es wird versucht, die Architekten so weit wie möglich selbst zu Wort oder „zu Bild" kommen zu lassen; daher werden direkte Zitate in den jeweiligen Analysen zur besseren

Unterscheidbarkeit von anderen Belegen kursiv gesetzt. Zudem werden Zitate aus Texten der Baukünstler, die ausschließlich auf Englisch vorliegen, übersetzt, um den Lesefluss des deutschen Lesers nicht zu stören; Übersetzungen erfolgen möglichst wortgetreu und werden kenntlich gemacht.

Mit den erarbeiteten Einblicken in das zentrale Architekturverständnis der sieben Baukünstler werden die in New York präsentierten Ausstellungsprojekte zusammengeführt, um auch an diesen die zentralen Denkansätze der Architekten zu beleuchten. Dadurch gelingt nicht nur die Einordnung der Entwürfe in das jeweilige Gesamtwerk, sondern es wird auch möglich, die Argumentation der Kuratoren mit dem konkreten Fall abzugleichen und offenzulegen, an welchen Stellen zutreffende oder nicht-zutreffende Beobachtungen angestellt wurden. Zum Abschluss eines Kapitels erfolgt ein kurzer Ausblick auf das Schaffen der Architekten nach 1988 anhand exemplarischer Projekte, um zu zeigen, wie sich die Denkansätze der Baukünstler weiterentwickeln.

Insgesamt bleibt in den Analysekapiteln über die ausgestellten Architekten der Fokus auf die Auseinandersetzung mit dem Schaffen der jeweiligen Baukünstler gerichtet. Eine umfassende und vergleichende Beurteilung aller sieben Architekten mit Blick auf die dekonstruktivistische Architektur – welche Gemeinsamkeiten sind zu beobachten? Inwieweit trifft die gewählte Bezeichnung zu? – erfolgt am Ende in einer zusammenfassenden Annäherung.

Die Architekten

3 Frank O. Gehry

> I never thought that I was part of it. It was funny being
> in that show. [...] I asked Philip Johnson if he really be-
> lieved that I belonged there and he said he did not.[478]
> *Frank O. Gehry*

Der kalifornische Architekt Frank Owen Gehry (*1929), der älteste Teilnehmer
in der New Yorker Ausstellung, zählt zu den bekanntesten Vertretern seiner
Zunft. Er hat zahlreiche Auszeichnungen erhalten, darunter nicht zuletzt den
Pritzker-Preis 1989, nur ein Jahr nach der DECONSTRUCTIVIST ARCHITECTURE.
Spätestens mit dem sogenannten „Bilbao-Effekt", mit dem im Zuge des Neubaus von Gehrys expressivem Guggenheim-Museum[479] im nordspanischen
Bilbao die Aufwertung eines wirtschaftlich schwachen Stadtteils gelungen
ist,[480] sind seine Entwürfe weltweit ein Begriff über die Grenzen der Fachwelt
hinaus.[481] Die Bauten mit ihren extravagant geschwungenen Formen sind Teil
der visuellen Populär-Kultur geworden. Schon 1988 haben die Kuratoren mit

---

478 | Zaera Polo/Gehry 2006, S. 31.

479 | Vgl. Anm. 486.

480 | Ein Beispiel dafür, wie mit dem „Bilbao-Effekt" bewusst geplant werden kann, ist
das MARTA in Herford (vgl. Anm. 627). Auch hier gelingt durch einen Gehry-Bau die Aufwertung eines zuvor vernachlässigten Stadtteils; eine von Martin Ludwig Hofmann und
Katharina König herausgegebene Studie beleuchtet diese Entwicklungen (Hofmann/
König 2011). Zur „Gefahr", die dadurch für den Baukünstler Gehry entsteht, in der Folge
nur noch „Kopie-Aufträge" von Bilbao zu erhalten, vgl. etwa Filler 2007, S. 180, 186f.

481 | Zur öffentlichen Person Gehrys vgl. Isenberg 2009, S. 15, 17. So wurde dem Ar-
chitekten etwa ein Gastcharakter in der Cartoon-Serie „The Simpsons" gewidmet (The
Simpsons 2005). Gehry ist der erste Architekt, der in der Serie dargestellt wird. Im selben Jahr wird auch der Dokumentarfilm SKETCHES OF FRANK GEHRY von Sidney Pollack
in Kino und Fernsehen weltweit gezeigt (Pollack 2005; Isenberg 2009, S. 17; Isenberg/
Gehry 2009, S. 187, 196–200).

Gehry einen Namen an Bord, der, zusammen mit Peter Eisenman, zum Zeit-punkt der Show als „Zugpferd"[482] fungiert.[483]

Dies ist umso bemerkenswerter, da Gehry in den 1980er-Jahren noch nicht allzu lange mit seiner charakteristischen Bauweise erfolgreich ist. Zwar ist er seit 1952 als Architekt tätig und führt seit 1962 sein eigenes Studio, dennoch gelingt ihm erst Anfang der 1980er-Jahre von Los Angeles aus der Durchbruch: Der Umbau seines eigenen Wohnsitzes in Santa Monica, GEHRY HOUSE[484], in dem er gemeinsam mit seiner Frau lebt,[485] markiert einen prägnanten Wen-depunkt in Gehrys Schaffen. Ab Mitte der 1980er-Jahre arbeitet er USA-weit, sein Debüt in Europa gibt er 1987 mit dem VITRA DESIGN MUSEUM[486] in Weil am Rhein. Im selben Jahr entsteht mit dem FISHDANCE RESTAURANT[487] auch das erste Gebäude in Japan.

Das zur Architekturikone gewordene GEHRY HOUSE ist zusammen mit FAMILIAN HOUSE, einem weniger bekannten Entwurf aus dieser Zeit, in der MoMA-Ausstellung zu sehen. Beide Projekte sind die ältesten in der Show. Neben dem österreichischen Architekten-Team Coop Himmelblau ist Gehry zudem der einzige, der mit mehr als einem Bau-Beispiel präsentiert wird. Dar-über hinaus ist GEHRY HOUSE eines der wenigen realisierten Projekte in der Schau.

Gehry verfolgt keine theoretischen Interessen, sondern geht in erster Linie von formal-ästhetischen Überlegungen aus. Er hat keine Manifeste oder ande-re schriftliche Quellen publiziert. Sein Architekturverständnis erschließt sich über seine Entwürfe. GEHRY HOUSE nimmt in dieser Hinsicht eine besondere

---

482 | So ist 1988 zeitgleich im New Yorker Whitney Museum of American Art der Ab-schluss der ersten großen Retrospektive Gehrys, „The architecture of Frank Gehry" (14. Juli – 2. Oktober 1988), zu sehen, die vom Walker Art Center in Minneapolis ausge-hend durch Amerika tourt (The architecture of Frank Gehry 1986, deutsch: Frank Gehry und seine Architektur 1989).

483 | Wenige Jahre später, 1991, werden Gehry und Eisenman auf der fünften Archi-tekturbiennale in Venedig als die Vertreter der US-Architektur präsentiert, die ihre Diszi-plin am erfolgreichsten herausfordern und hinterfragen; der US-Pavillon wird von Philip Johnson kuratiert (Eisenman & Gehry 1991).

484 | Vgl. Anm. 498.

485 | Anfang 2000 beginnt Gehry das Design für ein neues Haus für sich und seine Frau (Colomina/Gehry, Gehry de la A, 2003, S. 24; Webb 2003, S. 35).

486 | VITRA DESIGN MUSEUM, 1987–1989, Weil am Rhein (Dal Co/Forster/Arnold 1998, S. 362-369; Mathewson 2006, S. 88-123; Strathaus 1989; Stock-Nieden 2005/6; Isenberg/Gehry 2009, S. 73f.; Friedman, Gehry talks, 1999, S. 94-109; Cecilia/Levene 2006, S. 74-85; Rolf Fehlbaum, Vitra 1999; Vitra Design Museum 1993).

487 | FISHDANCE RESTAURANT, 1986–1988, Kobe (Isenberg/Gehry 2009, S. 158f.; Dal Co/Forster/Arnold 1998, S. 326-335).

Stellung ein: Es fungiert als Programmerklärung, in der zentrale Punkte deutlich werden, die sich durch sein Werk ziehen.

Um sich dem Architekturverständnis des Baukünstlers anzunähern, werden im Folgenden daher zunächst die beiden in der New Yorker Ausstellung
präsentierten Projekte besprochen und ihre Besonderheiten herausgearbeitet.
Davon ausgehend werden im Anschluss charakteristische Facetten im Schaffen Gehrys erläutert. Zur Verdeutlichung bestimmter Punkte werden darüber hinaus weitere beispielhafte Entwürfe vergleichend herangezogen. Die
Ausführungen konzentrieren sich dabei auf die Periode zwischen 1977/78
und 1988, die für die New Yorker Ausstellung relevant ist. Die Entwicklungen
nach dieser Zeit werden in einer abschließenden Zusammenfassung in ihren
Grundzügen umrissen.

Neben den exemplarischen Entwürfen sind es vor allem Interviews mit
Gehry, die Einblick in das Denken des Architekten bieten. Eine der aktuellsten
Publikationen ist Barbara Isenbergs 2009 veröffentlichte und als „Oral History"
angelegte Gesprächsreihe,[488] während ein Interview mit Peter Arnell als sehr
frühe Quelle Aufschluss gibt über zentrale Denkansätze, die Gehrys Schaffen
motivieren.[489] Insgesamt ist der „Starchitect" umfangreich publiziert; da sich
die folgenden Ausführungen auf für die Fragestellung der vorliegenden Arbeit
relevante Aspekte konzentrieren, sei für darüber hinaus gehende Informationen zum Schaffen des Architekten auf die extensive Literatur verwiesen.[490]

3.1   Gehrys Ausstellungsbeiträge:
GEHRY HOUSE und FAMILIAN HOUSE

Den Ausstellungsbeiträgen von Gehry, GEHRY HOUSE und FAMILIAN HOUSE,
wird Platz an der Stirnseite der Museumsräume eingerichtet, an der Seite von
Eisenmans Präsentation. Beide Architekten bilden damit die „Spitze" der Aus-
stellung, auf die der Besucher zuläuft. Ein deutliches Übergewicht wird jedoch
Eisenmans Position eingeräumt, von Gehry wird überraschend wenig gezeigt:
Zu sehen lediglich zwei Modelle sowie zwei gerahmte Entwürfe an der Wand.

Der Hauptteil des Katalogs hingegen wird mit Gehrys Porträt eröffnet, das,
wie alle anderen Darstellungen, nur eine knappe Textseite umfasst; Wigley
hat hier den – neben dem Eisenman-Profil – umfangreichsten Begleittext ver-

---

488 | Isenberg/Gehry 2009. Es fällt auf, dass die DECONSTRUCTIVIST ARCHITECTURE
nicht angesprochen wird, obwohl die Interviews sehr umfangreich angelegt sind und
auch über Gehrys Kontakt zu Philip Johnson geredet wird (ebd., S. 155f.).
489 | Gehry/Arnell 1985.
490 | Einen Einstieg in Gehrys Schaffen bieten etwa Frank Gehry und seine Architektur
1989; Dal Co/Forster/Arnold 1998; Friedman, Gehry talks, 1999; Mathewson 2006.

fasst. Dabei entfällt der größere Textanteil auf GEHRY HOUSE, von dem auch mehr Abbildungen gezeigt werden. Allerdings werden keine Fotografien des realen Bauwerks präsentiert, obwohl es eines der wenigen ausgeführten Projekte in der Schau ist. Das Bildmaterial umfasst lediglich Modellansichten und Entwurfszeichnungen. Beide Entwürfe entstehen zu einer Zeit, in der der Architekt noch konventionelle Projekte betreut, während die experimentellen Ansätze als Nebenbeschäftigung erfolgen. Der Erfolg von GEHRY HOUSE markiert einen Wendepunkt, der Gehry darin bestätigt, neue Wege zu gehen. Es ist gewissermaßen sein „Labor"[491]: Hier wird die Arbeit mit neuen Formen und Materialien wie Wellblech, Sperrholz, Maschendraht und Holz erprobt.[492] In kaum einer Publikation über den Architekten fehlt daher die Nennung von GEHRY HOUSE. FAMILIAN HOUSE hingegen wird weniger häufig und ausführlich rezipiert.

Es wird nicht ganz deutlich, in welcher Reihenfolge die Projekte entstanden sind. Offiziell wird GEHRY HOUSE auf 1977/78 datiert, während FAMILIAN HOUSE mit 1978 angegeben wird.[493] Gehry selbst kommentiert aber auch, dass die Ideen für sein Haus *wohl im FAMILIAN HOUSE geboren [...]*[494] wurden. Daher liegt der Schluss nahe, dass beide Projekte parallel entstanden sind und sich gegenseitig beeinflusst haben.

GEHRY HOUSE

Nachdem die Gehrys 1977 einen durchschnittlichen Bungalow im „Dutch Colonial"-Stil in Santa Monica erworben haben, gestaltet der Architekt das zweigeschossige Gebäude nach seinen Vorstellungen um.[495] Der New Yorker Katalog führt drei Umbaustadien an, die im Laufe der Jahre von 1978 bis 1988 durchgeführt werden.[496] Tatsächlich ist das Projekt im eigentlichen Sinne nie abgeschlossen, Gehry nimmt immer wieder Veränderungen vor und passt es den Bedürfnissen der Familie an.[497]

---

491 | Isenberg/Gehry 2009, S. 65; Gehry/Arnell 1985, S. 14.

492 | Dal Co/Forster/Arnold 1998, S. 151.

493 | Während Chollet anführt, dass der Auftrag für das FAMILIAN HOUSE wenige Monate nach dem GEHRY HOUSE erfolgt sei (Chollet 2001, S. 47), datieren andere Publikationen beide Projekte auf 1977/78. Auch die Anordnung in Werklisten variiert. Beide Häuser entstehen zeitlich nah beieinander und weisen Elemente auf, mit denen sich Gehry in dieser Phase beschäftigt.

494 | Frank Gehry und seine Architektur 1989, S. 34.

495 | Im Interview mit Barbara Isenberg beschreibt Gehry die Arbeit rund um sein Haus plastisch (Isenberg/Gehry 2009, S. 64-69).

496 | Johnson/Wigley 1988, S. 22.

497 | Nach Wigley „zerbirst die Struktur der Rückwand" im zweiten Baustadium (1979), während sich im dritten Stadium (1988) der „Hinterhof mit Formen [füllt]" (Johnson/

Die grundlegende Gestaltung, die den Charakter von GEHRY HOUSE[498] entscheidend prägt, wird in der ersten Umbauphase 1977/78 geformt. Streng genommen handelt es sich dabei um einen An- und Ausbau, der sich L-fömig um
den Altbau legt. Vor der Nord- und Westfassade des Altbaus errichtet Gehry
eine Wand aus Wellblech, der entstehende Zwischenraum wird überdacht.[499]
Dadurch wird das Zwischenstück zwischen Bestand und neuer Außenwand
zum neuen Wohnraum. Das Dach schließt jedoch nicht in klassischer Weise
mit der Oberkante der Außenwände ab, sondern setzt tiefer an und bedeckt
nur das Erdgeschoss. Einem außenstehenden Betrachter bietet sich dadurch
ein Blick auf kulissenhaft wirkende Wellblechwände, die wie eine vorgesetzte
Außenhülle wirken. Die Fassade des alten Gebäudes bleibt an mehreren Stellen sichtbar. Diese Wände sind nur etwas höher als das Erdgeschoss, das Obergeschoss wird mit Maschendraht umgeben.

Es sei seine Absicht gewesen, so Gehry, *dass die Kombination beider Gebäude
das alte Haus bereichern würde, und dass das neue Haus in seiner Assoziation mit
dem alten auch reicher würde [...]*[500]. Die gewohnte Trennung von innen und
außen, von Schaufassade und benutztem Wohnraum wird aufgehoben. Der
Altbau selbst bleibt in seiner Bausubstanz unverändert. Dadurch entsteht ein
Spiel zwischen innen und außen: Die ehemalige Außenseite wird zum neuen
„Innen", bleibt aber deutlich als „Außen" erkennbar, da die alte pinkfarbene
Fassade sowie die Fenster erhalten bleiben. Auch die frühere Zufahrt aus As-
phalt wird unverändert als Boden in den neu gewonnenen Innenraum, in dem
Küche und Esszimmer untergebracht sind, integriert. Das Innere des Anbaus
wird stellenweise mit Rigipsplatten verkleidet, an anderen Stellen aber freigelegt, sodass die zugrunde liegende Holzkonstruktion sichtbar wird. Gelegentlich bleibt der Blick auf das alte Haus auch ganz frei. Insgesamt werden
an vielen Stellen Wände offengelegt oder bleiben unverputzt, Holzplatten sind
unverkleidet. Dadurch wird die kulissenhafte, provisorische Wirkung des Hauses noch intensiviert. Die Stärke von GEHRY HOUSE rührt daher, dass nicht
deutlich zu erkennen ist, welche Elemente beabsichtigt sind: *You were never*

Wigley 1988, S. 22). 1991 folgt eine weitere umfangreiche Umbauphase (ausführlicher
dazu Dal Co/Forster/Arnold 1998, S. 151-153).

498 | GEHRY HOUSE, 1977/78, Santa Monica (Johnson/Wigley 1988, S. 22-33; Dal
Co/Forster/Arnold 1998, S. 150-161; Frank Gehry und seine Architektur 1989, S. 34-
43; Rubino 1984, S. 130-136; Arnell/Bickford 1985, S. 134-145; Isenberg/Gehry
2009, S. 64-69).

499 | Ausführlichere Beschreibungen finden sich bei Haag Bletter 1989, S. 31-34; Ar-
nell/Bickford 1985, S. 134.

500 | Gehry zitiert nach Haag Bletter 1989, S. 32.

sure what was intentional and what wasn't. It looked in process. You weren't sure whether I meant it or not. There was something magical about the house.[501]

Die Wellblechwand wird von zwei verkippten Glaskuben durchbrochen, die zwischen alter und neuer Fassade eingekeilt sind. Sie unterbrechen die geschlossene Front und beleuchten die Innenräume mit natürlichem Licht. Deutlich ist die tragende Holzkonstruktion sichtbar. Ein Glaswürfel an der Längsseite erlaubt einen Blick aus der Küche nach draußen und ähnelt einem Wintergarten mit hohem Dach, der zweite Kubus sitzt auf einer Ecke des Gebäudes und belichtet das Esszimmer. Beide Glasflächen erstrecken sich über zwei Geschosse und geben den Blick auf die Zwischendecke frei. Eine ähnliche Vorgehensweise wird auch im Altbau eingesetzt: Im Obergeschoss wird die Decke entfernt, das Rahmenwerk freigelegt und der Raum mit dem Speicher zusammengeschlossen.

Wigley greift in seiner Darstellung diesen gestalterischen Aspekt auf und schreibt von Formen, die „[sich] aus dem Inneren heraus[winden]"[502]. Dadurch werde die Haut des alten Hauses beseitigt und die Struktur enthüllt. Die besondere Bedeutung von GEHRY HOUSE, so Wigley, „rührt von dem Gefühl her, daß die Anbauten [...] sich aus dem Inneren des Gebäudes entwickelt haben. Es scheint, als ob das Haus schon immer diese verzerrten Formen in sich getragen hätte." Damit wird ein formaler Maßstab angelegt, der nur aus einer bestimmten assoziativen Perspektive urteilt. Wiederholt ist die Rede von „widerstreitenden Strukturen", „verzerrten Formen" und „dem Konflikt innerhalb von Formen und dem Konflikt von Formen untereinander". Auch wenn damit eine emotionale Wirkung umschrieben wird, die sicherlich beim Betrachten des Hauses auftreten kann, ist dies als Grundlage für eine Beurteilung mit wissenschaftlichem Anspruch nicht ausreichend. Gehrys Interessen, die er bei diesem Projekt verfolgt hat, sowie die Bedeutung des Baus für sein Werk bleiben unberücksichtigt.

In der zeitgenössischen Architekturszene erfährt GEHRY HOUSE große Resonanz, es wird zum vielbeachteten Thema in den Fachmedien.[503] Zahlreiche renommierte Vertreter der Zunft, darunter auch Philip Johnson, reisen an, um das Gebäude zu sehen, Gehrys Name wird zum Begriff.[504] Allerdings ist es meist nur der spektakuläre Charakter des Hauses, der Aufmerksamkeit erregt,

---

501 | Gehry 1999, S. 57, Zitat ebd.; Isenberg/Gehry 2009, S. 67f.

502 | Johnson/Wigley 1988, S. 22, folgende Zitate ebd.

503 | Mathewson 2006, S. 29. Die Reaktionen der unmittelbaren Nachbarschaft auf das ungewohnt gestaltete Gebäude sind verhalten, zu herkömmlich und der Mittelklasse-Wohngegend unangepasst erscheinen die Materialien, wie etwa Haag Bletter schildert (Haag Bletter 1989, S. 31f.; Chollet 2001, S. 44).

504 | Chollet 2001, S. 44.

während Gehrys eigentliche Ziele und Absichten nicht kommentiert werden, wie er selbst anmerkt.[505]

FAMILIAN HOUSE

Der nicht realisierte Entwurf eines Einfamilienhauses für die Familie Familian, ebenfalls in Santa Monica, wird für ein schmales, nach hinten steil abfallendes Grundstück entwickelt und reagiert auf komplexe Anforderungen des Auftraggebers nach repräsentativen und privaten Räumlichkeiten gleichermaßen.[506] Gehry löst dies, indem er das FAMILIAN HOUSE[507] in zwei voneinander getrennte Baukörper teilt: einen Kubus und ein längliches Volumen, die sich fast nicht berühren und nur an zwei Stellen durch Brücken verbunden sind. Während die privaten Wohnräume im Riegel vorgesehen sind, werden die öffentlichen Funktionen im Kubus untergebracht, in dem sich ein großer Raum für Versammlungen sowie weitere Wohnräume befinden. Der Innenraum ist stützenfrei, die statischen Lasten werden auf die Außenwände abgeleitet. An der Ecke kragt ein Vorsprung aus dem Kubus heraus, der von dünnen, „mikadoartigen" Stützen getragen wird. Ein verkippter Tageslichtmonitor ist in die Decke eingelassen, aus der er schräg hervorragt.[508]

Wigley beobachtet hier einen „inneren Konflikt": „Innerhalb des Kubus dreht und windet sich ein zweiter. Als Ergebnis dieses inneren Konflikts zerbricht der kleinere Kubus im größeren, seine Unterseite wird als Fußboden innerhalb des größeren Würfels beibehalten, während sich der Rest durch das Dach windet und nach hinten kippt."[509] Aus dem Entwurfsmodell und den Zeichnungen ist diese beschriebene dynamische Qualität jedoch nicht als vorrangiger Teil des Entwurfsvorgangs herauszulesen. Vielmehr bezeichnet Gehry das FAMILIAN HOUSE als *Versuch, einen einfachen Container noch einfacher zu gestalten, indem man ihn mit Hilfe von Fenstern aus rohen Balken, Nagelrahmen [...] anschnitt*[510]. Wigleys Darstellung stützt sich somit zwar auf durchaus naheliegende optische Assoziationen, die jedoch deutlich der Blickrichtung des Katalogs geschuldet sind. Gehrys Bauabsichten werden auch hier nicht kommentiert.

---

505 | Gehry/Arnell 1985, S. 16; Forster 1998, S. 15; vgl. dazu die folgenden Ausführungen in Kapitel 3.2.

506 | Dal Co/Forster/Arnold 1998, S. 178; Rubino 1984, S. 121.

507 | FAMILIAN HOUSE, 1978, Santa Monica (Johnson/Wigley 1988, S. 22–33; Dal Co/Forster/Arnold 1998, S. 178f.; Frank Gehry und seine Architektur 1989, S. 56f.; Rubino 1984, S. 121; Arnell/Bickford 1985, S. 128–133).

508 | Dal Co/Forster/Arnold 1998, S. 178.

509 | Johnson/Wigley 1988, S. 22.

510 | Frank Gehry und seine Architektur 1989, S. 56.

Wie bei GEHRY HOUSE ist auch in diesem Entwurf an zahlreichen Stellen die zugrunde liegende Holzkonstruktion sichtbar, nur ein Teil der Wände beider Volumen wird weiß verputzt. Die Fensteröffnungen sind in die Fassade eingelassen, aber nicht in die tragende Wandstruktur aus Holz.[511] Die Holzbalken bleiben in den Fensterausschnitten sichtbar. Der Verputz wirkt wie eine Haut, die über das innere Trageskelett gezogen ist und Durchblicke zulässt, wie Wigley schreibt: „Die reine, weiße, modernistische Haut reißt und schält sich und legt dadurch einen unerwartet verzogenen Holzrahmen frei."[512] Dieser ist im Modell allerdings nicht verzogen, sondern lediglich sichtbar, soweit sich dies anhand der Fotografien beurteilen lässt. Beim länglichen Volumen kommt dies noch deutlicher zum Einsatz. „Das innere Volumen des Barren ist nicht gestört", so Wigley, stattdessen liege „[d]ie ganze Spannung [...] in den Wänden, die das Volumen definieren". Insgesamt erweckt das FAMILIAN HOUSE durch seine Gestaltung einen skizzenhaften, unfertigen Eindruck.

Bei beiden Projekten ist Wigleys Beschreibung zwar formal treffend, beschränkt sich allerdings, wie es bei allen Entwürfen zu beobachten sein wird, auf eine persönliche Reaktion auf die Wirkung der Modelle. Gehrys Absichten und Ideen, die ihn motivieren und die er vor allem zum GEHRY HOUSE mehrfach formuliert, bleiben unberücksichtigt.[513] Es erfolgt keine Einordnung in das Denken des Architekten, die beiden Projekte werden nicht in ihrer Bedeutung für Gehrys Weiterentwicklung reflektiert, obwohl an beiden Aspekte deutlich werden, die sein Schaffen in den ausgehenden 1970er- und den frühen 1980er-Jahren charakterisieren und sein Verständnis von Architektur wesentlich fundieren.

3.2   Gehrys Architekturverständnis: Vom Materialienexperiment zur Raum-Collage

Gehry formuliert seine Gestaltungsintentionen und sein Architekturverständnis nicht programmatisch. Daher ist die Annäherung an sein Schaffen über die Entwürfe zentral. In Auseinandersetzung mit den Projekten lässt sich das Zusammenspiel der unterschiedlichen Facetten seines Werks analysieren. Diese werden im Folgenden am Beispiel der in der New Yorker Ausstellung präsentierten Entwürfe herausgearbeitet und ergänzend an anderen ausgewählten Beispielen vertieft.

---

511 | Dal Co/Forster/Arnold 1998, S. 178.

512 | Johnson/Wigley 1988, S. 22, folgendes Zitat ebd.

513 | Für eine Bewertung sind diese zwar kein alleiniger Maßstab, sie sollten jedoch zumindest zur Kenntnis genommen werden und in die Urteilsbildung miteinfließen.

Insbesondere GEHRY HOUSE kommt eine paradigmatische Stellung zu, weil es einen bedeutsamen Wendepunkt markiert, während das Entwurf gebliebene FAMILIAN HOUSE exemplarisch den Entwicklungsfortschritt des Architekten illustriert. Vor allem bei der Gestaltung von GEHRY HOUSE fallen die für den Wohnungsbau ungewöhnlichen Materialien auf, die der Architekt einsetzt. Zwar sind Wellblech, Spanbretter und Maschendraht in Los Angeles alltägliche Materialien, man kennt sie jedoch nur für Zweck-, nicht für Wohnbauten. Zusammen mit den deutlich sichtbaren Holzkonstruktionen, die auch bei FAMILIAN HOUSE nicht oder nur teilweise verkleidet werden, entsteht eine Optik, die die Gebäude unvollendet wirken lässt.

Als in den 1980er-Jahren Gehrys Bekanntheit stark ansteigt, verschiebt sich seine Aufmerksamkeit zu einem anderen Schwerpunkt. Er beschäftigt sich weniger mit dem Sichtbarmachen der Baustruktur und des Materials sowie des Bauprozesses, sondern arbeitet mit Einzelvolumen, die zu einem Bauensemble zusammengefügt werden. Dies zeichnet sich bereits in GEHRY HOUSE mit seiner Kombination von Alt- und Neubau ab und wird vor allem in FAMILIAN HOUSE deutlich.

Der Einsatz von Alltagsmaterialien: Prozesshafte Bauten

Der Effekt des Unvollendeten, des sich im Bau Befindenden der frühen Entwürfe ergibt sich nicht zufällig, sondern wird von Gehry bewusst angestrebt. Der Architekt experimentiert mit dem Einsatz alltäglicher Materialien, um diese Wirkung zu erzielen. Dieses Gestaltungsbestreben entspringt seiner Beobachtung, dass „unfertige" Häuser besser aussähen als fertiggestellte.[514] Diesen Eindruck wolle er auch in seinen Entwürfen erreichen, wie er im Gespräch mit Peter Arnell angibt: *[...] how could a building be made to look like it's in process? [...] That's what led me to explore opening up the structure and using the raw wood techniques and developing buildings that look like they just happened.*[515] Sein eigenes Haus bietet ihm für dieses Experiment ideale Arbeitsbedingungen.[516] Im Laufe der Jahre wird das Gebäude immer wieder verändert und den Bedürfnissen der Bewohner angepasst, es ist in diesem Sinn nie vollendet.[517] Aber auch in anderen Entwürfen aus dieser Zeit, etwa FAMILIAN HOUSE, setzt Gehry ähnliche Formenlösungen ein. Nicht die Zerstörung von Formen, die

---

514 | Gehry/Arnell 1985, S. 13.

515 | Gehry/Arnell 1985, S. 13f.

516 | Im Gespräch mit Isenberg bezeichnet Gehry seine Frau als *wunderbare Klientin* (Isenberg/Gehry 2009, S. 9, Übers. d. Verf.).

517 | Interessanterweise sagt Gehry selbst, dass das Haus mit zunehmenden Umbauten seine Schärfe verloren habe und nicht mehr so gut wie das alte sei: *The new house is every bit as comfortable as the old one, more comfortable. But it lost that edge* (Gehry 1999, S. 57).

der Großteil der Kritiker, wie die New Yorker Kuratoren, mit diesen Projekten assoziieren, steht hinter dem Versuch, eine Optik des Unfertigen zu erreichen, sondern das Interesse am Prozesshaften, im Entstehen Begriffenen.

Darüber hinaus kommt in den im MoMA gezeigten Entwürfen auch Gehrys Anspruch an soziales Bauen und Entwerfen zum Ausdruck, ein weiterer Aspekt, der seine Gestaltungsweise beeinflusst. Schon zu Beginn seiner Karriere als Architekt habe er sich für das Studium der Stadtplanung, nicht der Architektur, entschieden, da hier die Möglichkeiten, gestalterisch Einfluss zu nehmen, vielversprechender schienen, so kommentiert Gehry und merkt an, dass er *this socialistic or liberal attitude about people and politics* habe.[518] In diesem Sinn experimentiert er in frühen Entwürfen auch mit günstigen Materialien wie Karton und Maschendraht, die zu jener Zeit zwar aus dem Alltag bekannt, im Design- und Architekturkontext jedoch unüblich sind. Die entworfenen Objekte sind dadurch preiswert zu produzieren.[519] Diese Offenheit und Experimentierfreude beim Einsatz von unterschiedlichsten, oft untypischen Materialien ist charakteristisch für Gehrys Arbeit. Es sind aber, neben dem Aspekt der Kostengünstigkeit, in erster Linie die ästhetischen Eigenschaften dieser Werkstoffe, die ihn interessieren.[520]

Einen maßgeblichen Einfluss auf diese Experimente mit dem Einsatz von Alltagsmaterialien übt Gehrys persönliches Umfeld aus, unter dem sich, wie in kaum einer Publikation unerwähnt bleibt, zahlreiche Künstler befinden. Aus

---

518 | Gehry/Arnell 1985, S. 14, Zitat ebd. Über Gehrys Werdegang und insbesondere über die Einflüsse seiner persönlichen Biografie, dem jüdischen Familienhintergrund sowie der Verlagerung des Lebensmittelpunktes von Kanada nach Kalifornien in Gehrys Teenagerzeit wird viel geschrieben; vor allem Hines bietet schon früh eine konzentrierte Darstellung der Biografie Gehrys (Hines 1989, S. 10–24). Der Architekt unterstützt selbst immer wieder Deutungsansätze, die seine Architektur und seinen Lebenslauf „mythologisieren" (Sorkin 1999, S. 35, Übers. d. Verf.; Forster 1998, S. 13–15). Im Gespräch mit Isenberg berichtet er ausführlich über seinen familiären Hintergrund und die verschiedenen Stufen seiner Ausbildung (Isenberg/Gehry 2009, S. 13–53).

519 | Frank Gehry und seine Architektur 1989, S. 176, 186; Friedman, Reluctant master, 1999, S. 11; Viladas 1989, S. 160; Arnell/Bickford 1985, S. 64–69. Es ist bezeichnend, dass Gehry seinen ersten landesweiten Erfolg in den 1970er-Jahren als Designer mit innovativen Möbeln aus Wellpappe hat: Seine Designentwürfe reichen von der ersten Reihe dieser EASY EDGES genannten Stühle über die experimentelleren EXPERIMENTAL EDGES hin zu biomorphen Lampen und Schmuck (Giovannini 1989; Arnell/Bickford 1985, S. 160–163; Isenberg/Gehry 2009, S. 188–195).

520 | Frank Gehry und seine Architektur 1989, S. 21, 71; Friedman, Reluctant master, 1999, S. 11; Zaera Polo 2006, S. 47. Mit steigenden Budgets werden auch die verwendeten Materialien „vielfältiger und esoterischer", wie Friedman notiert (Friedman, Reluctant master, 1999, S. 12, Zitat ebd., Übers. d. Verf.).

diesen Freundschaften schöpft er gestalterische Inspiration: *Meine Künstler-freunde wie Jasper Johns, Bob Rauschenberg, Ed Kienholz and[!] Claes Oldenburg arbeiteten mit ganz billigen Materialien – gebrochenes Holz und Papier – und sie schufen Schönheit.*[521] Dies habe er auf die Architektur übertragen wollen, um zu zeigen, dass etwa auch Maschendrahtzaun ein positives Design-Element sein könne, so Gehry.[522] Es habe ihn gereizt, mit Materialien zu arbeiten, die zwar überall vorkommen, deren bewusster und absichtsvoller Einsatz jedoch abgelehnt wird.[523] Er setzt sich intensiv mit ihnen auseinander und erforscht ihre Eigenschaften, um sie in oft unerwarteten Bezügen und Kontexten einzu-setzen.[524] Wiederum ist es vor allem die visuelle Qualität eines Materials, die Gehry interessiert.

Zudem reizt den Architekten die Expressivität der Malerei, wie sie etwa in der Arbeit von Jackson Pollock zu finden ist: *Ich interessierte mich für die Unmittelbarkeit der rohen Balken, bevor sie überdeckt wurden. Sie glichen Gemäl-den, sahen aus wie ein Pinselstrich, der gerade eben entstand. Wie kann man aber diese Eigenschaft auf ein Gebäude übertragen?*[525] Er wolle diese Expressivität und die kompositorischen Ansätze der Malerei auch in Bauten erforschen, äußert Gehry im Gespräch mit Arnell.[526]

Es sind jedoch nicht die zeitgenössischen Positionen allein, sondern die Beschäftigung mit bildender Kunst im Allgemeinen, die die Arbeit des Ar-chitekten prägt. Er selbst weist auf die Bedeutung klassischer Werke für sein Schaffen hin und beschreibt etwa die Auseinandersetzung mit Gemälden von Giotto über Bellini bis Morandi oder mit Skulpturen von Sluter[527]. Weiter macht er deutlich: *I think my ideas are derived more from painting than sculpture. But I'm all over the place.*[528]

---

521 | Gehry zitiert nach Mathewson 2006, S. 21; Friedman, Reluctant master, 1999, S. 13f.; Sorkin 1999, S. 36; Gehry 1999, S. 45; Friedman 1989, S. 89; Zaera Polo/Gehry 2006, S. 14–17; Filler 2007, S. 171f., 185f.

522 | Frank Gehry und seine Architektur 1989, S. 49; Friedman, Reluctant master, 1999, S. 11; Gehry 1999, S. 49.

523 | Frank Gehry und seine Architektur 1989, S. 50f.; Zaera Polo/Gehry 2006, S. 21–24.

524 | Friedman 1989, S. 87.

525 | Frank Gehry und seine Architektur 1989, S. 56.

526 | Gehry/Arnell 1985, S. 13f.

527 | Insbesondere der dynamische Aufbau von Sluters Skulpturen aus mehreren vor einer zentralen Figur angeordneten Einheiten – Gehry nennt es die *Madonna-and-Child-Strategy* – und der raffinierte Faltenwurf habe ihn beeinflusst (Gehry 1999, S. 44, Zitat ebd.; Friedman, Reluctant master, 1999, S. 14; Isenberg/Gehry 2009, S. 143f., 160–162. Für Überlegungen zum Einfluss des Faltenwurfs auf Gehry vgl. Lavin 2003).

528 | Gehry 1999, S. 44.

Der große Einfluss der bildenden Kunst[529] schlägt sich auch in Gehrys Arbeitsweise nieder, die häufig mehr Ähnlichkeiten mit künstlerischer Arbeit denn mit der klassischen Vorgehensweise eines Architekten hat.[530] Nicht umsonst wird Gehry oft als Künstler bezeichnet, was er jedoch nachdrücklich verneint. Vielmehr betont er stets, als Architekt funktionale Projekte für Auftraggeber auszuführen.[531] Die Besonderheiten seiner Entwurfspraxis werden im Anschluss erläutert.

Festzuhalten ist an dieser Stelle, dass sich Gehry der klassischen wie der zeitgenössischen Kunst weniger als historischem Vorbild oder aufgrund ihrer inhaltlichen Ansätze verpflichtet fühlt. Vielmehr sind es die formal-ästhetischen Eigenschaften, die dynamischen, ausdrucksstarken Formen, die seine Aufmerksamkeit auf sich ziehen. Der Architekt selbst beschreibt seine Arbeitsweise als ein Aufsaugen von Einflüssen und Inspirationen aller Art, die er intuitiv adaptiert, weiterentwickelt und verarbeitet: *I get to know it. I assimilate it, and then it comes out some other way – translated.*[532]

In diesem Sinne lässt sich auch keine gezielte Auseinandersetzung mit dem russischen Konstruktivismus oder eine nachweisbare Beeinflussung da-

---

529 | Erwähnung verdient auch die Tatsache, dass Gehry zahlreiche Ausstellungsdesigns und Bühnenbilder entwickelt hat (eine ausführliche Beschreibung ausgewählter Beispiele bieten Friedman 1989, S. 87–108; Gehry/Isenberg 2009, S. 99–104; Friedman, Reluctant master, 1999, S. 14). Unter anderem hat er 1980 die Ausstellung „The Avant-Garde in Russia, 1910–1930" im Los Angeles County Museum of Art gestaltet (vgl. Friedman 1989, S. 90–96; Arnell/Bickford 1985, S. 178–181; Dal Co/Forster/Arnold 1998, S. 216).

530 | Darüber hinaus haben diese Künstler-Freundschaften auch praktische Bedeutung für den Architekten, denn viele frühe Bauaufträge sind Arbeiten für Künstler, etwa der Bau von Studios für Ron Davis (DAVIS STUDIO, vgl. Anm. 547) und Lou Danziger (DANZIGER STUDIO, 1964, Hollywood (Gehry und seine Architektur 1989, S. 185; Arnell/Bickford 1985, S. 30–33; Isenberg/Gehry 2009, S. 50f.)), aber auch die WOSK RESIDENCE, 1982–1984, Beverly Hills (Gehry und seine Architektur 1989, S. 180f.; Viladas 1989, S. 180; Arnell/Bickford 1985, S. 252–255; Arnell/Bickford 1985, S. 252–255) und das NORTON HOUSE, 1983–1984, Venice (Gehry und seine Architektur 1989, S. 176–179; Viladas 1989, S. 176–180; Arnell/Bickford 1985, S. 260–263; Dal Co/Forster/Arnold 1998, S. 250–254). Zudem kooperiert Gehry mit verschiedenen Künstlern (Gehry/Arnell 1985 S. 17f.; Friedman 1989, S. 101–108; Friedman, Reluctant master, 1999, S. 13f.; Haag Bletter 1989, S. 47; Strathaus 1989, S. 208). Heraus sticht hier vor allem die Zusammenarbeit mit Claes Oldenburg und Coosje van Bruggen, die Mitte der 1980er-Jahre beginnt (darüber ausführlich van Bruggen 1989, S. 123–141).

531 | Gehry/Arnell 1985, S. 15; Friedman 1989, S. 87; Isenberg/Gehry 2009, S. 150f.

532 | Gehry 1999, S. 45; vgl. auch Gehry 1999, S. 49; Haag Bletter 1988, S. 46; Isenberg/Gehry 2009, S. 120, 143, 270f.

von als Ausgangspunkt seiner Arbeitsweise finden, wie der New Yorker Ausstellungskatalog argumentiert. Eine solche würde Gehrys Vorgehen nicht entsprechen. Zwar ist der Architekt durch die Gestaltung der Ausstellung „The Avant-Garde in Russia, 1910–1930"[533] mit den russischen Konstruktivisten vertraut und erkennt durchaus starke „„Resonanzen' zwischen diesen russischen Pionieren und sich selbst"[534], dennoch knüpft er weder bewusst an deren Ideen an, noch übt eine andere formale Strömung ausschließlichen Einfluss auf ihn aus. Ebenso wenig wie etwa die Ideen der Pop-Art per se Movens seiner Arbeit sind – Gehry weist selbst darauf hin, hier häufig missverstanden worden zu sein[535] –, sind es die Ansätze der russischen Avantgardisten.

Sein Ziel ist die Suche nach neuen, expressiven Formen, ohne sich von tradierten Rahmenvorstellungen einschränken zu lassen: *Ich versuche mich und die anderen Mitglieder meiner Firma von der Bürde der Kultur zu befreien, und suche nach neuen Wegen, einem neuen Werkansatz. Ich möchte offen bleiben. Es gibt dabei keine Regeln, kein richtig oder falsch.*[536] Daher überrascht es wenig, dass der Baukünstler vor allem in der Kunst Inspiration findet, in der eine freiere Herangehensweise und offene Gestaltungsansätze vorherrschen, statt in der zweckorientierten Baulehre.

Kritik an der konventionellen Architekturformensprache

In der Tat schöpft der Architekt mehr Inspiration aus der Kunst und dem Austausch mit Künstler-Kontakten als aus der Auseinandersetzung mit der konventionellen Architekturgeschichte, seine Entwürfe orientieren sich nicht an traditionellen Formensprachen.[537] Ausgangspunkt seiner Arbeit ist das genannte Suchen nach neuen formalen Ausdrucksweisen jenseits der in Gehrys Augen leblosen Formen des strengen funktionalen Architekturkanons des Modernismus der Nachkriegszeit, aber auch abseits der rückwärtsgewandten

---

533 | Vgl. Anm. 529. Ein Großteil der in dieser Ausstellung gezeigten Arbeiten war zu jener Zeit in den USA nahezu unbekannt (Friedman 1989, S. 90–96).

534 | Friedman 1989, S. 96, Zitat ebd.; Haag Bletter 1989, S. 29.

535 | Gehry 1999, S. 49; Gehry/Arnell 1985, S. 16.

536 | Gehry zitiert nach Haag Bletter 1988, S. 25.

537 | Dies bedeutet keineswegs, dass sich Gehry nicht mit der Architekturgeschichte auseinandergesetzt hat. Gerade am Anfang seiner Arbeit als Architekt in den 1950er-Jahren beeinflussen ihn kalifornische Moderne wie Frank Lloyd Wright, Richard Neutra und Raphael Soriano (Friedman, Reluctant master, 1999, S. 13; Isenberg/Gehry 2009, S. 22-27). Während seines Aufenthalts in Europa in den frühen 1960er-Jahren entdeckt er die Romanik und Le Corbusier für sich (Gehry 1999, S. 43; Isenberg/Gehry 2009, S. 43-45, 55). Die Inspiration erfolgt jedoch mehr in der beschriebenen Weise des „Assimilierens", weniger in einer Aufnahme und Weiterführung bestimmter Formenvorbilder als solcher.

Postmoderne, die klassische Ordnungen nur wiederholt, ohne sie weiterzuentwickeln.[538] Hat er schon in der Zeit seiner Prägung, in den 1950er- und 1960er-Jahren, das Dogma des „Form follows function" abgelehnt und sich auf die Suche nach Formen jenseits des reinen Funktionalismus gemacht,[539] wendet er sich in den 1970er- und 1980er-Jahren auch gegen den postmodernen Historismus: *Ich war auch etwas ärgerlich über die Postmoderne, dem wortgetreuen Gebrauch und dem Kopieren historischer Details, historischer Elemente.*[540] Deutlich äußert er sich gegen Rückwärtsgewandtheit und statische Wiederholung von traditionellem Formenvokabular: *[Y]ou can't redo old ideas. The only way to gain is to go forward and not look back. You can learn from the past, but you can't continue to be in the past.*[541]

Dennoch ist Gehry mit kritischeren Äußerungen an der zeitgenössischen Architektur sparsam, seine Haltung kommt vor allem indirekt zum Ausdruck und erschließt sich durch seine Arbeit. Insbesondere im Theaterstück Il Corso del Coltello, das Gehry 1985 mit Claes Oldenburg und Coosje van Bruggen in Venedig aufführt,[542] wird seine Kritik deutlich. In Ermangelung anderer Texte könne seine Performance darin gar, so Dal Co, als Manifest gewertet werden.[543] Das Stück inszeniert das Dilemma der Kunst in einer Stadt, die in der Vergangenheit erstarrt zu sein scheint, deren Interesse sich nur auf die historischen Bauten richtet, sodass nichts Neues entstehen kann.[544] Dadurch werden jedoch die traditionellen Ideale und Werte, die isoliert und ohne Bezug zum aktuellen Kontext stehen, in ihrer Substanz untergraben und hohl. Gehry tritt als Frankie P. Toronto in einem selbstentworfenen „Architektur-Narrenkostüm" auf und parodiert das klassische Formenvokabular, indem er in einer Live-

---

538 | Auch die sieben Architekten verfolgen ein vereinfachtes Verständnis von der Postmoderne mit historisierenden, eklektischen Tendenzen (vgl. Anm. 441). Auf diese sogenannte „Pseudo-Postmoderne" (Welsch 2002, S. 81) beziehen sich die Verweise auf die Postmoderne in den folgenden Kapiteln.

539 | Sorkin 1999, S. 37; Mathewson 2006, S. 20.

540 | Frank Gehry und seine Architektur 1989, S. 112, Zitat ebd.; Isenberg/Gehry 2009, S. 127. Allerdings zitiert Gehry in den frühen 1980er-Jahren auch selbst gelegentlich aus der Architekturgeschichte, etwa bei der Loyola Law School (vgl. Anm. 581); hier handelt es sich jedoch, wie Viladas aufzeigt, mehr um ein Arbeiten mit architektonischen Formen-Archetypen, nicht um ein konkretes stilistisches Zitat (Viladas 1989, S. 169, 176; vgl. auch Friedman 1989, S. 87; Haag Bletter 1989, S. 41).

541 | Gehry zitiert nach Friedman, Reluctant master, 1999, S. 12.

542 | Celant 1986.

543 | Dal Co 1998, S. 41.

544 | Für eine konzentrierte Beschreibung des Theaterstücks vgl. Forster 1998, S. 10–13; van Bruggen 1989, S. 129–133.

Projektion klassische venezianische Fassaden mit seinen charakteristischen *Scribbles* überzeichnet.

An dieser Stelle ist festzuhalten, dass Gehry trotz seiner Ablehnung der Postmoderne, die er mit den anderen in New York ausgestellten Architekten teilt, nicht, wie etwa Hadid und Koolhaas, an den Ideen der frühen Moderne anknüpft. Auch entwickelt er, anders als Eisenman, Libeskind oder Tschumi, keine Architekturtheorie, auf der er sein Schaffen fundiert. Gehrys Arbeiten sind keine Meta-Ebenen eingeschrieben.[545] Vielmehr betont er, keine weitergehenden theoretischen Ziele zu verfolgen: *I wasn't trying to make a big or precious statement about architecture or trying to do an important work: I was trying to build a lot of ideas.*[546]

In GEHRY HOUSE führt Gehry die kritische Auseinandersetzung mit der Formentradition zu einem ersten Höhepunkt. Die konventionelle „Wohnkiste" wird hinterfragt und an ihre Grenzen gebracht. Durch die materialsichtigen, gegeneinander verkippten Wandelemente kommt Bewegung in die „leblose" funktionalistische Box: Die Wände als Raumbegrenzungen werden durchbrochen, man sieht das Innenhaus durch das Außenhaus hindurch. Stellenweise werden die Wände aufgelöst, indem etwa eine Außenwand durch den Einsatz von Maschendrahtzaun auf ihr Minimum reduziert wird. Hat Gehry in früheren Entwürfen, etwa dem DAVIS STUDIO[547], noch mit der – schrittweise stärker werdenden – Verzerrung von Formen gearbeitet, so werden sie in GEHRY HOUSE ganz aufgebrochen. Dieses neuartige Vorgehen provoziert vielfältige Reaktionen. Haag Bletter etwa erkennt gar subversives Potenzial und sieht den Zaun als „transparente[] Schutzmauer[]"[548]. Sorkin umschreibt Gehrys Arbeit mit einem Nachspüren nach der „Essenz" eines Hauses: „Wie viel kann entfernt und umgeformt werden, bevor das Haus verschwindet."[549]

Diese Arbeitsweise hat Züge, die durchaus an eine de-kon-struktive Arbeitsweise erinnern, obwohl Gehry zu keiner Zeit eine bewusste Auseinandersetzung mit einer solchen Theorie beabsichtigt oder gar formuliert hat: Die konventionellen Bauformen werden auf ihre Grundbestandteile reduziert,

---

545 | Sorkin 1999, S. 29.

546 | Gehry zitiert nach Arnell/Bickford 1985, S. 134.

547 | Das DAVIS STUDIO, 1970–1972, Malibu, ein Atelier und Wohnraum für Ron Davis, Künstler und Freund Gehrys, basiert auf einer trapezoidalen Raumform, die Verzerrungen, wie sie von der perspektivischen Wahrnehmung von Rechtecken bekannt sind, als gestalterische Grundlage hat (vgl. Haag Bletter 1989, S. 26–28; Arnell/Bickford 1985, S. 58–63). Gehry selbst betont zudem die Absicht, *das Gebäude selbst als Skulptur* zu behandeln (Frank Gehry und seine Architektur 1989, S. 26, Zitat ebd.).

548 | Haag Bletter 1989, S. 31.

549 | Sorkin 1999, S. 37, Übers. d. Verf.

um dann „reanimiert" zu werden.[550] Auch die verwendeten Materialien, die im hochwertigen Bauen bislang nicht eingesetzt wurden, sind keine neuen, sondern bekannte Werkstoffe, die lediglich in einem anderen Kontext genutzt werden, um, so Sorkin, „etwas Neues aus dem Altbekannten zu machen"[551]. Gehry arbeitet mit dem Kontext, den er vorfindet, und erarbeitet daraus neue Gestaltungsweisen.[552] Gerade bei den frühen Projekten wie GEHRY HOUSE oder FAMILIAN HOUSE setzt er dies in einer Optik um, die äußerlich destruiert wirkt.

Problematisch wird diese formale De-Kon-Struktion dadurch, dass die Wahrnehmung dieser Werkphase Gehrys reduziert wird auf Assoziationen der Zerstörung und des Zerlegens, wie sie nicht der Intention des Architekten entsprechen. Dies wird zudem auch daran sichtbar, dass sich Gehrys Formen-sprache in den 1980er-Jahren weiterentwickelt, weg von der prozesshaften Op-tik, während sich seine grundlegenden Gestaltungsabsichten jedoch weiterhin durch sein Schaffen ziehen. Das Formenexperiment ist bedeutsam, jedoch nicht in seinen konkreten formalen Lösungen per se.

Darüber hinaus ist es Gehry wichtig, einen flexiblen, offenen Raum zu entwerfen. Der Innenraum soll von den künftigen Benutzern selbst definiert werden.[553] So wird GEHRY HOUSE im Laufe der Zeit den Bedürfnissen seiner Bewohner entsprechend immer wieder umgestaltet, auch wenn dadurch die „Magie"[554] des ursprünglichen Entwurfs verloren geht. Das Prozesshafte steckt damit auch in den Entwürfen selbst: Gehry will keine „endgültigen", perfekten Bauten entwerfen, sondern flexible, die Raum für Möglichkeiten lassen und offen sind in ihrer Funktionalität. Er verfolgt eine andere Arbeitsweise, als sie die meisten Architekten pflegen.[555] Dieser Ansatz der bewussten Integration und Offenheit für Mögliches ist es, der Analogien mit dem Denken der De-konstruktion sowie mit den Ansätzen postmoderner Philosophien allgemein aufweist.

Nachdem Gehrys Auseinandersetzung mit der traditionellen „Wohnbox" und seine Experimente mit neuen, expressiven Formen in GEHRY HOUSE einen ersten Höhepunkt erreicht haben, wendet sich der Architekt Aspekten zu, die im bisherigen Schaffen schon angelegt sind und jetzt verstärkt verfolgt werden. Neben der Arbeit mit einer „Collage" aus Einzelräumen spielt auch die Figura-tion eine zunehmend größere Rolle. Bevor der Blick auf diese Weiterentwick-

---

550 | In diesem Sinn umschreibt Jencks schon 1985 Gehrys Arbeitsweise dieser Zeit mit Bezug auf die Dekonstruktion (Jencks 1990, S. 193–201).

551 | Sorkin 1999, S. 37, Übers. d. Verf.

552 | Forster 1998, S. 9.

553 | Haag Bletter 1989, S. 40; Forster 1998, S. 15.

554 | Gehry 1999, S. 57; Isenberg/Gehry 2009, S. 68f.

555 | Forster 1998, S. 15f.

lung von Gehrys Entwurfsgestaltung gerichtet wird, ist ein weiterer zentraler Aspekt seines Schaffens zu beleuchten, der bislang noch nicht zur Sprache gekommen ist: der Einfluss der kalifornischen Kultur auf Gehrys Werk.

Bauen im Junkyard von L. A.: Reaktion auf die kalifornische Alltagskultur

Neben der Auseinandersetzung mit der bildenden Kunst ist es die kalifornische Kultur, die städtische Umgebung in seiner Wahlheimat Los Angeles, die Gehry maßgeblich beeinflusst.[556] Im Gespräch mit Isenberg kommentiert er, dass er ohne den Umzug nach Los Angeles kaum der Architekt geworden wäre, der er heute ist.[557] So reflektieren die verwendeten Materialien wie Maschendraht und Sperrholz den städtischen Kontext, auch wenn sie verfremdet und in ungewohnten baulichen Zusammenhängen eingesetzt werden. Im CABRILLO MARINE MUSEUM[558] etwa, das als ehemaliges Parkplatzgelände von Drahtzaun umgeben ist, integriert der Architekt bewusst diesen umgebenden Kontext, indem er das dominierende Element, den Zaun, herausgreift und ihn zur Verbindung zwischen Gebäude und Umfeld macht. Gehry selbst bezeichnet dies als Arbeit mit Materialien aus einem *urban junkyard*[559] von unterschiedlichen Stilen; Kritiker hingegen halten ihm eben dies vor.[560] Genau besehen hängen die beiden zentralen Inspirationen, die kalifornische Kultur ebenso wie die Arbeit der zeitgenössischen Pop-Art-Künstler der 1970er-Jahre, eng zusammen: Wie diese reagiert auch Gehry auf urbane Besonderheiten der Massenkultur.[561] Der Einfluss der Künstlerkollegen erweist sich somit letztlich fundiert in deren Reaktion auf die kulturelle Umgebung.

Darüber hinaus reagieren Gehrys Entwürfe auch auf die Schnelllebigkeit, die Künstlichkeit und Oberflächlichkeit des kalifornischen „Way of Life", den er schon 1985 als *made up of fast food and advertising and throw-aways and running for airplanes and catching cabs – frenetic*[562] umschreibt. So sind seine frühen Projekte wie das GEHRY HOUSE keine oberflächlich schönen, perfekten Bau-

---

556 | Friedman, Reluctant master, 1999, S. 12; Sorkin 1999, S. 38; Zaera Polo/Gehry 2006, S. 13.

557 | Isenberg/Gehry 2009, S. 253.

558 | CABRILLO MARINE MUSEUM, 1979, San Pedro (Frank Gehry und seine Architektur 1989, S. 30f.; Arnell/Bickford 1985, S. 154–159).

559 | Gehry zitiert nach Friedman, Reluctant master, 1999, S. 13.

560 | Friedman, Reluctant master, 1999, S. 13, 22; Forster 1998, S. 11; Isenberg 2009, S. 15. In der genannten Folge von „The Simpsons" wird dies karikiert: Darin zerknüllt der Comic-Gehry frustriert einen Entwurf, nur um dann in dem zerknittert auf dem Boden liegenden Papierhaufen die Grundform für seinen Bau zu erkennen (vgl. Anm. 481).

561 | Friedman, Reluctant master, 1999, S. 13.

562 | Gehry/Arnell 1985, S. 13.

ten, sondern scheinen sich im Entstehungsprozess zu befinden. Die Formen der Gebäude sind lebendig und dynamisch, sie haben Ecken und Kanten wie ihre Umgebung. Pilar Viladas spricht von einer „Art ‚unentworfener‘ Architektur, die – für Gehry – der ‚Ad-hoc-Natur‘ der amerikanischen Stadt und der Beschaffenheit der zeitgenössischen Kultur am besten entspr[eche]"[563]. Nach Arnell kommt in Gehrys Schaffen eine realistische Einschätzung der amerikanischen Kultur zum Ausdruck, die er so akzeptiere, wie sie sei, ohne sie zu bewerten oder gar ändern zu wollen.[564] Andere Kommentare deuten auch das „Durchstoßen" und Entfernen der baulichen Hülle, wie es in GEHRY HOUSE eingesetzt wird, als Reaktion auf die Oberflächlichkeit der kalifornischen Gesellschaft.[565] Sorkin weist jedoch darauf hin, dass es zu kurz greift, den Einfluss der kalifornischen Kultur auf ihre Oberflächlichkeit zu reduzieren.[566]

Allerdings liegt auch hier, wie es für Gehrys Schaffen entscheidend ist, keine bewusste Entscheidung zugrunde, die kalifornische Kultur in seiner Arbeit kritisch aufzunehmen und zu hinterfragen. Vielmehr geschieht die Reaktion auf den Kontext in für den Architekten typischer Weise: Er reagiert auf äußere Einflüsse und Anregungen, absorbiert diese und verarbeitet sie. Dies geschieht hermeneutisch, nicht intentional.[567] Der Architekt arbeitet stark kontextuell, jedoch nicht in einer vordergründig offensichtlichen Weise.[568] Zudem reflektiert Gehry die Einflüsse der kalifornischen Kultur nicht auf theoretischer Basis. Dadurch bietet sein Schaffen Kritikern viel Raum für Interpretation.[569] Zugleich liegt hierin aber auch eine besondere Qualität der Entwürfe Gehrys, sie eröffnen Anknüpfungspunkte für unterschiedlichste Denk- und Interpretationsansätze.

Als Gehry in den späten 1970er-Jahren zunehmend mehr landesweite und später weltweite Aufträge erhält, überträgt er seine von kalifornischen Elemen-

---

563 | Viladas 1989, S. 160.

564 | Gehry/Arnell 1985, S. 13.

565 | Mathewson 2006, S. 19.

566 | Sorkin 1999, S. 38.

567 | Sorkin 1999, S. 35.

568 | Zaera Polo/Gehry 2006, S. 33f.

569 | So will etwa Friedman auch einen Einfluss der Filmwelt Hollywoods beobachten, mit der Gehry zwar nicht aktiv verbunden ist, die ihn aber durch ihre Präsenz beeinflusst habe und sich in der Üppigkeit und der oft überbordenden Formenfülle seiner Bauten niederschlage; zudem sei die kinematische Bewegung Grundlage vieler seiner Entwürfe (Friedman, Reluctant master, 1999, S. 13). Auch die besondere Qualität des natürlichen Lichts an der amerikanischen Westküste spiele eine wichtige Rolle in Gehrys Bauten (ebd.). Für eine Analyse, wie sie im vorliegenden Rahmen interessiert, führen diese Überlegungen zu weit.

ten geprägten Entwürfe auch auf andere Kontexte.[570] Er hängt keinem Regiona-
lismus an, vielmehr besteht seine charakteristische Arbeitsweise im Adaptieren von äußeren Inspirationen und im häufig intuitiven Reagieren auf die und
dem Arbeiten mit der vorgefundenen Umgebung. Auch die immer wieder laut
werdende Kritik, dass Gehry rein formal arbeite, trifft so nicht zu, da er stets
mit Blick auf den räumlichen Kontext arbeitet und Elemente der Umgebung
aufnimmt – etwa im MARTA Herford[571], in dem die in Norddeutschland üb-
liche Verklinkerung in die Fassade integriert wird.

Anhäufung von Einzelräumen und figurative Formen

In den frühen 1980er-Jahren wendet sich Gehry verstärkt der Auseinandersetzung mit Einzelräumen zu, die zu Bauensembles „geschichtet" werden, wie
es in Ansätzen schon in FAMILIAN HOUSE zu beobachten ist. Bereits die Differenzierung zwischen innen und außen, welche in GEHRY HOUSE zum Einsatz
kommt, kann *als Prüfstand für dieses Aufbrechen der Teile in separate Objekte
mit separaten Identitäten*[572] betrachtet werden, wie Haag Bletter aufweist. Die
Baumasse wird zerlegt in funktionale Elemente, die zu einer Collage aus geometrischen Einzelbauteilen, aus Kuben, Würfeln, Dreiecken werden. Teilweise
scheinen die Elemente in diesen Entwürfen zu kollidieren und gleichsam zu
explodieren.[573] Zunehmend setzt sich jedoch ein Nebeneinander von geometrischen Formengruppen durch, deren Teile sich berühren und durchdringen,
die aber gleichwertig nebeneinanderstehen.[574] So arbeitet Gehry etwa in BEN-
SON HOUSE[575] mit zwei separaten schachtelförmigen Volumen, während er das
Entwurfsfinden für WOSK RESIDENCE[576] beschreibt als den Versuch *ein Dorf zu
schaffen, das man als einzelne Stücke verstehen konnte, die räumlich aber zusam-
menhingen [...]*[577].

Die Arbeit mit in einzelne Bauvolumen aufgelösten Gebäuden, die zu dorf-
ähnlichen Ensembles gruppiert werden, stellt für Gehry aber auch ein grund-
sätzliches Nachdenken über die Möglichkeiten von Raum und Architektur
dar.[578] Interessant ist für ihn besonders, die Zwischenräume zwischen den

---

570 | Gehry 1999, S. 50; Friedman, Reluctant master, 1999, S. 12.

571 | Vgl. Anm. 627.

572 | Gehry zitiert nach Haag Bletter 1989, S. 44.

573 | Sorkin 1999, S. 35, 38f.; Viladas 1989, S. 159.

574 | Gehry und seine Architektur 1989, S. 161.

575 | BENSON HOUSE, 1981–1984, Calabasas (Gehry und seine Architektur 1989,
S. 118f.; Arnell/Bickford 1985, S. 200–203).

576 | Vgl. Anm. 530.

577 | Gehry und seine Architektur 1989, S. 180.

578 | Frank Gehry und seine Architektur 1989, S. 110f. In diesem Sinn beschreibt
Gehry sein Vorgehen für den Entwurf eines Hauses für einen Filmemacher in Los Angeles

Bauteilen miteinzubeziehen: *The whole is greater than the sum of the parts.*[579] Das war schon bei GEHRY HOUSE und FAMILIAN HOUSE zu beobachten und wird noch deutlicher bei größeren Projekten, von denen Gehry zunehmend mehr ausführt. In komplexen Anlagen, etwa dem CALIFORNIA AEROSPACE MUSEUM[580] oder der LOYOLA LAW SCHOOL[581], werden aus Einzelformen städtebauliche Kompositionen kreiert.[582] Das gestalterische Grundprinzip bleibt *dieses Aufbrechen der Teile in separate Objekte mit separaten Identitäten*, die sich, so beobachtet Gehry, zu einem Ganzen fügen, *so wie unsere Städte einst entstanden.*[583] Dabei weist auch diese Arbeitsweise Züge des Dekomponierens und Rekonstruierens auf,[584] die Parallelen zur Dekonstruktion als Verfahrensweise des Reduzierens auf einzelne Raumelemente und des Wiederaufschichtens hat. Die New Yorker Kuratoren, die 1988 bereits verhältnismäßig alte Projekte präsentieren, berücksichtigen diese Weiterentwicklung Gehrys allerdings nicht, obwohl gerade hier deutlich wird, dass nicht die „zersplitterten" Formen an sich sein Schaffen motivieren.

Im Laufe der 1980er-Jahre werden die fragmentierten Baukörper in immer raffinierterer Weise zueinandergestellt. Sie werden plastisch ausgeformt und in ihrer Anordnung so strukturiert, dass sie mehr skulpturalen als architektonischen Regeln folgen. In dieser Phase wird auch die Figuration immer wichtiger für Gehry. Dazu zählen konkrete Formen wie Flugzeug (CALIFORNIA AEROSPACE MUSEUM) und Fernglas (CHIAT/DAY[585]), aber auch biomorphe Formen sowie nicht zuletzt der berühmt gewordene Fisch, der in dieser Zeit

---

(1981), eines der frühesten Projekte, bei denen diese Methode angewendet wird (ebd., S. 110f.). Isenberg erzählt er, ein Vortrag von Philip Johnson habe ihn dazu inspiriert (Isenberg/Gehry 2009, S. 5).

579 | Isenberg/Gehry 2009, S. 6, Zitat ebd.; Dal Co 1998, S. 49.

580 | CALIFORNIA AEROSPACE MUSEUM, 1982–1984, Los Angeles (Gehry und seine Architektur 1989, S. 160–167; Viladas 1989, S. 160f.; Arnell/Bickford 1985, S. 240–247; Dal Co/Forster/Arnold 1998, S. 239–249).

581 | LOYOLA LAW SCHOOL, 1981–1984, Los Angeles (Gehry und seine Architektur 1989, S. 168–175; Haag Bletter 1989, S. 40; Viladas 1989, S. 161–176; Arnell/Bickford 1985, S. 220–229).

582 | Sorkin 1999, S. 38.

583 | Gehry zitiert nach Haag Bletter 1989, S. 44. Nach Viladas haben Gehrys Gebäude gar „einen bedeutenden Einfluss auf das lose städtische Gewebe von Los Angeles ausgeübt" (Viladas 1989, S. 188).

584 | Haag Bletter 1989, S. 47.

585 | CHIAT/DAY, 1975–1991, Venice (Gehry und seine Architektur 1989, S. 152f.; Gehry 1999, S. 66–71; Friedman, Reluctant master, 1999, S. 20f.; Dal Co/Forster/ Arnold 1998, S. 318–323; Cecilia/Levene 2006, S. 110–119).

Einzug in sein Entwerfen hält.[586] Auch dieser unterliegt häufigen Fehldeutungen, denn es ist nicht die Ikonografie des Fisches an sich, die den Architekten interessiert.[587] Vielmehr hat er auf der Suche nach dynamischen Formen hier Lösungsansätze gefunden: *It was a way of exploring double curves [...]*.[588] Hinzu kommt eine intuitive und durchaus ironische Reaktion Gehrys auf das *postmodern game* – denn wenn schon Vergangenes zitiert werde, könne man auch auf den Fisch zurückgreifen, der evolutionshistorisch Jahrtausende vor dem Menschen da gewesen sei.[589]

Auch diese Gestaltungsweise erfährt große interpretatorische Wucht, die teilweise weit über Gehrys eigene Denkansätze hinausreicht. So wird etwa das Zusammenfügen der Bauten aus Einzelräumen als Kommentar zur Fragmentation der modernen Kultur gedeutet.[590] Haag Bletter sieht in Gehrys aufgebrochenen Bauformen „eine angebrachte, wenn auch beunruhigende Antwort auf die Aufsplitterung der Grossfamilie[!], Gemeinschaft und des städtischen Raumes"[591]. Andere deuten Gehrys Entwürfe auch als Ausdruck der Einzigartigkeit des Individuums,[592] während Sorkin darüber hinaus ein biologisches Moment beobachten will, die „Idee des Wachstums durch Zellteilung" im metaphorischen Sinne.[593] Gehry selbst äußert sich nicht in dieser Weise. Wiederum gilt, dass der Architekt eine intuitive Annäherung an Formeninteressen verfolgt, dabei jedoch keine theoretischen Überlegungen zur Grundlage seines Schaffens macht. Seine Arbeitsweise ist nicht intentional entwickelt, sondern hermeneutisch. Wichtig ist ihm, wie er betont, *offen [zu] bleiben*.[594]

Gehrys Entwurfsprozess

Grundlage für Gehrys Arbeitsweise ist sein charakteristisches Verfahren der Entwurfsfindung, das er über lange Zeit hinweg entwickelt. Habe er zu Beginn seiner Karriere perspektivische Zeichnungen und Renderings noch in herkömmlicher Weise angefertigt, berichtet Gehry, habe er bald neue Wege

---

586 | Gehry und seine Architektur 1989, S. 78f.; van Bruggen 1989, S. 127f.; Forster 1998, S. 11f., 20f.; Zaera Polo 2006, S. 53; Friedman 1989, S. 97–101.

587 | Gehry/Arnell 1985, S. 16f.; Gehry 1999, S. 44; Isenberg/Gehry 2009, S. 126–129. Gehry betont bereits Arnell gegenüber, dass der Fisch ihm vor allem als Platzhalter auf der Suche nach der jeweils perfekten Form diene (Gehry/Arnell 1985, S. 17; Forster 1998, S. 20f.).

588 | Gehry/Isenberg 2009, S. 127.

589 | Gehry 1999, S. 49, Zitat ebd.; Zaera Polo/Gehry 2006, S. 39.

590 | Sorkin 1999, S. 35.

591 | Haag Bletter 1989, S. 45.

592 | Sorkin 1999, S. 35.

593 | Sorkin 1999, S. 36, Zitat ebd., Übers. d. Verf.

594 | Gehry zitiert nach Haag Bletter 1989, S. 25.

eingeschlagen, denn den Entwürfen habe es an Charakter gefehlt, sie seien zu glatt und nichtssagend gewesen.[595]

Sein unkonventioneller Entwurfsprozess wird geprägt vom abwechselnden Einsatz skizzenhafter Handzeichnungen und Modellen – ein „einzigartiger Prozess", wie van Bruggen „die Koordination von Hand und Auge" nennt.[596] Zunächst werden erste Ideen und Leitgedanken zum Bau skizziert. Diese Zeichnungen erinnern mehr an flüchtige Kritzeleien, *Scribbles*.[597] Tatsächlich sind sie aber *nicht einfach willkürlich*[598], wie Gehry betont, sondern verarbeiten stets Informationen über ein Projekt – auf intuitive Weise. Parallel zu den Skizzen werden die manuellen Entwürfe in ersten Massenmodellen erprobt, weiterentwickelt und überarbeitet. Gehry selbst sagt gar: *If I had to say what is my biggest contribution [...] I would say that it is the achievement of hand-to-eye coordination*.[599] Die experimentelle Offenheit für Formen und Materialien, wie sie schon bei GEHRY HOUSE beobachtet werden konnte, kommt auch im Entwurfsprozess zum Einsatz. Zahlreiche Anekdoten berichten, wie Gehry mit allen gerade greifbaren Materialien spontan und intuitiv an Modellen arbeitet.[600]

Dieses Wechselspiel von Skizze und Modell kann unterschiedlich lang vonstatten gehen. „Berühmt-berüchtigt" ist etwa der sechzehn Jahre andauernde Planungs- und Bauprozess für die DISNEY CONCERT HALL[601] in Los Angeles, für die rund 30.000 Zeichnungen entstanden sind.[602] Ganz anders hingegen der Entwurf für CHIAT/DAY, dessen wesentliche Idee bereits mit der ersten Skizze

---

595 | Gehry/Arnell 1985, S. 15; van Bruggen 1997, S. 104. Die Anfänge seiner Karriere als Architekt unter anderem bei Victor Gruen schildert Gehry im Gespräch mit Isenberg (vgl. etwa Isenberg/Gehry 2009, S. 45–50).

596 | Van Bruggen 1997, S. 15, Zitate ebd.; Isenberg/Gehry 2009, S. 88–91; Isenberg 2009, S. 15; Forster 1998, S. 30; Colomina/Gehry, Una Conversación, 2003, S. 6–16.

597 | Isenberg beschreibt diese Arbeitsweise, die auch Gehrys Alltag durchzieht, plastisch (Isenberg 2009, S. 11), er selbst schildert sie im Gespräch (Isenberg/Gehry 2009, S. 88–91). Auf die besondere Bedeutung der Zeichnungen spielt auch der Titel von Sydney Pollacks Porträt an, SKETCHES OF FRANK GEHRY (vgl. Anm. 481). Eine Beschreibung der Arbeitsweise an einem konkreten Beispiel findet sich in van Bruggens Darstellung der Entwurfsgeschichte des GUGGENHEIM BILBAO (van Bruggen 1997; vgl. Anm. 621).

598 | Isenberg/Gehry 2009, S. 91, Übers. d. Verf.

599 | Zaera Polo/Gehry 2006, S. 28.

600 | Isenberg 2009, S. 15; Sorkin 1999, S. 34f.

601 | DISNEY CONCERT HALL, 1989–2003, Los Angeles (Dal Co/Forster/Arnold 1998, S. 442–453; Mathewson 2006, S. 182–221; Isenberg/Gehry 2009, S. 111–125, 148; Friedman, Gehry talks, 1999, S. 148–163; Cecilia/Levene 2003, S. 50–87; Webb 2003, S. 35, 37; Eisenman & Gehry 1991).

602 | Mathewson 2006, S. 40.

erfasst worden sein soll.[603] Beide Extreme verdeutlichen die Spanne und Flexibilität von Gehrys Entwerfen.[604] Tatsache ist aber auch, dass die Entwürfe sorgfältig und präzise ausgearbeitet werden, im Studio geht man sehr strukturiert vor – etwas, das viele Kritiker aufgrund der extravaganten, „unordentlichen" Optik übersehen und Gehrys Arbeit dadurch ablehnen, wie er selbst häufig anmerkt.[605] Tatsächlich ergeben sich für den Betrachter der Zeichnungen und Modelle Verständnisschwierigkeiten, da die einzelnen Arbeitsschritte und Gedanken des Entwurfsprozesses nicht mehr ohne Weiteres nachvollziehbar sind, wie der Architekt selbst einräumt.[606] Daher kommt es, zumal in den frühen Jahren, zu Missverständnissen, wie er im Gespräch mit Arnell kommentiert: *The irony is that that interest of mine has been so misunderstood. [...] they get instead a reading of discord, of disjunction form the environment.*[607] Statt der Suche nach expressiven, dynamischen Formen und den vielfältigen Inspirationen wird aus den Entwürfen der Versuch herausgelesen, das „Chaos der Welt" in Gebäude zu übersetzen.

Dies ist jedoch zu keiner Zeit Gehrys Interesse. Weder verfolgt er, wie bereits mehrfach aufgezeigt, ein tiefer gehendes theoretisches Interesse, noch will er gezielt eine „Zerstörung" von Formen umsetzen. Dabei beeinflusst ihn der kulturelle Kontext, jedoch nicht im Sinne einer bewusst eingesetzten kausalen Reaktion – etwa: „Die Umgebung ist oberflächlich und chaotisch, daher sind die Gebäude ebenso zu bauen" –, sondern als Inspiration im Umgang mit Formen und Materialien. Gehrys Aufmerksamkeit richtet sich stets auf das Endprodukt. Er bezeichnet es als Ziel seiner Arbeit, einen „echten" Ort zu entwerfen, der dem jeweiligen Bauthema gerecht wird. Die Entwürfe dienen dazu als Hilfsmittel, denn er versuche, so beschreibt Gehry sein Vorgehen schon gegenüber Arnell, das zu entwerfende Gebäude gleichsam aus der Zeichnung herauszuschälen: Das Zeichnen ist in diesem Sinn *a searching in the paper*[608]. Dadurch erhält seine Vorgehensweise ein stark handwerkliches Moment, sie erinnert mehr an die eines Künstlers denn an die eines Architekten. Mathew-

---

603 | Friedman, Reluctant master, 1999, S. 21.

604 | Insbesondere vor dem Hintergrund der 1960er-Jahre, in denen in der korporativen Bauwelt die nüchternen Formen des Modernismus dominieren, ist diese Art der Formfindung eine Herausforderung (Sorkin 1999, S. 34, 36f.). Es überrascht daher nicht, dass Gehry in seiner Berufspraxis zunächst zweigleisig fährt, bis er sich mit dem Erfolg von GEHRY HOUSE ganz seiner innovativen Entwurfspraxis verschreibt.

605 | Isenberg/Gehry 2009, S. 245; Colomina/Gehry, Una Conversación, 2003, S. 13f.

606 | Anfang der 1980er-Jahre geht man daher dazu über, noch ein zusätzliches Schau-Modell zu bauen (Gehry/Arnell 1985, S. 16).

607 | Gehry/Arnell 1985, S. 16.

608 | Gehry/Arnell 1985, S. 15.

son beschreibt Gehry als einen Maler, der schichtweise ein Bild aufbaut.[609] Entsprechendes gilt für die Modelle, die Stufe für Stufe erarbeitet werden: Die Suche nach der optimalen Form gleicht der Arbeit eines Bildhauers, der eine Skulptur schrittweise aus dem Marmorblock herausholt.[610] Trotz dieser Analogien betont Gehry jedoch, kein Künstler zu sein, sondern immer mit Blick auf die Erfüllung eines Bauauftrags zu arbeiten.

In der Tat orientiert sich der Architekt stark an den von seinem jeweiligen Auftraggeber geforderten Vorgaben. Um den wesentlichen Kern eines Projekts aufzuspüren, arbeitet er eng mit den Klienten zusammen, oft sogar mehr als üblich, um gemeinsam Synergien zu entwickeln.[611] Allerdings hinterfragt Gehry während der intensiven Auseinandersetzung die formulierten Anforderungen kritisch und entwickelt sie weiter, um das Potenzial eines Bauvorhabens voll auszuschöpfen. Dabei kann es zu oft überraschenden Verschiebungen von Schwerpunkten kommen: *I will try to take a client's program and re-evaluate it in terms of what kind of expression is appropriate: I try not so much to fight the program as to re-order the priorities. [...]; what I like to do is develop a project's potentials.*[612] Zudem setzt sich Gehry, wie bereits aufgezeigt, auch mit dem Kontext eines Projekts intensiv auseinander und reagiert auf die vorgefundene Umgebung.

Durch diesen Entwurfsprozess entwickelt der Architekt Baulösungen, die eine charakteristische Gestalt haben, da sie, so Forster, „ihre ureigene Geschichte besitzen"[613]. Dabei kommen sie, dank Gehrys kontinuierlicher Suche nach neuen Formen, ohne Referenz zu den üblichen Formentraditionen aus: Frei von Konventionen, „schafft [er] es immer wieder, seine Projekte von allen etablierten typologischen Zwängen zu befreien und ihnen eine noch nie dagewesene Form und Konfiguration zu geben." Es zeichnet Gehrys Arbeit aus, dass er versucht, den Kern eines Auftrags herauszuarbeiten und ein dem Kontext angemessenes Gebäude zu errichten, indem er expressive Formen mit Funktion verbindet.

Durch die Fortschritte in der Computertechnologie wird es für Gehry möglich, ganz neue Formen zu realisieren. Seit 1990 arbeitet sein Studio mit einer

---

609 | Mathewson 2006, S. 49.

610 | Gehry/Arnell 1985, S. 15.

611 | Gehry 1999, S. 55; Isenberg 2009, S. 9; Friedman, Reluctant master, 1999, S. 21f.; Gehry/Arnell 1985, S. 15f.; Isenberg/Gehry 2009, S. 246; Colomina/Gehry, Gehry de la A, 2003, S. 19.

612 | Gehry/Arnell 1985, S. 15.

613 | Forster 1998, S. 9, folgendes Zitat ebd.

besonderen 3D-Software, CATIA, die aus dem Flugzeugbau stammt.[614] Durch sie können stark gekrümmte Freiformflächen unmittelbar in Fertigbauteilen nachgebildet und berechnet werden, der Arbeitsprozess wird erleichtert. Für Gehry eröffnen sich durch den Einsatz dieser Technologie noch mehr Freiheiten im Entwerfen, es wird möglich, dynamische, expressive biomorphe Formen umzusetzen und praktisch zu planen.[615] Sein charakteristischer Entwurfsprozess verändert sich jedoch trotz der technischen Weiterentwicklung nicht, der Computer fungiert lediglich als Instrument der Umsetzung, nicht als Entwurfsmittel.[616] Dies, sowie die Tatsache, dass der Architekt auch mit dem herkömmlichen Entwurfsverfahren vertraut ist, sich aber im Laufe der Jahre seine charakteristische Herangehensweise erarbeitet hat, verdeutlicht einmal mehr, welche Bedeutung dem Prozess des Entwerfens für Gehrys Schaffen zukommt.

3.3 Zusammenfassung

Gehrys Arbeit zeichnet eine besondere formale Offenheit und Experimentierfreude aus. Auf der Suche nach expressiven Formen entwickelt er Baulösungen, die ohne Rückgriff auf typologische Vorbilder auskommen. Damit löst sich der Architekt sowohl vom modernistischen Diktum als auch vom postmodernen Zitieren historischer Formen, wie es bis in die 1980er-Jahre vorherrscht. Es gelingt ihm, tradierte Bauformen zu hinterfragen und zugleich eine individuelle Formensprache zu etablieren. Sein Gestaltungsinteresse ist auf Formen und Ästhetik gerichtet, er ist stets auf der Suche nach dynamischen Formen und verfolgt kein theoretisches Interesse. Dennoch ist Gehrys Entwerfen nicht formalistisch: Wichtig ist ihm die Arbeit mit dem Kontext und das Reagieren auf die Besonderheiten im Vorgefundenen. Die Erfüllung des Bauauftrags steht im Zentrum des Entwerfens, wie er wiederholt betont. Er arbeitet pragmatisch und lösungsorientiert aus der jeweiligen Situation heraus. Die Lösungen frei-

---

614 | Gehry über die Vorteile des computerbasierten Entwerfens bei Isenberg/Gehry 2009, S. 260–263. Sein Studio ist Vorreiter in diesem Bereich (zur Entwicklung des Büros vgl. Friedman, Reluctant master, 1999, S. 16–20; Gehry 1999, S. 50f.; Isenberg 2009, S. 11–14; Isenberg/Gehry 2009, S. 148, 165–169). Ernst Seidl erläutert die Besonderheiten diese Entwerfens etwas näher (Seidl 2002, S. 386f.).

615 | Sorkin 1999, S. 32; Friedman, Reluctant master, 1999, S. 16–19; Gehry 1999, S. 54. Die praktische Umsetzung seiner Entwürfe erfolgt durch ein Team erfahrener Mitarbeiter (Colomina/Gehry, Una Conversación, 2003, S. 7, 10).

616 | Gehry/Arnell 1985, S. 15; Friedman, Reluctant master, 1999, S. 19; Colomina/Gehry, Una Conversación, 2003, S. 14; Sorkin 1999, S. 32–25.

lich bestehen nicht darin, das Vorhandene zu kopieren oder zu übernehmen, sondern im Finden individueller Herangehensweisen.

Der Entwurfsprozess basiert auf einer charakteristischen Praxis, die mit Zeichnungen und Modellen im Wechsel arbeitet und geprägt ist von intuitivem Reagieren auf Bauaufgabe und vorgefundenen Kontext. Gehry selbst beschreibt seine assoziative Arbeitsweise als ein Adaptieren und Weiterentwickeln von Einflüssen und Inspirationen aller Art, die von der Kunst über die urbane Umgebung in Los Angeles bis hin zu biomorphen Formen reichen. Die Formenlösungen entstehen dabei jedoch nicht zufällig, sondern sind das Ergebnis intensiver Auseinandersetzung mit dem jeweiligen Projekt, für das intentionale ebenso wie intuitive Informationen verwertet werden.

Mit diesem besonderen Fokus auf Formen entspricht Gehrys Arbeit durchaus der Beschreibung der New Yorker Kuratoren, sie ist gar, soviel sei vorgreifend gesagt, einer der Ansätze, der ihrer Sichtweise am ehesten entspricht. Allerdings greift die Darstellung im Katalog zu kurz und lässt zentrale Aspekte in Gehrys Architekturverständnis außer Acht. Seine grundlegenden Interessen und Entwurfsabsichten werden nicht erfasst. Zudem werden 1988 zwei bereits verhältnismäßig alte Projekte präsentiert, die nicht Gehrys aktuellen Arbeitsstand zeigen. Sein Anspruch, sich formal kontinuierlich weiterzuentwickeln und nicht zu stagnieren, wird nicht berücksichtigt. Außerdem wären gerade mit einem Blick auf Gehrys verändertes Entwerfen in den 1980er-Jahren auch zentrale Aspekte hinsichtlich der Argumentation des Katalogs korrigiert worden: Gehrys Interesse ist nicht auf das Bauen mit „zerstörten" Formen gerichtet, wie es mit den frühen Projekten äußerlich assoziiert werden kann. Darüber hinaus ist auch kein exklusives Anknüpfen am Denken der russischen Konstruktivisten zu beobachten, wie die Kuratoren argumentieren.

Gehry selbst bringt seine Integration in die Ausstellung kurz und treffend auf den Punkt: *I never thought that I was part of it. It was funny being in that show. The two models they showed [...] and I could see that if you say deconstruct and you look at those two buildings, it's almost matter of fact: the word sounds like the image. I asked Philip Johnson if he really believed that I belonged there and he said he did not. He just picked the models and the image picked the man.*[617] Insgesamt findet man kaum Kommentare von ihm zur New Yorker Ausstellung. In den Diskursen nach 1988 wird er oft nicht mehr genannt, notiert Geoffrey Broadbent.[618] Die in der zeitgenössischen Presse häufig geäußerte Vermutung liegt nahe, dass hier ein von Johnson sehr geschätzter Architekt in erster Linie als visuelles Zugpferd in die Ausstellungsauswahl eingeschlossen wurde, ohne dass jedoch die inhaltlichen Aspekte näher berücksichtigt wurden.

---

617 | Zaera Polo/Gehry 2006, S. 31.
618 | Broadbent 1991, S. 28.

Dennoch lassen sich Parallelen mit einer de-kon-struktiven Vorgehenswei-se beobachten, wenn auch anders als von Wigley aufgeführt. Eine solche ist, neben der Vorgehensweise in den frühen Arbeiten, die konventionelle Bauformen auf ihre „Essenz" hin hinterfragen, auch die intensive Reaktion auf den vorhandenen Kontext – sowohl des jeweiligen Bauvorhabens als auch auf die vorgefundenen Materialien, die umgenutzt werden, um „etwas Neues aus dem Altbekannten zu machen", wie Sorkin beobachtet. Zudem weist auch das bewusste Offensein für Mögliches in Gehrys Entwerfen Parallelen zum Denken postmoderner Philosophen auf. Die „destruierte" Formensprache der frühen Projekte jedoch, die im New Yorker Katalog zum Bewertungsmaßstab wird, charakterisiert die grundlegende Gestaltungsabsichten Gehrys nicht.

In den Jahren nach 1988 erhält Gehry immer mehr Bauaufträge weltweit. Charakteristisch bleibt sein Experimentieren mit immer neuen Formenlösungen, auch wenn der komplexe Entwurfsprozess im Wesentlichen unverändert fortbesteht.[619] Das Entwerfen wird immer freier und biomorpher, was nicht zuletzt den Entwicklungen der Computertechnologie geschuldet ist, die ganz neue Möglichkeiten der Realisierung von dynamischen Formen eröffnet. Deutlich wird dies etwa im Vergleich des VITRA DESIGN MUSEUMS[620], Gehrys erstem Gebäude in Europa, und dem GUGGENHEIM BILBAO[621], seinem wohl berühmtesten Projekt. Beide Bauten sind in ähnlicher Weise aus zahlreichen Einzelvolumen zusammengefügt. Während Gehry in Weil am Rhein zum ersten Mal mit der aus der Fischform hergeleiteten Doppelkurve arbeitet,[622] sind die Formen in Bilbao dank der Software CATIA, die hier erstmals in großem Maßstab zum Einsatz kommt, noch geschwungener und organischer.[623] Mit dem GUGGENHEIM BILBAO hat Gehry nicht nur eine Architekturikone geschaf-

---

619 | Dennoch werde er, wie Gehry in den 2009 veröffentlichten Interviews mit Isenberg mehrfach betont, wegen seiner extravaganten Arbeitsweise immer noch häufig nicht als seriös wahrgenommen (Isenberg/Gehry 2009, S. 114f., 215, 245).

620 | Vgl. Anm. 486.

621 | GUGGENHEIM BILBAO, 1991-1997, Bilbao (van Bruggen 1997; Dal Co/Forster/Arnold 1998, S. 480-497; Isenberg/Gehry 2009, S. 133-142; Romoli 1999; Frank O. Gehry. Guggenheim 1998; Cecilia/Levene 2006, S. 252-293; Mathewson 2006, S. 268-295; Friedman, Reluctant master, 1999, S. 24; Sorkin 1999, S. 29; Friedman, Gehry talks, 1999, S. 176-193; Lavin 2003, S. 41-43; Filler 2007, S. 169f., 178-180).

622 | Van Bruggen 1997, S. 57

623 | Van Bruggen 1997, S. 138. Dank CATIA gelingt es auch, das Projekt innerhalb des Zeit- und Budgetrahmens fertigzustellen.

fen, die Johnson als „das größte Gebäude unserer Zeit"[624] bezeichnet, sondern auch einen Bau, der ein charakteristisches Beispiel für seine Arbeits- und Denkweise darstellt. So reagiert der Entwurf in der Gestaltung sensibel auf die Umgebungssituation vor Ort, die geografische Situation am Flussufer einer Industriestadt wird bewusst in die Planungen miteinbezogen. Das Gebäude ist auf das Wasser ausgerichtet und gleicht die unterschiedlichen Höhenniveaus zwischen Ufer und Stadtviertel aus. Zudem wird auch der Verlauf einer Straßenbrücke integriert, indem Teile des Museumsbaus darunter gelagert sind. Dadurch wird das Museum zum neuen „Stadttor" Bilbaos. Auch die Größenverhältnisse des Baukomplexes, denen Gehry grundsätzlich viel Wert beimisst, passen sich den örtlichen Gegebenheiten an: Während der extravagante Bau vom Fluss her spektakuläre Ansichten bietet, erscheint er vom Straßenniveau moderat und respektiert die traditionelle Stadtumgebung. Dies gelingt Gehry durch die Fragmentierung des Museums in größere und kleinere Teile, wie sie seiner „Madonna-mit-Kind-Technik" entspricht.[625] Van Bruggens ausführliche Dokumentation der Entstehung des GUGGENHEIM BILBAO zeigt, welch umfangreicher Entwicklungsprozess durchlaufen wird, um sowohl den Bedürfnissen der Auftraggeber als auch der Stadt gerecht zu werden.

Auch beim Fassadenmaterial wird die lokale Situation der Stahlstadt berücksichtigt, neben regionalem Kalkstein kommt eine Metallhülle aus Titanzink zum Einsatz, die den im Vergleich etwa zu Los Angeles matteren Lichtverhältnissen in Bilbao entspricht.[626] In ähnlicher Weise ist dies auch beim Herforder MARTA[627] zu beobachten, das aus regional-typischen roten Klinkern gestaltet wurde. Auch einem der jüngsten Projekte, dem BEEKMAN TOWER[628] in Manhattan, geht eine intensive Auseinandersetzung mit der Umgebung vor Ort voraus, die Gehry im Gespräch mit Barbara Isenberg schildert. Paul Goldberger bezeichnet ihn gar als einzigen Wolkenkratzer, der es verdient habe, neben dem Woolworth Building zu stehen.[629] In der jüngeren Zeit hat Gehry zudem immer häufiger Gelegenheit, Entwürfe mit einer ausgeprägten städtebaulichen Facette zu gestalten. Diese Bauvorhaben reichen von kleineren

---

624 | Isenberg/Gehry 2009, S. 132.

625 | Vgl. Anm. 527; van Bruggen 1997, S. 71; Isenberg/Gehry 2009, S. 153.

626 | Isenberg/Gehry 2009, S. 138-140; Dal Co 1998, S. 58f.

627 | MARTA, 2002-2005, Herford (Marta Herford 2008; Hofmann/König 2011; Mathewson 2006, S. 548-571; Isenberg/Gehry 2009, S. 153).

628 | BEEKMAN TOWER, 2006-2011, New York, ist ein 76-stöckiger Wolkenkratzer im Süden Manhattans (Isenberg/Gehry 2009, S. 225).

629 | Goldberger 2011.

Komplexen wie dem NEUEN ZOLLHOF[630] in Düsseldorf über das STATA CENTER am MIT[631] bis hin zu Projekten in großem Maßstab wie dem GRAND AVENUE PROJECT[632] zur Belebung des Zentrums von Los Angeles.

---

630 | DER NEUE ZOLLHOF, 1994–2001, Düsseldorf (Rempen 1999; Dal Co/Forster/Arnold 1998, S. 536–539; Mathewson 2006, S. 338–375; Friedman, Gehry talks, 1999, S. 228–235; Cecilia/Levene 2003, S. 98–113).

631 | RAY AND MARIA STATA CENTER FOR COMPUTER, INFORMATION, AND INTELLIGENCE SCIENCES, Massachusetts Institute of Technology MIT, 2000–2004, Cambridge (Mathewson 2006, S. 512–547; Isenberg/Gehry 2009, S. 174–186; Friedman, Gehry talks, 1999, S. 278–283; Cecilia/Levene 2003, S. 222–235).

632 | Das GRAND AVENUE PROJECT, ab 2007, Los Angeles, soll ein neues Stadtzentrum in Los Angeles gestalten, das vergleichbar ist mit den Champs Elyées in Paris. Wegen der wirtschaftlichen Situation wurde es bis 2009 gestoppt, seit Februar 2011 wird der „Civic Park" gebaut (Isenberg/Gehry 2009, S. 210–215).

4   Daniel Libeskind

Ich kenne einige der anderen Architekten, die mitaus-
gestellt waren, und teile mit ihnen dieselbe Auffassung über die Belange von Architektur in unserer heutigen Welt. Aber ich denke nicht, dass diese spezielle
Gruppe eine homogene Gruppe oder repräsentativ
für eine spezielle Idee ist. Und mit Sicherheit fühle
ich mich einer solchen Gruppe nicht zugehörig.[633]
Daniel Libeskind

Auch Daniel Libeskind (*1946), neben Zaha Hadid der jüngste Teilnehmer der
Ausstellung, zählt heute zu den „Starchitects", die Bauten rund um den Globus
errichten. Seine expressiven Gebäude sind als räumliche Gesamtkunstwerke
angelegt, die konventionelle Bauformen auf den Prüfstand stellen. Unter seinen Arbeiten befinden sich zahlreiche kulturelle Bauwerke, etwa die Jüdischen
Museen von Berlin, Kopenhagen und San Francisco, die historisch komplexe
Themen in einer vielschichtigen, theoretisch fundierten Herangehensweise
verhandeln. Eines der jüngsten Projekte ist der sensible, aber umstrittene Masterplan für die Wiederbebauung von Ground Zero in New York.[634]

Zum Zeitpunkt der New Yorker Ausstellung blickt Libeskind bereits auf
eine Karriere als Architekturtheoretiker zurück, er hat jedoch noch kein Bauprojekt realisiert.[635] Seinen ersten praktischen Bauwettbewerb gewinnt er 1987
in Berlin mit dem letztlich nicht umgesetzten Entwurf CITY EDGE, einem „be-

---

633 | Libeskind zitiert nach Haberlik 2001, S. 230.

634 | Zu MEMORY FOUNDATIONS, ab 2003, New York vgl. Libeskind 2003; Libeskind,
Breaking Ground, 2004, v. a. S. 60f.; Kontrapunkt 2003, o. S. 12. Libeskinds Freedom
Tower wird seit 2009 aus wirtschaftlichen Gründen offiziell als One World Trade Center
bezeichnet. Einen Überblick über die umstrittenen Entscheidungen zu diesem Projekt
bietet Libeskind selbst in Breaking Ground, während Martin Filler aus neutralerer Perspektive berichtet (Filler 2007, S. 263–282).

635 | Zur Vita Libeskinds vgl. Kraft 2012, S. 90–95 und v. a. Libeskind, Breaking
Ground, 2004.

sonders wegweisende[n] Beispiel[]"[636] seines Schaffens, das in der DECONSTRUCTIVIST ARCHITECTURE präsentiert wird. Den Schritt vom Architekturtheoretiker zum auch praktizierenden Architekten vollzieht Libeskind 1989 mit dem JÜDISCHEN MUSEUM BERLIN[637], das zu einem entscheidenden Wendepunkt für ihn wird.[638] Durch die lange Bauzeit und die zahlreichen Verzögerungen, die mit diesem Projekt einhergehen, wird der erste tatsächlich fertiggestellte Bau Libeskinds jedoch das FELIX-NUSSBAUM-HAUS[639] in Osnabrück, das 1998, ein Jahr vor dem Berliner Museum, eröffnet wird.

Die Teilnahme an der vieldiskutierten Ausstellung von Johnson und Wigley findet für Libeskind zu einem Zeitpunkt statt, an dem er noch *relativ unbekannt* ist, und ist daher für ihn von großer Bedeutung: *Dass ich daran teilnehmen durfte, war für mich eine enorme Chance.*[640] Die daraus resultierende Bezeichnung als Dekonstruktivist allerdings unterstützt er nicht.[641] Im Interview mit Marianne Brausch betont der Architekt, dass er *den Begriff selbst nicht verwendet* habe, er zähle sich nicht zu dieser Gruppe.[642] Auch verweist Libeskind darauf, dass er, obwohl er die Vertreter des postmodernen Differenz-Denkens schätze, *nicht von diesen Philosophen [komme]*[643]. Damit geht er einerseits konform mit Johnsons und Wigleys Argumentation, die eine Verbindung zur Philosophie ausschließen. Andererseits zeigt Libeskinds Kommentar aber auch, dass der gewählte Terminus trotz der Abgrenzung der Kuratoren eindeutig konnotiert ist. Für ihn besteht die Notwendigkeit, sich inhaltlich abzugrenzen. Erwähnenswert ist darüber hinaus die Tatsache, dass es Kontakt zwischen dem Architekten und Derrida gab, der Franzose hat Libeskinds Architektur kommentiert

636 | Kontrapunkt 2003, o. S. 1.

637 | JÜDISCHES MUSEUM BERLIN, 1989-1999/2001, Berlin (Radix - Matrix 1994, S. 103-114; Libeskind, Between, 1994, S. 100-102; Winkler 1994, S. 122-127; Schneider 1994, S. 128-132; Dorner 1999; Libeskind, Breaking Ground, 2004, S. 100-102, 108-113; Libeskind 1991, S. 85-107; Young 1998, S. 15-26; Egde/Weiner 2006, S. 221-245; Levene/Cecilia 1996, S. 40; Libeskind, Distanzräume, 2004, S. 496-499). Der Bau wird 1999 fertiggestellt, die Eröffnung der Ausstellung erfolgt jedoch erst 2001.

638 | Bates/Libeskind 1996, S. 22f.; Braun 1998, S. 3.

639 | FELIX-NUSSBAUM-HAUS, 1995-1998, Osnabrück (Kraft 2012; Rodiek 1999; Daniel Libeskind. Museum ohne Ausgang 1997; Levene/Cecilia 1996, S. 128-137; Levene/Cecilia 1998, S. 128-141; Libeskind, Distanzräume, 2004, S. 492-495).

640 | Libeskind, Breaking Ground, 2004, S. 159f., Zitate S. 159.

641 | Dorner 1999, S. 9; Haberlik 2001, S. 229f.; Libeskind, Breaking Ground, 2004, S. 216f.

642 | Brausch/Libeskind 1995, S. 136, Zitat ebd.; Haberlik 2011, S. 229f.

643 | Libeskind zitiert nach Rodiek 1999, S. 42.

und mit ihm darüber diskutiert.[644] Dieser Austausch kam jedoch nachweislich erst nach der New Yorker Ausstellung in Gang.

Seinem Hintergrund in der Architekturtheorie entsprechend ist Libeskinds Arbeitsweise theoretisch geprägt. Texte und Zeichnungen, aber auch Objekte und Installationen spielen bis Ende der 1980er-Jahre, als die praktische Arbeit einsetzt, eine zentrale Rolle. Er selbst charakterisiert sich noch 2004 in seiner Autobiografie als *Architekturtheoretiker und Hochschullehrer, der sich hauptsächlich durch das Medium der Zeichnung mit Architektur auseinander setzte*[645]. Libeskinds Architekturverständnis erschließt sich daher vor allem über seine Schriften und Zeichnungen. In ihnen entwickeln sich Denkansätze, in denen auch die späteren Bauprojekte wurzeln. Da die Jahre um 1988 für ihn mit dem Übergang zum auch praktischen Schaffen einen Umbruch markieren, sind die Arbeiten aus dieser Phase besonders aufschlussreich. In ihnen konzentrieren sich seine Überlegungen.

Libeskinds Arbeiten sind in unterschiedlicher Gewichtung publiziert. Das JÜDISCHE MUSEUM BERLIN etwa fehlt als paradigmatischer Bau in kaum einer Besprechung des Architekten und ist in zahlreichen eigenständigen Veröffentlichungen präsent. Frühere Projekte wie CITY EDGE hingegen finden sich meist als kürzere Verweise in Überblickspublikationen. Aufschlussreich sind zudem verschiedene Interviews mit dem Architekten. Darüber hinaus bietet der Katalog „Radix – Matrix"[646] eine umfangreiche Sammlung zentraler Schriften sowie kommentierende Texte zu seinem Werk. Persönliche Einblicke in sein Denken eröffnet weiterhin die erwähnte Autobiografie mit persönlichen Anekdoten und Erinnerungen Libeskinds.

Um Grundlinien seines Architekturverständnisses herauszuarbeiten, kommt der Architekt im Folgenden soweit wie möglich selbst zu Wort oder in seinen Zeichnungen „zu Bild". In den Texten reflektiert er auf philosophischem Niveau, häufig in einer lyrischen, manchmal auch experimentellen Ausdrucksweise.[647] Er arbeitet mit zahlreichen Zitaten und Verweisen auf die Kulturgeschichte, die von Literatur über Philosophie bis zur Architektur- und Kunstgeschichte reichen. Dadurch sind die Schriften anspruchsvoll zu lesen. Für eine intensive Auseinandersetzung mit den Texten sei daher auf die Lektü-

---

644 | Vgl. etwa Derrida 1994.

645 | Libeskind, Breaking Ground, 2004, S. 98.

646 | Radix - Matrix 1994. Der Band wurde anlässlich der Ausstellungen „The Traces of the Unborn. Berlin-Projekte von Daniel Libeskind" im Jüdischen Museum im Berlin Museum, Martin-Gropius-Bau, Berlin (26.5. bis 31.7.1994) und „Radix, Matrix – Daniel Libeskinds Architekturen" im Museum für Gestaltung Zürich (3.9. bis 6.11.1994) publiziert.

647 | Vgl. Anm. 722. Das Bändchen FISHING FROM THE PAVEMENT etwa versammelt Schriften Libeskinds in einem lyrischen Format (Libeskind 1997).

re der Originale sowie die entsprechende Sekundärliteratur verwiesen. Die hier zitierten Belege werden auf inhaltlicher Basis zur Verdeutlichung zentraler Aspekte von Libeskinds Denkansätzen ausgewählt und vor diesem Hintergrund exemplarisch besprochen. Entsprechendes gilt auch für die zeichnerischen Experimente des Architekten. Neben den theoretischen Arbeiten werden darüber hinaus Bauprojekte beispielhaft herangezogen, insbesondere das JÜDISCHE MUSEUM BERLIN und das FELIX-NUSSBAUM-HAUS als erste realisierte Entwürfe, in denen zentrale Ideen „verräumlicht" werden. In der abschließenden Zusammenfassung wird der Blick auch auf jüngere Bauwerke gerichtet.

4.1   Libeskinds Ausstellungsbeitrag: CITY EDGE

CITY EDGE[648] entsteht 1987 als Beitrag zum IBA[649]-Wettbewerb „Stadtkante" für Wohn- und Gewerbebauten in West-Berlin (Abb. 5 a, b).[650] Das Gelände liegt am ehemaligen Potsdamer Güterbahnhofsbezirk zwischen Schöneberg und Kreuzberg in der Nähe zur Mauer. Zwar kann Libeskind die Ausschreibung für sich entscheiden, sein Entwurf wird zur Realisierung empfohlen, wie eine kleine Begleitpublikation zeigt.[651] Allerdings wird das Bauvorhaben im Zuge der politischen Ereignisse um den Mauerfall aufgegeben.[652]

In der New Yorker Ausstellung wird Libeskinds Entwurf im dritten Ausstellungsraum neben den Arbeiten von Frank Gehry vergleichsweise umfangreich präsentiert. Neben einem raumgreifenden Modell sind zwei reliefartige Modelle an der Wand angebracht. Hinzu kommen mehrere Zeichnungen. Alle sind auch im Katalog mit Abbildungen vertreten, in dem Wigley CITY EDGE verhältnismäßig ausführlich beschreibt.[653] Libeskind selbst erläutert seine zen-

---

648 | CITY EDGE, 1987, Berlin (Johnson/Wigley 1988, S. 34–45; Daniel Libeskind Projekt 1987; Libeskind 1991, S. 63–83; Radix – Matrix 1994, S. 50–55; Schneider 1994, S. 133f.; Taylor 1994, S. 139f.).

649 | Zur IBA Berlin 1984–1987 vgl. Kleihues/Klotz 1986 (zum Tiergarten v. a. S. 56–126); Internationale Bauausstellung 1987 (zum Tiergarten S. 13–15).

650 | Ziel des Wettbewerbs war es, „eine deutliche Stadtkante auszubilden und eine städtebauliche Erneuerung einzuleiten" in einem Viertel, das nach schweren Verwüstungen im Krieg nicht wieder aufgebaut worden war. Das Areal, das „einem einzigen stadträumlichen Scherbenhaufen" glich, wird näher beschrieben in Daniel Libeskind Projekt 1987, S. 6–13, Zitat S. 7; Internationale Bauausstellung 1984, S. 72f.

651 | Daniel Libeskind Projekt 1987, Zitat S. 25.

652 | Cobbers 2001, S. 21; Libeskind, Breaking Ground, 2004, S. 98. Stattdessen wird das Gelände in konventioneller Blockrandbebauung geschlossen (vgl. Schneider 1994, S. 134; Kontrapunkt 2003, o. S. 2).

653 | Johnson/Wigley 1988, S. 34.

tralen Denkansätze in einem gleichnamigen Text[654], der in New York jedoch nicht erwähnt wird; er wird im Anschluss besprochen. Ein wandhohes Metallobjekt eines weiteren Entwurfs, ALEPH WING[655], schließt die Präsentation ab. Dieses ist ein eigenständiges konzeptuelles Projekt, das weder in der Ausstellung benannt noch im Begleitkatalog abgebildet wird.[656]

Libeskinds Entwurf verbindet die charakteristische Berliner Blockbebauung und den kleinen Stadtpark „Am Karlsbad" mit einer ungewöhnlichen Baulösung. Vorgesehen ist ein langer Gebäudebalken, der sich am Verlauf der Flottwellstraße orientiert und über seine Längsseite den Blick auf eine Parkanlage freigibt. Der lineare Bau setzt sich über zwei Querstraßen hinweg und verbindet zwei Straßenblocks *zu einer städtebaulichen Struktur [...] für Nutzungen wie Wohnen, Handel oder öffentliche Aktivitäten*[657]. Am nördlichen Ende ist der Gebäudebalken im Boden verankert und liegt unter der Traufhöhe der umgebenden Bauten, am südlichen Ende wird er von versetzt zueinander angeordneten mikadoartigen Stützen getragen und ragt schräg nach oben, über die Umgebungshöhe hinaus.[658] Hier, so Wigley, „[schwebt der Bau] 10 Stockwerke hoch und [überragt] die Berliner Mauer"[659], die nur wenige Straßen entfernt verläuft. In dem so entstandenen Freiraum soll ein Fußgängerboulevard entstehen. Am südlichen Ende wird der Balken seitlich von schmaleren linearen Blöcken durchdrungen, am Nordende befindet sich eine nicht näher erläuterte kleine Baustruktur aus drei sich in einem offenen Dreieck kreuzenden „Linien". Welche architektonische Rolle für diese Bauformen vorgesehen ist, wird aus den Plänen jedoch nicht deutlich. Das Innere des Balkens ist terrassenartig mit verschiedenen Ebenen und „mit inneren Rampen, Treppentürmen und einem riesenradähnlichen Aufzugsystem" ausgestattet, wie sich aus den Entwurfszeichnungen (Isometerien und Grundrisse) erschließt;[660] es wird jedoch von Libeskind nicht beschrieben.

Wigley sieht in der Balkenform des Gebäudes eine Reaktion auf die besondere urbanistische Situation Berlins in jener Zeit, die Teilung der Stadt: „Das Projekt macht sich die Logik dieser Mauer zunutze, das gewalttätige Durch-

---

654 | Libeskind, City Edge, 1994, S. 48.

655 | ALEPH WING, 1988 (Libeskind, Stilleben, 1994, S. 56; Radix – Matrix 1994, S. 56f.; Müller 1994, S. 8f.).

656 | Der Vergleich von Raumaufnahmen aus der Ausstellung mit anderen Publikationen zeigt, dass es sich bei diesem Modell um ALEPH WING handelt. Warum es in die DECONSTRUCTIVIST ARCHITECTURE integriert, aber nicht kommentiert wird, ist nicht zu klären.

657 | Libeskind, City Edge, 1994, S. 48.

658 | Schneider 1994, S. 134.

659 | Johnson/Wigley 1988, S. 34.

660 | Forster 1988, S. 17, Zitat ebd.; Daniel Libeskind Projekt 1987, S. 25.

schneiden eines Gebiets. Der Barren ist eine Abstraktion der Mauer [...]. Aber er
untergräbt die Logik der Mauer, indem er sich emporhebt und unter sich Raum
für eine neue öffentliche Straße schafft: Er wird zu einer Vorrichtung zum
Niederreißen von Schranken, nicht zu deren Errichtung."[661] In dieser Sichtweise nimmt der Gebäudeentwurf Charakteristika einer Mauer auf, indem
er sich linear und wandartig über mehrere Blöcke hinweg erhebt, führt diese
jedoch zugleich ad absurdum, die „Mauer" wird aufgerichtet, erscheint auf
den mikadoartigen Stützen fast aufgespießt und verliert so ihre trennenden
Eigenschaften. Diese Deutung der Kuratoren ist durchaus überzeugend, allerdings nimmt Libeskind selbst in seinem Erläuterungstext keinen Bezug auf die
Mauerform, es gibt daher keine Entsprechung für diese Interpretation von Seiten des Architekten. Zudem ist die abstrakte Linie eine Grundform seines Ge-
staltens, auf die er immer wieder rekurriert, wie im Anschluss erläutert wird.

Libeskind bezeichnet das Projekt als *ein[en] Versuch [...], Maßstab und Form
für eine geteilte Stadt neu zu definieren. Es handelte sich um eine Art Wolkenkratzer,
weder eindeutig vertikal noch horizontal, der aus dem Boden emporzusteigen, über
den Straßen der Stadt zu schweben, über die Mauer hinweg zu blicken schien.*[662] Der
Architekt bezieht sich auf die besondere politisch-urbane Situation der Stadt;
so spricht er etwa von der Hoffnung auf ein *Berlin des geöffneten Himmels*[663]. Er
tut dies in einer umfassenderen Sichtweise, als im Katalog angerissen wird.
Die Kuratoren versäumen damit den Einblick in den komplexen Denkhorizont,
in den Libeskind seinen Entwurf einbettet. Stattdessen bleibt das Motiv der
Mauer oder Wand für ihre Beschreibung wesentlich. Davon ausgehend heißt
es im Katalog, dem Denkansatz der Ausstellung entsprechend, dass „[d]urch
die Zergliederung der Wand [...] auch das traditionelle Nachdenken über die
Struktur zusammen[bricht]"[664]. In der Tat lässt sich eine solche Sichtweise mit
den Entwürfen äußerlich verbinden: Libeskinds Gestaltung der Modelle und
Zeichnungen ist auffällig und für den Architekturkontext ungewöhnlich. Die
Modelle sind nicht im gängigen monochromen Weiß gehalten, sondern mit
zahllosen Papierausschnitten beklebt, auf denen Texte und Zeichnungen zu
sehen sind. Dadurch dominieren Schwarzweiß-Töne, während einige farbige
Markierungen, meist rote Linien, Akzente setzen. Auch viele der gezeichneten
Schnitte und Axonometrien der Innenansichten sind geprägt von einem visu-
ellen Formen-„Chaos", in dem sich unterschiedliche Perspektiven überlagern:
„Im Inneren herrscht ein Durcheinander von gekreuzten Ebenen, gekreuzten
Formen, Kontra-Reliefs, Windungen und verzogenen Formen." Wenn Wigley
allerdings aus der collagierten Optik der Modelle, „die übersät sind von klei-

---

661 | Johnson/Wigley 1988, S. 34.
662 | Libeskind, Breaking Ground, 2004, S. 98.
663 | Libeskind, City Edge, 1994, S. 48.
664 | Johnson/Wigley 1988, S. 34, folgende Zitate ebd.

nen Quadraten, die aus der rechtwinkligen Struktur vertrieben wurden", her- ausliest, dass dies „zu einer neuen Lesart der Unordnung innerhalb der Stadt selbst" führe, so ist dies eine formale Interpretation, wie sie von Libeskind, so viel sei vorgreifend gesagt, nicht intendiert ist. Sein Interesse gilt nicht der äußerlich-formalen Gestaltung. Vielmehr fungieren seine Modelle und Zeich- nungen als symbolische Verweise, deren komplexe Bedeutung sich im Zusam- menspiel aus Objekten und Text erschließt. Dadurch sind sie für den Betrach- ter nicht einfach zu lesen. Gerade durch diese Gestaltung wird aber bereits bei einer allgemeinen Betrachtung der Entwürfe deutlich, dass Libeskind einen anderen, eher „künstlerischen" Anspruch an seine Modelle und Zeichnungen stellt. Sie dienen nicht als „simple" Baupläne, sondern kommunizieren den Denkhorizont, der einem Projekt zugrunde liegt.

Der New Yorker Katalog stützt seine Bewertung des Projekts auf die forma- le Gestaltung der Entwürfe, ohne die theoretischen Denkansätze des Archi- tekten, wie sie sich insbesondere über den Begleittext erschließen, zu berück- sichtigen. Die Beschreibung von CITY EDGE ist damit zwar äußerlich treffend, bezieht jedoch zentrale Überlegungen Libeskinds nicht mit ein und bleibt da- durch unvollständig. In seiner Darstellung ist Wigleys Text der Sichtweise des Katalogs verpflichtet, er verfolgt eine formale Perspektive auf den architektoni- schen Entwurf und setzt wiederholt negativ konnotierte Begriffe – „zerstört", „Unordnung", „Chaos" – ein, wie sie bei allen Architektenprofilen im Katalog zu beobachten sind.

Als abschließende Deutung kommt Wigley erneut zu dem bereits zitierten Schluss, dass der Entwurf auf die „Unordnung der Stadt" ziele, die es zu stören gelte.[665] In der Tat richtet der Architekt in CITY EDGE einen besonderen Fokus auf die Auseinandersetzung mit der Stadt. Libeskind will mit der traditionellen Blockstruktur arbeiten und sie zugleich in ihren Beschränkungen überschrei- ten. Sein Ziel ist es, *einen neuen Maßstab zu setzen, und damit neue Lebensmög- lichkeiten für das Berlin von morgen zu schaffen*[666]. Inwiefern dies jedoch mit Blick auf urbane Unordnung und Chaos geschieht, ist zu überprüfen. Dadurch erhält CITY EDGE über den stadtplanerischen Aspekt hinaus eine ausgeprägte symbolische Komponente, indem sie als Verbindungskante zwischen Berlin von „gestern" und „morgen" angelegt wird.

Zum Begleittext:
Libeskinds *Erläuterung der Architekturphilosophie*

Wie die Modelle und Zeichnungen stellt auch der Begleittext weniger den eigentlichen Bauentwurf und seine technischen Details vor, sondern spannt vielmehr den Denkhorizont auf, in den das Projekt eingebettet ist. In der Aus-

---

665 | Johnson/Wigley 1988, S. 34, Zitat ebd.
666 | Libeskind, City Edge, 1994, S. 48.

drucksweise und den bildlichen Umschreibungen weist er durchaus literarische Qualität auf, ist dadurch jedoch als Projektbeschreibung für den Leser, der eine Schilderung eines Bauvorhabens erwartet, nicht ohne Weiteres zugänglich.

Nach einer knappen Beschreibung des eigentlichen Projekts folgt im Hauptteil eine *Erläuterung der Architekturphilosophie*[667], die dem Entwurf zugrunde liegt. Auch wenn diese Unterteilung ein redaktioneller Eingriff der deutschen Übersetzung ist, die im englischen Original[668] keine Entsprechung hat – hier läuft der Text ununterbrochen weiter bis zum ersten Aufzählungspunkt –, so kommt darin doch die theoretische Ausrichtung des Textes treffend zum Ausdruck. Ergänzt wird diese Einführung von sieben Punkten, die sich auf konkrete Referenzpunkte im Lageplan des Entwurfs beziehen.

Zu Beginn verortet der Architekt City Edge in einem umfangreich aufgespannten Gesamtkontext Stadt, die weniger als eine Ansammlung von Gebautem, sondern als Komplex historisch geprägter Kultur im Wortsinne beschrieben wird: *Stadtpläne und Landkarten sind die Gedächtnisbücher der Welt.*[669] Stadt begegnet hier als gewachsener Ort, der seine Vergangenheit, seine Geschichte und Erinnerungen in den Grundriss eingeschrieben in sich trägt. Damit tritt neben den geografisch fassbaren Grundriss ein ideeller, der sich gleichsam in das urbane Fundament eingegraben und darin seine Spuren hinterlassen hat.

In diesem Sinne bedecken Papierfragmenten die Modelle – *[s]ehr dünnes Papier, Bibeldruckpapier, Seidenpapier, die Papiere, auf die Geld und Telefonbücher gedruckt werden, die Papiere, auf die Architekten zeichnen.* Sie sind gleichsam Spuren verschiedener Informationsträger. Die Objekte erhalten einen palimpsestartigen Charakter, die Collagierung ist sinntragend. Im Gesamtmodell „Cloud Prop"[670] etwa fällt auf, dass es nur die Umgebungsräume sind, die mit Papierfragmenten aus einem Architekturbuch aus dem 18. Jahrhundert collagiert werden, während sich das neu entworfene Gebäude durch eine dunklere Farbgebung mit freien geometrischen Formen davon abhebt: Der neue Bau wird in einen von zahlreichen Bedeutungen „überschriebenen" Stadtraum eingegliedert, in dem das Gebäude eine neue Information darstellt. Der Untergrund, auf dem der Gebäudebalken steht, ist mit dunklen Ausschnitten von Libeskinds Originalzeichnungen bedeckt, die an Micromegas[671] erinnern.

---

667 | Libeskind, City Edge, 1994, S. 48.

668 | Vgl. etwa Libeskind 1991, S. 65.

669 | Libeskind, City Edge, 1994, S. 48, folgendes Zitat ebd.

670 | Radix - Matrix 1994, S. 49.

671 | Da mit Reproduktionen gearbeitet wird, ist dieser Schluss eine Annahme unter Vorbehalt. Zu den MICROMEGAS mehr im anschließenden Kapitel.

Mit einem bildhaften Verweis – *das zerrissene Papier, das sich auf seine Odyssee den Liffey hinabbegibt*[672] – spielt Libeskind auf James Joyce an.[673] Durch diese Referenz spannt er einen gedanklichen Kontext auf, in dem sich die Entwurfsgestaltung entfalten kann, ohne weiterer Erläuterungen zu bedürfen. Joyces nur schwer lesbare Werke bieten kein linear zugängliches Verständnis, sondern eröffnen eine Vielzahl möglicher Interpretationsansätze. Vor allem „Finnegan's Wake" ist geprägt von Wortbildungen, die Elemente unterschiedlicher Sprachen frei kombinieren. Der irische Autor arbeitet mit linguistischen ebenso wie mit inhaltlichen Fragmenten, es gibt keinen kohärenten Handlungsstrang, sondern ein Sammelsurium miteinander vermischter Einzelgeschichten. Unter diesen Vorzeichen sind auch die Entwürfe für CITY EDGE zu lesen. Die nur formalistische Deutung des Äußeren des Entwurfs im New Yorker Katalog setzt damit zu kurz an.

Die historische Perspektive auf die städtische Umgebung Berlins wird zum Ausgangspunkt des Entwurfs der CITY EDGE: *Unter der Oberfläche findet die Stadt ihr eigenes schizoides Gedächtnis*[674], das sie durch Abschottung zu schützen versucht. Das Vergangene kann jedoch nicht einfach verdrängt werden, *kann weder ausradiert noch verborgen werden*, so Libeskind. Daher reagiere sein Entwurf auf die Geschichte des Baugeländes, das in den Bereich fällt, der in der jüngeren Vergangenheit Berlins von Albert Speer für die nicht realisierte Nord-Süd-Achse des nationalsozialistischen Germanias vorgesehen war.[675] An dieser Achse orientiert sich die Ausrichtung des CITY EDGE-Balkens. Libeskinds Gebäudeblock nimmt die komplexe historische Situation des vorgefundenen Baugeländes ernst, *[i]ndem er unbebaubare Bereiche öffnet, die direkt bis in die Fundamente reichen*. Der Neubau tritt nicht einfach an die Stelle der alten Bebauung, überdeckt nicht, sondern lässt eine Lücke offen, in der öffentlicher Raum geschaffen wird.[676] Dadurch *entsteht in der Leere des Platzes ein archimedischer Punkt*, ein Dreh- und Angelpunkt, ein buchstäblicher Wendepunkt in der Geschichte, auf den CITY EDGE ausgerichtet ist. Vorgeschlagen wird dafür ein

---

672 | Libeskind, City Edge, 1994, S. 48.

673 | Kontrapunkt 2003, o. S. 2. Libeskind verweist häufig mit Zitaten und Anspielungen auf bekannte Autoren und ihre Denkansätze. So finden sich im Text zu CITY EDGE noch Hinweise auf Walter Benjamin und Mies van der Rohe (vgl. Anm. 677). Diese führen jedoch über den vorliegenden Rahmen hinaus.

674 | Libeskind, City Edge, 1994, S. 48, folgende Zitate in diesem Absatz ebd.

675 | Schneider 1994, S. 134.

676 | Damit wendet sich Libeskind auch gegen das zu jener Zeit vorherrschende Bauen in Berlin, das er kritisiert, etwa in Brausch/Libeskind 1995, S. 130.

Denkmal an Mies van der Rohe im angrenzenden Parkgelände.[677] Hier laufen die zentralen Linien des Entwurfs zusammen, es entsteht eine Kreuzung, *ein Kreuzweg, der sich in den Himmel schreibt.* Die „ziellosen, gekreuzten Linien"[678] im Entwurf sind damit nicht beliebig ausgerichtet, wie Wigley schreibt, sondern folgen einem abstrakten System.

In Libeskinds bildlicher, fast poetischer Ausdrucksweise vom in den Himmel weisenden Gebäude zeigt sich eine weitere zentrale Komponente seiner Architekturphilosophie. Neben die Historie, deren Fragmente sich im Stadtgrundriss abzeichnen, tritt der Blick auf die Zukunft: *Überreste haben sich erhalten für die Zukunft.*[679] Die Stadtkante ist nicht nur Bruchstelle, an der sich die Vergangenheit bricht, sondern auch *Achse der ewigen Hoffnung,* an der die städtischen Fragmente *neu einander zugeordnet werden.* Daher strebt *die harte Kante [der* City Edge*] in die Tiefe des Himmels,* wie Libeskind die Hoffnung auf ein wiedervereintes, ein *Berlin des geöffneten Himmels* umschreibt (welches in der Tat kurze Zeit später eintreten sollte). Er verortet City Edge als „Entwurf einer Stadtvision"[680] zwischen sichtbaren und unsichtbaren Spuren der Vergangenheit und dem Blick in die Zukunft, zwischen Erinnerung und Hoffnung.

In diesem Spannungsfeld bewegt sich die Architektur des Entwurfs, die hier *von unten nach oben bau[t] und nicht umgekehrt*[681], nicht von oben übergestülpt wird, sondern vom vorhandenen „Grund" in seiner gesamten materiellen ebenso wie ideellen Komplexität ausgeht. Dadurch erweist sich das Projekt für Libeskind auch *als Stätte, an der Architektur zu sich selbst findet als Anfang am Ende.* Damit wird die Frage nach den Möglichkeiten der Architektur angeschnitten, der er in seinem Schaffen wesentlich nachspürt.[682]

In diese Richtung weist auch das theoretische Projekt Aleph Wing, das sich als Denkfigur präsentiert. Das Modell zeigt einen von Linien durchzogenen flachen Metallkeil, geformt wie ein gleichmäßiges langgezogenes Parallelogramm, der über dem Grund schwebt. Er wird begleitet von dem Text Stilleben mit roten Prophezeiungen, der beispielsweise in der Sammelpublikation „Countersign" im Kontext von City Edge präsentiert wird.[683] Auch

---

677 | Mies van der Rohe hat vorübergehend Am Karlsbad 24 ein Atelier unterhalten (Forster 1988, S. 17). Vgl. auch das Modell „Never is the Center", 1988, als Hommage an Mies van der Rohe (Radix – Matrix 1994, S. 55).

678 | Johnson/Wigley 1988, S. 34.

679 | Libeskind, City Edge, 1994, S. 48, folgende Zitate ebd.

680 | Forster 1988, S. 17.

681 | Libeskind, City Edge, 1994, S. 48, folgende Zitate ebd.

682 | Aus dem Rahmen des Berliner Projekts heraus erklären sich Libeskinds Überlegungen zu dieser Frage jedoch nicht; sie werden daher im Folgenden näher erläutert.

683 | STILLEBEN MIT ROTEN PROPHEZEIUNGEN/STILL LIFE WITH RED PREDICTIONS, 1989 (Libeskind 1991, S. 67; Libeskind, Stilleben, 1994, S. 56; Libeskind 1995, S. 89f.)

dieser komplexe Text kommentiert nicht die formale Gestaltung, sondern eröffnet und vertieft den Denkhorizont, in dem sich (nicht nur) Libeskinds Berliner Projekte dieser Zeit bewegen: *Der letzte Buchstabe der ersten Geschichte*
muß der erste Buchstabe der letzten Geschichte gewesen sein [...].[684] Das „Aleph"
als erster Buchstabe des hebräischen Alphabets kann als Verweis auf den von
Libeskind propagierten symbolischen neuen Anfang, die Hoffnung auf eine
neue Gestaltungsweise gelesen werden[685] – sei es in der wiedervereinten Stadt
Berlin, sei es in der Architektur selbst. In diesem Sinne gibt es auch in CITY
EDGE ein Detail, das als „Aleph" bezeichnet wird.[686] Das Bild des Flügels und
des Fliegens wiederum, das ALEPH WING charakterisiert, findet sich in mehreren Projekten wieder, nicht zuletzt auch im schräg aufstrebenden Gebäudebalken von CITY EDGE.[687]

4.2   Libeskinds Architekturverständnis

Die Besprechung von CITY EDGE hat verschiedene Aspekte aufgezeigt, die charakteristisch sind für Libeskinds Architekturverständnis. Sie geben Einblick
in seine Arbeitsweise sowie in den Anspruch, den er an die Baukunst richtet.
Aufgefallen sind die ausgeprägte Betonung des Linearen sowie die ungewohnte
Gestaltungsweise von Modellen, Zeichnungen und Erläuterungstext. Diese ist
ebenso näher zu beleuchten wie die Frage nach der Bedeutung des Zeichnens
für den Architekten. Deutlich wurde auch, dass Libeskinds Entwerfen eine
intensive Auseinandersetzung mit dem vorgefundenen Ort bedeutet. Zudem
hat sich ein Spannungsfeld von Vergangenheit und Zukunft, Erinnerung und
Hoffnung eröffnet, in das der Entwurf eingebunden ist.
   Im Folgenden wird zunächst die Theoriefindung Libeskinds als Ausgangspunkt für sein Denken fokussiert. Welche Fragen motivieren ihn, welchen

---

684 | Libeskind, Stilleben, 1994, S. 56.

685 | Libeskind kommentiert etwa im Text THE ALEPH BEFORE THE BEIT, 1996, die Be-
deutung des Alephs in der jüdischen Kultur (vgl. Libeskind 2001, S. 19f.)

686 | Vgl. die Abbildung in Libeskind 1995, S. 75; das Detail einer Spirale erinnert an
Tatlins Turm.

687 | ALEPH WING selbst wird in Libeskinds Entwurf für die Neugestaltung des Pots-
damer Platzes, OUT OF LINE (OUT OF LINE, POTSDAMER/LEIPZIGER PLATZ, Berlin, 1991
(vgl. Anm. 769) im Stadtraum konkretisiert. Hier wird ALEPH WING zum „sinnstiftende[n],
humanitäre[n] Hoffnungszeichen", das zugleich aus der Vergangenheit schöpft und den
zuversichtlichen Blick in die Zukunft wagt, in dem „die Vielfalt der menschlichen Le-
bensformen, Kulturen und Religionen nicht ‚aufgehoben', zu einem unmöglichen Einen
verschmolzen werden, sondern [...] in ihrer Vielfalt [...] bewahrt werden" (Müller 1994,
S. 8, Zitate ebd.).

Themen geht er nach? Da er lange als Architekturtheoretiker tätig war, sind hierfür insbesondere seine Schriften sowie seine frühen *Architektur-Zeichnungen*[688] aufschlussreich. Nachdem sein Verständnis von Architektur erarbeitet worden ist, wird es möglich zu untersuchen, wie dieses in Projekten umgesetzt wird. Als Beispiele werden hierfür die frühesten realisierten Bauten herangezogen, in denen sich Libeskinds charakteristische Denkansätze konzentrieren. So können die Facetten, die sich bei CITY EDGE exemplarisch abgezeichnet haben, in den theoretischen Gesamtkontext eingebettet werden.

Libeskinds Kritik an der gängigen Baupraxis (1): Das *Problem der Architektur*

In den 1980er-Jahren verfasst Libeskind zahlreiche Schriften, in denen er seine zentralen Thesen auf hohem philosophisch-theoretischen Niveau erörtert. Besonders konzentriert kommen seine Gedanken in Texten zum Ausdruck, die in der Zeit der Gründung des ARCHITECTURE INTERMUNDIUM[689] entstanden sind. Dieses alternative Architekturinstitut ruft Libeskind 1986 in Mailand als kritische Reaktion auf das zeitgenössische Architekturgeschehen und insbesondere den Lehrbetrieb ins Leben mit dem Ziel, seine konzeptuellen Denkansätze praktisch umzusetzen.

Ausgangspunkt seiner Kritik ist Libeskinds Beobachtung, dass das zeitgenössische Schaffen zu einer mechanisierten Bau-Lehre geworden sei.[690] Er macht zwei zentrale Tendenzen aus, die die Baupraxis um 1980 bestimmen: zum einen die technokratische Herangehensweise, die das Bauen auf den Einsatz und die *ultimative[] Beherrschung der Technik* reduziert, zum anderen die historistische Schule, die die Architektur *als eine autonome, selbst-referentielle Disziplin* qualifiziert, die ausschließlich innerhalb ihrer eigenen Tradition wirkt.[691] Beide Richtungen bewegen sich in einem festgesteckten rhetorischen Rahmen, der nicht hinterfragt werde, kritisiert Libeskind. Man setze sich nicht mehr mit den Möglichkeiten des Bauens auseinander, sondern produziere Gebäude wie funktionale Konsumgüter. Dadurch gehe der Blick für die komplexe

---

688 | Zur Schreibweise vgl. Anm. 714.

689 | Das ARCHITECTURE INTERMUNDIUM zieht Studenten aus aller Welt an; Libeskind selbst kommuniziert seine Gedanken bei Vorträgen weltweit. Es besteht bis 1989, als Libeskind seinen Sitz nach Berlin verlegt (Libeskind, Breaking Ground, 2004, S. 94, 103; Radix – Matrix 1994, S. 184).

690 | Für die im Folgenden konzentriert aufgeführten Kritikpunkte Libeskinds vgl. v. a. Libeskind, Ein offener Brief, 1994, S. 177f.; Libeskind, Symbol, 1994, S. 174–177 sowie die Erläuterungen in Kraft 2012, S. 97–104. Exemplarisch sei auf das Gespräch Libeskinds mit Brausch verwiesen, in dem der Architekt die Berliner Planungen nach dem Mauerfall kritisiert (Brausch/Libeskind 1995).

691 | Libeskind, Symbol, 1994, S. 176, Zitate ebd.

Bedeutung des Bauens verloren, es werde nicht mehr nachgedacht über die Architektur an sich, über ihre Grundlagen und ihre kulturelle Dimension. Das *Problem der Architektur* gerate in Vergessenheit – mehr noch, das Bewusstsein, dass ein solches überhaupt bestehe, schwinde.[692]

Als *Problem der Architektur* umschreibt Libeskind die Frage nach Sinn und Aufgabe seines Faches, *die Frage nach Funktion, Programm und Beziehung zwischen Planung und architektonischer Form*[693]. Er verweist darauf, dass die Architektur auf eine lange Tradition als geisteswissenschaftliche Disziplin zurückblickt.[694] Seit der Renaissance stehen Architektur und Architekturtheorie in einer Wechselbeziehung und sind seither kaum mehr getrennt voneinander zu denken. Heute jedoch haben die Architekten *die Beteiligung an der Sophia verloren*[695], schreibt Libeskind. Durch die Kommerzialisierung werde das Bauen zum Gebrauchsgegenstand reduziert, den komplexen Möglichkeiten des Nachdenkens über Architektur begegne man gleichgültig. Stattdessen werden formale Eigenschaften der Architektur für diese selbst gehalten, ihr kulturhistorischer Kern, ihre Bedeutung als raumschaffende Disziplin werde nicht mehr erfasst. Dadurch komme es zu identitätslosen Bauten, die nur noch Hüllen für ihre Bewohner seien: *Räume, wo der Inhalt vom Ort getrennt werden kann, wo jedes Ding isoliert steht [...]*[696]. Damit führe die Technologisierung des Bauens zu einem *Endzustand* der Architektur, dessen Ursache und Symptom sie gleichermaßen sei.[697] Diese Thematik wurde schon bei der Besprechung von CITY EDGE angeschnitten.

Diese Haltung schlägt sich auch in der Ausbildungspraxis nieder, der Libeskind die umschriebene Gleichgültigkeit und Verflachung besonders vorhält: *Die Schule ist zu einem Instrument geworden, das die Architekturstudenten davon abhält, das Wissen zu erwerben, das es ihnen ermöglichen würde, die fundamentale Frage der Architektur zu artikulieren [...].*[698] Während in anderen Disziplinen, etwa in der Sprachanalyse, *höchst sensible Verfahrensweisen* der Diskussion entwickelt worden seien, seien diese im Bereich des Bauens *völlig unzureichend*.[699]

692 | Libeskind, Ein offener Brief, 1994, S. 177, Zitat ebd.; vgl. auch Bates/Libeskind 1996, S. 19.

693 | Brausch/Libeskind 1995, S. 134.

694 | Vgl. Libeskind, Symbol, 1994, S. 174; Libeskind, Ein offener Brief, 1994, S. 177; Kraft 2012, S. 99-103.

695 | Libeskind, Ein offener Brief, 1994, S. 177.

696 | Libeskind, Symbol, 1994, S. 176.

697 | Vgl. Libeskind, Architecture Intermundium, 1994, S. 153, Zitat ebd.; Libeskind, Countersign, 1994, S. 163.

698 | Libeskind, Ein offener Brief, 1994, S. 178.

699 | Vgl. Libeskind, Fragmente, 1994, S. 151, Zitate ebd.

Dies will Libeskind ändern, denn *[d]ie Architektur [...] darf sich niemals zu dem von den Technokraten anvisierten Produkt des bloßen Nutzens degradieren lassen*[700]. Architektur soll wieder mehr sein denn bloß utilitaristisch-formalistisches Errichten von Gebäuden. Sie soll wieder als Baukunst in ganzer Konsequenz gedacht werden, die tief im kulturellen Kontext verwurzelt ist und deren Sinn und Bedeutung sich nicht im Materiell-Sichtbaren erschöpft. In diesem Sinne soll und kann sich ein Architekt, nach Libeskind, als Baukünstler mit dem *Problem der Architektur* auseinandersetzen und nicht nur pragmatische, sondern umfassende Überlegungen über die Bedeutung seiner Disziplin anstellen. Libeskind rekurriert damit neben der materiellen Präsenz des Gebauten auch auf die immaterielle Dimension der Architektur.

Es wird offensichtlich, dass Libeskind eine formale Herangehensweise an die Architektur ablehnt. Eine formal-ästhetische Beurteilungsperspektive, wie sie der New Yorker Katalog verfolgt, wird seinem Denkansatz daher nicht gerecht. Aus diesem Grund muss der Architekt eine Einschätzung und Präsentation in einer Ausstellung auf dieser Basis ablehnen.[701] Darüber hinaus sieht Libeskind auch die Gefahr der Formulierung eines Stils, die eine solche formale Einschätzung birgt: *Der teuflische Kreislauf der Stile bezeugt, daß inmitten des maßlosen und hektischen Vermessens und Berechnens von Objekten die Grundlagen in Vergessenheit geraten sind.*[702] Gerade im 20. Jahrhundert schließe es sich eigentlich aus, *noch irgendeinem „-ismus" [zu] huldigen*[703]. Epocheneinteilungen versteht er im Sinne sich wiederholender Tendenzen, weniger als in sich geschlossene Abschnitte. Seine eigenen historischen Vorbilder beeinflussen ihn nicht als Stilformen, sondern in ihrer grundsätzlichen Beschäftigung mit dem Bauen.[704] Er selbst bezeichnet sich als *Traditionalisten[, denn n]ichts kommt aus sich selbst, alles hat seine Wurzeln*[705].

Somit trifft auch eine ausschließliche Rückführung seines Schaffens auf den russischen Konstruktivismus, wie sie Wigley und Johnson formulieren, nicht zu, obwohl Libeskind sich nachweislich mit Vertretern dieser modernen Strömung beschäftigt. Er bezeichnet etwa einen Teil von City Edge als „Cloud Prop", eine Referenz auf El Lissitzkys Wolkenbügel[706]. In diesem findet sich

---

700 | Libeskind, Ein offener Brief, 1994, S. 178.

701 | Brausch/Libeskind 1995, S. 136; vgl. auch Bates/Libeskind 1996, S. 29.

702 | Libeskind, Symbol, 1994, S. 175 (hier allgemein formuliert ohne Bezug zur New Yorker Ausstellung).

703 | Libeskind, Breaking Ground, 2004, S. 56.

704 | Vgl. Kraft 2012, S. 102f.; Rodiek 1999 S. 34f.; Dorner 1999, S. 55f.

705 | Libeskind, Potsdamer Platz, 1994, S. 149.

706 | Mit dem Entwurf des Wolkenbügels entwickelt El Lissitzky in der Zeit von 1923 bis 1925 eine neuartige Form des Büro„hoch"hauses, das sich – in Antithese zum kapitalistischen amerikanischen Skyscraper – in die Horizontale erstrecken sollte und

zudem mit dem spiralförmiges Detail „Aleph" eine Reminiszenz an Tatlins Turm.[707] Auch die Gestaltung mit „gekippten Hebel[n] und gekreuzten Stangen [...] erinner[t] an konstruktivistische Motive", wie Taylor festhält.[708] Trotz dieser „formale[n] Verwandtschaften" unterscheiden sich die russischen Konstruktivisten und Libeskind in ihren inhaltlichen Ansätzen deutlich.[709] Der Architekt selbst kommentiert diese Inspiration nicht weiter.

Darüber hinaus finden sich in Libeskinds Werk keine Hinweise darauf, dass eine exklusive Beschäftigung mit der russischen Avantgarde, wie sie von den New Yorkern propagiert wird, stattgefunden hat.[710] Vielmehr zitiert er umfassend und häufig unterschiedliche Quellen der abendländischen Kultur, die von Architekturtheorie und Kunstgeschichte über Philosophie bis zu Literatur reichen. Der Verweis auf James Joyce wurde bereits kommentiert. In diesem Sinne liegt es auch für das Zitat des „Cloud Prop" nahe, weniger konkrete inhaltlich-formale Referenzen anzunehmen denn das Aufspannen eines Denkhorizonts.

Seine Beobachtungen zum *Problem der Architektur* werden für Libeskind zum Ausgangspunkt, die Versäumnisse der von ihm kritisierten Architekturtheorie aufzuarbeiten. Ziel ist es, „den in technisiertem Denken erstarrten Zustand der Architektur zu enthüllen, um zu den Grundlagen dieser Disziplin zu finden und so einen neuen Ausgangspunkt zu schaffen"[711]. Dieses Vorhaben geht er mit Hilfe von *Architektur-Zeichnungen* an.

Die *Architektur-Zeichnung*: Die Linie als neutrale Entwurfsform

Das Zeichnen nimmt eine zentrale Position in Libeskinds Entwurfsprozess ein. *[D]er physische Akt des Zeichnens mit der Hand ist*, so schreibt er, *ein wichtiger Bestandteil des architektonischen Prozesses*[712], über den sich zentrale Einsichten gewinnen lassen. Seine Kritik an der Technisierung des Bauens erstreckt sich daher auch auf die Entwurfspraxis selbst: Die Bedeutung des Zeichnens werde nicht mehr erkannt, man sehe nicht mehr die grundlegende Bedeutung der Verbindung von Entwurf und Bau, stattdessen verkomme das zeichnerische Entwerfen zum standardisierten Verfahren, das nur noch *schlichtes tech-*

---

als bewusst eingesetztes Element der Stadtgliederung gedacht war (El Lissitzky 1977, S. 80–83; Bürkle 1991, v. a. S. 46).

707 | Vgl. Anm. 686; Libeskind 1995, S. 75.

708 | Taylor 1994, S. 139, Zitat ebd.

709 | Rodiek 1999, S. 34, Zitat ebd.; Eisenman 1991, S. 120f.

710 | Rodiek 1999, S. 45.

711 | Kraft 2012, S. 103.

712 | Libeskind, Breaking Ground, 2004, S. 258.

nisches Beiwerk sei.[713] Diese Art der Bauzeichnung, die als bloße Bauanleitung fungiert, unterscheidet Libeskind von der *Architektur-Zeichnung*[714] als einer Zwischenstufe zwischen Theorie und Praxis, in der man *über den materiellen Träger (das Zeichen) hinaus in die innere Wirklichkeit einer Zeichnung [vordringen]* könne. Daher entwickelt er seine Lösung des *Problems der Architektur* über die zeichnerische Auseinandersetzung.

Diese besondere Position der Entwurfszeichnung wurde bereits am Beispiel von City Edge deutlich: Aus dem Zusammenspiel von Zeichnungen, Modellen und Verfassertext eröffnet sich hier ein umfassender Denkhorizont, in den das Projekt eingebettet ist. Anders als bei herkömmlichen Bauzeichnungen stehen nicht die Informationen über die Baudetails im Zentrum, sondern die inhaltliche Einbettung des Gebäudes in einen Gesamtkontext. *Architektur-Zeichnungen* und Modelle als plastische Umsetzung des Gezeichneten werden zu Kunstwerken, zu eigenen Bedeutungsträgern.[715]

Bereits in den Micromegas[716], eine seiner frühesten Serien[717], versucht Libeskind, eine *innere Wirklichkeit*[718] hinter dem Dargestellten aufzuspüren. In den zehn Tuschezeichnungen begegnet dem Betrachter ein Geflecht aus unterschiedlich geformten Linien und Flächen: „Ein Gewirr aus perspektivisch-geometrischen Formen tut sich auf, die an konstruierte architektonische Elemente erinnern. Das Auge kann jedoch keine wirklich selbständigen Fragmente fassen, zahllose Perspektiven verschieben sich ineinander, gegeneinander, übereinander. Alles ist miteinander verflochten, wirkt sinnleer, nutzlos."[719] Libeskind arbeitet mit bekannten geometrischen Elementen, wie sie in der

---

713 | Vgl. v. a. Libeskind, End-Raum, 1994, S. 12, Zitate in diesem Absatz ebd.; Kraft 2012, S. 104-111.

714 | Die deutsche Übersetzung verdeutlicht den Unterschied der Architekturzeichnung im herkömmlichen Sinne gegenüber Libeskinds Verständnis durch die Schreibweise *Architektur-Zeichnung* (Libeskind, End-Raum, 1994, S. 12).

715 | Libeskinds unkonventionelle Entwürfe, die für Betrachter nicht ohne Weiteres zu lesen sind, werden von Kritikern häufig auch als Extravaganzen abgelehnt (vgl. Kraft 2012, S. 61).

716 | MICROMEGAS. THE ARCHITECTURE OF END SPACE, 1978, je 5 Tuschezeichnungen im Hoch- und Querformat, 92 x 66 cm (Symbol/Micromegas 1981, S. 55-91; Libeskind 1991, S. 13-35; Libeskind, Micromegas, 1994, S. 12-18; Cobelo 1996, S. 33-35). Der Titel geht auf eine gleichnamige Kurzgeschichte von Voltaire zurück, es finden sich aber keine näheren Angaben Libeskinds dazu (Kraft 2012, S. 105-108; Rodiek 1999, S. 40).

717 | Einen Überblick über Libeskinds *Architektur-Zeichnungen* bietet Libeskind 1981.

718 | Libeskind, End-Raum, 1994, S. 12.

719 | Kraft 2012, S. 105; vgl. auch Müller 1994, S. 6; Kontrapunkt 2003, o. S. 4.

Architekturformensprache zum gängigen Ausdrucksmittel geworden sind. Sie stehen als „Chiffren" für bestimmte Bauteile.[720] Diese ordnet er allerdings anders an: Die Kombination folgt nicht der gewohnten Ordnung, sondern wird vermischt. Ansichten überlagern sich, Perspektiven werden verschoben. Libeskind löst die bekannten architektonischen Zeichen aus ihrem gewohnten Gebrauchskontext, abstrahiert sie und setzt sie neu und anders ein.[721] Aus den grafischen „Zeichen für" etwas werden „Zeichen", die auf nichts verweisen und für sich selbst stehen.[722] So werden in den MICROMEGAS Ansätze von multidimensionaler Räumlichkeit sichtbar, die sich jedoch nicht in gewohnte Kategorien einordnen lassen. Wenn CITY EDGE auf collagierten Details der MICROMEGAS aufbaut, so ist Libeskinds Botschaft hier deutlich: Entwickelt wird ein Entwurf, der auf neuen, anderen Gestaltungsgrundsätzen basiert.

Der Architekt umschreibt seine Arbeitsweise als einen phänomenologischen *„Reinigungsprozeß"*[723], in dem die herkömmlichen architektonischen Gestaltungsformen von ihrem festgelegten Bedeutungsinhalt befreit werden mit dem Ziel, zu einem *Vor-Verständnis[] von Formen*[724] zu gelangen. Dabei interessiere ihn, so Libeskind, *die grundlegende Beziehung zwischen der Intuition*

---

720 | So stehen etwa Linien unterschiedlicher Stärke für verschiedene Wandmaterialien, während Rechtecke und perspektivische Verschiebungen Flächen und Gebäudeaufrisse symbolisieren (vgl. Kraft 2012, S. 106).

721 | Libeskind verdeutlicht seine Vorgehensweise am Beispiel der Musik, die für ihn mehr ist als die Summe von Tönen. In diesem Sinne ist auch die *Architektur-Zeichnung* mehr als eine Abfolge geometrischer Formen: Grafische Elemente machen noch nicht das räumliche Ganze aus. „Gelingt es, die Töne aus den üblichen Kompositionsschemata herauszulösen und für sich klingen zu lassen, so können sie zu neuen Melodien zusammengesetzt werden. Dasselbe versucht Libeskind in seinen Zeichnungen zu erreichen" (Kraft 2012, S. 106f.).

722 | Eine ähnliche Vorgehensweise findet sich auch in Libeskinds Text-Experimenten: Hier werden Wörter ohne Rücksicht auf ihre Bedeutung „angehäuft". So entstehen sinnlose, aber verständliche (weil aus Wörtern bestehende), zugleich aber auch unverständliche (weil aus zusammenhanglos nebeneinandergestellten Wörtern bestehende) Texte. Die konsequente Weiterführung dieser Idee führt zu sinn-leeren Wort-„Zeichen", deren Bedeutung nicht mehr zu verstehen ist (vgl. etwa FISHING FROM THE PAVEMENT, 1990, und THE FOUR TEXTS, 1989 (Radix – Matrix 1994, S. 165–170 bzw. S. 179–182) oder BERLIN ABSOLUT, 1988, (Libeskind 1988, S. 168f.). Zu Libeskinds Text-Experimenten vgl. auch Taylor 1994, S. 137.

723 | Libeskind, End-Raum, 1994, S. 12.

724 | Libeskind, End-Raum, 1994, S. 13. Geprägt wurde der Begriff des Vorverstehens/Vorverständnisses von Martin Heidegger als philosophischer Terminus zur Bezeichnung eines unbewusst vorhandenen Vor-Urteils über Dinge, das bereits durch das In-der-Welt-sein der Menschen zustande kommt (vgl. Kraft 2012, S. 110f., Anm. 337).

geometrischer Struktur – wie sie sich auf einer vorobjektiven Erfahrungsebene zeigt – und die Möglichkeit der Formalisierung, die versucht, die Intuition auf eine objektive Ebene zu übertragen[725].

Diese Methode der abstrahierenden Verfremdung, die zum grundlegenden methodischen Repertoire Libeskinds zählt, weist Parallelen zum de-kon-struktiven Verfahren auf:[726] Er „abs-trahiert" im wörtlichen Sinne, indem er den Kern, die *strukturelle[] Essenz*[727] eines grafischen Zeichens herauslöst und die Formen-Chiffren für sich sprechen lässt. Diese werden für sich wahrgenommen und verweisen nicht mehr als Platzhalter auf einen Gegenstand oder ein räumliches Element. Aus diesen reduzierten architektonischen Grundformen bildet der Architekt die Kompositionen der MICROMEGAS, die die herkömmliche Raumvorstellung an ihre Grenzen führen. Es bilden sich andere Arten der architektonischen Ordnung, andere mögliche Realitäten. Das „Formenchaos", das die New Yorker Kuratoren im Entwurf von CITY EDGE beobachten, basiert damit nicht darauf, urbanes Chaos abzubilden, sondern zielt im Gegenteil auf den Versuch, neue gestalterische Ordnungsformen zu finden. Indem Libeskind über den *Endzustand* der von ihm kritisierten Architekturpraxis nachsinnt, gelangt er zu einem neuen, anderen Ausgangspunkt des Nachdenkens über Baukunst und ihre Möglichkeiten.

In den CHAMBER WORKS[728], einer weiteren Serie aus je vierzehn horizontalen und vertikalen Tuschezeichnungen, werden diese Beobachtungen weitergeführt.[729] Sind in der ersten die abstrahierten Architekturzeichen zwar verfremdet, aber noch als architektonische Formen erkennbar, so werden sie in den CHAMBER WORKS zu reinem „Liniengewirr". In den in der Bildmitte zentrierten Bildfeldern formen sich Geflechte aus geometrisch wirkenden Strichen, unterschiedlich starken Linien und krakeligen Schraffuren, die nichts darstellen und auf nichts verweisen. Diese Reduktion führt Libeskind von Bild zu Bild konzentrierter aus. Das Liniengewirr rückt enger zusammen, es bilden sich zunehmend schmaler werdende Streifen, bis sie eine (durch)brochene Linie formen, deren gezeichneter Inhalt sich nur noch erahnen lässt. Die Verdichtung abstrahierter architektonischer Chiffren führt Libeskind zur dimensionslosen Linie, die nichts repräsentiert und frei von Assoziationen ist.[730] Sie wird zum Ausgangspunkt, auf und mit dem neu gestaltet werden kann.

---

725 | Libeskind, End-Raum, 1994, S. 12.

726 | Vgl. auch Dorner 1999, S. 42f.

727 | Libeskind, End-Raum, 1994, S. 13.

728 | CHAMBER WORKS. ARCHITECTURAL MEDITATIONS ON THEMES FROM HERACLITUS, 1983, 28 Tuschezeichnungen, 56 × 76 cm (Libeskind 1983; Libeskind, Chamber Works, 1994, S. 18-33; Libeskind 1991, S. 109-131).

729 | Kraft 2012, S. 108, Anm. 329; Kipnis 2001, S. 11f.

730 | Müller 1994, S. 6; Taylor 1994, S. 138; Kontrapunkt 2003, o. S. 4.

Zwar äußert sich der Architekt nicht zur Bedeutung der Linie für sein Schaffen und ihrer formalen Herleitung, sie erweist sich jedoch als Leitthema zahlreicher Entwürfe.[731] Während die Zeichnungen von CITY EDGE in ihrer teils multiperspektivischen Gestaltung an MICROMEGAS erinnern, sind die Ähnlichkeiten mit den CHAMBER WORKS in anderen Arbeiten noch offensichtlicher, etwa in ÜBER DEN LINDEN[732], einem theoretischen Konzept, dessen Gestaltung sich ebenfalls auf eine lineare Form konzentriert.

Über die intensive zeichnerische Beschäftigung hat Libeskind einen neutralen Ausgangspunkt entwickelt, von dem aus er seine Lösung des *Problems der Architektur* konkret angehen kann. Deutlich geworden ist die besondere Bedeutung, die das Zeichnen als Entwurfsakt für ihn hat – hier ähnelt seine Arbeitsweise Gehry, dessen Arbeitsprozess ebenfalls wesenhaft auf dem manuellen Erarbeiten seiner Projekte basiert. Allerdings unterschieden sich die Herangehensweise der beiden Architekten wesentlich, denn anders als Gehry verfolgt Libeskind einen ausgeprägten theoretischen Denkansatz.

Durch die De-Kon-Struktion[733] architektonischer Formchiffren, die aus ihrem tradierten Bedeutungsrahmen herausgelöst und auf „vor-symbolische" Zeichen reduziert werden, und ihrer Kombination zu anderen Raumdarstellungen jenseits gewohnter Ordnungen eröffnen Libeskinds *Architektur-Zeichnungen* neue Wahrnehmungsmöglichkeiten. So gelangt er „zu einem Vor-Verständnis des Wesentlichen der architektonischen Zeichnung und Raumdarstellung [...], das es ermöglicht, neu in den Zirkel des Architekturverstehens einzusteigen"[734] und ein Entwerfen anzugehen, das Bauten eingedenk des *Problems der Architektur* entwickeln kann.

Libeskinds Kritik an der gängigen Baupraxis (2): Das „*Andere*" in der Architektur

Ein zentraler Punkt in Libeskinds Kritik an der zeitgenössischen Architekturpraxis ist der Vorwurf, identitätslose Gebäude zu errichten, die nur noch auf ihren funktionalen Nutzwert ausgerichtet seien, dabei jedoch keinen Bezug zu ihren Bewohnern mehr haben. Er hingegen fordert eine Architektur, die – wieder – als eingespannt zwischen ihrer materiellen Präsenz und ihrer immateriellen Dimension gedacht werden soll. Damit verfolgt er ein tiefer gehendes Verständnis von Bauen vor jeder Funktionalitätseinteilung. Denn mit dem Verlust des Bewusstseins für das *Problem der Architektur* habe sich auch

---

731 | Vgl. auch Müller 1994, S. 6; Bates/Libeskind 1996, S. 7–13.

732 | ÜBER DEN LINDEN, Berlin, 1991 (Radix - Matrix 1994, S. 68f.; Libeskind 1995, S. 121f.; Libeskind 2001, S. 198f.; Schneider 1994, S. 133).

733 | Peter Eisenman bezeichnet dies als „de-assembly": „De-assemby is for drawing what deconstruction is for writing" (Eisenman 1991, S. 120).

734 | Kraft 2012, S. 110.

[d]er empirische Kern der Architektur [...] aus dem Gesichtskreis [der Architektur-schaffenden] entfernt [...][735]. Tatsächlich sind Architektur und Mensch in einer grundlegenden strukturellen Verwiesenheit verbunden. Bauten werden sinn-lich erfahren und wahrgenommen. Dies wird nicht zuletzt deutlich mit einem Blick auf die viel zitierte Funktionalität von vermeintlich objektiven standar-disierten Bauten: Letztendlich ist ein Gebäude nur dann funktional, wenn es genutzt werden kann und seinen Zweck erfüllt. Dies hängt jedoch wesentlich von einem Nutzer ab. Erfolgreiche Funktionalität erwächst aus der Nutzbar-keit für und durch den Menschen. Sie ist damit abhängig vom Subjekt. Das vermeintlich Objektive erweist sich als wesenhaft abhängig vom Subjektiven, dem Menschen.[736]

Libeskind denkt diese Beobachtungen noch weiter. So schreibt er, dass von manchen Bauwerken *ein[] Zauber*[737] ausgehe. Bauten bleiben den Menschen in Erinnerung, sie wecken Assoziationen und werden mit bestimmten Vor-stellungen, Gefühlen, Erinnerungen verbunden.[738] Sie stehen für etwas. Der Architekt umschreibt bildhaft die Beobachtung, dass Gebäude eine Präsenz haben, die über ihre funktionale Materialität hinausgeht. Es gibt noch etwas anderes, einen *empirische[n] Kern*[739] der Architektur, der vor jeder rationalen Wahrnehmung geschieht und nicht intellektuell erfasst werden kann. Dieses „Andere"[740] wird auf einer vor-bewussten, nicht-rationalen Ebene – das heißt, vor oder ohne jedes vernunftmäßige Erfassen – wahrgenommen. Es ist nicht dinglich, aber doch spürbar, es ist meta-physisch.

Libeskinds Ziel ist es, diesem begrifflich nicht fassbaren „Anderen" in Zeichnungen und Entwürfen nachzuspüren, wie bereits am Beispiel seiner *Architektur-Zeichnungen* deutlich wurde. Durch diesen Ansatz wird er zum „„Metaphysiker unter den Architekten'"[741]. Zudem verbindet ihn die bewusste

---

735 | Libeskind, Ein offener Brief, 1994, S. 177.

736 | Vgl. Kraft 2012, S. 111f.

737 | Libeskind, Breaking Ground, 2004, S. 83.

738 | Libeskind beschreibt eine „architektonisch-räumliche Erinnerung": *Trotzdem denken wir nicht an die Naturwissenschaft, sondern an die Architektur, wenn wir von Raum oder Zeit in Bezug auf unsere Erfahrungen und Erinnerungen sprechen* (Libes-kind, Breaking Ground, 2004, S. 13, 308, Zitat S. 308). So verbinde man den Absolu-tismus mit Ludwig XIV. und Versailles, die Gotik mit den großen Kathedralen in Chartres oder Reims, Köln oder Freiburg. Etwas ist da, das die Erinnerung und das Erleben mit Bauwerken verknüpft (vgl. Kraft 2012, S. 112f.).

739 | Libeskind, Ein offener Brief, 1994, S. 177.

740 | Libeskind, End-Raum, 1994, S. 12. Libeskind greift hier einen philosophischen Terminus auf: Der Begriff des/der Anderen wird im 20. Jahrhundert insbesondere in Phä-nomenologie und Existenzphilosophie üblich (vgl. Theunissen 1971).

741 | Vgl. Haberlik 2001, S. 228f.

Offenheit für Mögliches und das Akzeptieren eines nicht greifbaren *„Anderen"* auch mit Denkern der Differenz wie Derrida, ohne dass diese Philosophie ihn konkret beeinflusst hätte, wie er selbst betont.[742] In seinem Entwerfen sollen Mensch und Architektur in ihrer wechselseitigen Verwiesenheit wieder im Zentrum stehen, die Gebäude sollen die Benutzer/Bewohner auf mehreren Ebenen ansprechen: „Ein Bau soll keine (vollständig) vorgefertigte Bedeutung haben, sondern zunächst [...] für sich selbst sprechen, um den Menschen so ursprüngliches Erleben zu ermöglichen und damit auch ein Bewusstsein für das ‚Andere' wiederzugeben."[743] Libeskind selbst umschreibt diese Absicht: *Das ist wesentlich: Man nimmt an etwas teil, das man nicht im Griff hat. Das in Architektur zu beschreiben, zu analysieren und zu verkörpern ist mein Ziel.*[744]

4.3 Libeskinds Entwerfen: Zwischen Vergangenheit, Gegenwart und Zukunft

Nachdem die grundlegenden Fragestellungen, die Libeskind motivieren, deutlich geworden sind, kann der Blick darauf gerichtet werden, wie er seine theoretischen Beobachtungen praktisch umsetzt. Wie wird ein Gebäude *eine geistige Stätte [...], nicht nur ein städtebauliches Stück Immobilie*[745], die das Erleben des *„Anderen"* ermöglicht?

Bei der Besprechung von City Edge haben sich verschiedene Entwurfsansätze gezeigt, die es jetzt in ihren gesamttheoretischen Kontext einzubetten gilt. So lässt sich nicht nur das in der New Yorker Ausstellung vorgestellte Projekt in das Schaffen des Architekten einordnen, sondern es werden darüber hinaus noch weitere Einblicke in sein Denken offenbar.

Der *Mythos des Ortes*
Durch die Ausrichtung von City Edge an der Nord-Süd-Achse des nationalsozialistischen Stadtplanungsvorhabens für Berlin ist dieser Entwurf in ein abstraktes, nicht sichtbares Ordnungssystem eingespannt, das auf der vorgefundenen urbanen Situation basiert – jedoch weniger im geografischen, sondern auch und vor allem im historisch-politischen Sinne. Libeskind betont, dass sein Entwurf nicht an die Stelle der alten Bebauung trete, sondern die komplexe Situation des vorgefundenen Baugeländes in seinen vielfältigen Dimensionen ernst nimmt.

---

742 | Nach Libeskind kann es Dekonstruktion *nicht geben in einer Architektur, die schließlich „Konstruktion" ist* (Brausch/Libeskind 1995, S. 136).

743 | Kraft 2012, S. 113f.

744 | Libeskind, Fragmente, 1994, S. 152.

745 | Libeskind, Between, 1994, S. 101.

Diesem Ansatz liegt ein besonderes Verständnis des Ortes zugrunde.[746] Libeskind schreibt vom *Mythos des Ortes*[747], der als Standort ebenso wie als „Denkort" von seiner Vergangenheit geprägt wird. Im Laufe der Zeit entwickle sich *eine geistige Realität*[748] eines Ortes, mit und durch die Menschen, die sich dort aufhalten. Erneut gilt die Beobachtung, dass neben die rein materielle Präsenz noch etwas tritt, das nicht rational fassbar ist, sondern unmittelbar wirkt – etwas, das einem Ort, sei er ein Haus, ein Gelände, eine Stadt, Bedeutung gibt. Nach Libeskind sind diese komplexen Zusammenhänge zu respektieren und in die Planungen zu integrieren, welche *vor allem offen sein* müssen für den gewachsenen Ort, für den sie bestimmt sind. Reißbrettentwürfe hingegen, die bezugslos über das Vorhandene gestülpt werden, seien zum Scheitern verurteilt.[749] Zugleich macht er deutlich, dass damit kein historistisches Bauen gemeint ist: Niemand hat *Verfügungsgewalt über die Geschichte*, die erlauben würde, selektiv traditionelle Formenvorbilder nach Belieben auszuwählen und zu kopieren.[750] Besonders deutlich wird dies in seiner intensiven Beschäftigung mit Berlin, das nach der Wiedervereinigung eine außergewöhnliche urbanistische Situation bietet.[751]

Auch in den Entwurfsmodellen und -zeichnungen lässt sich dieser prägende Denkansatz Libeskinds ablesen. So hat die collagierte Gestaltungsweise von CITY EDGE mit Referenz auf Joyce einen komplexen Interpretationskosmos eröffnet, der auf die Vielfalt der in das Stadtfundament einbeschriebenen Geschichtsspuren verweist. Noch deutlicher wird die Auseinandersetzung mit dem Ort im Entwurf für das FELIX-NUSSBAUM-HAUS[752], für das sich der Architekt auf Spurensuche nicht nur in der Geschichte des Baugeländes und der umgebenden Stadt, sondern vor allem im Leben des Maler Nussbaums, dem der Bau gewidmet ist, begeben hat. Aus diesen Informationen erarbeitet er ein Beziehungsgeflecht, das als Koordinatennetz über das Grundstück gelegt wird. Es entsteht eine Matrix von verschiedenen Bezügen, in die der Gebäude-

---

746 | Auch bei Gehry ist die Auseinandersetzung mit dem vorgefundenen Ort begegnet, dort jedoch in einer anderen inhaltlichen Intensität (vgl. Kapitel 3).

747 | Libeskind, Der Mythos, 1994, S. 158f.

748 | Libeskind, Between, 1994, S. 100.

749 | Libeskind, Potsdamer Platz, 1994, S. 147, 148, Zitat S. 148; Kraft 2012, S. 116.

750 | Libeskind, Potsdamer Platz, 1994, S. 147, 149, Zitat S. 147; Rodiek 1999, S. 34; Brausch/Libeskind 1995, S. 129, 133; Bates/Libeskind 1996, S. 20f.

751 | Vgl. dazu etwa Libeskind, Potsdamer Platz, 1994, S. 147; Derrida 1994, S. 116; Schneider 1994, S. 132–135; Cobbers 2001, S. 15–27. Libeskind widmet einen ganzen Band den „Visionen für Berlin" (Libeskind 1995), in dem sich viele der hier zitierten Texte wiederfinden.

752 | Vgl. Anm. 639.

entwurf eingeschrieben wird. Sie wird in der Darstellung der Entwürfe sichtbar.[753]

Der Betrachter dieser Entwürfe findet sich in einer ähnlichen Position wie der Architekt wieder: Er muss aus ihnen das Projekt herausschälen, indem er die Ideen und Gedanken, das Beziehungsgeflecht, in die es eingebettet ist, „entziffert". Libeskinds Gebäudeentwürfe – erinnert sei an die palimpsestartigen Entwürfe für CITY EDGE – werden zum Text, der gelesen werden muss.[754] Einmal mehr wird deutlich, dass die verschiedenen Darstellungsformen der Entwürfe keine herkömmlichen Bauanleitungen sind, sondern für sich stehen. Neben den Schriften dienen sie Libeskind nicht nur als Medium, um Ideen zu erarbeiten, sondern auch, um Kontexte zu kommunizieren.[755]

Zwischen Vergangenheit und Zukunft, Erinnerung und Hoffnung

Die Erinnerung an Vergangenes, an die Geschichte eines Ortes ist ein entscheidendes Moment in Libeskinds Denken. Dabei fasst er Geschichte nicht als homogenes Ganzes auf, sondern vielmehr im Bewusstsein dessen, dass die Vergangenheit auch Aspekte umfasst, die vergessen, verdrängt, nicht erinnert werden sollen.[756] Gerade diese seien es jedoch, die einen wesentlichen Teil des Vergangenen ausmachen. Daher gilt ihnen Libeskinds besonderes Augenmerk. So wird bei CITY EDGE der zentrale Gebäudebalken „aufgebockt" über dem historischen Fundament Berlins als Verweis auf das, was *unbebaubar* ist. Es bleibt eine Leerstelle, eine Lücke. Dies weist voraus auf das Void[757],

---

753 | Vgl. die ausführlichen Erläuterungen dazu in Kraft 2012, S. 65–71.

754 | Der hermeneutische Kreislauf von „Lesen", „Erinnern", „Schreiben" ist wesentlich für Libeskinds Architekturschaffen und wird in DREI LEKTIONEN IN ARCHITEKTUR, 1985 (Radix – Matrix 1994, S. 36f.; Dorner 1999, S. 45–47) thematisiert: „Die Tradition der Architekturgeschichte wird als lesbarer Text interpretiert, in dem die kulturelle Erinnerung bewahrt und mitgeteilt wird [...]. Die Vergangenheit muss erinnert werden, um sie lesen zu können, um sie aufzuschreiben – und somit lesbar machen – zu können, um Neues zu schaffen auf den Fundamenten des Alten – einen neuen Text, der als ‚kulturelles Gedächtnis' wieder gelesen werden muss, um die Erinnerung an das Geschriebene zu erkennen. Texte sind einem ständigen Kreislauf aus Interpretationen unterworfen, ihre Bedeutung ist nicht statisch, sondern erschließt sich immer wieder neu" (Kraft 2012, S. 117).

755 | Eine ausführliche Analyse der komplexen Gestaltung der Entwürfe am Beispiel des FELIX-NUSSBAUM-HAUSES findet sich in Kraft 2012, S. 51–71.

756 | Müller 1994, S. 7f.; Braun 1998, S. 11f.

757 | Um den Begriff des Voids und der verräumlichten Leere entfaltet sich eine sehr komplexe Diskussion mit unterschiedlichen, teils kritischen Deutungsansätzen, die über den Rahmen der vorliegenden Arbeit hinausführt (vgl. etwa Winkler 1994, S. 122–127; Derrida 1994, S. 117, 118f.; Taylor 1994, S. 140).

eine wichtige Gestaltungsform Libeskinds, wie sie etwa im JÜDISCHEN MUSEUM BERLIN[758] zum Einsatz kommt. Dort ziehen sich nicht zugängliche, leere Betonschächte – Voids – durch den zerklüfteten Baukörper. Sie formen eine Achse, um die herum das Gebäude errichtet ist – ein eindringlicher Hinweis auf die fehlende Mitte, die im Holocaust verlorene jüdische Bevölkerung Berlins.[759] In ähnlicher Weise ist auch im FELIX-NUSSBAUM-HAUS das Zentrum des Baukomplexes unbebaut: Der Bau fügt sich aus drei sich kreuzenden linearen Volumen zusammen, die in ihrer Mitte einen Freiraum umschließen; ein Motiv, wie es auch in CITY EDGE zu sehen ist als nicht näher definierte, ergänzende Bauform am nördlichen Ende des Gebäudebalkens. Wie in Berlin verweist auch in Osnabrück die „gebaute Leere" auf eine Fehlstelle in der Geschichte der Stadt, auf das Schicksal Nussbaums im Holocaust ebenso wie auf den Verlust einer ganzen Bevölkerungsgruppe.[760]

Aus der Orientierung an der Vergangenheit und ihrer Bedeutung für die Gegenwart ergibt sich als logische Konsequenz der Blick auf die Zukunft, das zweite zentrale Moment in Libeskinds Denken, das sich ebenfalls in CITY EDGE abgezeichnet hat: Durch die historische Ausrichtung des Entwurfs wird das Gebäude Teil eines *archimedischen Punktes*, einer Kreuzung, von der aus *Linien in den Himmel* reichen, wie der Architekt die Hoffnung auf ein wiedervereintes Berlin umschreibt. Der Blick zurück schließt den Blick voraus ein. Für CITY EDGE hat Libeskind es als Ziel formuliert, *neue Lebensmöglichkeiten für das Berlin von morgen zu schaffen*. Dies kann erreicht werden, so wird jetzt deutlich, indem eine Architektur geschaffen wird, die das *Potential des Ortes*[761] integriert. Libeskinds Bauen soll zum Drehpunkt zwischen Vergangenheit, Gegenwart und Zukunft werden.[762]

758 | Vgl. Anm. 637.

759 | Vgl. Libeskind, Breaking Ground, 2004, S. 100; Edge/Weiner 2006, S. 240f.; Young 1998, S. 20–25; Braun 1998, S. 10f.

760 | Libeskind, Between, 1994, S. 102; Dorner 1999, S. 53. In der widersprüchlich scheinenden Formulierung von der „gebauten Leere" zeichnet sich ab, dass die Symbolik der Voids noch umfassender zu deuten ist. Denkt man den Ansatz konsequent weiter, gelangt man in stufenweise abstrakter werdenden Überlegungen zu komplexen Zusammenhängen. So führt im FELIX-NUSSBAUM-HAUS das Nachdenken über die noch konkrete Vergangenheit am Beispiel eines jüdischen Schicksals, das zwar nicht mehr existiert, in Kunstwerken und Quellen aber noch präsent ist, hin zu Reflexionen über die prägende Bedeutung der Geschichte für die Gegenwart: Die Gegenwart wurzelt im Vergangenen und entfaltet sich stets vor diesem Hintergrund und aus diesem heraus (vgl. Kraft 2012, S. 120f.).

761 | Libeskind, Im Buch, 1994, S. 146.

762 | Vgl. Kraft 2012, S. 70f.

Seine Architektur erweist sich als eingespannt zwischen den Spuren der Vergangenheit und dem Blick in die Zukunft, zwischen Erinnerung und Hoffnung. Wieder zeichnet sich ein nicht näher zu definierendes *„Anderes"* ab, das dem Gebauten eine besondere Dimension über seine materielle Präsenz hinaus verleiht. Architektur befindet sich in einem „Zwischen"-Stand, für den Libeskind das Bewusstsein schärfen will. Die dualistische Grundstruktur der Welt mit einer materiellen und einer immateriellen Seite soll in den Blick gerückt werden, ohne eine der beiden Seiten zu bevorzugen.[763]

Durch das Verfremden von Gewohntem will Libeskind *eine Distanz zwischen sich und dem Publikum schaffen, […] um es zu einer Entscheidung zu zwingen*[764] und so zu einer aktiv(er)en Auseinandersetzung mit dem Gebauten zu führen, statt nur passiv zu betrachten. Mit seinen *Architektur-Zeichnungen* hat er versucht, durch de-kon-struktive Auseinandersetzung mit architektonischen Formen-Chiffren neue Betrachtungsweisen zu eröffnen. Auch seine Bauentwürfe zielen darauf, intuitive Wahrnehmung anzuregen, etwa indem unbekannte Bauformen gewählt werden: Das FELIX-NUSSBAUM-HAUS ist so gestaltet, dass der Besucher das Gebäude aktiv erlebt – er erläuft es, „erspürt" es. Die Böden sind ansteigend oder abfallend gestaltet, um eine bestimmte Situation im Leben des Malers im wahrsten Sinne auch körperlich spürbar werden zu lassen, während die Anordnung der Fenster die Blickrichtung beziehungsreich lenkt.[765] Die Bauvolumen „porträtieren" das Schicksal der Widmungsfigur Nussbaum räumlich.

Darüber hinaus lässt sich der Osnabrücker Komplex noch weit vielschichtiger interpretieren. Verweise auf den Holocaust sind ebenso integriert wie Reflexionen über Geschichte und Geschichtsaufarbeitung, über Vergangenheit, Gegenwart und Zukunft. Das Gebäude wird zum „Erlebnis", das die Besucher auf einer emotionalen, intuitiven Ebene anspricht und sie so anregt, sich auf eine bewusste(re) Auseinandersetzung mit den möglichen Bedeutungen der Architektur einzulassen. Libeskind gibt jedoch keine konkreten Deutungsinhalte oder Leseweisen seiner Gebäude vor: „Der Besucher wird in einen Zwischen-Stand gebracht, in dem er neu erleben – kann: ob er seine Empfindungen reflektiert, ob er sie weiterdenkt, ob er ‚nur' erfährt, bleibt eine der

---

763 | Dies würde etwa in Form eines formalistischen Funktionalismus geschehen, wie Libeskind ihn bei seinen Zeitgenossen kritisiert, oder in entgegengesetzter Richtung durch eine Art des Mystizismus, der das *„Andere"* in den Vordergrund rückt (Kraft 2012, S. 122f.).

764 | Libeskind, Between, 1994, S. 101.

765 | So werden etwa gezielte Ausblicke auf Nachbarbauten frei, die in Beziehung zu Nussbaum stehen, oder aber die Durchsicht nach draußen ist kaum oder gar nicht möglich.

vielschichtigen Möglichkeiten, die eröffnet werden. Jeder Besucher kann und soll seinen individuellen Zugang zu dem Gebäude finden [...]."[766]

4.4 Zusammenfassung

Libeskinds expressive Bauten „verräumlichen" vielschichtige Denkansätze und vermitteln als Bedeutungsträger komplexe Inhalte. Die formale Gestaltung steht im Dienste übergeordneter abstrakter Ziele. Es ist weniger ein charakteristisches formales Äußeres, das diese Bauten verbindet, sondern vor allem der innere Anspruch, der an sie gestellt wird. Dennoch können ähnliche Themen durchaus zu ähnlichen Lösungen führen, wie es etwa beim JÜDISCHEN MUSEUM BERLIN und dem FELIX-NUSSBAUM-HAUS zu beobachten ist. Zugleich ist die Linie grundlegendes Gestaltungselement, das insbesondere die frühen Arbeiten prägt; aber auch sie gründet, wie sich gezeigt hat, in theoretischen Überlegungen.

Die Bauten sind eingespannt in ein Bedeutungsgeflecht, das sich aus der intensiven Auseinandersetzung mit dem historischen Ort, dem Kontext des Gebäudes in seinen unterschiedlichen Facetten erschließt. Libeskinds Schaffen verfolgt eine neue Art des Bauens, ein „Bauen der Möglichkeiten", das den Betrachtern/Benutzern das Erleben eines *„Anderen"* eröffnen will. Er selbst bezeichnet seine Herangehensweise als *unorthodox[]*: Beim Entwerfen konzentriere er sich darauf, *wie sich ein Gebäude anfühlen wird.*[767] Die Gestaltung der Bauten zielt darauf, die Besucher partizipatorisch einzubinden und ihnen neue Wahrnehmungshorizonte zu eröffnen, bei denen der Blick in die Vergangenheit ebenso relevant ist wie der Blick in die Zukunft.[768]

Dieser ausgeprägte theoretische Hintergrund von Libeskinds Schaffen wird in der New Yorker Ausstellung gänzlich ausgeblendet. Eine nur formale Bewertung, wie sie die Kuratoren verfolgen, wird ihm jedoch nicht gerecht. Zudem lässt sich keine ausschließliche Beschäftigung mit den russischen

766 | Kraft 2012, S. 125.

767 | Libeskind, Breaking Ground, 2004, S. 17, Zitate ebd.

768 | Diese Gestaltungsweise ist freilich nicht unproblematisch. Die expressiven Entwürfe rufen Kritiker auf den Plan – nicht unberechtigt, denn gerade im kulturellen Bereich sind die nicht zurückhaltend angelegten Räume schwierig zu bespielen: So erweist sich beispielsweise die Nutzung des FELIX-NUSSBAUM-HAUSES als kuratorische Herausforderung, die Museumspädagogik muss vermehrt Fragen wie Hängung und Besucherführung lösen (vgl. Kraft 2012, S. 136). Die Kuratoren des JÜDISCHEN MUSEUMS BERLIN wiederum sind angehalten, die Ausstellungen ohne Rücksicht auf die Voids zusammenzustellen, sodass der Eindruck des Auseinandergerissenseins erhalten bleibt (Young 1998, S. 22).

Konstruktivisten feststellen. Libeskind selbst hat die Bezeichnung „dekon-struktivistisch" – die er, anders als die Kuratoren, mit der philosophischen Strömung assoziiert – für sich abgelehnt. Trotzdem lassen sich Gemeinsam-keiten beobachten, ohne dass die Philosophie einen originären Einfluss auf ihn ausgeübt hat: Libeskinds Arbeit entsteht unter dem Anspruch, festge-fahrene Bedeutungsstrukturen zu lösen und Räume zu entwerfen, die offen sein wollen für mögliche Deutungen. Außerdem lässt sich insbesondere in seinen frühen *Architektur-Zeichnungen* ein de-kon-struktives Vorgehen beob-achten, das tradierte architektonische Darstellungsweisen abstrahiert und weiterentwickelt. Hier weist Libeskinds Denken Gemeinsamkeiten mit dem der Differenz-Philosophen auf.

Nachdem der Architekturtheoretiker Libeskind Ende der 1980er-Jahre in die Welt des praktischen Bauens eingetreten ist, entstehen nach und nach weitere Projekte, viele von ihnen in Berlin. Die Stadt erweist sich jedoch als kompli-ziertes Pflaster, denn auch wenn Libeskind weitere Planungswettbewerbe der wiedervereinigten Stadt für sich entscheiden kann, etwa zur Neubebauung des POTSDAMER PLATZES[769] und des ALEXANDERPLATZES[770], kommt kein Vorhaben mehr zur Ausführung.[771] Auch der Bau des JÜDISCHEN MUSEUMS geht nur langsam voran, das Gebäude wird erst 1999 fertiggestellt. Damit setzt das tat-sächliche praktische Bauen für ihn erst Mitte der 1990er-Jahre mit dem FELIX-NUSSBAUM-HAUS ein. In den folgenden Jahren gewinnt das Studio Daniel Libes-kind zahlreiche Wettbewerbe weltweit, von denen viele realisiert werden.[772] Im Gegenzug werden die schriftlichen Veröffentlichungen weniger.

Sein besonderes Architekturverständnis prädestiniert Libeskind für die Entwicklung kultureller Bauten mit historisch konfliktreichem Potenzial. So folgen dem Berliner jüdische Museen in San Francisco und Kopenhagen, aber auch das IMPERIAL WAR MUSEUM NORTH[773] in Manchester oder die Er-

---

769 | OUT OF LINE. POTSDAMER/LEIPZIGER PLATZ, 1991, Berlin (Radix – Matrix 1994, S. 58-67; Libeskind, Potsdamer Platz, 1994, S. 147-149; Kontrapunkt 2003, o. S. 3; Libeskind, Fragmente, 1994, S. 150-153; Levene/Cecilia 1996, S. 74-85).

770 | ALEXANDERPLATZ, 1993, Berlin (Radix – Matrix 1994, S. 76-85; Kontrapunkt 2003, o. S. 5; Libeskind, Im Buch, 1994, S. 146; Levene/Cecilia 1996, S. 86-95).

771 | Einige der Berliner Projekte finden sich in Radix – Matrix 1994; Libeskind 2001; Libeskind 1995.

772 | Ein Überblick über aktuelle Projekte findet sich auf Libeskinds Online-Präsenz (Website Libeskind).

773 | IMPERIAL WAR MUSEUM NORTH, 1996-2002, Manchester (Levene/Cecilia 1998, S. 152-157; Libeskind, Distanzräume, 2004, S. 500-503).

weiterung des Militärhistorischen Museums der Bundeswehr[774] in Dresden. Für sie entwickelt er expressive Konzepte, die zugleich sensibel auf die jeweiligen Orte reagieren. Nach und nach entstehen aber auch Projekte aus den unterschiedlichsten Baubereichen – einer der spektakulärsten, aber auch schwierigsten Entwürfe darunter ist der Masterplan für die Wiederbebauung des World Trade Centers[775] in New York.

---

774 | MILITÄRHISTORISCHES MUSEUM DER BUNDESWEHR, 2004–2011, Dresden (Pieken/Rogg 2011; Website Militärhistorisches Museum).
775 | Vgl. Anm. 634.

5 Rem Koolhaas | OMA

> Architektur ist Architektur und Philosophie ist Philosophie. Wir können nur miteinander reden, wenn wir jeweils eigene, gegeneinander abgegrenzte Begriffe haben. Wenn wir uns in zwitterhaften Begriffen bewegen, kommen wir zu einer amateurhaften Philosophie und einer amateurhaften Architektur.[776]
>
> *Rem Koolhaas*

Der Niederländer Rem Koolhaas (*1944) ist weltweit sowohl für seine Bauten als auch für seine zahlreichen theoretischen Schriften bekannt. Der Pritzker-Preisträger des Jahres 2000 ist der Kopf des Office of Metropolitan Architecture, kurz OMA,[777] das zum Thinktank mit Niederlassungen auf der ganzen Welt geworden ist. Schwerpunkt seines Schaffens ist, wie der Name verrät, die Architektur der Metropolen, die Koolhaas auf Reisen rund um den Globus erforscht.[778]

Nach dem Architekturstudium an der Architectural Association London verbringt der Architekt in den 1970er-Jahren längere Zeit in New York.[779] In diesen Jahren entsteht das Buch DELIRIOUS NEW YORK, das Koolhaas bekannt macht, noch ehe er sein erstes Gebäude errichtet hat. Darin werden Ansätze entwickelt, die grundlegend für das Schaffen OMAs sind. Dem theoretischen

---

776 | Koolhaas in Stimmann 1995, S. 196.

777 | OMA wird 1975 von Elia Zenghelis, Rem Koolhaas sowie ihren Partnerinnen Zoe Zenghelis und Madelon Vriesendorp gegründet. Zenghelis steigt 1987 aus, Koolhaas übernimmt die alleinige Leitung. Zum besseren Verständnis werden im Folgenden OMA und Koolhaas als Kopf hinter dem Unternehmen synonym gebraucht; dass es sich dabei um eine starke Vereinfachung handelt, wird aus der Firmenstruktur mit zahlreichen Mitarbeitern deutlich (vgl. Website OMA).

778 | Sinning 2000, S. 9.

779 | Für einen Überblick über die Biografie des Architekten vgl. etwa Lucan, OMA, 1991, S. 168; Baekert 1990, S. 28.

Erfolg folgen in den 1980er-Jahren praktische Erfahrungen.[780] Erste realisierte Gebäude sind das NEDERLANDS DANS THEATER[781] und die VILLA DALL'AVA in Paris[782]. Bereits um 1980 entsteht das Projekt, mit dem OMA in der DECONSTRUCTIVIST ARCHITECTURE vertreten ist, ein theoretisch gebliebener Entwurf für einen Wohnbau in Rotterdam-Boompjes. Im Laufe der Zeit gewinnen Koolhaas und sein Büro zahlreiche Wettbewerbe, darunter auch Großprojekte wie das ZENTRUM FÜR KUNST UND MEDIENTECHNOLOGIE KARLSRUHE[783] und den Masterplan für den TGV-Verkehrsknotenpunkt in Lille[784]. Mittlerweile ist OMA weltweit tätig, Koolhaas zählt zu den einflussreichsten Architekten der Gegenwart.

Nach wie vor erscheinen zahlreiche Schriften von Koolhaas, die sich mit Phänomenen der urbanen Architektur kritisch auseinandersetzen. Sein sprachlich komplexer Stil ist meist essayistisch, ironisch, polemisch. Der Architekt will provozieren und Auseinandersetzungen zu seinen Themen anregen.[785] 1995 wird sein, wie er selbst sagt, *ziemlich polemische[s]*[786] Buchprojekt, S, M, L, XL, veröffentlicht, das die bis dahin entstandenen Arbeiten, Entwürfe und Texte OMAs versammelt und „eine ‚Bibel' (nicht nur) für Architekten"[787] geworden ist.

Die theoretische Analyse der Metropolen ist für Koolhaas von großer Bedeutung. Anders als etwa Frank Gehry oder Zaha Hadid, die ihre Arbeiten über die formale Auseinandersetzung mit räumlichen Phänomenen entwickeln, nähert sich Koolhaas seinen Themen über die theoretisch-ideelle Seite. Wichtig ist ihm, so viel sei vorgreifend gesagt, nicht vorrangig die formale Lösung,

---

780 | Zaera/Koolhaas 1994, S. 7.

781 | NEDERLANDS DANS THEATER, 1980–1987, Den Haag (Koolhaas, Nationales Tanztheater, 1991, S. 48; Koolhaas/Mau 1995, S. 304–329; Mathewson 1989, S. 15–19; Blundell-Jones 1989, S. 41–48; Iden 1989, S. 34–38; Lucan 1989, S. 51f.; vgl. Anm. 870).

782 | VILLA DALL'AVA, 1985–1991, Paris (Lootsma 1992, S. 420–431; Koolhaas/Mau 1995, S. 130–197).

783 | ZENTRUM FÜR KUNST UND MEDIENTECHNOLOGIE ZKM, 1989, Karlsruhe (Koolhaas, ZKM, 1994, S. 126–143; Koolhaas/Mau 1995, S. 686–763). Koolhaas' Entwurf wurde nicht realisiert, da sich die Stadt aus finanziellen Gründen für einen anderen Standort entschied.

784 | EURALILLE (Masterplan für den TGV-Verkehrsknotenpunkt), 1989–1994, Lille (Koolhaas, Beyond Delirious, 1996, S. 334–336; Koolhaas/Mau 1995, S. 1156–1210; für das Kongresszentrum Congrexpo, später Grand Palais, in Lille vgl. Koolhaas, Congrexpo, 1994, S. 166–189; Koolhaas/Mau 1995, S. 764–821).

785 | Bouman/Toorn/Koolhaas 1994, S. 442.

786 | Koolhaas zitiert nach Brausch/Emery 1995, S. 100.

787 | Sinning 2000, S. 14.

sondern das zugrunde liegende strukturelle Konzept für ein Bauproblem, das in den Begleitschriften zu den Projekten vermittelt wird, „Bauten und Konzepte [...] stehen in einer dialektischen Wechselbeziehung"[788].

Im Folgenden wird zuerst das Wohnbauprojekt Boompjes TowerSlab, OMAs Beitrag zur MoMA-Ausstellung, als Beispiel für Koolhaas' Entwerfen eingehend besprochen. Um die daran beobachteten gestalterischen Besonderheiten theoretisch erfassen zu können, wird in einem nächsten Schritt die Publikation Delirious New York in ihren Grundzügen vorgestellt, um danach die Ergebnisse von entwurfspraktischer und theoretischer Seite zusammenzuführen und die wichtigsten Aspekte von Koolhaas' Architekturverständnis zu erarbeiten. Zur Verdeutlichung bestimmter Punkte werden zudem weitere Entwürfe vergleichend herangezogen. Die Ausführungen konzentrieren sich auf die für die New Yorker Ausstellung relevante Phase bis 1988. Die Entwicklungen nach dieser Zeit werden abschließend in Grundzügen umrissen.

Neben Koolhaas' zahlreichen Schriften ist vor allem die erste Monografie über OMA von Jacques Lucan, 1990 auf Französisch erschienen, aufschlussreich für eine Annäherung an das Architekturverständnis des Niederländers. Daneben sind auch Interviews mit dem Architekten zentral. Insbesondere das spanische Architekturmagazin El Croquis hat OMA mehrere Ausgaben gewidmet, die einen Überblick über die Entwicklungen im Laufe der Jahre geben. Darüber hinaus finden sich viele Artikel, die auf Koolhaas' provokante Texte reagieren und seine Bauten kommentieren. Monografien dagegen behandeln vor allem einzelne Entwürfe und bieten keinen eingehenden Überblick über das bisherige Gesamtwerk.

5.1   Koolhaas' Ausstellungsbeitrag: Rotterdam Housing Project BOOMPJES TOWERSLAB

Das Rotterdamer Wohnbauprojekt Boompjes TowerSlab[789] (Abb. 6 a, b) entsteht als *vorläufiger Architekturentwurf*[790] zwischen 1979 und 1982 und ist das *erste retroaktive Konzept*[791] OMAs, wie Koolhaas betont, ein zentraler Begriff seines Schaffens, der im Anschluss erläutert wird. Auch wenn es nicht zu den bekannten Projekten zählt und in der Literatur über OMA nur gestreift wird, nimmt es in seiner Entwicklung eine bedeutende Rolle ein: Dies wird nicht zuletzt daran deutlich, dass der Entwurf in S, M, L, XL, in dem die Texte und

---

788 | Sinning 2000, S. 18.

789 | BOOMPJES TOWERSLAB, 1979–1982, Rotterdam (Johnson/Wigley 1988, S. 46–55; OMA. Vollendung, 1981; Koolhaas/Mau 1995, S. 518–543).

790 | OMA. Vollendung, 1981, o. S. 6.

791 | Koolhaas/Mau 1995, S. 543, Übers. d. Verf.

Projekte nach ihrer Größe geordnet sind, unter dem Buchstaben „L – Large" zu finden ist und damit in einem Zug mit Großprojekten wie dem ZKM KARLS-RUHE und EURALILLE genannt wird.[792] Er entsteht nicht als Wettbewerbsbeitrag oder theoretisches Projekt, sondern wird im Auftrag der Stadt Rotterdam gestaltet. Informationen zum BOOMPJES TOWERSLAB finden sich vor allem in begleitenden Beschreibungen von Koolhaas selbst sowie im New Yorker Ausstellungkatalog.[793]

Im MoMA wird das Projekt im mittleren Saal neben den Arbeiten von Coop Himmelblau und gegenüber von Bernard Tschumi gezeigt. Die Präsentation des „Apartment Building and Observation Tower" ist mit einem Modell sowie drei gehängten axonometrischen Ansichten und einer dreiteiligen isometrischen Illustration im Vergleich zu den Darstellungen anderer Architekten eher klein. Im Katalog werden diese Exponate um einige weitere Darstellungen ergänzt.

Der Wohnblock, eine Kreuzung aus einer Hochhausscheibe und Glastürmen – eine „Turm-Scheibe" –, befindet sich an einem ungewöhnlichen Standort im Rotterdamer Hafen: Am Ende des schmalen, spitz zulaufenden Landstreifens Boompjes vor dem Leuvehaven liegt das Baugelände, das als Reststück eines Verkehrsknotenpunktes nur schwer zugänglich ist.[794] Hier treffen ein vierspuriger Boulevard, die alte und die neue Maasbrücke[795] sowie der Fluss und mehrere Kanäle zusammen. Dennoch wählt Koolhaas dieses Grundstück „auf einer Art Niemandsland"[796], wie Wigley es bezeichnet, aus, da hier der Auftrag der Stadt am besten zu erfüllen sei:[797] Rotterdam hat um einen Entwurf gebeten für ein *Wohngebäude mit Versorgungseinrichtungen*, das *die Stadt wieder mit dem Hafen in Verbindung [...] bring[t], um das Flußufer zu einem städtischen Erholungsgebiet zu entwickeln*[798]. Tatsächlich treffen an besagter Stelle Zentrum, Hafen und Fluss am engsten aufeinander.[799] Der Neubau soll, so der Architekt, wie ein „*Scharnier*" zwischen Stadt und Maas zwischengeschaltet und bewusst

---

792 | Das Projekt hat auch Auswirkungen auf den Arbeitsalltag von OMA: Im Zuge des Rotterdamer Projekts wird ein Büro in nächster Nähe zum Grundstück des BOOMPJES TOWERSLAB eröffnet, das später zum Firmenhauptsitz wird (Koolhaas/Mau 1995, S. 520).

793 | Johnson/Wigley 1988, S. 46–55.

794 | OMA. Vollendung, 1981, o. S. 10f.; Koolhaas/Mau 1995, S. 520f.

795 | Nachdem eine neue Hängebrücke, die Nieuwe Willemsbrug, über der Maas errichtet worden ist, wird die alte Willemsbrug 1983 abgerissen. Zum Zeitpunkt der Planung OMAs stehen noch beide Brücken.

796 | Johnson/Wigley 1988, S. 46.

797 | OMA. Vollendung, 1981, o. S. 11.

798 | OMA. Vollendung, 1981, o. S. 6.

799 | Koolhaas/Mau 1995, S. 527.

in Zusammenhang mit der neuen Brücke als *durchsichtige[r] Vorhang entlang des Flußufers* gestaltet werden.[800]

Im Gegensatz zu den in dieser Zeit üblichen „schrebergartenhaften"[801] Einfamilienhaussiedlungen entwickelt OMA einen Hochhausblock aus einer von mehreren Türmen durchdrungenen Scheibe auf einer Plattform. Der Kontrast zwischen flächiger Scheibe und den aus ihr hervorspringenden oder sich abtrennenden Türmen ist die dominierende Kraft in diesem Gebäude. Die Seiten des TOWERSLAB zeigen sich je nach Standort in verschiedenen Ansichten, sodass es nicht möglich ist, eine gestalterische Grundform des Wohnblocks zu erschließen. Der Katalog erkennt hier in der ihm eigenen Perspektive einen „Kampf zwischen Türmen und Scheibe"[802]. So zeigt sich zur Flussseite hin eine Reihe von fünf unterschiedlich weit vorspringenden Türmen vor dem Hintergrund der Scheibe wie *gegen einen gläsernen Horizont*[803]. Vom einen Ende zum anderen wachsen sie immer weiter hervor, bis schließlich der äußerste nordöstliche Turm frei[804] auf der Plattform emporragt. Daneben soll ein Segment der alten Hängebrücke zu einem sechsten Turm aufgerichtet werden und so einen optischen Akzent zur Verbindung zwischen Stadt und Fluss setzen.[805] Zur Stadtseite hin dominiert hingegen die massive Scheibe, die von zwei Glastürmen durchdrungen wird. Auch hier ist kein Turm wie der andere. Beide wachsen in verschiedenen Winkeln schräg aus dem Baukörper heraus und verbreitern sich nach oben. Auf kleinstem Grundriss wird so eine bedeutende Steigerung der Raumfläche möglich; die Nutzfläche des schmalen Grundstücks wird verdichtet, ohne dass der Baukörper schwerfälliger wirkt.[806]

In den unterschiedlich geneigten Glasflächen spiegelt sich die Umgebung. An den Schnittstellen zwischen Scheibe und Türmen entstehen Öffnungen, „Risse", durch die man durch das Gebäude hindurchblicken kann.[807] Es „offenbart sich ein System schwebender Fußbodenniveaus", deren horizontale Linearität nach Wigley die einzige konstante Form des Entwurfs darstellen, während „jede Oberfläche, jeder Abschnitt, jeder Grundriß [...] anders [ist]". Die Beschreibung des Katalogs, die sich auf die äußere Form des Entwurfs konzentriert, trifft den Charakter des Projekts, bleibt dabei jedoch der Per-

---

800 | OMA. Vollendung, 1981, o. S. 10, 12, Zitate ebd.

801 | Retzer/Riedemann-Feireiß 1995, o. S. 3.

802 | Johnson/Wigley 1988, S. 46.

803 | OMA. Vollendung, 1981, o. S. 12f.

804 | Scheibe und freistehender Turm werden nur durch eine Stegbrücke im Dachgeschoss verbunden (OMA. Vollendung, 1981, o. S. 17).

805 | OMA. Vollendung, 1981, o. S. 23-25; Koolhaas/Mau 1995, S. 538.

806 | Koolhaas/Mau 1995, S. 533f.

807 | Johnson/Wigley 1988, S. 46, folgende Zitate ebd.

spektive der Kuratoren verhaftet und assoziiert eher negative Eindrücke mit der Darstellung („verformt", „Kampf, „freigekämpft").

Allerdings konzentrieren sich auch Koolhaas' Ausführungen auf das Äußere des Wohnblocks. *Das Gebäude ist tatsächlich von außen her entworfen*[808], betont der Architekt. Zur Innengestaltung schreibt er nur, dass die wichtigen *öffentliche[n] und gemeinschaftliche[n] Versorgungseinrichtungen*, die in ein Wohnviertel gehören, im TOWERSLAB zusammengefasst werden, sodass das Gebäude *zu einer Stadt in der Stadt* wird. Wo und wie die unterschiedlichen Funktionen eingerichtet werden sollen, wird dagegen nicht näher erläutert.[809] Diese Blickrichtung des Architekten ist seinem besonderen Standpunkt geschuldet. Um einen großen Bau in einer Stadt sinnvoll nutzen zu können, müsse er, so Koolhaas, problemlos neuen Nutzungsbedürfnissen angepasst werden können, *ohne gleich halb abgerissen werden zu müssen.* Dieser Begriff von Funktionalität spielt im Denken des Architekten eine grundlegende Rolle, wie sich im Folgenden noch deutlicher zeigen wird; die New Yorker Kuratoren berücksichtigen diesen Aspekt in der Bewertung des Boompjes-Projekts nicht.

Weiter heißt es, neben diesen programmatischen Leitpunkten müsse *der Entwurf eines Hochhauskomplexes [auch] aus dem städtischen Kontext heraus entwickelt werden*[810]. Der TOWERSLAB muss nicht nur funktional offen gestaltet sein, sondern auch an seinen Standort passen. OMA erreicht dies, indem der Bau *auf die kinetische Erfahrung*[811] abgestimmt wird, die die Lage an einem Verkehrsknotenpunkt mit sich bringt: Die Menschen werden das Gebäude hauptsächlich im Vorbeifahren wahrnehmen. Darauf reagiert das stark rhythmisierte Äußere mit vielen spiegelnden Glasflächen und den fensterartigen Durchblicken, bei dem keine Form der anderen gleicht. Der Bau erscheint in Bewegung und präsentiert sich immer anders.

Der Entwurf wird jedoch nicht nur zur aktuellen urbanen Situation in Bezug gesetzt, sondern auch zum historischen Rotterdam.[812] Tatsächlich leitet OMA ein grundlegendes Gestaltungselement für den Entwurf von einer modernistischen Bauidee her: Bereits in den 1950er-Jahren, als das Rotterdamer Zentrum nach der nahezu kompletten Zerstörung im Zweiten Weltkrieg als CIAM-Vorzeigestadt wiederaufgebaut wurde, entstand die Idee, eine Begeg-

---

808 | OMA. Vollendung, 1981, o. S. 16, folgende Zitate ebd.

809 | Wigley notiert, dass im Erdgeschoss öffentliche Einrichtungen wie Kindergarten und Schule sowie im Dachgeschoss ein Hotel, ein Gesundheitszentrum und ein Schwimmbad vorgesehen seien (Johnson/Wigley 1988, S. 46).

810 | OMA. Vollendung, 1981, o. S. 16.

811 | OMA. Vollendung, 1981, o. S. 14.

812 | Für einen Überblick über die besondere Situation Rotterdams vgl. etwa Palmboom 1990, S. 20-27.

nung von Stadt und Fluss zu schaffen.[813] Erreicht wurde dies durch *das Fenster zum Fluß[]*"[814], so Koolhaas, eine offengelassene Sichtachse im Leuvehaven: Durch *drei schlanke Türme [entstand] eine Öffnung [...] in der Wand gewöhnlicher Hochhausscheiben, die das Wasser säumen*[815]. In den 1960er- und 1970er-Jahren allerdings wurde sie verbaut, eine Vorgehensweise, die Koolhaas deutlich kritisiert.[816] Der Entwurf OMAs knüpft an dieser modernen Gestaltungsidee an: Der TowerSlab soll *die Rolle des „Fensters" [...] übernehmen*.[817] Auch in diesem Sinne wurde der Standort ausgewählt sowie die Gestaltung des Baus auf Transparenz, Dynamik und die Verbindung von Zentrum und Hafen hin angelegt.

In der Projektbeschreibung nehmen die Ausführungen zu dieser Auseinandersetzung mit der Stadtentwicklung einen großen Teil ein; der Architekt legt Wert darauf, dass die Entwicklungsschritte des Entwurfs nachvollziehbar werden. Erst spät wird relativ kurz auf die Form des eigentlichen Bauentwurfs eingegangen. Wichtig ist weniger die formale Gestaltung, sondern die Strategie, das Programm des Bauentwurfs, ein weiterer grundlegender Aspekt, der in der Darstellung des New Yorker Ausstellungskatalogs nicht erwähnt wird.

Die Auseinandersetzung mit der Stadtentwicklung Rotterdams hat einen bedeutenden Einfluss auf die Entwicklung des Projekts. Allerdings greift Koolhaas nicht in eklektischer Weise auf historische Formenvorbilder zurück, sondern auf eine Gestaltungsidee. In „rückwirkend aktivierender" Weise wird der Entwurf aus seinem Kontext heraus entwickelt. Zum Einsatz kommt damit weniger „eine[] radikale[] Infragestellung des Modernismus"[818], wie sie der New Yorker Katalog erkennen will, sondern vielmehr eine intensive Auseinandersetzung mit diesem: Aus dem städtischen Umfeld, dem historischen ebenso wie dem zeitgenössischen, werden gestalterische Informationen zusammengetragen und analysiert, um schließlich aus diesem „Informations-Pool" die für den Entwurf relevanten Ideen herauszufiltern. In diesem Sinne wird nichts Neues entwickelt, sondern mit dem Vorhandenen gearbeitet. Dieses Verfahren bezeichnet der Architekt als retroaktive Methode. Es entsteht ein komplexer Entwurf, der auf mehreren Ebenen in seinen Kontext passt, wie (erst) nach eingehender Auseinandersetzung mit dem Projekt deutlich wird.

---

813 | OMA. Vollendung, 1981, o. S. 7-10; Koolhaas/Mau 1995, S. 522-527.

814 | OMA. Vollendung, 1981, o. S. 8.

815 | Koolhaas/Mau 1995, S. 526, Übers. d. Verf.

816 | Koolhaas/Mau 1995, S. 525; Koolhaas, Erschreckende Schönheit, 1991, S. 154f.; OMA. Vollendung, 1981, o. S. 9.

817 | OMA. Vollendung, 1981, o. S. 10, Zitat ebd. Sehr wahrscheinlich waren die drei Türme des modernen Entwurfs auch Vorbild für die Gestaltung des TOWERSLAB; allerdings verweist Koolhaas nicht darauf.

818 | Johnson/Wigley 1988, S. 46.

Es ist deutlich geworden, dass der Entwurf für BOOMPJES TOWERSLAB von zwei Gestaltungsansätzen grundlegend bestimmt wird: zum einen von einer bestimmten Vorstellung von der Funktionsweise eines Hochhauses und der daraus resultierenden offenen formalen Gestaltung, zum anderen von dem Versuch, den Entwurf in seinen Kontext einzupassen, was mit der retroaktiven Methode erreicht werden soll. Beide Ansätze werden in der Beschreibung der MoMA-Ausstellung nicht genannt. Damit bietet der New Yorker Katalog zwar eine treffende formale Beschreibung des Rotterdamer Projekts, ohne jedoch die zentralen Überlegungen und Ausgangspunkte des Architekten zu dem Entwurf zu benennen.

Die Grundlagen für diese Denkansätze, die sein gesamtes Schaffen durchziehen, entwickelt Koolhaas in DELIRIOUS NEW YORK, seinem theoretischen Manifest. Um das Boompjes-Projekt in Koolhaas' architekturtheoretisches Denken einordnen zu können, ist zunächst ein Überblick über diesen Text des Architekten nötig.

5.2 DELIRIOUS NEW YORK:
Koolhaas' retroaktive Methode

Das 1978 erschienene DELIRIOUS NEW YORK ist eine der einflussreichsten Schriften Koolhaas', die ihn noch vor jeder Bautätigkeit als Theoretiker bekannt gemacht hat.[819] Das Buch erfreut sich mittlerweile einer „kultischen Beliebtheit"[820]. Darin werden Ergebnisse und Beobachtungen zusammengefasst, die Koolhaas in New York gesammelt hat.[821] Das Verständnis von großstädtischem Bauen, das hier zum Ausdruck kommt, ist für sein weiteres Entwerfen und Planen maßgebend und wird immer komplexer.[822] Insbesondere die Einleitung und das Schlusskapitel sind aufschlussreich für den theoretischen Standpunkt des Architekten, seine Vorgehensweise und Interessen, die im folgenden Überblick vorgestellt werden.[823]

819 | Koolhaas/Mau 1995, S. 518; Baekert 1990, S. 28.

820 | Nesbitt 1996, S. 322, Übers. d. Verf.

821 | Koolhaas zur Entstehung des Buches in Colomina/Koolhaas 2007, S. 354–357.

822 | Sinning 2000, S. 21.

823 | DELIRIOUS NEW YORK umfasst acht Kapitel einschließlich einer „Introduction" und eines „Appendix" als Schlusskapitel (Koolhaas 1978; deutsch: Koolhaas 1999). Insbesondere die Einleitung hat Manifest-Charakter; hier werden die programmatischen Zielsetzungen des Buches erläutert (vgl. auch Jencks/Kropf 1997, S. 271–273). Für einen inhaltlichen Überblick über die verschiedenen Kapitel vgl. Damisch 1991, S. 24–30; Sinning 2000, S. 21–27.

Delirious New York versucht als „retroaktives Manifest für Manhattan",
so der Untertitel, rückwirkend das urbanistische Konzept zu formulieren, das
(in Koolhaas' Augen) der Gestaltung des New Yorker Stadtteils zugrunde liegt.
Der Architekt deutet die Wolkenkratzerstadt Manhattan, in der sich hohe und
höchste Bauten auf engstem Raum in einem gerasterten Straßennetz drän-
gen, *als Produkt einer bislang nicht formulierten [urbanistischen] Theorie*, die er
als *Manhattanismus* bezeichnet.[824] Aus dieser Situation in New York schält
er Grundformen heraus, die das Wesen der Metropole prägen. Koolhaas will
damit, wie er selbstironisch sagt, als *Ghostwriter*[825] der Stadt fungieren. Tatsächlich ist Delirious New York in erster Linie seine persönliche Programm-
schrift. Hier wird über das Thema theoretisiert, das sein Schaffen grundlegend
bestimmt: Das „rückwirkende Manifest" für New York ist ein vorausschauen-
des Programm für Koolhaas' künftiges metropolitanes[826] Bauen.

   In fünf Kapiteln werden verschiedene Entwicklungsstufen New Yorks von
1890 bis 1940 analysiert; in dieser Zeit entstanden die meisten der Wolkenkratzer, die als typisch für die Stadt gelten.[827] Manhattan sei in dieser frühen
Phase das *Laboratorium*[828] einer neuen Kultur des 20. Jahrhunderts gewesen,
so Koolhaas, in der mit rasanten technologischen Fortschritten eine künstliche Welt auf der Basis der *Hyper-Dichte* erschaffen und *eine metropolitane[]
Existenzweise* entwickelt worden sei, die ganz vom Menschen gemacht und auf
seine Bedürfnisse zugeschnitten sei.[829] Diese Lebensweise, wie sie typisch für
die Großstadt geworden ist, bezeichnet Koolhaas als „*Culture of Congestion*"[830],
als *Kultur der Verdichtung*[831]. „*Die*" *Stadt [im traditionellen Sinn] gibt es heute
nicht mehr*[832], so der Architekt. Anstelle der früheren Ordnung der Städte, deren

---

824 | Koolhaas 1999, S. 10, Zitate ebd.

825 | Koolhaas 1999, S. 12.

826 | Für eine Definition Koolhaas' des „Metropolitanen" als *fast alles, was zur Zivi-
lisation gehört*, im Gegensatz zum „Großstädtischen", das *einen klassischen Unterton*
hat, vgl. Koolhaas in Stimmann 1995, S. 190, Zitate ebd.

827 | Beispielsweise das Empire State Building (1930/31) oder das Rockefeller Center
(1931-1940), denen Koolhaas jeweils ein Kapitel widmet.

828 | Koolhaas 1999, S. 10.

829 | Koolhaas 1999, S. 11, Zitate ebd.

830 | Koolhaas 1978, S. 7; Lucan, Architekt, 1991, S. 40.

831 | Die Bezeichnung „Kultur der Verdichtung", wie sie etwa in Lucan, Architekt, 1991
gebraucht wird, trifft Koolhaas' Formulierung genauer und wird daher im Folgenden der
Übersetzung von Fritz Schneider („Kultur des Staus") in der deutschen Ausgabe von
DELIRIOUS NEW YORK vorgezogen.

832 | Koolhaas, Was ist eigentlich, 1996, S. 40.

Bauten ihren Aufgaben entsprechend angelegt waren,[833] ist in Manhattan die Anhäufung von Hochhausbauten getreten, die alle Funktionen übernehmen können. Daraus resultiert eine Zersplitterung der geordneten Stadtstruktur, alles kann überall sein. Auf diese Veränderungen des großstädtischen Lebens müsse der Architekt reagieren, sagt Koolhaas. Denn, so lautet *[s]ein verstecktes, zweites Argument, [...] daß die Metropole ihre eigene, besondere Architektur braucht/ verdient*[834], die den Besonderheiten der großstädtischen *Kultur der Verdichtung* gerecht wird und sie weiterentwickelt. Es gelte, eine Form des urbanistischen Bauens zu finden, das den Anforderungen der Großstadt entspreche, da *die Architekten gerade heute, da das Großstädtische eigentlich allgemein geworden ist, kaum wissen, wie man mit Großstadt umgeht.*[835]

Welche Besonderheiten diese Architektur auszeichnen, arbeitet der Architekt am Beispiel Manhattans heraus. Sein Ziel ist es, einen *blueprint*[836], eine Blaupause zu isolieren: Das urbanistische Modell Manhattans soll als Muster fungieren, das auf andere Entwürfe übertragen werden kann. Er betont jedoch auch, dass DELIRIOUS NEW YORK *ein[] perfekte[s] Manhattan*[837] thematisiere, während die gegenwärtige Stadt nur eine Kompromisslösung darstelle.

DELIRIOUS NEW YORK ist *ein polemisches Unterfangen*, das die Problematik einer angemessenen Großstadtarchitektur in einer *Kultur der Verdichtung* bewusst machen und eine Auseinandersetzung mit dem Problem eines großstädtischen Urbanismus provozieren will. Koolhaas geht es nicht darum, das metropolitane Chaos zu verherrlichen, sondern die Unordnung der heutigen Städte als Teil einer *Kultur der Verdichtung* verständlich zu machen und kritisch mit ihr zu arbeiten.[838]

Es ist deutlich geworden, dass weniger die historisch genauen Abläufe der Stadtentwicklung New Yorks interessieren, sondern vielmehr die besonderen Charakteristika, in denen sich der *Manhattanismus* für Koolhaas manifestiert.

---

833 | Die Anlage einer traditionellen Stadt folgt bestimmten hierarchischen und funktionellen Schemata. So befinden sich die wichtigen Bauten im Zentrum der Siedlung (etwa Rathaus, Marktplatz, Kirche) und weisen bestimmte formale Charakteristika auf (eine Kirche unterscheidet sich von einem Rathaus, ein Stadtschloss von einem Bürgerhaus).

834 | Koolhaas 1999, S. 316.

835 | Koolhaas, (Vortrag), 1995, S. 173f., Zitat ebd. Entsprechende Kritik durchzieht Koolhaas' Arbeiten (vgl. auch Damisch 1991, S. 30). Auf die zur Entstehungszeit des Buches vorherrschende architektonische Postmoderne wird an späterer Stelle eingegangen.

836 | Koolhaas 1978, S. 7.

837 | Koolhaas 1999, S. 11, folgendes Zitat ebd.

838 | Cohen 1991, S. 18.

Seine Analyse entdeckt *drei Axiome* – *Grid, Lobotomie* und *Schisma*[839] –, deren Zusammenspiel für ihn das Wesen der Großstadt ausmacht. Dieses beruht seiner Meinung nach auf sich eigentlich widersprechenden Merkmalen: Während die metropolitane Kultur wesenhaft geprägt ist von Dynamik und Geschwindigkeit, von stetigem Wandel und Veränderungen entsprechend den Bedürfnissen der Bewohner, ist das architektonische Stadtbild permanent.[840] Dieses Paradox werde in Manhattan gelöst, indem die Architektur die *Aura von Monumentalität mit dem Schauspiel von Instabilität*[841] in genial einfacher Weise verbinde. Erreicht werde dies, so Koolhaas, durch den Einsatz der *drei Axiome*: *Grid*, das Straßenraster, das Manhattan in gleich große, meist rechteckige Grundstücke unterteilt, schafft Gebäudeblocks, die in sich geschlossen und autonom sind.[842] Die Hochhäuser, die auf diesen Parzellen errichtet werden, fungieren als voneinander unabhängige Minikosmen, sozusagen wie *„Cities within Cities"*[843]. Bereits durch ihre Größe haben sie monumentalen Charakter. Dabei ist diese Wirkung unabhängig von den Inhalten, die Bauten sind bedeutungsfrei und können beliebig gefüllt werden.

Hinzu tritt eine doppelte Trennung in den Wolkenkratzern: Innen und außen sind getrennt, die Fassade wird unabhängig gestaltet und erlaubt keine Rückschlüsse auf die Gestaltung des Inneren. Koolhaas bezeichnet dies mit einem aus der Neurochirurgie entlehnten Begriff als vertikale *Lobotomie*[844]. Das Gebäude erhält ein einheitliches Gesicht nach außen, das unverändert bleiben kann, während im Inneren stetige Umgestaltung und Veränderungen entsprechend der aktuellen Bedürfnisse möglich sind. Diese innere Unterteilung des Hochhauses in der Horizontalen nennt Koolhaas *Schisma*: Die einzelnen Etagen sind unverbunden und können dadurch beliebig gestaltet werden. Im Schnitt des Down Town Athletic Clubs[845] spiegelt sich für den Architekten

---

839 | Koolhaas 1978, S. 244, Übers. d. Verf.

840 | Koolhaas 1978, S. 244. Zum Einfluss, den die Beschleunigung aller Lebensbereiche im 20. Jahrhundert auf die Architektur hat, vgl. Koolhaas, (Vortrag), 1995, S. 171–173.

841 | Koolhaas, New York/La Villette, 1991, S. 160.

842 | Eine gerasterte Stadtanlage hat bereits Hippodamos von Milet im 5. Jahrhundert vor Christus entworfen, der damit „als Erfinder des regulierten Städtebaus" gilt (Hesse 2003, S. 10). Die Römer bezeichneten die durch schachbrettartige Stadtpläne entstehenden Baublöcke des hippodamischen Systems als „Insulae" (ebd., S. 15).

843 | Koolhaas, Delirious S. 244.

844 | Lobotomie (oder Leukotomie) bezeichnet einen operativen Eingriff ins Gehirn, meist bei psychischen Erkrankungen, bei dem Nervenbahnen durchtrennt werden; die Wirksamkeit ist nicht belegt, daher wird der Eingriff heute kaum mehr durchgeführt.

845 | Koolhaas' Ausführungen in Koolhaas 1978, S. 127–133; Koolhaas 1999, S. 155–163.

das Wesentliche dieser *drei Axiome* wider: Das Hochhaus sei eine typische *turbulente Aufschichtung des großstädtischen Lebens*[846], es sei *sowohl Architektur als auch hyper-effiziente Maschine[ ]*[847]. Die architektonische Illusion vom stabilen Monument bleibe unversehrt, obwohl ganz den Erfordernissen der Großstadt ergeben.

Durch die Kombination dieser *drei Axiome* ist, laut Koolhaas, mit dem *Manhattanismus* eine Großstadtarchitektur entstanden, die dem Wesen der Metropole entspricht, indem sie äußere Stabilität mit größtmöglicher innerer Flexibilität verbindet. Zugleich wurde dabei gewissermaßen nebenbei, so der Architekt, das Problem der Moderne, die Verbindung von Form und Funktion, gelöst: Während *die Außenseite nur dem Formalismus gewidmet sei, werde das Innere nur nach dem Funktionalismus*[848] gestaltet. Folgt man Koolhaas, so wurde das Problem der Moderne ausgerechnet dort gelöst, wo es nicht ausdrücklich thematisiert wurde: nicht von der intellektualisierten europäischen Architektur, sondern von der „Kommerzmoderne" in New York.

Seine Erkenntnisse hat Koolhaas durch eine retroaktive Analyse des Phänomens Manhattan gewonnen. Dabei ist er weniger als Historiker vorgegangen, sondern hat sich wie ein „Archäologe"[849] durch die urbanistischen Entwicklungsschichten gegraben und essenzielle Merkmale des für Manhattan typischen Bauens herausgefiltert. Durch die Auseinandersetzung mit dem Bestehenden hat Koolhaas eine *Blaupause* für eine metropolitane Bauweise gefunden, die seiner Meinung nach den Besonderheiten einer Großstadt in einer *Kultur der Verdichtung* gerecht wird.[850] Der Begriff „*Axiome*" macht dabei deutlich, dass es sich nicht um Formenvorbilder handelt, die kopiert werden können, sondern um Grundstrukturen, die in der konkreten Anwendung gestalterische Freiräume lassen. Wichtig ist weniger die formale Baulösung als vielmehr die Orientierung an bestimmten Grundprinzipien im Entwerfen. Es ist diese Vorgehensweise, die Koolhaas zum De-Kon-Struktivisten werden lässt: Er „destruiert" die bestehende Architektursituation in New York, untersucht und reduziert sie auf fundamentale Merkmale, um mit diesen weiterzuarbeiten, zu „konstruieren".

---

846 | Koolhaas, New York/La Villette, 1991, S. 160f.

847 | Koolhaas 1978, S. 244, Übers. d. Verf.

848 | Koolhaas 1978, S. 244, Übers. d. Verf.

849 | Lucan, Architekt, 1991, S. 33.

850 | Im „Appendix" entwickelt Koolhaas eine „Fictional Conclusion", in der er die herausgearbeiteten Besonderheiten des *Manhattanismus* bewusst anwendet und fiktive Projekte gestaltet, die *Interpretationen und Modifikationen dieser Axiome* sind (Koolhaas 1978, S. 244, Übers. d. Verf., in der deutschen Ausgabe fehlen diese fiktiven Projekte).

Mit Delirious New York wird ein Denkhorizont aufgespannt, in den sich die weiteren Projekte einordnen lassen. Es ist jedoch keine strikte Vorgabe, nach der gestaltet werden muss: Der Architekt entwirft nicht, um *durch [s]eine Projekte zu beweisen, daß die Theorie, die sie vertreten, auch tatsächlich richtig ist*[851]. Die Entwürfe sind keine bloßen Fortsetzungen des Buches, wie überhaupt Koolhaas' Schriften keine „Projektführer" sind, die sich auf konkrete Entwürfe übertragen lassen, sondern grundsätzliche Gedanken und Theorien präsentieren.[852]

5.3   Koolhaas' Architekturverständnis

In Delirious New York hat Koolhaas die Grundlagen seines architektonischen Denkens vorgestellt, die sein Schaffen wesentlich prägen. Mit diesen Informationen kann das Rotterdamer Wohnungsbauprojekt in Koolhaas' Architekturverständnis eingeordnet werden. An gegebener Stelle werden weitere Projekte exemplarisch herangezogen, um die Ausführungen zu veranschaulichen, ohne sie allerdings ausführlich besprechen zu können. Im Folgenden werden zuerst die drei zentralen *Axiome* des großstädtischen Bauens aus Delirious New York auf den Boompjes-Entwurf übertragen; anschließend wird der Blick auf die retroaktive Methode sowie auf die damit verbundene Umgangsweise mit modernen Vorbildern gerichtet. Dadurch wird es nicht nur möglich, Einblick in die Gestaltungsverfahren OMAs zu gewinnen und Koolhaas' Anspruch an seine Architektur zu erarbeiten, sondern es wird auch deutlich, inwiefern die Bewertung des New Yorker Katalogs zu kurz greift.

Gestaltungsspielräume durch Rasterung (*Grid*)

Der ungewöhnliche Standort des Rotterdamer TowerSlab auf einem nur schwer zugänglichen Landstreifen erinnert an eine der Gitter-Parzellen Manhattans[853] und entspricht damit der Ausgangssituation, die in Delirious New York als wesentlich für den von Koolhaas sogenannten *Manhattanismus* erkannt worden ist: dem Raster, das die gesamte Fläche in kontrollierbare, nicht mehr veränderbare Einheiten unterteilt (*Grid*).[854] Dieses bildet einen Rahmen,

---

851 | Koolhaas zitiert nach Lucan, Architekt, 1991, S. 40.

852 | Cohen 1991, S. 17, Zitat ebd.

853 | Vgl. auch Koolhaas' Entwurf für ein „Hotel Sphinx" (1975/76) am Times Square in DELIRIOUS NEW YORK (Koolhaas 1999, S. 244–247): An der Schnittstelle von 7th Avenue und dem diagonal durch Manhattan verlaufenden Broadway befindet sich ein spitz zulaufendes Grundstück.

854 | Lucan, Architekt, 1991, S. 34.

in den hinein das Bauprojekt entworfen werden kann.[855] Die Form der Rasterung spielt dabei keine Rolle. Wichtig ist, dass das zu bebauende Gelände eine feste Grundstruktur erhält, sei es durch eine bereits vollzogene stadtplanerische Einteilung wie in Manhattan,[856] sei es durch die bewusste Strukturierung durch einen Architekten. Für den Entwurf des PARC DE LA VILLETTE[857] in Paris etwa gliedert OMA die leere Geländefläche mit Streifen.[858] Vorbild ist hier die hochhaustypische Staffelung von Stockwerken übereinander,[859] die statt in die Höhe in die Fläche zu horizontalen Bändern ausgebreitet werden. Im Entwurf für die Planung eines neuen Wohngebiets von MELUN SÉNART[860] dagegen wird das Gelände durch ein *Streifensystem* gegliedert, das mehr an *ein chinesisches Schriftzeichen* erinnert, denn an eine geometrische Form.[861] Die zwischen den Streifen entstehenden Freiräume bleiben bewusst offen in ihrer Gestaltung und können künftigen Bedürfnissen entsprechend bebaut werden. Dieser Aspekt spielt im Schaffen OMAs eine wichtige Rolle: Leere Flächen werden in die Planung miteinbezogen, um Spielraum für künftige Gestaltungsmöglichkeiten zu lassen. Entworfen wird weniger ein formal feststehender Bebauungsplan, sondern ein strukturelles Konzept; darauf wird im Folgenden noch einmal zurückzukommen sein.

In dem durch die Gliederung eines Geländes in kontrollierbare Einheiten entstehenden Rahmen für künftiges architektonisches Geschehen sind „vorhersehbare und unvorhergesehene Ereignisse"[862] möglich. Er stellt eine feste Konstante dar, in der die Flexibilität möglich wird, die Koolhaas für die Großstadtarchitektur als wesenhaft erkannt hat.[863] Zugleich entsteht durch die

---

855 | Cohen 1991, S. 13f.

856 | Die Rastereinteilung Manhattans wurde bereits Anfang des 19. Jahrhunderts vorgenommen, erst im Laufe des nächsten Jahrhunderts folgte die Bebauung – ein Planungsschritt, den Koolhaas in DELIRIOUS NEW YORK als *die kühnste Prophezeiung in der Geschichte der westlichen Zivilisation* bezeichnet (Koolhaas, Derlirious New York, 1999, S. 19). Tatsächlich gab es schon bedeutend früher gerasterte Stadtanlagen in Amerika: Philadelphia (gegründet 1681) ist die erste planmäßig mit schachbrettartigem Grundriss angelegte Stadt in den USA (vgl. Weigley 1982, S. 7–10).

857 | PARC DE LA VILLETTE, Paris, 1982 (Koolhaas, Parc de la Villette, 1991, S. 86–91 ; Koolhaas/Mau 1995, S. 894–957). Auffallend ist, dass OMA *ein reines Programm* vorschlägt (Koolhaas, New York/La Villette, 1991, S. 161).

858 | Lucan, Architekt, 1991, S. 37.

859 | Koolhaas, New York/La Villette, 1991, S. 160f.

860 | VILLE NOUVELLE MELUN SÉNART, Melun-Sénart (südlich von Paris), 1987 (Koolhaas, Beyond Delirious, 1996, S. 333; Koolhaas/Mau 1995, S. 972–990).

861 | Koolhaas, Wettbewerb, 1991, S. 114, Zitate ebd.

862 | Lucan, Architekt, 1991, S. 37.

863 | Lucan, Architekt, 1991, S. 38.

Raster-Einteilung eine Gesamtheit von autonomen, gleichwertigen Parzellen, die ein gewebeartiges Netz ohne Zentrum und Hierarchie bilden.[864] Diese Raumorganisation entspricht nicht nur der *Kultur der Verdichtung* in Manhattan, sondern auch und noch viel mehr der urbanen Zivilisation am Ende des 20. Jahrhunderts, in der sich räumlich-zeitliche Strukturen auflösen.[865] Diese Beobachtungen fließen in alle Projekte OMAs mit ein. Besonders deutlich wird dies an Masterplan-Entwürfen wie MELUN SÉNART, aber auch in der räumlichen Innengliederung von Bauprojekten: In einem Hochhaus wie in Rotterdam-Boompjes werden die Stockwerke in endloser Wiederholung übereinander geschichtet, räumliche Hierarchie gibt es nicht.

Darüber hinaus steht OMA mit der Raster-Gliederung auch in der Tradition der CIAM, für die der Gitter-Begriff sehr bedeutend war.[866] Allerdings unterscheiden sich die Raster der Charta von Athen und von OMA grundlegend: Während die Modernen das Gitter als Grundlage für eine vereinheitlichte Gestaltung der funktionalen Stadt einsetzten, bezieht Koolhaas bewusst die flexible Offenheit für verschiedene Nutzungsmöglichkeiten in sein Entwerfen ein und integriert „potentielle Zwecke"[867], wie im Folgenden noch deutlicher wird. Statt von einer einmal festgesetzten Richtlinie auszugehen, sucht er Gestaltungsregeln aus retroaktiven Beobachtungen und Analysen herzuleiten. Anders als die CIAM will Koolhaas keinen Funktionalismus, der für jeden Bauzweck eine bestimmte Lösung vorschreibt.[868]

Lobotomie von innen und außen:
Verdichtung durch flexible Raumgestaltung (*Schisma*)

In die „Rahmen"-Parzelle von Rotterdam-Boompjes hinein entwirft OMA einen Hochhaus-Wohnblock, der im Wesentlichen von außen entwickelt wird. Zur Inneneinrichtung wird nur gesagt, dass die wichtigen Funktionen, die zu einem Wohngebiet gehören, unter einem Dach versammelt sein sollen. Damit wird deutlich angeknüpft an die charakteristischen Hochhäuser von Manhat-

---

864 | Es entsteht eine rhizomartige Struktur im Sinne von Gilles Deleuze und Félix Guattari (Deleuze/Guattari 1992, S. 35-37). Eine entsprechende Verbindung wird von Alejandro Zaera hergestellt, der im Schaffen OMAs viele Entsprechungen zur Rhizom-Theorie findet (Zaera 1994, S. 35-39). Von Koolhaas selbst finden sich jedoch keine direkten Hinweise auf eine Auseinandersetzung mit oder ein Anknüpfen an Deleuze und Guattari. Dies ist auch nicht zu erwarten, da er sich gegen begriffliche Vermischung von Architektur und Philosophie ausspricht (Koolhaas, (Vortrag), 1995, S. 196).

865 | Vgl. Zaeras kurzer Überblick über die Metropole im 20. Jahrhundert (Zaera 1994, S. 32-34).

866 | Cohen 1991, S. 13f.

867 | Cohen 1991, S. 14.

868 | Lucan, Architekt, 1991, S. 38.

tan, die wie autonome *Städte in der Stadt* auf ihrem Inselblock fungieren. Das Innere des TowerSlab wird bewusst unbestimmt gehalten, um flexibel auf die sich schnell ändernden funktionalen Anforderungen reagieren zu können (*Schisma*). Das Äußere dagegen bildet eine stabile Hülle, die keine Rückschlüsse auf die Inneneinteilung zulässt: Der Hochhausbau bietet dem Betrachter, abhängig von seinem Standpunkt, zwei wesenhaft voneinander verschiedene Ansichten. Die Trennung von Fassade und Innenbau (*Lobotomie*) ist gegenüber den New Yorker Wolkenkratzern noch weiter vorangetrieben: Von außen ist es nicht möglich, eine Grundform des Gebäudes zu erkennen.

Darüber hinaus verdichtet das Rotterdamer Projekt nicht nur alle Funktionen eines Wohngebietes unter einem Dach, sondern erreicht auch die größtmögliche räumliche Ausdehnung auf dem schmalen Grundriss, indem sich der Bau durch die schräg ansteigenden Turmvorsprünge nach oben hin verbreitet. „[D]ie Ausnutzung der Dichte, die Verdichtung also", die Koolhaas als charakteristisch für das großstädtische Leben und Bauen erkannt hat, zieht sich „wie ein roter Faden" durch sein Schaffen und wird immer weiter entwickelt.[869] Die übereinanderliegenden Stockwerke eines Hochhauses werden in späteren Projekten durch gegenseitige Durchdringung und Überlagerungen noch weiter verdichtet. Bereits im NEDERLANDS DANS THEATER[870], dem ersten realisierten Projekt OMAs, lässt sich Entsprechendes beobachten: Der Eingangsraum wird von verschiedenen Elementen in drei Ebenen gegliedert, die sich überlagern und nicht deutlich voneinander zu trennen sind. Es entsteht eine unhierarchische und stark bewegte Raumgliederung. In jüngeren Projekten, etwa dem Entwurf für das ZKM KARLSRUHE[871], wird die Raumverdichtung noch weitergeführt: Durch *Aufzüge, Rampen, Rolltreppen und Balkone* sollte ein *Zirkulationsgewebe* um die Nutzräume herum entstehen, das die Grenzen zwischen den Räumen und Stockwerken lockert und zu Verschlingungen zwischen den Ebenen führt.

Das nach Koolhaas für eine metropolitane Architektur typische, eigentlich paradoxe Eingespanntsein zwischen den Polen Stabilität und Instabilität beeinflusst auch den Rotterdamer TowerSlab grundlegend. Der architektonische Bauentwurf, per definitionem aus festem Material, trifft zusammen mit einer

---

869 | Lucan, Architekt, 1991, S. 41, Zitate ebd.

870 | Das NEDERLANDS DANS THEATER ist einer der ersten fertiggestellten öffentlichen Bauten OMAs (vgl. Anm. 781). Der Entwurf wurde zunächst für ein anderes Gelände entwickelt. Am heutigen Standort ist das Theater umgeben von drei weiteren großen Gebäuden, sodass es nicht frei sichtbar ist. Der Theater-Konzert-Komplex besteht aus zwei Vorführungsräumen, von denen nur der eine sowie das gemeinsame Foyer von OMA gestaltet wurden.

871 | Vgl. Anm. 783 sowie Koolhaas, Zentrum für Kunst, 1991, S. 140–150, folgende Zitate S. 141.

bewusst offen für Veränderungen und in ihrer funktionalen Einteilung unbestimmt gehaltenen Innengestaltung des Gebäudes. Diese methodische Kombination von *architektonischer Genauigkeit mit planerischer Unbestimmtheit*[872], so Koolhaas, ist maßgeblich für alle Projekte OMAs. Dabei entwickelt der Architekt weniger ein formales Design als vielmehr ein strategisches Konzept, das ein Gestaltungsprogramm vorgibt, jedoch nicht bis in die kleinsten Details festlegt.[873] Dementsprechend schildert Koolhaas die Entwicklungsstufen des Boompjes-Projekts ausführlich, während die formale Beschreibung des eigentlichen Baus kurz gehalten wird. Dieses Vorgehen bedeutet auch einen Verzicht des Architekten auf die genaue Durchplanung eines Entwurfs. Für Bauaufgaben in der Großstadt, wo das Leben von stetiger Veränderung geprägt ist, muss nach Koolhaas Spielraum für Flexibilität integriert werden.[874] Es entsteht eine neue Art von urbanistischer Architektur, die den Anspruch auf Harmonie und eine übergeordnete Ordnung aufgibt und stattdessen einen Möglichkeitsrahmen plant, der flexibel auf die sich schnell wandelnden Bedürfnisse der Metropole reagieren kann.[875] Auch dies weist Parallelen auf zu dem Vorgehen, das als de-kon-struktiv bezeichnet werden kann: Ohne ein Lösungsmodell einem anderen hierarchisch überzuordnen, wird aus dem jeweiligen Kontext heraus gestaltet. Koolhaas' Verfahren bricht mit dem modernistischen funktionalistischen Anspruch, alles zu planen, ist zugleich jedoch auch eine Bekräftigung des operationalen Charakters der Architektur, der, so Koolhaas, von seinen Architekturkollegen meist nicht beachtet werde.[876] In diesem Sinne versteht er Architektur als *paradoxe Mischung aus Macht und Ohnmacht*, einer Sichtweise, die seiner Meinung nach von *fast niemandem wirklich verstanden* werde.[877]

Durch die Anwendung der *drei Axiome* aus DELIRIOUS NEW YORK auf den Rotterdamer Entwurf werden nicht nur Sinn und Bedeutung dieser Gestaltungsgrundsätze deutlich, sondern es wird auch ein grundlegender Einblick in Zielsetzung und Vorgehensweise OMAs gewonnen. Die *Axiome* beeinflussen weniger die konkrete formale Gestaltung, sondern sorgen für eine bestimmte Umgangsweise mit architektonischen Phänomenen. Herausgearbeitet hat Koolhaas diese drei Prinzipien mit seiner retroaktiven Methode, indem er sich rückblickend mit den Grundlagen der urbanistischen Entwicklung Manhattans auseinandergesetzt hat. Dieses Verfahren kam auch für die Entwicklung des BOOMPJES TOWERSLAB zum Einsatz, der das *erste retroaktive Konzept* war.

---

872 | Koolhaas, Parc de la Villette, 1991, S. 86.

873 | Lucan, Architekt, 1991, S. 40.

874 | Zaera 1994, S. 48; Lucan, Architekt, 1991, S. 38.

875 | Koolhaas, Was ist eigentlich, 1996, S. 41.

876 | Brausch/Emery 1995, S. 100.

877 | Zaera/Koolhaas 1994, S. 6, Zitate ebd., Übers. d. Verf.; Koolhaas, New York/La Villette, 1991, S. 160.

In der Auseinandersetzung mit der jüngeren Vergangenheit Rotterdams hat OMA die urbanistische Gestaltungsidee aus den 1950er-Jahren, Hafen und Stadtzentrum durch ein *„Fenster"* zu verbinden, aufgegriffen; diese hat den eigenen Entwurf insbesondere bei der Standortwahl beeinflusst. Mit der Auswahl des ungewöhnlichen Grundstücks kommt eine weitere Besonderheit im Schaffen OMAs zum Vorschein: Koolhaas vertritt die optimistische Haltung, dass sich *[n]och in der desolatesten Gegebenheit der Anfang [...] zu etwas Gutem finden lässt*[878]. Möglich wird auch dies durch das retroaktive Verfahren: Durch die retroaktive Auseinandersetzung mit einer gegebenen Situation wird es möglich, sich unvoreingenommen auf diese einzulassen und mit ihr zu arbeiten. Aus dem „Bilderrepertoire" der jeweiligen Stadt können Gestaltungsideen geschöpft werden, ohne völlig Neues erfinden zu müssen. Dies entspricht Koolhaas' Ansatz in den frühen 1980er-Jahren, dass nur dort erfunden werden soll, wo es nicht anders geht; in den Jahren danach wird seine Haltung jedoch offener gegenüber dem eigenen kreativen Schaffen.[879]

OMAs Entwürfe wollen auch die aktuelle Bausituation berücksichtigen. Die Bauten sollen in ihrem Kontext passen. Der BOOMPJES TOWERSLAB wird, seiner Lage an einem Verkehrsknotenpunkt entsprechend, *auf die kinetische Erfahrung* hin gestaltet. Bei Koolhaas' Entwürfen ist immer auch eine stadtplanerische Perspektive im Spiel, die den Blick über das Gebäude hinaus richtet. Diese Art von Architektur ist mehr als das Errichten von Bauten. Dies lässt sich etwa am NEDERLANDS DANS THEATER beobachten, das ähnlich wie das Boompjes-Projekt kein auffälliger Bau ist. Das Theater ist so gestaltet, dass es sich in eine Umgebung von mehreren heterogenen Gebäude einfügt und einen Ausgleich zwischen diesen schafft. Es ist verhältnismäßig nüchtern und ohne formal hervorspringende Besonderheiten gestaltet. Diese bewusste neutrale Schlichtheit kennzeichnet die Arbeiten von OMA. Sie bedeutet jedoch nicht, dass die Bauten einfach sind – vielmehr enthüllt sich dem aufmerksamen Betrachter nach und nach die „verborgene [inhaltliche] Komplexität"[880] dieser Gebäude, wie am Beispiel von BOOMPJES TOWERSLAB nachgezeichnet wurde. Dieser Vielschichtigkeit des Architekturverständnisses Koolhaas' werden Johnson und Wigley in ihrer Beurteilung nicht gerecht. Ihre formale Beschreibung des OMA-Entwurfs trifft zwar zu, greift jedoch zu kurz für eine angemessene Darstellung dieser Architektur. So wird weder Koolhaas' grundlegender Begriff von Funktionalität berücksichtigt, noch wird der Versuch, einen Entwurf in seinen Kontext einzupassen, gewürdigt. Auch die retroaktive Methode, die zumal im frühen Schaffen des Architekten eine wichtige Rolle spielt, bleibt ungenannt. Zwar stellen die Kuratoren fest, dass die Moderne Einfluss auf Koolhaas

---

878 | Koolhaas zitiert nach Lucan, Architekt, 1991, S. 34.
879 | Zaera/Koolhaas 1994, S. 18.
880 | Lucan, Architekt, 1991, S. 35.

hat, sie treffen jedoch auch hier nicht den eigentlichen Kern seiner Motivation für die Auseinandersetzung mit dieser Architektur, wie im Folgenden noch deutlicher wird.

Retroaktive Gestaltung des Kontexts

Besonderes Interesse hat Koolhaas am Erfahrungsschatz der Moderne,[881] der von den Vertretern der Postmoderne abgelehnt wird. Neben die retroaktive Analyse der Bausituation in ihrem geografisch-historischen Kontext tritt ein ebenso offener Umgang mit modernem Gedankengut im Allgemeinen, das in seinen Grundstrukturen analysiert und auf aktuelle Planungssituationen übertragen wird.[882] Bereits in DELIRIOUS NEW YORK hat sich Koolhaas mit modernistischen Vorbildern auseinandergesetzt; auch in den Boompjes-Entwurf wird eine Gestaltungsidee der Nachkriegszeit integriert. Angeknüpft wird in beiden Fällen nicht an Formalem, sondern an grundlegenden Gestaltungsweisen. Damit hat Koolhaas in den 1970er-Jahren, als die eklektische Postmoderne vorherrscht, ein historisierendes Verfahren entwickelt, das statt auf formale Nachbildung auf die Auseinandersetzung mit den strukturellen Möglichkeiten der modernen Bauweisen setzt.[883] Für den Entwurf der IJ-PLEIN[884] etwa experimentiert OMA mit klassisch-modernen Stadtentwürfen, die zum großen Teil nicht realisiert und mittlerweile zu theoretischem Anschauungsmaterial geworden sind.[885] Mittels Montagetechnik werden Ausschnitte dieser Modelle in den Plan des zu bebauenden Geländes eingesetzt, um auszuprobieren, was passt.[886] Die klassischen Pläne werden aus ihrem historischen Kontext gelöst und wieder als praktische Bauvorschläge gefasst.[887]

Die besondere Methode der retroaktiven Auseinandersetzung mit der modernen Vergangenheit entsteht nicht zuletzt aus Protest gegen die in jener Zeit vorherrschende Ablehnung des modernen Bauens,[888] eine Haltung, die Koolhaas mit deutlichen Worten kritisiert.[889] Viele seiner Texte sind bewusst pole-

---

881 | Cohen 1991, S. 11.

882 | Lucan, Architekt, 1991, S. 33.

883 | Cohen 1991, S. 9.

884 | IJ-PLEIN, Amsterdam, 1980–1989 (Leupen/Koolhaas 1989, S. 109–112; Koolhaas, IJ-plein, 1991, S. 76f.).

885 | Leupen/Koolhaas 1989, S. 110; Cohen 1991, S. 9.

886 | Leupen/Koolhaas 1989, S. 110; Cohen 1991, S. 16f. Ein weiteres Bespiel für einen Entwurf in Montagetechnik ist das Modell für MELUN SÉNART (vgl. Koolhaas, Wettbewerb, 1991, S. 114; Anm. 860).

887 | Cohen 1991, S. 9.

888 | Zaera/Koolhaas 1994, S. 18; Cohen 1991, S. 19.

889 | Etwa Koolhaas, Erschreckende Schönheit, 1991, S. 154; Koolhaas, New York/La Villette, 1991, S. 160.

misch ausgerichtet, um Diskussionen zu provozieren, denen man *bisher ausgewichen*[890] sei. So weist er in seinen Schriften aus den frühen 1980er-Jahren, die für die Blickrichtung der vorliegenden Arbeit besonders interessant sind, darauf hin, dass die postmoderne Angewohnheit, die Errungenschaften der Vorgängergeneration abzulehnen, nicht weiterbringt. Vielmehr sei auch das 20. Jahrhundert *wunderschön für diejenigen, die – vorübergehend – die Illusion von Ordnung, Geschmack und Integrität vergessen können*[891], sich von begrifflichen Vorurteilen lösen und sich objektiv mit dem Vergangenen auseinandersetzen können. Die Postmoderne dagegen sei *im wesentlichen unkritisch, denn sie vermag bloß, der Vergangenheit pauschal beizupflichten*[892]. Koolhaas dagegen setzt sich bewusst offen und kritisch mit allen Facetten der Moderne auseinander, nicht nur mit dem russischen Konstruktivismus, wie der New Yorker Katalog nahelegt – auch wenn frühe Entwürfe und Zeichnungen tatsächlich viel Ähnlichkeit mit russischen avantgardistischen Zeichnungen aufweisen. Catherine Cooke berichtet, dass Koolhaas gar in die Sowjetunion gereist sei, um Arbeiten von Leonidow zu sehen.[893] Dennoch lassen sich unterschiedliche Inspirationen beobachten, wie Jean-Louis Cohen ausführt; neben dem russischen Avantgardisten sind etwa auch Frank Lloyd Wright und der „Berliner" Mies van der Rohe Vorbilder, die jedoch weniger formalen, sondern vor allem ideellen Einfluss ausüben.[894] Bereits in DELIRIOUS NEW YORK hat der Architekt mit der „Kommerzmoderne" eine modernistische Spielart analysiert, die nicht Teil des Kanons der vorbildhaften Architekturtheorien ist, und gezeigt, dass hier ebenfalls Schauplatz einer Avantgarde-Bautätigkeit war, allerdings einer ganz anderen als in Europa.[895] OMAs Projekte sind daher nicht „Schauplatz einer radikalen Infragestellung des Modernismus"[896], wie Wigley ohne weitere Erläuterung zum Rotterdamer Wohnhausprojekt schreibt. Vielmehr werden in einer unvoreingenommenen objektiven Analyse bestimmte Ansätze übernommen, andere verworfen. So vertritt Koolhaas ein anderes Verständnis von

---

890 | Brausch/Emery 1995, S. 105; Bollerey/Koolhaas 1987, S. 628.

891 | Koolhaas, Erschreckende Schönheit, 1991, S. 154.

892 | Koolhaas, Unsere, 1991, S. 153. Vielfach bestehen Bestrebungen, den historischen Kern einer Stadt zu erhalten, ohne die aktuellen Entwicklungen der Städte zu berücksichtigen.

893 | Cooke 1988, S. 13; Broadbent 1991, S. 17. Koolhaas selbst sagt in einem Interview: „Man kann also sagen, dass Leonidow und Moskau Interessensgebiete waren, mit denen ich mich bereits beschäftigt hatte, bevor ich mit dem Architekturstudium begonnen habe" (Koolhaas/Kuhnert/Ngo 2012, S. 12).

894 | Cohen 1991, S. 10f.; vgl. auch Damisch 1991, S. 23; Koolhaas, Unsere, 1991, S. 153; Koolhaas, Toward, 1996, S. 328f.

895 | Koolhaas, Sechzehn, 1991, S. 162; Cohen 1991, S. 18.

896 | Johnson/Wigley 1988, S. 46.

Funktionalität, als es in der europäischen Moderne üblich war. Er teilt jedoch die konstruktivistische Auffassung von der Architektur als *konstruktivistische[n] soziale[n] Kondensator*[897], der seine Umgebung beeinflussen und gestalten kann. Wesentlich ist immer die intellektuelle Auseinandersetzung mit dem modernen Gedankengut, um zu zeitgemäßen Lösungen zu finden.

5.4 Zusammenfassung

Koolhaas fordert eine urbane Architektur, die den Besonderheiten der Groß-städte an der Schwelle des 21. Jahrhunderts, die er als *Kultur der Verdichtung* bezeichnet, entspricht. Durch die zunehmende Technologisierung des Alltags sowie die rasant wachsenden Bevölkerungszahlen hat sich das metropolitane Leben in den letzten Jahrzehnten grundlegend gewandelt. Es ist geprägt von Dynamik und Veränderung, von Chaos und Fragmentation. „Die" Stadt im traditionellen Sinn mit ihrem einer historisch gewachsenen Ordnung folgenden Aufbau gibt es nicht mehr. Auf diese Entwicklungen müsse das großstädtische Bauen reagieren, so Koolhaas. Anders als die postmodernen Städteplaner, die *[die] Vorzüge der traditionellen Stadt [wiederentdeckten] – zu einer Zeit, als diese Vorzüge bereits unwiederbringlich der Vergangenheit angehörten*[898], und daher von Voraussetzungen ausgehen, die nicht mehr gültig sind, will Koolhaas eine den Veränderungen entsprechende Urbanismus-Theorie entwickeln, die als neues konzeptionelles Bezugssystem dienen kann.[899] Der neue Urbanismus soll sich nicht auf die Vorstellung *von Ordnung und Omnipotenz stützen*, sondern *Möglichkeitsfelder[] für Prozesse* öffnen, die zum Zeitpunkt des Entwerfens und Bauens noch unbestimmt sind.[900] OMA will daher keine formalen Gestaltungsprogramme entwerfen, sondern strukturelle Baukonzepte.

Dieser Begriff von Funktionalität und der Aufgabe von Architektur sowie die daraus resultierenden Entwurfsstrategien, für die formale Lösungen zweitrangig sind, werden im New Yorker Katalog nicht berücksichtigt. Darüber hinaus trifft auch die Einschätzung der Kuratoren von Koolhaas' Bezugnahme zum Modernismus nicht zu: Diesen stellt der Architekt nicht „radikal infrage"[901], sondern setzt sich unvoreingenommen und objektiv mit dessen Ansätzen auseinander, übernimmt einige Punkte, verwirft andere. Auch beschränken sich seine Analysen keinesfalls auf den russischen Konstruktivis-

---

897 | Koolhaas, Derlirious New York, 1999, S. 155.

898 | Koolhaas, Was ist eigentlich, 1996, S. 40.

899 | Sinning 2000, S. 18; Bollerey/Koolhaas 1987, S. 628; Hesse 2003, S. 169.

900 | Koolhaas, Was ist eigentlich, 1996, S. 41, Zitate ebd.

901 | Johnson/Wigley 1988, S. 46.

mus, wie Johnsons und Wigleys Texte nahelegen, sondern arbeiten auch und gerade mit der gebauten Moderne. Koolhaas' theoretische Ansätze für einen neuen Urbanismus beruhen auf architektonischen Beobachtungen. Zugrunde liegen keine abstrakten, philosophischen Überlegungen wie etwa bei Eisenman oder Tschumi, sondern die analytische Auseinandersetzung mit den technologischen und soziokulturellen Entwicklungen in den Großstädten des 20. Jahrhunderts; so bringt er bereits in DELIRIOUS NEW YORK die Entwicklung des Wolkenkratzers mit der Erfindung des Aufzugs zusammen.[902] Wesentlich für Koolhaas ist sein de-kon-struktives Verfahren der Analyse des Bestehenden, bei dem grundlegende Phänomene herausgefiltert werden, um mit ihnen weiterentwerfen zu können, ohne dabei hierarchische Wertungsmaßstäbe anzulegen, sondern sich auf den Kontext zu beziehen. War es in der frühen Phase als retroaktive Methode noch schwerpunktmäßig auf die Auseinandersetzung mit der modernistischen Vergangenheit eines Ortes sowie mit modernen Entwurfsvorbildern allgemein gerichtet, so wird der Analyseprozess mit der Zeit immer komplexer und umfassender. In den jüngeren Entwürfen arbeitet sich Koolhaas in radikaler Reduktion zum Kern eines Projektes vor, um entsprechende Lösungen zu entwickeln.[903] Bei allen Entwürfen verfolgt er eine urbanistische Perspektive über den Horizont einer „Nur"-Architektur hinaus mit dem Ziel, Bauten zu entwickeln, die den Bedürfnissen der Metropolen des 21. Jahrhunderts entsprechen.

Diese Ansätze führt Koolhaas auch nach 1988 weiter: In den 1990er-Jahren wendet sich sein Blick von den westlichen Metropolen hin zu dem neuen Phänomen der Megacities, die in den letzten Jahrzehnten vor allem in Asien[904], Afrika und Südamerika entstanden sind. Diese Agglomerationen bezeichnet der Architekt als *Generic Cities, eigenschaftslose Städte*[905] ohne historische Identität. Öffentliche Strukturen, *die in der Vergangenheit für den Zusammenhalt der Dinge*[906] gesorgt haben, sind gelockert. Die Teilnahme am städtischen Leben ist nicht mehr an den öffentlichen Raum gebunden. *[D]ie Stadt [ist] zu einem*

---

902 | Kipnis 1996, S. 26.

903 | *I would put all the books on cities in that category [retroaktiv, d. Verf.]* (Koolhaas in Colomina/Koolhaas 2007, S. 366; Kipnis 1996, S. 29f.).

904 | Zu Koolhaas' besonderem Interesse an Asien vgl. Zaera/Koolhaas 1996, S. 18f.

905 | Koolhaas prägt den Begriff in einem gleichnamigen Text (Koolhaas, Generic City, 1995, S. 1238–1267; deutsch: Koolhaas, Stadt ohne, 1996, S. 18–27; vgl. auch Sinning 2000, S. 41–62). Der Text ist kein Manifest, sondern wird in S, M, L, XL als „Guide" bezeichnet. Er ist eine polemische Beschreibung von Beobachtungen. Der Autor schwankt dabei zwischen positiven und negativen Einschätzungen, ohne zu einer Wertung des Phänomens *Generic City* zu kommen.

906 | Koolhaas, Stadt ohne, 1996, S. 24.

System miteinander verknüpfter Innenräume geworden[907], so Koolhaas, die überall gleich sind und deren einziges Kriterium die Funktionalität ist.

In den späten 1990er-Jahren, als OMA mit zunehmendem Erfolg zahlreiche internationale Projekte betreut und sich als Großunternehmen mit Niederlassungen auf der ganzen Welt etabliert, wird eine neue Forschungsabteilung ins Leben gerufen, AMO, die sich auf theoretischer Basis und über die Grenzen der Architektur hinaus mit aktuellen urbanistischen Phänomenen auseinandersetzt, während OMA sich auf die Realisierung architektonischer Projekte konzentriert.[908]

1995 entwirft Koolhaas eine *Bigness-Theorie*, die in DELIRIOUS NEW YORK schon zwischen den Zeilen formuliert war:[909] Bereits bei der Analyse des *Manhattanismus* sei deutlich geworden, so Koolhaas, dass Bauten ab einer bestimmten Größe monumentalen Charakter haben, unabhängig von ihrem jeweiligen Inhalt. Eingespannt zwischen den Polen Stabilität (außen) und Instabilität (innen) erfüllen die Hochhäuser metropolitane Anforderungen. *Bigness* hat für den Architekten *die Fähigkeit, [im Chaos der Großstädte] das Ganze wiederherzustellen.*[910] Diese Möglichkeiten der *Bigness*, einem noch jungen architektonisch-urbanistischen Phänomen, werden allerdings von den Architekturkritikern wenig beachtet. Es gibt keine grundlegende Theorie, auf die sich die Architekten stützen können, entsprechende Experimente sind daher *nur partiell erfolgreich* und werden *diskreditiert*, so Koolhaas. *Das Fehlen einer Bigness-Theorie* will er durch seine polemischen Schriften bewusst machen, während durch seine theoretischen Vorstöße konzeptionelle Grundlagen dafür geschaffen werden.

---

907 | Koolhaas, (Vortrag), 1995, S. 175.
908 | Vgl. auch Zaera/Koolhaas 1996, S. 10-12, 15f.
909 | Koolhaas, Bigness, 1996, S. 42-44, Zitate S. 42.
910 | Koolhaas, Bigness, 1996, S. 43, folgende Zitate ebd.

6   Peter Eisenman

Ich glaube, in dem Augenblick, wo die Dekonstruktion
ein Stil und eine Mode wird, können wir sie angreifen.
Vor der Schau war sie kein Stil und keine Mode, sie war
eine Arbeitsweise. Ich meine, Dekonstruktion ist ein
Prozeß, der viele Stile haben könnte. [...][911]
Peter Eisenman

Peter Eisenman (*1932) ist, gemeinsam mit Frank Gehry, 1988 einer der bekanntesten Architekten der Ausstellung und wie dieser eines der „Zugpferde" der Show.[912] Mit seinen theoretischen Denkansätzen prägt er einen der Pole der DECONSTRUCTIVIST ARCHITECTURE. Zudem hat er durch seine Freundschaft[913] mit Johnson in heute nicht mehr näher bestimmbarer Weise bei der Gestaltung der Präsentation mitgewirkt, Wigley kommt durch seine Empfehlung an Bord des Projekts.[914] En Detail lässt sich dies jedoch nicht (mehr) nachvollziehen.

Heute zählt Eisenman, der in Deutschland besonders durch das Berliner HOLOCAUST MAHNMAL[915] bekannt ist, zu den „Starchitects" und ist weltweit tätig, allerdings in geringerem Ausmaß als etwa Hadid oder Gehry. Mit der CITY OF CULTURE OF GALICIA[916] ist eines der jüngsten und bisher größten Projekte im Bau. Zum Zeitpunkt der New Yorker Ausstellung ist Eisenman vor

---

911 | Jencks/Eisenman 1995, S. 263.

912 | Eisenman und Gehry werden 1991 im von Philip Johnson kuratierten US-Pavillon bei der Architekturbiennale Venedig als einflussreichste Vertreter der US-Architektur präsentiert; vgl. Anm. 483.

913 | Kurt W. Forster etwa notiert, dass Johnson Eisenman bei seiner Positionsfindung maßgeblich unterstützt habe (Forster 1994, S. 24). Eisenman wiederum hat schon 1979 eine Einleitung zu Johnsons Schriften verfasst (Eisenman, Behind, 2004).

914 | Vgl. Kapitel 2.1.1.

915 | MEMORIAL OF THE MURDERED JEWS OF EUROPE/„HOLOCAUST MAHNMAL", Berlin, 1997–2005, (Holocaust Mahnmal 2005; Materialien zum Denkmal 2005; Noever 2004, S. 156–159; Davidson 2006, S. 290–297; Leggewie/Meyer 2005).

916 | Vgl. Anm. 1033.

allem einflussreich als, auch polemischer, Architekturtheoretiker und Dozent am Institute for Architecture and Urban Studies[917], das er 1967 mitgegründet hat. Dort haben auch die jüngeren Architekten der Ausstellung, Libeskind, Hadid, Koolhaas, Tschumi, bei ihm gehört.[918] Darüber hinaus beruht seine Bekanntheit auf einer weiteren geschichtsträchtigen MoMA-Ausstellung, der „Five Architects"[919] von 1972; in dieser Zeit entstehen die stark rezipierten experimentellen CARDBOARD HOUSES[920].

Eisenmans praktische Bautätigkeit hingegen setzt erst in den 1980er-Jahren ein. Mit dem WEXNER CENTER FOR THE VISUAL ARTS[921] führt er seinen ersten Bauauftrag in großen Dimensionen aus. Nach den auf den privaten Raum gerichteten Experimenten der HOUSES wendet sich sein Blick hier urbanen The-

---

917 | 1967 gegründet als Plattform des zeitgenössischen Architekturdiskurses in den USA, entwickelt das Institut of Architecture and Urban Studies IAUS große Strahlkraft. Es wird 1985 aufgelöst, 2003 jedoch im Zuge der Diskussionen um die Bedeutung von Architektur nach 9/11 wiedereröffnet (vgl. Website IAUS).

918 | Haberlik 2001, S. 213. Eine wesentliche Facette in Eisenmans Denken ist seine Auseinandersetzung mit dem Schaffen anderer Architekten, historischen ebenso wie zeitgenössischen. So kommentiert er als Lehrer etwa auch Libeskinds Arbeit (vgl. Kapitel 4, Anm. 709).

919 | Vgl. Kapitel 2.7.1, Anm. 2.

920 | (CARDBOARD) HOUSES, 1967–1977, zehn experimentelle Entwürfe für Einfamilienhäuser, nummeriert mit römischen Zahlen. Als Abschluss folgen HOUSE 11A und 11B, 1978, EL EVEN ODD, 1980, sowie FIN D'OU T HOU S, 1983 (Eisenman 1987; Eisenman, House I, 1975, S. 15–24; Eisenman, House II, 1975, S. 25–38; Eisenman, House X, 1982; Eisenman, Representations, S. 46–49; Eisenman, In my Fathers', 2004; Davidson 2006, S. 32–47, 66–79, 84f.; Gandelsonas 1982, S. 10–14, 18–30; Noever 2004, S. 88–91, 96–99; Kraus 1987; Tafuri 1987; vgl. auch Anm. 966).

921 | WEXNER CENTER FOR THE VISUAL ARTS (The Ohio State University), Columbus, Ohio, 1983–1989 (Wexner Center 1989; Ciorra, Peter Eisenman, 1995, S. 86–93; Davidson 2006, S. 112–117; Ciorra, Architektur, 1995, S. 15f.; Noever 2004; S. 116–119; Haberlik 2001, S. 213–215; Taylor 1993, S. 86f.; Grafland, Eisenman, 1989, S. 63–74; Levene/Cecilia 1989, S. 30–51; vgl. Anm. 1006). Das neuartige Kunstzentrum der Ohio State University, benannt nach dem Hauptsponsor Leslie Wexner, ist als multidisziplinäres Zentrum ähnlich etwa dem Centre Georges Pompidou, dem MOCA und dem Walker Art Center angelegt. Die Zielsetzung, als „Labor" zeitgenössische Kunst und ihre Entwicklungen zu erforschen und zu initiieren (vgl. etwa Wexner Center 1989, S. 24–27), setzt Eisenmans Bau architektonisch um (ebd., S. 28). Sein Gebäude weicht von den Formen bekannter Ausstellungshäuser ab und „erlangte eine überraschende Popularität und Aufmerksamkeit", so Pippo Ciorra (Ciorra, Architektur, 1995, S. 14), während es unter den Museumsleuten allerdings eher abgelehnt wird, so Eisenman selbst (Eisenman, Strong form, 1993, S. 53).

men zu. Dies markiert einen Bruch, eine Umorientierung, wie sie charakteristisch für Eisenmans Denken ist.[922] Auch das Frankfurter BIOZENTRUM, das in der DECONSTRUCTIVIST ARCHITECTURE zu sehen ist, wird für einen konkreten städtischen Bauauftrag entwickelt, jedoch nicht realisiert. Im Gegensatz etwa zu Gehrys Exponaten wird mit diesem Projekt eines der aktuellsten Vorhaben Eisenmans in der MoMA-Show präsentiert. Wigleys Beobachtung, dass die präsentierten Architekten sich der Baupraxis zugewendet haben, trifft auch auf Eisenman zu. Warum jedoch gerade das Frankfurter Projekt statt des 1988 fast fertiggestellten WEXNER CENTER ausgewählt wird, wird nicht erläutert.

Neben Bernard Tschumi ist Eisenman zudem der einzige in der Ausstellung präsentierte Architekt, der sich zeitweise intensiv mit Jacques Derridas Schaffen beschäftigt und diesen als Inspiration bezeichnet, zugleich aber stets unterstreicht, dass es sich nicht um eine Übertragung der Philosophie in Architektur handelt, wie dies auch Wigley konstatiert. Aufgrund dieser Gemeinsamkeiten – nicht umgekehrt! – kommt es in den 1980er-Jahren auf Betreiben Tschumis zu einer Kooperation zwischen Eisenman und Derrida im Rahmen eines Garten-Projekts für den PARC DE LA VILLETTE, den CHORA L WORKS[923], das jedoch nicht realisiert wird.

Eisenmans Schaffen ist stark theoretisch-konzeptuell ausgerichtet und, insbesondere in den hier relevanten 1980er-Jahren, vom Wechsel zwischen Schriften und praktischen Elementen geprägt. Texte und Objekte beeinflussen sich gegenseitig, entstehen neben- und auseinander, sodass ihnen gleiche Aussagekraft zukommt.[924] Geprägt von einer besonderen Prozesshaftigkeit kommt es zudem auch immer wieder zu Brüchen, zu Neuausrichtungen, Verschiebungen, Adjustierungen in den Denkansätzen. Eisenmans Architekturverständnis erhält dadurch eine Komplexität, die die Beschäftigung damit anspruchsvoll werden lässt.[925] „Sieht man sich Arbeiten von Eisenman gegenüber, muß man in seinen schriftlichen Äußerungen, in Zeichnungen, Studien und jedweden

---

922 | Schwarz 1995, S. 33; Ciucci 1995, S. 10; Ciorra, Architektur, 1995, S. 13f., 16; Haberlik 2001, S. 212.

923 | CHORA L WORKS, 1985–1986; 1997 wird ein Begleitbuch des Projekts veröffentlicht, das Texte, Gesprächsaufzeichnungen, Skizzen, Zeichnungen und Modellfotos versammelt (Chora L Works 1997). Zur Kooperation, ihrem Zustandekommen und den Abläufen ebenso wie zu Gemeinsamkeiten und Unterschieden zwischen Architekt und Philosoph wurde viel geschrieben, vgl. etwa Cities of 1994, S. 186–218; Cohen 1994, S. 219–226; Noever 2004, S. 108–111; Kipnis 1997, S. 137; Taylor 1993, S. 83–89.

924 | *I used to write a text every time I designed a house [...]*, so der Architekt selbst (Eisenman 1987, S. V; vgl. auch Grafland, Architecture, 1989, S. 98; Ciorra, Architektur, 1995, S. 21).

925 | Eisenman selbst kokettiert immer wieder mit der Komplexität seines Schaffens, das häufig Verständnisschwierigkeiten bereitet – nicht zuletzt ihm selbst, wie er in Ge-

Projekten nach möglichen Bedeutungen suchen"[926], konstatiert etwa Giorgio Ciucci: „Selbst wenn nur ein einzelnes Werk Eisenmans analysiert werden soll, muß man in einen komplexen Prozeß von Einzelausführung, Darstellung und Konstruktion tauchen, der von einem Werk zum anderen abrollt."

Für eine Beurteilung seines Schaffens aus der Perspektive der Ausstellung gilt es im Folgenden, zentrale Ideen herauszuarbeiten, um Eisenmans komplexes Gedankengebäude in wesentlichen, für die Fragestellung der Untersuchung relevanten Aspekten zu erschließen, wie es Pippo Ciorra vorschlägt: „Um [...] die tiefgründige Natur und die möglichen Entwicklungen der Arbeit Eisenmans zu verstehen, ist es ratsam, einige essentielle Themen aus dem Werk herauszugreifen."[927] Dazu werden ausgewählte Schriften und Projekte exemplarisch herangezogen, um den Architekten möglichst direkt „zu Wort" kommen zu lassen – nicht zuletzt auch deswegen, weil sein Schaffen von umfangreichen theoretischen Diskussionen und Kritiken begleitet wird. Es versteht sich, dass dabei weder Texte noch Entwürfe erschöpfend besprochen werden können; hierfür sei auf die umfangreichen sekundären Publikationen verwiesen. Auch ist im vorliegenden Rahmen nicht der Raum, auf kritische Stellen in Eisenmans Denken, etwa die Frage nach der praktischen Effektivität seiner Denkansätze, einzugehen; auch dies wird in der kritischen Literatur umfassend behandelt.[928]

Zur Annäherung besonders hilfreich ist die Publikation „Aura und Exzeß"[929], die wichtige theoretische Beiträge Eisenmans von 1976 bis 1994 auf Deutsch bündelt. Sie war zum Zeitpunkt ihrer Veröffentlichung ein bedeutender Beitrag zur Forschung, da im deutschen Sprachraum noch nicht viele der von Eisenman verstreut publizierten Schriften zugänglich waren. Ergänzend werden weitere Texte des Architekten und Interviews, die Einblick in sein Denken geben, sowie zentrale Monografien hinzugezogen.

Im Folgenden wird nach der Vorstellung des in New York präsentierten Projekts, das Frankfurter BIOZENTRUM, eine Annäherung an Eisenmans Architekturverständnis in seinen zentralen Facetten bis zur Zeit der Ausstellung unternommen. Dabei wird der Schwerpunkt auf theoretischen Überlegungen liegen, wie sie in Schriften und experimentellen Entwürfen zum Ausdruck

sprächen mit Derrida (Chora L Works 1997) oder in einem Vortrag vor Studenten (Eisenman wird zitiert bei Ciucci 1995, S. 12) feststellt.

926 | Ciucci 1995, S. 8, folgendes Zitat ebd.

927 | Ciorra, Architektur, 1995, S. 13; vgl. in diesem Sinne auch Grafland, Eisenman, 1989, S. 7; Frampton 1989, S. 50.

928 | Ein Beispiel für Kritik und Verständnisprobleme auch untere Kollegen stellt die Diskussion zu Eisenmans IBA-Projekt in Berlin während einer Konferenz 1983 in Charlottesville dar (vgl. Robertson/Tigerman 1991, S. 88–95).

929 | Eisenman, Aura, 1995.

kommen. Wichtig ist es nachzuvollziehen, welche Ziele dem Schaffen Eisenmans zugrunde liegen. In diesem Rahmen wird auch reflektiert, in welcher Weise sich Verbindungen zu Derridas Denken der Dekonstruktion ziehen lassen. Da die Kooperation mit dem Philosophen jedoch, wie bereits angesprochen, Folge, nicht Ursache von Eisenmans Beschäftigung mit (post-)strukturalistischer Philosophie ist und sich Gemeinsamkeiten, aber auch Unterschiede ergeben, wird das gemeinsame Projekt CHORA L WORKS nicht eigens behandelt. In einem abschließenden Ausblick wird die Richtung der Weiterentwicklung Eisenmans umrissen.

6.1 Eisenmans Ausstellungsbeitrag:
BIOZENTRUM FRANKFURT

Eisenmans Ausstellungsbeitrag, dem Entwurf gebliebenen Zentrum für Biotechnologie, Molekularbiologie und Biochemie der Universität Frankfurt,[930] räumt die Ausstellung einen prominenten Ort ein. Neben Gehrys Präsentation wird das BIOZENTRUM[931] an der Stirnseite der Museumsräume gezeigt, gleichsam als Spitze der Schau, auf die der Besucher zuläuft. Zu sehen sind vier Modelle, die sowohl im Raum als auch an der Wand installiert sind, sowie ein langes „Band" mit Entwurfszeichnungen. Die Exponate wurden für die Ausstellung von der Stadt Frankfurt ausgeliehen. Während Eisenmans Position in der Ausstellung dominiert, wird das BIOZENTRUM im Begleitkatalog an vierter Stelle erläutert. Wigleys Beschreibungstext, neben dem zu Gehry eine der längsten Projekterläuterungen in der Publikation, wird von Modellansichten, Grundrissen und Perspektiven sowie drei Illustrationen der Untersuchungen von Michael Heizer zum Modell „Geschleifte Masse No. 3." begleitet.

Der 1987 entstandene Entwurf erhält einen Sonderpreis des internationalen Wettbewerbs der Universität Frankfurt, der Schluss liegt nahe, dass er aus diesem Grund für die Ausstellung ausgewählt wurde. Das Projekt wird jedoch nicht realisiert. Neben dem WEXNER CENTER ist das BIOZENTRUM eines der ersten Projekte Eisenmans, die sich mit großangelegten Bausituationen befassen und nicht mehr den Charakter experimenteller Entwurfsstudien haben. Es wird in der zeitgenössischen Fachliteratur rezipiert, allerdings weniger ausgeprägt als das gebaute WEXNER CENTER, in dem ähnliche Ideen und Denkan-

930 | Eisenman 1988, S. 29.

931 | BIOZENTRUM, 1987, Frankfurt (Johnson/Wigley 1988, S. 56-67; Eisenman 1988, S. 29-50; Ciorra, Peter Eisenman, 1995, S. 106-113; Davidson 2006, S. 132-137; Grafland, Eisenman, 1989, S. 127-136; Grafland, Architecture, 1989, S. 107-112; Levene/Cecilia 1989, S. 62-69).

sätze des Architekten zum Ausdruck kommen. In späteren Publikationen wird das BIOZENTRUM weniger ausführlich besprochen.

Das neben einem schon existierenden Chemiegebäude geplante BIOZEN-TRUM wird geprägt von fünf gleich großen, parallel angeordneten vier- bis fünfstöckigen Baublöcken, die sich senkrecht um eine schmale Längsachse gruppieren. In der Aufsicht erinnert das Arrangement an ein „Rückgrat", an das sich die „grundlegende[n] modernistische[n] Blöcke" wie Rippen anfügen, so Wigley.[932] An anderer Stelle spricht er von einer „very familiar aesthetic"[933] dieser Gestaltung, er nimmt dabei auch hier eine formal-ästhetische Perspektive ein.

Die Baublöcke sind jedoch nicht durchgängig, sondern mittig unterbrochen und an teils gewölbten, teils dreieckigen Schnittstellen „auseinandergezogen" in Lücken, die die Volumen etwa im Verhältnis 2:1 zweiteilen. Hinzu kommen weitere Bauvolumen, die in unterschiedlichen Winkeln schräg gegen die parallelen Baublöcke verschoben werden. Neben zwei ähnlich großen Teilen finden sich zahlreiche kleinere, gegeneinander verschobene Volumen, die teils in die Lücken der Blöcke, teils an die zentrale Achse angefügt sind. Wigley bezeichnet dies im Jargon des Katalogs als „Verzerrung[, die] durch systematisches Zufügen weiterer Räume [erfolgt], die aggressiv ist [...]"[934].

Ein Blick auf die aufgelöste Axonometrie zeigt, dass Eisenman zwei verschiedene Gestaltungssysteme übereinander gelagert hat. Die durchbrochenen, dabei aber parallel angeordneten und gleich großen Blöcke werden kombiniert mit einem Komplex von gegeneinander verkippten, unterschiedlich großen Volumen, die von der Hauptachse, dem „Rückgrat" verbunden werden. An den Schnittstellen der beiden größten schräg gestellten Bauteile – auch sie weisen eine gerundete und eine dreieckige Kante wie die „Rippen" auf –, befinden sich zahlreiche kleinere Elemente, die sich in „ungeordneten" Winkeln durchdringen. Das Gesamtmodell entsteht aus der Übereinanderschichtung dieser Systeme; darin liegt eine zentrale Gestaltungsidee des Architekten begründet, wie sich im Folgenden zeigen wird. Sie wird im Katalog jedoch nicht berücksichtigt.

Als Ziel des Entwurfs formuliert Eisenman die Entwicklung eines Gebäudes, das dem Forschungs- und Bildungsauftrag der Universität gerecht werden soll, indem es drei grundlegende Kriterien erfüllt: *first, the maximum interaction between functional areas and between the people that use them [...]; second, the accomodation of future growth and change; and third, the maintenance of the site [...] as a green preserve.*[935] Um dies umzusetzen, müsse die traditionelle Architektur

---

932 | Johnson/Wigley 1988, S. 56, Zitate ebd.
933 | Wigley/Hays 1988, S. 52.
934 | Johnson/Wigley 1988, S. 56.
935 | Eisenman 1988, S. 29, folgende Verweise auf Eisenmans Konzept ebd., S. 29f.

mit ihren festen räumlichen Hierarchien aufgegeben werden, ein essenzieller Denkansatz seines Schaffens, der im Anschluss ausführlich erläutert wird. Für das BIOZENTRUM versucht der Architekt diese Zielsetzung umzusetzen, indem die Grenzen zwischen den für das Projekt relevanten Disziplinen Biologie und Architektur gelockert werden. Dadurch werde es möglich, formale Spielarten aus dem interdisziplinären Zwischenraum zu erforschen, so Eisenman. Wigley lässt diese theoretische Grundlage Eisenmans jedoch gänzlich außer Acht.

In diesem Sinne wird die geometrische Darstellung von fundamentalen genetischen Prozessen, die auf das architektonische Entwerfen übertragen werden, zum gestalterischen Ausgangspunkt für das Frankfurter Projekt. Gemeint ist nicht die simple Abbildung der typischen Form der Doppelhelix. Vielmehr werden drei grundlegende Prozesse der DNA-Bildung – Replikation, Transkription und Translation – sowie die abstrahierenden Darstellungsweisen, mit denen diese biologischen Vorgänge illustriert werden, auf das architektonische Entwerfen übertragen.[936] Konkret wird die vereinfachte Darstellung eines DNA-Strangs des Proteins Collagen, das für die Zugfestigkeit biologischer Strukturen, etwa der Knochen, sorgt, zur Ausgangsform des Entwurfs. Die fünf durchbrochenen Blöcke des BIOZENTRUMS basieren auf einem Ausschnitt einer Collagen-Sequenz: *[A]n initial architectural structure was produced out of the figurative code for biological structure.*[937]

Im nächsten Entwurfsschritt werden diese Grundformen den genannten genetischen Abläufen unterzogen, die mit Hilfe der Fraktalgeometrie architektonisch interpretiert werden. So werden etwa in Anlehnung an die genetische Replikation die Grundformen des DNA-Codes und ihre Komplementäre im Sinne eines Fraktals aneinandergefügt. Eisenman beschreibt das Vorgehen der architektonischen Replikation: *The figures produced in the first process now became the base form and their complements became the generating form.*[938] In weiteren Arbeitsschritten kommen Verfahren, die die Transkription und Translation in die Architektur übertragen, zum Einsatz. So wird das BIOZENTRUM durch Translation mit dem Chemiegebäude verbunden, indem der bereits existierende Bau ebenfalls als genetische Sequenz gelesen und mit den Formen des Entwurfs kombiniert wird: *In this way the architecture of the biology center is translated into that of the chemistry building, and the existing buildings are redefined as a product of the biology center rather than an original figure of the site.*

Die verschiedenen Entwicklungsstadien werden durch unterschiedlich abgestufte Farbschattierungen von Rot und Blau illustriert. Die Farben selbst lehnen sich an Farbcodes aus der Biologie an. Im Schwarz-Weiß-Druck des

---

936 | Arie Grafland erläutert diese Prozesse ausführlicher (Grafland, Architecture, 1989, S. 108–112).

937 | Eisenman 1988, S. 31.

938 | Eisenman 1988, S. 32, folgendes Zitat ebd.

New Yorker Katalogs ist dies jedoch nicht sichtbar. Inwieweit diese Prozesse sich dem künftigen Benutzer des BIOZENTRUMS erschließen würden oder ob sie in erster Linie theoretisch aus den Plänen zu erfassen sind, lässt sich ohne die Überprüfung am umgesetzten Gebäude nicht beurteilen. Die Vermutung liegt jedoch nahe, dass die komplexen Überlegungen, die der Formfindung zugrunde liegen, am realisierten Gebäude nicht ohne zusätzliche Erläuterungen deutlich würden.

Durch diese Prozesse gelingt es Eisenman, disziplinäre Grenzen zu lockern. Der Entwurf für das BIOZENTRUM wird als eine Zwischenform von Biologie und Architektur entwickelt. Der geplante Gebäudekomplex ist nicht schlichte Behausung der künftigen biologischen Forschung, für die er vorgesehen ist, sondern artikuliert einige der für diesen Forschungsbereich charakteristischen Prozesse im architektonischen Entstehungsprozess selbst: Diese werden nicht symbolisch nachgebildet, vielmehr entsteht die Architektur gleichsam in Entwicklungsschritten, die an genetische Abläufe angelehnt sind und diese architektonisch interpretieren. In Wigleys Beschreibung hingegen wird diesen Prozessen nicht Rechnung getragen. Zwar wird der gestalterische Ausgangspunkt genannt, dass nämlich „[d]er graphische Code der Biologen [...] architektonische Form an[nimmt]"[939]. Die weiteren intensiven Auseinandersetzungen mit genetischen Prozessen und ihre „Übersetzung" in den architektonischen Entwurf bleiben allerdings unberücksichtigt. So beschreibt Wigley den Entwurf formal durchaus treffend, er tut dies aber stets von der Warte der New Yorker Ausstellung aus, etwa indem er das BIOZENTRUM als „Ergebnis [...] ein[es] komplizierte[n] Dialog[s] zwischen den Grundformen und ihren Verzerrungen" bezeichnet. Die formalen Verschiebungen und ihre Beziehungen werden im Tonfall des Katalogs interpretiert („eine Welt instabiler Formen", „Konflikt", „Störung"), auch wenn die negativ assoziierte Wortwahl nicht so ausgeprägt ist wie bei anderen Projektbeschreibungen der Publikation. Darüber hinaus lässt sich wieder eine subjektive Einfärbung in den Beurteilungen beobachten mit der Feststellung, dass die Verformungen der Bauvolumen „aggressiv" seien.

Zudem wiederholt sich die für den Katalog typische Beobachtung, die „stabilen Strukturen des Modernismus" würden von innen heraus aufgelöst, eine Perspektive, für die sich bei Eisenman in diesem Sinne keine Belege finden, wie im Anschluss gezeigt wird. Zwar arbeitet sich Eisenman durchaus bewusst an moderner Gestaltung ab, sein Interesse gilt dabei jedoch inhaltlich-strukturellen Aspekten.[940] Seine Überlegungen, die der formalen Gestaltung zugrunde liegen, bleiben im Katalog gänzlich außer Acht, obwohl, wie bereits deutlich geworden ist, nicht die formale Verzerrung als solche Ziel des Architekten ist.

---

939 | Johnson/Wigley 1988, S. 56, folgende Zitate Wigleys ebd.

940 | Die Frage, ob dies gelingt, ist im vorliegenden Rahmen nicht zu diskutieren.

Sie resultiert vielmehr aus komplexen theoretischen Überlegungen. Auch die genannte Zielsetzung, mit dem Entwurf die Grenzen zwischen den Disziplinen zu verwischen, die auf einen fundamentalen Denkansatz Eisenmans in dieser Zeit verweist, wird nicht kommentiert. Darüber hinaus bleibt auch die Position des Biozentrums im Rahmen von Eisenmans Architekturtheorie dieser Zeit unreflektiert, obwohl der Entwurf charakteristische Elemente seiner Überlegungen aufweist, wie im Folgenden aufzuzeigen ist. Zudem lassen sich keine inhaltlichen Bezüge zum russischen Konstruktivismus finden, wie etwa Arie Grafland als zeitgenössischer Beobachter notiert: „The biocenter is not an expression of de-constructivism referring to Russian constructivism of the thirties, as was suggested by the recent exhibition in the Museum of Modern Art."[941]

Über die Planungen für den Gebäudekomplex an sich hinaus ist der Bauentwurf auch in eine *funktionale Matrix* eingebunden, die als Masterplan für das gesamte Gelände angelegt ist, wie aus Eisenmans Erläuterungen deutlich wird.[942] Dafür wird das Biozentrum an formalen Einheiten des Chemiegebäudes (Höhe, Gebäudeabstände, Größenverhältnisse) orientiert, um die künftige Interaktion zwischen den Bauten zu gewährleisten und im Hinblick auf später folgende Gebäude einen Rahmen vorzugeben. Zudem sei die Ausrichtung des Neubaus an einer durchbrochenen Achse gewählt worden, da sie sowohl Interaktion als auch Wachstum erlaube, so Eisenman.[943] Er betont, dass der bereits existierende Bau nicht als dominierendes Vorbild fungieren soll, sondern als Bezugspunkt in der genannten *Matrix*, die sich auf das gesamte Campusgelände erstreckt: Der L-förmige Versorgungskanal des Chemiegebäudes, an dem das Biozentrum ausgerichtet ist, wird in einer zickzackförmigen Verlängerung zum Ausgangspunkt für die Infrastruktur der künftigen Gesamtanlage. Das Gelände wird in mehrere bandartige Abschnitte gegliedert, die unterschiedliche Bereiche markieren (Wohnen, Parkanlagen, Universitätsgebäude, verschiedene Naturgebiete) und den Campus an die umliegenden Gebiete anschließen. Im Katalog wird dieser Aspekt, wie in zahlreichen anderen Publikationen zum Projekt, nicht erwähnt, auch die entsprechenden Pläne und Zeichnungen werden nicht abgebildet.

Verhältnismäßig ausführlich kommentiert Wigley hingegen Eisenmans Kooperation mit Michael Heizer für dieses Projekt. Der Architekt selbst wiederum sowie andere Texte zum Biozentrum gehen darauf nicht ein. Daher lässt sich nicht rekonstruieren, wie und in welchem Rahmen diese Zusammenarbeit abgelaufen ist, die Katalog-Darstellung ist eine zentrale Quelle.

941 | Grafland, Eisenman, 1989, S. 9.
942 | Eisenman 1988, S. 33f., Zitat S. 33, Übers. d. Verf.
943 | Eisenman 1988, S. 34.

Wigley beobachtet, dass zwischen dem Gebäude und Michael Heizers „Geschleifte Masse No.3" eine „verwickelte Beziehung"[944] bestehe. Künstler und Architekt haben so eng zusammengearbeitet, dass ihre Kooperation „die Form eines Duells" angenommen habe: Heizers Projekt sieht einen großen Felsblock vor, der in einer geraden Linie über das Gelände gezogen wird und einen Graben hinterlässt. Diese Spur wird von dem Gebäudeentwurf geschnitten, Kunst und Architektur beeinflussen sich gegenseitig maßgeblich in ihrer formalen Gestalt. Nach Wigley „verzerrt" und „verunstaltet [jeder] die Arbeit des anderen".

Innovativ ist diese Kooperation insbesondere aus der Perspektive, dass hier nicht nachträglich ein Kunst-am-Bau-Projekt als dekorative künstlerische Ergänzung eines Gebäudes hinzugefügt wird, sondern von Beginn an maßgeblich in den architektonischen Entstehungsprozess integriert ist. Kunst und Architektur lassen sich nicht trennen, disziplinäre Grenzen verwischen. Wie sich Heizer und Eisenman in diesem Fall konkret gegenseitig beeinflusst haben, lässt sich allerdings nicht rekonstruieren, Wigleys Darstellung ist dafür zu knapp. Auch ist nicht klar, wie die Realisierung von Bau und Kunstwerk hätte aussehen sollen.

Es sei zudem daran erinnert, dass Philip Johnson in seinem Vorwort eine Fotografie von Michael Heizer heranzieht. Möglicherweise liegen auch hierin Gründe für den Einschluss des BIOZENTRUMS in die Ausstellung. Diese Überlegungen sind jedoch ebenso Spekulation wie die Vermutung, dass die Kuratoren mit dem Frankfurter Projekt eine Veränderung in Eisenmans Schaffen auszumachen meinen, wie Wigley im Gespräch mit Hays bemerkt: „But the Frankfurt Project marks a change in thinking, [...]."[945] Tatsächlich setzen veränderte Ansätze in Eisenmans Entwerfen explizit etwas später ein.

6.2   Eisenmans Architekturverständnis

In den 1970er- und 1980er-Jahren entwickelt Eisenman Grundlinien seines Denkens in Entwürfen und Schriften gleichermaßen. Zwar verändert sich die Ausrichtung der Überlegungen und wesentliche Schwerpunkte seiner Herangehensweise verschieben sich. Eisenman selbst wird 1988 zitiert, es gebe *nicht viele Verbindungen zwischen dem, was [er] heute mache, und [s]einer früheren Arbeit [...]*[946]. Dennoch bleiben zentrale Ansätze seines Architekturverständnisses, wie sie schon 1976 in POST-FUNCTIONALISM[947], eine Art Programmerklä-

---

944 | Johnson/Wigley 1988, S. 56, folgende Zitate ebd.

945 | Wigley/Hays 1988, S. 54.

946 | Eisenman zitiert nach Ciorra, Architektur, 1995, S. 27.

947 | Eisenman 1998; deutsch: Eisenman, Postfunktionalismus, 1995.

rung, formuliert werden, als Ausgangspunkt der Überlegungen erhalten.[948] Diese grundlegenden Denkansätze, denen der Architekt in zahlreichen Texten und Projekten in unterschiedlichen Facetten nachspürt, gilt es im Folgenden herauszuarbeiten.[949]

Die „Modernisierung" der Architektur

Eisenman spürt, so schreibt er selbst, einer Architektur nach, die der *modernistischen Sensibilität* gerecht werden will, welche den Paradigmenwechsel, der mit dem *Übergang vom Humanismus zur Moderne* einhergeht, begleite.[950] Mit den technischen Entwicklungen seit dem 19. Jahrhundert hat sich das Verhältnis und die Erfahrung von Zeit und Raum verändert, ihre Einheit löst sich auf. Die Fortbewegung etwa wird „entkörperlicht" und von Maschinen übernommen, Distanzen werden kleiner und schneller überwindbar.[951] Diese Dislokationen führen zu tief greifenden Veränderungen in der menschlichen Wahrnehmung, das Verhältnis des Menschen zu seiner Umwelt und zu Objekten wandelt sich grundlegend. In den meisten Disziplinen werden diese Entwicklungen reflektiert, in bildender Kunst, Musik und Literatur etwa, vor allem aber in Naturwissenschaften und Philosophie führen sie *zu extremen Veränderungen der Methode der Sinnerzeugung*, wie Eisenman wiederholt darlegt.[952] Zunehmend verschiebe sich der Mensch als Maßstab und Bezugspunkt aus dem Zentrum der immer pluralistischer werdenden Welt. Tradierte dis– zi-

---

948 | So auch Eisenman selbst in Eisenman, Misreading 1995, S. 112.

949 | Der praktische Zeichenprozess ist für Eisenman zentral, allerdings behandelt er Zeichnungen mehr wie Texte, die in konzeptuelle Überlegungen eingebettet sind: *I write, I think and draw* (Balfour/Bédard/Bois/Cohen/Eisenman/Hays/Olsberg 1994, S. 124). Das Zeichnen per se nimmt keine so prominente Stellung im Entwurfsprozess ein wie etwa bei Gehry oder Coop Himmelblau. Die Publikation CITIES OF ARTIFICAL EXCAVATIONS ist der Darstellung der besonderen Rolle von Zeichnung und Modell-Machen gewidmet (Cities of 1994). Alan Balfour beschreibt den praktischen Entwurfsprozess konkreter (Balfour 1994, S. 169–185), Eisenman selbst erläutert dies in einem Gespräch (Balfour/Bédard/Bois/Cohen/Eisenman/Hays/Olsberg 1994, S. 122–125).

950 | Eisenman, Postfunktionalismus, 1995 S. 38, Zitate ebd.; vgl. auch Eisenman, Futility, 2004, S. 170f.

951 | Ähnliches gilt etwa auch für die Kommunikation, die ebenfalls orts- und zeitunabhängig wird, wie es sich in den gegenwärtigen Verschiebungen von Lebensabläufen in den dezentralisierten virtuellen Raum des Internets noch deutlicher abzeichnet als in den 1970er-Jahren, als Eisenman seine Überlegungen erstmals formuliert.

952 | Dies umschreibt Eisenman immer wieder (etwa in Eisenman, Inside Out, 2004, S. iii–xiii; Eisenman, Blaue Linie, 1995, S. 145, Zitat ebd.; Eisenman, Postfunktionalismus, 1995, S. 38f.; Eisenman, Aspekte, 1995, S. 44–46; Eisenman, Text as, 1993, S. 41f.; Eisenman, Representations, 1993, S. 46; Eisenman, Futility, 2004, S. 170f.).

plinäre Grundlagen werden kritisch hinterfragt, neue Konzepte und Herange-hensweisen an die fachlichen Prämissen erprobt.

In der Architektur hingegen, so Eisenman, seien diese grundlegenden Ver-änderungen unreflektiert geblieben.[953] Selbst im modernistischen[954] Bauen sei *der selbstverkündete Bruch der Moderne trotz der Neuartigkeit seiner Bilderwelt und der radikalen Intentionen seines Sozialprogramms nur Schein [...].*[955] Die mo-dernistische und auch die postmoderne Architektur, trotz ihres Anspruchs, das funktionalistische Bauen abzulösen,[956] seien unverändert Prinzipen ver-pflichtet, die Eisenman als klassisch[957] tradierte erkennt: Nach wie vor sind die Begriffe des Programms, der Funktion und der Form, deren *Balance* in den vergangenen Jahrhunderten schon *als Grundlage jeder Architekturtheorie* galt, zentrale Gestaltungsmomente.[958] Mit ihnen werden, so beobachtet er, dem Entwerfen Bezugspunkte zugrunde gelegt, die auf menschliche Vorstel-

---

953 | Eisenman, Postfunktionalismus, 1995, S. 38-41; Eisenman, Blaue Linie, 1995, S. 146. Mario Gandelsonas erläutert die historischen Entwicklungen aus dieser Per-spektive näher (Gandelsonas 1982, S. 8-10, 14-18).

954 | Eisenman unterscheidet ausdrücklich zwischen der klassischen Moderne als Baustil (modernistisches Bauen) und der Moderne als *Geisteshaltung[, die] die im 19. Jahrhundert eingetretenen Veränderungen [beschreibt]* (Eisenman, Postfunktionalis-mus, 1995, S. 40; Eisenman, Aspekte, 1995, S. 44, Zitat ebd.). Das angestrebte *neue[ ] Bewußtsein in der Architektur* bezeichnet er zunächst als *Postfunktionalismus* (Eisen-man, Postfunktionalismus, 1995, Zitat S. 41), später, ausdrücklich *provisorisch*, als *Nicht-Klassisches* (Eisenman, Ende, 1995, S. 79). Danach nutzt er keine Bezeichnung mehr: *I have called this search for the trace many different things, at one time formal absolutes or deep structure, at another time conceptual architecture or decomposi-tion, it is here referred to as text* (Eisenman 1997, S. 132, Hervorhebung im Original).

955 | Eisenman, Blaue Linie, 1995, S. 145, Zitat ebd.; Eisenman, Misreading, 1995, S. 113-118.

956 | Eisenman, Text as, 1993, S. 41f.; Eisenman, Postfunktionalismus, 1995, S. 35, 38; Eisenman, Blaue Linie, 1995, S. 146; Eisenman, Transformations, 1982, S. 34-36.

957 | Für seine Verwendung der Termini „Klassik" und „klassisch" vgl. Eisenman, Ende, 1995, S. 65f.

958 | Eisenman, Postfunktionalismus, 1995, S. 35-37, Zitate S. 37; Eisenman, Ende, 1995, S. 65-68; Eisenman, Transformations, 1982, S. 90. Als mit den veränderten Erfordernissen im Zuge der Industrialisierung das ausgewogene Wechselverhältnis zwischen Programm und Form geschwächt wird – prägnant formuliert in der modernen Doktrin des „Form follows function" –, ändert sich zwar die Gewichtung der Kriterien, nicht aber die grundsätzliche Orientierung an diesen. Nach wie vor werden Faktoren wie soziale Idealvorstellungen und funktionale Erfordernisse als Maßstäbe der Gestaltung von Architektur anlegt, die auf außerhalb der architektonischen Formen liegende As-pekte rekurrieren.

lungen rekurrieren und damit von außen an das Bauen angelegt werden.[959] Dieser Anthropozentrismus entspreche jedoch nicht mehr den Erfordernissen in einer dislozierten Welt und der damit verbundenen veränderten kulturellen Haltung, wie der Architekt in zahlreichen Texten verdeutlicht.

Eisenman spürt einem Architekturverständnis nach, *das sich mit der inneren Unsicherheit und Entfremdung des modernen Lebens befaßt* und diese auch für die Architektur denken will.[960] Nötig werde dafür ein Entwerfen, das sich von den tradierten Herangehensweisen unterscheidet, welches die klassischen Begriffe hinterfragt und die Raumgestaltung neu denkt.[961] Diese Aufforderung zum Bruch mit der Bautradition weist durchaus Parallelen zu Derridas Versuch der Überwindung der metaphysischen Denkstrukturen in der philosophischen Tradition auf.[962] Bei beiden wird der menschliche Bezugspunkt des Schaffens aus dem Zentrum gerückt.[963] Eisenman entwickelt unterschiedliche Lösungsansätze und Methoden, die er in verschiedenen Entwürfen erprobt. Er betont jedoch, dass er mit diesen Versuchen weder Anspruch auf Vollständigkeit noch Vorbildhaftigkeit erhebe.[964] Ziel sei vielmehr, ein Nachdenken über die Bedeutung der veränderten Lebenswelt für die Architektur anzustoßen und ein Bauen zu definieren, das auf die Veränderungen der *relativistischen Welt*[965] reagiere. Festzuhalten ist an dieser Stelle zudem, dass Eisenmans Denkansatz in der Tat aus der Auseinandersetzung mit dem Geschehen in der Welt hervorgeht; er tut dies jedoch nicht in Reaktion auf ein pluralistisches „Chaos", das in die formalen Gestaltung übertragen würde.

Insbesondere in den CARDBOARD HOUSES[966] erforscht Eisenman diese neuen gestalterischen Möglichkeiten innerhalb eines geometrischen Rahmens. Die

---

959 | Insbesondere in DAS ENDE DES KLASSISCHEN (1984) erörtert Eisenman ausführlich, welche Grundstrukturen das *Klassische* prägen und wie im Bauen seit der Renaissance bis in die Moderne trotz einiger inhaltlicher und stilistischer Unterschiede unverändert *die Vorstellung [vorherrscht,] daß der Wert der Architektur aus einer außerhalb ihrer selbst liegenden Quelle stammt, sie also auf einen von außen herangetragenen Zweck ausgerichtet ist* (Eisenman, Ende, 1995, v. a. S. 65–77, Zitat S. 72; Eisenman, Misreading, 1995, S. 114-121).

960 | Eisenman, Blaue Linie, 1995, S. 146, Zitat ebd.; Eisenman, Misreading, 1995, S. 121f.; Schwarz 1995, S. 13-18.

961 | Eisenman, En Terror, 1995, S. 140f.; Eisenman, Blaue Linie, 1995, S. 149.

962 | Vgl. Kapitel 2.7.2.3.

963 | Grafland, Architecture, 1989, S. 122.

964 | Eisenman, Ende, 1995, S. 79; Eisenman, En Terror, 1995, S. 141.

965 | Eisenman, Die Architektur, 1995, S. 100.

966 | Der Typ des Einfamilienhauses ist ein experimentelles Mittel, das in jener Zeit vielfach angewendet wurde, etwa von Eisenmans New York Five-Kollegen John Hejduk

HOUSES leiten sich durch formale Transformationen gleichsam intrinsisch von-einander ab, ohne sich an einem anthropozentrischen Maßstab auszurichten oder auf tradierte Baukonventionen zurückzugreifen.[967] Sie sind nicht auf ein a priori gesetztes, zweckmäßiges Ziel gerichtet. Fragen der Funktionalität sind ebenso wenig Gestaltungsfaktor wie die Orientierung an traditionellen kom-positorischen Hierarchien; Ähnliches kann auch am BIOZENTRUM beobachtet werden. Auf diese Weise versucht Eisenman eine Neuinterpretation gewohnter Raumordnungen zu erreichen und die Architektur *von kulturell zugeschriebe-nen Bedeutungen zu befreien*[968]. Er betreibt, so Manfredo Tafuri, eine „radikale De-Ideologisierung"[969]. Der Architekt als Entwerfer wird nebensächlich, die Architektur wird sich selbst zum Ursprung. Die Ausgangspunkte der Gestal-tung sind ebenso willkürlich wie die möglichen Endformen zahlreich. Es ent-steht eine autonome Architektur, die nur auf sich selbst verweist.[970]

Eisenmans Überlegungen erweisen sich in dieser Zeit als stark vom (post-) strukturalistischen Denken geprägt. Immer wieder rekurriert er etwa auf Chomsky, Levi-Strauss und Foucault sowie, in den 1980er-Jahren, auf Der-rida, zu dessen Überlegungen Eisenmans Denken viele Parallelen aufweist. In Anlehnung an Semiotik und Linguistik liegt den HOUSES auch die Absicht zugrunde, die Funktionsweise von *Architekturzeichen*, sozusagen ihre Gram-matik, zu erforschen.[971] Diese werden von kulturell tradierten Bedeutungen gelöst, indem etwa Bautypen und Formen nicht mehr in ihrer gewohnten Be-deutung eingesetzt, sondern immanent hergleitet werden, ohne auf äußere Faktoren wie Geschichte, Ort, Maßstab zu rekurrieren. Eisenman will zeigen, dass Architektur auch funktionieren kann, ohne wie gewohnt ihre Funktion zu symbolisieren. Derridas Ansatz, Bedeutungen zu destabilisieren, findet sich in gewisser Weise unter architektonischen Vorzeichen wieder, wie Kipnis

---

("7 Houses", Hejduk 1980) oder Charles Gwathmey („Five Houses", Gwathmey/Siegel 1977). In diesem Sinne wählt Eisenman bewusst die Bezeichnung CARDBOARD HOUSES, die erstmals für Le Corbusiers Bauten verwendet wurde, da der Modell-Charakter seine experimentellen Absichten unterstreiche (Eisenman, Representations, S. 46–49; Kraus 1987, S. 173; Ciucci 1995, S. 8); vgl. auch Anm. 920.

967 | Vgl. zu den HOUSES vor allem Eisenman, Misreading, 1995, S. 121-131; Cior-ra, Peter Eisenman, 1995, S. 32-61, 72-76; Eisenman, In my Fathers', 2004; Cities of 1994, S. 10-13; Ciucci 1995, S. 8f.

968 | Eisenman, Misreading, 1995, S. 122.

969 | Tafuri 1987, S. 173, Übers. d. Verf.

970 | Eisenman erläutert dies ausführlicher in Eisenman, Ende, 1995, S. 80-87; Ei-senman, Misreading, 1995, S. 124f.; Eisenman 1987.

971 | Eisenman, Misreading, 1995, S. 122f., 133; Eisenman, Moving Arrows, 1995, S. 107; Eisenman/Derrida 1995, S. 296; Eisenman, Strong form, 1993, S. 51-53. Vgl. auch Gandelsonas 1982, S. 7f.; Kraus 1987, v. a. S. 173-175; Tafuri 1987, S. 167, 170.

beschreibt: „To destabilize meaning does not imply doing so towards any new and stable end, thus it cannot mean to end meaning or change meaning. Nor yet to conserve a ‚true' meaning. To destabilize meaning is to maintain (a respect for) all of the meanings [...]."[972]

Das transformative Entwerfen in den HOUSES ist kein zielgerichtetes, strategisches Komponieren, sondern gleicht einer Taktik mit offenem Ausgang, die in unterschiedlichen Perspektiven durchexerziert wird, bis mit HOUSE X[973] ein Endpunkt erreicht ist, der zugleich einen neuen Ansatz markiert. Diesen bezeichnet Eisenman zunächst als *Dekomposition*[974], die *Umkehrung der traditionellen Vorstellung von Komposition*: Es wird nicht mehr etwas in einer linear fortschreitenden Abfolge vom Einfachen zum Komplexen zusammengefügt.[975] Das Entwerfen der *Dekomposition* weist große Gemeinsamkeiten mit der Dekonstruktion auf.[976] Mit vorhandenen Elementen wird analytisch gearbeitet, ohne neue Formen zu kreieren und ohne einem übergeordneten Ziel verpflichtet zu sein, das etwa durch hermeneutische Interpretation zu erreichen wäre. Stattdessen wird das Entwerfen zu einem Entstehungsprozess, der Spuren und Verständnismöglichkeiten freilegt, aber nicht „die eine" Verständnislösung anbietet.

---

972 | Kipnis 1997, S. 137. Nach Kipnis ist es dies, das Eisenman an der Dekonstruktion interessiert (Kipnis 1997, S. 140).

973 | Eisenman, Transformations, 1982, v. a. S. 36 zur Position von HOUSE X gegenüber den anderen HOUSES. Auch Rosalind Kraus kommentiert die Veränderungen im Verlauf der HOUSES (Kraus 1987, S. 173–184; Grafland, Architecture, 1989, S. 97f., 100).

974 | Eisenman setzt diesen Begriff offenbar im Rückgriff auf Giuseppe Terragnis „Relazione Sul Danteum" (1938) ein, das 1977 in der Zeitschrift des IAUS, Oppositions, veröffentlicht wird (Terragni 1977; Eisenman 2003). Die Mehrdeutigkeit – Zerfall, Zersetzung – wird dabei bewusst assoziiert: *Decomposition begins to reveal that volume [...] is in fact an aggregate of many things which in the end may not result in a closed, finite, material notion* (Eisenman, Transformations, 1982, S. 76). Mehr zum Begriff etwa in Eisenman, Futility, 2004, v. a. S. 185–187; Eisenman, Ende, 1995, S. 84; Eisenman, Postfunktionalismus, 1995, S. 40; Ciucci 1995, S. 11; Gandelsonas 1982, S. 24–26; Cities of 1994, S. 11.

975 | Eisenman, Transformations, 1982, S. 36, 46, 74, 160, Zitat S. 36, Übers. d. Verf. Der Übergang von der formalen Transformation zur Dekomposition setzt schon mit HOUSE VI ein (vgl. etwa Kraus 1987, S. 179f.; Frampton 1989, S. 51). Ausführlicher zu Komposition und Dekomposition auch Eisenman, Futility, 2004.

976 | Darauf verweist Eisenman selbst (Eisenman, Transformations, 1982, S. 36). Er betont jedoch auch, dass er den Begriff „Dekomposition" gegenüber der „Dekonstruktion" bevorzuge, um den gerade im Architekturkontext missverständlichen Wortbestandteil „konstruktiv" zu vermeiden (ebd., S. 36).

Eisenman verweist mehrfach darauf, dass Derridas Werk eine besondere Bedeutung für ihn habe, betont jedoch zugleich diesem selbst gegenüber: *I'm not a Derridean – I do not apply your work to architecture. My work has nothing to do with deconstruction per se. Your work is like a stimulus for me, but not a doctrine for application.*[977] Bei allen Gemeinsamkeiten und Parallelen handelt es sich nicht um eine Umsetzung der Philosophie „auf architektonisch", wie es auch Wigley ausgeführt hat. Allenfalls versuche er, so Eisenman selbst, *to turn deconstruction from a mode of analysis into one of synthesis*[978]. Allerdings ist zu bedenken, dass sich das Denken des Architekten in einem ständigen Entwicklungsprozess befindet, für dessen Darstellung er immer wieder auf andere Begrifflichkeiten zurückgreift; die konkreten Bezeichnungen sind daher für eine Beschäftigung mit Eisenmans Architekturverständnis weniger zentral als die Inhalte, die damit ausgedrückt werden.[979]

Einmal mehr wird deutlich, dass Eisenmans Gestaltungslösungen in komplexen Überlegungen gründen. Die formalen Auseinandersetzungen basieren auf dieser theoretischen Herangehensweise, Formen sind sekundär und werden in einem langen Entwurfsprozess entwickelt, wie bereits am BIOZENTRUM sichtbar wurde. Diese fundamentalen theoretischen Denkansätze berücksichtigt der New Yorker Katalog nicht, obwohl Eisenman, wie Tafuri festhält, „since the late sixties, has not been interested in results but in process"[980].

Die von den Kuratoren beobachtete Auseinandersetzung mit – und Verzerrung von – Formen der Moderne hingegen trifft, in Teilen, zu. Vor allem in den frühen Arbeiten der HOUSES zeigt sich Eisenman etwa von Le Corbusier, aber auch von Giuseppe Terragni beeinflusst. In einem gewissen Rahmen lässt sich hier auch Wigleys schwer verständliches Bild des „Verhörs von Formen" wiederfinden, mit dem dieser in seinem Katalogessay die Art der Auseinandersetzung der dekonstruktivistischen Architekten mit traditionellen Bauformen umschreibt. Mit seiner Vorgehensweise, die das Transformieren von Architekturformen zum Ausgangspunkt ihrer Gestaltung macht, ist Eisenman im Grunde der einzige der ausgestellten Architekten, auf den sich diese Sichtweise anwenden lässt. Allerdings treffen die in Wigleys Bild mitschwingenden aggressiven Konnotationen ebenso wenig zu wie das Fokussieren auf eine formale Perspektive. Eisenman verfolgt weder ein rein formales Interesse noch die Absicht, Formen zu verzerren. Vielmehr erkennt er etwa gerade im strukturellen Aufbau der Maison Domino erste Ansätze einer Modernität, durch die

977 | Eisenman gegenüber Derrida (Chora L Works 1997, S. 92; vgl. auch Jencks/Eisenman 1995, S. 266).

978 | Chora L Works 1997, S. 8.

979 | Vgl. Anm. 954.

980 | Tafuri 1987, S. 168.

eine Änderung des Architekturbegriffes beginne.[981] Mit Blick darauf unterzieht er Le Corbusiers System *einer formalen Analyse*[982], die die Arbeit an den HOUSES beeinflusst. In gewisser Weise führt Eisenman hier das Projekt der Moderne weiter, das mit dem Zweiten Weltkrieg so abrupt unterbrochen wurde, wie er selbst sagt.[983]

Diese grundsätzliche Orientierung an modernen Ansätzen teilt Eisenman mit anderen Architekten der New Yorker Ausstellung. Eine ähnlich ausgeprägte Inspiration durch den russischen Konstruktivismus, wie sie die Argumentation der New Yorker maßgeblich fundiert, lässt sich bei Eisenman jedoch weder theoretisch noch formal beobachten. Vielmehr sagt er über die Ausstellung: *Konstruktivismus gibt dem Ganzen stilistische Untertörne[!]. Nach meinem Dafürhalten sollte es nicht um Konstruktivisten gehen, sondern um Dekonstruktion.*[984]

Von der transformierenden Dekomposition zur Architektur als Text: Das Paradoxon der Architektur

Rückblickend erkennt Eisenman in seinem Ansatz der HOUSES jedoch einen Denkfehler. Statt Lösungen zu entwickeln, die zu einem dezentralen, dislozierten Bauen führen, habe sich die Suche nach einer selbstbezogenen Architektur immer noch als den Denkstrukturen verhaftet erwiesen, die es zu überwinden gelte: *Die Suche [...] nach Autonomie war nichts anderes als die Suche nach einem letztgültigen Zentrum oder einer ultimativen Wahrheit und somit das genaue Gegenteil des Versuches, die Architektur aus ihrer Metaphysik des Zentrums zu verschieben und zu ent-setzen.*[985] Wie das tradierte ziel- und zweckgerichtete Entwerfen, an dessen Anfang eine übergeordnete extrinsische Ursprungsidee steht, die das zu errichtende Gebäude erfüllen soll (etwa eine a priori vorgegebene Funktion), und deren Ende dann erreicht ist, wenn diese Idee erfüllt ist (etwa in Form eines diese Funktion erfüllenden Gebäudes), streben auch die HOUSES nach einem Ziel – nach einer autonomen, selbstreferenziellen Architektur –, das nicht kritisch hinterfragt wird.[986] Damit führen sie die an-

981 | Eisenman, Aspekte, 1995, S. 57, 63, Zitat S. 59.

982 | Eisenman, Aspekte, 1995, S. 52.

983 | Eisenman im Interview mit Carlos Brillembourg (Eisenman/Brillembourg 2011). Dies darf aber keinesfalls missverstanden werden als Wunsch nach bloßer Wiederbelebung der Avantgarde der 1920er-Jahre, wie Tafuri herausgestellt hat (Tafuri 1987, S. 170).

984 | Jencks/Eisenman 1995, S. 265.

985 | Eisenman, Misreading, 1995, S. 130. Die veränderte Vorgehensweise erläutert Eisenman schon zu HOUSE X (vgl. Eisenman, Transformations, 1982, S. 36; Eisenman, House X, 1982).

986 | Kenneth Frampton weist darauf hin, dass die Vorstellung einer autonomen, selbstreferenziellen Architektur ein grundlegendes Problem in sich trägt: Durch den Fo-

thropozentrischen Denkstrukturen weiter, die sie erschüttern sollten, die Haltung nämlich, es gebe ein grundlegendes Wesen der Architektur, das erkannt werden könne. Wichtig ist allerdings festzuhalten, dass sich diese Selbstkritik Eisenmans auf die theoretischen Denkstrukturen bezieht, weniger auf die gestalterischen Ansätze. Verschiedene Gestaltungselemente der HOUSES werden auch in späteren Projekten eingesetzt.[987]

In den 1980er-Jahren wendet sich Eisenmans Aufmerksamkeit daher der Frage zu, warum es gerade in der Baukunst so schwierig zu sein scheint, die *modernistische Sensibilität* umzusetzen und eine Architektur zu entwickeln, die *die Instabilitäten und Dislozierungen umfaßt, die heute tatsächlich Wahrheit ausmachen*[988]. Den Grund erkennt er in einem Paradoxon, das in der Natur der Architektur liege, *weil die Essenz ihrer Tätigkeit im Lokalisieren, in der „Setzung" besteht:*[989] Architektur errichtet Bauten an Orten, an denen sie unverrückbar stehen. Sie ist damit buchstäblich festgesetzte Präsenz. Mit der Suche nach einer neuen Architektur, die auf die zeitgenössischen Veränderungen reagiert, stellt sich für Eisenman damit die Aufgabe, das Bauen zugleich *zu lozieren* und *zu dislozieren*. Diesen Widerspruch gilt es für ihn zu lösen.

Eisenman spürt diesem *unauflösbaren Paradoxon[]*[990] nach und beobachtet, dass Architektur wesenhaft eine materielle und eine nicht-materielle Komponente umfasst: Die vorrangige Aufgabe eines Gebäudes ist es, Schutz zu gewähren. Dieser Schutz besteht jedoch nicht nur in der gegenständlichen Komponente, vier Wände und ein Dach zu bieten, sondern entfaltet sich auch in einer nichtgreifbaren Dimension, gleichsam der „Idee" von Schutz.[991] Ein Gebäude umfasst eine gleichermaßen physische wie metaphysische Seite, es ist zugleich materielles und nicht-materielles Objekt. Eisenman bezeichnet dies als *Präsenz* und präsente *Absenz, die Abwesenheit in materieller Hinsicht*.[992] Dies weist einerseits wieder Gemeinsamkeiten mit Derridas Ansatz, das Denken

---

kus auf die geometrischen Spielereien ohne Bezug zur Lebenswelt der späteren Nutzer kultiviert das Werk eine „unfortunate two-dimensional quality" (Frampton 1989, S. 51). Auf dieses kritische Potenzial kann hier nicht weiter eingegangen werden.

987 | Eisenman, Misreading, 1995, S. 131.

988 | Eisenman, Blaue Linie, 1995, S. 147.

989 | Eisenman, Blaue Linie, 1995, S. 146f., Zitat S. 147; Eisenman, Die Architektur, 1995, S. 100.

990 | Eisenman, Misreading, 1995, S. 133f.

991 | Vgl. Eisenman, Misreading, 1995, S. 109–112, 132f. Besser vorstellbar wird Eisenmans Analyse etwa in der Konkretisierung „Schutz vor", welche das Abhalten von möglichen Bedrohungen impliziert, ohne dass der eigentliche Bedrohungsfall konkret eintreten muss.

992 | Vgl. Eisenman, Misreading, 1995, S. 132; Eisenman, Blaue Linie, 1995, S. 147.

für das Andere zu öffnen, auf, andererseits ergeben sich gerade an dieser Stelle Verständigungsprobleme zwischen Philosoph und Architekt.[993]

Wahrgenommen werde Architektur bislang, so Eisenman, nur in ihrer gegenständlichen Dimension, als konstruierter „Gegenstand" aus Mörtel und Ziegeln, die metaphysische Seite hingegen werde unterdrückt. Diese Verdrängung gelte es zu überwinden, *Präsenz* und *Absenz* seien gleichermaßen in das Entwerfen zu integrieren: *Jene Tätigkeit, die die in der Präsenz eingeschlossene Abwesenheit wieder an die Oberfläche bringt, kann als der verschiebende Text der Architektur bezeichnet werden.*[994]

Architektur als Text

Eines der ersten Projekte, in dem *Architektur als Text erzeug[t]* wird, ist der theoretische Entwurf Moving Arrows, Eros, and other Errors[995] für Verona, dessen Gestaltungsgrundlagen Eisenman im Rückgriff auf die literarische Fiktion von Romeo und Julia findet. Diese ist zwar erdacht, hat aber durchaus konkreten Niederschlag in der oberitalienischen Stadt gefunden.[996] Diese Elemente werden mit geografischen Gegebenheiten sowie historischen Spuren der römischen Vergangenheit kombiniert. Die gewonnenen Grundformen werden übereinander geschichtet und gegeneinander verschoben, sie wiederholen und überlagern sich und werden in ihrer Größe variiert. So entsteht ein Entwurf als vielschichtiges Gewebe von Informationen, eine palimpsestartige Textur aus fiktiven und realen, gegenwärtigen, vergangenen und ideellen Fragmenten[997],

---

993 | Vgl. etwa Derridas Brief an Eisenman, in dem er darauf aufmerksam macht, dass die gewählten Begrifflichkeiten kritisch sind, da sie zu einer vereinfachten Dialektik von Anwesenheit/Abwesenheit einladen (Derrida 1995, S. 165f.). Davon grenzt sich Eisenman jedoch ab (Eisenman, Post/El, 1995, S. 179f.).

994 | Eisenman, Misreading, 1995, S. 133.

995 | MOVING ARROWS, EROS, AND OTHER ERRORS, Verona, 1985 (Eisenman, Moving Arrows, 1995, Zitat S. 96; Ciorra, Peter Eisenman, 1995, S. 82–85; Ciucci 1995, S. 11f.; Davidson 2006, S. 118–121; Grafland, Eisenman, 1989, S. 81–86; Taylor 1993, S. 85). Arbeiten dieser Phase fasst Eisenman auch zusammen als CITIES OF ARTIFICIAL EXCAVATION (Cities of 1994).

996 | So gibt es etwa die Häuser des Romeo und der Julia mit dem berühmten Balkon sowie die Kirche, in der die Geschichte der beiden Protagonisten endet. Darüber hinaus werden zwei Burgen im Umland als „Castelli di Romeo e Giulietta" bezeichnet (tatsächlich handelt es sich um das Castello della Bellaguardia („Julia") und das Castello della Villa („Romeo") bei Montecchio Maggiore). Eisenman wählt diese als Ausgangspunkte seines Entwurfs.

997 | Eisenman selbst spricht immer wieder von Fragmenten, betont aber, dass diese nicht als Splitter eines Ganzen zu denken seien, die wieder zu einer Einheit zusammengefügt werden könnten, sondern wesentlich als ein Sammelsurium mehrerer gleichbe-

die das Bild der Stadt prägen. Der Bau-Ort[998] wird nicht mehr als Tabula rasa, sondern als komplexes Zusammenspiel unterschiedlicher Einflüsse ernst genommen, das ebenso aus sichtbaren wie unsichtbaren Teilen besteht. Diese Art des Kontextualismus stellt auch eine Reaktion Eisenmans auf seine postmodernen Zeitgenossen dar.[999] Der Architekt wird, ähnlich wie Koolhaas, zum „Archäologen", der prägende Spuren der Stadt freilegt, präsente ebenso wie absente, historische wie fiktive, und aus ihnen einen Entwurf entwickelt, diesen findet, jedoch nicht erfindet.[1000] Er tritt nicht mehr als „genialer" Schöpfer in Erscheinung, vielmehr werden die Formen selbstbezüglich auseinander hergeleitet und durch geometrische Verfahren variiert, wie dies schon bei den HOUSES erprobt wurde. Auf diese Weise findet Eisenman neutrale geometrische, aber dennoch ortsbezogene Ausgangsformen für sein Entwerfen, das nicht mehr auf äußere Faktoren rekurriert, sondern selbstbezogen angewendet wird. Es wird zu einem Prozess, bei dem aus dem „Gewebe" des Bau-Ortes beliebige Elemente herausgegriffen werden, um mit ihnen weiterzugestalten. Diese entwickeln jedoch keinen Exklusivitätsanspruch für Sinn und Bedeutung des Gebäudes. Eisenmans Entwerfen ist nicht mehr zielgerichtet wie in der von ihm kritisierten tradierten Architekturpraxis. Vielmehr wird der Entwurf zu einer Momentaufnahme im Annäherungsprozess des Architekten an ein bestimmtes Projekt, ohne Anfangs- und Endpunkt. Das entworfene Objekt ist nicht abgeschlossen, hat kein definitives Ende, sondern ist offen in seinen möglichen Deutungen. In diesem Sinne erinnert Eisenmans *Architektur als Text* an Derridas weit gefasste Definition von Text: „Das, was ich

---

rechtigter Teile (Eisenman, Transformations, 1982, S. 40; zum Palimpsest etwa Drobnick/Eisenman 1995, S. 324).

998 | Zum *Ort* in Eisenman, Moving Arrows, 1995, S. 92, 94; Eisenman, Die Architektur, 1995, S. 105f.; Eisenman, Architektur als, 1995, S. 160f.

999 | Vgl. etwa Ciorra zu Eisenmans Postmodernität (Ciorra, Architektur, 1995, S. 24). Eisenman selbst distanziert sich von der dominanten Gestaltungsstrategie des postmodernen Urbanismus *as put forward by Colin [Rowe] and others*, Eisenman 1997, S. 135, Zitat ebd.; Eisenman, Die Architektur, 1995, S. 104f.; Eisenman, Diagramm, 2004, S. 15f.; Eisenman, Inside Out, 2004, S. xi; Jencks/Eisenman 1995, S. 252f.; Balfour/Bédard/Bois/Cohen/Eisenman/Hays/Olsberg 1994, S. 119f.; Schwarz 1995, S. 13.

1000 | Zur neuen Rolle des Architekten etwa Eisenman, Misreading, 1995, S. 124f.; Eisenman, En Terror, 1995, S. 141f.; Eisenman, Architektur als, 1995, S. 157. In diesem Sinne ist auch eine der aktuellsten Monografien „[a]uf den Spuren von Eisenman" und widmet sich dem Architekten als „Spurensucher": Der Detektiv wird Ausgangspunkt der Annäherungen an Eisenmans Werk (Davidson 2006). Durch den Einsatz des Computers eröffnen sich später neue Möglichkeiten eines Entwerfens ohne traditionellen Autor, so Eisenman (etwa in Drobnick/Eisenman 1995, S. 321; Seidl 2002, S. 384–386; Zaera-Polo/Eisenman 1997, S. 13).

Text nenne, ist alles, ist praktisch alles. Es ist alles, das heißt, es gibt einen Text, sobald es eine Spur gibt, eine differentielle Verweisung von einer Spur auf die andere. Und diese Verweise bleiben nie stehen. [...]."[1001]

Diese Vorgehensweise, die Eisenman als *scaling*[1002] bezeichnet, weist Parallelen zum Verfahren der De-Kon-Struktion im wörtlichen Sinne auf. Grafland „übersetzt" sie sinngemäß als „destruction of the scale"[1003]. In intensiver Auseinandersetzung mit dem vorgefundenen Bau-Kontext werden Elemente herausgearbeitet, die mit diesem auf unterschiedliche Art verbunden sind, auf materiell fassbare ebenso wie nicht sichtbare Weise, und diesem Ort ihre Spuren eingeschrieben haben. Sie werden zum Ausgangspunkt des Entwerfens, ohne neu erfundene Facetten einzuführen. Einen Einblick in den Ablauf dieses Gestaltungsprozesses bieten die Transkripte der Gespräche zwischen Eisenman und Derrida im Rahmen ihres gemeinsamen Projekts CHORA L WORKS.[1004] Auffällig ist, dass es gerade der Philosoph ist, der Eisenmans theoretischem Vorgehen zwar konzeptuell folgen kann, jedoch schon früh die visuell-praktische Umsetzung vermisst.[1005]

Noch deutlicher kommt die Bedeutung dieses Entwurfsprozesses im WEXNER CENTER[1006] zum Ausdruck. Hier werden die neuen Ideen praktisch überprüft und müssen sich bewähren. Eisenman stellt „nichts weniger als den [ge-

---

1001 | Vgl. Kapitel 2.7.2.3; Derrida zitiert nach Engelmann 2004, S. 18; vgl. etwa auch Taylor 1993, S. 84.

1002 | In Eisenman, Moving Arrows, 1995 erläutert Eisenman ausführlich, wie *scaling* funktioniert.

1003 | Grafland, Architecture, 1989, S. 122.

1004 | Chora L Works 1997.

1005 | Vgl. etwa Chora L Works 1997, S. 70, 78; Eisenman im Gespräch mit Jencks (Jencks 1990, S. 213f.).

1006 | Die folgenden Beschreibungen stützen sich vor allem auf die Erläuterungen in Wexner Center 1989; vgl. auch Anm. 921. Eisenman wählt für den Neubau des WEXNER CENTER, der mehrere Ausstellungsräumlichkeiten, Filmräume, Produktionsstudios sowie zahlreiche Werkstätten und Büros umfasst, keine freie Baufläche, sondern fügt ihn zwischen zwei bereits bestehende Gebäude ein. Der Großteil der Räume wird unter die Erde verlegt. Die äußere Gestalt wird von zwei großen Korridoren aus weißen Gitterelementen sowie historisierend erscheinenden Elementen am Nordende geprägt: Hier wurde ein alter „Waffenturm" des Vorgängerbaus rekonstruiert (Taylor 1993, S. 86f.; Balfour/Bédard/Bois/Cohen/Eisenman/Hays/Olsberg 1994, S. 127; Ciucci 1995, S. 11; Haberlik 2001, S. 215). Noch 2004 meint Emmanuel Petit zu beobachten, dass „hier [...] das zerstörerische und streitbare Potential dekonstruktivistischen Denkens mit extravagantem Überschwang vorgeführt [wird]" (Petit 2004, S. 51). Die Konzentration auf die prozesshafte Entwicklung des Gebäudes verweist auch auf das Selbstverständnis des WEXNER CENTER als „Labor" und Initiator zeitgenössischer Kunst. Für einen Über-

samten bisher entwickelten] konzeptionellen Überbau [...] zur Disposition"[1007], so Ciucci. Auch die Gestaltung dieses Gebäudes basiert auf auf den örtlichen Kontext bezogenen Referenzsystemen. In Ohio sind dies die sich überlagernden Raster der Straßennetze des Universitätscampus und der Stadt Columbus, deren Schnittstellen um 12,25 Grad gegeneinander verschoben sind. Wieder werden die Grundformen in unterschiedlicher Weise weitermoduliert, etwa durch Brechung, Spiegelung, Wiederholung, aber auch durch Entfernen oder Einfügen verschiedener Elemente. Immer neue Formen und räumliche Beziehungen werden möglich, das Gestaltungssystem eröffnet eine Vielfalt von Variationen im Formenvokabular und erlaubt große Flexibilität.

In ähnlicher Weise wird auch das BIOZENTRUM angelegt. Hier sind die Ausgangsstrukturen weniger ortsbezogen, sondern werden im Bezug zum „inhaltlichen" Kontext des geplanten Baus gewonnen. Wieder werden mehrere Gestaltungssysteme kombiniert und einmal gefundene Grundformen weitermoduliert. Auch die Kooperation mit Michael Heizer lässt sich vor diesem Hintergrund lesen als Verbindung zweier gleichrangig eingesetzter Teile, Kunst und Architektur, zu einem nicht trennbaren Ganzen.

Diese Entwürfe sind nicht auf einen funktionalen Zweck oder anthropozentrische Maßstäbe ausgerichtet, die die Bauform bestimmen. Ihre Gestalt wird formenimmanent hergeleitet. Eisenman findet neue formale Lösungen für die Anforderungen des Programms, ohne auf gewohnte Bautypen zurückzugreifen.[1008] Ein solcher Entwurf hat keine außerhalb liegenden Bezugspunkte, er repräsentiert nichts. So verweist etwa auch die dominierende Rasterstruktur des WEXNER CENTER nur auf die dem Entwurfsprozess zugrunde liegende Form des Gitters, das es gleichsam verräumlicht. In diesem Sinne sind Eisenmans Entwürfe Architekturtexte, die nicht als statisches Objekt, sondern als Prozesse angelegt sind:[1009] WEXNER CENTER und BIOZENTRUM etwa verkörpern auch den Bauprozess, in dem sie entwickelt worden sind.

Einmal mehr wird deutlich, dass für Eisenman die konkreten formalen Lösungen als solche zweitrangig sind. Ziel ist nicht die Entwicklung neuer, noch nicht gesehener Formen oder ihre Verzerrung, wie die New Yorker Kuratoren schreiben. Wichtig ist Eisenman vielmehr der theoretische Prozess, in dem Formenlösungen hergeleitet werden. So können die Bauten durchaus moderne Gestaltungsformen aufgreifen, wie Wigley im Hinblick auf das BIOZENTRUM beobachtet. Es hat sich gezeigt, dass diese aber nicht deswegen gewählt wurden, um sich mit der Formensprache der Moderne als solcher auseinanderzu-

blick zur Bedeutung und die Reaktionen auf den Bau vgl. etwa Ciorra, Architektur, 1995, S. 17, 19.
1007 | Ciucci 1995, S. 11.
1008 | Eisenman, En Terror, 1995, S. 142; Eisenman, Moving Arrows, 1995, S. 94.
1009 | Eisenman, Architektur als, 1995, S. 152.

setzen, sondern sich von einem kontextbezogenen Gestaltungssystem herleiten, das als Grundlage ausgewählt wurde. Der hergebrachte Wert einer Form wird verneint,[1010] das traditionelle Verhältnis zwischen Form und Bedeutung verschiebt sich. Die Darstellung im New Yorker Katalog berücksichtigt dies nicht.

Dem Betrachter begegnen Entwürfe als *Architekturtexte*, deren Formen sich nicht eindeutig einordnen lassen. Es gibt keine *einzig gültige autoritative Lesart*, vielmehr sind die Projekte offen in ihren möglichen Deutungsweisen, ihre *Wahrheit ist in Bewegung*, wie Eisenman schreibt.[1011] In einer Architektur, die „geschrieben" wird, erhält der Leser dieses „Textes" gleichsam ein „Prozessdokument", das darauf verweist, dass hier etwas im Entstehen begriffen ist, das es zu „lesen" gilt: *Geschrieben wird nicht das Objekt selber – seine Masse und sein Volumen – sondern der Akt der Massenbildung.*[1012] Eisenmans Architektur wird zum Leseereignis, das eine Vielfalt von möglichen Lesarten hat, ohne dass die Inhalte vorgegeben würden. Bei MOVING ARROWS etwa sind die verschiedenen kontextuellen Systeme, die dem Architekten als Ausgangspunkte für die formale Gestaltung gedient haben, alle gleichrangig „lesbar", keine hat ein sinnstiftendes „Übergewicht" gegenüber den anderen. Das entworfene Objekt wird zu *etwas, das beinahe dieses oder beinahe jenes, aber beides nicht ganz ist*, so Eisenman.[1013] Er betont, dass dies jedoch keine Zwei- (oder „Mehr"-) heit in einem dialektischen Sinne bedeute; auch hier wird der Bruch mit den tradierten hierarchischen Kategorien deutlich.[1014] Vielmehr ist diese „andere" Architektur Eisenmans eine *Architektur des Dazwischen*.[1015] Ein Gebäude wird gewissermaßen *zu einem Objekt als dislozierende[n] Text*[1016], zu einem Gewebe, in dem sowohl *Präsenz* als auch *Absenz* eingeschlossen sind. Diese Überlegungen verräumlicht etwa das WEXNER CENTER, das mit seinem Standort in einer Lücke zwischen zwei bereits existierenden Gebäuden in der Tat eine *Architektur des Dazwischen* ist. Aber auch das BIOZENTRUM verweist auf ein *Dazwischen* als Projekt, das die Disziplinen von Biologie und Architektur, von Kunst und Architektur verbindet. Für den Betrachter ist diese Architektur nicht eindeutig zu greifen, sie lässt sich nicht mit den gewohnten Maßstäben erfassen, son-

1010 | Eisenman, Architektur als, 1995, S. 162.

1011 | Eisenman, Misreading, 1995, S. 135, Zitate ebd.; Eisenman, En Terror, 1995, S. 143; Eisenman, Architektur als, 1995, S. 154, 163.

1012 | Eisenman, Ende, 1995, S. 85.

1013 | Eisenman, En Terror, 1995, S. 142.

1014 | Eisenman, Blaue Linie, 1995, S. 148; Eisenman, En Terror, 1995, S. 142f.

1015 | Zum Verständnis des *Dazwischen* etwa Eisenman, Blaue Linie, 1995, S. 150, Zitat ebd.; Eisenman, Architektur als, 1995, S. 157, 163; vgl. auch Ciorra, Architektur, 1995, S. 23.

1016 | Eisenman, Misreading, 1995, S. 134.

dern irritiert und erzeugt Ungewissheit,[1017] wie es den Erfordernissen in einer
dislozierten Welt, wie sie Eisenman mehrfach umschreibt, entspricht.

6.3   Zusammenfassung

Die Auseinandersetzung mit Eisenmans Werk hat Einblick in ein hochkom-
plexes Denkgebäude gegeben, das charakterisiert wird von kontinuierlichem
kritischen Hinterfragen und Weiterentwickeln der eigenen Ansätze. Zentrales
Moment ist für den Architekten das Bemühen, die Veränderungen, die sich
durch den Paradigmenwechsel der Moderne in anderen Disziplinen schon
durchgesetzt haben, auch in der Baukunst am Ende des 20. Jahrhunderts umzusetzen. In diesem Sinne bedeutet Eisenmans Schaffen eine Reaktion auf die
Veränderungen in der pluralistischen Welt. Es handelt sich jedoch nicht um
ein Reagieren auf ein vermeintliches Chaos, das formal im Bauen gespiegelt
würde. Vielmehr ist sein Ansatz ausgeprägt konzeptuell, die Formenlösungen
sind Resultate theoretischer Überlegungen und diesen nachgeordnet. Eisenman sucht nach einem Entwerfen, das sich von tradierten Herangehensweisen
befreit, indem klassische Architekturbegriffe und -zeichen sowie ihre Bedeutung hinterfragt werden. Die Raumgestaltung wird neu gedacht. Die gewohnte Zentrierung auf den Menschen als Maßstab und, damit einhergehend, die
Ausrichtung auf die Funktion, soll gelöst werden. Darin unterscheidet er sich
etwa von Koolhaas und Tschumi, die ebenfalls einen theoretisch fundierten
Ansatz verfolgen, für den jedoch die Auseinandersetzung mit Funktion und
Programm eine bedeutende Rolle spielt.

Diese Grundinteressen ziehen sich kontinuierlich durch Eisenmans Schaffen, auch wenn sich ihre konkrete Umsetzung im Laufe der Zeit wandelt von
den Formenprobleme behandelnden experimentellen Houses zu den urbanistischen, auf Realisierung angelegten Projekten, die für die MoMA-Ausstellung
relevant sind. In diesen, nachträglich als Cities of Artificial Excavations zu-
sammengefassten Entwürfen entwickelt Eisenman mittels *scaling* eine textu-
elle Architektur, deren Vorgehensweise einer „archäologischen" Spurensuche
gleicht und die de-kon-struktive Züge aufweist. Diese konstatiert Eisenman
selbst, betont jedoch stets, dass die Verwandtschaft mit Derridas Denkansätzen bewusst frei und willkürlich sei.

Tatsächlich hat sich Eisenman, der sich immer wieder mit Theorien anderer Architekten sowie mit strukturalistischen und poststrukturalistischen Philosophien befasst, vor allem in den 1980er-Jahren auch mit Derridas Denken
auseinandersetzt und versucht, dieses für die Architektur nutzbar zu machen.
Damit ist er einer der wenigen ausgestellten Architekten, der sich mit der phi-

---

1017 | Eisenman, En Terror, 1995, S. 143.

losophischen Dekonstruktion beschäftigt und auch dazu äußert. Zudem ist er
der einzige, der dies in besonderer Intensität tut. Daher gibt es Schnittstellen
zwischen beiden, die sich jedoch in erster Linie in gemeinsamen Interessen
und Denkansätzen, in der Inspiration äußern. Auch Eisenman verfolgt keine
Übertragung der Philosophie auf die Architektur, keine „Architektonisierung"
der Dekonstruktion. Derrida wiederum findet durchaus konzeptuelle Parallelen in Eisenmans Denken wieder und sieht dessen Arbeit zunächst als „con-
sistent with a general deconstruction of architecture itself"[1018]. Aufgrund dieser
Gemeinsamkeiten kann es auch zu der Kooperation zwischen Architekt und
Philosoph kommen, in deren Verlauf sich jedoch die Differenzen zeigen.[1019]

Diese starke konzeptuelle Prägung von Eisenmans Architekturschaffen
berücksichtigt die Darstellung des New Yorker Ausstellungskatalogs allerdings nicht, auch wenn die Beschreibung durchaus zutreffend ist.[1020] Das BIO-
ZENTRUM wird aus nur formal-ästhetischer Perspektive dargestellt. An anderer
Stelle spricht Wigley gar davon, dass „[a]t the end of the day, the theory that was
used to produce the Frankfurt Project doesn't matter"[1021]. Zwar sagt er weiter:
„The critical work has been loaded into the object. The object takes over. Its formal moves call the theoretical moves into question. The theoretical test of this
object is the critical work of the object itself, what we would have previously de-
nigrated as merely its aesthetic." Dies geht durchaus mit seinen Überlegungen
von 1988 konform, dass sich im Schaffen der ausgestellten Architekten eine
Verschiebung hin von der „Papierarchitektur" zur Auseinandersetzung mit
dem Gebauten vollzieht.[1022] Dabei lässt er jedoch außer Acht, dass sich Eisenmans komplexer Ansatz nicht in konzeptuelle Überlegungen und praktische

---

1018 | Chora L Works 1997, S. 8, in ähnlichem Sinne auch S. 70, 78.

1019 | Vgl. Anm. 923. Die Kooperation läuft nicht so erfolgreich wie erhofft. Während
Derrida eine klare Trennung der Arbeitsbereiche zwischen Philosophie und Architektur
einhält, erwartet Eisenman eine direktere Teilnahme am Entwurfsprozess (vgl. Eisen-
man, Post/El, 1995, S. 258; dazu auch Chora L Works 1997, S. 166; Kipnis 1997,
S. 141f.). Zudem kritisiert Derrida mit seinem 1989 veröffentlichten Text „Why Peter
Eisenman writes such good books" mehr oder weniger versteckt Eisenmans Überle-
gungen, die er immer noch im metaphysischen Denken verhaftet sieht (Derrida 1989;
Eisenman/Brillembourg 2011).

1020 | Dennoch distanziert sich Eisenman insgesamt weniger ausdrücklich von der
Ausstellung als andere Teilnehmer, obwohl auch er sich kritisch äußert (etwa in Cohn/
Eisenman 1989, S. 7; Jencks/Eisenman 1995, S. 262).

1021 | Wigley/Hays 1988, S. 53, folgendes Zitat ebd.

1022 | Eisenman weist in späteren Jahren selbst immer wieder darauf hin, dass er bei
den HOUSES die Baubarkeit (noch) nicht für notwendig erachtet hatte (etwa in Cohn/
Eisenman 1989, S. 9, 12; Drobnick/Eisenman 1995, S. 320; Zaera-Polo/Eisenman
1997, S. 9).

Entwürfe trennen lässt. Beides ist nicht separat voneinander zu denken. Zudem sind Eisenmans Projekte keine Objekte, die „produziert" werden, sondern sie entstehen in einem charakteristischen Entwicklungsprozess, aus dem die Formenlösungen erst resultieren.[1023]

Ende der 1980er-Jahre geht Eisenmans „archäologische" Arbeitsweise mit textueller Architektur über in die Arbeit mit der Falte.[1024] Dazu hat ihn nicht zuletzt die Arbeit mit Derrida und dessen Kritik an Chora L Works veranlasst,[1025] das auch als Abschluss der Cities of Artificial Excavations gelten kann. In den folgenden Projekten wird die Beschäftigung mit topologischen Raumgeometrien intensiviert, das Entwerfen führt noch weiter weg vom euklidischen Raum. Ein wichtiges Projekt, in dem die Faltung als neue Gestaltungsweise zum Einsatz kommt, ist das städtebauliche Konzept für den Frankfurter Rebstockpark[1026]. Wurden zuvor durch *scaling* historische Spuren freigelegt und zu einem Gewebe über dem Bau-Ort geschichtet, wird die Textur jetzt noch umfassender angelegt: Das „Gewebe" des Entwurfs wird aus dem Kontext selbst herausgeholt, in diesem, mit diesem, aus diesem herausgefaltet. Sind die vom *scaling* geprägten Projekte kartografisch zweidimensional, werden die folgenden gleichsam um eine Dimension erweitert, indem durch Faltungen auch der Untergrund – bisher nur Träger der entworfenen Bauten – integriert wird. Zugleich bleiben verschiedene zentrale Ansätze erhalten und werden weitergedacht, etwa das Entwerfen ohne Anfang und Ende, die Rolle des Autors, das *Dazwischen*. Auch die de-kon-struktive Analyse lässt sich in der Auseinandersetzung mit dem Bau-Ort weiter beobachten.

Mit diesem komplexen Verfahren, das in Anlehnung an Deleuze' Philosophie der Falte und vor allem an Thoms mathematische Katastrophentheorie entsteht, versucht Eisenman die Möglichkeiten des Städtebaus weiterzuentwickeln, den er als statisch an den Ort gebunden betrachtet. Dies spiegele jedoch die urbane Realität in einer mediatisierten Welt, in der Raum und Zeit

---

1023 | Das ist freilich nicht unproblematisch, da sich diese komplexen Gedankengänge nicht in den Formen ablesen lassen. Eisenmans Theorie wird dadurch angreifbar: „Eisenman changes his theories while his architecture stays the same" (Evans 1985, S. 73).

1024 | Vgl. Eisenman 1991, S. 8-17; Rajchman 1991; S. 18-77; Ciorra, Architektur, 1995, S. 22f.; Tafuri 1987, S. 173.

1025 | Vgl. etwa Eisenman/Somol 1993, S. 125; Somol 1993, S. 73; Levrat/Eisenman 1995, S. 290-292.

1026 | Rebstockpark, 1990/91, Frankfurt (Unfolding 1991; Eisenman 1991, S. 8-17; Rajchman 1991, S. 18-77; Re:working Eisenman 1993, S. 157-165; Levene/Cecilia 1997, S. 88-97; Eisenman/Somol 1993, S. 125-131; Somol 1993, S. 73-77; Davidson 2006, S. 210-213). Baubeginn vor Ort ist allerdings erst im Jahr 2001 (vgl. Website Rebstockpark).

zunehmend weniger eine Einheit bilden, nicht adäquat wieder: *Architecture can no longer be bound by the static conditions of space and place, here and there. In a mediated world there are no longer places in the sense that we used to know them.*[1027] Wieder liegen Eisenmans Entwurfsbemühungen die Analyse von Zeitphänomenen und das konsequente Weiterdenken seiner Beobachtungen zugrunde, um die Architektur in zeitgenössischen Wahrnehmungsräumen zu verorten und aktuelle Entwicklungen auch im Bauen zu spiegeln. „Indem er das Rebstockgelände ‚faltet', kann Eisenman Verdichtungen im städtischen Raum hervorheben, die sich seit dem Krieg entwickelt haben, die der Kontextualismus aber nicht adressieren konnte", beobachtet John Rajchman.[1028] Das neue Verfahren eröffnet die Möglichkeit, den tradierten Städtebau in eine neue Richtung zu leiten, Alt und Neu ineinander zu verweben. Eisenman bezeichnet dies auch als *weak urbanism*. Das Bemühen um eine neue Perspektive auf die und in der Stadtplanung teilt er etwa mit Rem Koolhaas, auch wenn dessen Ansätze anders gelagert sind.

Diese Entwicklungen werden in den Jahren danach noch weitergeführt. Raum wird nicht mehr als *icon* betrachtet, sondern als Diagramm oder Index, später als *Post-Index* von Verweisungsspuren gestaltet.[1029] Diese Architektur wird nicht mehr als Objekt behandelt, sondern als Ereignis. Gebautes wird zum offenen Rahmen, in dem etwas passieren kann.[1030] Für Eisenman steht das Entwurfs-Diagramm der Zeichnung gegenüber, *die im wesentlichen eine Repräsentation der Präsenz definiert, und daher ihre Metaphysik*[1031]. Interessanterweise bleibt das Raster Ausgangspunkt für Eisenmans Entwürfe. Es wird jedoch nicht mehr kartesisch geometrisch bearbeitet wie früher, sondern volumetrisch in sich verwoben und gefaltet,[1032] etwa beim HOLOCAUST MAHNMAL in Berlin mit zwei topologischen Oberflächen, die verbunden wurden, oder bei der kolossalen CITY OF CULTURE[1033] in Santiago de Compostela, bei der drei

---

1027 | Eisenman 1991, S. 9; vgl. Levrat/Eisenman 1995, S. 293f.; Zaera-Polo/Eisenman 1997, S. 12, 14.

1028 | Rajchman 1991, S. 21.

1029 | Rajchman 1991, S. 49; zum *Post-Index* vgl. Eisenman 2008.

1030 | Rajchman 1991, S. 48f.

1031 | Eisenman, Diagramm, 2004, S. 18.

1032 | Lynn 2004, S. 166.

1033 | CITY OF CULTURE OF GALICIA (Cidade da Cultura de Galicia), 1999 – heute, Santiago de Compostela (vgl. Website Cidade da Cultura; Codex X 2005; Eisenman/ Brillembourg 2011; Davidson 2006, S. 308-317; Stephens 2011, S. 62-73; Noever 2004, S. 142-147). Eisenmans Beitrag wird in einem internationalen Wettbewerb unter renommierten Konkurrenten ausgewählt (einen Überblick zu Wettbewerb und Projekt bietet Dempsey 2011). Das Kulturzentrum umfasst sechs Bauten; die Library of Galicia und die Galician Archives wurden im Januar 2011 eröffnet. Zwischen den Gebäuden

historische Lagen so geschichtet werden, dass die Bauformen gleichsam „organisch" aus dem Grund entstehen.[1034] Noch befinden sich diese Arbeitsansätze im Entwicklungsprozess, wie etwa Greg Lynn notiert: „Diese Projekte müssen erst noch einen so robusten didaktischen räumlichen und architektonischen Zustand entwickeln wie etwa das WEXNER CENTER und die frühen Häuer mit ihren Rasterverfahren."[1035]

führen Fußgängerwege auf einen zentralen Platz. Das umstrittene Projekt ist äußerst aufwendig zu realisieren und hat das geplante Budget mehrfach überschritten. Durch die Finanzkrise wurde Anfang 2012 ein Baustopp ausgesprochen.

1034 | Die Topografie des Baugeländes wird mit dem Straßenplan der mittelalterlichen Stadt sowie einem kartesischen Gitter überlagert. Danach werden mittels Computer die flachen Rasterschichten durch die natürliche Topografie verformt. Auf diese Weise ist das Baugelände nicht nur Untergrund, auf dem etwas errichtet wird, sondern gestaltgebend in den Entwurf integriert.

1035 | Lynn 2004, S. 165.

7 Zaha Hadid

> Etikettierungen sind immer problematisch, sie veralten schnell. Auch mit der Wortschöpfung Dekonstruktivismus hatte ich immer Schwierigkeiten, es ist eine Art Verbindung zweier Worte, die einen wirklichen Zusammenhang haben können oder auch nicht.[1036]
>
> *Zaha Hadid*

Die gebürtige Irakerin Zaha Hadid (*1950) ist nicht nur die jüngste, sondern auch die einzige weibliche Teilnehmerin der New Yorker Ausstellung. Auch sie zählt heute zu den „Starchitects" und wurde 2004 mit dem Pritzker-Preis ausgezeichnet. Hadid entwirft ebenso aufsehenerregende Bauwerke weltweit wie unterschiedliche Designs, etwa für Möbel, Kleider und Skulpturen. 1988 jedoch hat sie noch kein Projekt realisiert und gilt als zwar geniale, aber für die praktische Architektur „irrelevante"[1037] und nicht-baubare Theorie-Künstlerin.

Schon 1983, nur sechs Jahre nach ihrem Diplom an der Londoner Architectural Association,[1038] gewinnt die Architektin mit einem außergewöhnlichen Entwurf den Wettbewerb für einen Privatclub auf dem Hongkong Peak und wird damit in der internationalen Architekturszene bekannt. Der PEAK LEISURE CLUB wird auch in der DECONSTRUCTIVIST ARCHITECTURE präsentiert.

1036 | Hadid/Noever 1991, S. 24.

1037 | Cook 1983, S. 80, Übers. d. Verf.

1038 | Bereits während des Studiums an der Architectural Association London, wo sie unter anderem bei Rem Koolhaas studiert, fällt Hadids besondere Begabung auf. In einem Interview mit Alvin Boyarsky finden sich Einblicke in Studium und Entwicklung hin zur eigenen architektonischen Position (vgl. Hadid/Boyarsky 1983, o. S. 6f.). Nach ihrem Diplom arbeitet Hadid für kurze Zeit in Koolhaas' OMA (Hadid zur Zusammenarbeit in Levene/Cecilia/Hadid 1991, S. 10; Hadid, Planetary Architecture, 1983, o. S. 8; Cook 1983, S. 80). Einen Überblick über ihren Aufstieg bietet der Essay von Peter Cook (Cook 2005, S. 6–17).

Das Projekt wurde allerdings nie realisiert,[1039] erst rund zehn Jahre später gelingt der Durchbruch auch als praktische Architektin:[1040] 1993 wird das erste Gebäude fertiggestellt, das Hadid ganz nach ihren Vorstellungen gestaltet, die VITRA FIRE STATION in Weil am Rhein, mittlerweile eines der wichtigen zeitgenössischen Architekturmonumente Deutschlands.

Der PEAK LEISURE CLUB markiert den Höhepunkt von Hadids frühen Raumexperimenten.[1041] Wesentliche Ideen und Zielsetzungen ihres Schaffens sind hier programmatisch zusammengeführt und werden in späteren Entwürfen weiterentwickelt, denn, so betont die Architektin, alle Projekte bauen ideell aufeinander auf.[1042] Eine Analyse des Hongkonger Projekts ist damit nicht nur für die Untersuchungen zur New Yorker Ausstellung von Bedeutung, sondern zugleich auch grundlegend für eine Annäherung an Hadids Architekturverständnis.

Anders als ihre Kollegen von der Architectural Association London, Rem Koolhaas und Bernard Tschumi, entwickelt Hadid, wie Frank Gehry, ihr Architekturverständnis nicht über die schriftliche Auseinandersetzung mit architektonischen Fragen, sondern in erster Linie über das grafische Experiment. Immer wieder hebt sie hervor, dass Zeichnungen einen essenziellen Bestandteil ihres Entwicklungs- und Entwurfsprozesses ausmachen. Im Zeichnen formen sich ihre Bauideen aus.[1043] Daher sind Hadids ungewöhnliche Detailansichten und Aufsichten, ihre unkonventionellen Schnitte und Gesamtansichten keine schlichten Baupläne, sondern, wie es etwa auch bei Daniel Libeskind begegnet, Kunstwerke, die die Geschichten der Bauten erzählen.[1044] Sie werden beglei-

---

1039 | Dies soll jedoch nicht an Fragen der Realisierbarkeit des Entwurfs gescheitert sein, sondern an politisch-finanziellen Unstimmigkeiten der Stadt.

1040 | In den Jahren zuvor gestaltet Hadid verschiedene kleinere Projekte, die allerdings bestimmten Einschränkungen unterliegen; etwa das Wohnhaus für die IBA (1987) in Berlin, das erst 1993 fertiggestellt wird (vgl. Hadid 1998, S. 38–41; Levene/Cecilia 1991, S. 66–69; Levene/Cecilia 1995, S. 30–37). Daneben entwirft Hadids Studio etwa Möbel (vgl. Hadid 1998, S. 170f.; Dietsch 1989, S. 76).

1041 | Hadid 1998, S. 20–24; Levene/Cecilia/Hadid 1991, S. 12; Hadid, Über neuere Projekte, 1991, S. 49.

1042 | Hadid, Planetary Architecture, 1983, o. S. 7. Hadid betont zudem, dass die Projekte immer im Team entwickelt und umgesetzt werden (Hadid, Planetary Architecture, 1983, o. S. 8.; Mostafavi/Hadid 2001, S. 25f.; Hadid, Über neuere Projekte, 1991, S. 47).

1043 | Hadid zur Bedeutung des Zeichnens für ihr Entwerfen und zur Erarbeitung von Entwürfen und Zeichnungen etwa in Levene/Cecilia/Hadid 1991, S. 10–12; Hadid, Planetary Architecture, 1983, o. S. 5f.

1044 | Hadid, Planetary Architecture, 1983, o. S. 6f.; Schumacher 2005, S. 55f. Hadid experimentiert auch mit der Farbwahl (Hadid, Planetary Architecture, 1983, o. S. 6); da

tet von kurzen erläuternden Texten, in denen zentrale Denkansätze prägnant zum Ausdruck kommen. Welche Bedeutung Hadid selbst ihren Zeichnungen zumisst, zeigt sich zudem nicht zuletzt auch daran, dass sie als einzige der sieben in New York ausgestellten Architekten darauf bestanden hat, dass Originalzeichnungen von ihr präsentiert werden, wie aus Unterlagen des MoMA hervorgeht.[1045] Eine Annäherung an das Werk der Architektin stützt sich daher hauptsächlich auf die Interpretation der grafischen Darstellungen ihrer Entwürfe sowie der kurzen Begleittexte.

In einer eingehenden Besprechung des PEAK wird zunächst ein Profil der essenziellen Ideen und Zielsetzungen der Architektin erarbeitet. Anschließend werden diese mit einer ihrer frühesten Arbeiten, MALEVICH'S TEKTONIK, zusammengebracht. Durch die Zusammenführung dieser beiden Projekte werden zentrale formale und theoretische Entwicklungsschritte der Baukünstlerin nachvollziehbar, aus denen ihr Architekturverständnis greifbar wird. Zur Verdeutlichung verschiedener Facetten werden darüber hinaus exemplarisch weitere Projekte herangezogen und, da Hadid sich nur wenig schriftlich mitteilt, im Vergleich zu den anderen Architekten relativ ausführlich besprochen. Der abschließende Ausblick beleuchtet ihre Weiterentwicklung nach 1988.

Im Titel MALEVICH'S TEKTONIK deutet sich zudem bereits an, dass Hadid eine der wenigen in der Ausstellung präsentierten Architekten ist, die sich offensichtlich mit der russischen Avantgarde auseinandersetzen. Allerdings, so viel sei vorgreifend gesagt, beschränkt auch sie sich in ihrem Schaffen an keiner Stelle ausschließlich auf ein Anknüpfen an den Konstruktivismus.[1046] Dieser spielt eine wichtige Rolle, aber ein grundlegender Schlüssel zu Hadids Werk liegt in der Auseinandersetzung mit der klassischen Moderne an sich.

Aufschlussreich sind darüber hinaus auch kurze Programmschriften aus den frühen Jahren sowie verschiedene Interviews mit der Architektin. Des Weiteren bieten zahlreiche Publikationen Überblicke über Hadids bisheriges Schaffen, mehrere Monografien thematisieren ausgewählte Bauten.[1047] Die umfangreichste Darstellung ihres Werks bietet bisher eine 2005 erschienene vierbändige Monografie über das Gesamtwerk von Gordana Fontana-Giusti und Patrik Schumacher, in der versucht wird, die große Vielfalt ihres Werks „in einer Quadrophonie aus Bildern, Texten, Zeichnungen und Fotografien

---

dies jedoch keine grundlegend anderen Aspekte zur Analyse beiträgt, wird die Farbgebung hier nicht eigens berücksichtigt. Entsprechendes gilt für die Veränderung in den Gestaltungsmedien (Computersimulationen etc.).

1045 | Dies zeigt die interne Korrespondenz in den Archivunterlagen.

1046 | Hadid, Über neuere Projekte, 1991, S. 48.

1047 | Bei diesen Texten liegt der Schwerpunkt auf der Beschreibung des jeweiligen Baus, weniger auf einer Würdigung des zugrunde liegenden Architekturverständnisses.

einzufangen"[1048], während eine 2009 herausgegebene Publikation des Taschen Verlags die jüngste Überblickszusammenstellung bietet.[1049]

7.1   Hadids Ausstellungsbeitrag: PEAK LEISURE CLUB

Die New Yorker Ausstellung präsentiert den Hongkonger PEAK LEISURE CLUB[1050] (Abb. 7 a, b) im dritten Saal. Der Entwurf wird auf einer ganzen Wand gezeigt, Hadid wird somit eine der größten Präsentationsflächen in der Schau gewidmet. Zu sehen sind mehrere Zeichnungen, darunter drei Großformate und eine Serie von fünfzehn kleineren Ansichten des Entwurfs, die die verschiedenen Geschossebenen wiedergeben. Die Illustrationen, auf deren Einschluss Hadid wie erwähnt als einzige der sieben Architekten ausdrücklich bestanden hat, gehören zu den bekannten Darstellungen des Projekts. Hinzu kommen ein kleines Vitrinenmodell sowie ein skulpturales Wandmodell, das frei in den Raum hineinragt und mit seinen vorkragenden Kanten in Türnähe bei den Museumsleuten die Befürchtung weckt, dass Besucher sich daran verletzen könnten.[1051] Im Katalog werden alle grafischen Darstellungen wiedergegeben, die Modelle sind jedoch nicht abgebildet. Stattdessen findet sich darin ein Querschnittsplan durch die Anlage, der, soweit anhand der fotografischen Rekonstruktion zu beurteilen ist, in der Ausstellung nicht zu sehen ist.

Der Entwurf für einen luxuriösen Privatclub auf dem Hongkong Peak, der für seine „Kühnheit"[1052] ausgezeichnet wurde, besteht aus drei sich überlagernden, gegeneinander verschobenen Balken mit unterschiedlichen Funktionen. Die durch die Schichtungen entstandenen leeren Zwischenräume werden in das Bauprogramm integriert, sodass fünf Geschoss-Ebenen[1053] entstehen, die

---

1048 | Fontana-Giusti/Schumacher 2005, Zitat von Greg Lynn im Vorwort, ebd. S. 4.

1049 | Jodidio 2009.

1050 | THE PEAK LEISURE CLUB, 1982/83, Hongkong (Johnson/Wigley 1988, S. 68–79; Hadid 1984; Hadid 1998, S. 20–23; Hadid, Planetary Architecture, 1983, o. S. 10f.; Jodidio 2009, S. 52–77; Levene/Cecilia 1991, S. 44–57). Für Abbildungen sei insbesondere auf den Katalog der Aedes-Galerie Berlin (Hadid 1984) sowie auf die Prints in der Ausstellungsmappe PLANETARY ARCHITECTURE TWO (Hadid, Planetary Architecture, 1983) verwiesen.

1051 | Vgl. Anm. 194.

1052 | Hadid 1984, S. 27.

1053 | Der oberste Balken ist in sich abgesetzt, sodass ein viertes Stockwerk mit Penthäusern, mehreren Lobbys und Innenhöfen in der offenen Fläche sowie ein zurückgesetztes fünftes Geschoss mit der Managerwohnung möglich werden; eine genauere Beschreibung in Hadid, Über neuere Projekte, 1991, S. 50f.

durch dünne, „Cocktail-Sticks"[1054] ähnlichen Säulen zusammengehalten werden. Freitragende Vorsprünge, Rampen und Plattformen gliedern den Baukomplex, der Wigley an einen „horizontalen Wolkenkratzer" erinnert. In der Tat scheinen sich die Balken in Hadids Projektzeichnungen von den Hochhäusern der Stadt am Fuße des Hongkong Peaks herzuleiten. Die Entwurfszeichnungen erzählen gleichsam die Entwicklung des ungewöhnlichen Baus, wie er sich aus dahingleitenden Balken und Teilen wie ein Flugobjekt zusammenfügt. Noch plastischer kommt diese Dynamik im genannten skulpturalen Wandmodell zum Ausdruck. Obwohl dieser Aspekt eine zentrale Rolle in Hadids Entwerfen spielt, bleibt er im Katalog unerwähnt.

Auffällig ist darüber hinaus das geplante Vorhaben, das Gebäude in eine „künstliche Topographie" hineinzusetzen, in der der „Unterschied zwischen Menschenwerk und Natur ein[ge]ebne[t]" werde, so Wigley: Der Entwurf sieht vor, das Berggestein bis zum Grund auszuhöhlen, den freigelegten Granit zu polieren und in die Gesamtanlage zu integrieren. So soll das Gebäude mit der Natur verbunden werden, während der Berg umgekehrt Teil der Clubanlage wird.

Die eigentliche Clubanlage, zu der ein Schwimmbad, eine Bibliothek, Trainingsflächen und eine Snackbar gehören, ist im Hohlraum zwischen dem zweiten und dritten Balken angelegt und befindet sich zum großen Teil unter freiem Himmel. Durch die Integration dieses Voids, das als Leerraum zwischen zwei Bauelementen nicht von Wänden umgrenzt und daher im streng baulichen Sinne ein Nicht-Raum ist, schafft Hadid neue Raumqualität: Sie dringt über die Grenzen eines gewöhnlichen Gebäudes hinaus und lässt die Trennung von außen und innen, von Gebäude und Umgebung zerfließen.

Nach Wigley liegt „[d]ie Kraft des Projektes [...] in der gewaltsamen Durchkreuzung dieser linearen Balken und der Volumina der künstlichen Topographie". Dieser Deutung der „gewaltsamen" Durchdringung von Bauvolumen und Berg liegt allerdings eine subjektive Wertung zugrunde, die der Perspektive des Katalogs geschuldet ist. Ebenso wäre etwa die Beschreibung eines Verschmelzens des Entwurfs mit der oder seines Einlassens in die Natur denkbar, Formulierungen also, die andere Konnotationen wecken. Wieder kommen sprachlich eher negativ belegte Begriffe zum Einsatz. So beobachtet der Autor in der Gestaltung des PEAK-Entwurfs ein „radikale[s] Dezentralisieren", das gewohnte Gebäudeordnungen auflöse und sich von der klassischen Harmonie geschlossener Bauvolumen abwende, und erkennt zwischen den gebäudebildenden Balken ebenso „Konflikte" wie in der Innenraumgestaltung. Damit nimmt Wigleys Darstellung, die den PEAK LEISURE CLUB durchaus treffend, wenn auch auf seine Formen beschränkt beschreibt, wieder eine eindeutig wertende Blickrichtung ein. Nach den Ideen und Überlegungen, die Hadid

---

1054 | Johnson/Wigley 1988, S. 68, folgende Zitate aus dem New Yorker Katalog ebd.

bei ihrer Gestaltungsweise geleitet haben, wird nicht gefragt, obwohl sie, wie sich im Folgenden zeigen wird, mit ihrem Schaffen komplexe, über rein Formales hinausgehende Zielsetzungen verfolgt. Ebenfalls unberücksichtigt bleiben ihre Äußerungen zum Projekt. Zwar ist der Begleittext zum PEAK kurz gehalten und besteht hauptsächlich aus einer Beschreibung des entworfenen Baus mit seinen Funktionen. Dennoch finden sich einige zentrale Schlüsselbegriffe, die dem aufmerksamen Leser Hinweise auf Hadids ideelle Ausgangspunkte geben.

Hadid zum PEAK LEISURE CLUB

Der Entwurf für den PEAK soll, so schreibt die Architektin im Begleittext, als *architektonischer Markstein*[1055] die Stadt überragen, sich dem dicht gedrängten Treiben in den Tälern entziehen und zugleich doch Teil des Stadtbilds sein. Um dies zu erreichen, müsse das Gebäude nicht aus komplizierten Formen kreiert werden. Wichtiger sei ein Entwurf, der architektonischen *Erfindungsreichtum* vereine mit *beziehungsreicher Bedeutsamkeit*. So sind die Grundformen des PEAK, mehrere balkenförmige Volumen, zwar formal weniger ungewöhnlich, sie gewinnen ihre Charakteristik jedoch aus dem besonderen Arrangement dieser Balken. Damit gibt Hadid ihre programmatische Richtung an, unter deren Vorzeichen nicht nur das Hongkonger Projekt, sondern auch ihr Schaffen an sich steht.

Der Entwurf für den PEAK-Club erinnert an einen unbekannten Flugkörper, der über dem Berghang schwebt, am Gestein entlanggleitet und zugleich aus diesem herausströmt – ein verblüffender Effekt, da Architektur traditionsgemäß statisch und in sich geschlossen wirkt. Diese Assoziationen der Dynamik werden von Hadid sowohl in den grafischen Darstellungen als auch im Begleittext bewusst geweckt. Sie verwendet mehrere Begriffe aus dem Bereich des Fliegens und der schwebenden Bewegung (*gleitend, schweben, Satelliten, Raumschiff*). Auch in den Zeichnungen wird dieser Eindruck betont, in der „Explosions-Isometrie" etwa scheinen die Gebäudebalken einzeln über das Gelände hinwegzuschießen. Es entsteht, was Hadid als *Planetary Architecture*[1056] bezeichnet: Bauten, die *wie ein fremdes Objekt in einen bestehenden Kontext ein[ge]füg[t]*[1057] werden und diesem so neue Qualität verleihen.

1055 | Für die folgenden Informationen zum Bauprojekt vgl. Hadids Begleittext zum PEAK-Entwurf (Hadid, Peak, 1983, S. 84); hier finden sich auch die folgenden Zitate, die zur besseren Lesbarkeit ins Deutsche übersetzt werden.

1056 | Hadid fasst ihre frühen Arbeiten als PLANETARY ARCHITECTURE zusammen. So heißt auch ihre erste Ausstellung in der Architectural Association London (Hadid, Planetary Architecture, 1983).

1057 | Hadid/Noever 1991, S. 26.

Dieser *planetarische* Eindruck eines dynamisch sich zusammenfügenden Gebäudes auf dem Hongkong Peak wird erreicht durch die Fragmentierung des Baukörpers in unverbundene Balken, die nur von feinen Säulen zusammengehalten werden und jeden Augenblick auseinanderzudriften scheinen. Das Gebäude wirkt wie die Momentaufnahme einer Bewegung. Hadid will ihre Bauten zum Schweben, zum Fliegen bringen – kurz: sie in Bewegung setzen. Sie will Raum dynamisieren und neue Räumlichkeit schaffen, indem sie Räume sich durchdringen lässt, sie fragmentiert und in Schichten übereinanderlagert. Die Architektin dringt über die gewohnten Grenzen hinaus und definiert das, was Bauraum ist, neu – etwa, indem sie den leeren Zwischenraum zum zentralen Ort des PEAK-Clubs macht.

Eine entscheidende Rolle spielt darüber hinaus auch die Verbindung von Bau und Umgebung, die durch die energische Gestaltung neue Qualität erhält. Der Gebäudeentwurf wird wesentlich bestimmt durch den gewagten Konstruktionsvorschlag Hadids, der das Gebäude im wörtlichen Sinne „in" den Berg bauen will: *Wie ein Messer durch Butter* soll die Architektur durch die Landschaft schneiden, so Hadid, und *die Natur herausfordern, ohne sie zu zerstören.*[1058] Der Berg wird an das Gebäude angepasst und nimmt es zugleich in sich auf. Dementsprechend sind die Entwurfsbilder farblich so gestaltet, dass zwischen Gebäude und Umgebung kaum Unterschiede zu erkennen sind. In einer Gesamtansicht mit Hongkong-Kowloon am Fuße des Peaks fällt das neue Gebäude kaum auf, so geschickt verschmilzt es mit der Gebirgssilhouette. Die Grenzen zwischen Natur und dem vom Menschen Gemachten verschwimmen. Es gelingt das Meisterstück, zwar ganz massiv in die vorgefundene Umgebung einzugreifen und ein eigenständiges neues Gebilde zu schaffen, zugleich jedoch den Ort zu respektieren, ihn einerseits in seinem Charakter zu belassen und ihm andererseits neue Qualität zu verleihen. Hadid entwirft nicht vorsichtig und zurückhaltend, sondern mit besonderer Dynamik. Zu berücksichtigen ist bei dieser Beurteilung des Entwurfs allerdings, dass der Entwurf für den PEAK-Club nie realisiert wurde.

Die gegenseitige Verwiesenheit von Gebäude und Gelände als einen grundlegenden Gedanken ihres Schaffens verdeutlicht Hadid, indem sie zweimal den Begriff Geologie in ungewöhnlicher Verbindung mit den Attributen *suprematistisch* und *modern* nennt: Ihre nach einer *suprematistischen Geologie* gestaltete Architektur will *traditionelle Prinzipien vernichten und neue etablieren.*[1059] Die Architektin spricht damit eine konzentrierte Programmerklärung aus, deren Inhalt in dem ebenfalls 1983 entstandenen Text THE EIGHTY-NINE

1058 | Hadid, Peak, 1983, S. 84, Zitate ebd., Übers. d. Verf.
1059 | Hadid, Peak, 1983, S. 84, Zitate ebd., Übers. d. Verf.

DEGREES[1060] besonders deutlich wird; in ihm setzt Hadid ihr Schaffen in Bezug zur klassischen Moderne.

Nach Hadid müssen die Ansätze und Projekte der modernen Architekten, die unterbrochen wurden und nicht zur Ausführung gekommen sind, wiederaufgenommen werden – und dies ausdrücklich nicht im Sinne einer Wiederbelebung, sondern als Weiterentwicklung: *Our task is not to resurrect them but to develop them further.*[1061] Um die Rolle der Architektur zu erfüllen, sollen die modernen Ansätze *nicht nur ästhetisch, sondern programmatisch*[1062] weitergedacht werden, so die Architektin. Es geht nicht um die Nachahmung von Vorbildern, denn dies wäre nicht viel mehr als oberflächliches *Tortenverziere[n]*, eine deutliche Abgrenzung von der in den 1970er- und 1980er-Jahren dominierenden Postmoderne. Es bedeutet aber auch nicht, dass „der Modernismus an seine Grenzen gedrängt, beiseitegedrückt"[1063] wird, wie Wigely Hadids PEAK-Entwurf ohne nähere Erläuterung kommentiert.

Im PEAK-Entwurf wird dieser Ansatz beispielsweise sichtbar in der besonderen Verbindung von Gebäude und Untergrund, die im Gegensatz steht zu den Piloti-Bauten Le Corbusiers, in denen der Zwischenraum zwischen Stützen und Bau vernachlässigt wurde. Zudem ist auch Hadids Versuch, Bauten zum Schweben zu bringen, an sich keine neue Idee; vielmehr wollten bereits die modernen Gebäude auf Stützen Schwerelosigkeit assoziieren. Hadid setzt dies jedoch anders um, die angestrebte Dynamik geht nicht auf Kosten der Verbundenheit des Gebäudes mit seinem Standort, der *Geologie*. Der Bau „schwebt" nicht wie ein Fremdkörper über dem Gelände, sondern wird in dieses integriert. Einzuräumen ist an dieser Stelle freilich erneut, dass der PEAK nicht realisiert wurde und sich daher nicht beurteilen lässt, ob diese Wirkung in einem gebauten Gebäude auch tatsächlich eintreten oder ob es nicht doch wie ein Störkörper wirken würde.

Wie bei den anderen Architekten der New Yorker Ausstellung ist auch für Hadid die Reaktion auf das in den 1970er-Jahren dominierende eklektizistische postmoderne Bauen Anstoß für ein Bemühen um eine „neue" Architektur – allerdings nicht in einem ähnlich umfassenden Sinne wie etwa Eisenman oder Tschumi, die nach einer Neudefinition der Architektur streben. Hadids Interesse richtet sich auf die Dynamisierung der Architektur und ist damit deutlich „architektonischer" und an Formen orientierter angelegt, weil von räumlichen

---

1060 | Hadid, Eighty-Nine Degrees, 1983, o. S. 1. Charles Jencks und Karl Kropf nehmen den Text als richtungsweisendes Manifest in ihr Kompendium von Programmerklärungen zeitgenössischer Architekten auf (Jencks/Kropf 1997, S. 280).

1061 | Hadid, Eighty-Nine Degrees, 1983, o. S. 1.

1062 | Hadid, Eighty-Nine Degrees, 1983, o. S. 1., Übers. d. Verf., folgendes Zitat ebd.

1063 | Johnson/Wigley 1988, S. 68.

Problemen ausgehend, als das dieser beiden Kollegen, deren Entwerfen sich auf einen umfangreichen, auch schriftlich dargelegten theoretischen Gedankenkorpus stützt. Ihre Arbeit ist jedoch auch nicht so formal-ästhetisch ausgerichtet, wie es die New Yorker Kuratoren nahelegen. Zudem spielen urbanistische Fragen für sie keine ähnlich dominante Rolle in der Auseinandersetzung mit Architektur wie etwa für Koolhaas oder Libeskind.

Die Auseinandersetzung mit der Moderne sei, so betont Hadid, erst der Anfang.[1064] Die Architekten sollen *eine neue Dynamik in der Architektur kreieren*[1065], die den Lebensbedingungen im 20. Jahrhundert entspricht – ein Gedanke, der auch bei Koolhaas und Eisenman begegnet und im Bezug auf Hadids Architekturverständnis noch genauer erläutert wird. Ihr Ziel ist die stetige Weiterentwicklung von diesem Ausgangspunkt. Dies macht für sie die wirkliche Rolle der Architektur aus: *inventiveness, imagination* und *interpretation* sind Leitbegriffe ihres Schaffens.[1066] Die Architektin möchte einen neuen Blick auf die Welt zeigen, daher arbeitet sie auch mit dreidimensionalen Darstellungen, die ungewöhnliche An- und Aufsichten ihrer Entwürfe zeigen. Bezeichnend ist, dass ihre Programmerklärung unter dem Titel EIGHTY-NINE DEGREES steht: Der ungewohnte Maßstab will einen neuen Blickwinkel auf die Welt ermöglichen.[1067]

Ein weiteres Beispiel, wie die Architektin moderne Ideen aufnimmt und weiterentwickelt, ist ihre Diplomarbeit MALEVICH's TEKTONIK, in der sie sich mit dem räumlichen Schaffen des russischen Avantgardisten Kasimir Malewitsch auseinandersetzt. Auf den Vorbildcharakter des Suprematismus hat die Architektin selbst verwiesen.[1068] Um die Besonderheiten, die am Beispiel des PEAK-Projektes deutlich wurden, zu fundieren und weiteren Einblick in das Architekturverständnis Hadids zu gewinnen, ist zu untersuchen, in welcher Form die Architektin aus der Moderne – und hier insbesondere dem Suprematismus – schöpft. Es sei jedoch wiederholt, dass Hadid keine stilistische Wiederaufnahme oder gar Wiederbelebung der russischen Avantgarde verfolgt. Sie

---

1064 | Hadid, Eighty-Nine Degrees, 1983, o. S. 1.

1065 | Hadid 1997, S. 279, Übers. d. Verf.

1066 | Hadid, Eighty-Nine Degrees, 1983, o. S. 1, Zitate ebd.; Hadid 1998, S. 24.

1067 | Betsky 1998, S. 8; Mostafavi/Hadid 2001, S. 12.

1068 | Hadid/Noever 1991, S. 25. Außerdem hat Hadid 1998 im Solomon R. Guggenheim Museum New York die Ausstellung THE GREAT UTOPIA (Zaha Hadid 2006) kuratiert, in der *Malewitschs Tektonik zum ersten Mal begehbar* wurde (Hadid, Gesamtwerk, 1988, S. 80–83, Zitat S. 82; Zaha Hadid 2003, S. 143; Jodidio 2009, S. 540f.). 2010 entwickelt sie in der Zürcher Galerie Gmurzynska die Ausstellung ZAHA HADID AND SUPREMATISM (Zaha Hadid und Suprematismus 2012; Website Gmurzynska; Website Hadid).

ist gerade keine „kufische Suprematistin"[1069], wie Frampton schreibt. Vielmehr bedeutet die Beschäftigung mit Malewitsch und seinem Schaffen einen Einstieg, einen Denkansatz, von dem ausgehend die Architektin ein eigenständiges Gestaltungsrepertoire entwickelt: *Unsere Begeisterung für die Russen lag nicht in ihren formalen oder malerischen Erkundungen, sondern [...] darin, dass sie wirklich erfinderisch waren.*[1070]

7.2 MALEVICH'S TEKTONIK:
Hadid und der Suprematismus

Vor der Analyse des Projekts MALEVICH's TEKTONIK[1071] (Abb. 8) ist ein Blick auf die suprematistischen Vorbilder Hadids nötig. Da diese moderne Kunstströmung in der Literatur ausführlich behandelt wird, kann sich die Zusammenfassung auf die für die Ausführungen relevanten Punkte beschränken.[1072] Für die Architektin sind in erster Linie die räumlichen Modelle und architek-

---

1069 | Frampton 1983, o. S. 3; Frampton 1984, o. S. 18. Immer wieder wird auch versucht, Hadids Schaffen auf ihre arabischen Wurzeln zurückzuführen; sie selbst jedoch unterstützt diese Sichtweise nie (Levene/ Cecilia/Hadid 1991, S. 15; Hadid, Über neuere Projekte, 1991, S. 47).

1070 | Hadid/Obrist 2012, S. 44.

1071 | MALEVICH'S TEKTONIK, 1976/77 (Hadid 1998, S. 16; Website Hadid).

1072 | Der Suprematismus wird um 1915 als eine der ersten konsequent ungegenständlichen Kunstströmungen von Malewitsch in Russland begründet. Alle suprematistischen Arbeiten zeigen geometrische, „un-natürliche", weil so nicht in der Natur vorzufindende und daher ungegenständliche Formen. In klaren Farben schweben diese Rechtecke, Dreiecke, Kreise, die sich von der Grundform des Quadrats herleiten, über monochromem Grund. Die Gemälde verweisen auf nichts. Allerdings erschöpft sich die Bedeutung dieser Arbeiten für die Suprematisten nicht in der Abbildung ungegenständlicher Formen, es geht um mehr als das Zeigen der Gegenstandslosigkeit im Allgemeinen. Den Künstlern erschließt sich in ihren Arbeiten ein komplexer Gedankenkosmos, der, wie auch der Terminus, auf Malewitsch zurückgeht: Suprematismus ist eine Lehre vom Höchsten (Supremat), vom Absoluten und Universellen, das hinter allem steht (die gegenstandslose Welt). Die Kunstwerke sollen einen Eindruck vermitteln von den Energiebewegungen, die dem philosophischen System entsprechend hinter den Dingen der Welt stehen. Durch diese „Neue Kunst" soll eine neue Lebensform vermittelt werden, die zu einer suprematistischen Gesellschaftsordnung und Kultur führt. Für detaillierte Informationen sei exemplarisch auf die Publikationen von Néret (Néret, Malewitsch, 2003), Rotzler (Rotzler, Konstruktive Konzepte, 1995, S. 51f.) sowie den Ausstellungskatalog der Deutschen Guggenheim (Drutt 2003) verwiesen.

tonischen Experimente der Suprematisten von Interesse.[1073] Tatsächlich haben Malewitsch und seine Schüler, obwohl sich ihre Aufmerksamkeit vor allem auf die Malerei konzentriert, auch plastische Arbeiten geschaffen.[1074]

„Architektonischer" Suprematismus: Architektone und Planite

Nachdem die Untersuchungen der Suprematisten „auf dem Gebiet der Malerei die Fläche überwunden"[1075] haben, wendet sich ihr Interesse der Erschließung der dritten Dimension zu. Die Architektur rückt ins Zentrum der Aufmerksamkeit.[1076] „In meiner suprematistischen Architektur sehe ich den Anfang einer neuen Baukunst"[1077], schreibt Malewitsch 1927. Sie solle anders sein als die bisherige Architektur, die nur zweidimensional denke, die nur die Fassade gestalte und den räumlichen Körper nicht als solchen sehe. „Tatsächlich ist unsere heutige [die der 1910er- bis 1920er-Jahre, d. Verf.] Architektur ja auch durch und durch eklektisch"[1078] und forme nichts Eigenes. Diese Kritik Malewitschs erinnert auffallend an Hadids Haltung, die das bloß oberflächliche Dekorieren von Bauten ablehnt und die Aufgabe der Architektur als umfassender betrachtet denn als bloßes Errichten von Behausungen.[1079] Die visionäre Idee des Neuen, die grundsätzliche Bereitschaft der Suprematisten, mit dem Althergebrachten zu brechen und sich neu einzulassen auf die Möglichkeiten der Architektur, macht die Kunstströmung für Hadid interessant.[1080] Sie übernimmt jedoch nicht den universalen Anspruch der Lehre Malewitschs, der in typisch moderner Weise die allesumfassende Lösung für das menschliche Leben gefunden zu haben glaubte.[1081]

1073 | Gordana Fontana-Giusti geht ausführlicher auf die Gemeinsamkeiten zwischen Malewitsch, dem Suprematismus und Hadid ein; sie analysiert jedoch nicht am Beispiel der architektonischen Skulpturen der Suprematisten und konkreter Projekte Hadids, wie dies im Folgenden für MALEVICH'S TEKTONIK vorgenommen wird (vgl. Fontana-Giusti 2005, S. 19f.).

1074 | Riese 2002, S. 177. Die skulpturalen Arbeiten erfahren allerdings weniger Beachtung als die Gemälde.

1075 | Malewitsch, Suprematismus I/46, 1962, S. 255, Zitat ebd. 1917/18 erreicht die suprematistische Malerei einen vorläufigen Endpunkt mit dem Werk „Weißes Quadrat" (Néret 2003, S. 49f.).

1076 | Malewitsch, Suprematistisches Manifest, 1962, S. 286.

1077 | Malewitsch zitiert nach Michijenko 2003, S. 81.

1078 | Vgl. Malewitsch, Suprematismus, 1962, S. 256f., Zitat S. 259.

1079 | Hadid/Noever 1991, S. 28.

1080 | Vgl. Hadid, Planetary Architecture, 1983, o. S. 11.

1081 | Hadid 1995, S. 8.

In den 1920er-Jahren entwirft Malewitsch axionometrische Zeichnungen, die Planite[1082], und räumliche Gipsmodelle, die Architektone, turmartige Körper, die in die Horizontale und in die Vertikale ausgerichtet sind.[1083] Zwar äußert sich Malewitsch nicht direkt zur Bedeutung der Begriffsschöpfung „Architekton", allerdings trifft er eine Unterscheidung zwischen „the purely architectonic", der zwecklosen Bauform, und „the specifically architectural", dem materiellen Ausdruck eines bestimmten Zwecks.[1084] Mit einem Architekton oder seiner gezeichneten Variante, dem Planit, wird damit nicht die materiell-formale Konstruktion, sondern der Raum in seinen grundlegenden tektonischen Strukturen erforscht. Wie die Gemälde sind auch die räumlichen Modelle in die suprematistische Lehre eingebettet und sollen rein plastische Empfindungen der ungegenständlichen Welt verkörpern. Die Experimente konzentrieren sich auf die Auseinandersetzung mit den räumlichen Strukturen gemäß der „Neuen Kunst", die Malewitsch umsetzen will. Sie beschäftigen sich mit Fragen zu Statik und Dynamik, zu Auflösung und Verdichtung von Gewichten.

Die Grundform dieser suprematistischen Raumentwürfe ist das Quadrat beziehungsweise der Kubus. Zahlreiche Quader in verschiedenen Größen und Formen werden ineinandergestaffelt. Es entstehen weiße Gebilde ohne Tür- und Fensteröffnungen, die schwerelos über den Grund dahinzuschweben scheinen. Sie sind nicht funktional, sie stehen für nichts, sie sind, nach Malewitsch, „Objekt für nichts, nur eine Komposition stereometrischer Figuren"[1085]. Durch die Schichtung der kompakten, im Wechsel senkrecht und waagerecht ausgerichteten Kuben entstehen rhythmisierte, dynamisch wirkende Volumen. Die traditionelle Aufteilung eines Baukörpers in vier voneinander unterschie-

---

1082 | Die Planit-Zeichnungen sind vermutlich 1923/24 parallel zu den Modellen entstanden. Der Begriff, ebenfalls eine Wortneubildung Malewitschs, ist von „planieren, schweben" abgeleitet (Hans von Riesen im Vorwort zu den von ihm übersetzten Texten Malewitschs in Malewitsch, Suprematismus, 1962, S. 35). Sie zeigen Darstellungen, die horizontalen Architektonen ähneln. Ihre Namen weisen auf utopische Entwurfsszenarien hin (etwa „Future Planits for Earth's Dwellers" oder „Future Planits for Leningrad. The Pilot's House"). Auffallend sind die Kontraste von weißen und schwarzen, schraffierten Flächen, wie sie schon beim „Schwarzen Quadrat" zu finden sind und denen hier wohl entsprechende Farbbedeutungen gemäß der suprematistischen Lehre zugrunde liegen.

1083 | Andersen 1970, S. 31f., 104f., 138–144. Für eine Beschreibung der Architektone und Planite vgl. auch Michijenko 2003, S. 80f.; Néret 2003, S. 66f. Die früheren Modelle von Anfang der 1920er-Jahre sind horizontal ausgerichtet, die späteren Modelle von Ende der 1920er-Jahre vertikal.

1084 | Malewitsch zitiert nach Andersen 1970, S. 32.

1085 | Malewitsch zitiert nach Michijenko 2003, S. 80.

dene Fronten ist aufgelöst: In den suprematistischen Modellen lassen sich die vier Seiten nicht voneinander unterscheiden, sondern gehen ineinander über. Von jedem Standpunkt sind mehrere räumliche Ebenen gleichzeitig zu sehen. Das Architekton wird zum wahrhaft dreidimensionalen Körper.

MALEVICH'S TEKTONIK

Hadids Interesse richtet sich in MALEVICH'S TEKTONIK auf die grundlegende Untersuchung von tektonischen Raumstrukturen.[1086] Sie überträgt ein horizontales Architekton in den geografisch fassbaren Kontext einer Themse-Brücke in London.[1087] Der Bildhintergrund wird aus drei Farben gebildet, deren Anordnung eine abstrahierte Darstellung der räumlichen Situation in London zeigt: Der Verlauf der Themse wird durch ein leicht gebogenes blaues Band nachgezeichnet, während die Brücke als weißer Balken schräg durch den Bildraum schneidet, auf dem das „Architekton-Gebäude" sitzt.

In der visuellen Gestaltung des Entwurfsbildes knüpft die Architektin an suprematistischen Gemälden an. MALEVICH'S TEKTONIK ähnelt einem von Malewitsch entwickelten waagerechten Architekton oder einer axonometrischen Planit-Zeichnung.[1088] Kubische Formen sowie Grundrisse des in seine Bestandteile zerlegten Baukörpers „fliegen" über das untere Drittel des Bildes, der weiße Hintergrund bleibt flach und ohne Verbindung mit den geometrischen Formen darüber. Der typische suprematistische Schwebeeffekt entsteht. Räumliches Volumen kommt allein durch die Schichtung kubischer Körper sowie die perspektivische Darstellung des Architekton-Gebäudes in der Bildmitte zustande. Hadid gelingt die Verbindung von suprematistischer Malerei und Plastik.

1086 | Hadid, Über neuere Projekte, 1991, S. 47f.; Hadid 1998, S. 16. Im Interview mit Boyarsky erzählt Hadid anekdotische Hintergründe zur Entstehung ihrer Abschlussarbeit (Hadid/Boyarsky 1983, o. S. 7; Hadid/Obrist 2012, S. 42f.): Interessant ist, dass Hadid das Malewitsch-Projekt eigentlich zufällig bearbeitet hat; dennoch hat es ihren Weg maßgeblich beeinflusst (Levene/Cecilia/Hadid 1991, S. 12; Hadid in Broadbent 1991, S. 88).

1087 | Nach Hadid handelt es sich um die Hungerford Bridge in London, eine Eisenbahnbrücke über die Themse, die zur Charing Cross Station führt (Hadid 1998, S. 16). Sie soll bewohnbar werden.

1088 | Zum Zeitpunkt der Entstehung dieser Arbeit (1976/77) waren nur Fotografien der Architektone publiziert, wie ein Blick auf die jüngere Ausstellungsgeschichte Malewitschs verrät (vgl. den Überblick bei Drutt 2003, S. 21–24). Nur wenige der offenbar nach dem Tod des Künstlers demontierten Architektone sind noch in Stücken erhalten (ebd., S. 28; Michijenko 2003, S. 79). Wohl auch deswegen finden sich zumal im deutschsprachigen Raum keine Monografien, die sich eigens mit den Architekturen Malewitschs befassen.

Trotz der Übertragung einer Raumplastik von Malewitsch in einen konkreten Umraum ist Hadids Projekt weit entfernt davon, funktional und utilitaristisch zu werden. So fehlen auch in ihrem Gebäudeentwurf planerisch konkrete Elemente wie Fenster, Türen, Raumaufteilung. Die Architektin spielt die Tektonik, die Grundstrukturen der suprematistischen Modelle in einer realen Situation durch. Die ineinandergeschichteten Kuben werden in verschiedenen Ausschnitten präsentiert. Dynamik und Statik, Massivität und Beweglichkeit/ Leichtigkeit, der *„Veränderungsfaktor"*[1089], der sich durch die Übertragung eines Raumprogramms auf eine reale Situation ergibt, stehen im Mittelpunkt. Wichtig ist Hadid die Untersuchung der dreidimensionalen Eigenschaften der Modelle von Malewitsch, nicht die Inhalte der suprematistischen Lehre. Die Ähnlichkeit mit einer suprematistischen Komposition kann daher *vielleicht etwas willkürlich wirken[]*, so die Architektin selbst. Ihr Interesse gilt nicht dem Formenvorbild an sich, sondern den darin zum Ausdruck kommenden Ideen zur Raumauffassung und -behandlung, die sie aufnimmt und weiterführt.

Ohne noch weiter auf Details der Darstellung dieses Projekts eingehen zu müssen, werden Elemente deutlich, die in Hadids Werk eine bedeutende Rolle spielen. Sie können zusammengebracht werden mit den formalen und ideellen Besonderheiten, die bei der Auseinandersetzung mit dem PEAK-Entwurf erarbeitet wurden. Dadurch lässt sich das Hongkonger Projekt in den Gesamtkontext von Hadids Architekturverständnis bis 1988 einordnen, grundlegende Entwicklungsschritte lassen sich nachvollziehen.

7.3   Hadids Architekturverständnis:
Von MALEVICH'S TEKTONIK zum PEAK LEISURE CLUB

In Auseinandersetzung mit Malewitsch isoliert Hadid das grundlegende Formprinzip des Architektons und konzentriert es auf seinen Kern: die Staffelung von einzelnen Teilen zu einem räumlichen Ganzen. Arbeiten die Suprematisten noch mit räumlichen Körpern, die zu einem größeren Zusammenhang geordnet werden, so reduziert Hadid diese noch weiter auf ihre wesentliche Funktion als Raumbegrenzungen. Aus den Volumen in MALEVICH'S TEKTONIK werden im PEAK flächige Scheiben. Sowohl für den PEAK LEISURE CLUB als auch in MALEVICH'S TEKTONIK ist die Schichtung von kubischen Körpern und Flächen wesentliches Gestaltungselement. Aber während Malewitsch einzelne Volumen zu einem Gebäude staffelt, arbeitet die Architektin mit noch einfacheren „Raum-Anzeigern": Sie formt Flächen zu einem Bauwerk. Damit reagiert sie auf eine Besonderheit des Räumlichen: Raum an sich lässt sich nicht fassen. Erst die Unterbrechung durch eine Fläche macht Räumlichkeit „sicht-

---

1089 | Hadid 1998, S. 16, folgendes Zitat ebd.

bar". Das menschliche Auge nimmt die dritte Dimension als Zwischenraum von zwei Objekten wahr. Erst in ihrem Verhältnis zueinander wird Räumlichkeit fassbar. Durch die Kombination von zwei oder mehr Flächen lässt sich Raum formen.

De-Kon-Struktion: Aus Flächen geformte Räume

Durch die Reduktion der suprematistischen Gestaltungsweise auf ihre Grundform, der Schichtung von Teilen zu Räumlichkeit, erhält die Architektin eine Ausgangsbasis, auf der sie innovativ aufbauen kann, ohne etwas Neues erfinden zu müssen. Sie nimmt das Gestaltungsprinzip Malewitschs auf und führt es selbständig weiter. Diese Vorgehensweise erinnert in doppelter Weise an ein de-kon-struktives Verfahren: Zum einen reduziert Hadid die suprematistische Gestaltungsidee auf ihre Grundlagen, um sie für sich nutzbar zu machen; zum anderen setzt sie diese Methode der Reduktion auch in ihrer eigenen formalen Gestaltungsweise ein, indem sie wiederum die suprematistischen Volumen auf ihre Grundformen, Flächen, zurückführt. Damit nutzt Hadid das Verfahren des De-Kon-Struierens, um einen Ausgangspunkt für eigene Gestaltungslösungen zu entwickeln. Allerdings setzt sie – anders als etwa Koolhaas, dessen retroaktive Methode, die ebenfalls als dekonstruktive Vorgehensweise aufgefasst werden kann und in modifizierter Form nach wie vor angewendet wird – dieses Verfahren nur anfänglich ein, um eine Anfangsposition zu entwickeln. Zudem kommentiert sie dieses Vorgehen an sich nicht, im Gegensatz wiederum zu Koolhaas, der seine Entwurfsmethode reflektiert und sogar benennt.

Die Darstellung des New Yorker Katalogs berücksichtigt diese Aspekte nicht. Die inhaltlich durchaus treffende Beschreibung des PEAK greift zu kurz, indem sie sich auf die Zusammenfassung der formalen Besonderheiten des Projekts beschränkt, gestalterische Hintergründe jedoch nicht berücksichtigt. Zwar arbeitet Hadid, ähnlich wie Gehry, formenorientiert und ohne theoretische Denkansätze, aber auch ihr Interesse basiert nicht nur auf ästhetischen, sondern vor allem auf programmatischen Überlegungen. Sie selbst sagt, Formen seien nur *sekundär*[1090] für ihr Schaffen, ihr Augenmerk gelte vielmehr dem dynamischen Raum. Bewegung und Energie sollen in die Architektur eingeführt werden.

Wird dieser Ansatz konsequent weitergedacht und zeichnerisch versucht, kubische Formen in Bewegung zu setzen und sie etwa im Moment eines Fluges einzufangen, so führt die Dynamisierung der eckigen Volumen zu zerdehnten, überlängten Balken und Scheiben. Bei der Darstellung von bewegten Würfeln und Kuben im Raum entstehen perspektivisch verzerrte Formen,[1091] wie

1090 | Rojo/Hadid 1995, S. 15, Übers. d. Verf.
1091 | Mostafavi/Hadid 2001, S. 17.

sie beispielsweise aus Comic-Zeichnungen, die mit stilisierten Abbildungen arbeiten, bekannt sind oder auch aus der Fotografie, wenn Bewegungen mit langer Belichtung aufgenommen werden: Das bewegte Motiv wird unscharf und zieht einen „Bewegungskorridor" nach sich.[1092] Es entstehen Gebilde, die wie Momentaufnahmen einer Bewegung erscheinen.

Es ist kein weiter Schritt, die verzerrten Projektionen aus der Zeichnung als Grundformen auf das weitere Entwerfen zu übertragen, sie sind etwa beim PEAK als „fliegende Balken" oder besonders deutlich bei der VITRA FIRE STATION[1093] zu finden. Letztere ist ebenfalls nicht aus einem Volumen gebildet, sondern wirkt wie ein zufälliges Zusammentreffen von mehreren flachen, keilartigen Scheiben. Die schräg verzerrte, sich verjüngende Form, die bei der perspektivischen Darstellung von Quadern eingesetzt wird, wird hier zur wesentlichen Gestaltungsform. Allein aus der Bündelung der gelängten Scheibenelemente entsteht Räumlichkeit.[1094] Die Wandscheiben berühren sich nicht, die Kanten sind (stellenweise) unverbunden. Das Raumprogramm des Feuerwehrhauses wird in die Zwischenräume eingefügt. Auf diese Weise gewinnt die Gestaltung noch weiter an dynamischer Qualität: Indem Raum nicht mehr eingeschlossen, sondern nur noch umgrenzt wird, entsteht der Eindruck eines Umleitens von Bewegung, von Offenheit und Flexibilität.[1095] Diese Wirkung besteht auch im Inneren des Feuerwehrhauses, das als ein räumliches Kontinuum ohne trennende Wände von einem Ende zum anderen überblickt werden kann.[1096] Obwohl aus Sichtbeton erscheint der Bau sehr leicht.

Die Verbindung von Bau und Umgebungskontext
Während die Verbindung von Gebäude und Umraum beim PEAK durch einen massiven Eingriff in die vorgefundene Situation, das Gebirgsgestein, erreicht wird, ist sie bei MALEVICH'S TEKTONIK weniger ausgeprägt. Dennoch bestimmt auch hier die Verknüpfung von Gebäude und Kontext die Gestaltungsidee

---

1092 | Ähnliches hat Tschumi in seinen MANHATTAN TRANSCRIPTS beschrieben, vgl. Kapitel 9.2.

1093 | VITRA FIRE STATION, 1990–1993, Weil am Rhein (Hadid 1992; Hadid 1998, S. 62–67; Jodidio 2009, S. 132–145; Levene/Cecilia 1991, S. 110–125; Levene/Cecilia 1995, S. 38–61; Schumacher 2005, S. 55; Blum 1997).

1094 | Die zugrunde liegenden Gestaltungsprinzipien werden an einem kleineren Projekt noch deutlicher fassbar, der 1990 entstandenen Raumskulptur OSAKA FOLLY (vgl. Hadid 1998, S. 60; Hadid, Folly, 1991, S. 45; Hadid, Über neuere Projekte, 1991, S. 62f.).

1095 | Rojo/Hadid 1995, S. 8.

1096 | Dies gilt für das Erdgeschoss; darüber befindet sich in einem kleineren Geschoss ein Aufenthaltsraum mit Terrasse, der ebenfalls wie ein (nur durch Glaswände geteiltes) Kontinuum wirkt.

des Projekts wesentlich: Ein suprematistisches Raumvolumen wird in einen konkreten geografischen Kontext übertragen. In beiden Entwürfen wird die Darstellung schematisiert und abstrahiert, landschaftliche Umgebung und Gebäude werden gleichwertig behandelt. Dieser Gedanke wird in den folgenden Jahren immer wieder variiert und neu durchgespielt. Hadid betont, wie wichtig es für sie ist, zu einem neuen Entwerfen zu finden, das das Baugelände mitgestaltet. Die Moderne sei daran gescheitert, keine Verbindung zwischen dem Gebäude und dem umgebenden Ort hergestellt zu haben.[1097] Ihre Bauten hingegen beziehen sich immer auf den Ort, an dem sie sich befinden. Diese besondere Aufmerksamkeit für den Kontext findet sich auch bei den anderen Architekten der Ausstellung. Allerdings entwickelt Hadid ihre Entwürfe in besonderer Weise nicht *höflich*[1098] und angepasst, sondern dynamisch-aktiv in enger Auseinandersetzung mit dem jeweiligen Bauvorhaben. Es entstehen keine zurückhaltenden, sondern expressive, oft auch fremd wirkende Bauten, die die Raumqualität ihres Standortes nachhaltig verändern.[1099]

In anderen Projekten lassen sich Weiterentwicklungen beobachten. Während im PEAK eine architektonische Landschaft im Gebäude beziehungsweise im Leerraum zwischen zwei Balken angelegt ist und der Club wie ein *planetarisches* Element in den vorgefundenen Ort eingefügt wird, wird die künstliche Landschaft im VITRA-FEUERWEHRHAUS unter einem anderen Aspekt gestaltet: Sie wird auf das gesamte Fabrikareal ausgedehnt, das einer zusammenhängenden Landschaft entsprechend angelegt werden soll; freilich ist dies nicht zu verwechseln mit einer Landschaftsparkplanung.[1100] Das Feuerwehrhaus am nordöstlichen Rand des Firmengeländes bildet einen Eckpunkt, einen Rahmen für die künftige *künstliche Landschaft*, die sich schrittweise entwickeln soll.[1101]

1097 | Levene/Cecilia/Hadid 1991, S. 125. Erinnert sei an Le Corbusiers „Fünf Punkte einer neuen Architektur", in denen unter anderem die Trennung von Bau und Untergrund gefordert wird (vgl. Ruby 2005, S. 43).

1098 | Rojo/Hadid 1995, S. 11, Übers. d. Verf.

1099 | Einige Beispiele für diesen Aspekt führt Ruby 2005, S. 43–51 an.

1100 | Da das Vitra-Areal zuvor *ohne eine kohärente, [...] verbindende Struktur* angelegt ist, plant Hadid von Anfang an mit dem Blick auf eine künftig mögliche zusammenhängende Gliederung des Geländes (Hadid 1992, S. 8–11, Zitat ebd.; Hadid, Über neuere Projekte, 1991, S. 64f.; Hadid 1998, S. 62–67). Gestaltet wird auch das Gelände um das Feuerwehrhaus mit Gras-, Kies- und Asphaltflächen. Die (noch zu entstehenden) Nachbarbauten sollen *zu Objekten in einem umbauten Raum, ähnlich Möbeln in einem großen Zimmer* werden (Hadid 1992, S. 8). Die Landschaft soll die Fabrik durchdringen, während die Fabrik mit ihren Gebäuden selbst zu einer topografischen Gesamtheit wird.

1101 | Hadid 1992, S. 13.

Im Pavillon LF ONE/LANDSCAPE FORMATION ONE[1102], der in räumlicher Nachbarschaft zur VITRA FIRE STATION realisiert wird, wird die Verbindung von Bau und Landschaft noch weitergeführt.[1103] Wie die Nummerierung im Titel andeutet, handelt es sich um eines der ersten Projekte einer neuen Versuchsreihe aus dem „Labor Hadid"[1104] und markiert eine neue Entwicklungsstufe in ihrem Werk. Hadid versucht, aus dem Studium natürlicher Landschaftsformationen fließende Raumstrukturen herzuleiten, die in architektonische Formen übersetzt werden. Der markante Pavillon[1105] ist ein längliches *Wegebündel* aus mehreren parallelen und stellenweise ineinander verwobenen Räumen, der durch die Bündelung dreier Bahnen entsteht.[1106] Statt in kantigen, spitzen Formfragmenten erhebt sich der Betonbau in sanft geschwungenen Kurven aus dem Gelände und nimmt die geologischen Formationen des Areals auf, wie es dem Ziel der neuen Projektreihe entspricht. Noch deutlicher als bei der VITRA FIRE STATION entsteht kein in sich geschlossenes Gebäude, sondern ein rhythmisiertes Ganzes aus verschlungenen Räumen, deren Grenzen nicht klar definiert sind. Die Übergänge zwischen Bau und Umgebung verschwimmen, im Modell noch deutlicher als im realisierten Bau. Von jedem Standpunkt eröffnen sich andere Sichtweisen und Deutungsmöglichkeiten.

Damit erinnert das Projekt auch an MALEVICH'S TEKTONIK, in dem bereits der Anspruch eines wahrhaft dreidimensionalen Baus zum Ausdruck gekommen ist, der keine einheitliche Fassade zur Schau trägt, sondern Vielfalt. LF ONE ist ein offenes und flexibles Gebäude, das nicht wie ein „normaler" Bau *kanalisiert, segmentiert und verschließt*, so Hadid, sondern Möglichkeiten eröffnet, *Angebote und Vorschläge* zur Wahrnehmung macht, indem immer wieder andere Sichtweisen möglich werden.[1107] Vor Ort ist dabei durchaus zu spüren, dass der Bau ein Experiment ist: Während die drei Bahnen im filigranen Kar-

---

1102 | LF ONE, 1996-1999, Weil am Rhein (Hadid 1999; Hadid 1998, S. 150-155; Leydecker 1999; Jodidio 2009, S. 146-157; Levene/Cecilia 2001, S. 102-121; Zaha Hadid 2003, S. 129-131).

1103 | Das Landesgartenschaugelände in Weil am Rhein befindet sich in einem aufgelassenen Kieswerk und bietet ein interessantes Landschaftsareal: Ausgangspunkt ist keine „natürliche" Natur, sondern ein renaturiertes Industriegelände. Hier soll das Beziehungsgeflecht Kultur – Natur, Industrie – Stadt thematisiert werden. Zudem ist die Anlage auch als städtisches Pendant zum Vitra-Architekturpark gedacht. Diese Aspekte führen dazu, dass Hadid zur Gestaltung eines Ausstellungspavillons eingeladen wird.

1104 | Leydecker 1999, S. 98.

1105 | Ähnlich der Folly (vgl. Tschumis Folies, Kapitel 9) stellt auch der Pavillon eine höchst kreative Bauaufgabe dar, da hier (mehr oder weniger) zweckfrei experimentiert werden kann (Leydecker 1999, S. 98).

1106 | Hadid 1999, S. 17, Zitat ebd.; Hadid 1998, S. 150-155.

1107 | Hadid 1999, S. 21, Zitate ebd.

tonmodell tatsächlich wie aus der umgebenden Landschaft herausgeformt erscheinen, wirkt der realisierte Bau massiv und fremd in der Landschaft.

Hinzu kommt die Beobachtung, dass es die Menschen immer in die freie Natur ziehe, jedoch nicht, so Hadid, um *ein paar Bäume zu sehen*, sondern um offenen, unbegrenzten Raum zu erleben.[1108] Dementsprechend will die Architektin Räume schaffen, die an dieses Vorbild der Landschaft anknüpfen. Dabei sollen allerdings nicht *pittoreske Landschaftsansichten* nachgebildet werden. Interessant seien vielmehr die besonderen Eigenschaften einer Landschaft, die die beschriebene räumliche Wirkung erzeugen, das Offene, ineinander Verfließende, Vieldeutige, das die Natur auszeichne.[1109] Architektur und Landschaft, architektonische Landschaft, Architektur als Landschaft sind Elemente, die eine bedeutende Rolle in Hadids Schaffen spielen. Daran wird auch deutlich, warum für Hadid die Beschäftigung mit urbanistischen Fragen keine so dominante Rolle einnimmt wie etwa für Koolhaas: Ihr Interesse richtet sich grundsätzlich auf die Verbindung von Bau und Umgebung.

So entsteht etwa mit LF ONE eine artifizielle Landschaft: Das Bauwerk ist Teil der Landschaft, nimmt die Formen der Landschaft auf. Es ist nicht mehr *planetarisch* wie der PEAK, bei dem durch massives Eingreifen in das Gestein eine Verbindung ganz eigener Art zwischen Bau und Umgebung hergestellt werden sollte. Vielmehr geschieht die Integration des Umfelds in umgekehrter Richtung. Die Architektur nimmt natürliche Formationen auf und versteht sich als Teil der Umgebung, ist dabei aber immer in ihrem artifiziellen Charakter zu erkennen: Auch LF ONE ist aus Sichtbeton gebaut. Hadid betont, dass sie keinesfalls die Architektur aufgebe und der Natur unterwerfe.[1110] Vielmehr werden Formen nach dem Vorbild der Natur entwickelt, die ihren eigenständigen Charakter behalten und gleichberechtigt neben natürliche Formationen treten. Die Verbindung von Bau und Umgebung wird in einer ganz neuen Weise erprobt.

Das Interesse der Architektin gilt dem visionären Schaffen von dynamischen Räumen, die in besonderer Weise mit dem sie umgebenden landschaftlichen Kontext verbunden sind. Wesentlich ist für sie die Beweglichkeit im Denken und Entwerfen. Erfindungsreichtum, Experimente, stete Weiterentwicklung und die Suche nach neuen Lösungsmöglichkeiten fordert Hadid von den Architekten, die keine oberflächlichen *Tortenverzierer* sein wollen. Architektur ist für sie mehr als die Fähigkeit, Behausungen zu schaffen. Wie keine andere Kunst

---

1108 | Hadid, Planetary Architecture, 1983, o. S. 9f., folgendes Zitat ebd., Übers. d. Verf.: Ob diese Einschätzung Hadids zutrifft, steht auf einem anderen Blatt; sie trägt jedoch zum Verständnis ihrer Architektur bei.
1109 | Fontana-Giusti 2005, S. 29; Mostafavi/Hadid 2001, S. 11.
1110 | Hadid 1999, S. 21.

beeinflusse die Baukunst das alltägliche Leben und die Kultur der Menschen: *Architektur [kann] einem[!] unglaublichen Einfluß auf jede Zivilisationsform haben [...].*[1111] Hadid will eine zeitgemäße Architektur schaffen, die in Betrachtung zieht, wie die Lebenswelt ist und wie sie sein könnte. Sie will visionär bauen und bietet *Vorschläge für Lebensweisen der Zukunft.*[1112] Dabei ist es nicht ihr Ziel, eine immer wieder anwendbare ideale Lösung für ein bestimmtes Architekturproblem zu finden, wie es etwa die funktionalistische Moderne getan hat. Ziel ist vielmehr die ständige Weiterentwicklung von Bauexperimenten, wie es dem rasanten Fortschritt und der stetigen Beschleunigung des modernen zeitgenössischen Lebens entspricht.[1113] Nicht umsonst ist Malewitsch für sie interessant, der mit seinen schwebenden Raumskulpturen eine neue Architektur begründen wollte. Welche Einflüsse dies in formaler Hinsicht hat, wurde bereits erörtert. Darüber hinaus hat der Gedanke des Schwebens für die Architektin auch eine übertragene Bedeutung, denn natürlich kann ein massives Gebäude nicht zum Abheben gebracht werden:[1114] Ihre Bauten schweben im übertragenen Sinne über dem traditionellen Grund, sie sind abgelöst von konservativen Regeln und offen für Neues. Eine ähnliche Funktion hat das Motiv der Explosion, das sich in Hadids frühen Arbeiten häufig findet: Grenzen sollen gesprengt und Möglichkeiten ausgelotet werden.[1115] Neben der Auseinandersetzung mit der reduzierten suprematistischen Staffelung leiten sich Hadids frühe Bauformen auch von dieser Vorstellung her. Was für Johnson und Wigley zersplittert und zerstört wirkt, entspringt der Logik der Dynamik: Die Formen sind im Augenblick einer starken Bewegung, der Explosion, festgehalten. Das Moment der Zerstörung als solches hingegen spielt keine Rolle.

7.4   Zusammenfassung

Erfindungsgabe, Vorstellungskraft und die Bereitschaft, Grenzen zu verrücken, sind die programmatischen Aufgaben, die sich nach Hadid einem Architekten stellen. Ihre Vision ist eine Architektur, die Bau und Umraum verbindet und im doppelten Sinne in Bewegung ist: Gemeint sind sowohl die entworfenen dynamischen Bauten, als auch das sich ständig neu erfindende und weiterentwickelnde architektonische Entwerfen, das beweglich sein und bleiben soll – jedoch nicht um seiner selbst willen, sondern stets mit dem Blick auf eine

---

1111 | Hadid/Noever 1991, S. 27, Zitat ebd.; Rojo/Hadid 1995, S. 12.

1112 | Rojo/Hadid 1995, S. 12, Zitat ebd., Übers. d. Verf.; Hadid/Noever 1991, S. 28.

1113 | Hadid, Eighty-Nine Degrees, 1983, o. S. 1; Hadid/Noever 1991, S. 26; Schumacher 2005, S. 61.

1114 | Hadid/Noever 1991, S. 25.

1115 | Hadid, Planetary Architecture, 1983, o. S. 8.

mögliche Projektion auf das menschliche Leben.[1116] Dieser Anspruch begegnet in ähnlicher Form etwa bei Koolhaas und Eisenman: Zeitgemäße Architektur soll auf die Veränderungen der Zeit und der Gesellschaft auf dem Weg ins 21. Jahrhundert reagieren, ohne jedoch – wie es die Moderne getan hat – idealisierte Architektur- und Lebensutopien vorzuschreiben.

In frühen Projekten wie dem PEAK gestaltet Hadid aus mehreren Teilen Bauten zu einer *Planetary Architecture*. Die Analyse ihres Diplomprojekts MALEVICH's TEKTONIK hat gezeigt, wie die Architektin diese Gestaltungsweise in Auseinandersetzung mit der frühen Moderne und insbesondere mit der russischen Avantgarde entwickelt hat. In de-kon-struktiver Weise hat sie zu Beginn ihres Schaffens die für sie relevanten Elemente auf ihren Kern reduziert, um davon ausgehend eine eigene Position zu entwickeln. Anders als etwa Koolhaas reflektiert sie ihre Vorgehensweise jedoch nicht explizit. Für die New Yorker Kuratoren ist es allerdings nicht dieser Aspekt, der Hadid zur „Dekonstruktivistin" werden lässt, sondern die „zersplittert" wirkenden Formen des PEAK-Entwurfs, in denen sie das Ideal einer Bauharmonie der reinen Formen zerstört sehen. Wie die Analyse gezeigt hat, ist eine solche Einschätzung jedoch nicht zutreffend und reicht für eine angemessene Beurteilung der Architektin nicht aus. Auch wenn Hadid formenorientiert und ohne umfangreiche theoretische Überlegungen arbeitet, ist die formale Gestaltung dennoch nicht ihr vorrangiges Interesse, sondern Teil eines komplexen Gedankengebäudes, das sich mit Fragen des Raums beschäftigt: *Well, I don't think architecture theory has to do with having to assimilate an existing theory. The real value of theory should be understood, which is different from identifying oneself with a theoretical trend. I think our work is fundamentally about how to find a way of inhabiting spaces and how you use them. [...] Our interest is more about how you respond to the city, how through a new geometric plan for the ground you can open spaces, making them more public and more civic. [...] And again, it's a question of program more than anything else.*[1117] Wigleys kurze Beschreibung des PEAK ist daher zwar an sich treffend, jedoch zu kurz gegriffen, da nur formale Aspekte beleuchtet, Hintergründe aber nicht berücksichtigt werden. Ganz im Sinne des Katalogs findet sich bei Hadid, ähnlich wie bei Gehry, allerdings zu keiner Zeit eine Bezugnahme auf Derridas Denken.

Deutlich geworden ist darüber hinaus auch, dass Hadid zwar Ideen aus der frühen Moderne schöpft, diese jedoch nicht als Ideal versteht, das es wiederzubeleben gilt. Obwohl sie eine der wenigen Architekten der Ausstellung ist, die ausdrücklich an der russischen Moderne – allerdings nicht ausschließlich

---

1116 | Rojo/Hadid 1995, S. 20; Hadid 1993, S. 25.
1117 | Rojo/Hadid 1995, S. 13.

am Konstruktivismus[1118] – anknüpfen, will sie weder den Suprematismus noch andere früh-moderne Strömungen wiederaufnehmen und formal daran anschließen. Vielmehr grenzt sie sich vom Ansatz der New Yorker Ausstellung ab: *Das konstruktivistische Konzept ergibt, so glaube ich, nicht wirklich einen Sinn. Entscheidend ist vielmehr, daß jeder einzelne Ausstellungsteilnehmer an Aussagen zu einer zeitgemäßen Architektur statt an der Ausstellung irregulärer Bauwerke interessiert war.*[1119] Ihr Ansatz ist die eigenständige Weiterführung und Weiterentwicklung moderner Ideen. Interessant ist für sie die grundsätzliche Haltung zum Entwerfen und Experimentieren sowie der Anspruch der frühen Modernen, der an das Bauen gestellt wird. Auch wenn etwa Malewitschs Architektone als formaler Einstieg dienten, so waren es nicht vorrangig formale Lösungen, sondern die Auseinandersetzung mit der Tektonik, dem Raumverständnis, die im Vordergrund standen. Auch in dieser Hinsicht trifft die Einschätzung der New Yorker Kuratoren nicht zu. Wie bei den anderen Architekten der Ausstellung spielt auch bei Hadid zudem die Reaktion auf die postmodernen Strömungen und ihre eklektizistische Arbeitsweise – von der Architektin als bloßes *Tortenverzieren* bezeichnet – eine wichtige Rolle: Die Forderung nach einer stetigen Weiterentwicklung des architektonischen Schaffens ist immer auch motiviert als Gegenbewegung zur in den 1970er-Jahren dominierenden Postmoderne.

Vor diesem ideellen Rahmen ist es nur konsequent, wenn sich Hadids eigene Gestaltungsformen immer wieder verändern. Die formalen Entwurfslösungen sind zwar ein bedeutender Teil in ihrer Architektur, sie machen aber nicht deren Kern aus. Zaha Hadid ausschließlich nach formalen Gesichtspunkten zu begreifen zu wollen, wie es der New Yorker Katalog tut, wird ihrem Architekturverständnis nicht gerecht. Ein Überblick über ausgewählte Bauten hat verdeutlicht, wie sehr sich die zentralen Elemente, die die Analyse herausgearbeitet hat, durch ihr ganzes Werk ziehen, auch wenn sich die formalen Lösungen zum Teil sehr stark verändert haben:[1120] *I have never really been totally aware of this whole issue of deconstruction. For me it was a departure from historicism and post-modernism. [...] The difference is that the early work seems much more blatant and aggressive. At the time this was the only way to address these new phenomena. I think that afterwards there were these hidden spaces which became more important than the obvious ones. These ambiguous spaces when they were researched further*

1118 | Während ihre frühen Zeichnungen aus der Zeit bei OMA auch Ähnlichkeiten mit russisch-konstruktivistischen Zeichnungen aufweisen, entwickelt sich ihr Stil in den folgenden Jahren rasch weiter. Schon der PEAK zeigt einen neuen Duktus, die Arbeiten um 1988 ebenfalls.

1119 | Hadid/Noever 1991, S. 24.

1120 | Mehr Informationen bietet die aktuelle Übersicht über Hadids Projekte auf der offiziellen Internetpräsenz (Website Hadid).

and developed, really they became the product. [...] It shifted from a planar or volumetric into a spatial discussion.[1121]

In den 1990er-Jahren führt Hadid die Verbindung von Gebäude und Landschaft noch weiter. Die mit LF ONE eingeleitete Phase der fließenderen Formen, in der „Raum-Bahnen" zu einem Gebäude verflochten werden, wird in weiteren Entwürfen eingesetzt, etwa im Zentralgebäude des BMW-Werks Leipzig[1122] oder dem 2010 eröffneten MAXXI MUSEO DELL'ARTE CONTEMPORANEA[1123]. In den jüngsten Projekten kommt eine Ausdrucksweise zum Einsatz, die die Dynamisierung der Formen noch weitertreibt und zu geschlosseneren amorphen und geschwungenen Gebilden führt. Ein Beispiel dafür ist das Science Center PHÆNO[1124] in Wolfsburg, das im Spätjahr 2005 nach rund vier Jahren Bau- und Planungszeit eröffnet wurde und charakteristische Elemente versammelt, die Hadids gegenwärtiges Entwerfen prägen.

Das PHÆNO wurde im wahrsten Sinne des Wortes aus einem (Beton-)Guss hergestellt.[1125] Es ist nicht aus verschiedenen Teilen gebündelt, sondern ein ganz in sich geschlossenes Raumvolumen, das auf zehn konischen Trägern über dem Straßenniveau thront und wie ein zufällig gelandetes Raumschiff wirkt – bei aller formalen Differenz eine Erinnerung an den PEAK. Es ist „gebaute Bewegung"[1126], alles geht ineinander über, sowohl der äußere Gesamteindruck als auch die Innengestaltung: Entsprechend der Idee eines Science Centers als wissenschaftlichen Erlebnisraum ist die Ausstellungshalle eine „Experimentierlandschaft"[1127], eine künstlich geschaffene Topografie mit Hügeln und Tälern, Höhlen, Kratern und Plateaus. Es gibt keine deutlichen Grenzen in diesem räumlichen Kontinuum. Die für Hadid zentrale Verbindung von Bau und Landschaft wird in neuer Weise gestaltet: Die Architektur selbst ist

---

1121 | Mostafavi/Hadid 2001, S. 30.

1122 | BMW CENTRAL BUILDING, 2001–2005, Leipzig (Zaha Hadid 2003, S. 73–75; Jodidio 2009, S. 218f.; Hagen Hodgson 2005).

1123 | MAXXI MUSEO DELL'ARTE CONTEMPORANEA, 1998–2009, Rom (Zaha Hadid 2003, S: 121–123; Jodidio 2009, S. 280–299; Levene/Cecilia 2001, S. 178–189; Hadid/Obrist 2007, S. 29).

1124 | PHÆNO SCIENCE CENTER, 2000–2005, Wolfsburg (Borgelt/Jost/Froberg/Nägeli 2005, S. 4–18; Nägeli 2000, S. 158f.; Zaha Hadid 2003, S. 107–111; Jodidio 2009, S. 202–217; Ruby 2005, S. 49f.; Website Phaeno).

1125 | Für den Bau des PHÆNO kam ein spezieller dünnflüssiger, selbstverdichtender Beton zum Einsatz, der noch nicht für einen Großbau verwendet worden war und eine Sondergenehmigung erforderte (vgl. Borgelt/Jost/Froberg/Nägeli 2005, S. 13–15).

1126 | Borgelt/Jost/Froberg/Nägeli 2005, S. 9.

1127 | So der offizielle Titel des PHÆNO. In der Ausstellungshalle können die Besucher Phänomene der Natur und Technik interaktiv nachvollziehen.

eine Landschaft. Die Untersuchung natürlicher Formenvorbilder von LF ONE sowie die Versuche, eine künstliche architektonische Landschaft im Vitra-Gelände zu schaffen, scheinen zu einer Synthese gefunden zu haben.

Fließender Raum[1128] ist Hadids Stichwort, unter dem (nicht nur) in Wolfsburg alles steht. Diese Wirkung bestimmt nicht nur die erhöhte Ausstellungsebene, sondern auch das Erdgeschoss des Gebäudes mit den kegelförmigen Trägern, in denen sich die für einen Museumsbetrieb notwendigen zusätzlichen Einrichtungen befinden, sowie der Raum zwischen ihnen. Auch hier ist alles in Bewegung, Wegestrukturen führen zwischen den konischen Stützen und unter dem Bauvolumen hindurch. Innen und außen, Bau und Umfeld, geschlossenes Gebäude und öffentlicher Raum verschmelzen. Hadid bezeichnet diese Anlage als *City in der City*[1129], eine Stadtwelt, die zwar schon Teil des Gebäudes ist, aber gleichzeitig auch eine künstliche Landschaft, durch die man sich hindurch bewegt. Es gibt keine klar definierbare Grenze, keinen deutlichen Übergang zwischen innen und außen.

Das Verfließen-Lassen von Räumen geht aber noch weiter. Es umfasst das gesamte Gelände über PHÆNO und Museumsvorplatz hinaus und schließt den gesamten Umraum ein: Hadids Bau vernetzt verschiedene Bereiche Wolfsburgs durch die Verstärkung urbaner Sichtachsen. Schon vorhandene Blickbeziehungen, die über das Gelände verlaufen, werden bewusst in die Bauanlage integriert und neue geschaffen. Entstanden auf einer Brachfläche ist das Science Center heute eine Drehscheibe zwischen Bahnhof, Stadt und VW-Autostadt, die bisher getrennt waren. Auch deswegen ist das PHÆNO bewusst als Durchgangsort, als Wege-Kreuzung gestaltet und wird zu einem neuen öffentlichen Erlebnisraum. Es ist „[d]ie bisher wohl radikalste Manifestation urbaner Architektur in Hadids Werk"[1130].

1128 | Hadid zitiert nach Borgelt/Jost/Froberg/Nägeli 2005, S. 10.
1129 | Hadid zitiert nach Borgelt/Jost/Froberg/Nägeli 2005, S. 11.
1130 | Ruby 2005, S. 49.

8 Coop Himmelblau

> Das große Mißverständnis in Deutschland ist ja
> der Name, weil man glaubt, das hat etwas mit Form
> oder Zerstören zu tun, aber es geht um den Denk-
> prozeß, der von Derrida abgeleitet,[!] eigentlich die
> europäische Logik in Frage stellt.[1131]
> *Wolf D. Prix / Coop Himmelblau*

Auch das österreichische Team Coop Himmelblau, Wolf D. Prix (*1942) und Helmut Swiczinsky (*1944), zählt heute zu den Architekten, deren Projekte auf der ganzen Welt realisiert werden. 2007 wurde die spektakuläre BMW WELT[1132] in München eröffnet und ihr Bürokomplex für die europäische Zentralbank in Frankfurt ist ebenso in Bau wie zahlreiche weitere Großprojekte von Los Angeles bis Korea.[1133] Zu ihrem vierzigjährigen Jubiläum wurde die Coop 2008 mit der Ausstellung BEYOND THE BLUE im Wiener MAK gewürdigt.[1134] Trotzdem haftet den Architekten noch immer der Ruf der Revoluzzer des Architekturbetriebs an, ein Image, das seine Wurzeln in den frühen Jahren hat und von ihnen gepflegt wird.[1135]

Gegründet wurde das Team im Mai 1968[1136], zur Zeit der Studentenunruhen in Wien. Geprägt vom Geist des Protests und der Kritik am Establishment

---

1131 | Klotz/Lehmann/Prix 1999, S. 5.

1132 | Vgl. Anm. 1287.

1133 | Einen aktuellen Überblick über sämtliche Werke bis 2010 bietet Coop Himmelb(l)au 2010 sowie die Website Coop Himmelb(l)au.

1134 | Die Retrospektive BEYOND THE BLUE (12.12.2007–12.05.2008) wurde eigens für das Museum konzipiert. Sie ist die bislang größte und umfangreichste museale Präsentation des Architektenteams und wird von einem umfangreichen Katalog begleitet (vgl. Beyond the Blue 2007; Website MAK).

1135 | In kaum einem Bericht über Coop Himmelblau fehlt eine Anmerkung dieser Art (vgl. etwa Werner 2000, S. 8, 22, 189; Prix/Ruby 2005, S. 268; Kipnis 2007, S. 42).

1136 | Gründungsdatum ist der 8. Mai 1968, als mit VILLA ROSA (vgl. Anm. 1208) das erste Projekt in der Aula der TU Wien installiert wurde (Prix/Preß 2005, S. 307). Bis in den späten 1960er-Jahren geben sich die frühen Projekte offensiv gesell-schaftskritisch und provokant und tendieren zur aktionistischen Kunst. Erst Ende der 1970er-Jahre werden die Entwürfe architekturpraktisch und baubar. Nach wie vor entwirft die Coop aber visionär und bleibt dem Programm, das sie mit ihrem Namen aufgestellt hat, treu: *Coop Himmelblau ist keine Farbe, sondern die Idee, Architektur mit Phantasie, leicht und veränderbar wie Wolken, zu machen.*[1137] Als allmählich der kommerzielle Erfolg einsetzt, setzen die Archi-tekten 1990 das „l" im Namen in Klammern, um auf die zunehmende Bauer-fahrung zu verweisen, und werden zu Coop Himmelb(l)au.[1138]

In der New Yorker Ausstellung, in deren Vorfeld sie bereits einige Um- und Ausbauten realisiert haben, sind die Österreicher mit drei Entwürfen, zwei Projektstudien und einem realisierten DACHAUSBAU, vertreten. Sie sind damit nicht nur das einzige Team unter den Teilnehmern, sondern zeigen als einzige auch mehr als eine Arbeit, ohne dass dies jedoch von den Kuratoren begrün-det wird. Darüber hinaus ist Coop Himmelblau neben Eisenman der einzige Ausstellungsteilnehmer, der den Begriff des Dekonstruktivismus unter Vor-behalt akzeptiert,[1139] obwohl sie sich vor 1988 nicht damit auseinandergesetzt haben. In den 1990er-Jahren liefern sie rückwirkend eine eigene Definition nach, die sich jedoch von der des Katalogs unterscheidet. Dies ist umso bemer-kenswerter, da die Coop, anders als etwa Koolhaas, Libeskind oder Eisenman, ihr Schaffen nicht theoretisch fundiert hat.[1140] Vielmehr entwickeln sie sich, ähnlich wie Gehry und Hadid, über das praktische Experiment. Dennoch tei-len sie ihr visionäres Architekturverständnis auch über Texte mit. Diese sind zwar nicht so umfangreich wie die Schriften eines Eisenman, Koolhaas oder Tschumi,[1141] aber nicht minder aufschlussreich für eine Annäherung an das Schaffen von Coop Himmelblau.

Diese Texte werden im Folgenden zusammen mit Projektbeschreibun-gen, Entwurfzeichnungen und Modellen die Grundlage für die Analyse des Himmelblauen Architekturverständnisses bilden. Darüber hinaus sind auch Vorträge und Interviews von Wolf D. Prix informativ, die insbesondere in dem

---

1971 war die Coop mit Rainer M. Holzer zu dritt (Werner 2000, S. 8). Swiczinsky geht 2006 aus gesundheitlichen Gründen in Ruhestand.

1137 | Coop 1983, S. 199, Zitat ebd.; Prix, Architektur, 2005, S. 190; Prix/Preß 2005, S. 306.

1138 | Nach Prix wird diese Schreibweise 1990 eingeführt (Prix, Architektur, 2005, S. 190; vgl. auch Werner 2000, S. 8; Bachmann 1998, S. 152). Da sich die folgenden Ausführungen auf die Zeit vor 1988 konzentrieren, wird in der vorliegenden Arbeit die alte Schreibweise verwendet.

1139 | Klotz/Lehmann/Prix 1999, S. 5.

1140 | Werner 2000, S. 188f., 192.

1141 | Kipnis 2005, S. 13.

2005 publizierten GET OFF OF MY CLOUD[1142] zusammengefasst sind. Des Weiteren bietet die Monografie[1143] von Frank Werner, einem langjährigen Beobachter der Coop, einen umfassenden Überblick, der das Schaffen der Österreicher unter verschiedenen Aspekten beleuchtet.

Nach der Besprechung der drei in New York gezeigten Projekte, in denen charakteristische Aspekte zum Ausdruck kommen, werden die so herausgearbeiteten grundlegenden Gestaltungsprinzipien in das Architekturverständnis der Coop eingeordnet. Anders als bei den bisher behandelten Architekten ist es nicht nötig, zusätzlich ein weiteres Projekt als Vergleichsgrundlage zu analysieren, da mit den drei Entwürfen ausreichend Informationen gegeben sind, um Entwicklungslinien und Ansprüche deutlich zu machen; wenn relevant, werden exemplarisch weitere Projekte zur Fundierung des Architekturverständnisses der Architekten herangezogen. Abgeschlossen werden die Ausführungen mit einem Ausblick auf das Schaffen nach 1988.

8.1 Coop Himmelblaus Ausstellungsbeiträge: DACHAUSBAU FALKESTRASSE, WOHNANLAGE WIEN 2 und SKYLINE HAMBURG

Die drei Ausstellungsbeiträge DACHAUSBAU FALKESTRASSE, WOHNANLAGE WIEN 2 und SKYLINE HAMBURG werden im mittleren Ausstellungssaal neben der Präsentation von Rem Koolhaas gezeigt. Zu sehen sind jeweils ein Projektmodell sowie mehrere Schnittzeichnungen, die auch im Katalog abgedruckt sind. Die Beschreibungen der drei Entwürfe nehmen im Katalog den gleichen Umfang ein wie die Beiträge aller anderen Architekten, Wigleys Erläuterungen zu den einzelnen Entwürfen fallen daher deutlich knapper aus. Die Kuratoren begründen weder die Auswahl der gezeigten Entwürfe, noch erklären sie, warum gerade von Coop Himmelblau drei Arbeiten präsentiert werden, während die anderen Architekten, bis auf Gehry, mit je einem Entwurf vertreten sind. Der Schluss liegt nahe, dass Johnson und Wigley in den Architekturformen der Österreicher ihr Verständnis von einer dekonstruktivistischen Architektur besonders deutlich erfüllt sehen. Tatsächlich gehören die Bauten der Coop aus den 1980er-Jahren zu den formal „zersplittertsten", den im Sinne der Kuratoren die traditionelle Formenharmonie am offensichtlichsten (zer)störenden Arbeiten. Die Intention der Architekten hat jedoch keine formalistische Zielsetzung, wie sich zeigen wird; die Einschätzung von Johnson und Wigley trifft daher auch hier nicht zu.

1142 | Prix, Get off, 2005. Nach Jeffrey Kipnis handelt es sich um „die erste Sammlung von Vorlesungen, Interviews und Projektdiskussionen von Coop Himmelb(l)au" (Kipnis 2005, S. 13).

1143 | Werner 2000.

Alle drei Entwürfe entstanden zwischen 1982 und 1985 und gehören nach den aktionistischen Projekten der frühen Jahre zu den ersten praktisch ausgerichteten Arbeiten. Zudem ist der DACHAUSBAU FALKESTRASSE neben Tschumis PARC DE LA VILLETTE und GEHRY HOUSE einer der wenigen der in New York gezeigten Entwürfe, die realisiert wurden. In allen drei Projekten kommen charakteristische Aspekte des Architekturverständnisses von Coop Himmelblau sowie zentrale Gestaltungsprinzipien zum Ausdruck. Aufschlussreich für eine Annäherung sind insbesondere die Beschreibungen der Architekten sowie ihre Entwurfszeichnungen. Sie werden im Folgenden in der Reihenfolge des Katalogs vorgestellt.

DACHAUSBAU FALKESTRASSE

Die spektakuläre Umgestaltung des Dachgeschosses eines denkmalgeschützten Stadtpalais in der Wiener Innenstadt sorgt international für Furore.[1144] Die Entwurfs- und Realisierungsphase des DACHAUSBAUS[1145] (Abb. 9 a, b) dauert von 1983 bis 1988; der New Yorker Katalog führt allerdings nur 1985 an. Gründe für diese stark verkürzte Datierung sind nicht (mehr) festzustellen. Während der Ausstellung befindet sich das Projekt im Bau, was laut Prix zu amüsanten Situationen führt, wenn dem expressiven Entwurf Unbaubarkeit vorgehalten wird, die Architekten aber auf die bereits laufende Realisierung verweisen können.[1146]

Im Auftrag einer Rechtsanwaltskanzlei wird ein Teil des Dachgeschosses zu einem Büro ausgebaut, für das, wie Prix betont, eine *zeitgemäße Ecklösung* entwickelt wurde. Zwei Geschosse werden zu einem zentralen Sitzungssaal

---

1144 | In Wien traf das Projekt jedoch auf wenig Resonanz, erst in den 1990er-Jahren hat die Coop in ihrer Heimatstadt weitere Projekte realisiert (Noever 2007, S. 6); Prix kommentiert die Situation in Österreich im Allgemeinen und in Wien im Besonderen kritisch und häufig (vgl. etwa Prix, Architektur muß, 2005, S. 122; Prix, Seien wir, 2005, S. 214; Prix/Sperl 2005, S. 289f.; Prix/Woltron 2005, S. 393).

1145 | DACHAUSBAU FALKESTRASSE, 1983–1988, Wien (Johnson/Wigley 1988, S. 80–91; Prix 1991, S. 24f.; Prix, Architektur muß, 2005, S. 126f.; Coop 1984, o. S. 13–18; Coop Himmelb(l)au 2010, S. 96–105; Beyond the Blue 2007, S. 86–89; Werner 2000, S. 38f.; Bachmann 1998, S. 152; Levene/Cecilia/Barbarin 1989, S. 64–75). Wolfgang Bachmann erläutert, wie der Entwurf 1983 zunächst „an der fehlenden Genehmigungsfähigkeit zu scheitern" schien, dann aber durch das Eingreifen des damaligen Bürgermeisters, der „das Dach kurzerhand zum Kunstwerk [erklärte]" und genehmigte, doch realisiert werden konnte (Bachmann 1998, S. 152; vgl. auch Prix, Weniger, 2005, S. 170).

1146 | Prix, Architektur, 2005, S. 197; Prix 1991, S. 24, folgendes Zitat ebd.

mit Büros und Nebenräumen zusammengefasst. Der neue DACHAUSBAU befindet sich auf einer Ebene, es gibt kaum Zwischenwände und keine Stufen, nur eine Stiege führt vom Foyer in den Dachgarten, der sowohl in den Sitzungssaal als auch auf die Straße blickt. Der mittlere Raum wird von einem auffälligen Glasdach, das zwischen zwei vorkragenden weißen Stangen eingespannt ist, überwölbt: Ein gebogener Gerberträger verläuft über dem Scheitel des DACH-AUSBAUS, ragt über den First hinaus und trifft mit einer zweiten Stahlstange zusammen. Beide Stangen bilden ein langgezogenes, in sich geknicktes Dreieck, das mit der Glasdecke „gefüllt" ist. Diese setzt sich aus rechteckigen Scheiben zusammen, deren Rahmen deutlich zu sehen sind. Dadurch erinnert das Glasdach an einen raupenartigen Panzer. Möglich wird der eigenwillige Entwurf, der sich nur schwer beschreiben lässt, durch ein ausgeklügeltes Konstruktionssystem.[1147] Bogen und Glasdach sind zum charakteristischen Merkmal des Entwurfs geworden. Vor Ort sieht ein auf der Straße stehender Betrachter allerdings je nach Standpunkt kaum mehr als die vorkragenden Spitzen der Trägerstangen sowie den gewölbten Bogen, der die Dachecke überspannt.

Der expressive DACHAUSBAU weckt unterschiedlichste Assoziationen. Wigley erkennt darin „eine instabile biomorphe Struktur" oder auch „einen skeletthaft geflügelten Organismus, der die Form stört, die ihn beherbergt".[1148] Prix selbst spricht von einem *verkehrte[n] Blitz*, der *das Rückgrat der Architektur* bilden soll: Ausgangspunkt für den Entwurf sei der Gedanke an einen Blitz oder einen gespannten Bogen gewesen, der das alte Dach aufreiße und neu gestalte.[1149] Dies wird in der Entwurfsskizze besonders deutlich: Die gebogene Linie, die sich über die Dachecke zieht, ist das dominierende Element der Zeichnung. Diese gestalterische Hauptidee von einem *raumerzeugenden Bogen*, der die Konstruktion zusammenfasst, wird in den realisierten Bau übernommen.[1150] Damit geht die formale Gestaltung des Projekts nicht von Überlegungen zu Form und Form(zer)störung aus, wie der New Yorker Katalog nahelegt, sondern rührt von einer assoziativen Idee, die zunächst nichts mit dem gebauten Projekt zu tun hat und in einer ersten Skizze festgehalten wird.

1147 | Für eine ausführlichere Beschreibung des Konstruktionssystems vgl. Werner 2000, S. 39; Bachmann 1998, S. 152. Zudem betont Prix, dass die Anlage des DACH-AUSBAUS *sehr ökonomisch geplant und gebaut worden sei, um alle Energie in den Hauptteil des Gebäudes zu führen* (Prix 1991, S. 24); wie genau dies erreicht worden ist, wird jedoch nicht ausgeführt. Tatsächlich treten zumindest im Sitzungssaal gelegentlich Probleme bei der Bedienung der Lüftungsflügel auf (Bachmann 1998, S. 152).

1148 | Johnson/Wigley 1988, S. 80.

1149 | Prix 1991, S. 24, Zitate ebd.

1150 | Coop Himmelblau zitiert nach Werner 2000, S. 38f.; Kipnis 2007, S. 47.

Wie wichtig diese erste zeichnerische Darstellung für die Entwicklung ihrer Projekte ist, betonen die Architekten immer wieder.[1151] Wigley nennt die enge Verwiesenheit von grafischem Entwurf und Projekt jedoch nicht. Er berücksichtigt auch nicht die gestalterischen Assoziationen mit einem Blitz, der das alte Dach überspannt und formt. Stattdessen greift er auf organische Umschreibungen zurück; diese sind zwar nicht von der Hand zu weisen, zumal die Architekten bei anderen Projekten ähnliche Analogien herstellen.[1152] Sie betonen jedoch, gerade beim Entwerfen des DACHAUSBAUS nicht an Vögel oder Flügel gedacht zu haben, obwohl die räumliche Situation des Gebäudes an der „Falke"-Straße dazu einlade.[1153] Kipnis etwa merkt an, dass ihre evokativen Formen häufig mit bildlichen Vergleichen umschrieben werden, allerdings böten diese „kaum Anhaltspunkte, um Einblick in die tieferen Absichten dieser Arbeiten zu gewinnen"[1154]. Gerade deswegen sollte es umso näher liegen, in einem kurzen Beschreibungstext zumindest die Gestaltungsideen der Architekten und die damit verbundenen Intentionen zu benennen und gegebenenfalls zu kommentieren. Darüber hinaus wird die erste Entwurfsskizze im Katalog nicht veröffentlicht; dies zeigt, dass die Kuratoren die Arbeits- und Denkweise von Coop Himmelblau nicht nachvollzogen haben. Auch bei den anderen beiden Projekten der Architekten werden keine Entwurfsskizzen abgebildet.

Die Öffnung, die der gedachte Blitz in das Dach reißt, wird mit Glas geschlossen, ein neues, helles Dachgeschoss entsteht. Der alte Bestand wird zerstört, erhält jedoch zugleich neue räumliche Qualität: Es entstehen *Räume, die differenzierter und aufregender sind als die vorhergehenden*[1155], so die Coop. Der radikale Eingriff in den Bestand hat das Projekt stark in die Kritik gebracht. Die Meinungen reichen von Lob, dass eine mutige und innovative Ergänzung des Altbaus gefunden worden sei, die ohne rückwärtsgewandte Formenspielerei-

---

1151 | Prix 1991, S. 23; Prix, Stadt als, 2005, S. 153.

1152 | Inspirationen sind etwa der Panther in der Installation ARCHITEKTUR IST JETZT, 1982 (Coop 1983, S. 12–21; Prix 1991, S. 21f.; Prix, Architektur muß, 2005, S. 116; Coop Himmelb(l)au 2010, S. 80–83), Melvilles Wal sowie ein Engel in der Liederbar ROTER ENGEL, 1980/81 (Coop 1983, S. 73–87; Werner 2000, S. 33f.; Prix, Architektur muß, 2005, S. 127–134; Prix, Get off, 2005, S. 88f.; Coop Himmelb(l)au 2010, S. 68–75) oder der Vogel/Flügel in HOT FLAT, 1978 (Coop 1980, S. 41f.; Coop 1983, S. 116–127; Prix, Get off, 2005, S. 86f.; Coop Himmelb(l)au 2010, S. 56–61; Beyond the Blue 2007, S. 74f.; Levene/Cecilia/Barbarin 1989, S. 18f.).

1153 | So die offizielle Darstellung auf der Website der Coop (vgl. Website Coop Himmelb(l)au). In anderen Texten über den DACHAUSBAU wird dies allerdings nicht aufgenommen.

1154 | Kipnis 2007, S. 43.

1155 | Prix 1991, S. 24.

en auskomme, bis hin zu Vorwürfen, dass der alte Bestand nicht gewürdigt und respektiert werde.[1156] Letzteres wird zumindest nicht ganz unbegründet kritisiert, da die Coop zumal in ihrem früheren Schaffen die vorhandene Bausubstanz *als leere Hüllen* bezeichnet, die lediglich nicht mehr gebaut werden müssen, *weil sie schon da sind.*[1157]

Obwohl nicht mit Fragmenten des alten Bestandes gearbeitet wird, erinnert diese Vorgehensweise an das Verfahren der Dekonstruktion, die das Vorhandene in seine Bestandteile zerlegt und diese neu zusammenfügt. Das Projekt ist einer der Entwürfe, die am deutlichsten Johnsons und Wigleys formalem Definitionsschema von der dekonstruktivistischen Architektur entsprechen, der DACHAUSBAU wird gelegentlich sogar als „Manifest des Dekonstruktivismus"[1158] bezeichnet. Inwieweit dieser Gestaltungsansatz auf die vollständig neu entworfenen Projekte übertragen und damit ähnlich wie bei den bisher behandelten Architekten als das Moment bezeichnet werden kann, das Coop Himmelblaus Architektur dekonstruktivistisch macht, wird im Folgenden analysiert.

Durch die neugeschaffene Dachöffnung fällt Licht ein, Verbindungen zwischen innen und außen werden hergestellt. Das Wechselspiel mit starken Kontrasten von innen/außen, offen/geschlossen, Licht/kein Licht ist, so Prix, das zentrale Thema der baulichen Idee, die dem DACHAUSBAU zugrunde liegt und die wichtigsten Entscheidungen bestimmt hat, um einen dynamischen, spannungsreichen Raum zu schaffen. Damit verbunden sind auch Überlegungen zum Kontext – die Verbindung von Straße und Dach –, in dem sich der DACHAUSBAU befindet, ein weiterer grundlegender Punkt für das Projekt;[1159] dies wird etwa im Dachgarten, der sowohl in den Sitzungsraum als auch auf die Straße blickt, deutlich.[1160]

Auch die Kuratoren erkennen diese strukturelle Gegensätzlichkeit des DACHAUSBAUS. Wigley hinterfragt dies jedoch nicht weiter, sondern beschränkt sich auf die genannten biomorphen Assoziationen, mit denen er die Form des Projekts kommentiert: „[...] die neue Struktur ist [...] eine Metallkonstruktion, deren scheinbar chaotische Form aus der eingehenden Analyse der größeren Struktur hervorgeht, die sie bewohnt."[1161] Auch hier wird ein Vokabular eingesetzt, das negative Konnotationen weckt („infiziert", „skeletthaft", „verzerrt").

1156 | Einen kleinen Überblick gibt etwa Werner 2000, S. 40; zur allgemeinen Kritik am Schaffen der Coop in den 1980er-Jahren vgl. Coop 1992, S. 7f.

1157 | Prix, Architektur muß, 2005, S. 138, Zitate ebd.

1158 | Kraske 2008, S. 27.

1159 | Nach Werner bleibt das ambivalente Spiel mit dem Verhüllen und Enthüllen in den Projekten der 1980er- und 1990er-Jahre eines der wichtigsten Elemente (Werner 2000, S. 37).

1160 | Prix 1991, S. 25; Werner 2000, S. 39.

1161 | Johnson/Wigley 1988, S. 80, folgende Zitate ebd.

Zudem verharrt Wigleys Ausführung auf einer nur formalen Beschreibung des Entwurfs: Die verzerrte Form des Dachausbaus „gefährdet" in seinen Augen „[d]as stabile Verhältnis von innen und außen". Tatsächlich kann der Entwurf mit seinen expressiven, stark linearen, „zerberstenden" Formen den Eindruck erwecken, hier würde die klassische Formenharmonie gezielt zerstört, wie die Kuratoren argumentieren. Aber auch wenn die formalen Beschreibungen des Katalogs keineswegs unzutreffend sind, so greifen die Erläuterungen doch zu kurz und lassen wesentliche Ideen der Architekten unberücksichtigt: Nicht formale Fragen stehen für die Coop im Zentrum ihres Entwerfens, sondern die assoziative Idee von einem Blitz, der spannungsreiche, erlebbare Räume schafft.

WOHNANLAGE WIEN 2

Auch die nicht realisierte Wohnanlage Wien 2[1162] (Abb. 10 a, b) datieren die Kuratoren anders als Coop Himmelblau: Tatsächlich ist die Projektstudie für einen Wohnkomplex der älteste Entwurf von den drei gezeigten, der nicht 1986, wie im Katalog angeführt, sondern schon 1982/83 entwickelt wurde.[1163] Es ist nicht nachzuprüfen, ob dieser Datierungsfehler durch Fehlinformation oder Nachlässigkeit entstanden ist. Möglicherweise haben sie die Ausstellung Offene Architektur in der Münchner Architekturgalerie im Jahr 1986, in der der Entwurf präsentiert wurde, missverständlich aufgefasst und diese Datierung übernommen.[1164]

Die Wohnanlage Wien 2 wird in den Texten von und über die Coop nur selten erwähnt. Es finden sich auch keine Hintergrundinformationen darüber, ob das Projekt aus einem konkreten Anlass entwickelt wurde. Feuerstein, der in „Visionäre Architektur" eine ausführliche Chronologie der wichtigeren Projekte der Coop bis 1988 aufführt, nennt den Entwurf nicht.[1165] Wigleys Beschreibung ist daher neben dem Katalog der genannten Münchner Ausstellung eine der ausführlicheren. Dennoch hat das Projekt große Bedeutung für die Coop, wie ein Vortrag von Wolf D. Prix in der Frankfurter Städelschule 1984 zeigt, in

---

1162 | Wohnanlage Wien 2, 1982/3, Wien (Johnson/Wigley 1988, S. 80-91; Coop 1983, S. 38f.; Coop 1984, o. S. 19-28; Prix, Architektur muß, 2005, S. 121-126; Prix, Get off, 2005, S. 98f.; Coop Himmelb(l)au 2010, S. 84-89; Beyond the Blue 2007, S. 92f.; Levene/Cecilia/Barbarin 1989, S. 28-33).

1163 | Coop Himmelblau datiert das Projekt in verschiedenen Publikationen mit 1983 (Coop 1992, S. 100; Coop 1983, S. 38). Einmal gibt Prix auch 1982 an (Prix 1991, S. 18).

1164 | „Coop Himmelblau. Offene Architektur", 19.03.-03.05.1986, Architekturgalerie München, begleitet von einem Katalog (vgl. Coop 1986; Website Architekturgalerie München).

1165 | Feuerstein 1988, S. 204.

dem er WIEN 2 ausführlich kommentiert.[1166] Tatsächlich ist die Wohnanlage ein programmatisches Projekt der Architekten, obwohl sie im Vergleich zu den prominenten Modellen des DACHAUSBAUS und der SKYLINE HAMBURG in New York eher unauffällig erscheint. Mit ihrer Aufnahme in die Ausstellung haben die Kuratoren eine wichtige Entscheidung getroffen, auch wenn nicht (mehr) nachvollziehbar ist, ob sie sich bei der Auswahl des besonderen Gehalts von WIEN 2 bewusst waren.

Der Wohnkomplex, der für eine Baulücke an einer Ausfallstraße im zweiten Bezirk von Wien konzipiert wurde, besteht aus zwei schräg zueinander verlaufenden Balken, die an einem Ende zusammentreffen. Im Grundriss bilden sie ein an der Hypotenuse offenes längliches Dreieck. Querschnitt und Modell zeigen zudem, dass sie gegeneinander verkippt sind. Auf der einen Seite ruhen die Balken nur auf Stützträgern und „schweben" über dem Boden, am anderen Ende liegen sie auf einem kleineren Untergeschoss auf; letzteres ist ebenfalls verkippt und ruht auf nur einer Ecke. Vermutlich bezieht sich Wigley auf dieses Untergeschoss, wenn er statt von zwei von „vier hängende[n] Barren, die in allen Richtungen verzerrt"[1167] sind, schreibt. Wie er zu dieser Beschreibung kommt, lässt sich aus den Abbildungen jedoch nicht nachvollziehen, zumal die Coop selbst von zwei verkippten Elementen spricht und auch der Grundriss dies nahelegt.[1168] Wie bereits beim DACHAUSBAU stellt sich hier ebenfalls die Frage, warum der Katalog von dem abweicht, was die Architekten selbst formuliert haben – zumal es sich nur um Beschreibungen, nicht um Analysen des jeweiligen Entwurfs handelt.

Am spitzen Ende des Komplexes, an dem die beiden Balken zusammentreffen, ragt eine gefaltete Fläche wie aus *flammenförmige[n] Scheiben*[1169] empor. Wigley kommentiert diese auffällige Form überraschenderweise nicht; er spricht lediglich abschließend davon, dass „[d]ie Haut der Quader [...] aufgeschnitten und zurückgezogen"[1170] sei. Tatsächlich kann das Modell so gedeutet werden, dass die Verkleidung an der einen Seite aufgetrennt und flügelartig nach oben geschoben worden ist. Weitere Angaben zu dieser Fassadengestaltung und zum Flammenflügel werden jedoch weder von Wigley noch von den Architekten genannt. Allerdings findet sich der Gedanke der abgezogenen oder aufgeklappten Haut auch in anderen Projekten und Texten der Coop in dieser

---

1166 | Prix, Architektur muß, 2005, S. 121–126.

1167 | Johnson/Wigley 1988, S. 80.

1168 | Coop 1986, o. S. 5; Prix 1991, S. 18; Coop/Noever 1986, o. S. 3.

1169 | Coop 1986, o. S. 5. In einem Vortrag spricht Prix von *einer Flamme* (Prix 1991, S. 18), während es auf der Website heißt: *two flame-shaped pieces merge.* Zu sehen ist eine aufragende Fläche, die mehrfach in sich geknickt ist und daher als zwei längliche, zusammengefasste Rauten gedeutet werden könnte.

1170 | Johnson/Wigley 1988, S. 80.

Zeit wieder,[1171] daher passt diese Umschreibung durchaus ins Werk der Architekten. Das Modell wirkt wie ein Flugobjekt, das sich vom Boden abhebt oder dort aufsetzt, was insbesondere in der ersten Skizze zum Ausdruck kommt. In ihrer Dynamik erinnern Coop Himmelblaus Studien auch an Zaha Hadid, deren Projekte ebenfalls eine spannungsreiche Qualität aufweisen und wie in einer Bewegung erstarrt scheinen.

Durch das Verkippen und Verdrehen der Baublöcke wird die Aufteilung der Innenräume variiert. Die Architekten heben hervor, dass die äußere Gestaltung das Innere nicht *bestimmt*, sondern lediglich *differenziert*:[1172] Jeder Raum wird durch Ecken, Ebenen, Kanten und Diagonalen individuell geformt, sodass kein Raum wie der nächste ist. Den künftigen Bewohnern werde damit zwar ein vorgeformter, jedoch – bis auf vorinstallierte Medienanschlüsse – nicht vorbestimmter Bau angeboten. *Dadurch erhält jede einzelne Wohnung eine unverwechselbare Signifikanz*[1173], so die Coop. Vorgesehen sind fünfzig teilweise fertiggestellte zweistöckige Wohnungen, die individuell ausgebaut werden können. Verbunden werden die Einheiten durch ein System aus Rampen, Wegen und Treppen. Hinzu kommen frei verfügbare Flächen für Gemeinschaftsanlagen, Geschäfte, Büros, Werkstätten und Parkmöglichkeiten. Auch diese Einrichtungen sind durch ein zentrales Verbindungssystem aus Aufzügen, Treppen und einer diagonal durch den Komplex verlaufenden Rampe erschlossen.

Ähnlich einem Loft bleiben die Räume der Wohnanlage im Inneren funktional unbestimmt; dennoch besitzt diese eine auffällige äußere Form. Dies scheint zunächst im Widerspruch zur inneren Undifferenziertheit zu stehen, jedoch betonen die Architekten, dass ihre Bauten keine neutralen, anonymen Wohnbehälter sein sollen: Die Entwürfe werden *räumlich sehr selbstbewusst, aber für den Innenraum nicht bestimmend*[1174] entwickelt. Im Grunde habe man, so die Coop im Gespräch mit Peter Noever, lediglich *zwei ganz normale Baukörper aufgegriffen, [die] nur ein wenig verdreht, verkippt, zerbrochen und falsch aufeinandergesetzt wurden*. Mit einfachen Mitteln habe man einen differenzierten, dynamischen Bau entworfen. Dass ein solch expressiver Entwurf allerdings möglichen Bauherren nicht leicht zu vermitteln ist, ist Prix und Swizcinsky bewusst.[1175] Da WIEN 2 nicht realisiert wurde, lässt sich nicht beurteilen, wie sich ein solcher Wohnbau bei seinen Bewohnern bewähren würde.

1171 | Werner 2000, S. 37.
1172 | Prix, Architektur muß, 2005, S. 124, Zitate ebd.
1173 | Coop/Noever 1986, o. S. 3.
1174 | Coop/Noever 1986, o. S. 3f., folgendes Zitat ebd.; Prix, Architektur muß, 2005, S. 121.
1175 | Coop/Noever 1986, o. S. 4.

Die Architekten machen deutlich, dass sie das Thema ihrer Arbeit im *Leben in der Stadt*[1176] sehen. Die WOHNANLAGE WIEN 2 will die Grundrechte des Stadtbewohners formulieren, die nach Coop Himmelblau in vier Punkten bestehen: Dem Recht, in einem großen Wohnraum (1) kostengünstig (2) und selbstbestimmt (3) zu leben.[1177] Hinzu komme das Recht auf eine zeitgemäße Architektur (4). Diese Leitsätze sind maßgeblich auch für die generellen Zielsetzungen der Coop, die sich gegen die funktionalistische Spätmoderne der 1950er- und 1960er-Jahre, aber auch gegen die postmodernen Strömungen der 1970er-Jahre wenden.

Um diese Anforderungen zu erfüllen, entwickelt Coop Himmelblau die von ihnen sogenannte Offene Architektur. Bei WIEN 2 wird jedoch nicht näher erläutert, was darunter zu verstehen ist. Dies kommt in einem weiteren Projekt, dem OFFENEN HAUS, das ebenfalls 1983 entwickelt wurde, konzentriert zum Ausdruck; eine genauere Untersuchung dieses Ansatzes wird im Folgendem am Beispiel dieses Entwurfs vorgenommen. Ob die erhobenen Anforderungen an kostengünstiges, selbstbestimmtes und zeitgemäßes Wohnen in Offener Architektur mit der WOHNANLAGE WIEN 2 tatsächlich erfolgreich hätten umgesetzt werden können, lässt sich nicht nachvollziehen, da es bei einem theoretischen Experiment geblieben ist. Zumindest die Planung von bewusst „unfertigen" Wohnungen, die von den Bewohnern ausgebaut werden, sowie die frei verfügbare Gemeinschaftsfläche zielen in die Richtung der funktional nicht vorbestimmten Architektur. Wie darüber hinaus die Forderung einer zeitgemäßen Architektur zu verstehen ist, wie sie auch beim DACHAUSBAU ausgesprochen, aber nicht näher erläutert wird, wird ebenfalls im Anschluss besprochen. Bereits an dieser Stelle wird jedoch deutlich, dass es sich um ein wesentliches Ziel im Architekturverständnis der Coop handelt, das zusammen mit den Forderungen nach einer Offenen Architektur den programmatischen Gehalt von WIEN 2 ausmacht.

Wigley kommentiert diese grundlegenden Absichten, die für die WOHNANLAGE WIEN 2 formuliert wurden, nicht, sondern beschränkt sich auf eine formale Beschreibung. Er ignoriert damit die Überlegungen der Architekten, die im Begriff der Offenen Architektur zum Ausdruck kommen. Zudem tendiert die Wortwahl des Katalogs erneut zum Negativen. So heißt es etwa, dass die Balkenelemente des Entwurfs „in Konflikt zueinander"[1178] stünden und dass sich das Gebäude gefährlich neige – zwar verlaufen die Bauteile schräg, ihre Verkippung ist jedoch an keiner Stelle so stark, dass sie als augenscheinlich gefährlich zu bezeichnen wäre. Es handelt sich um eine subjektive Einschät-

---

1176 | Coop/Noever 1986, o. S. 3.

1177 | Coop 1983, S. 38. Diese Gedanken kommen bereits in HOT FLAT zum Ausdruck (vgl. Anm. 1152).

1178 | Johnson/Wigley 1988, S. 80, folgendes Zitat ebd.

zung, die sich auf ein Modell stützt. Rückschlüsse auf eine möglicherweise bedrohliche Wirkung eines realisierten Gebäudes lassen sich daran kaum festmachen. Ebenso wenig kann die Qualität der Innenräume festgestellt werden: Nach Wigley entstehen durch Überschneidung und Verkippung „verzogene Räume, eine innere Unreinheit". Was der Katalog jedoch als „innere Unreinheit" bezeichnet, ist für die Architekten die Differenziertheit der Räume, die gezielt angestrebt wird.

SKYLINE HAMBURG

Der dritte Ausstellungsbeitrag (Abb. 11 a, b) ist eine ebenfalls Theorie gebliebene Projektstudie[1179], die 1985 im Rahmen eines Stadtplanungsworkshops des Hamburger Bauforums zur Hafenbebauung[1180] entstanden und damit der jüngste der drei gezeigten Entwürfe ist. Einzig bei diesem Projekt stimmt die Datierung im Katalog mit jener der Architekten überein. In New York ist es das auffälligste Projekt der Österreicher.

Coop Himmelblau entwickelt eine beidseitige Uferbebauung aus loftartigen Wohnbauten und Geschäftstürmen, die sich aus den drei Teilen „Hamburger Häuser", „Medienbogen" und „Skyline" zusammensetzen; letztere besteht aus drei über 300 Meter hohen Bürohochhäusern, den „Medientürmen", in denen die wichtigsten Presseunternehmen Hamburgs untergebracht werden sollen. Diese Hochhäuser sollen *vertikal, diagonal und räumlich* nicht nur miteinander, sondern auch mit der Medienhochschule, Kinos, Hotels und Verkaufsstraßen in diesem Komplex verbunden werden.[1181] Einer der Türme, die zusammen eine an ein Segel erinnernde Form bilden, wurde exemplarisch im Modell gebaut. Entstanden ist ein expressiver Modellbau, der zum auffallendsten Element des Projekts geworden ist.[1182] Er wird in der MoMA-Schau zusammen mit Entwurfzeichnungen präsentiert.

Ausgangspunkt für diesen ebenfalls *assoziativen Entwurf* waren laut der Projekterklärung der Coop die typischen Merkmale der Stadt Hamburg, wie sie *mit halbgeschlossenen Augen gesehen* werden.[1183] So wollen die Architekten das erfassen, was Stadt ausmacht, ohne lokale Sachzwänge zu berücksichti-

---

1179 | SKYLINE HAMBURG, 1985, Hamburg (Johnson/Wigley 1988, S. 80-91; Coop 1985; Coop 1992, S. 46-65; Prix, Get off, 2005, S. 102f.; Coop Himmelb(l)au 2010, S. 112-117; Beyond the Blue 2007, S. 94f.; Werner 2000, S. 13-16).

1180 | Das vorgegebene Planungsgebiet liegt am Elbufer entlang der Großen Elbstraße (Coop 1992, S. 46).

1181 | Coop 1992, S. 58, Zitat ebd.

1182 | Dies kommentiert etwa Werner 2000, S. 16. Auch die Architekten identifizieren sich mit dem Entwurf, wie ein bekanntes Porträt von Prix und Swiczinsky zeigt, auf dem sie sich lässig an die Wand gelehnt neben dem Modell-Turm präsentieren.

1183 | Coop 1992, S. 46, Zitate ebd.

gen. In Hamburg wird dieser „Kern" für die Coop neben dem Hafen von der Medienlandschaft geprägt. Beide zusammen bilden Hamburgs *unsichtbare Silhouette*[1184]. Diese soll sichtbar gemacht werden, indem sie *eine physische Form* und *einen Namen* erhält: SKYLINE. Diese „Himmels-Linie" wird beim Wort genommen: Sie überspannt als „Medienbogen" in Form einer Glasfaserbrücke die Elbe und verbindet so die Ufer. Für diese entwirft die Coop zum einen einen Wohnkomplex aus flexiblen Lofthäusern, den „Hamburger Häusern", während zum anderen auf dem schräg gegenüberliegenden Containerterminal drei „Medientürme" platziert werden.[1185] Dadurch wird die *Hafenstadt* zur *Medienstadt* und die beiden für Coop Himmelblau wesentlichen Elemente Hamburgs zusammengeführt: An der Stelle des Hafens soll die neue Silhouette der Medienstadt Gestalt annehmen.

Die assoziativen Überlegungen zur Gestaltung des Entwurfs werden im New Yorker Katalog nicht erwähnt. Ebenfalls nicht kommentiert wird der „Medienbogen" als beim Wort genommene SKYLINE, die dem Projekt den Namen gegeben hat und das Areal optisch zusammenhält.[1186] In ähnlicher Wiese kam ein raumerschließender Bogen bereits im DACHAUSBAU zum Einsatz, dort allerdings mit einer praktischeren Ausrichtung als Hauptträger des Projekts.

Auch der zweite Teil des Entwurfs, die „Hamburger Häuser" auf der Elbstraßenseite, wird von den New Yorker Kuratoren, aber auch von den Architekten nicht näher erläutert, obwohl gerade hier die Ideen der Offenen Architektur zum Ausdruck kommen. Es handelt sich um längliche, balkenartige Wohnblöcke, die entlang des Ufers angeordnet sind. Während die Obergeschosse auf Stützen ruhen, „schwimmen" die nur punktuell fixierten Untergeschosse auf dem Wasser und passen sich dem Elbpegel an. Hinzu kommt ein über dem Wasser schwebender Platz mit Brücke als Verbindung zwischen den Häusern. Diese beweglichen Häuser sind *Bausteine der „Offenen Stadt"*, die sich ihrer Umgebung – der Lage am Fluss und dem Wasserstand – anpassen.[1187]

Ausführlich erläutert wird sowohl im Katalog als auch auf der Architekten-Website nur der erste „Medienturm". Das expressiv gestaltete Modell beeindruckt mit einer Höhe von drei Metern (Maßstab 1:100). Anders als herkömmliche Hochhäuser „enttäuscht er traditionelle Erwartungen von Türmen"[1188], so der New Yorker Katalog: Nicht nur ist der Turm – wie Koolhaas' BOOMPJES TOWERSLAB – unten schmaler als oben, sondern er sieht zudem so aus, als habe

---

1184 | Coop 1992, S. 50, folgende Zitate ebd.

1185 | Damit erweitern die Architekten das vorgegebene Planungsareal an der Elbstraßenseite und nutzen zusätzlich Hafengelände um.

1186 | Einzuräumen ist, dass auch die Architekten selbst nicht näher auf den „Medienbogen" eingehen.

1187 | Coop 1992, S. 52-57, Zitat S. 56.

1188 | Johnson/Wigley 1988, S. 80.

ein Blitz eingeschlagen und ihn „vertikal in Knochen, Muskeln und Hautlappen tranchiert", wie Werner schreibt.[1189] Diese Assoziation wird auch von der Coop nahegelegt, die zwar nicht die Blitz-Metapher des DACHAUSBAUS wiederholt, aber in einem Längsschnitt des Entwurfs *das Gebäude wie mit Röntgenaugen gesehen*[1190] zeigt. Tatsächlich wirkt der Bau wie ein aufgesplittertes Ganzes, dessen äußere Hülle in Fetzen gerissen ist. Alle Bestandteile scheinen voneinander gelöst und geben den Blick frei auf das innere Gerüst aus stabilen senkrechten Trägern und zierlichen Querstreben. Welche Materialien vorgesehen waren, ist nicht bekannt. Der Turm wirkt hochdynamisch, wie eine im Moment des Zerberstens zusammengehaltene Explosion, die, so Wigley, „fest am Rand des scheinbaren Zusammenbruchs gehalten"[1191] wird. Damit erinnert er an Hadids PEAK oder ihre VITRA FIRE STATION.

Das Auftrennen des Turms in verschiedene Bestandteile weist Ähnlichkeiten mit der Gestaltungsmethode der „aufgetrennten Außenhaut" auf, wie sie bei WIEN 2 beobachtet wurde. Mit dieser Gestaltungsweise hat die Coop mehrfach experimentiert. Am deutlichsten wird sie in den Installationen ARCHITEKTUR IST JETZT[1192] und DIE HAUT DER STADT[1193]: In beiden werden urbane Materialien wie Stahl, Blech, Beton und Straßenleitplanken zu Raumskulpturen installiert. Wie Gehry versucht auch die Coop, die Bestandteile *unserer ungeliebten aber realen stätischen[!] Zivilisation*[1194], die gewöhnlich nicht als schön empfunden werden, sichtbar zu machen. Die Installationen sind somit „Bilder der Stadt", die gleichsam das urbane Nervensystem zeigen, das Gerüst, das städtischen Raum überhaupt erst räumlich formt.

Auch wenn hier „Stadt" als Ganzes in ihre Materialbestandteile zerlegt wird und diese Gestaltungsweise Erinnerungen an de-kon-struktives Zerlegen und Wiederzusammenfügen anklingen lässt, überzeugt die Analogie nicht. In beiden Installationen geht es nicht darum, mit Fragmenten des Vorhandenen zu arbeiten, um zu neuen Lösungen zu kommen. Vielmehr betont die Coop, ganz ihren Denkansätzen dieser Zeit verpflichtet, programmatisch die provokante Rauheit ihres Entwerfens – *Unsere Architektur ist nicht domestiziert.*[1195] – und protestiert gegen die vorherrschenden Behübschungs- und Verhüllungstendenzen. Dies sowie die Forderungen nach einer erlebbaren Architektur werden im Anschluss genauer besprochen.

1189 | Werner 2000, S. 16.
1190 | Coop 1992, S. 60.
1191 | Johnson/Wigley 1988, S. 80.
1192 | Vgl. Anm. 1152.
1193 | DIE HAUT DER STADT, 1982 (Coop 1983, S. 22–27; Prix 1991, S. 22; Prix, Architektur muß, 2005, S. 121).
1194 | Coop 1983, S. 14.
1195 | Coop 1983, S. 14.

Welche Überlegungen der expressiven Gestaltung des „Medienturms" zugrunde liegen, erläutern die Architekten nicht. Auch zur Gestaltung des Turminneren äußern sie sich nicht. Wenn Wigley darin „ein Durcheinander sich überlagernder, exzentrischer Räume, innerhalb derer die Funktionen organisiert werden"[1196], sieht, so kann dies weder bestätigt noch verneint werden. Insgesamt ist die Beschreibung im Katalog ähnlich aufgebaut wie die Texte zu den anderen beiden Projekten Coop Himmelblaus; allerdings ist die Wortwahl nicht so stark wertend, wie es zuvor beobachtet werden konnte.

Neben dem Wiener DACHAUSBAU dürfte es vor allem der „Medienturm" gewesen sein, der die Kuratoren zu ihrer Auffassung von der dekonstruktivistischen Architektur als die klassische Form zerstörend gebracht oder sie zumindest dahingehend beeinflusst hat. Aber noch weniger als zum DACHAUSBAU gibt es Kommentare von den Architekten zu einer solchen formalen Gestaltung des Turms. Die wesentliche Entwurfsidee geht gerade nicht von formalen Fragen aus.

Zwischenstand

Bei der Besprechung der drei in New York gezeigten Entwürfe von Coop Himmelblau wurden Punkte deutlich, die grundlegend für das Werk der Architekten sind: Wesentlich ist die Forderung nach einer zeitgemäßen Architektur, die flexibel gestaltet werden kann. Als Lösungsansatz entwickelt die Coop die von ihnen sogenannte Offene Architektur, deren Innenräume funktional offen und ohne Sachzwänge gestaltet werden sollen. Zugleich haben die Entwürfe eine sehr selbstbewusste äußere Form und sind geprägt von einer dynamischen, expressiven Formensprache. Trotzdem stehen am Anfang der Entwürfe keine formalen Überlegungen, sondern assoziative Gestaltungsideen, die in einem besonderen zeichnerischen Entwurfsprozess entwickelt werden. Welche Bedeutung die erste assoziative Skizze für Coop Himmelblau hat, ist vor allem beim DACHAUSBAU deutlich geworden. Im Folgenden werden diese zentralen Aspekte Schritt für Schritt analysiert, um das Architekturverständnis der Coop herauszuarbeiten und auf mögliche dekonstruktivistische Tendenzen hin zu untersuchen.

8.2 Coop Himmelblaus Architekturverständnis

Anders als etwa Eisenman, Libeskind oder Koolhaas hat Coop Himmelblau kein theoretisches Gedankengebäude ausformuliert, in dem ihr Verständnis von und ihr Anspruch an die Architektur hergeleitet wird. Vielmehr haben die Wiener Architekten von Anfang an mit konkreten, praktisch realisierbaren

---

1196 | Johnson/Wigley 1988, S. 80.

Entwürfen gearbeitet. Ein wichtiges Stichwort ist die *gebaute Zeichnung*[1197]. Dies darf allerdings nicht missverstanden werden: Auch wenn die Coop keine abstrakte Theorie als Grundlage für ihr Entwerfen ausformuliert hat,[1198] bedeutet dies, wie sich gezeigt hat, nicht, dass sie von funktionalen oder formalistischen Aspekten ausgehen. Vielmehr erheben die Architekten höchst visionäre Ansprüche an ihr Schaffen. Es begegnet eine ähnliche Situation wie bei Gehry oder Hadid, die ebenfalls keinen abstrakt-theoretischen Ausgangspunkt ihrer Architektur formulieren, sondern sich über die Auseinandersetzung mit Raum-Fragen in Entwürfen und Projekten weiterentwickeln. Allerdings geschieht dies in der frühen Phase von Coop Himmelblau nicht so formal-stringent wie beispielsweise bei Hadid, in deren räumlichen Experimenten sich etwa von MALEVICH'S TEKTONIK zum PEAK LEISURE CLUB Entwicklungslinien nachzeichnen lassen. Die Arbeiten der Coop aus den 1960er- und 1970er-Jahren lassen sich formal nicht in Bezug setzen zu den Projekten der 1980er-Jahre – ideell hingegen schon, denn bereits in den frühen Arbeiten werden Zielsetzungen entwickelt, die sich grundlegend durch das Werk ziehen.

Ein weiterer Unterschied zwischen den Österreichern und Hadid oder Gehry besteht darin, dass sich die Coop auch über Texte mitteilt. Es handelt sich jedoch nicht um umfangreiche Publikationen, sondern um kurze, oft an Gedichte erinnernde, meist polemische Schriften, die oft in Kolonnen gedruckt werden und poetische Elemente wie Enjambements, Rhythmus und lyrisch-expressive Wortwahl aufweisen. Von Coop Himmelblau gibt es keine Erläuterungen, warum gerade diese Ausdrucksform gewählt wird. Allerdings war „Poesie" in der Wiener Kunstszene der 1960er- und 1970er-Jahre ein wichtiges Stichwort, wie Feuerstein darlegt.[1199] Es liegt nahe, dass die Coop davon beeinflusst wurde, zumal der Begriff „Poesie" in mehreren frühen Texten und Projekten auftaucht.[1200] Die im Architekturbetrieb ungewöhnliche Schreibweise[1201] macht deutlich, dass den Texten trotz ihrer Kürze eine aussagekräftige Rolle zugedacht ist. Bei aller Exotik sind sie deutliche Absichtserklärungen.

1197 | Prix 1991, S. 23; Werner 2000, S. 147, 149f.; in ähnlicher Weise formuliert die Coop: *Das „Bauen" der Ideen auf Papier* (Coop 1983, S. 202), *Bau einer Zeichnung* (Werner 2000, S. 147).

1198 | Oder treffender: noch nicht veröffentlicht haben. Nach Kipnis haben die Architekten dies 2005 mit dem Sammelband GET OFF OF MY CLOUD nachgeholt (vgl. Anm. 1142).

1199 | Feuerstein 1988, S. 13.

1200 | Etwa in ZERSCHÜTTUNG DER UNIVERSITÄT, 1980 (Coop 1983, S. 98); DIE POESIE DER TROSTLOSIGKEIT, 1979 (ebd., S. 115); AM ANFANG WAR DIE STADT, 1968 (ebd., S. 194; Pehnt 1984, o. S. 5).

1201 | Gerade bei den in der New Yorker Ausstellung versammelten Architekten findet sich jedoch häufig eine ähnliche Experimentierfreude in der sprachlichen Darstellung

Zeitgemäße Architektur: *Architektur muß brennen*

In den frühen 1980er-Jahren, als Coop Himmelblau die Offene Architektur entwickelt, besteht das Team[1202] schon über zehn Jahre. Obwohl 1968 als Architekturbüro gegründet, beginnen sie erst gegen Ende der 1970er-Jahre, praktisch zu entwerfen. In der Anfangszeit ihres Bestehens bewegt sich die Coop noch stark zwischen Architektur und Kunst. Diese Frühphase, die Werner ihre „Sturm und Drang-Phase"[1203] nennt, ist eine Zeit des polemischen Agitprop und des oft provokanten Experiments. Sie ist bei den Österreichern so ausgeprägt wie bei keinem anderen der in New York gezeigten Architekten und trägt Prix und Swiczinsky ihr Image als „Bad Boys" des Architekturbetriebs ein.[1204] Geprägt vom Wiener Umfeld der 1960er- und 1970er-Jahre, das in dieser Zeit ebenso kritische wie kreative Formen annimmt – der Wiener Aktionismus ist zum Begriff geworden – versuchen die Himmelblauen Projekte,[1205] den öffentlichen Raum der Städte wieder in Besitz zu nehmen, und wollen zeigen, *wo und wie die Stadt lebendiger gemacht werden kann*[1206] – eine Reaktion auf die fantasielose, nüchtern-banale Zweckarchitektur, die sich auch im Nachkriegs-Wien etabliert hatte und das Gesicht der Städte monoton und unpersönlich werden ließ.[1207] Auch Coop Himmelblau stellt den gängigen spätmodernistischen Städtebau in Frage und sucht nach neuen Gestaltungsmöglichkeiten.[1208]

---

der eigenen Überlegungen, wenn auch nicht explizit in Gedichtsform, so etwa bei Libeskind und Koolhaas.

1202 | Zu den Vorteilen des Teamworks äußert sich Prix in Coop/Boyarsky 2005, S. 236f.; Prix, Architektur muß, 2005, S. 140f.

1203 | Werner 2000, S. 9.

1204 | Vgl. Anm. 1135.

1205 | Pehnt 1984, o. S. 4; Kipnis 2007, S. 36–38. Prix beschreibt diese Zeit häufiger, etwa in Coop, Rolling the Sky, 2005, S. 411f.; Prix/Erven/Zanten 2005, S. 330.

1206 | Coop 1983, S. 157, Zitat ebd. Von Anfang an bekennt sich Coop Himmelblau entgegen des Trends zum „Wohnen im Grünen" zum Leben in der Stadt, *[d]enn der größte Teil der Menschheit wird in nächster Zukunft in einer städtischen Umgebung leben, wohnen, arbeiten* (Prix, Get off, 2005, S. 28–30, hier S. 29).

1207 | *Monofunktionalität ist [...] der Tod jeder Stadt* (Klotz/Lehmann/Prix 1999, S. 24). Günther Feuerstein beschreibt die Situation in Wien mit besonderem Blick auf die Künste ausführlich (Feuerstein 1988, S. 26–42; für die Entwicklung der Nachkriegsarchitektur in Wien ebd., S. 26f., 39). Im kritischen Klima der 1960er-Jahre, die zur Postmoderne führen, formieren sich gerade in Wien zahlreiche Gruppierungen mit ähnlich kritischen Ansätzen und Zielsetzungen; Feuerstein stellt die wichtigsten vor (Feuerstein 1988). Die Coop ist eine der wenigen Gruppen, die sich über einen längeren Zeitraum hinweg etablieren (Werner 1992, S. 7).

1208 | In der Frühphase entstehen pneumatische Installationen wie die VILLA ROSA (1968), einem Prototypen für eine flexible Wohneinheit aus aufblasbaren Ballons als

In ihrer Gründungserklärung propagieren die Architekten *die Idee, Architektur mit Phantasie leicht und veränderbar wie Wolken zu machen.* Ihre Bauten sollen beweglich und flexibel sein. Das Bild der Wolke und die damit verbundenen Assoziationen von Fliegen und Leichtigkeit, von Schwerelosigkeit, Dynamik und Veränderbarkeit ziehen sich durch das Werk der Coop und beeinflussen die Entwürfe maßgeblich, wie schon bei den drei Projekten der New Yorker Ausstellung deutlich geworden ist. Als Leitbegriff findet sich das Motiv der Wolken als *Symbole für sich rasch ändernde Zustände*[1209] seit den 1990er-Jahren wieder verstärkt in vielen Projekten[1210].

Diese Forderungen präzisiert Coop Himmelblau 1970: *Architektur hat so auf unsere Bewegung, unser Gefühl, unsere Stimmung, unsere Emotion zu reagieren, daß wir in ihr leben wollen.*[1211] Nicht die Bewohner sollen sich der Stadt anpassen, sondern das städtische Bauen muss den Bedürfnissen der Bewohner entsprechend gestaltet werden. Ziel ist eine flexible urbane Architektur, die reagiert und sich nach ihren Bewohnern richtet, eine Architektur, die auch von den Bewohnern selbst gestaltet werden kann. Grundlage ist die Einschätzung der Coop, *daß Architektur nicht nur das Erfüllen von Funktionen, sondern die dreidimensionale Darstellung unserer gesellschaftlichen Kultur ist,* wie Prix in späteren Vorträgen erläutert.[1212]

---

einer Architektur, die sich wie Wolken verändert (Coop 1983, S. 188-193, Zitat S. 188; Coop 1980, S. 13f.; Werner 2000, S. 28-30; Prix, Get off, 2005, S. 76-79; Coop Himmelb(l)au 2010, S. 28-33; Beyond the Blue 2007, S. 54f.). Daneben treten stadtraumerschließende Aktionen wie der STADTFUSSBALL (1971) in Wien, eine begehbare Kugel, in der sich mehrere Personen durch die Wiener Innenstadt bewegen (Coop 1983, S. 166-169), und Experimente wie HARTER RAUM (1970), bei dem durch die Herzschläge dreier Personen in der Landschaft ausgelöste Explosionen einen vorübergehenden Raum schaffen (Coop 1983, S. 171; Werner 2000, S. 26f.; Coop Himmelb(l)au 2010, S. 48f.). Auch wenn viele dieser frühen Projekte den heutigen Betrachter eher verspielt anmuten, haben sie zur ihrer Zeit oft ein hohes Konfliktpotenzial. Weitere mediale Projekte versuchten menschliche Gefühle sicht- und hörbar zu machen, etwa der GESICHTSRAUM/SOUL FLIPPER (1969), der Gemützustände anhand der Mimik abliest und in Farbe und Töne übersetzt (Coop 1983, S. 176). Die Projekte sind vor allem hinsichtlich des Einsatzes von Kommunikationsmedien sehr fortschrittlich.

1209 | Prix, Get off, 2005, S. 72, Zitat ebd.; Prix/Preß 2005, S. 308.

1210 | Etwa im Sammelband GET OFF OF MY CLOUD (vgl. Anm. 1142) oder als Titel der retrospektiven Jubiläumsausstellung BEYOND THE BLUE (vgl. Anm. 1134).

1211 | Coop 1983, S. 173 (in Anlehnung an ein Zitat von Rudi Dutschke).

1212 | Prix, Weniger, 2005, S. 167, Zitat ebd.; Prix, Architektur, 2005, S. 188; Kipnis 2005, S. 15.

Hinzu kommt der Wunsch nach *emotionelle[r] Besitzergreifung*[1213]: Coop Himmelblau will Gefühle in die Architektur integrieren. Zentrales Element ihrer Entwürfe sind Überlegungen zur Wirkung, die das Gebaute auslösen wird. Dies hat sich etwa beim DACHAUSBAU abgezeichnet, bei dem das Wechselspiel von spannungsreichen Kontrasten wie offen/geschlossen und hell/dunkel bauliche Entscheidungen geleitet hat. Entsprechende Überlegungen spielten schon bei den ersten Projekten der Architekten eine grundlegende Rolle.

Als in den 1970er-Jahren der postmoderne Eklektizismus dominiert, verschärft sich die Rhetorik von Coop Himmelblau noch einmal und wird (noch) provokanter formuliert, denn, so die Coop, *Architektur, wie sie heute [in den 1970er-Jahren, d. Verf.] betrieben wird, verstärkt diese Diskrepanz bis zum Riß in unserem Kopf: denn mit rückwärts gewendeten Mitteln dient sie eher der opportunen Verschleierung der Probleme, denn der Erzeugung einer notwendigen neuen Bewußtheit.*[1214] Die Architekten machen noch deutlicher, dass ihre Architektur nicht neutral und langweilig, nicht ausdruckslos und angepasst sein darf. Im Gegenteil, *Architektur muß brennen*[1215], wie die Coop 1980 ihren Leitsatz formuliert. Diese zentralen Zielsetzungen der Architekten erwähnen die New Yorker Ausstellungsmacher an keiner Stelle und übergehen damit einen wesentlichen Aspekt im Architekturverständnis von Coop Himmelblau.

Allerdings sind die plakativen Äußerungen der Coop, dass es *die heile Welt der Architektur*, wie sie von ihren (postmodernen) Zeitgenossen propagiert werde, nicht mehr gebe *in einer von Tag zu Tag zerfetzteren Welt*, nicht unproblematisch, da sie missverständlich ausgelegt werden können:[1216] Die zerklüfteten, zersplitterten Entwürfe der Architekten können als formales Spiegelbild einer *zerfetzten Welt* mit architektonischen Mitteln gedeutet werden, was verschiedentlich auch geschehen ist, wie die Untersuchungen der Pressereaktionen zur DECONSTRUCTIVIST ARCHITECTURE gezeigt haben. Aber auch bei den Österreichern finden sich, wie bei den anderen Architekten, keine Gedankengänge, die eine rein bildlich-formale Reaktion auf eine chaotisch gewordene Welt fordern.

1213 | Coop 1983, S. 107.

1214 | Coop 1983, S. 107. Weitere Abgrenzungen zur Postmoderne finden sich in anderen Texten, zusammengefasst etwa in Coop 1983, S. 11, 91, 107, 136. Ausführlicher äußert sich Prix dazu auch in Prix, Architektur muß, 2005, S. 112, 121, 123, 141.

1215 | 1980 erscheint eine Publikation unter diesem Titel (Coop 1980; auch Coop 1983, S. 91).

1216 | Prix, Architektur muß, 2005, S. 112, Zitate ebd.

Als gegen Ende der 1970er-Jahre die ersten innenarchitektonischen Aufträge[1217] erfolgen, werden Coop Himmelblaus Projekte baupraktischer. Die Aktionisten der früheren Jahre erkennen, dass die polemischen, zeitlich oft sehr kurz angelegten Projekte keinen dauerhaften Einfluss entfalten.[1218] Die Ansätze der frühen Phase werden in die Bau-Praxis übertragen; nach Feuerstein gelingt dies „mit hoher Qualität"[1219]. Der Schwerpunkt ihres Interesses liege dabei, so die Architekten, auf dem *Entwurfsprozess* und der *Auseinandersetzung mit einer offenen Architektur*.[1220] Beide Aspekte werden im Folgenden als zentrale Momente im Architekturverständnis der Coop in den für die Fragestellung der vorliegenden Arbeit relevanten 1980er-Jahre analysiert.

Offene Architektur

Die bewusste Formulierung des „offen" in Verbindung mit Architektur wird erstmals 1981 verwendet.[1221] Sie ist angelehnt an Karl Poppers „Die offene Gesellschaft und ihre Feinde", in dem der Philosoph zwischen einer totalitär-kollektivistischen „geschlossenen" und einer von freien Individuen selbstbestimmten „offenen" Gesellschaftsordnung unterscheidet.[1222] Darüber hinaus ist der Begriff auch eine wörtliche Reaktion auf die in den 1970er- und 1980er-Jahren vorherrschenden postmodernen Bautendenzen, die sich laut Prix *ins 19. Jahrhundert flüchten und [...] immer nur von Schließung [des Straßenraums und der Plätze, d. Verf.] sprechen.*[1223] Coop Himmelblau hingegen will keine rückwärtsgewandte, geschlossene Architektur, die glaubt, *das Wahre und Schöne*

1217 | Insbesondere: REISS-BAR, 1977, Wien (Coop 1980, S. 27f.; Coop 1983, S. 142–149; Werner 2000, S. 31; Prix, Architektur muß, 2005, S. 134–136; Prix, Get off, 2005, S. 84f.), ROTER ENGEL, Wein- und Liederbar, 1980/81 (vgl. Anm. 1152).

1218 | Werner 2000, S. 11; Prix, Weniger, 2005, S. 169.

1219 | Feuerstein 1988, S. 146.

1220 | Prix, Architektur muß, 2005, S. 113, Zitate ebd.

1221 | Laut Prix wurde die Formulierung erstmals zur Erklärung des Entwurfs für ein nicht realisiertes Erweiterungsprojekt der Stuttgarter MERZ-SCHULE eingesetzt (MERZ-SCHULE, Stuttgart, 1981 (Prix, Architektur muß, 2005, S. 137f.; Coop 1983, S. 52–59; Prix, Get off, 2005, S. 92f.; Coop Himmelb(l)au 2010, S. 76–79; Levene/Cecilia/Barbarin 1989, S. 20-23)). In einem späteren Interview gibt er allerdings an, sich nicht genau zu erinnern, wann der Begriff erstmals verwendet wurde (Coop/Boyarsky 2005, S. 246).

1222 | Prix, Architektur muß, 2005, S. 143; Prix/Englert 2005, S. 314. Dies bezieht sich auf Karl Poppers „Die offene Gesellschaft und ihre Feinde" (Popper 1957/1958).

1223 | Prix, Architektur muß, 2005, S. 112, Zitat ebd. In diesem Vortrag erläutert Prix die Ideen der Offenen Architektur ausführlich. Die Ablehnung der *additiven Planungsmethoden des 19. Jahrhunderts* ist in Texten um 1990 häufiges Thema (ebd., S. 461). Die Architekten setzen neue komplexe Entwurfsmethoden dagegen (ebd., S. 460).

nur zu erreichen [...], wenn man die alten Regeln der Baukunst befolge. Als Antwort formulieren sie die Offene Architektur.

Konzentriert kommen die neuen Ideen und Gestaltungsansätze vor allem im Entwurf des OFFENEN HAUSES von 1983 zum Ausdruck, das als einziges Projekt das „offen" auch im Namen trägt und „eigentlich wie kein zweiter Entwurf das Credo von Coop [verkörpert]"[1224], so Werner. Es entsteht im gleichen Jahr wie die WOHNANLAGE WIEN 2, in der die Architekten ihre zentralen Forderungen an die Architektur manifestartig in vier Punkten formuliert haben. Diese gelten auch für das OFFENE HAUS, das darüber hinaus den assoziativen Entwurfsprozess der Architekten beispielhaft verdeutlicht.

Das als Einfamilienhaus entwickelte OFFENE HAUS[1225] ist eine experimentelle Arbeit, die für keinen bestimmten Klienten entworfen wurde. Das Modell zeigt ein zerklüftetes, gewölbtes Gebilde, das auf den ersten Blick nur entfernt an ein Wohnhaus erinnert. Vielmehr ähnelt es aufgeschichteten weißen Platten, Eisschollen vielleicht, die auch – von den Architekten sicherlich unbeabsichtigt, zumindest jedoch nicht kommentiert – an Caspar David Friedrichs „Eismeer"[1226] erinnern.[1227] Eine transparente Glasfront mit einem Sonnenschutz aus regulierbaren Lamellen und geschlossene Seitenwände umhüllen und überwölben einen ungeteilten Innenraum.[1228] Das Haus ist nur über eine Treppe zugänglich. Ein anderes Modell zeigt, wie das Gebäude dem Hügel eingepasst ist: Es wirkt wie ein fremdes Flugobjekt, das sich – ähnlich wie der DACHAUSBAU FALKESTRASSE oder die WOHNANLAGE WIEN 2 – nur kurz an dieser Stelle niedergelassen hat und jeden Moment abheben könnte. Es erinnert damit auch an Hadids PEAK. Tatsächlich ist der Baukörper an nur drei Punkten verankert. Wie in WIEN 2 wird auch hier das Raumvolumen verkippt. Dadurch entsteht eine doppelschalige Struktur, die für ein passives Energiekonzept geeignet sein sowie künftige Installations-Veränderungen erleichtern soll, so die Architekten. Die Hülle des OFFENEN HAUSES schließt sich wie eine

1224 | Werner 2000, S. 36.
1225 | OFFENES HAUS, 1983 (Coop 1983, S. 28-35; Coop 1984, o. S. 9-12; Werner 2000, S. 36f.; Prix, Architektur muß, 2005, S. 114f.; Coop 1993, S. 31-37; Prix, Get off, 2005, S. 96f.; Coop Himmelb(l)au 2010, S. 90-95; Beyond the Blue 2007, S. 82f.; Levene/Cecilia/Barbarin 1989, S. 24-27). Ab 1985 wird das Projekt im Auftrag eines privaten Bauherrn überarbeitet und soll im kalifornischen Malibu errichtet werden. Der überraschende Tod des Auftraggebers lässt dieses Vorhaben jedoch scheitern (Werner 2000, S. 36; Coop/Boyarsky 2005, S. 244f.).
1226 | Caspar David Friedrich, „Das Eismeer (Die gescheiterte Hoffnung)", ca. 1823-1824, Öl auf Leinwand, 126,9 × 96,7 cm, Kunsthalle Hamburg.
1227 | Werner umschreibt diese Ähnlichkeit näher (Werner 2000, S. 167).
1228 | Coop 1993, S. 32.

Außenhaut um das Innere, das der künftige Bewohner nach Belieben einrichten kann.[1229] Ob ein solches Verfahren allerdings noch der Forderung nach Kostengünstigkeit, wie sie für WIEN 2 propagiert wurde, entspricht, kann für die nicht realisierten Entwürfe der Architekten nicht beantwortet werden. Das Passivenergiekonzept zumindest ist zukunftsweisend.[1230]

Der ungeteilte Innenraum erinnert an Hadids Experimente mit dem fließenden Raum. Die Motivationen der Architekten unterscheiden sich jedoch in ihrer zugrunde liegenden Zielsetzung: Während Hadid dynamische Räume formen will, die Bau und Umraum verbinden, entwirft Coop Himmelbau offene, nicht-definierte Innenräume. Der Entwurf ist funktionell nicht bestimmt, sondern bewusst *ohne Widmungen*[1231] oder Nutzungsvorgaben, so die Architekten. Entsprechendes ist auch bei WIEN 2 begegnet, das ausbaubare loftartige Wohnungen anbieten will.

Das Thema der funktionalen Offenheit wurde bereits bei Koolhaas' Rotterdamer Türmen besprochen, die ebenfalls keine Nutzungsweisen vorschreiben, sondern funktionsoffene Bauten sein wollen. Im Gegensatz zu Koolhaas allerdings, der in DELIRIOUS NEW YORK die neutrale Fassade nach dem Vorbild der New Yorker Wolkenkratzer mit dem Innenbau unverbunden halten will wie eine feste, aber starre Schale, gibt es bei Coop Himmelblau eine stärkere Verbindung zwischen innen und außen: Schon bei WIEN 2 und dem „Medienturm" des Hamburger SKYLINE-Projekts wurde deutlich, dass die äußere Hülle keine simple Fassade ist, sondern das Innere wie eine flexible Haut umschließt und eng mit diesem verbunden ist. Auch im OFFENEN HAUS *[spannt d]as Gefühl des Innen [...] die Haut des Außen*[1232], ein Motiv, das sich bei vielen Projekten findet.[1233] Dabei gehen die Architekten jedoch immer von Überlegungen zur Gestaltung des Innenraums aus, dem das Äußere angepasst wird. Auch wenn also die äußere Gestaltung ihrer Entwürfe sehr expressiv ist, steht sie

---

1229 | Prix 1991, S. 23.

1230 | Bereits Ende der 1970er-Jahre entwickelt Coop Himmelblau passive Energiekonzepte, die jedoch nicht realisiert werden (etwa HAUS ELEK, 1979/82 (Coop 1983, S. 62)), und ist damit sehr zukunftsweisend: Das erste Passivhaus in Deutschland wurde 1990/91 in Darmstadt-Kranichenstein errichtet.

1231 | Coop 1983, S. 48.

1232 | Prix, Architektur muß, 2005, S. 116.

1233 | Coop Himmelblau selbst verweist immer wieder auf den Begriff einer dynamischen (Außen-)Haut anstelle einer statischen Fassade (etwa Prix, Architektur muß, 2005, S. 125). Die Anfänge dazu liegen in den pneumatischen Projekten der Anfangsjahre (vgl. Anm. 1208). In gewisser Weise programmatisch ist die Installation DIE HAUT DER STADT in der Kunsthalle Berlin, die als einziges Projekt den Begriff „Haut" auch im Titel führt (Coop 1983, S. 26f.; Anm. 1193).

doch nicht im Zentrum, sondern resultiert aus dem Innenbau. Entsprechend umschreiben die Architekten die formale Gestaltung ihrer Projekte meist nur vage, ohne auf die Formenwahl näher einzugehen. Einmal mehr wird deutlich, dass der auf die Formen fokussierte Beurteilungsansatz der New Yorker Kuratoren zu kurz greift.

Das „offen" bedeutet für Coop Himmelblau weder, dass Gebäude transparent, noch dass sie unfertig, ohne Dach, Türen oder Fenster gebaut werden.[1234] Vielmehr richtet es sich auf den Anspruch, dass die entworfenen Gebäude innen funktional unbestimmt, flexibel und anpassungsfähig sein sollen. Damit verbunden ist die Möglichkeit für, aber auch die Aufforderung an den Benutzer, seinen (Wohn-)Raum selbst zu gestalten. Dieser Punkt ist in ähnlicher Weise auch von Tschumi gedacht worden, der die Verbindung von Raum und Bewegung als dritter Komponente der Architektur theoretisch intensiv aufbereitet hat. Mit der Offenen Architektur hat Coop Himmelblau einen Teil ihrer Forderungen praktisch anwendbar umgesetzt.

Noch nicht untersucht wurde die zweite Forderung nach einer Architektur, die nicht angepasst ist, sondern emotionale Reaktionen provoziert. Die Coop löst dies durch eine assoziative Entwurfsfindung, die ebenfalls im Entwurf des OFFENEN HAUSES deutlich wird: Die Beschreibung der Entwurfsfindung umfasst hier etwa die Hälfte des kurzen Begleittextes; dies zeigt, welche Bedeutung die Architekten ihr beimessen.

8.3 Assoziatives Entwerfen: Gebaute Zeichnungen und Formmutationen

Kein konkreter formaler Grundriss, sondern eine Gestaltungsidee ist Ausgangspunkt des Entwurfs für das OFFENE HAUS: *Wir haben uns überlegt, wie ein Haus aussehen könnte, aber dabei nie an Räume oder an Details gedacht. Wir wollten das Gefühl entwerfen, [...] das man haben wird, wenn man die fertig gebaute Architektur betritt,*[1235] so Prix. Diese Konzentration auf die Gefühle, die der geplante Raum wecken soll, wird sogar so weit geführt, dass die erste Zeichnung des Entwurfs mit geschlossenen Augen angefertigt worden sein soll.[1236] Auch wenn diese Anekdote wie manch andere sicherlich der Neigung der „Anpassungsverweigerer"[1237] Prix und Swiczinsky entspringt, ihr Entwerfen

---

1234 | Prix, Architektur muß, 2005, S. 113; Prix 1991, S. 18.

1235 | Prix 1991, S. 22.

1236 | Coop 1983, S. 28; Prix, Architektur muß, 2005, S. 115; Coop/Boyarsky 2005, S. 244. Prix räumt ein, dass dies keinesfalls reguläre Entwurfspraxis sei (Prix 1991, S. 25; Werner 2000, S. 170).

1237 | Coop 1984, o. S. 6.

zu mystifizieren und bewusst provokant zu gestalten, wie Werner erläutert,[1238] verdeutlicht sie doch, welche Bedeutung die assoziative Entwurfsfindung in den ersten Skizzen, Gehry nicht unähnlich, für Coop Himmelblau hat – sie bezeichnen diesen gar als mögliches „*role model*"[1239].

Auch bei den drei Projekten in der New Yorker Ausstellung konnte beobachtet werden, dass am Anfang eines Entwurfs der Coop nicht die formale Gestaltung, sondern assoziative Überlegungen stehen. Diese werden in ersten Zeichnungen festgehalten, die oft nicht mehr als grobe Skizzen sind und optisch kaum Ähnlichkeit mit einem Gebäude haben:[1240] *[U]nsere Zeichnungen [sind] keine Architekturzeichnungen im herkömmlichen Sinn [...], sie sind auch keine Werkzeichnungen, sondern das erste Fassen des Gefühls auf Papier.*[1241] Dabei reagieren sie immer auf das jeweilige Bauvorhaben, jedoch nicht im konventionellen Sinne und *ohne an räumliche Konsequenzen zu denken*[1242]. Mit gezeichneten Kraftlinien, Verdichtungen und Assoziationen wird versucht, die Konzentration des Gefühls, das die Architekten mit einem bestimmten Projekt verbinden, einzufangen. Anschließend wird die erste Entwurfsidee Schritt für Schritt in weiteren Zeichnungen und Modellen konkretisiert.[1243] Diese Entwurfspraxis hat sich bis heute, trotz zunehmender Leistungsstärke des Computers[1244], kaum verändert.

Bei der Weiterentwicklung der ersten Entwurfsskizzen bleibt, zumal bei den frühen Bauprojekten der 1980er-Jahre, der grafische Charakter erhalten.

1238 | Auch zu anderen Projekten gibt es ähnlich exzentrische Geschichten um die Entwicklung des Entwurfs, vgl. dazu Werner 2000, S. 177f.; Coop 1992, S. 14f.

1239 | Coop, Gehry, 2005, S. 410.

1240 | Die erste Zeichnung wird begleitet von einem Arbeitsmodell, das parallel entsteht (Prix, Architektur muß, 2005, S. 114; Coop/Boyarsky 2005, S. 238; Werner 2000, S. 176f., 180). Der Entwurfsprozess wird immer weiter konzentriert, die Kommunikation auf gestische Andeutungen verkürzt. Diesen Prozess beschreibt die Coop oft (etwa in Prix 1991, S. 19f.; Coop/Boyarsky 2005, S. 237f., 242-244). In den folgenden Jahren erhält das erste Modell immer mehr Gewicht, wie Werner schreibt (Werner 2000, S. 183f.).

1241 | Prix 1991, S. 23.

1242 | Prix, Get off, 2005, S. 45.

1243 | Prix 1991, S. 23. Um diese *komplexen und sehr komplizierten räumlichen Zusammenhänge am richtigsten dar[zu]stellen*, entwickelt die Coop die von ihnen sogenannten *Röntgenschnitte*, bei denen unterschiedliche *Ansichten und Schnitte in einem Plan [gezeichnet]* werden (Prix, Architektur muß, 2005, S. 124, Zitate ebd.; Prix, Stadt als, 2005, S. 153). Diese Darstellungstechnik ist für ihre Zeit fortschrittlich.

1244 | Im Gegenteil: Prix betont, dass nur am Computer entworfene Gebäude Gefahr laufen, „*Totgebäude*" zu werden, da ihnen Lebendigkeit und Wiedererkennbarkeit fehlen (Klotz/Lehmann/Prix 1999, S. 25f., Zitat S. 25; Werner 2000, S. 186).

Die linearen Elemente der Zeichnung werden auf die konkretisierten Projekt-lösungen übertragen. Besonders deutlich lässt sich dies beim Wiener DACH-AUSBAU beobachten, dessen Gestalt auf der ersten Skizze beruht, aber auch beim OFFENEN HAUS oder der Hamburger SKYLINE, wo mit dem Medienbogen ein gezeichnetes Element in das Modell übernommen wird.[1245] Daher können diese Entwürfe als *gebaute Zeichnungen* aufgefasst werden.[1246] Es entsteht die grafisch geprägte Splitterästhetik, die die Himmelblauen Arbeiten der 1980er-Jahre für die New Yorker Kuratoren dekonstruktivistisch scheinen lässt, die aber, wie sich gezeigt hat, „Nebenprodukt" des Entwurfsverfahrens ist, nicht zentrales Gestaltungsmoment. Wigleys und Johnsons formale Annäherung an die Architekten trifft daher nicht den Kern ihres Architekturverständnisses.

Formmutationen

Weitere Anhaltspunkte für ihre Formen finden die Architekten darüber hinaus in den oft sehr bildlichen Assoziationen – Blitz, Flammen und Feuer etwa sind wiederkehrende Momente ebenso wie Wolken oder biomorphe Formen –, die in den Entwurf übertragen werden, sowie insbesondere in den *[p]lastische[n] Verformungen des Raumes*[1247], wie sie etwa in den gegeneinander verkippten Volumen von WIEN 2 zu beobachten sind. Diese von ihnen sogenannten *Formmutationen* sind für Coop Himmelblau *Aspekte der Offenen Architektur. Eine Form, die sich verformt, ist Möglichkeit. Sie deutet an, sie schafft Übergänge. Sie sitzt und setzt fest. Aber sie begrenzt nicht.*[1248] Die zersplitterten Formen bieten formale Möglichkeiten, die Ziele der Offenen Architektur, nicht-determinierte Räume zu schaffen, umzusetzen.

Bereits Mitte der 1980er-Jahre entfernen sich die Architekten jedoch von dieser Formensprache. Sowohl die lineare Splitterästhetik als auch die Verkippungen und Verformungen sind nur eine formale Phase, nicht zentrales Gestaltungsmoment. Was zunächst als Widerspruch erscheint[1249] – die expressiven Entwürfe stehen der Tatsache entgegen, dass die Formen erst in zwei-

---

1245 | Weitere Beispiele bespricht Werner 2000, S. 146–149.

1246 | In den jüngeren Arbeiten ab etwa Mitte der 1990er-Jahre ist das Moment der *gebauten Zeichnung* nicht mehr so stark.

1247 | Coop 1986, o. S. 10f.

1248 | Coop 1986, o. S. 10, Zitat ebd.; Prix 1991, S. 19, 27. Für Beispiele von Zeichnungen mit *Formmutationen* vgl. Coop 1983, S. 220f.; Prix, Get off, 2005, S. 104f. Werner bezeichnet die Projekte dieser Phase von etwa Mitte der 1970er- bis Mitte der 1980er-Jahre, die für die hier thematisierte Fragestellung von besonderem Interesse ist, als „Form-Mutations-Projekte" (Werner 2000, S. 31).

1249 | So sagt etwa Peter Noever in einem Interview mit den Architekten: „Eure Ausdrucksform ist [...] eine stark formalistische." Und: „Weder eure Räume sind anonym, noch eure Häuser ohne Fassade" (Coop/Noever 1986, o. S. 4).

ter Linie entwickelt und den assoziativen Entwurfsideen angepasst werden –, erweist sich bei genauerer Betrachtung als logische Konsequenz: Um zu der angestrebten emotionalen Reaktion der Betrachter/Bewohner zu gelangen, müssen die Bauten provokante, auffällige – in Coop Himmelblaus Worten: *erlebbare* – Formen haben.[1250] Obwohl ihre Architektur der 1980er-Jahre formal der Definition der New Yorker Kuratoren stark zu entsprechen scheint und dies sehr wahrscheinlich der Grund ist, warum gerade von den Himmelblauen drei Arbeiten gezeigt werden, trifft die formale Einschätzung der New Yorker nicht zu: Weder ist das Schaffen der Architekten vorrangig formal orientiert, denn ihre Ästhetik *[entwickelt] sich aus dem Inhalt*[1251], wie Prix es formuliert, noch wird eine Zerstörung der klassischen Formenästhetik thematisiert. Dekonstruktivistische Ansätze lassen sich vielmehr im assoziativen Entwurfsverfahren der Coop beobachten, das von Johnson und Wigley nicht kommentiert wird.

Auf der Suche nach dem blinden Fleck

Das besondere Entwurfsverfahren, das das Entwerfen auf den Moment der ersten, unbewussten Skizzierung verdichtet, haben Prix und Swiczinsky in den frühen 1980er-Jahren entwickelt, um assoziative, von funktionalen Zwängen freie Entwurfsideen zu finden.[1252] Ohne es beweisen zu können, gehen sie davon aus, dass, *je intensiver ein Entwurf vom Entwerfer erlebt wird, umso erlebbarer wird der gebaute Raum.*[1253] Das Entwerfen wird zu *eine[m] sehr komplexen persönlichen Vorgang.*[1254] Sie verdeutlichen dies in einer linguistisch nicht ganz stringenten Erläuterung des Begriffs „Entwurf": *Ent-Wurf. „Ent"* wie *ent-äußern, ent-flammen. „Wurf"* wie *werfen.*[1255] In diesem Sinne bezeichnet das Suffix „ent" etwas, das von innen nach außen gebracht wird, während das Verb „werfen" eine schwungvolle, spontane Handlung bedeutet.[1256] Die so „ent-worfenen"

1250 | Prix, Architektur muß, 2005, S. 133, Zitat ebd.; Coop/Noever 1986, o. S. 4; Coop 1983, S. 49.

1251 | Prix, Architektur muß, 2005, S. 134.

1252 | Ausführlicher etwa in Coop/Boyarsky 2005, S. 238f., 246; Prix, Architektur, 2005, S. 192. Den Einfluss künstlerischer Methoden wie dem Aktionszeichnen erläutert Prix in Prix/Preß 2005, S. 309; vgl. auch Coop 1993, S. 5.

1253 | Prix, Get off, 2005, S. 45, 62, Zitat S. 45; Prix, Architektur muß, 2005, S. 114.

1254 | Prix, Architektur muß, 2005, S. 113, Zitat ebd.; Coop/Boyarsky 2005, S. 242.

1255 | Diese Erläuterung wird häufig genannt, etwa in Prix, Get off, 2005, S. 45; Prix, Architektur muß, 2005, S. 113; Prix 1991, S. 19.

1256 | Prix 1991, S. 19f. In ähnlicher Weise heißt es auch häufiger: *Planung hat mit Ahnung zu tun;* die etymologisch nicht korrekte Herleitung verdeutlicht den Denkansatz der Coop (etwa Prix, Get off, 2005, S. 71).

Zeichnungen lassen sich wie ein *Psychogramm*[1257] des künftigen Baus lesen, das sich auf das assoziative Erleben des Entwurfs konzentriert, ohne von Überlegungen zu den konventionellen Funktionszwängen eingeschränkt zu werden. So erreicht die Coop die *Befreiung des Raumes vom Grundriß*[1258]: *Denn eine Zeichnung, die in einem explosiven Moment entsteht, beinhaltet nicht a priori die Sachzwänge der Architektur wie Raumprogramm, Konstruktion, Ökonomie, Baugesetz und so weiter. Sie ist total frei.*[1259] Diese Art des Entwerfens, das keinen rationalen, sondern einen unbewussten Entwurfsmoment zum Ausgangspunkt nimmt und sich auf die Suche nach dem Unsichtbaren, Unbewussten in den Entwürfen macht, sei nichts anderes, so Prix in den 1990er-Jahren, als die Suche Derridas nach dem blinden Fleck, dem unbewusst Geschriebenen in Texten.[1260]

Mit diesen Erläuterungen akzeptiert die Coop, neben Eisenman, als einzige der sieben Architekten den Begriff der Dekonstruktion für ihr Schaffen, liefert jedoch eine eigene Definition nach, die ihre Architektur – entgegen der Definition der Kuratoren – in Bezug zu Derridas Philosophie setzt. Obwohl sie sich nicht nachweislich zu den Erläuterungen Johnsons und Wigleys äußern, wird deutlich, dass die Architekten deren Begriffserklärung nicht teilen. Sie weisen zudem auf Probleme hin, die die Übertragung des Terminus mit sich bringt: Die Dekonstruktion werde häufig als Destruktion missverstanden, obwohl es sich dabei um eine Denkmethode, nicht um eine Methode des Zerstörens handle.[1261] Darauf verweist auch Wigley in seinem Essay. Einerseits hat Coop Himmelblau damit die Begriffsvergabe der New Yorker Ausstellung gewissermaßen als „Ist-Zustand" akzeptiert, den sie für sich nutzbar machen, indem sie sich mit den in dieser Bezeichnung implizierten Konnotationen auseinandersetzen – freilich anders als von den Kuratoren propagiert. Andererseits ist aber offensichtlich, dass diese Bezugnahme auf Derrida eine rück-

---

1257 | Prix, Architektur muß, 2005, S. 115; Coop/Noever 1986, o. S. 4. Nach Werner hat Coop Himmelblau vergleichsweise früh in Europa die Methode der kognitiven Kartierung beziehungsweise des Mental Mapping eingesetzt (Werner 2000, S. 176).

1258 | Coop 1983, S. 182, Zitat ebd.; Prix, Get off, 2005, S. 25; Prix/Sperl 2005, S. 283.

1259 | Prix/Preß 2005, S. 309.

1260 | Prix, Weniger, 2005, S. 169; Prix/Rötzer 2005, S. 264; Prix/Sperl 2005, S. 283; Klotz/Lehmann/Prix 1999, S. 5, 28; Koglmann/Mießgang/Prix/Schuh 2005, S. 343f. Gelegentlich rückt Prix den nicht-rationalen Entwurfsprozess auch in die Nähe von Freud (Prix/Wittkuhn 2005, S. 303; Prix/Englert 2005, S. 313f.).

1261 | Prix 1991, S. 30; Prix/Sperl 2005, S. 283; Koglmann/Mießgang/Prix/Schuh 2005, S. 343f.; Klotz/Lehmann/Prix 1999, S. 5f.

wirkende[1262] ist, die ohne den Titel der Ausstellung nicht zustande gekommen wäre.[1263] Während die Coop ihr assoziatives Entwurfsverfahren entwickelt, hat sie sich nicht maßgeblich mit Derrida oder anderen Philosophen auseinandergesetzt.[1264] Vielmehr haben sich ähnliche Tendenzen parallel, aber unabhängig voneinander entwickelt, worauf Prix selbst mehrfach verweist.[1265] Übrigens spricht auch Prix früh von Dekonstruktivismus, auch wenn die Kuratoren sich von einem Ismus abgrenzen wollen.

Im Gegensatz zu den bisher besprochenen Architekten, die im Umgang mit dem Bestand – seien es formale Vorbilder der Architekturgeschichte, seien es konkrete Raumsituationen und vorhandene Bestände – de-kon-struktive Verfahrensweisen anwenden und sich mit dem Vorhandenen in einer bestimmten Form auseinandersetzen, lässt sich bei Coop Himmelblau nichts Vergleichbares beobachten. Zwar finden sich beim Dachausbau Falkestrasse – stellvertretend für weitere Innenausbauprojekte[1266] – ähnliche Ansätze; diese entsprechen jedoch nicht ganz einem de-kon-struktiven Schema, da nicht bewusst mit alten Fragmenten gearbeitet wird. Zudem betonen die Architekten selbst, dass sie, zumindest zu Beginn ihres praktischen Schaffens, die vorhandene Bausubstanz *als leere Hüllen*[1267] betrachtet haben. Entsprechendes gilt auch für das Zerlegen in Materialbestandteile, das bei den neu entwickelten Projekten wie Wien 2 und Skyline Hamburg besprochen wurde: Auch hier gibt es gestalterische Tendenzen, die oberflächlich an de-kon-struktives Zerlegen und Neuzusammenfügen erinnern, aber ebenfalls nicht der Methode entsprechen.

1262 | Heinrich Klotz erhebt den Vorwurf gegen die Architekten, dass sie sich mit dieser rückwirkenden Auseinandersetzung mit der Philosophie Derridas „selbst aufwerten" wollen (Klotz/Lehmann/Prix 1999, S. 28). Ob diese Kritik so stehen bleiben kann, darf angezweifelt werden, da Coop Himmelblau auf die New Yorker Ausstellung und die sich daran anschließenden Diskussionen reagiert.

1263 | Deutlich wird dies an den unterschiedlichen Erklärungen von Prix: Wird zunächst lediglich ein Bezug zwischen Dekonstruktivismus und Offener Architektur, die *brennen muß*, hergestellt (Prix 1991, S. 30), werden ab Mitte der 1990er-Jahre ausführliche Bezüge zu Derridas Philosophie geschaffen. Dies legt nahe, dass sich die Coop im Laufe der 1990er-Jahre intensiv mit dem Begriff „Dekonstruktion" und seiner Bedeutung für das eigene Schaffen auseinandergesetzt hat.

1264 | Dies stellt nicht in Frage, ob die Architekten bestimmte philosophische Theorien gekannt haben; auf ihre Bezugnahme auf Popper etwa wurde bereits hingewiesen (vgl. Anm. 1222). Relevant ist jedoch, dass sie die Auseinandersetzung mit diesen Ansätzen nicht ausdrücklich in ihrem Schaffen thematisieren.

1265 | Prix/Sperl 2005, S. 283; Koglmann/Mießgang/Prix/Schuh 2005, S. 344.

1266 | Eine Auswahl beschreibt Werner 2000, S. 31–43.

1267 | Coop 1983, S. 42; Prix, Architektur muß, 2005, S. 138.

Vor diesem Hintergrund überrascht es nicht, dass Coop Himmelblau betont, kein Interesse an der Architekturgeschichte zu haben.[1268] Da die konkreten Formlösungen an zweiter Stelle stehen, suchen die Architekten nicht nach formalen historischen Vorbildern. Sie setzen sich auch nicht explizit mit den russischen Konstruktivisten auseinander. Ihre Kritik am postmodernen Eklektizismus ist deutlich und harsch. Anders als etwa Hadid oder Koolhaas befasst sich die Coop aber auch nicht mit modernen Denk- und Gestaltungsansätzen, um diese weiterzuentwickeln. Dennoch stehen natürlich auch Prix und Swiczinsky in der architekturhistorischen Tradition. So sind etwa die Versuche, Bauten zu dynamisieren und vom Grundriss zu lösen, keine neuen Ideen.[1269] Auch das Entwerfen von Innenräumen ohne Rücksicht auf die äußere Hülle hat moderne Vorläufer.[1270] Von theoretischer Seite relevant ist jedoch, dass Coop Himmelblau diese Einflüsse und Vorbilder nicht zu ihrem Thema macht – anders als Hadid, die sich zu Beginn ihres Schaffens mit Malewitsch auseinandersetzt, oder Koolhaas, dessen retroaktive Methode bewusst den historischen Bestand, sowohl in der jeweiligen Entwurfssituation als auch ideengeschichtlich, miteinbezieht.

8.4 Zusammenfassung

Architektur muß brennen und *Unsere Architektur hat keinen physischen Grundriß*[1271], diese beiden Sätze bringen die wesentlichen Ideen der Coop einprägsam und in typisch Himmelblau-provokanter Manier auf den Punkt. Prix und Swiczinsky fordern eine Architektur, die funktionsoffen, flexibel und erlebbar ist. Praktisch anwendbar machen sie die Forderungen nach emotionalen Räumen, die *nicht analytisch [erfasst, sondern] mit den Augen wahrgenommen*[1272] werden, im Konzept der Offenen Architektur sowie in ihrem assoziativen Entwurfsverfahren, das das Entwerfen auf einen unbewussten Moment verdichtet, der als Grundidee des späteren Projekts in einer spontanen Zeichnung festgehalten wird. In Texten und Interviews hebt das Team immer wieder hervor, welche Bedeutung diese Methode hat.

1268 | Coop/Noever 1986, o. S. 3, 4; Prix, Architektur muß, 2005, S. 142; Klotz/Lehmann/Prix 1999, S. 28.
1269 | Kipnis 2005, S. 15, 17.
1270 | Werner beschreibt etwa das zentrifugale Entwerfen Gerrit Rietvelds ausführlicher und verweist auch auf die sowjetische Revolutionsarchitektur (Werner 2000, S. 146).
1271 | Coop, Unsere Architektur, 2005, S. 25.
1272 | Coop/Boyarsky 2005, S. 240.

Darüber hinaus ist es dieses Verfahren, das Coop Himmelblau nach eigener Ausage mit der Dekonstruktion Derridas verbindet. Dass sich die Coop in
den 1990er-Jahren selbst so gründlich mit der begrifflichen Definition auseinandersetzt, ist ein Sonderfall unter den in New York gezeigten Positionen, die
sich größtenteils nur sehr knapp und ablehnend zu der Begriffszuordnung äußern. Allerdings arbeitet Coop Himmelblau weder in de-kon-struktiver Weise
mit vorhandenem historischen Material, wie es etwa bei Hadid oder Koolhaas
zu beobachten ist, noch trifft die Einschätzung der New Yorker Kuratoren zu,
in deren Augen die Himmelblaue Splitterästhetik die klassische Formenharmonie zu zerlegen scheint. Stattdessen haben sich unbeabsichtigte Parallelen
mit Derridas Suche nach dem blinden Fleck, nach dem Unbewussten, Unsichtbaren in Texten gefunden.

Zudem kommentieren Johnson und Wigley in ihren Beschreibungen der
drei gezeigten Ausstellungsprojekte weder die Forderungen nach einer Offenen Architektur, die besonders bei WIEN 2 zum Ausdruck kommt, noch das
assoziative Entwurfsverfahren mit seinen formalen Konsequenzen, wie es bei
der Hamburger SKYLINE und vor allem am Wiener DACHAUSBAU zu beobachten ist. Wieder bleiben die Kuratoren einer oberflächlich-formalen Betrachtung
verhaftet und werden so dem grundlegenden Architekturverständnis von Coop
Himmelblau nicht gerecht. Denn trotz der expressiven und auffälligen Bauten
ist das Himmelblaue Schaffen gerade nicht formal ausgerichtet, ihre Ästhetik
[entwickelt] sich aus dem Inhalt[1273]: Die Formlösungen sind Resultat des assoziativen Entwurfsprozesses, stehen aber nie am Anfang der Überlegungen.
Dementsprechend entwickelt sich ihre Formensprache zügig weiter, die linear-
grafischen *gebauten Zeichnungen,* zu deren Höhepunkten der Wiener DACHAUS-
BAU und das OFFENE HAUS zählen, werden schon in den späten 1980er-Jahren
von neuen (Innen-)Raumtendenzen abgelöst.[1274] Die Architekten bezeichnen
diese neuen Projekte selbst als *Operationen an der Box*[1275]. Trotzdem bedeutet
dies nicht, dass es sich um eindeutig voneinander abgegrenzte Phasen handelt.
Vielmehr greift Coop Himmelblau – ab den frühen 1990er-Jahren Himmel-
b(l)au – immer wieder frühere Ideen und Motive auf. Die aktive und selbstbewusste Auseinandersetzung mit dem eigenen Werk spielt eine wichtige Rolle.

Eine solche neue Innenraumgestaltung kommt erstmals im GRONINGER PA-
VILLON[1276], einem Aus-/Aufbau des dortigen Stadtmuseums, zum Einsatz.

1273 | Prix, Architektur muß, 2005, S. 134.

1274 | Werner 2000, S. 150; Coop/Boyarsky 2005, S. 239.

1275 | Werner 2000, S. 43.

1276 | GRONINGER PAVILLON, 1993–1994, Groningen (Werner 2000, S. 47–52; Prix,
Stadt als, 2005, S. 153; Coop Himmelb(l)au 2010, S. 182–191). Für das Projekt wird
erstmals ein Modell digitalisiert (Werner 2000, S. 181f.). Allerdings wird die Frage der

Die Konzentration des Entwurfs liegt auf dem Inneren, mehrere ineinander verschachtelte Räume fügen sich zu einem „Raumchaos".[1277] Es gibt keinen zentralen Fixpunkt, sondern ein Geflecht aus verschiedenen Zirkulationsebenen aus eingehängten Stegen und Rampen, die viele Blickachsen und neue Ansichten ermöglichen. Der Besucher des PAVILLONS erlebt keinen klassischen „Zwangsrundgang", der ihn in einer vorgegebenen Abfolge durch die Ausstellungsräume führt, sondern einen von allen Seiten zugänglichen, hochkomplexen Raum.[1278]

Eine Weiterführung der komplexen Raumerfahrung des Groninger Innenraums begegnet im Dresdner UFA MULTIPLEXKINO[1279], dem ersten Neubau der Coop, der 1998 fertiggestellt wurde, ein auffälliges und – wie so viele Himmelb(l)aue Bauten – sehr umstrittenes Gebäude.[1280] Der Kinokomplex ist aus zwei Teilen gebildet: eine spitz zulaufende, vorkragende Beton-„Skulptur", in der acht Kinosäle untergebracht sind, und eine Glas-Stahl-Konstruktion, die wie ein unbearbeiteter Kristall schräg aus dem Boden ragt. In dieser befindet sich das Foyer, das keine schlichte Eingangshalle ist, sondern ein Durchgangsort, der neue urbane Qualität schaffen will.[1281]

Wieder ist das Verfließen von Räumen eines der zentralen Interessen der Architekten, das sich hier auch in den Stadtraum entfaltet. Zugleich dringt die Stadt durch den Einsatz von rauen, unbehandelten Materialien wie Beton, Aluminiumblechen und -gittern in das Gebäude ein.[1282] Auf diese Weise treten Stadt und Gebäude miteinander in Dialog, so die Architekten, die Grenzen zwischen innen und außen verschwimmen und neuer Stadtraum entsteht:[1283] Der UFA-Komplex wird nicht nur als Kino, sondern vor allem auch als öffent-

musealen Funktionalität bewusst nicht thematisiert, kuratorische Belange sind daher schwierig zu lösen (Prix/Wittkuhn 2005, S. 302f.; Werner 2000, S. 182). Kritiker werfen der Coop mangelnden Respekt vor der Kunst vor (Werner 2000, S. 153).

1277 | Werner 2000, S. 151, 158, 161, Zitat S. 151.

1278 | Werner 2000, S. 153, Zitat ebd.

1279 | UFA MULTIPLEXKINO, 1993-1998, Dresden (Werner 2000, S. 52-57, 158-164; Coop Himmelb(l)au 2010, S. 192-205; Beyond the Blue 2007, S. 112-117).

1280 | Zwar wird das Projekt als gelungene Ergänzung des nachkriegsmodernen Viertels gelobt, trotzdem wird mehrfach Kritik laut: Zum einen wird der Vorwurf erhoben (der sich nicht direkt gegen das Gebäude richtet), dass es stadtplanerisch unklug war, einen Kinokomplex an einer Stelle zu konzentrieren. Zum anderen heißt es, die Ausführung des Baus sei mangelhaft. Anzumerken ist an dieser Stelle, dass das gebaute Kino nur eine „Spar-Variante" des ursprünglichen Entwurfs ist, so die Architekten (Prix, Architektur, 2005, S. 202; Prix/Ruby 2005, S. 269).

1281 | Prix/Ruby 2005, S. 269; Klotz/Lehmann/Prix 1999, S. 7.

1282 | Werner 2000, S. 56, 161.

1283 | Prix, Architektur, 2005, S. 202; Prix, Space for, 2005, S. 219.

licher Raum gebaut – kein Innenraum, sondern *ein Außenraum, der zufällig abgedeckt ist*.[1284]

Nach Prix kommt in Dresden *ein neues Paradigma zur Raumbildung und Gestaltfindung zum Tragen*[1285] durch die Gestaltung des Gebäudes als überdachten Stadtraum: Frei-plastische Körper werden in freier Konfiguration von einem großen Schirm zusammengefasst. Das Gebäude als Objekt werde abgelöst von der *Idee des urbanen Transistors[:] eine Architektur, welche die an sie angrenzenden Räume der Stadt aufgrund ihrer eigenen transitorischen Raumorganisation zu verstärken vermag*.[1286]

In den folgenden Jahren wird diese neue Gestaltungsweise von Gebäuden als urbanen Raum weiterentwickelt, der Baukörper wird zunehmend aufgelöst und dynamisiert, wie dies etwa in der 2007 eröffneten BMW WELT[1287] München zu beobachten ist. Der multifunktionale Komplex dient nicht nur als Auslieferungshalle des Autokonzerns, sondern bietet auch Raum für Ausstellungen und Veranstaltungen. Verschiedene Bauelemente wie Auditorium, Lounge oder Forum werden in einem stützenfreien Raum unter einem ausgeprägten fliegenden Dach angeordnet, dessen Verformungen die wesentlichen Schwerpunkte der Raumwahrnehmung bestimmen. Inspiriert wurde die Form des Daches – wieder – von Coop Himmelb(l)au aus *Wunsch, Wolken zu bauen*[1288]. Die zackigen, kantigen Formen der frühen Projekte werden abgerundeter, weicher, wolkiger.[1289] Das Dach scheint sich aus einem Doppelkegel zu schrauben, der sich vor der Ausstellungshalle erhebt; als auffälligstes Element des Komplexes ist er zum Markenzeichen der BMW WELT geworden. Innen erschließt sich ein komplexes System aus mehreren Ebenen und Bauteilen, die durch eine eingehängte Brücke verbunden werden. Für Prix ist die BMW WELT *eine zeitrichtige Variante der Begriffs Markthalle*[1290]: keine gewöhnliche „kistenartige" Ausstellungsfläche, sondern ein großer, stützenfreier Raum, der von dem alles überspannenden Dach definiert wird.

1284 | Prix, Architektur, 2005, S. 202, Zitat ebd.; Prix/Ruby 2005, S. 269.

1285 | Prix, Space for, 2005, S. 220.

1286 | Prix, Space for, 2005, S. 219.

1287 | BMW WELT, 2001–2007, München (Coop Himmelb(l)au 2010, S. 296–319; Beyond the Blue 2007, S. 138–149; Menges 2009; Werner 2009; Brauer 2008).

1288 | Prix/Erven/Zanten 2005, S. 330.

1289 | Prix, Weniger, 2005, S. 166.

1290 | Prix/Hoffmann 2005, S. 336.

9   Bernard Tschumi

The title was very clever and launched a polemic. [...]
It wasn't an accident that all these people were
exhibited together. Whether they fit under the umbrella
of deconstruction/deconstructivism was actually
secondary – that was just a smart curatorial and
journalistic device that led to a series of calculated
misunderstandings.[1291]

Bernard Tschumi

Mit Bernard Tschumi (*1944) wird ein weiterer Architekt aus dem innovativen
Umfeld der Londoner Architectural Association in die New Yorker Ausstellung
aufgenommen. Der Frankoschweizer betreut heute Projekte auf der ganzen
Welt, ist aber, wie Eisenman, vor allem als Dozent und Theoretiker einflussreich. Bekannt wird Tschumi durch den PARC DE LA VILLETTE in Paris, sein
erstes realisiertes Projekt, das auch eines der wenigen umgesetzten Entwürfe
in der DECONSTRUCTIVIST ARCHITECTURE ist. Es gilt zusammen mit Hadids
PEAK als Durchbruch einer neuen Architekturströmung.

Geprägt von den Veränderungen der späten 1960er-Jahre kreisen Tschumis Leitfragen um eine Neubestimmung der Architektur, lange Zeit ist er bewusst ausschließlich als Theoretiker tätig.[1292] Es entsteht ein umfangreiches
schriftliches Werk sowie konzeptuelle Zeichnungen, in denen sich der Architekt in Auseinandersetzung mit so unterschiedlichen Disziplinen wie Kino,
Literatur, Philosophie und Psychoanalyse einen komplexen architekturtheoretischen Standpunkt erarbeitet: Er entwickelt eine Definition der Architektur
als dem Zusammenspiel von Räumen und den Ereignissen, die in ihnen statt-

---

1291 | Tschumi/Walker, Columbia, 2006, S. 129.
1292 | Im Interview mit Enrique Walker beschreibt Tschumi seine Zeit in London, die
allgemeine Situation nach 1968 und ihre Bedeutung für die Architektur aus seiner Sicht
sowie die Rolle der Architectural Association London (Tschumi/Walker, Paris, 2006,
S. 16–21). Zu seiner Arbeit in den USA vgl. Boyarsky/Tschumi 1986, S. 22f.; de Bure
2008, S. 7–48.

finden. Mit den MANHATTAN TRANSCRIPTS (MT)[1293], einer Serie von Zeichnungen, erreicht er einen vorläufigen Abschluss der theoretischen Standortsuche. Sie werden zum Ausgangspunkt für LA VILLETTE, das den Übergang von der Theorie zur Praxis markiert. Der Park nimmt damit eine besondere Stellung in Tschumis Werk ein, die sich auch darin widerspiegelt, wie sehr das Projekt noch Jahrzehnte später in seinen Schriften sowie in Interviews mit ihm und Texten über ihn reflektiert wird.

Für eine Annäherung an den viel diskutierten Park, der als eines der vierzehn von Mitterand initiierten Grands Projets „Kritikern ausreichend Angriffsfläche"[1294] bot, wie Michaela Gugeler schreibt, wird im Folgenden zunächst das Projekt vorgestellt. Daran schließt sich ein Überblick über Tschumis architekturtheoretische Ansätze sowie die MANHATTAN TRANSCRIPTS an, in denen zentrale Überlegungen zusammengefasst werden. Sind die theoretischen Grundlagen geklärt, werden der Entwurf für LA VILLETTE und die wesentlichen theoretischen Ansätze zusammengeführt. Auch hier sei vorab schon darauf hingewiesen, dass Tschumi immer wieder betont, seine Projekte nicht von formalen Aspekten ausgehend, sondern über strategische Konzepte zu entwickeln. Eine formal orientierte Beurteilung, die die umfangreiche theoretische Basis nicht berücksichtigt, wie sie Johnson und Wigley in ihrem Katalog verfolgen, wird weder seinem Architekturverständnis noch den Entwürfen gerecht.

Danach wird genauer auf die Berührungspunkte zwischen Tschumis Architektur und Derridas Denken eingegangen. Zusammen mit Eisenman ist er einer der wenigen Architekten der Ausstellung, die sich mit dieser Philosophie beschäftigen und den Begriff „Dekonstruktion" selbst gebrauchen. Er hat zudem, so Adolf Max Vogt, „den Impuls [...] zum [...] Dialog mit den Philosophen [und insbesondere mit Derrida]"[1295] gegeben; dieser wiederum kommentiert den PARC DE LA VILLETTE in einem Essay.[1296] Allerdings hat auch hier die Auseinandersetzung des Architekten mit dem Denken Derridas, so viel sei vorgreifend gesagt, nie auf ein „Architektonisieren" der Philosophie gezielt.

1293 | MANHATTAN TRANSCRIPTS, 1976–1981 (Tschumi, Manhattan Transcripts, 1994), Erstveröffentlichung 1981. 1994 folgt eine Neuedition, die neben einigen ausgewählten Farbtafeln auch den „Illustrated Index. Themes from the Manhattan Transcripts" (1982) enthält, eine Zusammenstellung von Ausschnitten verschiedener früherer Texte (Tschumi/Walker, Manhattan Transcripts, 2006, S. 42f.; Tschumi, Manhattan Transcripts, 1994, S. 63). Tschumi benutzt die Abkürzung „MT", die im Folgenden übernommen wird.

1294 | Gugeler 2005, S. 45.

1295 | Vogt 1993, S. 26.

1296 | Derrida 1986.

Abschließend wird Tschumis weitere Entwicklung in ihren wichtigsten Zügen umrissen.

Um sich mit den grundlegenden architekturtheoretischen Ideen eines so konzeptuell arbeitenden Architekten wie Bernard Tschumi vertraut zu machen, sind in erster Linie seine eigenen Schriften aufschlussreich. Für die in der vorliegenden Arbeit relevante Fragestellung sind dies neben den MANHAT-TAN TRANSCRIPTS ausgewählte Texte, die vor und während der LA VILLETTE-Zeit entstanden sind, aber auch spätere Veröffentlichungen, in denen Tschumi immer wieder auf frühere Arbeiten verweist. *Schlüsseldokumente* zum Park-Projekt fasst der Architekt in seiner Publikation CINÉGRAMME FOLIE[1297] zusammen, die einen konzentrierten Überblick über den Entwurf bietet und nicht nur theoretische, sondern auch technische Informationen zur Parkgestaltung vermittelt. Insgesamt wird Wert darauf gelegt, die Untersuchungen soweit wie möglich auf Quellen des Architekten selbst zu stützen. Wichtig sind darüber hinaus auch Interviews, insbesondere die Gespräche, die Enrique Walker zwischen 2000 und 2006 mit Tschumi geführt hat und in denen er sein Schaffen ausführlich reflektiert.[1298]

9.1   Tschumis Ausstellungsbeitrag: PARC DE LA VILLETTE

Der PARC DE LA VILLETTE[1299] (Abb. 12 a, b, c) liegt auf dem Gelände eines 1974 geschlossenen Schlachthofs im Quartier La Villette.[1300] Von dem 75 Hektar großen Areal nimmt die Parkanlage rund 35 Hektar ein und wird dadurch zur zweitgrößten Grünfläche der Stadt. Das Gelände wird von zwei Kanälen durchkreuzt, die sich senkrecht schneiden: dem alten Trinkwasserkanal Canal de l'Ourcq, der das Gelände in Ost-West-Richtung durchfließt und in zwei etwa gleich große Flächen teilt, sowie dem am westlichen Rand liegenden ehemaligen Transportkanal St. Denis. Als 1982 unter der Regierung Mitterand der Wettbewerb für die Gestaltung einer Parkanlage auf dem ehemaligen Schlacht-

---

1297 | CINÉGRAMME FOLIE, 1987 (Tschumi 1987, Zitat S. I, Übers. d. Verf.).
1298 | Tschumi/Walker, Tschumi, 2006.
1299 | PARC DE LA VILLETTE, 1982–1998, Paris (Johnson/Wigley 1988, S. 92-101; Tschumi 1983; Tschumi 1987; Tschumi/Walker, Built Theory, 2006; Tschumi/Walker, Theoretical Building, 2006; Orlandini 1999; Orlandini 2001; Tschumi 1986; de Bure 2008, S. 47-75; Damiani 2003, S. 42-55).
1300 | Für weitere Informationen zur Vorgeschichte der Parkentwicklung vgl. Orlandini 1999, S. 15-53; de Bure 2008, S. 47-75.

hofgelände ausgeschrieben wird,[1301] befinden sich mehrere Gebäude auf dem Areal im Bau oder sind bereits fertiggestellt.[1302]

Das Wettbewerbsprogramm fordert eine heterogene Parkanlage, die Raum für Veranstaltungen und Ausstellungen, für unterschiedliche Gartenanlagen sowie die nötigen Service-, Verwaltungs- und Versorgungseinrichtungen bietet.[1303] Der neuartige Park soll nicht nur dem Leben der postmodernen urbanen Gesellschaft entsprechen, sondern auch eine wegweisende Form für das nächste Jahrtausend schaffen. Der Wettbewerb trifft auf außerordentliche Resonanz. Die Gewinnerentscheidung fällt 1983 zugunsten von Tschumis kontrovers aufgefasstem Konzept.[1304] Nach rund 15 Jahren Bau- und Planungszeit wird sein Parc de la Villette fertiggestellt.

Tschumis Entwurf strebt an, über die in der Wettbewerbsausschreibung geforderten Innovationen hinaus ein neuartiges Modell für einen *Urban Park*[1305] zu entwickeln. Der *historische Prototyp des Parks als Abbild der Natur* werde den vielfältigen Anforderungen der städtischen Gesellschaft nach Erholung, Unterhaltung und kulturellen Veranstaltungen auf dem Weg ins 21. Jahrhundert nicht mehr gerecht; ein Punkt, den, so Tschumi, die meisten anderen Teilnehmer verpasst haben, da sie sich auf die Gestaltung der Natur konzentrieren.[1306]

1301 | François Mitterand (1981–1995) bricht die Planungen seines Vorgängers Valéry Giscard D'Estaing (1974–1981) für die Bebauung von La Villette ab und lässt 1982 erneut einen Wettbewerb ausschreiben. Das Gelände blickt zu dieser Zeit bereits auf eine längere Planungs- und Baugeschichte zurück.

1302 | Dies sind die Cité des Sciences et de l'Industrie (1980–1986, Orlandini 1999, S. 23–32, 74–83) und La Géode (1985 eingeweiht, Orlandini 1999, S. 102–105) von Adrien Fainsilber sowie der Prototyp einer modulierbaren Halle für Großereignisse von Philippe Chaix und Jean-Paul Morel, Zénith (1984 eröffnet, Orlandini 1999, S. 198–201), und die sich im Bau befindende Cité de la Musique von Christian de Portzamparc (1984–1995, Orlandini 1999, S. 47–53, 210–257). Daneben werden einige ältere Schlachthaus-Bauten aus dem 19. Jahrhundert saniert, darunter die Grande Halle de La Villette (1867).

1303 | Eine Zusammenfassung des Programms bei Orlandini 2001, S. 29; Tschumi/ Walker, Theoretical Building, 2006, S. 49. Ein Überblick sowie Auszüge aus der Wettbewerbsausschreibung finden sich bei Orlandini 1999, S. 33f.

1304 | Orlandini 1999, S. 34, 43; Tschumi 1987, S. II; Boyarsky/Tschumi 1986, S. 24f. Für einen Kommentar Tschumis zum Bauverlauf vgl. Tschumi/Walker, Built Theory, 2006, S. 67. Die Kontroverse um das Projekt nach der Wettbewerbsentscheidung ist für die Themenstellung dieser Arbeit nicht relevant.

1305 | Tschumi 1987, S. 1, folgendes Zitat ebd., Übers. d. Verf.

1306 | Tschumi/Walker, Theoretical Building, 2006, S. 49.

In New York wird Tschumis Ausstellungsbeitrag im mittleren Saal gezeigt und nimmt dabei die Raumhälfte ein. Dominiert wird die Präsentation von einem fast wandhohen Modell des Parkentwurfs, das von kleineren Modellen sowie Zeichnungen ergänzt wird. Diese sind auch im Katalog eingeschlossen, während die Modelle nicht abgebildet werden. Stattdessen finden sich einige gezeichnete Variationen der Parkbauten, die wiederum nicht in der Ausstellung zu sehen sind.

Der Park-Entwurf

„Das Grundprinzp des Projektes liegt in der Überlagerung dreier autonomer Ordungssysteme: Punkte, Linien und Flächen"[1307] oder, in Tschumis Worten, *einer einfachen strukturellen Lösung*[1308] für den neuen Typus des urbanen Parks. Die Programmforderungen werden auf die verschiedenen Systeme aufgeteilt: Die baulichen Anforderungen werden im Punkt-System untergebracht, die Wegestrukturen im Linien-System und die Gartenanlagen im Flächen-System. Das Punkt-System überzieht das Gelände in einem regelmäßigen Quadrat-Raster, das nach den Kanälen ausgerichtet ist. Die Schnittstellen werden von sechsundzwanzig roten Bauten, den Folies, markiert. Dieses Punkt-Gitter bietet Tschumi die Möglichkeit, in einem *Minimum an Ausstattung* ohne große Massenanhäufung von Bauten die programmatischen Anforderungen eines urbanen Parks unterzubringen. Mit der massigen Cité des Sciences im Norden und der Cité de la Musique im Süden ist dies eine Entlastung für den Park.

In den Folie-Bauten, der „einzige[n] gebaute[n] Architektur" im Park, werden die geforderten Aktivitäten untergebracht.[1309] In ihrer Grundstruktur sind sie neutrale Würfel aus vorgefertigten Pfosten und Balkenelementen, die beliebig kombiniert und der jeweiligen Aufgabe angepasst werden können.[1310] Ihre Formen leitet Tschumi vom „Nine Square Problem"[1311] her, dessen Strukturen

---

1307 | Johnson/Wigley 1988, S. 92.

1308 | Tschumi 1983, S. 80, folgendes Zitat ebd., Übers. d. Verf.; Tschumi 1987, S. VI–VIII, 3–8.

1309 | Gugeler 2005, S. 48, Zitat ebd. Die Folies spielen auch für das infrastrukturelle System des Parks eine wesentliche Rolle.

1310 | Ein Folie beruht auf einem Würfel von 10,8 × 10,8 × 10,8 m (für technische Details vgl. Tschumi 1987, S. 27–39; Tschumi/Walker, Theoretical Building, 2006, S. 61).

1311 | Das „Nine Square Problem" wurde in den 1950er-Jahren von John Hejduk als gestalterische Übung für Architekturstudenten entwickelt: Über einer quadratischen Fläche aus 3 × 3 Quadraten wird ein Würfel projiziert. Das Grundgerüst des so entstandenen Körpers kann beliebig gestaltet werden, indem der Architekt Flächen und Rahmenstrukturen kombiniert, addiert, weglässt. Für das Entwerfen mit diesem Grundgerüst müssen weder konstruktive Verhältnisse noch Materialeigenschaften berücksichtigt werden.

er durchspielt und variiert. Die so erhaltenen Figuren werden mit den nötigen Rampen, Treppen und Aufgängen ergänzt. Es entstehen architektonische Strukturen, die der Betrachter nicht ohne Weiteres einordnen kann, weil sie nicht dem Gewohnten entsprechen. Sie haben keine definitive Gestalt, sind weder eindeutig Würfel noch völlig verzerrte Kubusform.[1312] Zudem sind die Folies, wie Tschumi betont, austauschbar und nicht für den jeweiligen Standort definiert. Wigley beschreibt die Folies treffend, kommentiert jedoch die dahinter stehenden Überlegungen nicht. Seine Wortwahl greift auch hier wieder zurück auf eine (eigentlich ausgeschlossene) „Ästhetik der Gefahr".

Vor allem durch die Betonung der linearen Strukturen haben diese Bauten optisch durchaus Ähnlichkeiten mit den russischen Konstruktivisten. Es handelt sich jedoch auch bei Tschumi nicht um ein bewusstes Anknüpfen an diesem Entwerfen. Vielmehr weist er in Gesprächen mit Alvin Boyarsky, die bereits 1985 geführt wurden, explizit darauf hin, dass er *in keiner Weise an historischen Parallelen mit den revolutionären 1920ern interessiert gewesen sei*[1313]. Natürlich waren ihm die russischen Konstruktivisten vertraut – die Filmpioniere vielleicht noch mehr als die Architekten – und natürlich hat er sich mit der modernen Architektur auseinandergesetzt,[1314] allerdings nicht vorrangig stilistisch und formal motiviert. Selbst wenn Tschumi gelegentlich Ähnliches einsetzt, dann, so sagt er selbst, *aus ganz anderen Gründen*[1315].

Über das Punkt-Gitter wird das Linien-System gelegt, dessen Hauptachsen von Nord nach Süd und von Ost nach West entlang der Kanäle verlaufen und sich in einem orthogonalen Wegekreuz schneiden. Diese Galerien haben Regendächer und sind aus einem offenen Stützensystem mit großer Spannweite konstruiert.[1316] Sie sind rund um die Uhr geöffnet und führen zu den wichtigsten Aktivitäten des Parks. Hier finden die *urbanen Funktionen* der Anlage statt. Die Nord-Süd-Galerie ist an der Grande Halle ausgerichtet, sie verläuft parallel zur Längsseite des Gebäudes. Da dieses im Verhältnis zu Punkt-Gitter und Nord-Süd-Kanal um 2° geneigt ist, ist auch die Galerie zu den Gitterlinien verschoben.[1317] Gemäß der Idee von sich überlagernden autonomen Ebenen kommt es zwischen Punkt- und Linien-System zu *Kollisionen*: Die Galerie und einige Folie-Bauten stoßen aufeinander, wodurch die Gestaltung dieser Folies

---

1312 | Gugeler 2005, S. 48f.; Johnson/Wigely 1988, S. 92.

1313 | Boyarsky/Tschumi 1986, S. 25, Übers. d. Verf.

1314 | Boyarsky/Tschumi 1986, S. 26; Catherine Cooke zu Tschumis Auseinandersetzung mit Jakow Tschernichow (Cooke 1988, S. 13f.).

1315 | Boyarsky/Tschumi 1986, S. 26, Übers. d. Verf.

1316 | Die Überdachung der Nord-Süd-Passage ist gewellt, die der Ost-West-Galerie flach (vgl. Tschumi 1987, S. 40–49, folgende Zitate in diesem Absatz ebd., S. 40).

1317 | Tschumi/Walker, Theoretical Building, 2006, S. 54f.: Die alte Anlage von La Villette wurde nach freimaurerischen Ideen gestaltet, so Tschumi.

beeinflusst wird: *Das Prinzip der Überlagerung findet hier seine spektakulärste Form.* Entsprechendes gilt auch für die Ost-West-Galerie entlang des Ourcq-Kanals, die wie *eine hochliegende Piste eine Art Balkon zwischen Park und Cité des Sciences* bildet. Auch sie schneidet sich mit den am Kanal liegenden Folies und bestimmt deren Architektur.

Das Linien-System wird neben den Galerie-Achsen auch von der *Promenade Cinématique* charakterisiert, einem *der Schlüsselelemente des Parks*[1318]. Dieser wie in einer zufällig gezogenen Linie geschwungene Rundweg führt durch Themengärten. Er ist wie ein *Filmstreifen* als eine Abfolge von Einstellungen angelegt, in denen die verschiedenen Gärten gestaltet sind. Die Promenade schneidet sich mehrfach mit den orthogonalen Galerie-Achsen; Passanten eröffnen sich dadurch verschiedene Ansichten.[1319] Zwischen den Gartensequenzen befinden sich Baumreihen, die die Schnittstellen des *Filmstreifens* markieren. Diese Baumalleen bilden einen dritten Linien-Typ.[1320] Sie werden von Tschumi nicht näher erläutert. Besonders auffallend sind die großen Baumreihen in Form eines unterbrochenen Kreises im Zentrum des Parks sowie eines offenen Dreiecks im südlichen Teil. Sie umschließen Wiesenflächen, die zur dritten Raumebene des Parks gehören, dem Flächen-System, das aus „eine[r] Reihe reiner geometrischer Figuren: Kreis, Quadrat, Dreieck"[1321] besteht, wie Wigley beschreibt. Alle programmatischen Anforderungen mit *einem großen Bedarf an horizontaler Fläche* wie Spielplätze, Sportplätze, Märkte werden in diesem System untergebracht.[1322] Auch die Gärten in den „Bildsequenzen" der *Promenade Cinématique* gehören hierher. Die übrigen Oberflächen werden aus Kies und fester Erde gestaltet, eine typische Oberfläche eines Stadtparks, wie sie *den Parisern vertraut*[1323] ist.

Es entsteht ein abwechslungsreicher Park aus kleineren Räumen und weiten Flächen, der den Besuchern zahlreiche Entdeckungsmöglichkeiten bietet. Durch die Überlagerung von drei autonomen Raumsystemen mit charakteristischen Eigenschaften gibt es Schnittstellen, die den Park dynamisch machen. Nach Tschumi können sich die Begegnungen zwischen den verschiedenen Systemen gegenseitig verstärken, wie die Galerien und die *Promenade Cinématique,* die an den Schnittstellen Ausblicke in die je andere Struktur bieten. Sie können aber auch miteinander in Konflikt treten wie die Galerien und die Folie-Bauten, oder sich gar indifferent zueinander verhalten wie die Gärten und

---

1318 | Tschumi 1987, S. 12–16, folgendes Zitat S. 16, Übers. d. Verf.

1319 | Tschumi 1987, S. 8; Tschumi 1983, S. 80; vgl. auch die Beschreibung von Gugeler 2005, S. 47f.

1320 | Tschumi 1987, S. 6, 12, 16f.; vgl. auch Gugeler 2005, S. 47f.

1321 | Johnson/Wigley 1988, S. 92.

1322 | Tschumi 1987, S. 8, Zitat ebd., Übers. d. Verf.; Tschumi 1983, S. 80.

1323 | Tschumi 1983, S. 80, Übers. d. Verf.

die Baumlinien, die diese einschließen. Wigley schildert diese Kreuzungen zwischen den Systemen ebenfalls, fokussiert jedoch schnell den Blick (nur) auf den Konflikt: „Jedes System ist verzerrt durch den Kampf mit anderen Systemen, aber es ist genauso sehr verzerrt in sich selbst."[1324] Wieder beobachtet er eine Bedrohung „sowohl der idealen Formen als auch der traditionellen Komposition". Insgesamt konzentriert sich der Katalog auf die Beschreibung der dominanten Folies.

Auffallend ist darüber hinaus, dass Tschumi in seinen Entwurfsbeschreibungen nur wenig zu der konkreten gestalterischen Form sagt. Sein Schwerpunkt liegt auf der Gliederungsstruktur des Parks und der immer wieder betonten Ambition, ein neuartiges Park-Programm für das nächste Jahrtausend zu entwickeln. Diese Zielsetzung wird von den Ausstellungsmachern jedoch nicht berücksichtigt. Sie werten den Park als einen „sorgfältig ausgearbeitete[n] Versuch über die Abweichung idealer Formen" und beschränken die – inhaltlich durchaus treffende – Projektbeschreibung auf die formale Gestaltung des Entwurfs. Als erste praktische Realisierung des komplexen Architekturverständnisses Tschumis wird La Villette damit nicht erfasst. Um den Parkentwurf angemessen würdigen zu können, ist eine Auseinandersetzung mit den theoretischen Grundlagen und dem Ansatz einer Neubestimmung der Architektur zu leisten, der Ausgangspunkt für Tschumis späteres Schaffen wird.

9.2 Die MANHATTAN TRANSCRIPTS: Tschumis Neubestimmung der Architektur

Die 1970er-Jahre sind für Tschumi eine Phase des theoretischen Experimentierens und *intensiven Hinterfragens*.[1325] Dabei schließt er sich nicht der dominierenden postmodernen Strömung an, die sich seiner Meinung nach nur auf Stilistisches beschränkt und Architektur auf Formales reduziert,[1326] sondern setzt fundamentaler an: Er sucht nach einer grundsätzlichen Neubestimmung des „Was ist Architektur?". Es entstehen zahlreiche Schriften und konzeptuelle Projekte, die schrittweise eine Argumentation um die Schlüsselbegriffe *Space,*

1324 | Johnson/Wigley 1988, S. 92, folgendes Zitat ebd.

1325 | Tschumi/Walker, Paris, 2006, S. 17, Zitat ebd., Übers. d. Verf. Frühe Themen sind Lust und Gewalt, Eros und Zerfall, Wahnsinn und Zufall, das „Andere" der Architektur, das Verdrängte und Tabuisierte (Müller 1993, S. 48).

1326 | Tschumi grenzt seine Ansätze häufig gegen die postmodernen Ideen seiner Zeitgenossen ab (etwa Tschumi, Spaces, 1994, S. 140; Tschumi, Violence, 1994, S. 121; Tschumi, Abstract Mediation, 1994, S. 201). Er bezieht sich dabei aber immer auf die Architekten, die historische Zitate „wiederbeleben", nicht auf die postmoderne Denkströmung an sich.

Event und *Movement* – kurz *S E M* – aufbauen und zur Basis seiner Architekturdefinition werden.[1327] In den MT werden diese Entwicklungsschritte zu einem Fundament für das weitere Schaffen zusammengeführt.

Anders als herkömmliche Architekturzeichnungen sind die MT *weder reale Projekte noch reine Fantasien*[1328]. Ihr Thema ist *eine architektonische Interpretation der Realität* unter den Vorzeichen von Tschumis neu definiertem Architekturverständnis. Sie wurden bewusst als Versuchsreihe angelegt, die sich von Stufe zu Stufe weiterentwickelt und *keinesfalls eine endgültige Aussage enthält*[1329]. Anders als etwa Koolhaas' Delirious New York, das ebenfalls Manhattan thematisiert und zudem in einem ähnlichen Zeitraum entstanden ist,[1330] sind die MT kein Manifest.[1331] Sie sind daher weniger in den Details, sondern in ihrer grundlegenden methodischen und konzeptuellen Ausrichtung zu besprechen. Manhattan ist nicht Ausgangspunkt einer Analyse, sondern ein Beispiel, an dem Tschumi seine Überlegungen für eine Neubestimmung der Architektur erprobt. Für eine Annäherung an sein Architekturverständnis werden zuerst die wesentlichen Begriffe seines theoretischen Ansatzes geklärt, ehe an den MT die Zusammenführung von theoretischen Ideen und Zeichenpraxis nachvollzogen werden kann.

Neubestimmung der Architektur als *S E M*

Ausgangspunkt für Tschumis Überlegungen in den frühen 1970er-Jahren ist die Auseinandersetzung mit der Stadt und ihren Veränderungen, die zu Zersplitterung und Heterogenität der urbanen Gesellschaft und damit auch des Stadtbildes führen.[1332] Sei *das Konzept der „Stadt" früher eine geschlossene und*

1327 | Tschumi, Sequences, 1994, S. 162f. Im Interview mit Walker gibt Tschumi einen Überblick über seine Entwicklung in den verschiedenen Projekten und ihr Verhältnis zu den MT (Tschumi/Walker, Manhattan Transcripts, 2006, S. 33) sowie zur Entstehung der MT (Tschumi/Walker, Manhattan Transcripts, 2006, S. 37–39; Tschumi, Manhattan Transcripts, 1994, S. 6).

1328 | Tschumi, Manhattan Transcripts, 1994, S. 7, folgendes Zitat ebd., Übers. d. Verf.

1329 | Tschumi, Manhattan Transcripts, 1994, S. 6, Übers. d. Verf.

1330 | Vgl. Kapitel 5.2.

1331 | Tschumi formuliert sein Architekturverständnis *S E M* bewusst nicht als Manifest (Tschumi/Walker, Manhattan Transcripts, 2006, S. 42). Manifest-Charakter haben mehr die Aufsätze, die in ARCHITECTURE AND DISJUNCTION, 1994, zusammengefasst sind: Sie geben eine strategische Richtung, aber keine formalen Vorschriften vor (Tschumi, Architecture, 1994; Tschumi/Walker, Columbia, 2006, S. 131f.).

1332 | Tschumi, De-, 1994, S. 215–225. Tschumi verweist auf die urbanen Entwicklungen im 20. Jahrhundert, ohne sie explizit zu erläutern.

endliche Einheit[1333] mit klaren Grenzen gewesen, gelte dies heute nicht mehr, erläutert der Architekt. Stadtmauern haben ihre Funktion verloren, es gebe kein Zentrum mehr. Mit den wissenschaftlichen, technischen und gesellschaftlichen Veränderungen habe auch die Architektur ihre Eindeutigkeit verloren: Kirchen werden zu Filmhäusern, Banken zu Restaurants. Es gebe keinen Zusammenhang von *Gebrauch, Form und sozialen Werten*[1334] mehr. Hatten Gebäude früher noch eine Bedeutung, die *von der Gesellschaft der Zeit weithin erkannt* und verstanden wurde, so habe sich dies im frühen 20. Jahrhundert verändert.[1335] Ohne diese Beobachtungen zu werten, erkennt Tschumi sie als *symptomatisch für einen neuen Zustand*[1336]. *Tokio und New York erscheinen nur chaotisch,* tatsächlich aber zeigen sie *eine neue Urbanität* an.[1337] Traditionelle Regeln und Ordnungen, gesellschaftliche wie architektonische, gelten nicht mehr wie früher, der Großteil der bisherigen architektonischen Praxis sei nicht mehr anwendbar.[1338]

Tschumis Ambition ist daher die Neubestimmung der Architektur. Er will *die [gewohnten] architektonischen Normen dekonstruieren, um die Architektur entlang anderer Achsen wieder zu rekonstruieren*[1339]. Es wird deutlich, dass er keine vollständige Neuschöpfung der Architektur anstrebt, sondern eine Re-Positionierung aus dem Gegebenen heraus. Er grenzt sich dabei immer wieder ab von den Ansätzen seiner postmodernen Zeitgenossen, die seiner Meinung nach noch immer Einheit propagieren, wo mittlerweile Heterogenität herrscht.[1340] Darüber hinaus fällt der Gebrauch des Begriffs „dekonstruieren" auf, den der Architekt hier im wörtlichen Sinne einsetzt als das De-Kon-Struieren eines Bestandes. In ähnlicher Weise kommt der Begriff auch in anderen Texten zum Einsatz.

Tschumi definiert Architektur *dynamisch* als *Summe aus einer Figur, die durch einen Raum läuft [= Event], und dem Raum [= Space] selbst*[1341]. Grundlage dafür

---

1333 | Tschumi, De-, 1994, S. 215, Übers. d. Verf.

1334 | Tschumi, Madness, 1994, S. 174, Übers. d. Verf.

1335 | Tschumi/Walker, Theoretical Building, 2006, S. 60, Zitat ebd., Übers. d. Verf. Wie Tschumi „Bedeutung" in der Architektur versteht, wird an späterer Stelle genauer erläutert.

1336 | Tschumi, Madness, 1994, S. 174f., Zitat S. 174, Übers. d. Verf.

1337 | Tschumi 1992, S. 27, Zitate ebd., Übers. d. Verf.

1338 | Tschumi, De-, 1994, S. 222; Tschumi, Madness, 1994, S. 176.

1339 | Tschumi, Madness, 1994, S. 185f., Übers d. Verf.

1340 | Tschumi, Madness, 1994, S. 176; Tschumi, Disjunctions, 1994, S. 207f.; Tschumi, De-, 1994, S. 223. Diese Abgrenzung ist wesentlich für seine Suche nach einer neuen Architekturdefinition.

1341 | Tschumi/Walker, Paris, 2006, S. 24, Übers. d. Verf.

ist seine Beobachtung, dass Raum und Handlung, *Space und Event untrennbar sind und dass keine angemessene Interpretation der Architektur [...] diese Tatsache übergehen kann*[1342]. Bauten sind darauf angelegt, dass sie von Menschen eingenommen werden, dass etwas in ihnen geschieht: *Each door implies the movement of someone crossing its frame.*[1343] Analysiert man ein architektonisches Gebäude, so Tschumi, *analysiert man eigentlich die Bedingungen für ein Ereignis darin.*[1344] Ereignisse dagegen finden an einem Ort statt, wie es im englischen „(to) take place" auch sprachlich deutlich wird.[1345] Ein Geschehen wird von dem Raum bestimmt, in dem es stattfindet – ob sich eine Gruppe von Personen in einer kleinen Kammer oder in einem großen Saal befindet, beeinflusst ihre Handlungen entscheidend.

Obwohl beide *Analysekategorien* voneinander unabhängig sind – Ereignisse sind dynamisch und lassen sich nicht *vollständig definieren*, während Raum, sofern einmal bestimmt, *immer eine statische Präsenz* hat und einer geometrischen Ordnung folgt –, so führt Tschumis Argumentation weiter, besteht doch eine Verbindung zwischen ihnen.[1346] Das Mittel, das für ihn die Beziehung zwischen *Space* und *Event* herstellt, ist *Movement:* Eine Handlung in einem Raum wird von einem agierenden Körper ausgeführt, ein Handlungsverlauf ist Bewegung.[1347] *Movement* ist von *Space* und *Event* unabhängig, wobei es als verbindendes Element zwischen den beiden nicht in die gleiche Kategorie fällt. Das Zusammenspiel dieser drei Faktoren *S E M* ist es, so der Architekt, das architektonische Erfahrung hervorruft. Mit anderen Worten: Architektur konstituiert sich nach Tschumi aus autonomen Faktoren, die sich gegenseitig beeinflussen.[1348] Wird Architektur nur hinsichtlich ihrer Räumlichkeit, also ihrer baulichen Hülle, und ohne die darin ablaufenden Handlungen betrachtet, ist dies nach Tschumi ebenso *vereinfachend, als würde man die Architektur auf ihre Fassaden reduzieren*[1349].

1342 | Tschumi, Violence, 1994, S. 122, Übers. d. Verf.

1343 | Tschumi, Violence, 1994, S. 123.

1344 | Tschumi/Walker, Manhattan Transcripts, 2006, S. 41, Zitat ebd., Übers. d. Verf.; Tschumi, Sequences, 1994, S. 160; Tschumi, Violence, 1994, S. 123f., 130.

1345 | Auch im deutschen „stattfinden" lässt sich in ähnlicher Weise ein etymologischer Bezug zwischen Ort („Stätte") und Ereignisvorgang beobachten.

1346 | Tschumi/Walker, Manhattan Transcripts, 2006, S. 40f., Zitate ebd., Übers. d. Verf.; Tschumi, Violence, 1994, S. 123; Tschumi/Walker, Built Theory, 2006, S. 77.

1347 | Tschumi/Walker, Manhattan Transcripts, 2006, S. 40; Tschumi, Manhattan Transcripts, 1994, S. 9.

1348 | Die genaue Anzahl ist dabei nebensächlich, wichtig ist, dass autonome Elemente zusammenwirken (Tschumi/Walker, Theoretical Building, 2006, S. 62).

1349 | Tschumi, Violence, 1994, S. 122, Übers. d. Verf.

Ein Gebäude steht in Bezug zu seinen Nutzern, Räume stehen in Bezug zu den Ereignissen oder Ereignis-Programmen[1350], die darin geschehen. Bei der Begegnung der autonomen Kategorien *Space, Event* und *Movement* entstehen Spannungen, die wesentlich zur Architektur gehören und nicht durch Vereinheitlichung gelöst werden sollen.[1351] Für dieses Verhältnis von Ereignis-Programm (*Event*) und Bau (*Space*) lassen sich drei Grundtypen unterscheiden: Es kann reziprok/*interdependent* sein wie eine Werkbundküche, deren Gestaltung sich einerseits am künftigen idealisierten Handlungsablauf orientiert und diesen andererseits maßgeblich beeinflusst. Programm und Bau können aber auch *independent* sein wie eine multifunktionale Messehalle, in der unterschiedlichste Ereignisse stattfinden, oder miteinander in *Konflikt* stehen, etwa in einem zur Wohnung ausgebauten Industriespeicher.[1352]

Mit *Space, Event* und *Movement* hat Tschumi, in eigenen Worten, *eine Minimaldefinition von Architektur* gefunden, die unabhängig von funktionalistischen und modernistischen Doktrinen ist.[1353] Wesentlich ist für ihn, dass jeder architektonische Raum grundsätzlich darauf ausgerichtet ist, von Menschen eingenommen zu werden. Er hebt hervor, dass dieser Gebrauch noch nicht Funktion sei.[1354] Tschumis Definition setzt vor jeder Einteilung in Funktionalität oder Nicht-Funktionalität an: In welcher Weise ein Raum genutzt wird, ob „sinnvoll" oder nicht, spielt keine Rolle, denn die Bewertung der Funktionalität eines Raums geschieht nach moralischen oder ästhetischen Maßstäben, die außerhalb der Architektur liegen und sich ändern können – ob eine Kirche als Betraum oder als Bar „richtiger" genutzt wird, hängt von der Sichtweise der Nutzer ab.

Les cases sonst vides

Für Tschumi kann die formale Gestaltung eines Raums in Beziehung stehen zu dem, was darin geschieht, sie muss es aber nicht: *a bank must not look like a bank, nor an opera house like an opera house [...].*[1355] Architektonische Formen sind in dieser Perspektive nicht (mehr) auf eine bestimmte Nutzweise ausge-

---

1350 | Tschumi versteht das Programm in besonderer Weise wie ein Drehbuch, das Handlungsabläufe in einem Gebäude angibt: *For any organized repetition of events, once announced in advance, becomes a program, a descriptive notice of a formal series of proceedings* (Tschumi, Violence, 1994, S. 127; Tschumi/Walker, Manhattan Transcripts, 2006, S. 35).

1351 | Tschumi/Walker, Theoretical Building, 2006, S. 63.

1352 | Tschumi, Madness, 1994, S. 186; Tschumi, Violence, 1994, S. 127f.; Tschumi, Sequences, 1994, S. 159f.

1353 | Tschumi, Madness, 1994, S. 185f., Zitat S. 186, Übers. d. Verf.

1354 | Tschumi/Walker, Paris, 2006, S. 27; Tschumi, Madness, 1994, S. 186.

1355 | Tschumi, Abstract Mediation, 1994, S. 204, Übers. d. Verf.

richtet. Umgekehrt gibt es für eine konkrete Funktion keine definitive räumliche Gestalt. Raum-Gestaltung (*Space*) und Raum-Nutzung (*Event*) stehen nicht (mehr) in einem *Ursache-Wirkung-Verhältnis* miteinander, wie es die Moderne *sanktioniert* hat.[1356] Ein Bautyp bestimmt nicht mehr, was notwendigerweise darin zu geschehen hat, ein Bauprogramm zieht keine eindeutige architektonische Form nach sich. Gebäude haben keine eindeutig bestimmbare Bedeutung (mehr).[1357]

Ein ähnliches Phänomen ist Tschumi aus dem Sprachgebrauch bekannt: *What gives meaning to anything is the context in which it is placed. In other words, none of the words we utter have meaning per se; they acquire it through their relations to other words.*[1358] Ihre Bedeutung ändert sich mit dem Kontext. Entsprechendes gelte für die Architektur, die, von $S \; E \; M$ bestimmt, ihre Bedeutung ebenfalls aus dem Kontext erhält: indem sie von Menschen eingenommen und genutzt wird. Mit dem Wandel in der Nutzung verändert sich auch die Bedeutung eines Baus. Umgekehrt lässt sich sagen: Architektur, die gebraucht wird, erhält Bedeutung, jedoch keine dauerhaft gültige und keine, die von einem Architekten einmal vorgegeben wird. Die bloße räumliche Struktur an sich – *Space* in Tschumis Gleichung – hat keine Bedeutung: *les cases sont vides.*[1359] Es entsteht eine „*zero-degree*" *architecture,* deren Bedeutung sich mit dem Nutzungskontext ändert.[1360] In linguistischen Termini ausgedrückt kann Architektur Zeichen/ Signifikant, also Bedeutungsträger, sein, der auf ein unbestimmtes, sich immer wieder änderndes inhaltliches Signifikat verweist.[1361] Auch in diesem Sinne ist Architektur für Tschumi dynamisch. Diese Beobachtung sollte, so fordert er, grundlegend für jeden Architekten sein. Ähnlich wie bei Eisenman wird die traditionelle Rolle des Architekten als Form-Geber aufgegeben: Entwickelt

---

1356 | Tschumi 1992, S. 25, Zitate ebd., Übers. d. Verf.; Tschumi, Abstract Mediation, 1994, S. 194.

1357 | In diesem Sinne kritisiert Tschumi seine postmodernen Zeitgenossen, die zwar gezeigt hätten, dass Bedeutung sozial produziert wird, aber doch nur *einen anderen, gefälligeren Stil* angeboten hätten (Tschumi, Abstract Mediation, 1994, S. 201, Zitat ebd., Übers. d. Verf.). Die postmodernen Stilexzesse haben, nach Tschumi, *die Architektursprache von Bedeutung geleert* (Tschumi, Madness, 1994, S. 176, Übers. d. Verf.).

1358 | Tschumi/Walker, Theoretical Building, 2006, S. 61, Übers. d. Verf.; Tschumi, Abstract Mediation, 1994, S. 201f.

1359 | Tschumi, Abstract Mediation, 1994, S. 203.

1360 | Tschumi/Walker, Theoretical Building, 2006, S. 61, Zitat ebd.; vgl. auch Derrida 1986, S. 10.

1361 | Tschumi verweist immer wieder auf die linguistische Unterscheidung von Signifikat und Signifikant, in architektonischen Begriffen *Space und Aktion, Form und Funktion* (Tschumi, Disjunctions, 1994, S. 209, Zitat ebd., Übers. d. Verf; Tschumi, Madness, 1993, S. 176f.; Tschumi, Abstract Mediation, 1994, S. 203).

werden können Möglichkeitsrahmen für den Gebrauch eines Gebäudes, der von den Nutzern nach deren Belieben ausgefüllt wird. Der Architekt hat jedoch keine Kontrolle (mehr) über die Bedeutung, die sein Bau erhält.[1362] Der Benutzer übernimmt eine wesentliche Rolle bei der Gestaltung von Architektur.

In seinen Projekten versucht Tschumi dementsprechend, Formen von vorgegebenen Bedeutungen zu leeren und Strukturen zu schaffen, die es dem Betrachter oder Benutzer ermöglichen, eigene Deutungen hineinzuprojizieren. Er will Räume entwerfen, die *das Potenzial haben, Interaktion zu stimulieren*, ohne jedoch vorzugeben, was konkret in ihnen geschieht:[1363] eine „architecture of the event", wie Derrida beobachtet.[1364]

Tschumi habe, so Walker, das „andauernde Problem von Form und Funktion" zwar nicht völlig gelöst, aber doch „erhellt".[1365] Wenn Gert Kähler kritisiert, dass diese Gedanken so neu nicht seien mit dem Verweis auf „die Quader eines Mies van der Rohe [...], die] nichts anderes als neutrale Hüllen für verschiedene Zwecke [waren]"[1366], so verkennt er den feinen theoretischen Unterschied zwischen Tschumis Ansatz und dem des modernistischen Mies: Während letzterer mit einem multifunktionalen Bau eine Hülle für möglichst viele verschiedene Nutzzwecke errichten will – also dem modernen Ursache-Wirkung-Denken verpflichtet ist –, sucht Tschumi nach Gebäuden, die die künftigen Funktionen gar nicht erst berücksichtigen; deutlich wird dies am Beispiel der Folies, die aus „sinnlosen" Würfelstrukturen hergeleitet werden. Legt Mies seine Entwürfe dahingehend an, dass sie möglichst vielfältige Zwecke erfüllen können, so sucht Tschumi Bauformen, die auf Interaktion ausgerichtet sind und die Frage nach Funktionalität nicht stellen. Anders als die Vertreter des Modernismus will Tschumi keine Utopie des idealen zukünftigen Lebens entwerfen, sondern ist auf der Suche nach einer Architektur, die der Lebensweise der Stadtbewohner auf dem Weg ins 21. Jahrhundert angemessen ist, diese aber nicht prägt und vorbestimmt.[1367] Dennoch können diese theoretisch sehr unterschiedlichen Herangehensweisen der Architekten in der Praxis durchaus zu ähnlichen formalen Ergebnissen führen.

1362 | Tschumi/Walker, Built Theory, 2006, S. 77f.; Tschumi/Walker, Theoretical Building, 2006, S. 61; Tschumi, Disjunctions, 1994, S. 207.

1363 | Tschumi/Walker, Built Theory, 2006, S. 76, Zitat ebd., Übers. d. Verf.; Tschumi/Walker, Theoretical Building, 2006, S. 61.

1364 | Derrida 1986, S. 5; Tschumi 1992, S. 25f. Das *Event* spielt in Tschumis Publikationen eine wichtige Rolle, etwa in der Reihe EVENT-CITIES, vgl. Anm. 1450.

1365 | Tschumi/Walker, Built Theory, 2006, S. 77, Zitate ebd., Übers. d. Verf.

1366 | Kähler, Dekonstruktion, 1993, S. 104.

1367 | Boyarsky/Tschumi 1986, S. 26.

S E M in den MANHATTAN TRANSCRIPTS

Tschumis Neudefinition der Architektur aus *Space, Events* und *Movement* beruht auf drei voneinander unabhängigen Faktoren, die jedoch zusammenwirken und die – momentane – Bedeutung von Architektur ergeben. Diese ist nicht mehr *Resultat einer Komposition* verschiedener Bestandteile zu einem homogenen Ganzen, sondern eine *Kombination* heterogener Fragmente.[1368] Sie ist Teil eines komplexen Beziehungsprozesses, in dem die Variablen $S\ E\ M$ beliebig kombinierbar sind, da der Beurteilungsmaßstab kein architektonischer ist: Wie bei einer mathematischen *Permutation*[1369] können die Elemente einer einmal festgestellten Menge – hier: *Space, Event* und *Movement* – ohne Berücksichtigung ihres konkreten Inhalts in ihrer Anordnung vertauscht werden. Da keine Ursache-Wirkung-Beziehung zwischen den einzelnen Faktoren besteht, ist die Reihenfolge nicht relevant. Dieses *Spiel der Permutationen*[1370] erforscht Tschumi in den MT zeichnerisch.

Die MT wollen *die komplexe Beziehung zwischen Räumen und ihrem Gebrauch [...] transkribieren*, Dinge, die *normalerweise bei der konventionellen architektonischen Darstellung fehlen.*[1371] Aus einem realen urbanen Kontext, Manhattan, werden vier charakteristische Situationen – Park, Straße, Turm/Hochhaus und Block – herausgegriffen und mit verschiedenen narrativen Handlungsabläufen kombiniert.[1372] Ausgegangen wird sowohl von einem existierenden Ort als auch von real möglichen Handlungen. Die Realität liegt jedoch *nicht in der akkuraten Übertragung der Außenwelt, sondern in der inneren Logik* des Gezeigten, der Aktion in einem bestimmten Raum.

Bewegung und Handlungsverläufe lassen sich mit den herkömmlichen architektonischen Methoden allerdings nicht darstellen. Wenn Tschumis neue Lesart der Architektur auch die Ereignisse, die darin stattfinden, einschließen soll, müssen notwendigerweise entsprechende andere Darstellungsformen erprobt werden.[1373] Dazu wählt er eine Schreibweise, die Anleihen beim Film, dem Medium der bewegten Bilder, macht. So gelingt es, eine *dynamische Kom-*

1368 | Tschumi, Madness, 1994, S. 180f., Zitate ebd., Übers. d. Verf.

1369 | Bei einer mathematischen Permutation kann die Anordnung einer Menge durch Vertauschen ihrer Elemente verändert werden. Ein wichtiges Instrument für ihre Darstellung ist die Matrix (Tschumi, Madness, 1994, S. 182; Tschumi, Case Vide, 1986, S. 3).

1370 | Tschumi, Madness, 1994, S. 182, Übers. d. Verf.

1371 | Tschumi, Manhattan Transcripts, 1994, S. 7, Zitate ebd., Übers. d. Verf.

1372 | Thema von MT1 ist ein Mord und die Jagd auf den Mörder, von MT 2 ein Gang durch die 42nd Street, von MT3 ein Fall von/durch einen Turm, von MT 4 *widersprüchliche Ereignisse und programmatische Unmöglichkeiten* (Tschumi, Manhattan Transcripts, 1994, S. 8, folgendes Zitat ebd., Übers. d. Verf.).

1373 | Tschumi, Manhattan Transcripts, 1994, S. 8f.; Tschumi/Walker, Manhattan Transcripts, 2006, S. 34.

ponente in die Architekturdarstellung einzuführen.[1374] Das Geschehen wird in drei Teile zerlegt und in „frame by frame"-Bildsequenzen neben- und übereinandergestellt: Mit Fotografien, Plänen und Schaubildern werden Handlungsausschnitte (*Events*), Bewegungsverläufe (*Movement*) sowie architektonische Manifestationen (*Space*) gezeigt.[1375] Sie präsentieren das Geschehen simultan in drei Ebenen. Jedes Bildfeld für sich genommen zeigt nicht viel, erst aus der Gesamtheit aller drei Sequenzen ergibt sich eine narrative Szene im jeweiligen architektonischen Raum. Die sequenziellen Darstellungen von *S E M* drücken nicht eine richtige Lösung aus, sondern bieten den Betrachtern Kombinationsmöglichkeiten.[1376] Diese Interaktion zwischen den verschiedenen Sequenzen ist wesentlich für die MT.

Die Bildfelder ergeben ein Raster, das sowohl innerhalb einer Reihe gelesen werden kann als auch außerhalb, also zwischen den verschiedenen Sequenzen. Die Reihenfolge spielt dabei keine Rolle. Die Verbindungsmöglichkeiten in diesem Permutationsraster sind unbegrenzt. Es entstehen neue und unerwartete Kombinationen, die inhaltlich ebenso logisch wie unlogisch sein können, die sich ergänzen, sich widersprechen oder eine Zwischenform von beidem sein können, wie es den möglichen Begegnungen von *S E M* entspricht: *The skater skates on the skating rink* oder *The battalion skates on the tightrope.*[1377] *Der Rahmen erlaubt äußerste formale Manipulationen der Sequenz[en]*[1378], denn die nebeneinanderliegenden Bild-Frames können wie im Film montiert, übereinandergelegt, verzerrt werden. Die Bedeutung jedes Bildes hängt von seinem Kontext ab, von den anderen Bildfeldern, mit denen es eine Sequenz bildet. In den MT4, den am weitesten entwickelten Zeichnungen, werden die Bildfelder *am Ende überlagert und dann dekonstruiert [in ihre wesentlichen Bestandteile, aus deren Überlagerung] etwas ganz anderes* entsteht. Wie im Kuleschow-Experiment[1379] übernimmt der Betrachter die entscheidende Rolle. Er bestimmt, wie

---

1374 | Tschumi/Walker, Manhattan Transcripts, 2006, S. 35f., Zitat S. 36, Übers. d. Verf.

1375 | Tschumi, Manhattan Transcripts, 1994, S. 8-10.

1376 | Tschumi, Abstract Mediation, 1994, S. 203.

1377 | Diese Beispiele zitiert Tschumi häufiger (etwa Tschumi, Manhattan Transcripts, 1994, S. 11, Zitate ebd.; Tschumi, Sequences, 1994, S. 160).

1378 | Tschumi, Manhattan Transcripts, 1994, S. 11, folgendes Zitat ebd., Übers. d. Verf.

1379 | Tschumi, Manhattan Transcripts, 1994, S. 12; Tschumi, Sequences, 1994, S. 166. Der sowjetische Regisseur Lew W. Kuleschow (1899-1970) hat in den 1920er-Jahren erstmals filmische Experimente zur Montage durchgeführt: Durch die Kombination der gleichen Aufnahme eines Schauspielers mit verschiedenen Szenen (ein Teller Suppe, ein Sarg, ein kleines Mädchen) werden beim Betrachter völlig unterschiedliche Assoziationen geweckt.

die MT-Sequenzen gelesen und welche Kombinationen zwischen den einzelnen Frames hergestellt werden.

Tschumis Neubestimmung der Architektur als Zusammenspiel der Faktoren *S E M* stellt die tradierten architektonischen und architekturtheoretischen
Strukturen in Frage. Mit den MT wird die herkömmliche Darstellungsweise
destruiert und neu zusammengefügt.[1380] Der Begriff von Architektur als ho-
mogenem Ganzen, in dem sich Form und Funktion gegenseitig bedingen,
wird aufgegeben. An die Stelle der statischen Komposition tritt die heterogene
Kombination und Überlagerung von autonomen Teilen, die zu dynamischen
Spannungen in einer neuartigen Architektur führen. Nachdem dieses Architekturverständnis in den MT in der Zeichenpraxis erprobt wurde, kann Tschumi, so formuliert er selbst, den Schritt von *der „reinen" [...] zur angewandten
Mathematik*[1381] wagen: im PARC DE LA VILLETTE.[1382]

9.3   Tschumis Architekturverständnis: Die Realisierung der Architektur als *S E M* im PARC DE LA VILLETTE

Im Entwurf des PARC DE LA VILLETTE finden *die organisatorischen Prinzipien
und die sequenzielle Logik, die in früheren Projekten erarbeitet* werden, praktische
Anwendung.[1383] Insbesondere die MT als Zusammenführung von Tschumis
abstrakten Erkenntnissen haben in theoretischer Weise das eingeführt, was in
LA VILLETTE angewendet wird, allerdings nicht hinsichtlich konkreter Formlösungen, sondern methodisch und konzeptuell.[1384] *Is the PARC DE LA VILLETTE
a built theory or a theoretical building?*[1385], fragt Tschumi und weist zugleich
darauf hin, dass das Projekt als praktische *Anwendung des Konzepts in einer
bestimmten Situation*[1386] zu verstehen sei. Die Zeichnungen und Pläne, die in

1380 | Tschumi, Disjunctions, 1994, S. 211.

1381 | Tschumi, Madness, 1994, S. 187, Übers. d. Verf.

1382 | LA VILLETTE ist nicht nur Konsequenz der MT sondern auch ihr Anfang: Bereits
1976 nimmt Tschumi an einem Ideenwettbewerb für eine Parkanlage dort teil; die dabei gemachten Erfahrungen führen zu der intensiven theoretischen Phase, in der die
MT entstehen (Tschumi/Walker, Theoretical Building, 2006, S. 50f.; Boyarsky/Tschumi
1986, S. 22).

1383 | Tschumi/Walker, Theoretical Building, 2006, S. 50, Zitat ebd., Übers. d. Verf.
Da Tschumi bis dahin, abgesehen von einer Studentenarbeit, noch nicht praktisch gearbeitet hat, wird das Projekt für ihn zu einem wichtigen Versuchsfeld.

1384 | Tschumi, Abstract Mediation, 1994, S. 197f.; Tschumi, Madness, 1994, S. 182;
Tschumi/Walker, Theoretical Building, 2006, S. 50.

1385 | Tschumi, Abstract Mediation, 1994, S. 197.

1386 | Tschumi/Walker, Built Theory, 2006, S. 75, Übers. d. Verf.

diesem Rahmen entstehen, zielen immer auf das Bauen. Bis auf das Buch LA
CASE VIDE[1387] gebe es, so Tschumi, keine theoretischen Zeichnungen für LA
VILLETTE.[1388] Die Publikation CINÉGRAMME FOLIE fasst Arbeiten zusammen,
die sich auf das konkrete Projekt beziehen.[1389] Dennoch zeigen die Kuratoren
in der Ausstellung ausschließlich, im Katalog zur Hälfte konzeptuelle Abbildungen aus LA CASE VIDE, die von Tschumi unter theoretischen Vorzeichen
geschaffen wurden, sowie einige Konstruktionszeichnungen von Folie- und
Galeriebauten aus CINÉGRAMME FOLIE.

Seiner neu gefundenen Bestimmung einer dynamischen Architektur entsprechend gestaltet Tschumi den Parkentwurf *wie eines der größten Gebäude
überhaupt*[1390] aus den drei Prinzipien *Space, Event* und *Movement*. Er entwickelt
eine heterogene Organisationsstruktur aus Überlagerungen, die bewusst Raum
lässt für *mögliche Gestaltungsvorschläge anderer Künstler, Landschaftsarchitekten
und Architekten*[1391], etwa bei der Gestaltung der Gärten. Am bekanntesten ist
die von Tschumi initiierte Zusammenarbeit von Eisenman und Derrida.[1392]
Ziel ist keine vordefinierte formale Lösung, sondern ein Ereignis-Raum, der
mögliche Nutzungsweisen eröffnet, aber nicht vorgibt.[1393]

Kombination statt Komposition

Das Gestaltungsmittel der Überlagerung, das Tschumi in den MT erforscht
hat, stützt sich in LA VILLETTE auf drei neutrale und autonome mathematische
Konfigurationen – Punkte, Linien und Flächen –, die entsprechend der *S E M*-
Theorie dem *System der Objekte, dem System der Bewegung und dem System der
Räume* zugeordnet sind:[1394] Das Parkprogramm wird in Teile zerlegt. In der
Ausstellung wird dies besonders im Wandmodell deutlich. Die Dreizahl an
sich ist allerdings nicht von Bedeutung. Wichtig ist, wie Tschumi betont, dass
die Ebenen in ihrer *eigenen internen Logik* miteinander kombiniert werden und

---

1387 | LA CASE VIDE, 1986 (Tschumi 1986).

1388 | Tschumi 1987, S. VII.

1389 | Tschumi 1987, S. II, VII.

1390 | Tschumi 1983, S. 80, Übers. d. Verf.

1391 | Tschumi, Abstract Mediation, 1994, S. 192f., 196, Zitat S. 192, Übers. d. Verf.

1392 | Zum Gemeinschaftsprojekt CHORA L WORKS von Eisenman und Derrida vgl. Ka-
pitel 6. Zunächst hatte Tschumi geplant, alle Themengärten von anderen Designern entwickeln zu lassen, am Ende wurden jedoch nur vier realisiert (de Buré 2008, S. 67).

1393 | Kählers Vorwurf, Tschumi würde nur „am Rande erwähn[en]", dass der Park ein
„Gemeinschaftswerk'" sei, stimmt so nicht (Kähler, Dekonstruktion, 1993, S. 92f., Zitate ebd.).

1394 | Tschumi 1983, S. 80, Zitat ebd., Übers. d. Verf.; Tschumi, Madness, 1994,
S. 187.

so in ihren heterogenen Eigenschaften erhalten bleiben.[1395] Die durch die Überlagerung entstehende Struktur lässt sich in ihrer Gesamtform nicht einfach
erfassen, denn aus der Kombination von autonomen Ebenen entsteht keine
homogene *superkohärente Megastruktur,* sondern *etwas, das das Gegenteil von
einem Ganzen* ist.[1396] Die Kombination von Elementen tritt an die Stelle der
Komposition nach bestimmten Ordnungsprinzipien:[1397] Tschumi komponiert
nicht, er kombiniert. Die Person des gestaltenden Architekten als Ideengeber
wird relativiert. Wie viele Schichten übereinandergelegt werden, bleibt offen.
So könnten in La Villette problemlos noch weitere Ebenen eingefügt werden.
Konzeptuell nebensächlich ist auch, wie die Schichten inhaltlich gestaltet sind,
welcher Art etwa die Gärten sind. Es entsteht eine Parkstruktur ohne Zentrum
und ohne hierarchischen Aufbau, jede Ebene hat ihre eigene Ordnung. Überlagern sie sich, kommt es zu Schnittstellen zwischen den Systemen. Wie schon
in den MT können sich die Berührungspunkte gegenseitig beeinträchtigen,
sich verstärken oder unberührt bleiben. Wenn Wigley schreibt, dass in diesem
Park „der Status [...] der traditionellen Komposition bedroht ist"[1398], so trifft dies
nur in Teilen zu: In der Tat setzt der Architekt an die Stelle der herkömmlichen
Entwurfsweise etwas Neues, die Kombination tritt an die Stelle der Komposition. Ob dies jedoch als Bedrohung gewertet werden kann, bleibt der Interpretation des Autors überlassen. Tschumis Intention ist es nicht.

Dennoch ist das Konzept der Überlagerung problematisch, denn für den
Parkbesucher ist der theoretische Kontext vor Ort nicht zu erkennen:[1399] Die
sich überlagernden Schichten „sieht" man nicht. Auch die offensichtlicheren
Schnittstellen zwischen Galerie und Folies sind aus der Dimension des Besu-
chers nicht automatisch in ihrer Konzeption zu erfassen. Hier setzen Kritikpunkte an Tschumis La Villette an, die vom Vorwurf der Belanglosigkeit[1400]
bis zur Einschätzung als „perfekte Behälter für eine [...] Massenkultur"[1401] reichen. Einzuwenden ist allerdings die Frage, ob man einem Architekten seine Theorielastigkeit und die formale „Nicht-Sichtbarkeit" dieser Theorie zum

1395 | Tschumi, Madness, 1994, S. 187, Zitat ebd., Übers. d. Verf.; Tschumi/Walker,
Theoretical Building, 2006, S. 63.

1396 | Tschumi, Abstract Mediation, 1994, S. 199f., Zitate S. 199, Übers. d. Verf.

1397 | Tschumi, Madness, 1994, S. 181; Tschumi, Abstract Mediation, 1994, S. 191.

1398 | Johnson/Wigley 1988, S. 92.

1399 | Vgl. Gugeler 2005, S. 54.

1400 | Kähler, Dekonstruktion, 1993, S. 87. Kählers kritische Besprechung des Parc
de la Villette führt einige interessante Punkte an, wird stellenweise jedoch dem
theoretischen Fundament, das Tschumis Architekturverständnis zugrunde liegt, nicht
gerecht. Zudem schreibt er irrtümlich Wigleys Beschreibung des Parks im New Yorker
Ausstellungskatalog Tschumi zu.

1401 | Charles Jencks zitiert nach Gugeler 2005, S. 52.

Vorwurf machen kann – eine grundsätzliche Schwierigkeit der Theoretiker. Vor Ort ist durchaus erfahrbar, dass der Park kein in sich schlüssiges, harmonisches Ganzes ist. Es ist keine Formenkomposition im gewohnten Sinne zu erkennen. Die *allzu simple Annahme*, es müsse eine *kausale Beziehung zwischen einem Programm und der daraus resultierenden Architektur* bestehen, dass also ein architektonisches Gebilde in seiner Form Rückschluss gibt auf das, was darin geschieht, wird Tschumis Denkansatz entsprechend zunichtegemacht.[1402] Die formale Gestaltung ist nebensächlich. Wenn Wigley die Bedeutung von La Villette in der „[D]estabilisier[ung...] reine[r] architektonische[r] Form"[1403] sieht, so ist die Beschreibung des Parks und der Folies als einziger baulichen Struktur zwar äußerlich treffend, sie wird jedoch der Motivation Tschumis für die Entwurfsgestaltung nicht gerecht.

Cases Vides: Die Folies als offenes System

Die roten Folies werden nicht nach kompositionellen Fragen angeordnet – etwa: Wofür wird was für ein Gebäude an welcher Stelle benötigt? –, sondern nach geometrischen Aspekten: Sie markieren die Schnittpunkte eines Rasters. Das Gitter ist eine autonome Form, die unabhängig vom Park besteht und erst durch das „Mise en place" Realität gewinnt. Es ist ein offenes System ohne Anfang und Ende, ohne Hierarchie und Zentrum sowie ohne Bezug zum Kontext, das sich beliebig weit ausdehnen könnte. Ähnliche Überlegungen sind bereits bei Eisenman und Koolhaas, aber auch bei Coop Himmelblau begegnet. Zudem hat es in dieser Form, als „Implosion"[1404] eines Rahmens auf Punkte anstelle von Flächen und Linien, keine historischen Vorbilder[1405] und ist frei von vorgegebener Bedeutung, wie es Tschumis Absichten entspricht. Das Gitter wird nicht als „traditioneller Ordnungsmechanismus"[1406] eingesetzt, wie es im New Yorker Katalog heißt. Es wirkt wie ein Netz, das über das Parkgelände ausgebreitet wird und nicht nur Park und Stadt verbindet, sondern auch die schon vorhandenen und die noch zu errichtenden Bauten im Parkgelände.[1407] Vor Ort wird dies vor allem an der mehrfach genannten Kollision von Folie-Bauten mit

---

1402 | Tschumi, Abstract Mediation, 1994, S. 193, 198f., Zitate S. 193, Übers. d. Verf.

1403 | Johnson/Wigley 1988, S. 92.

1404 | Derrida 1986, S. 6f., Übers. d. Verf.

1405 | Zwar ist das Schachbrett ein klassisches Kompositionsmodell, allerdings werden in der Regel Flächen und Randlinien markiert, nicht Schnittpunkte, vgl. Tschumi/ Walker, Theoretical Building, 2006, S. 55f.; Boyarsky/Tschumi 1986, S. 25.

1406 | Johnson/Wigley 1988, S. 92.

1407 | Tschumi/Walker, Theoretical Building, 2006, S. 54f.

der Nord-Süd-Galerie sichtbar. Das abstrakte System wird zum *Vermittler [...] zwischen Gelände und Konzept*[1408].

Wie bei Koolhaas beobachtet macht es die Gitterstruktur möglich, „das Chaos zu organisieren"[1409], indem ein autonomes Ordnungssystem in die heterogene Realität – gemeint ist sowohl der Zustand der urbanen Welt am Ende des 20. Jahrhunderts als auch die Parkanlage mit ihren vielfältigen Aktivitäten – eingeschaltet wird.[1410] Mit dem Raster wird ein stabiler Rahmen entwickelt, in dem gestalterische Freiheit möglich ist: *So at LA VILLETTE the system of physical forms [das Folie-Raster, d. Verf.] is there to allow the random – the event – to take place.*[1411] Denn für den Architekten ist es schwierig, die Elemente *E* und *M* der Gleichung zu gestalten. Daher ist die *Promenade Cinématique* das einzige *willkürliche*[1412], nicht geometrisch geordnete Element im Entwurf, das, so der Architekt selbst, wie eine *Filmrolle* hingeworfen scheint. Aber auch hier arbeitet er wieder mit dem Prinzip der Rahmung: Die inhaltlich unbestimmten Gärten folgen einander wie Bildeinstellungen in Filmsequenzen und können beliebig kombiniert werden – eine Methode, die bereits bei den MT erprobt wurde.

Die Folies sind Intensitätspunkte, die einen *Raum artikulieren und aktivieren*[1413], in dem Architektur nach Tschumis Definition als Zusammentreffen von *S E M* stattfinden kann. In diesem Sinne bezeichnet er sie immer wieder als *common denominator*. Als statische Raumgebilde stellen die Folies eine bedeutungsfreie, neutrale Bühne für die offenen Faktoren *Event* und *Movement* dar: Jeder Bau ist unbestimmt, was darin geschieht, ist nicht klar, jedes Folie ist eine *Case Vide*. Durch den sich stets ändernden Kontext gewinnt die Architektur immer wieder andere, mehr oder weniger dauerhafte Bedeutung.[1414] Die Folies sind nicht auf eine Nutzungsweise festgelegt, sondern offen für unter-

---

1408 | Tschumi, Abstract Mediation, 1994, S. 192, Übers. d. Verf.

1409 | Tschumi/Walker, Theoretical Building, 2006, S. 55, Übers. d. Verf.

1410 | Die Anordnung der Folies in einem regelmäßigen Gitter hat pragmatische Gründe: Um die Bauleitung zu überzeugen, braucht es ein schlüssiges Organisationsprinzip; eine kartesianische Anordnung erscheint hierfür am erfolgversprechendsten (Tschumi/ Walker, Theoretical Building, 2006, S. 57f.). Ob das Raster von den gerahmten Bildsequenzen in den MT hergeleitet ist, sagt Tschumi nicht; es ist aber vorstellbar.

1411 | Tschumi/Walker, Theoretical Building, 2006, S. 59, Übers. d. Verf.

1412 | Tschumi 1987, S. 8.

1413 | Tschumi, Madness, 1994, S. 179, Übers. d. Verf.

1414 | Tschumi bezeichnet LA VILLETTE wiederholt als „a-kontextuell", was allerdings auch eine Art der Auseinandersetzung mit dem Kontext ist: *here „contextual" meant going against the context.* Welche Rolle die Auseinandersetzung mit *den kulturellen, sozialen und ökonomischen Umständen* eines jeden Projekts spielt, wird allerdings erst im AKROPOLISMUSEUM thematisiert (Tschumi/Walker, Concept, 2006, S. 156, Zitate ebd., Übers. d. Verf.).

schiedliche Einnahmemöglichkeiten durch den Parkbesucher, dem dadurch ein wesentlicher Anteil an der Gestaltung des Parks zukommt.

Dementsprechend sind die Folies formal nicht als individuelle Bauten entwickelt. Sie sollen nicht als *isolierte skulpturale Objekte* gesehen werden. Damit der Betrachter die Folies nicht mit einem „Das kenne ich schon" abtun kann, werden sie von einem von den Gegebenheiten vor Ort unabhängigen, selbstreferenziellen System, dem „Nine Square Grid"[1415], hergeleitet; dieses hat als Entwurfsübung für angehende Architekten in dieser Verwendungsform keine historischen Vorbilder. Es entstehen, wie Wigley beobachtet, „zergliederte" Kubensysteme mit der gleichen Grundstruktur, die jedoch „nicht einfach zu neuen stabilen Formen zusammengesetzt [werden ...]. Statt dessen[!] werden die Bestandteile in unstabilen Montagen ineinandergebettet: sie werden in Konflikt zueinander und zu dem Kubus gesetzt. Der Kubus ist durch Elemente verzerrt worden, die ihm entnommen wurden."[1416] Allerdings wird Tschumis Denkansatz, der hinter dieser Gestaltung der Folies steht, nicht thematisiert, die Betrachtung bleibt formal und auf den Formenkonflikt beschränkt.

Verstärkt durch die rote Aluminiumverkleidung machen die Folies das Punktraster im Park sichtbar. Durch die einheitliche farbliche Hülle wird darüber hinaus die Materialbindung der Bauten aufgehoben, sodass sich Tschumi *auf das Konzept konzentrieren konnte*[1417]. Der Farbe an sich kommt allerdings keine Bedeutung zu. Tatsächlich wurde das Rot zufällig zur Markierung wichtiger Punkte ausgewählt: Die Folies erhalten als wesentliche Strukturelemente in LA VILLETTE durch die auffallende Farbe die Präsenz, die ihrer Rolle entspricht.[1418] Dadurch werden sie zu einem wichtigen Wiedererkennungsmerkmal für das neuartige Parkkonzept ohne Vorbild.

Die Ähnlichkeit der Folies erlaubt zugleich ihre Variation: In der Grundstruktur gleich wird jeder Bau etwas anders gestaltet. Die Folies sind weder reiner noch völlig verzerrter Kubus, der Betrachter kann sie nicht eindeutig einordnen und „muss ständig gedanklich zwischen beiden changieren"[1419]. Sie sind repetitiv angelegt und untereinander *nahezu austauschbar*[1420], jeder Bau könnte an jedem beliebigen Rasterschnittpunkt stehen, so Tschumi. Dadurch

---

1415 | Vgl. Anm. 1311.

1416 | Johnson/Wigley 1988, S. 92.

1417 | Tschumi/Walker, Built Theory, 2006, S. 74, Übers. d. Verf.

1418 | Auf eine Journalistenfrage hin entscheidet Tschumi spontan, dass die in den Entwürfen rot markierten Folies (um ihre besondere Bedeutung hervorzuheben) auch in Realität rot gebaut werden sollten (Tschumi/Walker, Theoretical Building, 2006, S. 57).

1419 | Gugeler 2005, S. 48.

1420 | Tschumi/Walker, Theoretical Building, 2006, S. 61, folgendes Zitat ebd., Übers. d. Verf.

wird es – anders als in klassischen Kompositionen – möglich, die Bauten flexibel anzuordnen und zu kombinieren. Die Gebäude sind frei von historischen Konnotationen, sie haben keine formale Bedeutung, sie sind *Cases Vides*. Dass dies jedoch in der Materialpraxis nicht einfach umzusetzen ist und dass das Publikum die eigenwilligen roten Pavillons dennoch als eine stilistisch-formale Aussage auffassen kann, wie es auch die New Yorker Kuratoren tun, ist Tschumi dabei durchaus bewusst: *The zero [bedeutungsfreie, nicht semantisch vorbelastete, d. Verf.] degree is very hard to achieve in architecture.*

Vor diesem Hintergrund überrascht, dass Tschumi zur Bezeichnung seiner Parkbauten einen Begriff wählt, der bereits aus der traditionellen Landschaftsarchitektur bekannt ist: „Folies" sind spielerische, funktionslose „nur"-Architekturen, Verrücktheiten ohne Zweck und ohne Bindung an den herrschenden Formenkanon – eine Stoßrichtung, in die sich Tschumi mit seinen Folies ebenfalls einreiht.[1421] Da ihm die den theoretischen Ansätzen entsprechende Befreiung der Folies von historischen Konnotationen gelingt, lässt sich die Bezeichnung in doppelter Hinsicht deuten: Einerseits ordnet Tschumi sein Projekt mit den Folies in die klassische Parkgestaltung ein, andererseits liefert er Inhalte, die nicht dem traditionell Gewohnten entsprechen. Umso deutlicher wird sein neuartiges Konzept, das *die architektonischen Normen dekonstruiert, um sie entlang anderer Achsen wieder zu rekonstruieren*[1422]. Die Bedeutung der Bezeichnung ist ihm dabei sehr bewusst.[1423] Auch die häufig geübte Kritik, Tschumi erfülle bei der formalen Umsetzung seiner Konzepte den selbstgeforderten Anspruch nach einer neuen Architektur nicht, sondern arbeite mit bereits dagewesenen Formen, ist somit entkräftet.[1424]

Hinzu kommt die ursprüngliche Wortbedeutung der „folie" im Sinne des geistigen Verrücktseins (*Madness*[1425]). Diese Konnotation lässt die Bezeichnung, von Tschumi bewusst polemisch gewählt, sehr provokant werden.[1426] Es sind diese Ambiguitäten, die das Wort für den Architekten interessant machen, da

---

1421 | Vgl. hierzu auch Kählers Ausführungen in Kähler, Dekonstruktion, 1993, S. 98.

1422 | Tschumi, Madness, 1994, S. 185f., Übers. d. Verf.

1423 | Tschumi/Walker, Architectural Urbanism, 2006, S. 103.

1424 | Vgl. Gugeler 2005, S. 54f.

1425 | Tschumi gebraucht den Begriff *Madness* häufiger; in MADNESS AND THE COMBINATIVE, 1983 (Tschumi, Madness, 1994), versucht er zeitweilig *eine direkte Parallele zwischen Psychoanalyse und Architektur* herzustellen (Tschumi/Walker, Theoretical Building, 2006, S. 59f., Zitat S. 59, Übers. d. Verf.). Darüber hinaus verweist er mehrfach auf Michel Foucaults „Madness and Civilization" (Histoire de la folie à l'âge classique – Folie et déraison, 1961), vgl. etwa Tschumi, Madness, 1994, S. 175.

1426 | Nachdem Tschumi den Pariser Wettbewerb für sich entschieden hat, versuchen städtische Vertreter die Bezeichnung „folie" in das bedeutungsgleiche, aber neutralere „fabrique" zu ändern, was jedoch nicht mehr gelingt, da die Entwürfe schon während

es für ihn *eine charakteristische Situation am Ende des 20. Jahrhunderts, die Dissoziationen zwischen Gebrauch, Form und sozialen Werten, zu illustrieren scheint*[1427]. Für Derrida hat dieses Wort die „beruhigende Einheit seiner Bedeutung"[1428] verloren. Gerade diese Bezeichnung hat wesentlich dazu beigetragen, dass der PARC DE LA VILLETTE als zukunftsweisender Stadtpark des 21. Jahrhunderts mit den roten Folies eine wiedererkennbare Identität erhalten hat.

9.4   Tschumi und Derrida

Mehrfach wurde auf die Verbindung zwischen Tschumi und Derrida hingewiesen. Nicht nur kommentiert der Philosoph die Architektur, der Architekt greift auch wiederholt auf den Begriff der Dekonstruktion zurück. Daher soll die Art des Kontakts zwischen den beiden, den Tschumi eingeleitet hat, näher beleuchtet werden.[1429]

In seinem Essay „Point de Folie – Maintenant l'architecture"[1430], 1986 in LA CASE VIDE erschienen, entwickelt Derrida ausgehend von den Folie-Bauten den Gedanken des Events weiter und stellt erste Überlegungen zur Bedeutung von Architektur an. Dabei geht er nicht auf Tschumis Architekturverständnis im eigentlichen Sinne ein, sondern knüpft an dem an, „was es unserem Denken bietet"[1431]. Weiter schreibt er, dass ihn, nachdem er Tschumis Werk entdeckt habe, die Frage nach der Dekonstruktion in der Architektur zu neuen Interpretationen seiner Überlegungen geführt habe.[1432] Der Philosoph hat durch LA VILLETTE Interesse an der Architektur entwickelt und sich daraufhin mit den Folies auseinandergesetzt – nachdem der Architekt den Entwurf bereits entwickelt hat. Derrida hat damit weder die Gestaltung von Tschumis Park-Entwurf noch sein grundlegendes Architekturverständnis aktiv beeinflusst.

Tschumi wiederum hat, wie dargelegt wurde, seine Denkansätze im Jahrzehnt vor LA VILLETTE entwickelt und sich von unterschiedlichsten Disziplinen beeinflussen lassen – weder ausschließlich von der Philosophie noch ausschließlich von Derrida.[1433] Der Parkentwurf ist Konsequenz eines langen Denkprozesses und markiert die Weiterführung der Theorie in der Praxis. Mit

---

des Wettbewerbs bekannt wurden (Tschumi/Walker, Built Theory, 2006, S. 73; Boyarsky/Tschumi 1986, S. 26).

1427 | Tschumi 1987, S. 16, Übers. d. Verf.

1428 | Derrida 1986, S. 14f., Übers. d. Verf.

1429 | Vgl. dazu de Bure 2008, S. 67–71.

1430 | Derrida 1986, S. 4–19.

1431 | Derrida 1986, S. 10f., Übers. d. Verf.

1432 | Derrida 1986, S. 14f.

1433 | Vgl. etwa Tschumi 1992, S. 26f.; Broadbent 1991, S. 66.

Sicherheit gibt es Berührungspunkte zwischen Philosophie und Architektur, sonst hätte Tschumi, der geprägt ist vom französischen intellektuellen Umfeld, nicht den Kontakt suchen und Derrida nicht darauf reagieren können. Allerdings hat der Architekt nicht das Ziel, die Theorien des Philosophen in Architektur umzusetzen, wie er betont: Es geht nicht darum, *theoretische oder philosophische Ansätze räumlich zu illustrieren*[1434].

Dennoch gebraucht Tschumi als einer der wenigen der in New York präsentierten Architekten gelegentlich den Begriff der Dekonstruktion, ohne jedoch eine genaue Begriffsdefinition zu geben. Er setzt den Begriff im wörtlichen Sinne ein als das De-Kon-Struieren eines Bestandes. Der Architekt macht deutlich, dass er nicht glaubt, man könne Dekonstruktion entwerfen.[1435] Vielmehr bedeute für ihn *das Dekonstruieren von Architektur ihre Konventionen auseinanderzunehmen, indem Konzepte eingesetzt werden, die sowohl aus der Architektur als auch aus anderen Disziplinen hergeleitet werden*[1436]. Denn ebenso wie *die Grenzen zwischen den verschiedenen Denkdomänen in den letzten zwanzig Jahren schrittweise verschwunden sind*, unterhalte auch die Architektur mittlerweile über ihre Disziplinengrenzen hinaus *Beziehungen zu Kino, Philosophie und Psychoanalyse (um nur einige Beispiele zu nennen)*. Für Tschumi ist die Dekonstruktion eine Vorgehensweise, um zu seiner angestrebten Neupositionierung der Architektur zu finden, die den veränderten Bedingungen am Ende des 20. Jahrhunderts entspricht.

9.5   Zusammenfassung

Mit dem PARC DE LA VILLETTE hat Tschumi eine neuartige Parkanlage entworfen, die den heterogenen Ansprüchen der Bewohner einer Stadt kurz vor dem Übergang ins 21. Jahrhundert gerecht werden will. Erstmals hat er dabei seine Architekturtheorie des S E M in die Praxis übertragen. Dass bei der Realisierung eines so stark theoretisch geprägten Konzepts auch Reibungspunkte zwischen Theorie und Praxis entstehen, ist ihm bewusst. Er sieht dies jedoch nicht als Problem, sondern als Chance für den Entwurf, an den Schwierigkeiten zu wachsen.[1437] Der PARC DE LA VILLETTE ist offen angelegt und lässt sich von den Besuchern vor Ort nicht eindeutig fassen. Genau dies ist ein wesentlicher Teil des Konzepts: Tschumi will strategische Rahmenbedingungen schaffen, in denen freie Gestaltung möglich wird, die von einem Masterplaner

1434 | Boyarsky/Tschumi 1986, S. 25, Übers. d. Verf.

1435 | Tschumi 1992, S. 27.

1436 | Tschumi, Abstract Mediation, 1994, S. 199, folgende Zitate ebd., Übers. d. Verf.

1437 | Vgl. etwa Tschumi, Abstract Mediation, 1994, S. 197f.

unabhängig ist – sowohl in der Ausformung des Parks als auch und vor allem in der Nutzung des Areals durch die Besucher. Entsprechend seiner „Architecture of the Event" als einem Zusammenspiel aus räumlichen Strukturen und dem, was darin geschieht, hat er in der Parkanlage räumliche Konditionen geschaffen, die zur Bühne für unterschiedliche Ereignisse werden können. Die Formenlösungen selbst sind sekundär.

Tschumi macht die Heterogenität des ausgehenden 20. Jahrhunderts zum zentralen Punkt seines Entwerfens. Seine Architektur will zwar zukunftsweisend sein, orientiert sich dabei jedoch an den bereits eingetretenen Veränderungen der urbanen Gesellschaft auf dem Weg ins 21. Jahrhundert. Sie schreibt nicht vor, sondern ist bewusst offen und nicht-funktional gehalten. An die Stelle des strengen „Form follows function" setzt Tschumi das seiner Theorie entsprechend zeitgemäßere *S E M*. Ziel ist nicht mehr das Bestimmen der *Konstruktionsbedingungen,* sondern das *Konstruieren von Bedingungen,* in deren Rahmen Architektur als Event geschehen kann.[1438] Der Architekt Tschumi entwirft keine Masterpläne mehr, sondern strategische Bau-Konzepte. Diese grundlegenden Denkansätze werden im New Yorker Katalog nicht berücksichtigt, sodass auch Tschumi in der Ausstellung nicht angemessen präsentiert wird. Er selbst äußerst sich nur wenig zu der Schau, die er jedoch treffend umschreibt: *The title was very clever and launched a polemic. [...] Whether they fit under the umbrella of deconstruction/deconstructivism was actually secondary – that was just a smart curatorial and journalistic device that led to a series of calculated misunderstandings.*[1439]

Auch bei den Projekten nach LA VILLETTE betont Tschumi: *Instead, I see making architecture as a process of constantly evolving strategies, not unlike chess.*[1440] Auch in diesem Sinne bleibt seine Architektur dynamisch: Während ein kompositioneller Entwurf, einmal entworfen, formal statisch ist, bleibt ein Baukonzept, das eine Gestaltungsstrategie vorgibt, jedoch nicht die konkreten Bauformen, flexibel. Die formale Lösung ist zweitrangig.[1441] Dies kann sogar soweit gehen wie beim CHARTRES BUSINESS PARK[1442], für den Tschumi eine so gelungene Strategie in den Wettbewerb einreicht, dass diese nicht nur überlegen gewinnt,

---

1438 | Tschumi, Architecture in/of, 1997, S. 21, Zitate ebd., Übers. d. Verf.

1439 | Tschumi/Walker, Columbia, 2006, S. 129.

1440 | Tschumi/Walker, Urban Architecture, 2006, S. 89, Übers. d. Verf.

1441 | Tschumi/Walker, Urban Architecture, 2006, S. 87f.

1442 | CHARTRES BUSINESS PARK, 1991, Chartres (Damiani 2003, S. 122f.; de Bure 2008, S. 212-215).

sondern auch realisiert wird – jedoch ohne den Architekten: Dieser ist dank des erfolgreichen Konzepts nicht mehr nötig.[1443]

Zum *Entwerfen eines Projekts* gehört für Tschumi aber auch, *eine Situation mit ihren Einschränkungen und Möglichkeiten zu analysieren*.[1444] Aus den jeweiligen Gegebenheiten heraus wird das entsprechende Konzept entwickelt, das nicht schon a priori feststeht und nur *aus der Schublade*[1445] hervorgezaubert werden muss. Dabei geht er oft „seriell" vor und entwickelt und variiert ein Thema über mehrere Projekte hinweg[1446] – eine Vorgehensweise, die er schon bei den MT angewendet hat und die maßgeblich für sein Schaffen ist.

So hat etwa LE FRESNOY ART CENTER[1447], das erste gebaute Großprojekt nach dem PARC DE LA VILLETTE, viel mit diesem gemeinsam, obwohl es sich um unterschiedliche Anlagen handelt: hier die großflächige Gartenanlage mit den Folies als einzigen architektonischen Strukturen, dort ein relativ kompaktes Bauensemble. Noch mehr als in Paris wird deutlich, wie heterogene Teile kombiniert werden und sich dadurch neue Nutzungsmöglichkeiten eröffnen. Der Zwischenraum, das *In-Between* zwischen alten Dächern und neuer Schutzhülle wird zum Charakteristikum und bildet die Grundlage des Konzepts. Dieser Zwischenraum wird durch Laufstege „aktiviert": Die Idee des Gebäudes als *Activator,* der, wie schon die Folies, den Raum artikuliert, in dem *Event*-Möglichkeiten gemäß der Architektur als *S E M* geschehen können, wird weitergeführt. Fortgesetzt wird nach LE FRESNOY auch der Ansatz, mit baulichen Hüllen, *Envelopes*[1448], Innenraum zu bestimmen.

Es folgen Bauprojekte weltweit. Auch wenn die schriftlichen Veröffentlichungen dadurch weniger werden, betont Tschumi, dass Theorie und Praxis nach wie vor von gleicher Bedeutung für ihn seien.[1449] So veröffentlicht er die Reihe EVENT-CITIES, in der seine Projekte chronologisch in ihrer konzeptu-

---

1443 | Tschumi/Walker, Architectural Urbanism, 2006, S. 108f.; Tschumi, Event-Cities, 1994, S. 38–85.

1444 | Tschumi/Walker, Le Fresnoy, 2006, S. 117, Zitate ebd., Übers. d. Verf.

1445 | Tschumi/Walker, Urban Architecture, 2006, S. 87, Übers. d. Verf.

1446 | Tschumi/Walker, Urban Architecture, 2006, S. 95.

1447 | LE FRESNOY ART CENTER, 1991–1997, Tourcoing (Tschumi 1999; Tschumi/Walker, Le Fresnoy, 2006, S. 115–123; Tschumi, Event-Cities, 1994, S. 594–607; Tschumi, Architecture in/of, 1997, S. 23–38; de Bure 2008, S. 117–124; Damiani 2003, S. 84–93). LE FRESNOY besteht aus historischen Gebäuden, über die der Architekt ein neues Dach errichtet. Mit diesem Projekt ist Tschumi nach Walker „endgültig in die Logik des Bauens eingetreten" (Tschumi/Walker, Le Fresnoy, 2006, S. 121, Übers. d. Verf.).

1448 | Tschumi/Walker, Activators, 2006, S. 149.

1449 | Etwa in Tschumi/Walker, Le Fresnoy, 2006, S. 122.

ellen Entwicklung dokumentiert werden.[1450] Da der Architekt seine Entwürfe als eine Form der Forschung versteht und verschiedene Themen über mehrere Projekte hinweg verfolgt, bietet diese Publikationsreihe die Möglichkeit, Entwicklungslinien und -brüche zu beobachten – auch für ihn selbst. So hat sich ihm etwa mit dem AKROPOLISMUSEUM[1451] *eine architektonische Dimension eröffnet, die er vorher in dieser Deutlichkeit nicht erkannt hatte:*[1452] Der Kontext, das soziale, kulturelle und ökonomische Umfeld eines Projekts bestimmt dieses wesentlich mit. Dementsprechend ergänzt Tschumi seine Gleichung *Space Event Movement* um die Begriffe *Context, Content* und *Concept* und präzisiert damit etwas, was die ganze Zeit zwar präsent war, aber nicht bewusst ausformuliert wurde.[1453]

1450 | Die EVENT-CITIES-Reihe umfasst momentan vier Bände: Event-Cities 1: Praxis, 1994; Event-Cities 2, 1999; Event-Cities 3: Concept vs. Context vs. Content, 2005; Event-Cities 4: Concept – Form, 2010.

1451 | AKROPOLISMUSEUM, 2001–2009, Athen (Tschumi 2009; Photiades 2011; Philippopulu-Michaelidu 2011; de Bure 2008, S. 150–159; Damiani 2003, S. 146f.).

1452 | Tschumi/Walker, Concept, 2006, S. 160, Zitate ebd., Übers. d. Verf.

1453 | Tschumi/Walker, Concept, 2006, S. 167.

10   Die DECONSTRUCTIVIST ARCHITECTURE – eine Erfolgsgeschichte?

Auch nach der Analyse des Schaffens der sieben Architekten bleibt ihre Zusammenfassung in einer Ausstellung – zumal unter so ausdrücklich formalen Vorzeichen wie in der DECONSTRUCTIVIST ARCHITECTURE – befremdlich. Die präsentierten Entwürfe unterscheiden sich zum Teil visuell deutlich voneinander. Der Bogen reicht von Gehrys frühen „verzerrten" Bauten (um im Jargon des Katalogs zu bleiben) bis hin zu Eisenmans modernistisch wirkendem BIOZENTRUM. Auch ihre Arbeitsansätze scheinen unterschiedlicher kaum sein zu können. Während Gehry betont, seinen Arbeiten keine Meta-Ebenen einschreiben zu wollen, entwickelt Eisenman eine komplexe Theorie der Architektur, die seine Projekte in einen vielschichtigen Denkrahmen einspannt. Damit markieren die beiden zum Zeitpunkt der Schau bekanntesten Architekten zwei Pole, zwischen denen sich die jüngeren Baukünstler einordnen, die in ihrem Werk teils theoretisch ausgeprägte, teils mehr Formen-orientierte Positionen verfolgen.[1454] So verbindet Eisenman, Libeskind, Tschumi und Koolhaas ein in ähnlicher Weise theoretisch fundiertes Architekturverständnis, während Gehry, Coop Himmelblau und Hadid von formaleren Überlegungen ausgehen. Es wird jedoch nicht ohne Weiteres ersichtlich, welche grundlegenden Gemeinsamkeiten sie alle miteinander teilen. Welche Aspekte lassen sie zu dekonstruktivistischen Architekten werden? Die New Yorker Schau kann hier, trotz ihres immensen öffentlichen Erfolgs, letztlich weder in der musealen Inszenierung noch im Katalog definitorische Klarheit schaffen – zu einsei-

---

1454 | Ähnliches hat Eisenman bereits vor der Ausstellung gegenüber Jencks angesprochen: *Ich denke, sie [die Ausstellung, d. Verf.] wird zeigen, daß einige Leute Stilisten sind, andere Ideologen, und ich glaube, daß diese Trennung im Katalog auch ziemlich klar zum Ausdruck kommen wird. Ich glaube, sie werden versuchen hervorzuheben, daß sie nicht über einen Stil reden, sondern über eine bestimmte Art von Ideologie innerer Beziehungen, das heißt, daß in allem eine Ideologie liegt* (Jencks/Eisenman 1995, S. 262).

tig ist die nur formal-ästhetische Bewertungsperspektive der Kuratoren, zu der argumentative Schwachstellen in der inhaltlichen Darstellung treten.

Problematisch wird diese Blickrichtung, die für sich genommen durchaus Berechtigung hat, im Falle der sieben Architekten, da sie deren Arbeitsansätzen nicht gerecht wird. Die Überlegungen, die hinter den jeweiligen Entwurfslösungen stehen, werden ausgeklammert, obwohl alle Baukünstler in ihrem Schaffen (unterschiedlich stark) ausgeprägte Denkansätze verfolgen. Bei keinem der sieben richtet sich das kreative Interesse weder ausschließlich und vorrangig auf die Gestaltung von Formen noch auf die formale Verzerrung als Selbstzweck, wie es im Katalog zum Ausdruck kommt. Zwar setzen einige Architekten, Coop Himmelblau etwa oder Gehry, ungewohnte Geometrien ein, dies geschieht jedoch aufgrund bestimmter übergeordneter Überlegungen, die Formenlösungen selbst sind sekundär. So werden die vorgestellten Projekte im Katalog zwar treffend präsentiert, jedoch stets aus einer formalen Perspektive, die den Thesen der Kuratoren verpflichtet bleibt und auf Formenverzerrung und -verschiebung rekurriert. Inhaltliche Überlegungen der Architekten werden ebenso wenig nachvollzogen wie die Entwicklungsschritte, die den Entwürfen vorausgegangen sind. Auch werden die charakteristischen Entwurfsprozesse nicht berücksichtigt. Dadurch fehlt eine Einordnung in den Werkkontext. Dies ist etwa bei Hadid oder Gehry auffällig, deren Ausstellungsbeiträge eine besondere Position in ihrem Schaffen einnehmen – so ist GEHRY HOUSE ein Markstein für das neue Entwerfen des Architekten, während Hadids PEAK als wichtiger gewonnener Wettbewerbsbeitrag auch den erfolgreichen Schritt an die internationale Öffentlichkeit markiert.

Vor diesem Hintergrund überrascht es wenig, dass die Baukünstler der Ausstellung mit Vorbehalten begegnen. Niemand kritisiert direkt, aber alle distanzieren sich von der Art der Zusammenfassung, wie sie in der DECONSTRUCTIVIST ARCHITECTURE geleistet wird – nicht zuletzt mit Blick darauf, dass zu jener Zeit auch andere Versuche unternommen wurden, das zeitgenössische Architekturgeschehen zu definieren, die allerdings weniger nachhaltig waren als die New Yorker Ansätze.[1455] Dennoch stellt keiner der sieben Architekten infrage, dass die Teilnahme an der MoMA-Schau bedeutsam war. Zudem wird meist darauf verwiesen, dass durchaus Gemeinsamkeiten bestehen, wenn auch nicht in der von den Kuratoren propagierten Weise.

Insgesamt begegnen typische Schwierigkeiten einer Zusammenfassung, die nicht von den „Betroffenen" ausgeht, sondern von außen erfolgt und historischen Anspruch erhebt.[1456] Zwar macht es den Kern anspruchsvoller kunst-

---

1455 | Hier sei insbesondere auf das Londoner Symposium im Frühjahr 1988 verwiesen, vgl. Kapitel 2.2.

1456 | Entsprechendes kann etwa auch am Beispiel von „Modern Architecture" und International Style in den 1930er-Jahren beobachtet werden, vgl. Kapitel 2.7.1 (Exkurs).

oder architekturwissenschaftlicher Arbeit aus, kulturelle Strömungen und ihre Auswirkungen zu beobachten und zu bewerten – gerade auch dort, wo gemeinsame Entwicklungen den beteiligten Kulturschaffenden selbst nicht bewusst sind. Dies ist jedoch auch mit besonderen Problemen verbunden, wenn, wie im Fall der DECONSTRUCTIVIST ARCHITECTURE, die Urteilenden Zeitgenossen sind.[1457] Die historische Distanz fehlt, Bewertungskategorien und Sortierungsmaßstäbe sind besonders kritischer Aufmerksamkeit ausgesetzt und müssen sich im Verlauf der Zeit erst bewähren. Erschwert wird die Situation der dekonstruktivistischen Architektur zudem durch die Auswahl eines umstrittenen Begriffs zur Bezeichnung der neuen Tendenzen.

Tatsächlich haben sich bei der Auseinandersetzung mit dem Schaffen der sieben Architekten auch verbindende Elemente abgezeichnet. Diese finden sich jedoch weniger in einer gemeinsamen Formensprache als vielmehr in Herangehensweisen, ideellen Denkansätzen, theoretischen Überlegungen. Damit ist nicht ihr Zusammenschluss in einer Ausstellung problematisch, sondern die Art, wie diese Zusammenfassung begründet und auf welche Maßstäbe sie gestützt wird. Denn mit der gemeinsamen Präsentation haben die Kuratoren, trotz zahlreicher inhaltlicher und argumentativer Schwachstellen, ein gutes Gespür für (1988 allerdings nicht mehr ganz so) neue Entwicklungen bewiesen. In der DECONSTRUCTIVIST ARCHITECTURE zeigen sie in einer vom postmodernen Architekturschaffen dominierten Zeit andere Perspektiven auf – freilich nicht als „Entdecker", sondern als „Katalysatoren" von Beobachtungen, die in der zeitgenössischen Architekturszene diskutiert werden. Zudem erweist sich auch die konzentrierte Auswahl der sieben ausgestellten Architekten als maßgeblich (auch wenn sie von den Kuratoren selbst nicht begründet wird): Die Baukünstler finden sich auch in anderen Ansätzen zur Bewertung und „Sortierung" der neuen Architekturströmungen dieser Zeit wieder.

Die Schwachstellen der DECONSTRUCTIVIST ARCHITECTURE

Neben der Wahl des Ausstellungstitels wird die Herangehensweise der Kuratoren von zwei wesentlichen Schwachstellen geprägt, die zum einen inhaltlicher – die mehrfach erörterte Konzentration der Beurteilung auf formale Aspekte –, zum anderen argumentativer Natur sind: Im Katalog, dem zentralen Medium zur Vermittlung der definitorischen Überlegungen der Kuratoren, werden mehrere Thesen zur Begriffsbestimmung eingeführt, die jedoch nicht schlüssig erläutert und konsequent verfolgt werden. Dies ist umso gravierender, da man, zumal von Museumsseite, die Publikation auch als Referenzwerk

---

1457 | Dies bedeutet natürlich nicht, dass keine zeitgenössischen Urteile möglich sind. Vielmehr gehören diese ebenso zur kulturhistorischen Entwicklung wie die jeweiligen (bau-)künstlerischen Arbeiten. Sie müssen sich vor dem Auge der Geschichte ebenso bewähren wie die beurteilte Kunst oder Architektur.

verstanden hat. Obwohl gerade in Wigleys Essay insgesamt scharfsinnige Betrachtungen begegnen, wird es schwierig, zu einer Antwort darauf zu finden, was als dekonstruktivistische Architektur zu bezeichnen ist. Letztendlich bleibt der Katalog eine fassbare Konkretisierung dieses Terminus schuldig, den Ausführungen fehlt der stringente Bogen, der die verschiedenen Argumentationsstränge miteinander verbindet. Stattdessen werden mehrere, teils missverständliche Definitionsansätze entwickelt, die nicht schlüssig und aufeinander aufbauend erörtert werden. In den Kurztexten zu den ausgestellten Entwürfen fällt der Begriff „dekonstruktivistisch" nicht mehr. Auch die Verbindung mit dem russischen Konstruktivismus, auf die sich der Titelbegriff stützen soll, wird überraschenderweise in keiner der Projektdarstellungen wiederaufgegriffen.

Im Verlaufe der Untersuchungen ist deutlich geworden, dass es sich bei der Bezugnahme auf die Avantgardeströmung, die zudem fehlerhaft dargestellt wird, um einen Interpretationsansatz der Kuratoren handelt, den sie nicht überzeugend fundieren. Ziel war es offensichtlich, die von Johnson favorisierte visuelle Verbindung zwischen russischem Konstruktivismus und den ausgestellten Architekten zu etablieren. Dabei scheinen jedoch nur äußere Ähnlichkeiten als Vergleichsbasis herangezogen worden zu sein, wie verschiedene Kritiker angemerkt haben. Allerdings hat keiner der sieben Architekten exklusiv an konstruktivistischen Ideen angeknüpft, wie sich in der Auseinandersetzung mit ihrem Schaffen gezeigt hat.[1458] Dies bedeutet nicht, dass die Beschäftigung mit der russischen Moderne auszuschließen ist. Gerade bei den frühen Zeichnungen einiger Baukünstler, Koolhaas und Hadid etwa, finden sich formale Ähnlichkeiten mit konstruktivistischen Darstellungen. Sie beschäftigen sich, wie auch Tschumi und Libeskind in frühen Projekten, mit verschiedenen russischen Avantgardisten: „[Some architects] have used work of the Russian avant-garde as one of the points of departure for their formal language"[1459], beobachtet Catherine Cooke als versierte Kennerin der russischen Avantgarde. Weiter differenziert sie: „As in any situation, the level and type of influence has itself been diverse, ranging from subtly digested stimuli to more explicit and direct borrowings [...]." Dennoch lässt sich bei keinem der sieben Architekten eine ausschließliche Rückbeziehung auf den russischen Konstruktivismus beobachten, die Einflüsse und Inspirationen sind breiter angelegt und schöpfen

---

1458 | Damit steht nicht grundsätzlich außer Frage, dass es Verbindungen mit dem russischen Konstruktivismus geben kann (zumal entsprechende Verbindungen auch von anderen angestellt wurden, nicht zuletzt auch von den Chicagoern Wierzbowski und Florian); hierfür wäre eine weiterführende Untersuchung nötig. Im vorliegenden Fall überzeugt jedoch die Begründung des Rückbezugs nicht, wie die Ausführungen gezeigt haben.

1459 | Cooke 1988, S. 13, folgendes Zitat ebd.

aus unterschiedlichen kulturellen Quellen, über den Rahmen der Architektur-geschichte hinaus. Cooke konstatiert eben auch: „I would be the last to assert the existence of ‚borrowings' where none are explicitly acknowledged by the work's authors themselves."[1460] Zudem wirken die Arbeiten der ausgestellten Baukünstler mehr wie eine Hommage an die russische Avantgarde denn eine „de-"artige Auseinandersetzung – zumal der Essay nicht eindeutig verständlich machen kann, was darunter zu verstehen ist. In diesem Sinne schreibt auch Gert Kähler: „Im Gegenteil scheinen die Ähnlichkeiten anstatt der Gegensätze zu überwiegen [...]."[1461] Die definitorische Ausgangsthese des Katalogs trifft somit nicht zu.

Darüber hinaus wird als ein zentrales Charakteristikum der präsentierten Projekte hervorgehoben, dass diese auf die praktische Realisierung ausgerichtet seien und gebaut werden könnten. Dies impliziert für die Kuratoren ein anderes Entwerfen, als es rein konzeptuelle „Papierarchitektur" verfolgt, eine Haltung, die auch von den zeitgenössischen Umständen geprägt ist. Dennoch werden die Entwürfe in der Ausstellung wie skulpturale Kunstobjekte inszeniert. Bauliche Grundinformationen etwa zu Materialien oder Maßen fehlen im Museum ebenso wie in der Publikation. Auch die Präsentation des russischen Konstruktivismus, die die Ausstellung eröffnet, konzentriert sich auf bildende Kunst, ohne etwa Projekte aus dem Architekturbereich zu zeigen. Zudem gibt es keine Angaben zu den sich im Bau befindenden Entwürfen wie Tschumis PARC DE LA VILLETTE oder Coop Himmelblaus DACHAUSBAU sowie dem 1988 schon mehrere Jahre fertiggestellten GEHRY HOUSE. Diese hätten mit Fotografien und Informationen zum Ablauf des Realisierungsfortschritts in einen praktischen Kontext eingeordnet werden und auf diese Weise den erhobenen Anspruch der Kuratoren verdeutlichen können. Nicht zuletzt erschließt sich den Betrachtern der Ausstellung nicht, nach welchen Kriterien die Auswahl der Architekten und ihrer Arbeiten sowie ihre Inszenierung in Museum und Katalog erfolgt ist. Diese Art der kuratorischen Aufbereitung ist bereits unter Zeitgenossen einer der häufigsten Kritikpunkte.

Dabei treffen Wigleys Beobachtungen im Kern durchaus zu. Die sieben Architekten haben, wie es im Essay heißt, den Akzent vom Abstrakten auf die „Materialität gebauter Gegenstände"[1462] verlagert. Mehrere Architekten sind bereits als Theoretiker bekannt, bevor sie auch praktisch tätig werden. Besonders einprägsam das Beispiel Tschumis, der sich bewusst für eine theoretische Auseinandersetzung mit der Bedeutung der Architektur entscheidet, ehe er sich dem praktischen Schaffen zuwendet. Alle im MoMA gezeigten Projekte werden für ein konkretes Bauvorhaben entwickelt und haben den Anspruch

---

1460 | Cooke, Russian Precursors, 1989, S. 18.
1461 | Kähler, Schokolade, 1990, S. 16.
1462 | Johnson/Wigley 1988, S. 19.

auf Realisierung, wenn dieser auch nicht in allen Fällen eingelöst wird. Allerdings können einige der aufwendigeren Entwürfe, etwa die Projekte von Hadid, Libeskind oder Coop Himmelblau, durchaus auch als konzeptuelle Gedankenspiele aufgefasst werden, gerade vor dem Hintergrund der technischen Möglichkeiten in den 1980er-Jahren. Zeitgenossen haben dementsprechend ihre potenzielle Realisierbarkeit angezweifelt. Aus dieser Perspektive ist die Entscheidung der Kuratoren, diese Arbeiten in eine Ausstellung einzuschließen, die ausdrücklich den Anspruch erhebt, baubare Entwürfe zu zeigen, umso mutiger und innovativ zu bewerten. Durch die Präsentationsweise wird diese Besonderheit jedoch zunichtegemacht.

In der Argumentation des Katalogs führt die Betonung des Baubaren dazu, dass theoretische Überlegungen gänzlich ausgeklammert werden. Abgesehen davon, dass ein solch eingeschränkter Blickwinkel grundsätzliche Möglichkeiten übersieht, die sich durch konzeptuelle Experimente eröffnen,[1463] trifft er auf keinen der sieben Architekten zu. Gerade die Theoretiker wie Eisenman, Tschumi, Koolhaas und Libeskind wenden sich auch nach dem Schritt in die Praxis nicht von ihren konzeptuellen Ansätzen ab. Ihre Entwürfe resultieren aus teils jahrelang vertieften Überlegungen, welche mit dem Beginn der praktischen Arbeit keinesfalls abbrechen. Aber auch die formaler vorgehenden Architekten wie Hadid, Gehry und Coop Himmelblau verfolgen keine selbstbezogenen Formeninteressen, ihre Entwürfe sind ebenfalls in übergeordnete Gedankengebilde und Entwicklungsschritte eingebettet. Bau-Projekte wie die dieser sieben Architekten können gerade nicht „außerhalb ihres gewohnten theoretischen Kontextes"[1464] betrachtet und bewertet werden. Konzeptuelle Überlegungen und praktische Umsetzung lassen sich nicht getrennt voneinander bewerten.

Weiterhin bleibt zu bedenken, dass die meisten der sieben Architekten einen besonderen Zeichenvorgang als zentrales Medium ihres Entwerfens pflegen, dem sie große Bedeutung beimessen. Libeskind bezeichnet *de[n] physische[n] Akt des Zeichnens mit der Hand [als] ein[en] wichtige[n] Bestandteil des architektonischen Prozesses*[1465], eine Haltung, die sich auch bei seinen Kollegen beobachten lässt. Gehry oder Coop Himmelblau etwa stützen ihre Entwurfsfindung betont auf eine Herangehensweise, die über einen abstrakten Zeichenvorgang zu konkreten Lösungen führt. Der Katalog hingegen präsentiert die „fertigen" Bauformen ohne Blick für die vorausgehenden Findungsprozesse. Auch damit zeigen die Kuratoren einmal mehr mangelnde Sensibilität für die inhaltlichen Feinheiten des Architekturverständnisses der sieben Baukünstler.

1463 | Darauf hat schon Oechslin hingewiesen (Oechslin, Tabuisierung, 1999, S. 284, 286; vgl. Kapitel 2.7.2).

1464 | Johnson/Wigley 1988, S. 20.

1465 | Libeskind, Breaking Ground, 2004, S. 258.

Zudem drückt sich in allen Katalogtexten die formale Fokussierung auch in einer Ausdrucksweise aus, die schon von zeitgenössischen Autoren mehrfach kritisiert wird. Immer wieder wird auf eine Wortwahl zurückgegriffen, die negative Assoziationen mit dem Gezeigten weckt und bei den Lesern mehr Vorbehalte denn Identifikation mit den Exponaten erzeugt. So ist etwa wiederholt die Rede von „widerstreitenden Strukturen", „verzerrten Formen" und dem „Konflikt innerhalb von Formen". Auf diese Weise wird ein zerstörerisches, destruktives Potenzial konnotiert, von dem sich Wigley in seinen Ausführungen eigentlich früh distanziert hat: Die Dekonstruktion werde oft fälschlich „als das Zerlegen von Gebäuden mißverstanden"[1466], als eine nur äußerliche „Ästhetik der Gefahr"[1467]. Es gehe nicht darum, das Chaos in der Welt im Bauen abzubilden. In der Tat findet sich bei keinem der Architekten eine entsprechende Motivation.

Vertieft werden die wertenden Begrifflichkeiten durch die Unterscheidung von „reinen", „vollkommenen" gegenüber „verzerrten", „unvollkommenen" Formen, die der inhaltlichen Argumentation der Kuratoren entspricht: Das Charakteristikum der ausgestellten Entwürfe wird in der Verunreinigung „reiner" Formen gesehen. Diese Beurteilungsperspektive bleibt den tradierten Maßstäben von der klassischen euklidischen Form verpflichtet. Vorausgesetzt wird ein Beziehungsgefüge zwischen der strukturellen Stabilität eines Bauwerks und seiner formalen Gestaltung. Explizit lässt sich die wiederholte Referenz auf „verzerrte Formen" allerdings nur bei Coop Himmelblau beobachten. Oft wird zudem auch eine emotionale Wirkung umschrieben, die sicherlich beim Betrachten der Entwürfe (die teils nur als Modelle vorliegen!) auftreten kann, die als Grundlage für eine Beurteilung mit wissenschaftlichem – oder zumindest richtungsweisendem – Anspruch jedoch nicht ausreicht.

Problematisch wird dieser Bewertungsmaßstab zudem auch dadurch, dass er – durch den besonderen Erfolg der Ausstellung – die öffentliche Wahrnehmung in eine Richtung lenkt. Trotz der gehäuften und meist profunden Kritik an der Aufbereitung der MoMA-Schau beschränkt sich die Mehrzahl der Besprechungen ebenfalls auf die Beschreibung oberflächlich-formaler Charakteristika. Immer wieder ist die Rede von zersplitterten, fragmentierten, ungeordneten Formen, die explodiert zu sein und eine beunruhigende Formensprache ohne funktionalen Sinn zu zeigen scheinen. „Dekonstruktivistisch" wird zum Synonym für „schräge Bauten". Es etabliert sich eine stilistische Wahrnehmung, die die grundlegenden Denkansätze der Architekten nicht berücksichtigt. Insbesondere in nicht-fachlichen Berichten wird die ausgestellte Architektur als neue Stilrichtung präsentiert, obwohl die Kuratoren mehrfach darauf hinweisen, keinen neuen Stil vorstellen zu wollen – allerdings kann

---

1466 | Johnson/Wigley 1988, S. 11.
1467 | Johnson/Wigley 1988, S. 17.

die Motivation dieser Behauptung angezweifelt werden, wie die Untersuchung gezeigt hat. Die schon im Vorfeld der Ausstellung von mehreren Kritikern geäußerten Befürchtungen, die vor einer solchen stilistisch verflachten Wahrnehmung warnen, treten ein. Dekonstruktivistische Architektur wird auf eine verschobene und verzerrte Formensprache reduziert, der Titelterminus zum stehenden Begriff. Damit erweist sich die gewählte Ausstellungsbezeichnung auch als sprachlich ungünstig, denn die Kuratoren schließen die Einführung eines neuen Ismus zwar nachdrücklich aus, durch die Formulierung des Titels scheint jedoch eben dies impliziert zu werden.

Hinzu tritt die inhaltliche Problematik des gewählten Ausdrucks, der Verbindungen mit der philosophischen Dekonstruktion nahelegt, welche von den Kuratoren jedoch ausgeklammert werden. Da dieser Begriff jedoch seit den 1970er-Jahren vor allem in den USA zu einem intellektuellen Modewort avanciert[1468] und auch zur Zeit der MoMA-Schau gerade im Architekturkontext viel diskutiert ist, verwundert es, dass dem zum Titel gemachten Begriff inhaltlich so wenig Beachtung geschenkt wird und die komplexen Konnotationen nicht ernst genommen werden. Daher drängt sich auch die Vermutung auf, dass bei seiner Auswahl medientaktische Überlegungen eine Rolle gespielt haben: Mit dem Begriff „dekonstruktivistisch" wird ein Modewort ausgewählt, das mit Sicherheit viel Aufmerksamkeit erregen würde. Die zu erwartende verflachte Wahrnehmung der Architekturen wurde offensichtlich in Kauf genommen. In Interviews kommt hierzu von Seiten der Kuratoren eine überraschend nachlässige Haltung zum Ausdruck. Dennoch erweist sich die dekonstruktivistische Architektur als „zäher, als es eine bloße Modeströmung zu sein pflegt"[1469], wie Kähler rund fünf Jahre später notiert. Tatsächlich hat sich in der Auseinandersetzung mit dem Schaffen der sieben Architekten gezeigt, dass die Bezeichnung – unter Berücksichtigung bestimmter Vorzeichen – nicht gar so unpassend gewählt ist.

Dekonstruktivistische Architektur: Eine Annäherung

Trotz der Kritikpunkte lassen sich in Wigleys Essay Ansätze finden, die auf Gemeinsamkeiten der sieben Architekten verweisen und es erlauben, einen klareren Begriff dessen zu formulieren, was dekonstruktivistische Architektur auszeichnet. Dabei fällt auf, dass diese immer dann artikuliert werden, wenn die Überlegungen über nur formale Aspekte hinausgehen; sie werden im Katalog allerdings nicht oder nicht ausreichend erörtert. Über die Gründe dafür kann nur spekuliert werden, sie sind aber sicherlich, zumindest in Teilen, in

---

1468 | „Dekonstruktion ist heute ein allgemeines Phänomen. Es betrifft [...] all unsere Orientierungsformen, unsere Lebensweise, unsere Sicht der Welt sind davon geprägt" (Welsch 1993, S. 58).

1469 | Kähler, Schräge Architektur, 1993, S. 7.

den ungewöhnlichen Vorläufen, die zur Ausstellung selbst geführt haben, zu finden; diese werden im Anschluss noch einmal rekapituliert.

Eine wichtige Beobachtung macht Wigley in seiner zentralen Begriffsbestimmung: „Unregelmäßige Geometrie wird wieder als struktureller Zustand begriffen und nicht so sehr als dynamische formale Ästhetik."[1470] Dieser Definitionsansatz umschreibt in der Tat Charakteristika, die sich im Denken der sieben Baukünstler wiederfinden: Sie be- und hinterfragen die Architektur fundamental. Insbesondere die Theoretiker Eisenman, Tschumi, Libeskind und Koolhaas, aber auch Hadid und Coop Himmelblau streben nach einer visionären Neudefinition der Architektur. Sie versuchen, neue Formen- und Entwurfslösungen zu etablieren mit dem Ziel, die Möglichkeiten der Baukunst auszuschöpfen, um zukunftsweisende Standpunkte einer „neuen" Architektur zu erarbeiten. Die konkreten Formen selbst haben sich dabei als diesen Überlegungen nachgeordnet erwiesen. Der Katalog bleibt jedoch unverändert der formalen Perspektive verpflichtet.

Darüber hinaus ist für alle sieben Architekten die Reaktion auf das zeitgenössische Baugeschehen, das sie vom postmodernen Eklektizismus dominiert sehen, grundlegendes Movens. Insbesondere von dessen *historisierenden Tortenverzieren*[1471], wie es Hadid umschreibt, grenzen sie sich in mehr oder minder ausdrücklicher Weise ab. Einzuräumen ist allerdings, dass sich diese Kritik gegen eine simplifizierende „Pseudo-Postmoderne"[1472] wendet. Darin kommt ein vereinfachtes Verständnis von der postmodernen Architektur zum Ausdruck, wie es „vor allem in den USA – aber nicht nur dort –" verbreitet ist, so Wolfgang Welsch, der aufzeigt, dass eine solche pauschale Verurteilung diesem Bauen in seinem vielschichten Denkanspruch nicht gerecht wird.[1473] Es steht allerdings außer Frage, dass es auch die kritisierten historisierenden, nur äußerlich dekorierenden Tendenzen gegeben hat.

Im Katalog bleiben diese kritischen Ansätze in Reaktion auf das zeitgenössische Architekturgeschehen letztendlich unberücksichtigt, obwohl Wigley treffend konstatiert, es werde „kein historisierendes Spiel"[1474] mit alten Formmotiven betrieben. Vielmehr, so schreibt er weiter, seien die Baukünstler „aus der architektonischen Tradition selbst hervor[gegangen]"[1475] und arbeiteten mit dieser Tradition und aus ihr heraus. Sie schaffen nicht neu, sondern

---

1470 | Johnson/Wigley 1988, S. 17.

1471 | Hadid, Eighty-Nine Degrees, 1983, o. S. 1., Übers. d. Verf.

1472 | Welsch 2002, S. 81 (vgl. Anm. 441).

1473 | Welsch widmet der Frage nach der postmodernen Architektur und ihren Schwierigkeiten ein ganzes Kapitel (Welsch 2002, S. 87–134, Zitat S. 104).

1474 | Johnson/Wigley 1988, S. 16.

1475 | Johnson/Wigley 1988, S. 11.

„entdeck[en] neue Bereiche in alten Vorstellungen"[1476]. Mit dem historischen Bestand werde strukturell, gleichsam von innen heraus gearbeitet, er werde hinterfragt, „irritiert", „gestört". Mit diesen Beobachtungen werden weitere Gemeinsamkeiten der Architekten umschrieben, die nicht nur der Versuch, Lösungen für eine „neue" Architektur zu etablieren, verbindet, sondern auch, dass sie dies in kritischer Auseinandersetzung mit dem konventionellen Bauen tun. In den Ausführungen des Katalogs wird jedoch rasch klar, dass die Blickrichtung auf die Formentradition des „Hochmodernismus" beschränkt bleibt. Tatsächlich setzen sich einige – nicht alle – der sieben Architekten mit dem Bauen der Moderne auseinander und machen unterschiedliche Facetten dieser Analysen für eigene Entwürfe nutzbar.[1477] Sie tun dies jedoch stets im Rahmen eines bestimmten theoretischen Kontexts, der in der nur formalen Darstellung des Katalogs unbeleuchtet bleibt. So strebt etwa Hadid ein Wiederaufgreifen und Weiterführen des Denkens der Moderne an, während sich Koolhaas durch seine retroaktive Analysemethode mit modernem Gedankengut auseinandersetzt, um es teils für sich zu nutzen, teils zu verwerfen. Auch Eisenman befasst sich intensiv mit modernen Avantgardisten. Bei den anderen ausgestellten Architekten ist die Beschäftigung mit dem „Hochmodernismus" weniger ausgeprägt, sie schöpfen aus einem gesamtkulturellen Kontext Inspiration. Hier zeichnet sich ein weiterer für die begriffliche Definition entscheidender Aspekt ab, der im Katalog zwar an-, aber wiederum nicht ausführlich besprochen wird.

Prägend für alle Architekten ist ein bewusstes Arbeiten mit dem Baukontext, der in seinen unterschiedlichen Facetten analysiert und auf diese Weise ins eigene Entwerfen integriert wird. Die kontextuelle Arbeit reicht von der Auseinandersetzung mit der geografischen Geländesituation, wie es etwa bei Hadid und Koolhaas zu beobachten ist, die in ihren Entwürfen intensiv auf die Gegebenheiten vor Ort reagieren, über eine breit(er) angelegte Reaktion auf die Besonderheiten der Umgebung, wie sie vor allem Gehry verfolgt, der in seinen frühen Arbeiten bewusst mit typisch kalifornischen Baumaterialien arbeitet. Sie führt bis hin zur Erforschung des nicht fassbaren Kontexts – im historischen (hierher gehört auch die Auseinandersetzung mit modernen Denkansätzen) ebenso wie im kulturellen und sozialen Sinne –, wie es bei Koolhaas, Libeskind, Tschumi und vor allem Eisenman begegnet. An die Stelle eines eklektischen „decorated shed" tritt die Reaktion auf die verschiedenen Facetten

---

1476 | Johnson/Wigley 1988, S. 19.

1477 | Auch hier gilt: Natürlich ist allen Architekten die historische Entwicklung bekannt; gemeint ist an dieser Stelle die explizite Auseinandersetzung mit modernen Vorbildern, wie sie bei einigen der sieben deutlicher zu beobachten ist.

der individuellen Bausituation, denn, in Wigleys Worten, „[d]ie hier vorgestellten Projekte ignorieren den Kontext nicht; sie sind nicht anti-kontextuell"[1478].

Dieses Arbeiten mit dem Kontext in seinen unterschiedlichen Formen stellt ein Entwerfen dar, das nicht neu erfindet, sondern in der Auseinandersetzung mit dem Vorgefundenen Gestaltungsmöglichkeiten findet. Das so Entworfene ist eng verbunden mit dem Vorhandenen, dem es nicht „neu" aufgesetzt, sondern gleichsam als andere „Lesart" hinzugefügt wird. Diese Herangehensweise trägt de-kon-struktive Züge, die durchaus im Sinne der Derrida'schen Dekonstruktion verstanden werden können: als ein Arbeiten mit dem Bestand, der befragt, hinterfragt und auf diese Weise in seine Teile „zerlegt" – aber nicht zerstört – wird, um daraus neue Einsichten zu gewinnen.[1479] Diese Parallelen überraschen, da Wigley schon zu Beginn seiner Ausführungen einen Bezug zu Derridas Philosophie ausdrücklich ausgeschlossen hat.

Dennoch kann die ausgestellte Architektur unter diesen Vorzeichen als dekonstruktivistisch bezeichnet werden. Freilich nicht im Sinne eines Dekonstruktionismus, der bewusst Derridas Denken architektonisch „übersetzt", wie Wigley treffend ausschließt.[1480] Bei keinem der sieben Baukünstler hat eine „Architektonisierung" der Dekonstruktion stattgefunden, bei keinem ist die Auseinandersetzung mit dieser Philosophie Ausgangspunkt des eigenen Schaffens – auch nicht bei Eisenman und Tschumi, die sich intensiver mit der Philosophie beschäftigt haben. Der persönliche Austausch mit Derrida, den Eisenman, Tschumi und Libeskind unterhalten haben, hat sich erst nach der Positionsfindung der Architekten aufgrund gemeinsamer Interessen (Eisenman, Tschumi) oder gar erst im Zuge der New Yorker Ausstellung (Libeskind, indirekt auch Coop Himmelblau) ergeben.

Vielmehr handelt es sich um eine bestimmte Haltung, eine Herangehensweise und Art des Umgehens mit dem vorhandenen „Material" – seien es Texte der philosophischen Tradition für den Philosophen Derrida, seien es Baukontexte für die Architekten –, die sie teilen.[1481] In einer fundamental kritischen Haltung wird Überliefertes sorgfältig analysiert, gelesen und gegen den Strich gekämmt, um darin Angelegtes herauszuarbeiten. Dies geschieht nicht zerstörerisch, sondern affirmativ, wie es in der Bezeichnung des De-Kon-Struierens zum Ausdruck kommt. In diesem Sinne kann die Architektur der sieben Baukünstler als, in einem weit gefassten Verständnis, dekonstruktivistisch be-

---

1478 | Johnson/Wigley 1988, S. 18.

1479 | Coop Himmelblau stellt hier einen Sonderfall dar, vgl. Kapitel 8.4.

1480 | Vgl. die vorgeschlagene begriffliche Unterscheidung zwischen Dekonstruktionismus und Dekonstruktivismus, Kapitel 2.2.

1481 | Das De-Kon-Struieren ist in diesem Sinne auch nicht auf die Formen und Gebäude selbst zu beziehen, wie dies verschiedene Kritiker getan haben (vgl. etwa verschiedene Beiträge in Kähler, Schräge Architektur, 1993).

zeichnet werden, da sie Elemente mit der Philosophie teilt, dabei jedoch eigenständig bleibt, ohne direkt von der anderen Disziplin beeinflusst worden zu sein. Es handelt sich um parallele Entwicklungen, die aus den Interessen und Fragestellungen der Zeit heraus zu erklären sind.[1482] Unter diesen Vorzeichen ist die Bezeichnung der sieben Architekten als dekonstruktivistisch tatsächlich nicht unpassend, auch wenn der Begriff schwierig ist und die Gefahr von Missverständnissen mit sich bringt. Es ist möglich, den Ausdruck des Dekonstruktivismus in der Architektur zu gebrauchen, sofern dies unter den geschilderten Kriterien und im Bewusstsein geschieht, dass es sich um eine nachträglich von außen zusammenfassende Bezeichnung handelt.

Auch wenn keine direkte Beeinflussung durch Derridas Denken zu beobachten ist, so ist mit Sicherheit von einer indirekten Inspiration der Architekten durch die Philosophie (nicht nur der Derridas) auszugehen: Man kannte die postmodernen Schriften, hat ihre Inhalte aufgenommen und sich mit ihnen im Rahmen der eigenen Positionsfindung mehr oder minder intensiv auseinandergesetzt; dafür finden sich insbesondere bei den Theoretikern unter den sieben Architekten viele Belege. Tatsächlich lassen sich weitere Gemeinsamkeiten nicht nur mit dem Denken Derridas,[1483] sondern mit dem der postmodernen Philosophen allgemein beobachten. Hierher gehört nicht zuletzt das schon erörterte grundlegende Interesse daran, strukturell zum Kern der Architektur vorzudringen, wie es gerade die theoretisch orientierten Baukünstler formulieren. Vor allem aber sind es der charakteristische Ansatz der bewussten Integration von und die pluralistische Offenheit für Mögliches, die Analogien mit den postmodernen Philosophien aufweisen. Dies begegnet in unterschiedlichen Ausprägungen – am deutlichsten bei Coop Himmelblau, die an einer von ihnen sogenannten Offenen Architektur arbeiten, deren Innenräume funktional offen und ohne Sachzwänge gestaltet werden sollen. In ähnlicher Weise ist es aber auch für Gehry und Hadid sowie, theoretisch ausführlich fundiert, für Eisenman zentral, Räume zu entwerfen, die nicht „endgültig" definiert, sondern offen in ihrer Funktionalität sind. Auch Libeskinds Arbeit steht unter dem Anspruch, festgefahrene Bedeutungsstrukturen zu lösen und Räume zu

---

1482 | Derridas Dekonstruktion ist einer der Ansätze, die diese Entwicklungen auf den Punkt bringen; er ist nicht zuletzt dadurch zum Terminus technicus geworden.

1483 | Bei einigen Architekten haben sich noch engere Gemeinsamkeiten mit Derrida gezeigt (Eisenmans Ansatz zum Bruch mit der Bautradition, der Parallelen zu Derridas Versuch der Überwindung der metaphysischen Denkstrukturen in der philosophischen Tradition aufweist; Libeskinds Versuch, dem „Anderen" in der Architektur nachzuspüren; Coop Himmelblaus (nachträgliche) Bezugnahme auf den blinden Fleck im Entwerfen), die an dieser Stelle jedoch nicht weiter berücksichtigt werden, da es sich um individuelle Gemeinsamkeiten handelt, nicht aber um Parallelen, die alle Baukünstler teilen. Sie sind im Hinblick auf eine definitorische Annäherung an den Begriff weniger relevant.

entwerfen, die offen sind für mögliche Deutungen. Koolhaas wiederum strebt nach einem urbanistischen Bauen, das den Anspruch auf Harmonie und eine übergeordnete Ordnung aufgibt und stattdessen einen Möglichkeitsrahmen plant, der flexibel auf die sich schnell wandelnden Bedürfnisse der Metropole reagieren kann. Wie Tschumi entwirft er keine formalen Gestaltungsprogramme, sondern strukturelle Baukonzepte.

Trotz ihrer ausdrücklichen Kritik an den historisierenden Architekturtendenzen ihrer Zeitgenossen erweist sich das Schaffen der sieben Baukünstler – zumal im untersuchten Zeitraum bis etwa Mitte der 1980er-Jahre – damit im postmodernen Denken verwurzelt. Sie beschäftigen sich mit Themen und Fragestellungen, wie sie zu jener Zeit aktuell sind, und entwickeln eigene Lösungsansätze.[1484] Damit trifft Johnsons wiederholtes Statement, die DECONSTRUCTIVIST ARCHITECTURE habe auf etwas reagiert, das „in der Luft" lag, durchaus zu, wenn er es auch etwas anders, nämlich wiederum formenbezogen, verstanden hat. Die von Zeitgenossen der MoMA-Ausstellung häufig geäußerte Ansicht, es mit Vertretern eines neuen Stils, der das postmoderne Bauen ablösen sollte, zu tun zu haben, trifft hingegen nicht zu – nicht nur bildet diese Architektur keinen Stil, sie ist auch maßgeblich vom postmodernen Denken geprägt.[1485]

Für die sieben ausgestellten Architekten handelt es sich mit dem dekonstruktivistischen Schaffen um eine Phase, zumeist zu Beginn ihres Werks, in der sie sich in ihrem Anspruch an die Architektur positionieren. Sie teilen gemeinsame Fragestellungen an das Bauen, ähnliche Herangehensweisen und Interessen. Johnson bezeichnet den Dekonstruktivismus in einem Gespräch mit Jencks treffend als „Woge" oder „Manier" im Gegensatz zu tiefer gehenden Stilen.[1486]

Nach 1988, mit dem Übergang in die Baupraxis, der sich für die meisten der sieben Architekten in dieser Zeit vollzieht,[1487] verfestigen sich ihre Arbeits-

---

1484 | Eine Untersuchung der Gemeinsamkeiten und Unterschiede, die die Arbeitsansätze der sieben dekonstruktivistischen Architekten mit der postmodernen Architektur etwa eines Stirling, Hollein, Venturi haben, böte Raum für eine Analyse, die über die Grenzen der vorliegenden Arbeit hinausführen würde.

1485 | Darüber denkt etwa Welsch ausführlich nach (Welsch 1993, S. 50–63). Charakteristisch ist auch, dass im Grunde erst durch das postmoderne Nachdenken über Architektur-Sprachen ein in der Sprachphilosophie entwickelter Denkansatz wie die Dekonstruktion auf die Architektur übertragen werden kann.

1486 | Jencks/Johnson 1990, S. 161, Zitate ebd.

1487 | Es versteht sich, dass das Jahr 1988 einen willkürlich gewählten Schnittpunkt darstellt, der wegen der DECONSTRUCTIVIST ARCHITECTURE gewählt wurde. Es handelt sich um eine Übergangsphase, die sich bei den sieben Architekten im Laufe der 1980er-Jahre und der frühen 1990er-Jahre vollzieht.

weisen. Mit zunehmendem Erfolg in der praktischen Welt, zu dem auch die ge-
stiegene öffentliche Aufmerksamkeit dank der Teilnahme an der MoMA-Ausstellung einen nicht unwesentlichen Teil beigetragen haben dürfte, entwickeln
sich die sieben Baukünstler konsequent und, wie Wigley treffend beobachtet,
„in verschiedene Richtungen"[1488] weiter. Der Erfolg führt allerdings auch dazu,
dass sich die einmal gefundenen Positionen verfestigen. Die Formensprache
wird uniformer, die Flexibilität und Offenheit, die bei allen Baukünstlern zu
Beginn ihres Schaffens zentral war, wird eingeschränkt – eine der Schattensei-
ten des Status eines „Starchitects", von dem Bauten in einer typischen, leicht
lesbaren Handschrift erwartet werden. Die de-kon-struktive Arbeitsweise
bleibt eine frühe Phase ihres Werks.

Nimmt man den Begriff von der dekonstruktivistischen Architektur allerdings im eigentlichen Sinne ernst und fasst ihn nicht (nur) stilistisch als
Formen verzerrendes Bauen auf, kommt darin eine besondere Haltung gegenüber dem vorgefundenen „Arbeitsmaterial" zum Ausdruck, die nicht nur von
Zeitgenossen der postmodernen Hochphase, wie sie die sieben in New York
ausgestellten Architekten repräsentativ vertreten, angewandt wurde, sondern
eine vielschichtige, nicht einfach zu fassende Herangehensweise in unterschiedlichen Ausprägungen, die (nicht nur) von Baukünstlern nach wie vor
angewendet werden kann und wird, denn: „Dekonstruktion gehört zum Chro-
mosomensatz aktuellen Denkens."[1489]

Die DECONSTRUCTIVIST ARCHITECTURE – „Johnson's baby"?

Mit der DECONSTRUCTIVIST ARCHITECTURE begegnet eine ungewöhnliche Situation. Obwohl die kleine Ausstellung nur für einen kurzen Zeitraum im Sommer zu sehen ist, trifft sie auf eine enorme öffentliche Wahrnehmung, die weit
über Länder- und Fachgrenzen hinausreicht. Der eingeführte Terminus von
der dekonstruktivistischen Architektur etabliert sich rasch als Fachbezeich-
nung. Die Teilnahme bedeutet für die sieben Architekten, insbesondere für
die fünf jüngeren unter ihnen, einen Popularitätsschub, der sie einem breiten
Publikum bekannt macht. Zugleich ist der Grundtenor der öffentlichen Resonanz jedoch sehr verhalten, die Reaktionen sind kritisch, es findet sich kaum
positives Feedback unter den zeitgenössischen Kommentaren.

Wie die Untersuchungen gezeigt haben, hat ein Großteil der geäußerten
Kritik auch Berechtigung. Die Ausstellung hat nicht nur kuratorische und inhaltliche Schwachstellen, sondern ist auch mit Blick auf die ihr zugrunde liegende Organisationsstruktur heikel. Als problematisch hat sich dabei weniger

---

1488 | Johnson/Wigley 1988, S. 20.

1489 | Welsch weist auch darauf hin, „daß sich Motive der Dekonstruktion nicht nur
bei den expliziten Dekonstruktivisten, sondern auch bei anderen großen Denkern der
Moderne und Gegenwart finden" (Welsch 1993, S. 51).

die Zusammenfassung der sieben Architekten von außen in einer gemeinsamen Präsentation erwiesen; diese ist vielmehr im Kern durchaus zutreffend und greift neue Zeitphänomene auf. Nicht zu überzeugen vermag allerdings die Aufbereitung der Ausstellung. Viele Fragen bleiben ungeklärt: „What must be questioned, however, is the rationale for assembling this heterogeneous set of practices into a canon"[1490], formuliert Sorkin eine der zentralen Schwierigkeiten. Tatsächlich können viele Kuratorenentscheidungen nicht (mehr) rekonstruiert werden. Warum werden gerade diese Architekten ausgewählt, warum die jeweiligen Projekte? Welche Überlegungen stehen hinter der Inszenierung in Ausstellung und Katalog? Nicht zuletzt bleibt offen, welche Kriterien dem nicht unproblematischen Titel zugrunde liegen. Handelt es sich letztendlich vor allem um einen „Marketingcoup"?

Im MoMA-Archiv finden sich keine Dokumente dazu. Der Entscheidungsprozess der Kuratoren scheint in erster Linie mündlich abgelaufen und nicht schriftlich kommuniziert worden zu sein. Dies verweist auf ein strukturelles Problem der Ausstellungsorganisation, deren Zustandekommen von komplexen Zusammenhängen geprägt ist, die sich aus der historischen Distanz nicht (mehr) vollständig klären lassen. Beobachten lassen sich jedoch verschiedene Faktoren, die die Hintergründe der Deconstructivist Architecture kritisch werden lassen. Dazu gehören neben den ungewöhnlichen organisatorischen Umständen – die kurzfristige Aufnahme ins Jahresprogramm des Museums ebenso wie die Problematik um die Neubesetzung der Leitung der Architektur- und Designabteilung des MoMA – insbesondere die strittigen Fragen um die Urheberrechte des Konzepts sowie des Titels. Die vorliegende Arbeit hat versucht, sich diesen Abläufen anzunähern, dabei jedoch stets im Blick behalten, dass vieles Spekulation bleiben muss.

Als Dreh- und Angelpunkt der Ausstellungsvorläufe begegnet immer wieder Philip Johnson, dessen Mitwirkung nicht nur einen maßgeblichen Grund für die große mediale Aufmerksamkeit darstellt, sondern durch dessen Initiative das Projekt überhaupt erst ins Rollen kommt. Dass die Ausstellung sehr kurzfristig mit weniger als einem Jahr Planungsvorlauf ins Museumsprogramm aufgenommen wird, verweist deutlich auf ihre besondere Bedeutung – nicht nur ist sie nach rund 30 Jahren erstmals wieder ein Projekt Johnsons im MoMA, sie sollte, angesichts seines betagten Alters, auch sein letztes werden und somit den Abschluss seiner kuratorischen Laufbahn bilden. Die Deconstructivist Architecture stellt damit für das Museum ebenso wie für Johnson persönlich eine einzigartige Gelegenheit der Öffentlichkeitsarbeit dar, die ohne Zweifel als herausragender Marketingcoup gewertet werden kann. Auch wenn Johnson selbst sich in der Öffentlichkeit zurückhaltend und vage geäußert hat, scheint man sich dessen zumal auf Museumsseite bewusst gewesen

---

1490 | Sorkin 1988.

zu sein. Die Ausstellung wird (auch) als polemisches Vorhaben betrachtet, das in der Architekturszene für neuen Diskussionsstoff sorgen soll. Johnson selbst präsentiert sich vor allem als „exciter, sponsor, blesser"[1491] der Schau im Hintergrund, während Co-Kurator Wigley für die konkreten Details sowie die theoretische Unterfütterung zuständig sei.

Dennoch tragen viele Organisationsvorgänge Johnsons Handschrift, in denen Sorkin, ein ausgewiesener Johnson-Kritiker, patriarchalische Denkstrukturen erkennen will. In der Tat spielen verschiedene Umstände zusammen, die die Ausstellungsgeschichte in ein eher ungünstiges Licht tauchen. Dazu gehört die Problematik um die Neubesetzung der Abteilungsleitung ebenso wie die strittigen Fragen um die Ursprünge des Ausstellungskonzepts – wie viel des Chicagoer Ausstellungskonzepts „Violated Perfection" steckt in der DECONSTRUCTIVIST ARCHITECTURE? – sowie nicht zuletzt auch der Dissens, auf wen die Prägung des Titelbegriffs zurückgeht. All dies sind ungewöhnliche Faktoren im Vorfeld einer Ausstellungsorganisation, die sicher auch in die Art der Gestaltung der Präsentation mit hineingespielt haben. Es hat sich gezeigt, wie sehr die Schau auf Johnson zugeschnitten ist. Viele seiner inhaltlichen Vorstellungen scheinen sich durchgesetzt zu haben – so dürfte die Auswahl des Titels ebenso auf ihn zurückgehen wie die thematische Konzentration auf die Verbindung der sieben Architekten mit dem russischen Konstruktivismus und der argumentative Ausschluss der Philosophie. Nicht zuletzt weist auch die ästhetisch-formale Bewertungsperspektive erstaunliche Gemeinsamkeiten mit der Vorgehensweise der „Modern Architecture" von 1932 auf. Johnson äußert zudem, in der DECONSTRUCTIVIST ARCHITECTURE keine theoretischen Interessen zu verfolgen, sondern eine Kunstausstellung zu machen – dies überrascht nicht nur, da es sich um eine Architekturausstellung handelt, sondern auch, da mit Wigley ein Spezialist für Derridas Denken an Bord geholt worden ist.

Dennoch gilt für eine Bewertung der DECONSTRUCTIVIST ARCHITECTURE, Vorsicht walten zu lassen und Johnson nicht als „Hauptagitator" und alleinigen Strippenzieher aufzufassen, auch wenn die zeitgenössische öffentliche Resonanz dazu verleitet. An einem solchen Projekt sind mehrere Leute beteiligt, auch wenn Johnson insgesamt immer wieder als Macher begegnet, der alle Abläufe – bewusst oder unbewusst – maßgeblich beeinflusst. Er nimmt eine „Zwitter-Position" ein: Einerseits ist er tatsächlich der „sponsor", der im Hintergrund protegiert, dabei aber Inhaltliches und Organisatorisches anderen überlässt. Andererseits ist seine Handschrift in der inhaltlichen Gestaltung der Ausstellung deutlich zu erkennen.

In diesem Sinne hat Johnsons Mitwirkung an der DECONSTRUCTIVIST ARCHITECTURE maßgeblich zu ihrem ambivalenten Erfolg beigetragen. So war es vor allem sein Name, der die Aufmerksamkeit der Öffentlichkeit auf die Aus-

---

1491 | Johnson zitiert nach Geibel, Design, 1988.

stellung gelenkt hat und der, gemeinsam mit Wigley, gleichsam als Katalysator innovative architektonische Denkansätze einem breiten Publikum bekannt gemacht hat. Ohne seine Teilnahme hätte die DECONSTRUCTIVIST ARCHITECTURE mit Sicherheit nicht eine ähnliche Reichweite entfalten können. Es ist Johnsons Talent, interessante Bewegungen und Gedanken zu beobachten und aufzugreifen, wie ihm zahlreiche Quellen attestieren. Er reagiert damit auch auf ein in dieser Zeit ausgeprägtes Bedürfnis nach neuen Entwicklungen in der Architektur, welches nicht zuletzt als einer der Gründe für die enorme Resonanz auf die DECONSTRUCTIVIST ARCHITECTURE gesehen werden kann.

Zugleich ist es jedoch auch Johnsons Mitwirkung, die zu den als kritisch zu bewertenden Schwachstellen der Schau beigetragen hat. Zudem verdeckt sein Name häufig den Blick der Öffentlichkeit für die Inhalte der Ausstellung. Die Presse reagiert mit kritischer Skepsis auf seine Mitwirkung, die gezeigten Architekten und ihr Schaffen werden, wie so oft in Fällen erhöhter Medienaufmerksamkeit, pauschalisiert wahrgenommen. Die DECONSTRUCTIVIST ARCHITECTURE begegnet als eine im besten Sinne „eigenartige" Ausstellung, in der sich zahlreiche Facetten zu einem nicht immer harmonischen Ganzen verbinden: eine ebenso erfolgreiche wie umstrittene Ausstellung, die vielleicht gerade dadurch zu einem Meilenstein der jüngeren Architekturgeschichte geworden ist.

Anhang

Quellenverzeichnis

Die Archivnummern des MoMA-Archivs werden in eckigen Klammern angegeben.
Abkürzungen:
PI: *Department of Public Information Records*
CUR: *Curatorial Exhibition Files*
OH: *Oral History*

Pressemitteilungen des MoMA

Press Release MoMA, Januar 1987
Press Release, MoMA, Januar 1987: Arthur Drexler retires as director
of Department of Architecture and Design at the Museum of Modern
Art (online in: www.moma.org/docs/press_ archives/6385/releases/
MOMA_1987_0003_3.pdf?2010 (gesehen am 01.03.2015, 20.00 Uhr))
Press Release MoMA, März 1988
Press Release, MoMA, 9.3.1988: Stuart Wrede named director of Architec-
ture and Design at the Museum of Modern Art (online in: www.moma.
org/docs/press_archives/6509/releases/MOMA_1988_0012_12.pdf?2010
(gesehen am 01.03.2015, 20.01 Uhr))
Press Release MoMA, Juni 1988
Press Release, MoMA, Juni 1988: Deconstructivist Architecture, June 23 –
August 30, 1988, (online in: www.moma.org/docs/press_archives/6559/
releases/MOMA_1988_0062_63. pdf?2010 (gesehen am 01.03.2015,
20.02 Uhr))
Press Release MoMA, ohne Datum (Juni 1988)
Press Release MoMA, ohne Datum (Juni 1988): Deconstructivist Architecture Symposium to be held at the Museum of Modern Art [PI, II.B.2194]
(online in: www.moma.org/docs/press_ archives/6561/releases/MOMA_
1988_0064_65.pdf?2010 (gesehen am 01.03.2015, 20.03 Uhr))
Fact Sheet, März 1988: Fact Sheet, Presse
Deconstructivist Architecture, for immediate release, März 1988

Weitere Archiv-Quellen

Quelle A: Material from MOMA Collection for Deconstructivist Architecture, 15. Mai 1988 [CUR 1489]

Quelle B: Preliminary Budget Proposal for Public Information. Deconstructivist Architecture. June 21 – August 30, 1988, Dezember 1987, mit handschriftlichen korrekten Ergänzungen [PI, II.B.2193]

Quelle C: Deconstructivist Architecture inquiries, 25. Januar 1988 [PI, II.B.2193]

Quelle D: Stuart Wrede, Handschriftliche Zusammenfassung eines Gesprächs mit Philip Johnson zur „Deconstructivist Architecture: ‚Violated Perfection'", undatiert [CUR 1489]

Quelle E: Philip Johnson im Gespräch mit Sharon Zane: The Museum of Modern Art Oral History Project. Interview with Philip Johnson conducted by Sharon Zane, 21. Februar 1991, Tape #6, Side #1 [OH Johnson] *(Transkript online:* www.moma.org/docs/learn/archives/transcript_johnson.pdf (gesehen am 01.03.2015, 20.04 Uhr))

Quelle F: Philip Johnson, Deconstructivist Architecture: Violated Perfection, nichtpubliziertes Exzerpt, undatiert [CUR 1489]

Quelle G: Interne Notiz von Stuart Wrede über ein Treffen mit Kenneth W. Hubbard von Hines vom 27. Januar 1988 [CUR 1489]

Quelle H: Wall Text: Deconstructivist Architecture [PI, II.B.2194] *(vgl. Quellenanhang)*

Quelle I: Provisional Outline. Constructivist Architecture: Exhibition Material. January 12, 1988 [CUR 1489]

Korrespondenzen, MoMA-Archiv

Brief 1: Frank O. Gehry, Brief an Stephen Wierzbowski und Paul Florian, 26. Dezember 1984 *(vgl. Quellenanhang)*

Brief 2: Philip Johnson, Brief an Laurel Bradley, 17. Juli 1985 *(vgl. Quellenanhang)*

Brief 3: James Wines, Brief an Philip Johnson, 15. Dezember 1987 [CUR 1489]

Brief 4: Philip Johnson, Brief an Paul Florian, 23. Dezember 1987 [CUR 1489]

Brief 5: Philip Johnson, Brief an Hiromi Fujii, 6. Januar 1988 [CUR 1489]

Brief 6: James Wines, Brief an Philip Johnson, 19. Januar 1988 [CUR 1489]

Brief 7: Stanley Tigerman, Brief an Richard Oldenburg/MoMA, 20. Januar 1988 [CUR 1489]

Brief 8: Stuart Wrede/MoMA, Brief an Stanley Tigerman, 22. Februar 1988 [CUR 1489]

Brief 9: James Wines, Brief an Philip Johnson, 25. März 1988 [CUR 1489]

Brief 10: Paul Florian, Brief an Philip Johnson, 1. Juli 1988 [CUR 1489]

Quellenanhang

Quelle H: Wall Text: Deconstructivist Architecture [PI, II.B.2194]

Deconstructivist Architecture

The projects in this exhibition mark the emergence of a new sensibility in architecture. They radically displace traditional ideas about the nature of the architectural object. Traditionally, the architect has sought to produce pure form based on the inviolable integrity of simple geometric figures. The architect protects those figures from contamination in order to sustain the central cultural values of stability, harmony, and security, of comfort, order, and unity. In these projects, however, pure form has indeed been contaminated, transforming architecture into an agent of instability, disharmony, and insecurity, of discomfort, disorder, and conflict.

This is not a movement. It is not a single-minded stylistic vision of the future. Rather, it is a series of discrete ideological experiments about the limits of architecture, carried out over the last ten years by independent architects moving in divergent directions. Each project undermines a different aspect of conventional architectural practice. What they share is that each does so by exploiting the hidden potential of modernism.

Each project interrogates the ready-made language of modern architecture and finds repressed within its pure forms the "impure," skewed geometry – the twisted volumes, warped planes, and clashing lines – developed by the Russian avant-garde early in the twentieth century. Pure form is violated but not destroyed: this is an architecture of disruption and dislocation, of displacement and distortion, but not of dismantling or demolition.

This subversion of pure form pushes architecture to its limits, redefining its most basic problems: structure and function. But these projects are both structurally sound and functionally efficient. They derive their force precisely from not playing in the sanctuaries of seductive drawing, obscure theory, or uninhabitable sculpture. Instead they belong to the realm of building. Each aims at the reality of built form. Some have been built, others will be built, and some will never be built. But they are all buildable, and as such constitute strategic cultural interventions that produce a certain disquiet by displacing the conservative institution of architecture.

The exhibition is part of the Gerald D. Hines Interests Architecture Program at The Museum of Modern Art, New York.

(Transkript Simone Kraft)

Brief 1: Frank O. Gehry, Brief an Stephen Wierzbowski und Paul Florian, 26. Dezember 1984 (Privatbesitz Stephen Wierzbowski)

Laurel
FYI

Frank O. Gehry and Associates Inc.
11 Brooks Avenue
Venice, California 90291
213/392-9771

December 26, 1984

>

Paul Florian
Stephen Wierzbowski
The University of Illinois
at Chicago
College of Architecture, Art
and Urban Planning
Gallery 400
Box 4348, Chicago, Illinois 60680

Dear Paul and Stephen:

I certainly support any exhibition which will make people think and talk about architecture. So you may use my name for support. However, I do not have any material that I feel would be relevant to your position, nor do we have any system in our office for preparing such works. Please forgive me in advance for non-participation beyond my support.

Sincerely,

Frank O. Gehry

Brief 2: Philip Johnson, Brief an Laurel Bradley, 17. Juli 1985 (Privatbesitz Stephen Wierzbowski)

John Burgee Architects *with* **Philip Johnson**

July 17, 1985

Ms. Laurel Bradley
Gallery Director
The University of Illinois at Chicago
College of Architecture, Art and Urban Planning
Gallery 400
Box 4348
Chicago, Illinois 60680

Dear Laurel Bradley:

I am very impressed with your show that you are working on. I wish you all success and I should be interested in the outcome. Unfortunately, I don't have time to think about or participate in architectural exhibitions, as much as I approve of them. Very fortunately there are a great many illustrations of Post Modernism that will fit into your exhibition. Your listed sponsors alone will guarantee that.

I will see the show when it stops in New York.

Sincerely,

Philip Johnson

PJ/jh

Literaturverzeichnis

Anmerkung:
Das Literaturverzeichnis übernimmt die Gliederung des Textkorpus in die
thematischen Schwerpunkte zur AUSSTELLUNG und zu den ARCHITEKTEN.
   Die zitierten Pressereferenzen zur Ausstellung, wie sie im MoMA-Archiv
gesammelt sind, werden gesondert aufgelistet, da sie einer besonderen Nota-
tion folgen, die den Richtlinien des Archivs entspricht.
   Die in den drei Exkursen des AUSSTELLUNG-Teils herangezogene
Literatur wird individuell aufgeführt; die Exkurse enthalten ebenso wie die
ARCHITEKTEN-Kapitel eine Auswahl aus der zu den behandelten Themen
erschienenen Bibliografie.

DIE AUSSTELLUNG

Johnson/Wigley 1988
   Philip Johnson, Mark Wigley, Dekonstruktivistische Architektur, Über-
   setzung aus dem Englischen: Frank Druffner, Stuttgart 1988
   Englisch: Philip Johnson, Mark Wigley, Deconstructivist Architecture,
   New York 1988

Architektur am Ende? 1993
   Architektur am Ende? Manifeste und Diskussionsbeiträge zur Wiener
   Architekturkonferenz, hg. von Peter Noever, München 1993
Architektur im Aufbruch 1991
   Architektur im Aufbruch: neun Positionen zum Dekonstruktivismus,
   hg. von Peter Noever für das Österreichische Museum für Angewandte
   Kunst Wien, München 1991
Attlee 2007
   James Attlee, Towards Anarchitecture: Gordon Matta-Clark and Le Cor-
   busier, in: Tate Papers, Spring 2007, online in: www.tate.org.uk/research/

publications/tate-papers/towards-anarchitecture-gordon-matta-clark-and-le-corbusier (gesehen am 01.03.2015, 20.05 Uhr)

Baumgarten 2005
Hans Baumgarten, Compendium Rhetoricum. Die wichtigsten Stilmittel. Eine Auswahl, Göttingen ²2005

Betsky 1990
Aaron Betsky, Violated Perfection. Architecture and the Fragmentation of the Modern. Concept developed by Paul Florian, Stephen Wierzbowski and Aaron Betsky, with a violation by Paul Florian and Stephen Wierzbowksi, New York 1990

Bode 1988
Peter M. Bode, Schön ist, was nicht zusammenpaßt, in: ART. Das Kunstmagazin, Nr. 10, 1988, S. 50–56

Broadbent 1991
Geoffrey Broadbent, The Architecture of Deconstruction, in: Jorge Glusberg (Hg.), Deconstruction. A student guide, London 1991 (= Journal of Architectural Theory and Criticism, 1 : 2 : 91), S. 10–30

Broadbent 1992
Geoffrey Broadbent, Just exactly What is Going on, and Why?, in: Modern Pluralism, hg. von Andreas C. Papadakis, London 1992 (= Architectural Design Profile, No. 95), S. 8–15

Cappellieri 1996
Alba Cappellieri, Philip Johnson. Dall'International Style al Decostruttivismo, introduzione di Vincent Scully, Neapel 1996

Cohn/Eisenman 1989
David Cohn, Peter Eisenman, Entrevista / Interview, in: Richard C. Levene, Fernando Márquez Cecilia (Hg.), Peter Eisenman, Madrid 1989 (= El Croquis 41), S. 7–15

Cook/Llewellyn-Jones 1991
Peter Cook, Rosie Llewellyn-Jones, Neuer Geist in der Architektur, Basel 1991
Englisch: Peter Cook, Rosie Llewellyn-Jones, New Spirit in Architecture, New York 1991

Culler 1982
Jonathan Culler, On deconstruction. Theory and criticism after structuralism, Ithaca/New York 1982

Culler 1988
Jonathan Culler, Dekonstruktion. Derrida und die poststrukturalistische Literaturtheorie, aus dem Amerikanischen von Manfred Momberger, Reinbek bei Hamburg 1988 (= rowohlts enzyklopädie, 474)

Cusset 2008
François Cusset, French Theory. How Foucault, Derrida, Deleuze, & Co.

transformed the intellectual Life of the United States, translated by Jeff
Fort with Josephine Berganza and Marlon Jones, Minneapolis 2008

Deconstruction in architecture 1988
Deconstruction in architecture, in: Architectural Design, Vol. 58, No. 3–4,
1988

Derrida/Wigley 1992
Jacques Derrida, Mark Wigley, Jacques Derrida: Invitation to a discussion,
moderated by Mark Wigley, in: Columbia Documents of Architecture and
Theory (D), Volume One, New York 1992, S. 7–27

Derrida 1997
Jacques Derrida, Einige Statements und Binsenweisheiten über Neologis-
men, New-Ismen, Post-Ismen, Parasitismen und andere kleine Seismen,
übersetzt von Susanne Lüdemann, Berlin 1997

Elderfield 1998
John Elderfield (Hg.), Philip Johnson and The Museum of Modern Art,
New York 1998 (= Studies in Modern Art, 6)

Farrelly 1986
Elaine M. Farrelly, The New Spirit, in: The Architectural Review, August
1986, Vol. 180, Issue 1074, 1986, S. 7–12

Five Architects 1975
Five Architects. Eisenmann, Graves, Gwathmey, Hejduk, Meier, hg.
von Peter Eisenman, Michael Graves, Charles Gwathmey, John Hejduk,
Richard Meier, New York ²1975

Frampton 1987
Kenneth Frampton (Hg.), The Architecture of Hiromi Fujii. Essays by
Kenneth Frampton, Hiromi Fujii, and John Whiteman, New York 1987

Giovannini, Breaking, 1988
Joseph Giovannini, Breaking all the rules, in: The New York Times,
12. Juni 1988, online in: www.nytimes.com/1988/06/12/magazine/
breaking-all-the-rules.html (gesehen am 01.03.2015, 20.06 Uhr)

Giovannini, Limit, 1988
Joseph Giovannini, The Limit of Chaos Tempts A New School of
Architects, in: The New York Times, 4. Februar 1988, online in: www.
nytimes.com/1988/02/04/garden/the-limit-of-chaos-tempts-a-new-school-
of-architects.html (gesehen am 01.03.2015, 20.07 Uhr)

Glusberg 1991
Jorge Glusberg (Hg.), Deconstruction. A student guide, London 1991
(= Journal of Architectural Theory and Criticism, 1 : 2 : 91)

Goldberger 1996
Paul Goldberger, Architecture View. A Little Book That Led Five Men
to Fame, in: The New York Times, 11.02.1996, online in: www.nytimes.

com/1996/02/11/books/architecture-view-a-little-book-that-led-five-men-
to-fame.html (gesehen am 01.03.2015, 20.08 Uhr)

Jencks/Eisenman 1995
Charles Jencks, Peter Eisenman, Moderne, Postmoderne und Dekonstruktion. Ein Gespräch mit Charles Jencks, in: Peter Eisenman, Aura
und Exzeß. Zur Überwindung der Metaphysik der Architektur, hg. von
Ullrich Schwarz, bearb. von Martina Kögel und Ullrich Schwarz, Wien
1995, S. 241–272

Jencks/Johnson 1990
Charles Jencks, Philip Johnson, Dialoge mit Philip Johnson, in: Charles
Jencks, Die Neuen Modernen. Von der Spät- zur Neo-Moderne, Stuttgart
1990, S. 153–169

Jencks 1981
Charles Jencks, Spätmoderne Architektur. Beiträge über die Transfor-
mation des Internationalen Stils, Stuttgart 1981
Englisch: Charles Jencks, Late-modern architecture and other essays,
London 1980

Jencks 1990
Charles Jencks, Die Neuen Modernen. Von der Spät- zur Neo-Moderne,
Stuttgart 1990
Englisch: Charles Jencks, The New Moderns. From late to neo-modernism,
London 1990

Jencks 1992
Charles Jencks, The new modern agenda, in: Modern Pluralism, hg.
von Andreas C. Papadakis, London 1992 (= Architectural Design Profile,
No. 95), S. 17–19

Kähler, Dekonstruktion?, 1990
Gert Kähler (Hg.), Dekonstruktion? Dekonstruktivismus? Aufbruch
ins Chaos oder neues Bild der Welt?, Braunschweig, Wiesbaden 1990
(= Bauwelt Fundamente 90)

Kähler, Schokolade, 1990
Gert Kähler, „Schokolade ja; aber Edelbitter." Dekonstruktivismus,
Maschine und Utopie, in: Gert Kähler (Hg.), Dekonstruktion? Dekonstruktivismus? Aufbruch ins Chaos oder neues Bild der Welt?, Braunschweig, Wiesbaden 1990 (= Bauwelt Fundamente 90), S. 13–37

Kähler, Schräge Architektur, 1993
Gert Kähler (Hg.), Schräge Architektur und aufrechter Gang. Dekonstruktion: Bauen in einer Welt ohne Sinn?, Braunschweig, Wiesbaden
1993 (= Bauwelt Fundamente 97)

Korn 2009
Matthias Korn, Ein bescheidener Vorschlag zum Kennenlernen von Architektur: Destruieren. Gordon Matta-Clarks Building Cuts, in: Wolken-

kuckucksheim, 13. Jg., Heft 1, Mai 2009, online in: www.tu-cottbus.de/
theoriederarchitektur/Wolke/wolke_neu/inhalt/de/heft/ausgaben/108/
Korn/korn.php (gesehen am 03.06.2013, 15.33 Uhr)

Le Corbusier-Saugnier (1922/23)
Le Corbusier-Saugnier, Architecture. La Leçon de Rome, in: L'esprit
nouveau, No. 9, Paris, ohne Jahr (1922/23), S. 1591–1607

Lodge 1989
David Lodge, Deconstruction: A Review of the Tate Gallery Symposium,
in: Andreas Papadakis, Catherine Cooke, Andrew Benjamin, Deconstruction. Omnibus Volume, London 1989, S. 88–90

Modern Pluralism 1992
Modern Pluralism, hg. von Andreas C. Papadakis, London 1992
(= Architectural Design Profile, No. 95). S. 8–15

Mönninger 1988
Michael Mönninger, Die glorreichen Sieben. Das Museum of Modern Art
feiert eine neue Bauepoche, in: Frankfurter Allgemeine Zeitung FAZ,
2. August 1988

Müller 1990
Michael Müller, Destruktion und Dekonstruktion. Traditionslinien der
Avantgarde, in: Gert Kähler (Hg.), Dekonstruktion? Dekonstruktivismus?
Aufbruch ins Chaos oder neues Bild der Welt?, Braunschweig, Wiesbaden
1990 (= Bauwelt Fundamente 90), S. 38–49

Oechslin, Kulturgeschichte, 1999
Werner Oechslin, Kulturgeschichte der Modernen Architektur. Eine
Einführung, in: Werner Oechslin, Moderne entwerfen: Architektur und
Kulturgeschichte, Köln 1999, S. 10–43

Papadakis/Cooke/Benjamin 1989
Andreas Papadakis, Catherine Cooke, Andrew Benjamin, Deconstruction.
Omnibus Volume, London 1989

Papadakis 1989
Andreas Papadakis (Hg.), Dekonstruktivismus. Eine Anthologie, aus dem
Englischen übersetzt von Christiane Court, Wolfgang Rhiel und Brigitte
Weitbrecht, Stuttgart 1989

Papadakis/Steele 1992
Andreas Papadakis, James Steele, Architektur der Gegenwart, Paris 1992
Englisch: Andreas Papadakis, James Steele, A Decade of Architectural
Design, London 1991

Riley 1998
Terence Riley, Portrait of the Curator as a Young Man, in: John Elderfield
(Hg.), Philip Johnson and The Museum of Modern Art, New York 1998
(= Studies in Modern Art, 6), S. 35–69

Schulze 1994
Franz Schulze, Philip Johnson. Life and work, New York 1994
Schwarz 1995
Ullrich Schwarz, Another look–anOther gaze. Zur Architekturtheorie
Peter Eisenmans, in: Peter Eisenman, Aura und Exzeß. Zur Überwindung
der Metaphysik der Architektur, hg. von Ullrich Schwarz, bearb. von
Martina Kögel und Ullrich Schwarz, Wien 1995, S. 11–34
Sheehan 1988
Jeremiah Sheehan, Deconstruction: Crystallising an Attitude, in:
A. D. Contemporary Architecture, Vol. 58, No. 7/8, 1988, S. 21–23
Stephens 1991
Mitchell Stephens, Deconstructing Jacques Derrida. The most reviled
professor in the world defends his diabolically difficult theory, in: Los
Angeles Times Magazin, 21. Juli 1991, online in: www.nyu.edu/classes/
stephens/Jacques%20Derrida%20-%20LAT%20page.htm (gesehen am
01.03.2015, 20.09 Uhr)
Tschumi/Walker, Manhattan Transcripts, 2006
Bernard Tschumi, Enrique Walker, The Manhattan Transcripts, in:
Bernard Tschumi, Enrique Walker, Tschumi on Architecture. Conver-
sations with Enrique Walker, New York 2006, S. 30–45
Vogt 1990
Adolf Max Vogt, Mit Dekonstruktion gegen Dekonstruktion, in: Gert
Kähler (Hg.), Dekonstruktion? Dekonstruktivismus? Aufbruch ins Chaos
oder neues Bild der Welt?, Braunschweig, Wiesbaden 1990 (= Bauwelt
Fundamente 90), S. 50–78
Werner 2000
Frank Werner, Covering + Exposing. Die Architektur von Coop
Himmelb(l)au, Basel, Berlin, Boston 2000
Wigley 1989
Mark Wigley, Deconstructivist Architecture, in: Andreas Papadakis,
Catherine Cooke, Andrew Benjamin, Deconstruction. Omnibus Volume,
London 1989, S. 132–134
Wigley 1993
Mark Wigley, Derrida's Haunt. The architecture of deconstruction,
Cambridge/Massachusetts 1993
Wines 1987
James Wines, De-architecture, New York 1987

Presse-Resonanz in den USA

Die Archivnummern des MoMA-Archivs werden in eckigen Klammern angegeben:
PI: Department of Public Information Records
CUR: Curatorial Exhibition Files

Bennett 1988
Ralph Bennett, The House that Deconstruction built (or didn't), in:
Warfield's Magazine, Baltimore, MD, September 1988 [PI, II.A.1301]
Blake 1988
Peter Blake, Star Wars at the MOMA, in: Interior Design, August 1988
[PI, II.A.1301]
Bluestone 1988
Lawrence Bluestone, A salute to disorder. Deconstructivism rooted in
politics, in: Boston Business Journal, 15. August 1988 [PI, II.A.1301]
Boles 1988
Daralice D. Boles, The Decon Seven: Dismantling a „Movement", in:
Progressive Architecture, August 1988 [PI, II.A.1301]
Campbell 1988
Robert Campbell, The dreaded deconstructivists, in: The Boston Globe,
28. Juni 1988 [PI, II.A.1301]
Carlsen 1988
Peter Carlsen, Post-Postmodern Johnson, in: Contemporanea, Juli/August
1988 [PI, II.A.1301]
Confino 1988
Barbara Confino, The Center Cannot Hold, in: Cityweek, 11. Juli 1988
[PI, II.A.1301]
Cornwell 1989
Regina Cornwell, MoMA's ego builder. Philip Johnson's „Deconstructivist
Architecture", in: New Art Examiner, Februar 1989 [PI, II.A.1301]
Crosbie 1988
Michael J. Crosbie, Decon Show Opens, Generates Unheated Summer
Symposium, in: Architecture, August 1988 [PI, II.A.1301]
Davis 1989
Douglas Davis, Slaying the Neo-Modern Dragon, in: Art in America,
Januar 1989
Filler/Johnson 1988
Martin Filler, Philip Johnson: Deconstruction Worker, in: Interview,
Mai 1988 [PI, II.A.1301]
Forgey 1988
Benjamin Forgey, Vengeful Architecture. A Slick Search for Discomfort
and Conflict, in: International Herald Tribune, 2. Juli 1988 [PI, II.A.1302]
(*auch:* The Assault of the Modern, in: The Washington Post, 26. Juni 1988)

Fox 1988

Catherine Fox, Laying Architectural Convention on Its Ear, in: The Atlanta Journal, 3. Juli 1988 [CUR 1489]

Gapp 1988

Paul Gapp, Fractured design, in: Chicago Tribune, 25. September 1988 [CUR 1489]

Gastil 1988

Raymond W. Gastil, „Function follows deformation", in: Design Book Review, Berkeley, CA, September – November 1988 [PI, II.A.1301]

Geibel, Design, 1988

Victoria Geibel, Design and Dissent, in: Elle, Juni 1988 [CUR 1489]

Geibel, Philip Johnson, 1988

Victoria Geibel, „The unbearable lightness" of Philip Johnson, in: Metropolis, Juni 1988 [PI, II.A.1301]

Gill 1988

Brendan Gill, The Sky Line. Deconstructivism, in: The New Yorker, 5. September 1988 [PI, II.A.1302]

Goldberger 1988

Paul Goldberger, Deconstructivist show displays an idea, not a style, in: The New York Times, 26. Juni 1988 [PI, II.A.1302]

Gordon 1988

Alistair Gordon, Of D-Con And Doorways, in: The East Hampton Star, 10. November 1988 [PI, II.A.1301]

Hall Kaplan 1988

Sam Hall Kaplan, Architecture as Sculptural Objects, in: Los Angeles Times, 24. Juli 1988 [PI, II.A.1301]

Hatton 1988

Brian Hatton, „Decon" Talks at the Tate, in: Progressive Architecture, Stamford, CT, Mai 1988 [PI, II.A.1302]

Hine 1988

Thomas Hine, Architecture show that's causing a stir, in: The Philadelphia Inquirer, 3. Juli 1988 [PI, II.A.1301]

Horsley 1988

Carter B. Horsley, Break-up at the modern, in: New York Post, 23. Juni 1988 [PI, II.A.1301]

Ingraham 1988

Catherine Ingraham, Milking Deconstruction or Cow Was The Show, in: Inland Architect, Chicago, IL, September/Oktober 1988 [PI, II.A.1301]

Janjigian 1988

Robert Janjigian, Deconstructivist Architecture, in: ID: Magazine of International Design, September/Oktober 1988 [PI, II.A.1301]

Johnson, 36 Creative Artists, 1988
Philip Johnson, 36 Creative Artists Discuss Their New Works: Philip Johnson. Architect, in: The New York Times, 3. Januar 1988 [CUR 1489]

Kaiser 1988
Kay Kaiser, Building houses of cards, in: The San Diego Union, 28. Februar 1988 [PI, II.A.1302]

Holtz Kay 1988
Jane Holtz Kay, Architecture. Deconstructivist Architecture. Architectural Art. The Architecture of Frank Gehry, in: The Nation, 17. Oktober 1988 [PI, II.A.1301]

Kaufman 1988
Jason Edward Kaufman, Exhibition of „Deconstructivist Architecture" Is Conceptually Offensive, in: New York City Tribune, 27. Juni 1988 [PI, II.A.1301]

Kimball 1988
Roger Kimball, Philip Johnson's revenge, in: Architectural Record, August 1988 [PI, II.A.1301]

Kramer 1988
Hilton Kramer, Twerpy MoMA Architecure Show Another Nihilist Stunt by Johnson, in: The New York Observer, 4.–11. Juli 1988 [PI, II.A.1301]

Lavin 1988
Sylvia Lavin, Viewpoint by Sylvia Lavin. On the MOMA show: is Deconstruction a new style or does it need deconstructing?, in: Interiors, Juni 1988 [PI, II.A.1301]

Lewis 1988
Roger K. Lewis, „Deconstructivism" Snubs Tradition In Favor of Design Without Rules, in: The Washington Post, 9. Juli 1988 [PI, II.A.1301]

Lyon, Maintaining, 1988
Christopher Lyon, Maintaining continuity: A Talk with Stuart Wrede, in: MoMA Magazine, No. 47, Spring 1988 [CUR 1489]

Lyon, Crossing the Lines, 1988
Christopher Lyon, Architecture and Art: Crossing the lines with Philip Johnson, in: MoMA Magazine, No. 48, Summer 1988 [CUR 1489]

McGuigan 1988
Cathleen McGuigan, From Bauhaus to Fun House, in: Newsweek, 11. Juli 1988 [PI, II.A.1301]

Massengale 1988
John Montague Massengale, Mr. Manners goes to MOMA. The etiquette of deconstructivism, in: Inland Architect, Chicago, September/Oktober 1988 [PI, II.A.1301]
online in: blog.massengale.com/1988/09/25/mr-manners/ (gesehen am 01.03.2015, 20.10 Uhr)

Muschamp, Leaning Tower, 1988
   Herbert Muschamp, The Leaning Tower of Theory. Herbert Muschamp
   on Architectur, in: The New Republic, 29. August 1988 [PI, II.A.1301]
Muschamp, Ground up, 1988
   Herbert Muschamp, Ground up. Herbert Muschamp on Architecture, in:
   Artforum, April 1988 [PI, II.A.1301]
Nasar 1988
   Jack Nasar, Deconstructivism hard to live with, in: Columbus Sunday
   Dispatch, OH, 3. Juli 1988 [CUR 1489]
Nesmith 1988
   Lynn Nesmith, Deconstructivist Architecture Show To Open at MoMA
   Late This Month, in: Architecture, Juni 1988 [PI, II.A.1301]
Phillips/Johnson 1988
   Patricia C. Phillips, Philip Johnson, The greatest show un-earthed, in:
   Stroll, Juni 1988 [PI, II.A.1301]
Posner 1988
   Ellen Posner, Deconstructive Criticism, in: Wall Street Journal, 18. Juli
   1988 [PI, II.A.1301]
Read 1988
   Mimi Read, Bi-Coastal By Design, in: Newsday, 17. Juli 1988 [CUR 1489]
Schjedahl 1988
   Peter Schjeldahl, Hemlines for Skylines, in: Seven Days, 24. August 1988
   [PI, II.A.1301]
Tang 1988
   Terry Tang, Crazy buildings, in: Seattle Weekly, 14. September 1988
   [CUR 1489]
Sorkin 1987
   Michael Sorkin, Canon Fodder, in: The Village Voice, 1. Dezember 1987
   [PI, II.A.1301]
   Deutsch: Michael Sorkin, Protokoll einer Ausstellung. Rückschau auf die
   gegenwärtig im MOMA, New York, gezeigte Ausstellung Deconstructivist
   Architecture. Protocol of an Exhibition. A Look Back at the Exhibition on
   Deconstructivist Architecture Which is Currently on View at the MOMA,
   in: Umriss,1+2, 1988, S. 30–35
   auch in: Michael Sorkin, Exquisite Corpse: Writing on Buildings,
   1979–1989, London 1991, S. 254–259
Sorkin 1988
   Michael Sorkin, Decon Job, in: The Village Voice, 5. Juli 1988 [PI, II.A.1301]
Wilson, Pros and Cons, 1988
   William Wilson, Pros and Cons of the Deconstructivists, in: Los Angeles
   Times, 3. Juli 1988 [PI, II.A.1301]

Wilson, N.Y. Abuzz, 1988
William Wilson, N.Y. Abuzz Over Deconstructivist Architecture, in:
Los Angeles Times, 25. Juni 1988 [CUR 1489]

Wines 1988
James Wines, The Slippery Floor, in: Stroll, Juni 1988 [PI, II.A.1301]
auch in: Andreas Papadakis, Catherine Cooke, Andrew Benjamin,
Deconstruction. Omnibus Volume, London 1989, S. 135–138

Wiseman 1988
Carter Wiseman, Cityscape. The new look, in: New York Magazine,
13. Juni 1988 [CUR 1489]

Woodruff 1988
Mark Woodruff, „And the walls came tumblin' down". Deconstructing
Architecture, in: Taxi, Juli 1988 [PI, II.A.1301]

Zeaman 1988
John Zeaman, Abandon hope, ye who enter here, in: Record, Hackensack,
NJ, 3. Juli 1988 [PI, II.A.1301]

Exkurs:
Die „Modern Architecture" von 1932 und der International Style

Conrads 1975
Ulrich Conrads (Hg.), Programme und Manifeste zur Architektur des
20. Jahrhunderts, Braunschweig 1975 (= Bauwelt Fundamente 1. Archi-
tekturtheorie/Ideengeschichte)

El Lissitzky/Arp 1925
El Lissitzky, Hans Arp (Hg.), Die Kunstismen, Erlenbach-Zürich,
München, Leipzig 1925 (Reprint, hg. und bearb. von Alois M. Müller,
Baden (CH) 1990)

Hilberseimer 1998
Ludwig Hilberseimer (Hg.), Internationale Neue Baukunst, neu heraus-
gegeben und mit einem Nachwort von Martin Kieren, Berlin 1998
(Reprint der Ausgabe Stuttgart 1927)

Hitchcock/Johnson 1932
Henry-Russell Hitchcock, Philip Johnson, The International Style:
Architecture since 1922, New York 1932

Kantor 2002
Sybil Gordon Kantor, Alfred H. Barr, Jr. and the Intellectual Origins of the
Museum of Modern Art, Cambridge/Massachusetts, London 2002

Klotz 1984
Heinrich Klotz, Moderne und Postmoderne. Architektur der Gegenwart
1960–1980, Braunschweig, Wiesbaden 1984 (= Schriften des Deutschen
Architekturmuseums zur Architekturgeschichte und Architekturtheorie)

Machine Art 1994
Machine Art. March 6 to April 30, 1934. The Museum of Modern Art, New York, Ausstellungskatalog, 60th Anniversary Edition, New York 1994 (ohne Paginierung)

Modern Architecture 1969
Modern Architecture. International Exhibition. New York. February 10 to March 23, 1932. Museum of Modern Art, Reprinted Edition, Ausstellungskatalog, New York 1969

Mumford 2000
Eric Paul Mumford, The CIAM Discourse on Urbanism, 1928–1960, Cambridge 2000

Riley 1992
Terence Riley, The International Style: Exhibition 15 and The Museum of Modern Art, New York 1992 (= Columbia Books of Architecture, Catalogue 3)

St John Wilson 1995
Colin St John Wilson, The Other Tradition of Modern Architecture. The uncompleted Project, London 1995

van Loghem 1980
J. B. van Loghem, Bouwen / Bauen / Bâtir / Building – Holland. Built to live in, vers une architecture réelle, neues bauen, nieuwe zakelijkheid. Een dokumentatie van de hoogtepunten van de moderne architektuur in Nederland van 1900 tot 1932. Ingeleid door Umberto Barbieri, Nijmegen 1980 (Reprint der Ausgabe von 1932)

Welsch 1993
Wolfgang Welsch, Das weite Feld der Dekonstruktion, in: Gert Kähler (Hg.), Schräge Architektur und aufrechter Gang. Dekonstruktion: Bauen in einer Welt ohne Sinn?, Braunschweig, Wiesbaden 1993 (= Bauwelt Fundamente 97), S. 50–63

Welsch 2002
Wolfgang Welsch, Unsere postmoderne Moderne, Berlin [6]2002 (= Acta humaniora. Schriften zur Kunstgeschichte und Philosophie)

Exkurs: Russischer Konstruktivismus

Avant-Garde Frontier 1992
The Avant-Garde Frontier. Russia Meets the West, 1910–1930, hg. von Gail Harrison Roman und Virginia Hagelstein Marquardt, Gainesville u. a. 1992, S. 45–64

Bann 1974
Stephen Bann (Hg.), The Tradition of Constructivism, ed. and with an introduction by Stephen Bann, London 1974 (= The documents of 20th-century art)

Chan-Magomedow 1983
Selim O. Chan-Magomedow, Pioniere der sowjetischen Architektur. Der Weg zur neuen sowjetischen Architektur in den zwanziger und zu Beginn der dreißiger Jahre, Wien, Berlin 1983

Cooke 1988
Catherine Cooke, The Lessons of the Russian Avant-Garde, in: Deconstruction in architecture, aus: Architectural Design, Vol. 58, No. 3–4, 1988, S. 13–15

Cooke, Russian Precursors, 1989
Catherine Cooke, Russian Precursors, in: Andreas Papadakis, Catherine Cooke, Andrew Benjamin, Deconstruction. Omnibus Volume, London 1989, S. 11–19

Cooke, Development, 1989
Catherine Cooke, The Development of the Constructivist Architects' Design Method, in: Andreas Papadakis, Catherine Cooke, Andrew Benjamin, Deconstruction. Omnibus Volume, London 1989, S. 21–37

Cooke 1991
Catherine Cooke, Professional Diversity and its Origins, in: Andreas C. Papadakis (Hg.), The Avant-Garde. Russian Architecture in the Twenties. Constructivism, Rationalism, Classicism, Tatlin, Ladovsky, Melnikov, Golosov, Ginzburg, guest-edited by Catherine Cooke & Justin Ageros, London 1991 (= Architectural Design, Vol. 61, 9–10/1991), S. 8–21

Cooke 1995
Catherine Cooke, Russian Avant-Garde. Theories of Art, Architecture and the City, London 1995

Dimakov 1993
Dmitrij Dimakov, Unsere getane Arbeit, Die Rekonstruktion des Modells des „Denkmals der III. Internationale", in: Vladimir Tatlin. Retrospektive, hg. von Anatolij Strigalev und Jürgen Harten, Ausstellungskatalog, Düsseldorf 1993, S. 53–60

Graulich 2006
Gerhard Graulich, Vom Bauhaus zu Abstraction-Création. Zur Internationalisierung des Konstruktivismus / From Bauhaus to Abstraction-Création. Concerning the internationalization of constructivism, in: Von Kandinsky bis Tatlin. Konstruktivismus in Europa / From Kandinsky to Tatlin. Constructivism in Europe, hg. von Kornelia von Berswordt-Wallrabe, Staatliches Museum Schwerin, Kunstmuseum Bonn, Ausstellungskatalog, Schwerin, Bonn 2006, S. 101–111

Grübel 1981
Rainer Georg Grübel, Russischer Konstruktivismus. Künstlerische Konzeptionen, literarische Theorie und kultureller Kontext, Wiesbaden 1981 (= Opera slavica, Bd. 6)

Harrison Roman 1992
Gail Harrison Roman, Tatlin's Tower: Revolutionary Symbol and Aesthetic, in: The Avant-Garde Frontier. Russia Meets the West, 1910–1930, hg. von Gail Harrison Roman and Virginia Hagelstein Marquardt, Gainesville u. a. 1992, S. 45–64

Hille 2007
Nicola Hille, Mehr Avantgarde als Akademie. Ein Vergleich der Künstlerausbildung an den WChUTEMAS in Moskau (1920–30) und dem Bauhaus in Weimar und Dessau (1919–33), in: ZEITEN – SPRÜNGE. Aspekte von Raum und Zeit in der Kunst vom Mittelalter bis zur Gegenwart. Studien zu Ehren von Peter K. Klein zum 65. Geburtstag, hg. von Nicola Hille und Monika E. Müller, Regensburg 2007, S. 265–282

Khan-Magomedov 1986
Selim O. Khan-Magomedov, Rodchenko. The complete Work, edited by Vieri Quilici, over 600 illustrations, 80 in colour, London 1986

Kopp 1985
Anatole Kopp, Constructivist Architecture in the USSR, London, New York 1985

Lodder 1983
Christina Lodder, Russian Constructivism, New Haven, London 1983

Lodder 1992
Christina Lodder, The VKhUTEMAS and the Bauhaus, in: The Avant-Garde Frontier. Russia Meets the West, 1910–1930, hg. von Gail Harrison Roman and Virginia Hagelstein Marquardt, Gainesville u. a. 1992, S.196–240

Oechslin, Tabuisierung, 1999
Werner Oechslin, Die Tabuisierung des russischen Beitrags zur modernen Architektur, in: Werner Oechslin, Moderne entwerfen. Architektur und Kulturgeschichte, Köln 1999, S. 268–291

Powell 1991
Kenneth Powell, Modernism Divided, in: Andreas C. Papadakis (Hg.), The Avant-Garde. Russian Architecture in the Twenties. Constructivism, Rationalism, Classicism, Tatlin, Ladovsky, Melnikov, Golosov, Ginzburg, guest-edited by Catherine Cooke & Justin Ageros, London 1991 (= Architectural Design, Vol. 61, 9–10/1991), S. 6

Rotzler 1995
Willy Rotzler, Konstruktive Konzepte. Eine Geschichte der konstruktiven Kunst vom Kubismus bis heute, Zürich 31995

Tatlin. Retrospektive 1993
Vladimir Tatlin. Retrospektive, hg. von Anatolij Strigalev und Jürgen Harten, Ausstellungskatalog, Düsseldorf 1993

Exkurs:
Derridas Verständnis der Dekonstruktion – eine Annäherung

Derrida 1991
> Jacques Derrida, Letter to a Japanese Friend (10. Juli 1983), in: A Derrida Reader. Between the Blinds, edited, with an introduction and notes, by Peggy Kamuf, New York u. a. 1991, S. 269–276

Deconstruction in a Nutshell 1998
> Deconstruction in a Nutshell. A Conversation with Jacques Derrida, edited with a Commentary by John D. Caputo, New York 31998 (= Perspectives in continental philosophy, No. 1)

Engelmann 2004
> Peter Engelmann (Hg.), Jacques Derrida. Die différance. Ausgewählte Texte. Mit einer Einleitung hg. von Peter Engelmann, Stuttgart 2004

Heidegger 2001
> Martin Heidegger, Sein und Zeit, Tübingen 182001

Hill 2007
> Leslie Hill, The Cambridge Introduction to Jacques Derrida, Cambridge 2007

Johnson, Critical Difference, 1988
> Barbara Johnson, The Critical Difference. Essays in the Contemporary Rhetoric of Reading, Baltimore u. a. 21988

Kimmerle 2004
> Heinz Kimmerle, Jacques Derrida zur Einführung, 6. ergänzte Auflage, Hamburg 2004 (= Junius. Zur Einführung, 224)

Köpper 1999
> Anja Köpper, Dekonstruktive Textbewegungen. Zu Lektüreverfahren Derridas, Wien 1999 (= Passagen Philosophie)

Stocker 2006
> Barry Stocker, Routledge Guidebook to: Derrida on Deconstruction, London, New York 2006

Sonstiges

Website Hines
> Website Hines, www.hines.com (gesehen am 01.03.2015, 20.11 Uhr)

Website SITE
> Website SITE, www.sitenewyork.com (gesehen am 01.03.2015, 20.12 Uhr)

Website F. Taylor Gallery
> Website Frederieke Taylor Gallery, www.frederieketaylorgallery.com (gesehen am 01.03.2015, 20.13 Uhr)

Website Verlagsgeschichte
> Website Hatje Cantz Verlag, Verlagsgeschichte, www.hatjecantz.de/de/verlag/geschichte.php (gesehen am 01.03.2015, 20.14 Uhr)

Dokumentarfilm Blackwood
Michael Blackwood, Architecture Surveys: Deconstructivist Architects, 1988, 58 Minuten, Farbe, Infos online: www.michaelblackwoodproduc tions.com/archs_deconsarchfilm.php (gesehen am 01.03.2015, 20.15 Uhr) *Deutsch:* Architektur heute: Nach der Postmoderne. Dekonstruktivismus in der Architektur, Westdeutscher Rundfunk WDR, 42:45 Minuten, Farbe (Mitschnitt-Service)

DIE ARCHITEKTEN

Frank O. Gehry

Arnell/Bickford 1985
Peter Arnell, Ted Bickford (Hg.), Frank Gehry. Buildings and Projects, New York 1985
Celant 1986
Germano Celant (Hg.), Il Corso del Coltello. The Course of the Knife. Claes Oldenburg, Coosje van Bruggen, Frank O. Gehry, Mailand 1986
Chollet 2001
Laurence B. Chollet, The Essential Frank O. Gehry, New York 2001
Colomina/Gehry, Una Conversación, 2003
Beatriz Colomina, Frank Gehry, Una Conversación con Frank Gehry. [I] El Proceso del Proyecto / A Conversation with Frank Gehry. [I] The Design Process, in: Fernando Cecilia Márquez, Richard C. Levene (Hg.), Frank Gehry. 1996–2003, Madrid 2003 (= El Croquis 117), S. 6–16
Colomina/Gehry, Gehry de la A, 2003
Beatriz Colomina, Frank Gehry, [II] Gehry de la A a la Z / [II] Gehry from A to Z, in: Fernando Cecilia Márquez, Richard C. Levene (Hg.), Frank Gehry. 1996–2003, Madrid 2003 (= El Croquis 117), S.18–32
Dal Co 1998
Francesco Dal Co, Verkehrte Welt: Die Schildkröte fliegt, und der Hase bedroht den Löwen., in: Francesco Dal Co, Kurt Forster, Hadley Soutter Arnold, Frank O. Gehry. Das Gesamtwerk, aus dem Englischen von Laila Neubert-Mader, Stuttgart 1998, S. 39–61
Dal Co/Forster/Arnold 1998
Francesco Dal Co, Kurt Forster, Hadley Soutter Arnold, Frank O. Gehry. Das Gesamtwerk, aus dem Englischen von Laila Neubert-Mader, Stuttgart 1998
Eisenman & Gehry 1991
Peter Eisenman & Frank Gehry, Ausstellungskatalog, New York 1991
Filler 2007
Martin Filler, Makers of Modern Architecture, New York 2007

Forster 1998
Kurt W. Forster, Choreographie der Architektur, in: Francesco Dal Co,
Kurt Forster, Hadley Soutter Arnold, Frank O. Gehry. Das Gesamtwerk,
aus dem Englischen von Laila Neubert-Mader, Stuttgart 1998, S. 9–37
Frank O. Gehry. Guggenheim 1998
Frank O. Gehry. Guggenheim Bilbao Museoa, Text: Kurt W. Forster,
Photographs: Ralph Richter, Stuttgart, London 1998
Frank Gehry und seine Architektur 1989
Frank Gehry und seine Architektur, Vorwort von Henry N. Cobb, Essays
von Rosemarie Haag Bletter u. a., Erläuterungen von Frank Gehry,
anläßlich einer Ausstellung der Hauptwerke von 1964–1986 dieses
Architekten, die vom Walker Art Center organisiert wurde, Ausstellungs-
katalog, Basel 1989
Friedman 1989
Mildred Friedman, Fast Food, in: Frank Gehry und seine Architektur,
Vorwort von Henry N. Cobb, Essays von Rosemarie Haag Bletter u. a.,
Erläuterungen von Frank Gehry, anläßlich einer Ausstellung der Haupt-
werke von 1964–1986 dieses Architekten, die vom Walker Art Center
organisiert wurde, Ausstellungskatalog, Basel 1989, S. 87–108
Friedman, Gehry talks, 1999
Mildred Friedman (Hg.), Gehry talks. Architecture + process, with an
essay by Michael Sorkin and commentaries by Frank O. Gehry, New York
1999
Friedman, Reluctant master, 1999
Mildred Friedman, The reluctant master, in: Mildred Friedman (Hg.),
Gehry talks. Architecture + process, with an essay by Michael Sorkin and
commentaries by Frank O. Gehry, New York 1999, S. 11–27
Gehry/Arnell 1985
Frank Gehry, Peter Arnell, „No, I'm an Architect". Frank Gehry and Peter
Arnell: A Conversation, in: Peter Arnell, Ted Bickford (Hg.), Frank Gehry.
Buildings and Projects, New York 1985, S. XIII–XVIII
Gehry 1999
Frank Gehry, Commentaries, in: Mildred Friedman (Hg.), Gehry talks.
Architecture + process, with an essay by Michael Sorkin and commen-
taries by Frank O. Gehry, New York 1999, S. 43–57
Giovannini 1989
Joseph Giovannini, Easy Edges und Experimental Edges, in: Frank Gehry
und seine Architektur, Vorwort von Henry N. Cobb, Essays von Rosema-
rie Haag Bletter u. a., Erläuterungen von Frank Gehry, anläßlich einer
Ausstellung der Hauptwerke von 1964–1986 dieses Architekten, die vom
Walker Art Center organisiert wurde, Ausstellungskatalog, Basel 1989,
S. 63–47

Goldberger 2011
Paul Goldberger, Sky Line: Gracious Living: Frank Gehry's swirling
apartment, in: The New Yorker, 7. März 2011, online in: www.newyorker.
com/magazine/2011/03/07/gracious-living-4 (gesehen am 01.03.2015,
20.16 Uhr)

Haag Bletter 1989
Rosemarie Haag Bletter, Frank Gehrys Raumrekonstruktionen, in: Frank
Gehry und seine Architektur, Vorwort von Henry N. Cobb, Essays von
Rosemarie Haag Bletter u. a., Erläuterungen von Frank Gehry, anläßlich
einer Ausstellung der Hauptwerke von 1964–1986 dieses Architekten,
die vom Walker Art Center organisiert wurde, Ausstellungskatalog, Basel
1989, S. 25–62

Hines 1989
Thomas S. Hines, Heavy Metal – Die Ausbildung von F. O. G., in: Frank
Gehry und seine Architektur, Vorwort von Henry N. Cobb, Essays von
Rosemarie Haag Bletter u. a., Erläuterungen von Frank Gehry, anläßlich
einer Ausstellung der Hauptwerke von 1964–1986 dieses Architekten,
die vom Walker Art Center organisiert wurde, Ausstellungskatalog, Basel
1989, S. 11–24

Hofmann/König 2011
Martin Ludwig Hofmann, Katharina König (Hg.), Der Gehry-Effekt.
Eine architektursoziologische Studie über das MARTa Herford,
München 2011

Isenberg/Gehry 2009
Barbara Isenberg, Frank Gehry, Conversations with Frank Gehry, New
York 2009

Isenberg 2009
Barbara Isenberg, Introduction, in: Barbara Isenberg, Frank Gehry,
Conversations with Frank Gehry, New York 2009, S. 9–19

Lavin 2003
Irving Lavin, Decantarse por el Barroco. Frank Gehry y los paños
plegados postmodernos (extracto) / Going for Baroque. Frank Gehry
and the post-modern drapery fold (excerpt), in: Fernando Márquez
Cecilia, Richard C. Levene (Hg.), Frank Gehry. 1996–2003, Madrid 2003
(= El Croquis 117), S. 40–47

Mathewson 2006
Casey C. M. Mathewson, Frank O. Gehry. 1969 – heute. 21 Werke /
1969 – today. 21 Works, Berlin 2006

Cecilia/Levene 2003
Fernando Márquez Cecilia, Richard C. Levene (Hg.), Frank Gehry.
1996–2003, Madrid 2003 (= El Croquis 117)

Cecilia/Levene 2006
Fernando Márquez Cecilia, Richard C. Levene (Hg.), Frank Gehry.
1987–2003, Madrid 2006 (= El Croquis 45 + 74/75)
Marta Herford 2008
Marta Herford. 2001–2005. Architekt: Gehry Partners LLP, Los Angeles,
Berlin 2008 (= Die Neuen Architekturführer, Nr. 125)
Rempen 1999
Thomas Rempen (Hg.), Frank O. Gehry. Der Neue Zollhof Düsseldorf,
Bottrop, Essen 1999
Rolf Fehlbaum, Vitra 1999
Rolf Fehlbaum, Vitra. Vom Umgang mit Design, Gegenwart und Öko-
nomie, hg. von Uta Brandes, im Auftrag des Industrie Forum Design
Hannover, Göttingen 1991
Romoli 1999
Giorgio Romoli, Frank O. Gehry. Museo Guggenheim, Bilbao, Turin 1999
Seidl 2002
Ernst Seidl, Ausweitung der Toleranzzone oder zwischen Aura und
Exzeß. CAAD und sein Einfluß auf die ästhetische Entwicklung und
Wahrnehmung zeitgenössischer Architektur, in: Karl Möseneder, Gosbert
Schüssler (Hg.), Bedeutung in den Bildern. Festschrift für Jörg Traeger
zum 60. Geburtstag, Regensburg 2002, S. 381–397
Seidl 2006
Ernst Seidl, Zerstörungsphänomene in der Baukunst: Atektonik statt
Dekonstruktion, in: Aufbauen – Zerstören. Phänomene und Prozesse der
Kunst, hg. von Bettina Paust, Johannes Bilstein, Peter M. Lynen, Hans
Peter Thurn, Oberhausen 2006 (= Moyländer Diskurse zu Kunst und
Wissenschaft, Bd. 1), S. 59–68
Stock-Nieden 2005/6
Dietmar Stock-Nieden, Die Bauten der Vitra Design GmbH in Weil
am Rhein 1981–1994. Untersuchungen zur Architektur- und Ideenge-
schichte eines Industrieunternehmens am Ende des 20. Jahrhunderts,
Dissertation, Freiburg 2005/6, online in: www.freidok.uni-freiburg.de/
volltexte/2530/ (gesehen am 01.03.2015, 20.17 Uhr)
Strathaus 1989
Ulrike Jehle-Schulte Strathaus, Ein neues Museum für Stühle, in: Frank
Gehry und seine Architektur, Vorwort von Henry N. Cobb, Essays von
Rosemarie Haag Bletter u. a., Erläuterungen von Frank Gehry, anläßlich
einer Ausstellung der Hauptwerke von 1964–1986 dieses Architekten,
die vom Walker Art Center organisiert wurde, Ausstellungskatalog, Basel
1989, S. 208–215
Sorkin 1999
Michael Sorkin, Frozen light, in: Mildred Friedman (Hg.), Gehry talks.

Architecture + process, with an essay by Michael Sorkin and commentaries by Frank O. Gehry, New York 1999, S. 29–41

The architecture of Frank Gehry 1986
The architecture of Frank Gehry, Foreword by Henry N. Cobb, Essays by Rosemarie Haag Bletter et al., Commentaries by Frank Gehry, New York 1986

van Bruggen 1989
Coosje van Bruggen, Sprünge ins Unbekannte, in: Frank Gehry und seine Architektur, Vorwort von Henry N. Cobb, Essays von Rosemarie Haag Bletter u. a., Erläuterungen von Frank Gehry, anläßlich einer Ausstellung der Hauptwerke von 1964–1986 dieses Architekten, die vom Walker Art Center organisiert wurde, Ausstellungskatalog, Basel 1989, S.122–141

van Bruggen 1997
Coosje van Bruggen, Frank O. Gehry. Guggenheim Museum Bilbao, Ostfildern-Ruit 1997

Vitra Design Museum 1993
Vitra Design Museum. Architect Frank O. Gehry, ed. & photographed by Yukio Futagawa, Text by Alexander von Vegesack, Tokio 1993

Viladas 1989
Pilar Viladas, Die 80er Jahre, in: Frank Gehry und seine Architektur, Vorwort von Henry N. Cobb, Essays von Rosemarie Haag Bletter u. a., Erläuterungen von Frank Gehry, anläßlich einer Ausstellung der Hauptwerke von 1964–1986 dieses Architekten, die vom Walker Art Center organisiert wurde, Ausstellungskatalog, Basel 1989, S.159–189

Webb 2003
Michael Webb, Gehry sigue en la Brecha / Gehry stays on the Edge, in: Fernando Márquez Cecilia, Richard C. Levene (Hg.), Frank Gehry. 1996–2003, Madrid 2003 (= El Croquis 117), S.34–39

Zaera Polo/Gehry 2006
Alejandro Zaera Polo, Frank Gehry, Conversaciones (con Frank O. Gehry) / Conversations (with Frank O. Gehry), in: Fernando Márquez Cecilia, Richard C. Levene (Hg.), Frank Gehry. 1987–2003, Madrid 2006 (= El Croquis 45 + 74/75), S.12–42

Zaera Polo 2006
Alejandro Zaera Polo, Frank O. Gehry, Naturaleza Muerta / Frank O. Gehry, Still Life, in: Fernando Márquez Cecilia, Richard C. Levene (Hg.), Frank Gehry. 1987–2003, Madrid 2006 (= El Croquis 45 + 74/75), S.44–57

Website Gehry
Website Gehry Partners, LLP, www.foga.com (gesehen am 01.03.2015, 20.18 Uhr)

The Simpsons 2005
The Simpsons: The Seven-Beer Snitch, Staffel 16, Folge 14, 2005, *Deutsch:* Homer, die Ratte

Pollack 2005
Sydney Pollack, Sketches of Frank Gehry, mit Barry Diller, Michael Eisner u. a., 84 min, 2005

Daniel Libeskind

Bates/Libeskind 1996
Donald Bates, Daniel Libeskind, una conversación entre líneas con Daniel Libeskind / a conversation between the lines with Daniel Libeskind, in: Richard C. Levene, Fernando Márquez Cecilia (Hg.), Daniel Libeskind. 1987–1996, Madrid 1996 (= El Croquis 80), S. 6–29

Bürkle 1991
Christoph J. Bürkle, El Lissitzky. Der Traum vom Wolkenbügel. El Lissitzky – Emil Roth – Mart Stam, mit einem Beitrag von Werner Oechslin, Zürich 1991

Braun 1998
Christina von Braun, Architektur der Denkräume, in: Christina von Braun, James E. Young, Daniel Libeskind, Zur Verleihung der Ehrendoktorwürde an Daniel Libeskind. Drei Vorträge. 30. Oktober 1997. Humboldt-Universität zu Berlin, Berlin 1998 (= Öffentliche Vorlesungen), S. 3–13

Brausch/Libeskind 1995
Marianne Brausch, Daniel Libeskind, Daniel Libeskind, in: Marianne Brausch, March Emery (Hg.), Fragen zur Architektur. 15 Architekten im Gespräch, Basel, Boston, Berlin 1995, S. 126–140

Cobbers 2001
Arndt Cobbers, Daniel Libeskind. Architekten und Baumeister in Berlin / Architects & Master Builders in Berlin, Berlin 2001

Cobelo 1996
José Luis González Cobelo, la arquitectura y su doble. idea y realidad en la obra de Daniel Libeskind / architecture and its double. idea and reality in the work of Daniel Libeskind, in: Richard C. Levene, Fernando Márquez Cecilia (Hg.), Daniel Libeskind. 1987–1996, Madrid 1996 (= El Croquis 80), S. 30–39

Daniel Libeskind Projekt 1987
Das Daniel Libeskind Projekt / The Daniel Libeskind Project, hg. von Bauausstellung Berlin GmbH, Berlin 1987

Daniel Libeskind. Museum ohne Ausgang 1997
Daniel Libeskind. Museum ohne Ausgang. Felix-Nussbaum-Haus, Osnabrück, Berlin 1997

Derrida 1994

Jacques Derrida, Jacques Derrida zu „Between the Lines". Anläßlich der Tagung mit dem Titel „Das Unheimliche" an der St.-Paul-University, Chicago 1991, in: Daniel Libeskind. Radix – Matrix. Architekturen und Schriften, hg. von Alois Martin Müller, Museum für Gestaltung Zürich, mit Beiträgen von Alois Martin Müller, Bernhard Schneider, Marc C. Taylor, Kurt Winkler, München, New York 1994, S. 115–120

Dorner 1999

Elke Dorner, Daniel Libeskind. Jüdisches Museum, Berlin 1999

Edge/Weiner 2006

Kay F. Edge, Frank H. Weiner, Collective Memory and the Museum: Towards a Reconciliation of Philosophy, History and Memory in Daniel Libeskind's Jewish Museum, in: Ian Russell (Hg.), Images, Representations and Heritage. Moving beyond Modern Approaches to Archaeology, New York 2006, S. 221–245

Eisenman 1991

Peter Eisenman, Representation of the limit: writing a ‚not-architecture', in: Daniel Libeskind, Countersign, London 1991 (= Architectural Monographs, No. 16), S. 120–121

El Lissitzky 1977

El Lissitzky, Proun und Wolkenbügel. Schriften, Briefe, Dokumente, hg. von Sophie Lissitzky-Küppers und Jen Lissitzky, Dresden 1977

Filler 2007

Martin Filler, Makers of Modern Architecture, New York 2007

Forster 1988

Kurt W. Forster, Von heute auf morgen. Zukunft in der Berliner Architektur / D'aujourd'hui à demain. L'avenir de l'architecture berlinoise, in: Kristin Feireiss (Hg.), Berlin – Denkmal oder Denkmodell? Architektonische Entwürfe für den Aufbruch in das 21. Jahrhundert / Berlin – Monument ou modèle de pensée? Projets architecturaux pour l'entrée dans le 21ème siècle, mit Beiträgen von Julius Posener, Wolfgang Pehnt, Kurt W. Forster und John Hejduk, Berlin 1988, S. 15–17

Haberlik 2001

Christina Haberlik, Architektur des 20. Jahrhunderts. Die wichtigsten Bauwerke der Moderne dargestellt von Christina Haberlik unter Mitarbeit von Andrea C. Busch, Hildesheim 2001 (= Gerstenberg Visuell. 50 Klassiker)

Internationale Bauausstellung 1984

Internationale Bauausstellung Berlin 1987. Projektübersicht, Stadtneubau und Stadterneuerung. Stand September 1984, Berlin 1984

Internationale Bauausstellung 1987
Internationale Bauausstellung Berlin 1987. Ein Rundgang. Bauten,
Schauplätze, Veranstaltungen, Berlin 1987

Kipnis 2001
Jeffrey Kipnis, Preface, in: Daniel Libeskind, The Space of Encounter,
Preface by Jeffrey Kipnis, Afterword by Anthony Vidler, London 2001

Kleihues/Klotz 1986
Josef P. Kleihues, Heinrich Klotz (Hg.), Internationale Bauausstellung
Berlin 1987. Beispiele einer neuen Architektur, Frankfurt, Stuttgart 1986

Kontrapunkt 2003
Kontrapunkt. Die Architektur von Daniel Libeskind, hg. von Jüdisches
Museum Berlin, Berlin 2003 (ohne Paginierung)

Kraft 2012
Simone Kraft, Das Felix-Nussbaum-Haus von Daniel Libeskind. Museum
ohne Ausgang, Saarbrücken ²2012

Levene/Cecilia 1996
Richard C. Levene, Fernando Márquez Cecilia (Hg.), Daniel Libeskind.
1987–1996, Madrid 1996 (= El Croquis 80)

Levene/Cecilia 1998
Richard C. Levene, Fernando Márquez Cecilia (Hg.), worlds two / mundos
dos, Madrid 1998 (= El Croquis 91)

Libeskind 1981
Daniel Libeskind, Between zero and infinity. Selected projects in architecture, introduction by John Hejduk, New York 1981

Libeskind 1983
Daniel Libeskind, Chamber works. architectural meditations on themes
from Heraclitus, London 1983 (= Architectural Association, Folio, 1)

Libeskind 1988
Daniel Libeskind, Berlin Absolut / Berlin absolut, in: Kristin Feireiss
(Hg.), Berlin – Denkmal oder Denkmodell? Architektonische Entwürfe
für den Aufbruch in das 21. Jahrhundert / Berlin – Monument ou modèle
de pensée? Projets architecturaux pour l'entrée dans le 21ème siècle, mit
Beiträgen von Julius Posener, Wolfgang Pehnt, Kurt W. Forster und John
Hejduk, Berlin 1988, S. 168–171

Libeskind 1991
Daniel Libeskind, Countersign, London 1991 (= Architectural Monographs, No.16)

Libeskind, Architecture Intermundium, 1994
Daniel Libeskind, Architecture Intermundium. 1988, in: Daniel Libes-
kind. Radix – Matrix. Architekturen und Schriften, hg. von Alois Martin
Müller, Museum für Gestaltung Zürich, mit Beiträgen von Alois Martin

Müller, Bernhard Schneider, Marc C. Taylor, Kurt Winkler, München, New York 1994, S.153–158

Libeskind, Between, 1994
Daniel Libeskind, Between the Lines. Erweiterung des Berlin Museums mit Abteilung Jüdisches Museum. 1989, in: Daniel Libeskind. Radix – Matrix. Architekturen und Schriften, hg. von Alois Martin Müller, Museum für Gestaltung Zürich, mit Beiträgen von Alois Martin Müller, Bernhard Schneider, Marc C. Taylor, Kurt Winkler, München, New York 1994, S.100–102

Libeskind, City Edge, 1994
Daniel Libeskind, City Edge. 1987, in: Daniel Libeskind. Radix – Matrix. Architekturen und Schriften, hg. von Alois Martin Müller, Museum für Gestaltung Zürich, mit Beiträgen von Alois Martin Müller, Bernhard Schneider, Marc C. Taylor, Kurt Winkler, München, New York 1994, S. 48–55

Libeskind, Chamber Works, 1994
Daniel Libeskind, Chamber Works. Architectural Meditation on Themes from Heraclitus. 1983, in: Daniel Libeskind. Radix – Matrix. Architekturen und Schriften, hg. von Alois Martin Müller, Museum für Gestaltung Zürich, mit Beiträgen von Alois Martin Müller, Bernhard Schneider, Marc C. Taylor, Kurt Winkler, München, New York 1994, S.18–33

Libeskind, Countersign, 1994
Daniel Libeskind, Countersign. 1991, in: Daniel Libeskind. Radix – Matrix. Architekturen und Schriften, hg. von Alois Martin Müller, Museum für Gestaltung Zürich, mit Beiträgen von Alois Martin Müller, Bernhard Schneider, Marc C. Taylor, Kurt Winkler, München, New York 1994, S. 163–164

Libeskind, Daniel Libeskind, 1994
Daniel Libeskind, Daniel Libeskind Daniel Libeskind Daniel Libeskind etc. Auszüge. 1991, in: Daniel Libeskind. Radix – Matrix. Architekturen und Schriften, hg. von Alois Martin Müller, Museum für Gestaltung Zürich, mit Beiträgen von Alois Martin Müller, Bernhard Schneider, Marc C. Taylor, Kurt Winkler, München, New York 1994, S.160

Libeskind, Der Mythos, 1994
Daniel Libeskind, Der Mythos des Ortes (The Myth of Site). 1986, in: Daniel Libeskind. Radix – Matrix. Architekturen und Schriften, hg. von Alois Martin Müller, Museum für Gestaltung Zürich, mit Beiträgen von Alois Martin Müller, Bernhard Schneider, Marc C. Taylor, Kurt Winkler, München, New York 1994, S.158–159

Libeskind, Ein offener Brief, 1994
Daniel Libeskind, Ein offener Brief an Lehrer und Studenten der Architektur (An Open Letter to Architectural Educators and Students). 1987, in:

Daniel Libeskind. Radix – Matrix. Architekturen und Schriften, hg. von
Alois Martin Müller, Museum für Gestaltung Zürich, mit Beiträgen von
Alois Martin Müller, Bernhard Schneider, Marc C. Taylor, Kurt Winkler,
München, New York 1994, S.177–178

Libeskind, End-Raum, 1994
Daniel Libeskind, End-Raum (End-Space). 1980, in: Daniel Libeskind.
Radix – Matrix. Architekturen und Schriften, hg. von Alois Martin Müller,
Museum für Gestaltung Zürich, mit Beiträgen von Alois Martin Müller,
Bernhard Schneider, Marc C. Taylor, Kurt Winkler, München, New York
1994, S.12–13

Libeskind, Fragmente, 1994
Daniel Libeskind, Fragmente von Utopia. Weitere Meditationen zur
Zukunft Berlins. 1992, in: Daniel Libeskind. Radix – Matrix. Architektu-
ren und Schriften, hg. von Alois Martin Müller, Museum für Gestaltung
Zürich, mit Beiträgen von Alois Martin Müller, Bernhard Schneider, Marc
C. Taylor, Kurt Winkler, München, New York 1994, 1994, S.150–153

Libeskind, Im Buch, 1994
Daniel Libeskind, Im Buch, im Haus und auf der Straße:! Alexanderplatz.
1993, in: Daniel Libeskind. Radix – Matrix. Architekturen und Schriften,
hg. von Alois Martin Müller, Museum für Gestaltung Zürich, mit Beiträgen von Alois Martin Müller, Bernhard Schneider, Marc C. Taylor, Kurt
Winkler, München, New York 1994, S.146

Libeskind, Micromegas, 1994
Daniel Libeskind, Micromegas. The Architecture of End Space. 1979, in:
Daniel Libeskind. Radix – Matrix. Architekturen und Schriften, hg. von
Alois Martin Müller, Museum für Gestaltung Zürich, mit Beiträgen von
Alois Martin Müller, Bernhard Schneider, Marc C. Taylor, Kurt Winkler,
München, New York 1994, S.12–33

Libeskind, Potsdamer Platz, 1994
Daniel Libeskind, Daniel Libeskind mit Daniel Libeskind: Potsdamer
Platz (Daniel Libeskind with Daniel Libeskind: Potsdamer Platz). 1992, in:
Daniel Libeskind. Radix – Matrix. Architekturen und Schriften, hg. von
Alois Martin Müller, Museum für Gestaltung Zürich, mit Beiträgen von
Alois Martin Müller, Bernhard Schneider, Marc C. Taylor, Kurt Winkler,
München, New York 1994, S.147–149

Libeskind, Stilleben, 1994
Daniel Libeskind, Stilleben mit roten Prophezeiungen / Still Life with
Red Predictions, 1989, in: Daniel Libeskind. Radix – Matrix. Architektu-
ren und Schriften, hg. von Alois Martin Müller, Museum für Gestaltung
Zürich, mit Beiträgen von Alois Martin Müller, Bernhard Schneider, Marc
C. Taylor, Kurt Winkler, München, New York 1994, S.56

Libeskind, Symbol, 1994
Daniel Libeskind, Symbol und Interpretation (Symbol and Interpretation).
1981, in: Daniel Libeskind. Radix – Matrix. Architekturen und Schriften,
hg. von Alois Martin Müller, Museum für Gestaltung Zürich, mit Bei-
trägen von Alois Martin Müller, Bernhard Schneider, Marc C. Taylor, Kurt
Winkler, München, New York 1994, S. 174–177
Libeskind 1995
Daniel Libeskind, Kein Ort an seiner Stelle. Schriften zur Architektur –
Visionen für Berlin, hg. von Angelika Stepken, Dresden, Basel 1995
Libeskind 1997
Daniel Libeskind, Fishing from the Pavement, Rotterdam 1997
Libeskind 2001
Daniel Libeskind, The Space of Encounter, Preface by Jeffrey Kipnis,
Afterword by Anthony Vidler, London 2001
Libeskind 2003
Daniel Libeskind, Ground Zero Master Plan. 2003, online in:
www.libeskind.com/projects/ground-zero-master-plan (gesehen am
01.03.2015, 20.19 Uhr)
Libeskind, Breaking Ground, 2004
Daniel Libeskind, Breaking Ground. Entwürfe meines Lebens, mit Sarah
Crichton, aus dem Englischen von Franca Fritz und Heinrich Koop, Köln
2004
Libeskind, Distanzräume, 2004
Daniel Libeskind, Distanzräume der Erinnerung. Drei Museen, in:
Pathos, Affekt, Gefühl. Die Emotionen in den Künsten, hg. von Klaus
Herding und Bernhard Stumpfhaus, Berlin 2004, S. 492–503
Müller 1994
Alois Martin Müller, Die Musen des Daniel Libeskind, in: Daniel Libes-
kind. Radix – Matrix. Architekturen und Schriften, hg. von Alois Martin
Müller, Museum für Gestaltung Zürich, mit Beiträgen von Alois Martin
Müller, Bernhard Schneider, Marc C. Taylor, Kurt Winkler, München,
New York 1994, S. 6–10
Pieken/Rogg 2011
Gorch Pieken, Matthias Rogg (Hg.), Militärhistorisches Museum der
Bundeswehr. Ausstellung und Architektur, Dresden 2011
Radix – Matrix 1994
Daniel Libeskind. Radix – Matrix. Architekturen und Schriften, hg. von
Alois Martin Müller, Museum für Gestaltung Zürich, mit Beiträgen von
Alois Martin Müller, Bernhard Schneider, Marc C. Taylor, Kurt Winkler,
München, New York 1994

Rodiek 1999
Thorsten Rodiek, Daniel Libeskind – Museum ohne Ausgang, Tübingen 1999

Schneider 1994
Bernhard Schneider, Daniel Libeskinds Architektur im Stadtraum, in: Daniel Libeskind. Radix – Matrix. Architekturen und Schriften, hg. von Alois Martin Müller, Museum für Gestaltung Zürich, mit Beiträgen von Alois Martin Müller, Bernhard Schneider, Marc C. Taylor, Kurt Winkler, München, New York 1994, S. 128–135

Symbol/Micromegas 1981
Symbol and Interpretation/Micromegas, Ausstellung an der Eidgenössischen Technischen Hochschule Zürich, Januar 1981, Ausstellungskatalog, Zürich 1981

Taylor 1994
Mark C. Taylor, Point of No Return, in: Daniel Libeskind. Radix – Matrix. Architekturen und Schriften, hg. von Alois Martin Müller, Museum für Gestaltung Zürich, mit Beiträgen von Alois Martin Müller, Bernhard Schneider, Marc C. Taylor, Kurt Winkler, München, New York 1994, S. 136–144

Theunissen 1971
Michael Theunissen, Andere (der), in: Historisches Wörterbuch der Philosophie, Bd. 1, hg. von Joachim Ritter, völlig neubearb. Ausgabe des „Wörterbuch der Philosophischen Begriffe" von Rudolf Eisler, Basel 1971, Sp. 296–297

Winkler 1994
Kurt Winkler, Ceci n'est pas un musée – Daniel Libeskinds Berliner Museumsprojekt, in: Daniel Libeskind. Radix – Matrix. Architekturen und Schriften, hg. von Alois Martin Müller, Museum für Gestaltung Zürich, mit Beiträgen von Alois Martin Müller, Bernhard Schneider, Marc C. Taylor, Kurt Winkler, München, New York 1994, S. 122–127

Young 1998
James E. Young, Daniel Libeskind's Jewish Museum in Berlin: The Uncanny Arts of Memorial Architecture, in: Christina von Braun, James E. Young, Daniel Libeskind, Zur Verleihung der Ehrendoktorwürde an Daniel Libeskind. Drei Vorträge. 30. Oktober 1997. Humboldt-Universität zu Berlin, Berlin 1998 (= Öffentliche Vorlesungen), S. 15–26

Website Libeskind
Website Studio Daniel Libeskind, www.libeskind.com (gesehen am 01.03.2015, 20.20 Uhr)

Website Militärhistorisches Museum
Website Militärhistorisches Museum der Bundeswehr, Dresden,
www.mhmbw.de (gesehen am 01.03.2015, 20.21 Uhr)

Rem Koolhaas | OMA

Baekert 1990
Gerd Baekert (Hg.), Sea trade center Zeebrugge. Rem Koolhaas, Fumihiko
Maki, Aldo Rossi, Charles Vandenhove, Bob van Reeth, Antwerpen 1990
Blundell-Jones 1989
Peter Blundell-Jones, Von der gefährlichen Schönheit und der surrealis-
tischen Schönheit, in: Bauwelt 1/2, Fünf kritische Begehungen, 80. Jg.,
1989, S. 40–49
Bollerey/Koolhaas 1987
Franziska Bollerey, Rem Koolhaas, Ein Gespräch mit Rem Koolhaas:
… immer wieder eine Mischung von Verführung und Ungenießbarkeit
ins Spiel bringen, in: Bauwelt 17/18, „Ruimte maken. Ruimte laten."
Holländische Ansichten, 78. Jg., 1987, S. 627–633
Bouman/Toorn/Koolhaas 1994
Ole Bouman, Roemer van Toorn, Rem Koolhaas, Architecture at Rem-
dom; The Blinkers that Make the Visionary. A Conversation with Rem
Koolhaas, in: Ole Bouman, Roemer van Toorn (Hg.), The Invisible in
Architecture, London 1994, S. 442–453
Brausch/Emery 1995
Marianne Brausch, March Emery (Hg.), Fragen zur Architektur. 15 Archi-
tekten im Gespräch, Basel, Boston, Berlin 1995
Cohen 1991
Jean–Louis Cohen, Der rationale Rebell oder der Stadtbegriff des OMA,
in: Jacques Lucan (Hg.), OMA. Rem Koolhaas, aus dem Französischen
und Englischen von Irene Bisang, Karin Tschumper und Brigitta Neu-
meister-Taroni, aus dem Italienischen von Robert Steiger, Zürich, Mün-
chen 1991, S. 9–19
Colomina/Koolhaas 2007
Beatriz Colomina, Rem Koolhaas, Una Conversación y un Diccionario /
A Conversation and a Dictionary, in: Fernando Márquez Cecilia, Richard
C. Levene (Hg.), AMOMA Rem Koolhaas [II]. Teoría y prática / Theory
and practice. 1996–2007, Madrid 2007 (= El Croquis 134/135), S. 350–385
Damisch 1991
Hubert Damisch, Der Manhattan-Transfer, in: Jacques Lucan (Hg.), OMA.
Rem Koolhaas, aus dem Französischen und Englischen von Irene Bisang,
Karin Tschumper und Brigitta Neumeister-Taroni, aus dem Italienischen
von Robert Steiger, Zürich, München 1991, S. 21–31

Deleuze/Guattari 1992
Gilles Deleuze, Félix Guattari, Tausend Plateaus. Kapitalismus und Schizophrenie, aus dem Französischen übersetzt von Gabriele Ricke und Ronald Voullié, Berlin 1992

Hesse 2003
Michael Hesse, Stadtarchitektur. Fallbeispiele von der Antike bis zur Gegenwart, Köln 2003

Iden 1989
Peter Iden, Auf der Suche nach der Figur, in: Bauwelt 1/2, Fünf kritische Begehungen, 80. Jg., 1989, S. 34–38

Jencks/Kropf 1997
Charles Jencks, Karl Kropf (Hg.), Theories and manifestoes of contemporary architecture, Chichester 1997

Kipnis 1996
Jeffrey Kipnis, El último Koolhaas / Recent Koolhaas, in: Richard C. Levene, Fernando Márquez Cecilia (Hg.), OMA – Rem Koolhaas, 1992–1996, Madrid 1996 (= El Croquis 79), S. 26–37

Koolhaas 1978
Rem Koolhaas, Delirious New York. A Retroactive Manifesto for Manhattan, London 1978

Koolhaas, Erschreckende Schönheit, 1991
Rem Koolhaas, Die erschreckende Schönheit des zwanzigsten Jahrhunderts, 1985, in: Jacques Lucan (Hg.), OMA. Rem Koolhaas, aus dem Französischen und Englischen von Irene Bisang, Karin Tschumper und Brigitta Neumeister-Taroni, aus dem Italienischen von Robert Steiger, Zürich, München 1991, S. 154–155

Koolhaas, IJ-plein, 1991
Rem Koolhaas, IJ-plein, Amsterdam Nord, 1980–1989, in: Jacques Lucan (Hg.), OMA. Rem Koolhaas, aus dem Französischen und Englischen von Irene Bisang, Karin Tschumper und Brigitta Neumeister-Taroni, aus dem Italienischen von Robert Steiger, Zürich, München 1991, S. 76–85

Koolhaas, Nationales Tanztheater, 1991
Rem Koolhaas, Nationales Tanztheater, Den Haag, 1980–1987, in: Jacques Lucan (Hg.), OMA. Rem Koolhaas, aus dem Französischen und Englischen von Irene Bisang, Karin Tschumper und Brigitta Neumeister-Taroni, aus dem Italienischen von Robert Steiger, Zürich, München 1991, S. 48–57

Koolhaas, New York/La Villette, 1991
Rem Koolhaas, New York/La Villette, 1985, in: Jacques Lucan (Hg.), OMA. Rem Koolhaas, aus dem Französischen und Englischen von Irene Bisang, Karin Tschumper und Brigitta Neumeister-Taroni, aus dem Italienischen von Robert Steiger, Zürich, München 1991, S. 160–161

Koolhaas, Parc de la Villette, 1991
Rem Koolhaas, Parc de la Villette, Paris, 1982/83, in: Jacques Lucan (Hg.),
OMA. Rem Koolhaas, aus dem Französischen und Englischen von Irene
Bisang, Karin Tschumper und Brigitta Neumeister-Taroni, aus dem Italie-
nischen von Robert Steiger, Zürich, München 1991, S. 86–95

Koolhaas, Sechzehn, 1991
Rem Koolhaas, Sechzehn Jahre OMA, 1988, in: Jacques Lucan (Hg.),
OMA. Rem Koolhaas, aus dem Französischen und Englischen von Irene
Bisang, Karin Tschumper und Brigitta Neumeister-Taroni, aus dem Italie-
nischen von Robert Steiger, Zürich, München 1991, S. 162–163

Koolhaas, Unsere, 1991
Rem Koolhaas, Unsere „Neue Sachlichkeit", 1981, in: Jacques Lucan (Hg.),
OMA. Rem Koolhaas, aus dem Französischen und Englischen von Irene
Bisang, Karin Tschumper und Brigitta Neumeister-Taroni, aus dem Italie-
nischen von Robert Steiger, Zürich, München 1991, S. 153

Koolhaas, Wettbewerb, 1991
Rem Koolhaas, Wettbewerb für Städteplanung, Melun-Sénart, 1987, in:
Jacques Lucan (Hg.), OMA. Rem Koolhaas, aus dem Französischen und
Englischen von Irene Bisang, Karin Tschumper und Brigitta Neumeister-
Taroni, aus dem Italienischen von Robert Steiger, Zürich, München 1991,
S. 114–117

Koolhaas, Zentrum für Kunst, 1991
Rem Koolhaas, Zentrum für Kunst und Medientechnologie, Karlsruhe,
1989, in: Jacques Lucan (Hg.), OMA. Rem Koolhaas, aus dem Franzö-
sischen und Englischen von Irene Bisang, Karin Tschumper und Brigitta
Neumeister-Taroni, aus dem Italienischen von Robert Steiger, Zürich,
München 1991, S. 140–151

Koolhaas, Congrexpo, 1994
Rem Koolhaas, Congrexpo. Palacio de Congresos y Exposiciones /
Convention and Exhibition Centre, in: Fernando Márquez Cecilia,
Richard C. Levene (Hg.), Oma/Rem Koolhaas. 1987–1993, Madrid 1994
(= El Croquis 53), S. 166–189

Koolhaas, ZKM, 1994
Rem Koolhaas, ZKM, Centro de Arte y Tecnologia de los Medios /
Centre for Art and Media Technology. Karlsruhe, Alemania. 1989, in:
Fernando Márquez Cecilia, Richard C. Levene (Hg.), Oma/Rem Koolhaas.
1987–1993, Madrid 1994 (= El Croquis 53), S. 126–143

Koolhaas, Generic City, 1995
Rem Koolhaas, The Generic City. Guide, 1994, in: Rem Koolhaas, Bruce
Mau / Office for Metropolitan Architecture, S, M, L, XL. Small, medium,
large, extra-large, hg. von Jennifer Sigler, Fotografie von Hans Werlemann, Rotterdam 1995, S. 1238–1267

Koolhaas, (Vortrag), 1995
Rem Koolhaas, (Vortrag), in: Hans Stimmann (Hg.), Babylon, Berlin etc.
Das Vokabular der europäischen Stadt. Lapidarium Conferences 1995.
Internationale Architekturgespräche, Basel 1995, S.170–179

Koolhaas, Beyond Delirious, 1996
Rem Koolhaas, Beyond Delirious, in: Kate Nesbitt, Theorizing a new
agenda for architecture. An anthology of architectural theory 1965–1995,
New York 1996, S.332–336

Koolhaas, Bigness, 1996
Rem Koolhaas, Bigness oder Das Problem der Größe, in: ARCH+ 132,
Juni 1996, S.42–44
Englisch: Rem Koolhaas, Bigness, or the problem of Large. Manifesto,
1994, in: Rem Koolhaas, Bruce Mau / Office for Metropolitan Architec-
ture, S, M, L, XL. Small, medium, large, extra-large, hg. von Jennifer
Sigler, Fotografie von Hans Werlemann, Rotterdam 1995, S.494–517

Koolhaas, Stadt ohne, 1996
Rem Koolhaas, Die Stadt ohne Eigenschaften, in: ARCH+ 132, Juni 1996,
S.18–27

Koolhaas, Toward, 1996
Rem Koolhaas, Toward the contemporary City, in: Kate Nesbitt, Theorizing a new agenda for architecture. An anthology of architectural theory
1965–1995, New York 1996, S.328–330

Koolhaas, Was ist eigentlich, 1996
Rem Koolhaas, Was ist eigentlich aus dem Urbanismus geworden, in:
ARCH+ 132, Juni 1996, S.40–41
Englisch: Rem Koolhaas, What Ever Happened to Urbanism? Text, 1994,
in: Rem Koolhaas, Bruce Mau / Office for Metropolitan Architecture,
S, M, L, XL. Small, medium, large, extra-large, hg. von Jennifer Sigler,
Fotografie von Hans Werlemann, Rotterdam 1995, S.958–971

Koolhaas 1999
Rem Koolhaas, Derlirious New York. Ein retroaktives Manifest für Manhattan, Deutsch von Fritz Schneider, Aachen 1999

Koolhaas/Kuhnert/Ngo 2012
Rem Koolhaas, Nikolaus Kuhnert, Anh-Linh Ngo, „Durch London lernte
ich Lagos verstehen", in: ARCH+ 209, Dezember 2012, S.10–13

Koolhaas/Mau 1995
Rem Koolhaas, Bruce Mau / Office for Metropolitan Architecture,
S, M, L, XL. Small, medium, large, extra-large, hg. von Jennifer Sigler,
Fotografie von Hans Werlemann, Rotterdam 1995

Leupen/Koolhaas 1989
Bernard Leupen, Rem Koolhaas (Hg.), IJ-Plein Amsterdam. Een
speurtocht naar nieuwe compositorische middelen, Rotterdam 1989

Lootsma 1992
Bart Lootsma, Villa dall'Ava, in: Bauwelt 9, Villengegend, 83. Jg., 1992,
S. 420–429

Lucan 1989
Jacques Lucan, Auf dem Kamm der Welle, in: Bauwelt 1/2, Fünf kritische
Begehungen, 80. Jg., 1989, S. 50–53

Lucan, Architekt, 1991
Jacques Lucan, Der Architekt des „modernen Lebens", in: Jacques Lucan
(Hg.), OMA. Rem Koolhaas, aus dem Französischen und Englischen von
Irene Bisang, Karin Tschumper und Brigitta Neumeister-Taroni, aus dem
Italienischen von Robert Steiger, Zürich, München 1991, S. 33–41

Lucan, OMA, 1991
Jacques Lucan (Hg.), OMA. Rem Koolhaas, aus dem Französischen und
Englischen von Irene Bisang, Karin Tschumper und Brigitta Neumeister-
Taroni, aus dem Italienischen von Robert Steiger, Zürich, München 1991

Mathewson 1989
C. Casey M. Mathewson, Die Inszenierung der Metropole, in: Bauwelt 1/2,
Fünf kritische Begehungen, 80. Jg., 1989, S. 14–21

Nesbitt 1996
Kate Nesbitt, Theorizing a new agenda for architecture. An anthology of
architectural theory 1965–1995, New York 1996

OMA. Vollendung, 1981
OMA. Rem Koolhaas. Stefano de Martino. Kees Christiaanse. Vollendung
des Wiederaufbaus. Entwurf für ein Wohngebäude in Rotterdam, Ausstellung vom 17.11.1981 bis zum 31.12.1981, Aedes Galerie für Architektur
und Raum, Berlin, Ausstellungskatalog, Berlin 1981 (ohne Paginierung)

Palmboom 1990
Frits Palmboom, Eine verstädterte Landschaft, in: Werk, Bauen +
Wohnen 1/2, 77./44. Jg., 1990, S. 20–27

Retzer/Riedemann-Feireiß 1995
Helga Retzer, Kristin Riedemann-Feireiß, (Einführung), in: OMA. Rem
Koolhaas. Stefano de Martino. Kees Christiaanse. Vollendung des Wieder-
aufbaus. Entwurf für ein Wohngebäude in Rotterdam, Ausstellung vom
17.11.1981 bis zum 31.12.1981, Aedes Galerie für Architektur und Raum,
Berlin, Ausstellungskatalog, Berlin 1981 (ohne Paginierung, S. 3–4)

Sinning 2000
Heike Sinning, More is more. OMA/Rem Koolhaas. Theorie und Architektur, Tübingen, Berlin 2000 (zugl. Magisterarbeit 1998)

Stimmann 1995
Hans Stimmann (Hg.), Babylon, Berlin etc. Das Vokabular der europäischen Stadt. Lapidarium Conferences 1995. Internationale Architekturgespräche, Basel 1995

Weigley 1982
Russell Frank Weigley (Hg.), Philadelphia. A 300-year history, New York 1982

Zaera/Koolhaas 1994
Alejandro Zaera, Rem Koolhaas, Encontrando Libertades: Conversaciones con Rem Koolhaas / Finding Freedoms: Conversations with Rem Koolhaas, in: Fernando Márquez Cecilia, Richard C. Levene (Hg.), Oma/Rem Koolhaas. 1987–1993, Madrid 1994 (= El Croquis 53), S. 6–31

Zaera/Koolhaas 1996
Alejandro Polo Zaera, Rem Koolhaas, El día después. Una conversación con Rem Koolhaas / The day after. A conversation with Rem Koolhaas, in: Richard C. Levene, Fernando Márquez Cecilia (Hg.), OMA – Rem Koolhaas, 1992–1996, 1996 Madrid (= El Croquis 79), S. 8–25

Zaera 1994
Alejandro Zaera, Notas para un levantamiento topográfico / Notes for a Topographic Survey, in: Fernando Márquez Cecilia, Richard C. Levene (Hg.), Oma/Rem Koolhaas. 1987–1993, Madrid 1994 (= El Croquis 53), S. 32–51

Website OMA
Website OMA, www.oma.eu (gesehen am 01.03.2015, 20.22 Uhr)

Peter Eisenman

Balfour 1994
Alan Balfour, Documents of a Creative Process, in: Cities of Artificial Excavation. The Work of Peter Eisenman, 1978–1988, edited and with an introduction by Jean François Bédard, essays by Alan Balfour, Yve-Alain Bois, Jean-Louis Cohen, Kurt W. Forster, K. Michael Hays, Arata Isozaki, Frederic Jameson, Ausstellungskatalog, Montreal, New York 1994, S. 169–185

Codex X 2005
Codex X. The City of Culture of Galicia, hg. von Cynthia Davidson, with essays by Peter Eisenman, Kurt W. Forster, Luis Fernández-Galiano and an introduction by Manuel Fraga Iribarne, New York 2005

Cohn/Eisenman 1989
David Cohn, Peter Eisenman, Entrevista / Interview, in: Richard C. Levene, Fernando Márquez Cecilia (Hg.), Peter Eisenman, Madrid 1989 (= El Croquis 41), S. 7–15

Chora L Works 1997
Chora L Works. Jacques Derrida and Peter Eisenman, hg. von Jeffery Kipnis, Thomas Leeser, New York 1997

Ciorra, Architektur, 1995
Pippo Ciorra, Architektur als Vorwand, in: Pippo Ciorra, Peter Eisenman. Bauten und Projekte, mit einem Beitrag von Giorgio Ciucci, Stuttgart 1995, S.13–29

Ciorra, Peter Eisenman, 1995
Pippo Ciorra, Peter Eisenman. Bauten und Projekte, mit einem Beitrag von Giorgio Ciucci, Stuttgart 1995

Cities of 1994
Cities of Artificial Excavation. The Work of Peter Eisenman, 1978–1988, edited and with an introduction by Jean François Bédard, essays by Alan Balfour, Yve-Alain Bois, Jean-Louis Cohen, Kurt W. Forster, K. Michael Hays, Arata Isozaki, Frederic Jameson, Ausstellungskatalog, Montreal, New York 1994

Ciucci 1995
Giorgio Ciucci, Eisenmanamnesie, in: Pippo Ciorra, Peter Eisenman. Bauten und Projekte, mit einem Beitrag von Giorgio Ciucci, Stuttgart 1995, S.7–12

Cohen 1994
Jean-Louis Cohen, The Architect in the Philosopher's Garden: Eisenman at La Villette, in: Cities of Artificial Excavation. The Work of Peter Eisenman, 1978–1988, edited and with an introduction by Jean François Bédard, essays by Alan Balfour, Yve-Alain Bois, Jean-Louis Cohen, Kurt W. Forster, K. Michael Hays, Arata Isozaki, Frederic Jameson, Ausstellungskatalog, Montreal, New York 1994, S. 219–226

Davidson 2006
Cynthia Davidson (Hg.), Auf den Spuren von Eisenman, Zürich 2006

Dempsey 2011
Kara Eileen Dempsey, Galicia's hurricane: The politics of regional representation and place branding, Dissertation, Ann Arbor 2011

Derrida 1989
Jacques Derrida, Why Peter Eisenman writes such good books, 1988, in: Arie Grafland (Hg.), Peter Eisenman. Recente projecten / Recent Projects. Met bijdragen van / contributions by Peter Eisenman, Kenneth Frampton, Arie Grafland, Jeffrey Kipnis, Jacques Derrida, Nijmegen 1989, S.169–181

Derrida 1995
Jacques Derrida, Ein Brief an Peter Eisenman, in: Peter Eisenman, Aura und Exzeß. Zur Überwindung der Metaphysik der Architektur, hg. von Ullrich Schwarz, bearb. von Martina Kögel und Ullrich Schwarz, Wien 1995, S.165–175

Balfour/Bédard/Bois/Cohen/Eisenman/Hays/Olsberg 1994
Alan Balfour, Jean-François Bédard, Yve-Alain Bois, Jean-Louis Cohen, Peter Eisenman, K. Michael Hays, Nicolas Olsberg, Conversation with

Peter Eisenman, in: Cities of Artificial Excavation. The Work of Peter Eisenman, 1978–1988, edited and with an introduction by Jean François Bédard, essays by Alan Balfour, Yve-Alain Bois, Jean-Louis Cohen, Kurt W. Forster, K. Michael Hays, Arata Isozaki, Frederic Jameson, Ausstellungskatalog, Montreal, New York 1994, S. 118–129

Drobnick/Eisenman 1995
Jim Drobnick, Peter Eisenman, Das Wilde und das Zivilisierende in der Architektur. Ein Gespräch anläßlich der Ausstellung Cities of Artificial Excavation. The Works of Peter Eisenman, 1978–1988 in Montreal (1994), in: Peter Eisenman, Aura und Exzeß. Zur Überwindung der Metaphysik der Architektur, hg. von Ullrich Schwarz, bearb. von Martina Kögel und Ullrich Schwarz, Wien 1995, S. 307–328

Eisenman/Brillembourg 2011
Peter Eisenman, Carlos Brillembourg, Peter Eisenman by Carlos Brillembourg (Interview), in: Bomb 117, Herbst 2011, online in: www.bombsite.com/issues/117/articles/5991 (gesehen am 01.03.2015, 20.23 Uhr)

Eisenman/Derrida 1995
Peter Eisenman, Jacques Derrida, Architektur Schreiben. Ein Gespräch zwischen Peter Eisenman und Jacques Derrida (1993), in: Peter Eisenman, Aura und Exzeß. Zur Überwindung der Metaphysik der Architektur, hg. von Ullrich Schwarz, bearb. von Martina Kögel und Ullrich Schwarz, Wien 1995, S. 295–306

Eisenman & Gehry 1991
Peter Eisenman & Frank Gehry, Ausstellungskatalog, New York 1991

Eisenman/Somol 1993
Peter Eisenman, Robert E. Somol, An interview, in: Re:working Eisenman, London 1993, S. 125–131

Eisenman, House I, 1975
Peter Eisenman, House I, 1967, in: Five Architects. Eisenman, Graves, Gwathmey, Hejduk, Meier, New York 1975, S. 15–24

Eisenman, House II, 1975
Peter Eisenman, House II, 1968, in: Five Architects. Eisenman, Graves, Gwathmey, Hejduk, Meier, New York 1975, S. 25–38

Eisenman, House X, 1982
Peter Eisenman, House X, New York 1982

Eisenman, Transformations, 1982
Peter Eisenman, Transformations, Decompositions and Critiques: House X, in: Peter Eisenman, House X, New York 1982, S. 33–160

Eisenman 1987
Peter Eisenman, Houses of Cards, New York, Oxford 1987

Eisenman 1988
Peter Eisenman, Biology Center for the J. W. Goethe University of Frankfurt, Frankfurt 1987, in: Assemblage, No. 5, 1988, S. 28–50

Eisenman 1991
Peter Eisenman, Unfolding Events: Frankfurt Rebstock and the Possibility of a New Urbanism / Sich entfaltende Ereignisse: Der Frankfurter Rebstock und die Möglichkeit eines neuen Städtebaus, in: Unfolding Frankfurt, Berlin 1991, S. 8–17

Eisenman, Representations, 1993
Peter Eisenman, The representations of doubt: at the sign of the sign, in: Re:working Eisenman, London 1993, S. 45–49

Eisenman, Strong form, 1993
Peter Eisenman, Strong form, weak form, in: Re:working Eisenman, London 1993, S. 51–53

Eisenman, Text as, 1993
Peter Eisenman, Text as zero: or: The destruction of narrative, in: Re:working Eisenman, London 1993, S. 41–43

Eisenman, Aura, 1995
Peter Eisenman, Aura und Exzeß. Zur Überwindung der Metaphysik der Architektur, hg. von Ullrich Schwarz, bearb. von Martina Kögel und Ullrich Schwarz, Wien 1995

Eisenman, Architektur als, 1995
Peter Eisenman, Architektur als eine zweite Sprache: die Texte des Dazwischen, in: Peter Eisenman, Aura und Exzeß. Zur Überwindung der Metaphysik der Architektur, hg. von Ullrich Schwarz, bearb. von Martina Kögel und Ullrich Schwarz, Wien 1995, S. 151–164

Eisenman, Aspekte, 1995
Peter Eisenman, Aspekte der Moderne: Die Maison Dom-ino und das selbstreferentielle Zeichen, in: Peter Eisenman, Aura und Exzeß. Zur Überwindung der Metaphysik der Architektur, hg. von Ullrich Schwarz, bearb. von Martina Kögel und Ullrich Schwarz, Wien 1995, S. 42–63

Eisenman, Blaue Linie, 1995
Peter Eisenman, Die blaue Linie, in: Peter Eisenman, Aura und Exzeß. Zur Überwindung der Metaphysik der Architektur, hg. von Ullrich Schwarz, bearb. von Martina Kögel und Ullrich Schwarz, Wien 1995, S. 145–150

Eisenman, Die Architektur, 1995
Peter Eisenman, Die Architektur und das Problem der rhetorischen Figur, in: Peter Eisenman, Aura und Exzeß. Zur Überwindung der Metaphysik der Architektur, hg. von Ullrich Schwarz, bearb. von Martina Kögel und Ullrich Schwarz, Wien 1995, S. 99–108

Eisenman, Ende, 1995
Eisenman, Peter, Das Ende des Klassischen: Das Ende des Anfangs, das
Ende des Ziels, in: Peter Eisenman, Aura und Exzeß. Zur Überwindung
der Metaphysik der Architektur, hg. von Ullrich Schwarz, bearb. von
Martina Kögel und Ullrich Schwarz, Wien 1995, S. 63–87

Eisenman, En Terror, 1995
Peter Eisenman, En Terror Firma: Auf den Spuren des Grotextes
(Grotesken), in: Peter Eisenman, Aura und Exzeß. Zur Überwindung
der Metaphysik der Architektur, hg. von Ullrich Schwarz, bearb. von
Martina Kögel und Ullrich Schwarz, Wien 1995, S. 137–143

Eisenman, Misreading, 1995
Peter Eisenman, Misreading Peter Eisenman, in: Peter Eisenman, Aura
und Exzeß. Zur Überwindung der Metaphysik der Architektur, hg. von
Ullrich Schwarz, bearb. von Martina Kögel und Ullrich Schwarz, Wien
1995, S. 109–136

Eisenman, Moving Arrows, 1995
Peter Eisenman, Moving Arrows, Eros, and other Errors. Eine Architektur
der Abwesenheit, in: Peter Eisenman, Aura und Exzeß. Zur Überwindung der Metaphysik der Architektur, hg. von Ullrich Schwarz, bearb.
von Martina Kögel und Ullrich Schwarz, Wien 1995, S. 89–98

Eisenman, Post/El, 1995
Peter Eisenman, Post/El Cards: Eine Antwort an Jacques Derrida, in:
Peter Eisenman, Aura und Exzeß. Zur Überwindung der Metaphysik
der Architektur, hg. von Ullrich Schwarz, bearb. von Martina Kögel und
Ullrich Schwarz, Wien 1995, S. 177–183

Eisenman, Postfunktionalismus, 1995
Peter Eisenman, Postfunktionalismus, in: Peter Eisenman, Aura und
Exzeß. Zur Überwindung der Metaphysik der Architektur, hg. von
Ullrich Schwarz, bearb. von Martina Kögel und Ullrich Schwarz, Wien
1995, S. 35–41

Eisenman 1997
Peter Eisenman, Separate Tricks, in: Chora L Works. Jacques Derrida and
Peter Eisenman, hg. von Jeffery Kipnis, Thomas Leeser, New York 1997,
S. 132–136

Eisenman 1998
Peter Eisenman, Post-Functionalism, in: Oppositions Reader. Selected
Readings from A Journal for Ideas and Criticism in Architecture
1973–1984, hg. und mit einem Vorwort von K. Michael Hays, New York
1998, S. 9–12

Eisenman 2003
Peter Eisenman, Giuseppe Terragni. Transformations Decompositions
Critiques, New York 2003

Eisenman, Behind, 2004

Peter Eisenman, Behind the Mirror. On the Writings of Philip Johnson (1977), in: Peter Eisenman, Inside Out. Selected Writings 1963–1988, New Haven, London 2004, S. 88–105

Eisenman, Diagramm, 2004

Peter Eisenman, Das Diagramm als Raum der Differenz: Die MAK-Ausstellung / The Diagram as a space of difference: the MAK exhibition, in: Peter Noever (Hg.), Peter Eisenman. Barfuß auf weiß glühenden Mauern / Barefoot on white-hot walls, Beiträge von Pier Vittorio Aureli, Karl Chu, Peter Eisenman, Greg Lynn, Emmanuel Petit, Ausstellungskatalog, Wien, Ostfildern-Ruit 2004, S. 14–22

Eisenman, Futility, 2004

Peter Eisenman, The Futility of objects (1984), in: Peter Eisenman, Inside Out. Selected Writings 1963–1988, New Haven, London 2004, S. 169–188

Eisenman, In my Fathers', 2004

Peter Eisenman, In my Father's house are many mansions (1980), in: Peter Eisenman, Inside Out. Selected Writings 1963–1988, New Haven, London 2004, S. 122–132

Eisenman, Inside Out, 2004

Peter Eisenman, Inside Out. Selected Writings 1963–1988, New Haven, London 2004

Eisenman 2008

Peter Eisenman, The Post-Indexical: A Critical Option / Der Post-Index: Eine wichtige Option, in: GAM – Graz Architecture Magazine 04, Wien 2008, S. 190–199

Evans 1985

Robin Evans, Not to be Used for Wrapping Purposes, in: AA Files 10, 1985, S. 68–78

Forster 1994

Kurt W. Forster, Eisenman/Robertson's City of Artificial Excavation, in: Cities of Artificial Excavation. The Work of Peter Eisenman, 1978–1988, edited and with an introduction by Jean François Bédard, essays by Alan Balfour, Yve-Alain Bois, Jean-Louis Cohen, Kurt W. Forster, K. Michael Hays, Arata Isozaki, Frederic Jameson, Ausstellungskatalog, Montreal, New York 1994, S. 19–26

Frampton 1989

Kenneth Frampton, Eisenman Revisited: Running Interference, in: Arie Grafland (Hg.), Peter Eisenman. Recente projecten / Recent Projects. Met bijdragen van / contributions by Peter Eisenman, Kenneth Frampton, Arie Grafland, Jeffrey Kipnis, Jacques Derrida, Nijmegen 1989, S. 47–61

Gandelsonas 1982

Mario Gandelsonas, From Structure to Subject: The Formation of an

Architectural Language, 1978, in: Peter Eisenman, House X, New York 1982, S. 7–31

Grafland, Architecture, 1989
Arie Grafland, Peter Eisenman: Architecture in absentia, in: Arie Grafland (Hg.), Peter Eisenman. Recente projecten / Recent Projects. Met bijdragen van / contributions by Peter Eisenman, Kenneth Frampton, Arie Grafland, Jeffrey Kipnis, Jacques Derrida, Nijmegen 1989, S. 95–124

Grafland, Eisenman, 1989
Arie Grafland (Hg.), Peter Eisenman. Recente projecten / Recent Projects. Met bijdragen van / contributions by Peter Eisenman, Kenneth Frampton, Arie Grafland, Jeffrey Kipnis, Jacques Derrida, Nijmegen 1989

Gwathmey/Siegel 1977
Charles Gwathmey, Robert Siegel, Five Houses, hg. von Institute for Architecture and Urban Studies IAUS, Introduction by Kenneth Frampton, catalogue 7, New York 1977

Haberlik 2001
Christina Haberlik, Wexner Center for the Visual Arts. Peter Eisenman, in: 50 Klassiker. Architektur des 20. Jahrhunderts. Die wichtigsten Bauwerke der Moderne, dargestellt von Christina Haberlik, unter Mitarbeit von Andrea C. Busch, Hildesheim 2001, S. 212–217

Hejduk 1980
John Hejduk, 7 Houses, hg. von Institute for Architecture and Urban Studies IAUS, Introduction by Peter Eisenman, catalogue 12, New York 1980

Holocaust Mahnmal 2005
Holocaust Mahnmal Berlin. Eisenman Architects, Text von Hanno Rauterberg, Fotoessay von Hélène Binet, Fotoimpressionen von Lukas Wassmann, Baden (CH) 2006

Jencks/Eisenman 1995
Charles Jencks, Peter Eisenman, Moderne, Postmoderne und Dekonstruktion. Ein Gespräch mit Charles Jencks, in: Peter Eisenman, Aura und Exzeß. Zur Überwindung der Metaphysik der Architektur, hg. von Ullrich Schwarz, bearb. von Martina Kögel und Ullrich Schwarz, Wien 1995, S. 241–272

Kipnis 1997
Jeffrey Kipnis, Twisting the separatrix, in: Chora L Works. Jacques Derrida and Peter Eisenman, hg. von Jeffery Kipnis, Thomas Leeser, New York 1997, S. 137–160

Kraus 1987
Rosalind Kraus, Death of a Hermeneutic Phantom: Materialization of the Sign in the Work of Peter Eisenman, 1977, in: Peter Eisenman, Houses of Cards, New York, Oxford 1987, S. 166–184

Leggewie/Meyer 2005
Claus Leggewie, Erik Meyer, „Ein Ort, an den man gerne geht". Das
Holocaust-Mahnmal und die deutsche Geschichtspolitik nach 1989,
München, Wien 2005

Levene/Cecilia 1989
Richard C. Levene, Fernando Márquez Cecilia (Hg.), Peter Eisenman,
Madrid 1989 (= El Croquis 41)

Levene/Cecilia 1997
Richard C. Levene, Fernando Márquez Cecilia (Hg.), Peter Eisenman
1990–1997, Madrid 1997 (= El Croquis 83)

Levrat/Eisenman 1995
Frédéric Levrat, Peter Eisenman, Vom Prozeß zur Präsenz. Ein Gespräch
mit Frédéric Levrat (1992), in: Peter Eisenman, Aura und Exzeß. Zur
Überwindung der Metaphysik der Architektur, hg. von Ullrich Schwarz,
bearb. von Martina Kögel und Ullrich Schwarz, Wien 1995, S. 273–294

Lynn 2004
Greg Lynn, Architektur versus Skulptur / Architecture versus sculpture,
in: Peter Noever (Hg.), Peter Eisenman. Barfuß auf weiß glühenden
Mauern / Barefoot on white-hot walls, Beiträge von Pier Vittorio Aureli,
Karl Chu, Peter Eisenman, Greg Lynn, Emmanuel Petit, Ausstellungs-
katalog, Wien, Ostfildern-Ruit 2004, S. 160–167

Materialien zum Denkmal 2005
Materialien zum Denkmal für die ermordeten Juden Europas, hg. von
der Stiftung Denkmal für die Ermordeten Juden Europas, Berlin 2005

Noever 2004
Peter Noever (Hg.), Peter Eisenman. Barfuß auf weiß glühenden Mauern /
Barefoot on white-hot walls, Beiträge von Pier Vittorio Aureli, Karl Chu,
Peter Eisenman, Greg Lynn, Emmanuel Petit, Ausstellungskatalog, Wien,
Ostfildern-Ruit 2004

Petit 2004
Emmanuel Petit, Eisenmans Odyssee im Raum der Welt / Eisenman's
Space Odyssey, in: Peter Noever (Hg.), Peter Eisenman. Barfuß auf weiß
glühenden Mauern / Barefoot on white-hot walls, Beiträge von Pier
Vittorio Aureli, Karl Chu, Peter Eisenman, Greg Lynn, Emmanuel Petit,
Ausstellungskatalog, Wien, Ostfildern-Ruit 2004, S. 49–57

Rajchman 1991
John Rajchman, Perplications: On the Space and Time of Rebstockpark /
Perplikationen: Über Raum und Zeit des Rebstockparks, in: Unfolding
Frankfurt, Berlin 1991, S. 18–77

Re:working Eisenman 1993
Re:working Eisenman, London 1993

Robertson/Tigerman 1991
Jaquelin Robertson, Stanley Tigerman (Hg.), Der Postmoderne Salon. Architekten über Architekten, aus dem Englischen von Hans H. Harbort, Basel, Berlin, Boston 1991

Schwarz 1995
Ullrich Schwarz, Another look–anOther gaze. Zur Architekturtheorie Peter Eisenmans, in: Peter Eisenman, Aura und Exzeß. Zur Überwindung der Metaphysik der Architektur, hg. von Ullrich Schwarz, bearb. von Martina Kögel und Ullrich Schwarz, Wien 1995, S. 11–34

Seidl 2002
Ernst Seidl, Ausweitung der Toleranzzone oder zwischen Aura und Exzeß. CAAD und sein Einfluß auf die ästhetische Entwicklung und Wahrnehmung zeitgenössischer Architektur, in: Karl Möseneder, Gosbert Schüssler (Hg.), Bedeutung in den Bildern. Festschrift für Jörg Traeger zum 60. Geburtstag, Regensburg 2002, S. 381–397

Somol 1993
Robert E. Somol, Accidents will happen, in: Re:working Eisenman, London 1993, S. 73–77

Stephens 2011
Suzanne Stephens, City of Culture of Galicia archive and library, in: Architectural Record, Vol. 199, Issue 6, 2011, S. 62–73

Tafuri 1987
Manfredo Tafuri, Peter Eisenman: The Meditations of Icarus, translated by Stephen Sartarelli, 1980, in: Peter Eisenman, Houses of Cards, New York, Oxford 1987, S. 167–187

Taylor 1993
Mark C. Taylor, Refusing Architecture, in: Re:working Eisenman, London 1993, S. 79–89

Terragni 1977
Giuseppe Terragni, Relazione sul Danteum, 1938, translated by Thomas Schumacher, in: Oppositions. A Journal for Ideas and Criticism in Architecture, 9, 1977–1978, S. 89–107

Wexner Center 1989
Wexner Center for the Visual Arts, The Ohio State University, A building designed by Eisenman/Trott Architects, with critical essays by Rafael Moneo and Anthony Vidler, and introductions by Dr. Edward H. Jennings, President of The Ohio State University; Leslie H. Wexner, Chairman of the Board, the Limited; Robert Stearns, Director of the Wexner Center for the Visual Arts; and Jonathan Green, Founding Project Director, Wexner Center for the Visual Arts, New York 1989

Wigley/Hays 1988
Mark Wigley, Michael Hays, The Displacement of Structure and Orna-

ment in the Frankfurt Project: An Interview, in: Assemblage, No. 5,
Februar 1988, S. 51–57

Zaera-Polo/Eisenman 1997
Alejandro Zaera-Polo, Peter Eisenman, Una conversación con Peter
Eisenman / a conversation with Peter Eisenman, in: Richard C. Levene,
Fernando Márquez Cecilia (Hg.), Peter Eisenman 1990–1997, Madrid
1997 (= El Croquis 83), S. 6–20

Website Eisenman
Website Peter Eisenman Architects, www.eisenmanarchitects.com
(gesehen am 01.03.2015, 20.24 Uhr)
Website Cidade da Cultura
Website Fundación Cidade da Cultura de Galicia, Santiago de Compostela,
www.cidadedacultura.org (gesehen am 01.03.2015, 20.25 Uhr)
Website IAUS
Website Institute for Architecture and Urban Studies, New York,
www.institute-ny.org (gesehen am 01.03.2015, 20.26 Uhr)
Website Rebstockpark
Website Rebstockpark Frankfurt am Main „Grün findet Stadt",
www.rebstockpark-ffm.de (gesehen am 01.03.2015, 20.27 Uhr)

Zaha Hadid

Andersen 1970
Troels Andersen, Malevich. Catalogue raisonné of the Berlin exhibition
1927, including the collection in the Stedelijk Museum Amsterdam;
with a general introduction to his work, Amsterdam 1970
Betsky 1998
Aaron Betsky, Einführung. Jenseits des Rechten Winkels, in: Zaha Hadid,
Das Gesamtwerk, mit einer Einführung von Aaron Betsky, aus dem
Englischen übersetzt von Laila Neubert-Mader, Stuttgart 1998, S. 6–14
Blum 1997
Elisabeth Blum, Ein Haus, ein Aufruhr. Anmerkungen zu Zaha Hadids
Feuerwehrhaus, Braunschweig, Wiesbaden 1997
Borgelt/Jost/Froberg/Nägeli 2005
Christiane Borgelt, Regina Jost, Nicole Froberg, Walter Nägeli, Architektur
in Wolfsburg, Berlin 2005 (= Die Neuen Architekturführer, Nr. 75)
Cook 1983
Peter Cook, Larger than life, in: AA Files 3, 1983, S. 78–80
Cook 2005
Peter Cook, Der Aufstieg von Zaha Hadid, in: Gordana Fontana-Giusti,
Patrik Schumacher (Hg.), Zaha Hadid. Das Gesamtwerk. Essays. Anhang,
Basel, Boston, Berlin 2005, S. 6–17

Dietsch 1989

   Deborah Dietsch, Furniture by Zaha Hadid. AA Bar & Members' Room.
   13 January – 13 February 1988, in: AA Files 17, 1989, S. 76–79

Drutt 2003

   Matthew Drutt (Hg.), Kasimir Malewitsch – Suprematismus. Deutsche
   Guggenheim Berlin 14. Januar 2003 – 27. April 2003, Ausstellungskatalog, New York 2003

Fontana-Giusti 2005

   Gordana Fontana-Giusti, Ein formgebendes Element, in: Gordana
   Fontana-Giusti, Patrik Schumacher (Hg.), Zaha Hadid. Das Gesamtwerk.
   Essays. Anhang, Basel, Boston, Berlin 2005, S. 18–39

Fontana-Giusti/Schumacher 2005

   Gordana Fontana-Giusti, Patrik Schumacher (Hg.), Zaha Hadid. Das
   Gesamtwerk. Essays. Anhang, Basel, Boston, Berlin 2005

Frampton 1983

   Kenneth Frampton, A Kufic Suprematist: The World culture of Zaha
   Hadid, in: Zaha Hadid, Planetary Architecture two, Exhibition at the
   Architectural Association from November 18th, 1983 for one month,
   Ausstellungskatalog, London 1983 (ohne Paginierung, S. 3–5)
   auch in: AA Files 6, 1984, S. 101

Frampton 1984

   Kenneth Frampton, Eine kufische Suprematistin. Die Weltkultur der
   Zaha Hadid, in: Zaha M. Hadid, The Peak. Hongkong-Wettbewerb 1983,
   Ausstellung vom 13. Oktober bis 24. November 1984, Aedes Galerie
   für Architektur und Raum, Berlin, Ausstellungskatalog, Berlin 1984
   (ohne Paginierung, S. 18–20)

Hadid/Boyarsky 1983

   Zaha Hadid, Alvin Boyarsky, Alvin Boyarsky interviews Zaha Hadid, in:
   Zaha Hadid, Planetary Architecture two, Exhibition at the Architectural
   Association from November 18th, 1983 for one month, Ausstellungs-
   katalog, London 1983 (ohne Paginierung, S. 6–13)

Hadid, Eighty-Nine Degrees, 1983

   Zaha Hadid, The Eighty-Nine Degrees, in: Zaha Hadid, Planetary
   Architecture two, Exhibition at the Architectural Association from
   November 18th, 1983 for one month, Ausstellungskatalog, London 1983
   (ohne Paginierung, S. 1)

Hadid, Planetary Architecture, 1983

   Zaha Hadid, Planetary Architecture two, Exhibition at the Architectural
   Association from November 18th, 1983 for one month, Ausstellungskatalog, London 1983 (ohne Paginierung)

Hadid, Peak, 1983
Zaha Hadid, The Peak, Hong Kong. First Prize, in: AA Files 4, 1983,
S. 84–87
Hadid 1984
Zaha M. Hadid, The Peak. Hongkong-Wettbewerb 1983, Ausstellung vom
13. Oktober bis 24. November 1984, Aedes Galerie für Architektur und
Raum, Berlin, Ausstellungskatalog, Berlin 1984
Hadid, Folly, 1991
Zaha Hadid, Folly 3, in: Arata Isozaki (Hg.), Osaka Follies, London 1991,
S. 44–57
Hadid, Über neuere Projekte, 1991
Zaha Hadid, Über neuere Projekte, in: Peter Noever (Hg.), Architektur
im AufBruch. Neun Positionen zum Dekonstruktivismus, mit einer Ein-
führung von Alois Martin Müller und Beiträgen von Coop Himmelblau,
Zaha Hadid u. a. sowie einem Epilog von Philip Johnson, München 1991,
S. 47–66
Hadid 1992
Zaha Hadid, Vitra Fire Station, Ausstellung Mai 1992. Aedes Galerie und
Architekturforum, Berlin, Ausstellungskatalog, Berlin 1992
Hadid 1993
Zaha Hadid, Ein anderer Anfang, in: Peter Noever (Hg.), Architektur
am Ende? Manifeste und Diskussionsbeiträge zur Wiener Architektur-
konferenz, mit einem Vorwort von Frank O. Gehry und Beiträgen von
Coop Himmelblau, Zaha Hadid u. a., München 1993, S. 25–33
Hadid 1995
Zaha Hadid, Nabern. Arthotel Billie Strauß, Kirchheim-Nabern, Einfüh-
rung von Paul Sigel, Stuttgart 1995
Hadid 1997
Zaha Hadid, Randomness vs Arbitrariness, in: AA Files 2, 1982, S. 62
auch in: Charles Jencks, Karl Kropf (Hg.), Theories and manifestoes of
contemporary architecture, Chichester 1997, S. 279
Hadid 1998
Zaha Hadid, Das Gesamtwerk, mit einer Einführung von Aaron Betsky,
aus dem Englischen übersetzt von Laila Neubert-Mader, Stuttgart 1998
Hadid 1999
Zaha Hadid, LF one. Landscape Formation one in Weil am Rhein, Zaha
Hadid with Patrik Schumacher, Markus Dochantschi and mayer bährle,
Basel, Boston, Berlin 1999
Hadid/Noever 1991
Zaha M. Hadid, Peter Noever, Heute gibt es keinen Platz mehr für
Visionen, für visionäres Denken (Interview), in: Peter Noever, Elisabeth
Schweeger (Hg.), Wiener Architekturgespräche. Gespräche aus der

Wiener Architekturzeitschrift Umriss zwischen 1982 und 1991, Berlin 1991, S. 22–29

Hadid/Obrist 2007

Zaha Hadid, Hans Ulrich Obrist, The Conversation Series 8, Köln 2007

Hadid/Obrist 2012

Zaha Hadid, Hans-Ulrich Obrist, Zaha Hadid im Gespräch, in: Zaha Hadid und Suprematismus, hg. von Galerie Gmurzynska, Ausstellungskatalog, Ostfildern 2012, S. 42–47

Hagen Hodgson 2005

Petra Hagen Hodgson, BMW-Werk, Leipzig / BMW Factory, Leipzig, in: Architektur-Jahrbuch. Thematischer Schwerpunkt: Neue Museen in Deutschland / Key Topic: New Museums in Germany, hg. von Deutsches Architektur Museum Frankfurt, Annette Becker, Peter Cachola Schmal, Ingeborg Flagge, Frankfurt 2005, S. 116–123

Jencks/Kropf 1997

Charles Jencks, Karl Kropf (Hg.), Theories and manifestoes of contemporary architecture, Chichester 1997

Jodidio 2009

Philip Jodidio, Zaha Hadid: Complete Works 1979–2009, Köln 2009

Levene/Cecilia/Hadid 1991

Richard C. Levene, Fernando Márquez Cecilia, Zaha Hadid, Entrevista con Zaha Hadid / Interview with Zaha Hadid, in: Richard C. Levene, Fernando Márquez Cecilia (Hg.), Zaha M. Hadid 1983–1991, Madrid 1991 (= El Croquis 52), S. 6–17

Levene/Cecilia 1991

Richard C. Levene, Fernando Márquez Cecilia (Hg.), Zaha M. Hadid 1983–1991, Madrid 1991 (= El Croquis 52)

Levene/Cecilia 1995

Richard C. Levene, Fernando Márquez Cecilia (Hg.), Zaha M. Hadid 1992–1995, Madrid 1995 (= El Croquis 73), S. 8–21

Levene/Cecilia 2001

Richard C. Levene, Fernando Márquez Cecilia (Hg.), Zaha M. Hadid 1996–2001. Landscape as a plan, Madrid 2001 (= El Croquis 103)

Leydecker 1999

Karin Leydecker, Ausstellungspavillon, Landesgartenschau, Weil am Rhein, Zaha Hadid mit Peter Bährle, Roland Mayer, Patrik Schumacher, in: Architektur-Jahrbuch. Architecture in Germany, hg. von Deutsches Architektur Museum Frankfurt, Wilfried Wang und Annette Becker, Frankfurt 1999, S. 98–103

Malewitsch, Suprematismus, 1962

Kasimir Malewitsch, Suprematismus – Die gegenstandslose Welt, übertragen von Hans von Riesen, Köln 1962

Malewitsch, Suprematismus I/46, 1962
Kasimir Malewitsch, Suprematismus I/46, in: Kasimir Malewitsch, Suprematismus – Die gegenstandslose Welt, übertragen von Hans von Riesen, Köln 1962, S. 255–282

Malewitsch, Suprematistisches Manifest, 1962
Kasimir Malewitsch, Suprematistisches Manifest Unowis, in: Kasimir Malewitsch, Suprematismus – Die gegenstandslose Welt, übertragen von Hans von Riesen, Köln 1962, S. 283–286

Michijenko 2003
Tatiana Michijenko, Die suprematistische Säule. Ein Denkmal der ungegenständlichen Kunst, in: Matthew Drutt (Hg.), Kasimir Malewitsch – Suprematismus. Deutsche Guggenheim Berlin, 14. Januar 2003 – 27. April 2003, Ausstellungskatalog, New York 2003, S.78–87

Mostafavi/Hadid 2001
Mohsen Mostafavi, Zaha Hadid, El Paisaje como Planta (una conversación con Zaha Hadid) / Landscape as Plan (a conversation with Zaha Hadid), in: Richard C. Levene, Fernando Márquez Cecilia (Hg.), Zaha M. Hadid 1996–2001. Landscape as a plan, Madrid 2001 (= El Croquis 103), S.6–35

Nägeli 2000
Walter Nägeli, Science Center. Wolfsburg. Zaha Hadid, in: Architektur-Jahrbuch. Architecture in Germany, hg. vom Deutschen Architektur Museum Frankfurt, Wilfried Wang und Anna Meseure, Frankfurt 2000, S.158–161

Néret 2003
Gilles Néret, Malewitsch, 1878–1935, und der Suprematismus, Köln 2003

Riese 2002
Hans-Peter Riese, Kasimir Sewerinowitsch Malewitsch, Reinbek bei Hamburg ²2002

Rojo/Hadid 1995
Luis Rojo de Castro, Zaha Hadid, Conversación con Zaha Hadid / Conversation with Zaha Hadid, in: Richard C. Levene, Fernando Márquez Cecilia (Hg.), Zaha M. Hadid 1992–1995, Madrid 1995 (= El Croquis 73), S.8–21

Ruby 2005
Andreas Ruby, Multiple Horizonte – oder wie man ein Gebäude landet. Über ein Leitmotiv in der Architektur von Zaha Hadid, in: Gordana Fontana-Giusti, Patrik Schumacher (Hg.), Zaha Hadid. Das Gesamtwerk. Essays. Anhang, Basel, Boston, Berlin 2005, S.40–51

Schumacher 2005
Patrik Schumacher, Mechanismen radikaler Erneuerung, in: Gordana Fontana-Giusti, Patrik Schumacher (Hg.), Zaha Hadid. Das Gesamtwerk. Essays. Anhang, Basel, Boston, Berlin 2005, S.52–78

Zaha Hadid 2006
  Zaha Hadid, hg. von Solomon R. Guggenheim Museum, organisiert von
  Germano Celant, Mónica Ramírez-Montagut, Ausstellungskatalog, New
  York 2006
Zaha Hadid 2003
  Zaha Hadid. Architektur, hg. von Peter Noever, Ausstellungskatalog,
  Wien, Ostfildern-Ruit 2003
Zaha Hadid und Suprematismus 2012
  Zaha Hadid und Suprematismus, hg. von Galerie Gmurzynska, Aus-
  stellungskatalog, Ostfildern 2012

Website Hadid
  Website Zaha Hadid Architects, www.zaha-hadid.com (gesehen am
  01.03.2015, 20.28 Uhr)
Website Gmurzynska
  Website Galerie Gmurzynska, Zaha Hadid and Suprematism,
  www.gmurzynska.com/catalogues/zaha-hadid (gesehen am 01.03.2015,
  20.29 Uhr)
Website Phaeno
  Website Phaeno, Architektur des Phaeno, www.phaeno.de/architektur
  (gesehen am 01.03.2015, 20.30 Uhr)

Coop Himmelblau

Bachmann 1998
  Wolfgang Bachmann, Coop Himmelb(l)au. Dachausbau Falkestraße,
  in: Architektur! Das 20. Jahrhundert, hg. von Sabine Thiel-Silling, mit
  Beiträgen von Wolfgang Bachmann u. a., München 1998, S. 152–153
Brauer 2008
  Gernot Brauer, BMW Welt: Von der Vision zur Realität, Kempen 2008
Coop/Boyarsky 2005
  Coop Himmelblau, Alvin Boyarsky, Wir waren jung und sehr gelangweilt.
  Coop Himmelblau im Gespräch mit Alvin Boyarsky. 1988, in: Wolf D.
  Prix, Coop Himmelb(l)au: Get off of my cloud. Texte 1968–2005, hg. von
  Martina Kandeler-Fritsch und Thomas Kramer, Ostfildern-Ruit 2005,
  S. 236–246
Coop 1980
  Coop Himmelblau, Architektur muß brennen, Graz 1980
Coop 1983
  Coop Himmelblau, Architektur ist jetzt. Projekte, (Un)Bauten, Aktionen,
  Statements, Zeichnungen, Texte. 1968–1983, Stuttgart 1983
Coop 1993
  Coop Himmelblau. 6 Projects for 4 Cities, Darmstadt 21993

Coop 1984
Coop Himmelblau. Offene Architektur. Ent-würfe 1980–1984, Aus-
stellung vom Dezember 1984 bis Januar 1985. Aedes Galerie für
Architektur und Raum Berlin, Ausstellungskatalog, Berlin 1984 (ohne
Paginierung)

Coop 1985
Coop Himmelblau. Skyline. Projekt für das Hamburger Bauforum 1985,
Ausstellung vom Dezember 1985 bis Januar 1986, Aedes Galerie Für
Architektur und Raum Berlin, Ausstellungskatalog, Berlin 1985 (ohne
Paginierung)

Coop 1986
Coop Himmelblau. Offene Architektur. Wohnanlage Wien 2, hg. von
Architekturgalerie München, Ausstellungskatalog, München 1986 (ohne
Paginierung)

Coop 1992
Coop Himmelblau, Die Faszination der Stadt / The power of the city, mit
einem Vorwort von Frank Werner, Frankfurt 21992

Coop, Unsere Architektur, 2005
Coop Himmelblau, Unsere Architektur hat keinen physischen Grundriß.
1968, in: Wolf D. Prix, Coop Himmelb(l)au: Get off of my cloud. Texte
1968–2005, hg. von Martina Kandeler-Fritsch und Thomas Kramer,
Ostfildern-Ruit 2005, S. 25

Coop, Gehry, 2005
Coop Himmelblau, Zu Frank Gehry. 1995, in: Wolf D. Prix, Coop
Himmelb(l)au: Get off of my cloud. Texte 1968–2005, hg. von Martina
Kandeler-Fritsch und Thomas Kramer, Ostfildern-Ruit 2005, S. 410

Beyond the Blue 2007
Coop Himmelb(l)au. Beyond the Blue, hg. von Peter Noever, mit Beiträgen
von Jeffrey Kipnis, Sylvia Lavin, Peter Noever, Wien 2007

Coop Himmelb(l)au 2010
Coop Himmelb(l)au, Complete Works 1968–2010, hg. von Peter Gössel,
Köln 2010

Coop/Noever 1986
Coop Himmelblau, Peter Noever, Die Sehnsucht nach schrägen Wänden
(Interview), in: Coop Himmelblau. Offene Architektur. Wohnanlage
Wien 2, hg. von Architekturgalerie München, Ausstellungskatalog,
München 1986 (ohne Paginierung, S. 3–4)
auch in: Coop Himmelb(l)au. Beyond the Blue, hg. von Peter Noever,
mit Beiträgen von Jeffrey Kipnis, Sylvia Lavin, Peter Noever, Wien 2007,
S. 226–230

Feuerstein 1988
Günther Feuerstein, Visionäre Architektur. Wien 1958/1988, Berlin 1988

Kipnis 2005
Jeffrey Kipnis, Gegen zweierlei Schwerkraft. Vorwort, in: Wolf D. Prix,
Coop Himmelb(l)au: Get off of my cloud. Texte 1968–2005, hg. von
Martina Kandeler-Fritsch und Thomas Kramer, Ostfildern-Ruit 2005,
S. 13–19

Kipnis 2007
Jeffrey Kipnis, I. Exil auf der Ringstraße. II. Aufruhr in Main Street /
I. Exile on Ringstrasse. II. Excitations on Main Street, in: Coop Himmel-
b(l)au. Beyond the Blue, hg. von Peter Noever, mit Beiträgen von Jeffrey
Kipnis, Sylvia Lavin, Peter Noever, Wien 2007, S. 6–9

Klotz/Lehmann/Prix 1999
Heinrich Klotz, Steffen Lehmann, Wolf D. Prix (Hg.), Der Turm zu Babel.
Architektur für das dritte Jahrtausend. Eine Architekturdiskussion,
Berlin 1999

Koglmann/Mießgang/Prix/Schuh 2005
Franz Koglmann, Thomas Mießgang, Wolf D. Prix, Franz Schuh,
Die Strenge der Kunst und das blöde Lustprinzip. Der Musiker Franz
Koglmann, der Publizist Thomas Mießgang, Wolf D. Prix und der
Schriftsteller Franz Schuh im Gespräch. 2002, in: Wolf D. Prix, Coop
Himmelb(l)au: Get off of my cloud. Texte 1968–2005, hg. von Martina
Kandeler-Fritsch und Thomas Kramer, Ostfildern-Ruit, S. 342–371

Kraske 2008
Marion Kraske, Kämpfer gegen die Feigheit, in: Architektur und Design.
Wie wir morgen leben werden, Spiegel Special 4, 2008, S. 24–27

Levene/Cecilia/Barbarin 1989
Richard C. Levene, Fernando Márquez Cecilia, Antonio Ruiz Barbarin
(Hg.), Coop Himmelblau, Madrid 1989 (= El Croquis 40)

Menges 2009
Axel Menges (Hg.), Coop Himmelb(l)au, BMW Welt, München, Stuttgart,
London 2009

Noever 2007
Peter Noever, Der Himmel über Wien. Zu wenig / Heaven – Vienna and
Back, in: Coop Himmelb(l)au. Beyond the Blue, hg. von Peter Noever, mit
Beiträgen von Jeffry Kipnis, Sylvia Lavin, Peter Noever, Wien 2007, S. 6–9

Pehnt 1984
Wolfgang Pehnt, Feuer und Eis. Anmerkungen zu Coop Himmelblau, in:
Coop Himmelblau. Offene Architektur. Ent-würfe 1980–1984, Ausstel-
lung vom Dezember 1984 bis Januar 1985. Aedes Galerie für Architektur
und Raum Berlin, Ausstellungskatalog, Berlin 1984 (ohne Paginierung,
S. 3–5)

Popper 1957/1958
Karl Popper, Die offene Gesellschaft und ihre Feinde, 2 Bände: Der

Zauber Platons; Falsche Propheten. Hegel, Marx und die Folgen, Deutsch von P. K. Feyerabend, Bern 1957 und 1958 (Erstveröffentlichung: Karl Popper, The Open Society and Its Enemies (The Spell of Plato; The high tide of prophecy), London 1945)

Prix 1991

Wolf D. Prix, On the edge, in: Architektur im AufBruch. Neun Positionen zum Dekonstruktivismus, hg. von Peter Noever für das Österreichische Museum für Angewandte Kunst, Wien. Mit einer Einführung von Alois Martin Müller und Beiträgen von Coop Himmelblau u. a., sowie einem Nachwort von Philip Johnson, München 1991, S.16–31

Prix, Architektur, 2005

Wolf D. Prix, Architektur am Ende des 20. Jahrhunderts. Vortrag von Wolf D. Prix im Rathaus Wien. 1998, in: Wolf D. Prix, Coop Himmelb(l)au: Get off of my cloud. Texte 1968–2005, hg. von Martina Kandeler-Fritsch und Thomas Kramer, Ostfildern-Ruit 2005, S.186–203

Prix, Architektur muß, 2005

Wolf D. Prix, Architektur muß brennen. Vortrag von Wolf D. Prix an der Städelschule Frankfurt. 1984, in: Wolf D. Prix, Coop Himmelb(l)au: Get off of my cloud. Texte 1968–2005, hg. von Martina Kandeler-Fritsch und Thomas Kramer, Ostfildern-Ruit 2005, S.112–144

Prix, Stadt als, 2005

Wolf D. Prix, Die Stadt als Wolkenfeld. Vortrag von Wolf D. Prix beim Internationalen Architektur-Forum Prag (Gekürzte Fassung). 1996, in: Wolf D. Prix, Coop Himmelb(l)au: Get off of my cloud. Texte 1968–2005, hg. von Martina Kandeler-Fritsch und Thomas Kramer, Ostfildern-Ruit 2005, S.150–165

Prix, Get off, 2005

Wolf D. Prix, Coop Himmelb(l)au, Get off of my cloud. Texte 1968–2005, hg. von Martina Kandeler-Fritsch und Thomas Kramer, Ostfildern-Ruit 2005

Prix, Seien wir, 2005

Wolf D. Prix, „Seien wir Realisten. Machen wir das Unmögliche" (Che Guevara). Vortrag von Wolf D. Prix an der TU Wien. 1999, in: Wolf D. Prix, Coop Himmelb(l)au: Get off of my cloud. Texte 1968–2005, hg. von Martina Kandeler-Fritsch und Thomas Kramer, Ostfildern-Ruit 2005, S.204–217

Prix, Space for, 2005

Wolf D. Prix, Space for a Change. Vortrag von Wolf D. Prix bei der Any Conference in New York City (Gekürzte Fassung). 2000, in: Wolf D. Prix, Coop Himmelb(l)au: Get off of my cloud. Texte 1968–2005, hg. von Martina Kandeler-Fritsch und Thomas Kramer, Ostfildern-Ruit 2005, S.218–222

Prix, Weniger, 2005
Wolf D. Prix, Weniger und mehr. Vortrag von Wolf D. Prix an der ETH
Zürich. 1998, in: Wolf D. Prix, Coop Himmelb(l)au: Get off of my cloud.
Texte 1968–2005, hg. von Martina Kandeler-Fritsch und Thomas Kramer,
Ostfildern-Ruit 2005, S.166–185

Prix/Englert 2005
Wolf D. Prix, Klaus Englert, Die Stadt im Zeitalter der Globalisierung.
Wolf D. Prix in einem Radiogespräch mit Klaus Englert. 2002, in: Wolf
D. Prix, Coop Himmelb(l)au: Get off of my cloud. Texte 1968–2005, hg.
von Martina Kandeler-Fritsch und Thomas Kramer, Ostfildern-Ruit 2005,
S.312–324

Prix/Erven/Zanten 2005
Wolf D. Prix, René Erven, Bärbel van Zanten, Barock Himmelb(l)au. Wolf
D. Prix im Gespräch mit René Erven und Bärbel van Zanten. 2002, in:
Wolf D. Prix, Coop Himmelb(l)au: Get off of my cloud. Texte 1968–2005,
hg. von Martina Kandeler-Fritsch und Thomas Kramer, Ostfildern-Ruit
2005, S.330–333

Prix/Hoffmann 2005
Wolf D. Prix, Beate Hoffmann, Wir bauen Räume, die schnell sind wie
Autos. Wolf D. Prix im Gespräch mit Beate Hoffmann. 2002, in: Wolf D.
Prix, Coop Himmelb(l)au: Get off of my cloud. Texte 1968–2005, hg. von
Martina Kandeler-Fritsch und Thomas Kramer, Ostfildern-Ruit 2005,
S.334–336

Prix/Preß 2005
Wolf D. Prix, Wolfgang Preß, Die Befreiung der Architektur von Sach-
zwängen. Wolf D. Prix im Gespräch mit Wolfgang Preß. 2001, in: Wolf
D. Prix, Coop Himmelb(l)au: Get off of my cloud. Texte 1968–2005, hg.
von Martina Kandeler-Fritsch und Thomas Kramer, Ostfildern-Ruit 2005,
S.306–311

Prix/Rötzer 2005
Wolf D. Prix, Florian Rötzer, Den Dekonstruktivismus als Strategie
begreifen. Wolf D. Prix im Gespräch mit Florian Rötzer. 1996, in: Wolf
D. Prix, Coop Himmelb(l)au: Get off of my cloud. Texte 1968–2005, hg.
von Martina Kandeler-Fritsch und Thomas Kramer, Ostfildern-Ruit 2005,
S.264–267

Prix/Ruby 2005
Wolf D. Prix, Andreas Ruby, Widerspenstige Zähmung. Wolf D. Prix im
Gespräch mit Andreas Ruby. 1996, in: Prix, Wolf D., Coop Himmelb(l)au:
Get off of my cloud. Texte 1968–2005, hg. von Martina Kandeler-Fritsch
und Thomas Kramer, Ostfildern-Ruit 2005, S.268–277

Prix/Sperl 2005
Wolf D. Prix, Gerfried Sperl, Annäherung an die Psyche der Architektur.

Wolf D. Prix im Gespräch mit Gerfried Sperl. 2000, in: Wolf D. Prix,
Coop Himmelb(l)au: Get off of my cloud. Texte 1968–2005, hg. von
Martina Kandeler-Fritsch und Thomas Kramer, Ostfildern-Ruit 2005,
S. 282–291

Prix/Wittkuhn 2005
Wolf D. Prix, Detlef Wittkuhn, Die Kiste als Begräbnisstätte für die Kunst
finden wir langweilig. Wolf D. Prix im Gespräch mit Detlef Wittkuhn.
2001, in: Wolf D. Prix, Coop Himmelb(l)au: Get off of my cloud. Texte
1968–2005, hg. von Martina Kandeler-Fritsch und Thomas Kramer,
Ostfildern-Ruit 2005, S. 302–304

Prix/Woltron 2005
Wolf D. Prix, Ute Woltron, Wien ist froh, wenn wir im Ausland bauen.
Wolf D. Prix im Gespräch mit Ute Woltron. 2005, in: Wolf D. Prix, Coop
Himmelb(l)au: Get off of my cloud. Texte 1968–2005, hg. von Martina
Kandeler-Fritsch und Thomas Kramer, Ostfildern-Ruit 2005, S. 392–394

Werner 1992
Frank Werner, Konstruktive, nicht dekonstruktive Arbeit an der Stadt
des 21. Jahrhunderts. Anmerkungen zu den jüngeren Arbeiten Coop
Himmelblaus von Frank Werner, in: Coop Himmelblau, Die Faszination
der Stadt / The power of the city, mit einem Vorwort von Frank Werner,
Frankfurt 21992, S. 6–11

Werner 2000
Frank Werner, Covering + Exposing. Die Architektur von Coop
Himmelb(l)au, Basel, Berlin, Boston 2000

Werner 2009
Frank R. Werner, Coop Himmelb(l)au. BMW-Welt, München, Stuttgart
2009

Website Architekturgalerie München
Website Architekturgalerie München, Programm 1986, www.architektur
galerie-muenchen.de/programm/archiv/detail/?tx_ttnews%5Btt_new
s%5D=253&cHash=c930e870221848fd2d1675315dc4f2fd (gesehen am
01.03.2015, 20.31 Uhr)

Website Coop Himmelb(l)au
Website Coop Himmeb(l)au, www.coop-himmelblau.at (gesehen am
01.03.2015, 20.32 Uhr)

Website MAK
Website MAK – Österreichisches Museum für angewandte Kunst /
Gegenwartskunst, Programm, www.mak.at/programm/event?article_
id=768&event_id=1337668286589&j-dummy=reserve (gesehen am
01.03.2015, 20.33 Uhr)

Bernard Tschumi

Boyarsky/Tschumi 1986
Alvin Boyarsky, Bernard Tschumi, Interview between Alvin Boyarsky and Bernard Tschumi. Excerpts from three conversations held in Paris, New York and London 1985, in: Bernard Tschumi, La Case Vide. La Villette 1985. Folio VIII, London 1986

Damiani 2003
Giovanni Damiani (Hg.), Bernard Tschumi, London 2003

de Bure 2008
Gilles de Bure, Bernard Tschumi, English Adaption by Jasmine Benyamin and Lisa Palmer, Basel, Boston, Berlin 2008

Derrida 1986
Jacques Derrida, Point de Folie – Maintenant l'Architecture, in: Bernard Tschumi, La Case Vide. La Villette 1985. Folio VIII, London 1986, S. 4–19
Englisch in: AA Files 12, 1986, S. 65–73

Gugeler 2005
Michaela Gugeler, Der Parc de la Villette – Würfelwurf der Architektur. Das Zusammenwirken von Bernard Tschumi und Jacques Derrida beim Parc de la Villette in Paris, in: kritische berichte 2/2005. Zeitschrift für Kunst- und Kulturwissenschaften. Mitteilungsorgan des Ulmer Vereins – Verband für Kunst- und Kulturwissenschaften e. V., Heft 2, Jg. 33, 2005, S. 44–58

Kähler, Dekonstruktion, 1993
Gert Kähler, Dekonstruktion dekonstruieren? Anmerkungen zu Bernard Tschumis „Parc de la Villette", in: Gert Kähler (Hg.), Schräge Architektur und aufrechter Gang. Dekonstruktion: Bauen in einer Welt ohne Sinn?, Braunschweig, Wiesbaden 1993 (= Bauwelt Fundamente 97), S. 87–112

Molinari 2003
Luca Molinari (Hg.), Tschumi, Mailand 2003

Müller 1993
Alois Martin Müller, Einige unaufgeregte Überlegungen zur Dekonstruktion, in: Gert Kähler (Hg.), Schräge Architektur und aufrechter Gang. Dekonstruktion: Bauen in einer Welt ohne Sinn?, Braunschweig, Wiesbaden 1993 (= Bauwelt Fundamente 97), S. 36–49

Orlandini 1999
Alain Orlandini, La Villette 1971–1995: Histories de Projets, Paris 1999

Orlandini 2001
Alain Orlandini, Le Parc de la Villette de Bernard Tschumi. Un architecte, un œuvre, Paris 2001

Photiades 2011
Michales Photiades (Hg.), Neo Museio Akropoles. Stoicheia meletes & kataskeues, Athen 2011

Philippopulu-Michaelidu 2011
   Erse Philippopulu-Michaelidu, To Neo Museio tes Akropoles. Dia pyros
   kai sideru, Athen 2011
Tschumi 1983
   Bernard Tschumi, Parc de la Villette, Paris, in: AA Files 4, 1983, S. 80
Tschumi 1986
   Bernard Tschumi, La Case Vide. La Villette 1985. Folio VIII, London 1986
Tschumi 1987
   Bernard Tschumi, Cinégramme Folie. Le Parc de La Villette. Paris
   Dix-Neuvième Arrondissement, Seyssel 1987
Tschumi 1992
   Bernard Tschumi, The Architecture of the Event, in: Geoffrey Broadbent,
   Modern Pluralism: Just exactly what is going on?, London 1992 (= Archi-
   tectural Design, 95), S. 25–27
Tschumi, Abstract Mediation, 1994
   Bernard Tschumi, Abstract Mediation and Strategy, in: Bernard Tschumi,
   Architecture and Disjunction, Cambridge/Massachusetts 1994, S. 191–206
Tschumi, Architecture, 1994
   Bernard Tschumi, Architecture and Disjunction, Cambridge/Massachu-
   setts 1994
Tschumi, De-, 1994
   Bernard Tschumi, De-, Dis-, Ex-, in: Bernard Tschumi, Architecture and
   Disjunction, Cambridge/Massachusetts 1994, S. 215–226
Tschumi, Disjunctions, 1994
   Bernard Tschumi, Disjunctions, in: Bernard Tschumi, Architecture and
   Disjunction, Cambridge/ Massachusetts 1994, S. 207–214
Tschumi, Event-Cities, 1994
   Bernard Tschumi, Event-Cities (Praxis), Cambridge/Massachusetts 1994
Tschumi, Madness, 1994
   Bernard Tschumi, Madness and the combinative, in: Bernard Tschumi,
   Architecture and Disjunction, Cambridge/Massachusetts 1994, S. 173–189
Tschumi, Manhattan Transcripts, 1994
   Bernard Tschumi, Manhattan Transcripts, New York 21994
Tschumi, Sequences, 1994
   Bernard Tschumi, Sequences, in: Bernard Tschumi, Architecture and
   Disjunction, Cambridge/Massachusetts 1994, S. 153–168
Tschumi, Spaces, 1994
   Bernard Tschumi, Spaces and Events, in: Bernard Tschumi, Architecture
   and Disjunction, Cambridge/Massachusetts 1994, S. 129–152
   Auch in: Bernard Tschumi, Questions of Space. Lectures on Architecture,
   London 1990, S. 87–96

Tschumi, Violence, 1994
Bernard Tschumi, Violence of Architecture, in: Bernard Tschumi, Architecture and Disjunction, Cambridge/Massachusetts 1994, S. 121–137
Tschumi, Architecture in/of, 1997
Bernard Tschumi, Architecture in/of motion, Rotterdam 1997
Tschumi, Introduction, 1997
Bernard Tschumi, Introduction, in: Jacques Derrida, Peter Eisenman, Chora L Works, hg. von Jeffrey Kipnis und Thomas Leeser, New York 1997, S. 125
Tschumi 1999
Bernard Tschumi, Le Fresnoy: Architecture In/Between, New York 1999
Tschumi 2009
Bernard Tschumi (Hg.), The New Acropolis Museum, New York 2009
Tschumi/Merlini 1987
Bernard Tschumi, Luca Merlini, Neues National-Theater, Tokio. 1986–1987, Ausstellung vom 25. Mai – 23. Juni 1987, Aedes Galerie für Architektur und Raum, Ausstellungskatalog, Berlin 1987
Tschumi/Walker, Activators, 2006
Bernard Tschumi, Enrique Walker, Activators: Voids and Solids; Vectors and Envelopes, in: Bernard Tschumi, Enrique Walker, Tschumi on Architecture. Conversations with Enrique Walker, New York 2006, S. 136–151
Tschumi/Walker, Architectural Urbanism, 2006
Bernard Tschumi, Enrique Walker, Architectural Urbanism, in: Bernard Tschumi, Enrique Walker, Tschumi on Architecture. Conversations with Enrique Walker, New York 2006, S. 96–111
Tschumi/Walker, Columbia, 2006
Bernard Tschumi, Enrique Walker, Columbia/Books, in: Bernard Tschumi, Enrique Walker, Tschumi on Architecture. Conversations with Enrique Walker, New York 2006, S. 124–136
Tschumi/Walker, Concept, 2006
Bernard Tschumi, Enrique Walker, Concept versus Context versus Content, in: Bernard Tschumi, Enrique Walker, Tschumi on Architecture. Conversations with Enrique Walker, New York 2006, S. 152–167
Tschumi/Walker, Built Theory, 2006
Bernard Tschumi, Enrique Walker, La Villette: Built Theory, in: Bernard Tschumi, Enrique Walker, Tschumi on Architecture. Conversations with Enrique Walker, New York 2006, S. 64–79
Tschumi/Walker, Theoretical Building, 2006
Bernard Tschumi, Enrique Walker, La Villette: Theoretical Building, in: Bernard Tschumi, Enrique Walker, Tschumi on Architecture. Conversations with Enrique Walker, New York 2006, S. 46–63

Tschumi/Walker, Le Fresnoy, 2006
Bernard Tschumi, Enrique Walker, Le Fresnoy, in: Bernard Tschumi,
Enrique Walker, Tschumi on Architecture. Conversations with Enrique
Walker, New York 2006, S.112–123

Tschumi/Walker, Paris, 2006
Bernard Tschumi, Enrique Walker, Paris–London–New York/Program,
in: Bernard Tschumi, Enrique Walker, Tschumi on Architecture. Conversations with Enrique Walker, New York 2006, S.12–29

Tschumi/Walker, Manhattan Transcripts, 2006
Bernard Tschumi, Enrique Walker, The Manhattan Transcripts, in:
Bernard Tschumi, Enrique Walker, Tschumi on Architecture. Conver-
sations with Enrique Walker, New York 2006, S.30–45

Tschumi/Walker, Tschumi, 2006
Bernard Tschumi, Enrique Walker, Tschumi on Architecture. Conversations with Enrique Walker, New York 2006

Tschumi/Walker, Urban Architecture, 2006
Bernard Tschumi, Enrique Walker, Urban Architecture, in: Bernard
Tschumi, Enrique Walker, Tschumi on Architecture. Conversations with
Enrique Walker, New York 2006, S.80–95

Vogt 1993
Adolf Max Vogt, Schräge Architektur und aufrechter Gang. Was hat
sich nach vier Jahre „Dekonstruktion" in der Architektur verdeutlicht?,
in: Gert Kähler (Hg.), Schräge Architektur und aufrechter Gang.
Dekonstruktion: Bauen in einer Welt ohne Sinn?, Braunschweig, Wiesbaden 1993 (= Bauwelt Fundamente 97), S.13–35

Website Tschumi
Website Bernard Tschumi Architects, www.tschumi.com (gesehen am
01.03.2015, 20.34 Uhr)

Abbildungen

Abb. 1 | Blick in Saal 1 (Russische Avantgarde)

Abb. 2 | Blick in Saal 2 (Bernard Tschumi)

Abb. 3 | Blick in Saal 2 (Coop Himmelblau, Rem Koolhaas)

Abb. 4 | Blick in Saal 3 (links: Zaha Hadid, vorne: Peter Eisenman, hinten rechts: Daniel Libeskind, rechts: Frank Gehry)

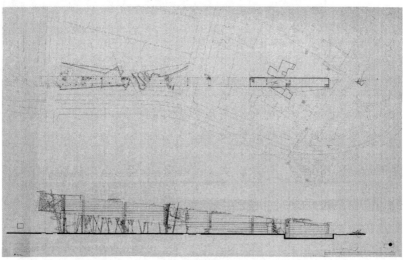

Abb. 5 a und b | Daniel Libeskind, CITY EDGE, 1987

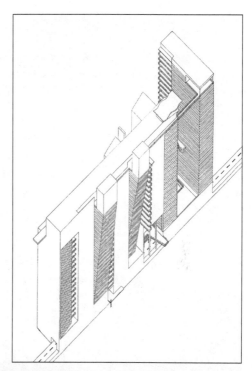

Abb. 6 a und b | Rem Koolhaas, OMA, BOOMPJES TOWER SLAB, 1979–82

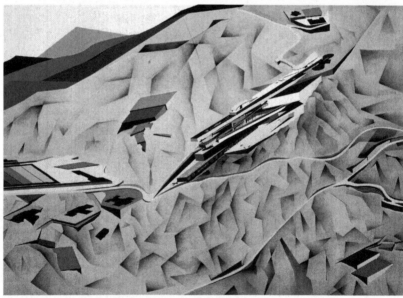

Abb. 7 a und b | Zaha Hadid, THE PEAK (Isometric Painting), Hong Kong 1982-83; Detailansicht

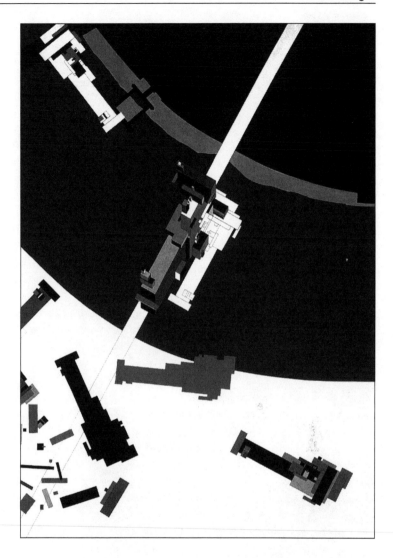

Abb. 8 | Zaha Hadid, MALEVICH'S TEKTONIK (Horizontal Tektonik), London 1976–77, Zaha Hadid's fourth year project at the Architectural Association School of Architecture

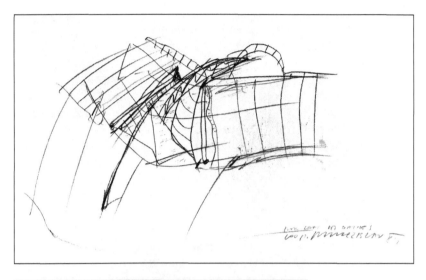

Abb. 9 a und b | Coop Himmelblau, DACHAUSBAU FALKESTRASSE,
1983/1987–1988

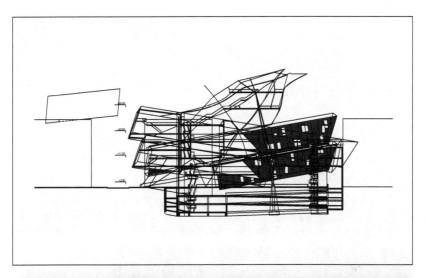

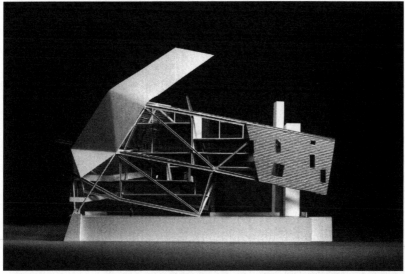

Abb. 10 a und b | Coop Himmelblau, WOHNANLAGE WIEN 2, 1983

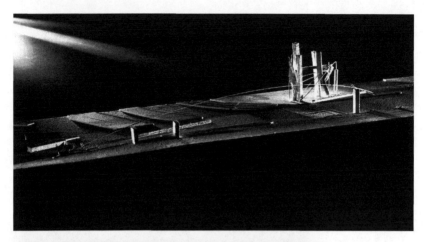

Abb. 11 a und b | Coop Himmelblau, SKYLINE HAMBURG –
SILHOUETTE FÜR EINE STADT WIE HAMBURG, 1985

Abb. 12 a, b und c | Bernard Tschumi,
PARC DE LA VILLETTE, 1982–1998

Bildnachweis

Abb. 1 bis 4

Installation view of the exhibition ‚Deconstructivist Architecture', MoMA, 1988. New York, Museum of Modern Art (MoMA). June 23, 1988 through August 30, 1988. IN1489_8© 2015. Digital image, The Museum of Modern Art, New York/Scala, Florence
Installation view of the exhibition ‚Deconstructivist Architecture', MoMA, NY, June 23, 1988 through August 30, 1988. New York, Museum of Modern Art (MoMA). Photographer: Mali Olatunji. Copyright: The Museum of Moden Art, Ny. Photographic Archive. The Museum of Modern Art Archives, NY. IN1489.7.© 2015. Digital image, The Museum of Modern Art, New York/Scala, Florence
Installation view of the exhibition ‚Deconstructivist Architecture'. MoMA, NY, June 23, 1988 through August 30, 1988. New York, Museum of Modern Art (MoMA). Photographic Archive. The Museum of Modern Art Archives, New York. Photographer: Mali Olatunji (copyright The Museum of Modern Art, New York). Catalogue n.: IN1489.4.© 2015. Digital image, The Museum of Modern Art, New York/Scala, Florence
Installation view of the exhibition ‚Deconstructivist Architecture', MoMA, NY, June 23, 1988 through August 30, 1988. New York, Museum of Modern Art (MoMA). Photographer: Mali Olatunji. Copyright: The Museum of Moden Art, Ny. Photographic Archive. The Museum of Modern Art Archives, NY. IN1489.14.© 2015. Digital image, The Museum of Modern Art, New York/Scala, Florence

Abb. 5a und b

© Landesarchiv Berlin, Kartenabt.
B Rep. 168 (Karten) – IBA Neubau, Lauf. Nummer 863, Datierung 1987, Titel: Block 228, Am Karlsbad, Flottwellstraße, Lützowstraße, Bissing-zeile, Potsdamer Straße (Block 228), Lützowstraße, Flottwellstraße, Pohl-straße, Körnerstraße (Block 240), Städtebauliches Gutachterverfahren / urbanistic survey procedure, Verfasser: Daniel Libeskind mit Mitarbeitern

Abb. 6a und b
© Office of Metropolitan Architecture OMA | www.oma.eu

Abb. 7a und b, 8
© Zaha Hadid Architects

Abb. 9a, 10a
© Coop Himmelb(l)au

Abb. 9b, 10b, 11a und b
© Gerald Zugmann | www.gerald-zugmann.com

Abb. 12a, b und c
© Parc de la Villette | Philippe Guignard
© Parc de la Villette | Arnaud Legrain
© Parc de la Villette | Marie-Sophie Leturcq

Dank

Ein wichtiger Teil dieser Arbeit entstand im Archiv des Museum of Modern Art New York sowie im Austausch mit Zeitzeugen; ihnen gilt mein großer Dank: Stephen Wierzbowski, Aaron Betsky, Stuart Wrede, Frederieke Taylor sowie den Mitarbeitern der Museum Archives, insbesondere Michelle Harvey. Nicht zu vergessen auch Michele Kastner, die den Aufenthalt in New York erst möglich gemacht hat. Ruth Wurster vom Hatje Verlag ein herzliches Dankeschön für ihre Auskünfte zum Verlag. Für die kontinuierliche inhaltliche Betreuung der Arbeit gilt mein großer Dank meinem Doktorvater Ernst Seidl. Den Architekturbüros COOP HIMMELB(L)AU | Wolf D. Prix & Partner ZT GmbH, Zaha Hadid Architects und OMA | Office of Metropolitan Architecture sowie Gerald Zugmann Fotografie KEG, dem Landesarchiv Berlin, Kartenabteilung, und hier besonders Andreas Matschenz, und dem Pressebüro des Parc de la Villette sei gedankt für die freundliche Überlassung von Bildmaterial.

Herzlichen Dank auch an die Stiftungen Landesbank Baden-Württemberg für die Unterstützung beim Druck der Publikation.

Und nicht zuletzt möchte ich mich herzlich bedanken für sprachliche und grafische Unterstützung und Feedback bei Vanessa, Tanja, Eva, Corina, Anna sowie natürlich meinem Mann und meinen Eltern.

Architekturen

Gianenrico Bernasconi, Thomas Hengartner,
Andreas Kellerhals, Stefan Nellen (Hg.)
Das Büro
Zur Rationalisierung des Interieurs, 1880-1960

November 2015, ca. 330 Seiten, kart.,
zahlr. z.T. farb. Abb., ca. 29,99 €,
ISBN 978-3-8376-2906-4

Ekkehard Drach (Hg.)
Das Verschwinden des Architekten
Zur architektonischen Praxis
im digitalen Zeitalter

Dezember 2015, ca. 210 Seiten, kart., zahlr. Abb., ca. 29,99 €,
ISBN 978-3-8376-3252-1

Eduard Heinrich Führ
DIE MAUER
Mythen, Propaganda und Alltag in der DDR
und in der Bundesrepublik

Dezember 2015, ca. 352 Seiten, Hardcover,
durchgehend vierfarbig bebildert, 24,99 €,
ISBN 978-3-8376-1909-6

Leseproben, weitere Informationen und Bestellmöglichkeiten
finden Sie unter www.transcript-verlag.de

Architekturen

Susanne Hauser, Christa Kamleithner,
Roland Meyer (Hg.)
**Architekturwissen. Grundlagentexte
aus den Kulturwissenschaften**
Bd. 2: Zur Logistik des sozialen Raumes

2013, 448 Seiten, kart., 27,80 €,
ISBN 978-3-8376-1568-5

Susanne Hauser, Julia Weber (Hg.)
Architektur in transdisziplinärer Perspektive
Von Philosophie bis Tanz.
Aktuelle Zugänge und Positionen

September 2015, ca. 250 Seiten, kart., 28,99 €,
ISBN 978-3-8376-2675-9

Jörn Köppler
Die Poetik des Bauens
Betrachtungen und Entwürfe

August 2016, ca. 180 Seiten, kart., zahlr. Abb., ca. 26,99 €,
ISBN 978-3-8376-2540-0

**Leseproben, weitere Informationen und Bestellmöglichkeiten
finden Sie unter www.transcript-verlag.de**

Architekturen

Daniela Allmeier, Inge Manka,
Peter Mörtenböck, Rudolf Scheuvens (Hg.)
Erinnerungsorte in Bewegung
Zur Neugestaltung des Gedenkens
an Orten nationalsozialistischer
Verbrechen
November 2015, ca. 260 Seiten,
kart., zahlr. Abb., ca. 32,99 €,
ISBN 978-3-8376-3059-6

Karen Beckmann
Urbanität durch Dichte?
Geschichte und Gegenwart der
Großwohnkomplexe der 1970er Jahre
Juni 2015, 500 Seiten,
kart., zahlr. Abb., 39,99 €,
ISBN 978-3-8376-3063-3

Michael Falser, Monica Juneja (Hg.)
Kulturerbe und Denkmalpflege
transkulturell
Grenzgänge zwischen Theorie
und Praxis
2013, 370 Seiten, kart., zahlr. Abb., 34,80 €,
ISBN 978-3-8376-2091-7

Andri Gerber
Metageschichte der Architektur
Ein Lehrbuch für angehende
Architekten und Architekturhistoriker
(unter Mitarbeit von Alberto Alessi,
Uli Herres, Urs Meister,
Holger Schurk und Peter Staub)
2014, 318 Seiten, kart., zahlr. Abb., 29,99 €,
ISBN 978-3-8376-2944-6

Christian J. Grothaus
Baukunst als unmögliche Möglichkeit
Plädoyer für eine
unbestimmte Architektur
2014, 320 Seiten, kart., 32,99 €,
ISBN 978-3-8376-2631-5

Nadine Haepke
Sakrale Inszenierungen in der
zeitgenössischen Architektur
John Pawson – Peter Kulka –
Peter Zumthor
2013, 458 Seiten, kart.,
zahlr. z.T. farb. Abb., 39,99 €,
ISBN 978-3-8376-2535-6

Achim Hahn (Hg.)
Erlebnislandschaft –
Erlebnis Landschaft?
Atmosphären im archi-
tektonischen Entwurf
2012, 364 Seiten, kart.,
zahlr. z.T. farb. Abb., 33,80 €,
ISBN 978-3-8376-2100-6

Sonja Hnilica
Metaphern für die Stadt
Zur Bedeutung von Denkmodellen
in der Architekturtheorie
2012, 326 Seiten, kart., zahlr. Abb., 32,80 €,
ISBN 978-3-8376-2191-4

Felix Hoepner
Stadt und Sicherheit
Architektonische Leitbilder und
die Wiedereroberung des Urbanen:
»Defensible Space« und
»Collage City«
August 2015, 234 Seiten,
kart., zahlr. Abb., 34,99 €,
ISBN 978-3-8376-3203-3

Joaquín Medina Warmburg,
Cornelie Leopold (Hg.)
Strukturelle Architektur
Zur Aktualität eines Denkens
zwischen Technik und Ästhetik
2012, 208 Seiten, kart., zahlr. Abb., 26,80 €,
ISBN 978-3-8376-1817-4